Allgemeine Zoologie

Ernst Hadorn · Rüdiger Wehner

Allgemeine Zoologie

Begründet von Alfred Kühn

19. neu verfaßte und erweiterte Auflage

285 Abbildungen

Georg Thieme Verlag Stuttgart 1974

Hadorn, Ernst, Professor für Zoologie,
Zoologisch-Vergl. Anatomisches Institut der Universität,
Zürich, Künstlergasse 16

Wehner, Rüdiger, Professor für Zoologie,
Zoologisch-Vergl. Anatomisches Institut der Universität,
Zürich, Künstlergasse 16

1. Auflage 1922
2. Auflage 1926
3. Auflage 1928
4. Auflage 1931
5. Auflage 1936
6. Auflage 1939
7. Auflage 1941
8. Auflage 1944
9. Auflage 1946
10. Auflage 1949
1. spanische Auflage 1953
11. Auflage 1955
12. Auflage 1957
13. Auflage 1959
1. serbokroatische Auflage 1960
14. Auflage 1961
1. niederländische Auflage 1961
2. serbokroatische Auflage 1962
14. Auflage (Nachdruck 1963)
15. Auflage 1964
1. portugiesische Auflage 1965
3. serbokroatische Auflage 1965
16. Auflage 1967
17. Auflage 1969
4. serbokroatische Auflage 1969
1. polnische Auflage 1970
17. Auflage, 1. Nachdruck 1970
17. Auflage, 2. Nachdruck 1971
5. serbokroatische Auflage 1971
18. Auflage 1972
18. Auflage, 1. Nachdruck 1973

Bis einschließlich 17. Auflage erschienen unter dem Titel: Grundriß der allgemeinen Zoologie. Von Alfred Kühn

Printed in Germany – Satz: Maisch & Queck, Gerlingen – Druck: Clausen & Bosse, Leck

ISBN 3 13 3674 19 6 (Georg Thieme Verlag)

ISBN 3 423 04061 0 (dtv)

Vorwort zur 19. Auflage

Im Jahre 1972 ist die von uns neu bearbeitete 18. Auflage des von ALFRED KÜHN 1922 erstmals herausgegebenen „Grundriß der Allgemeinen Zoologie" erschienen. Das Buch fand ein so großes Interesse, daß es nach kurzer Zeit vergriffen war und zunächst zur Überbrückung ein unveränderter Nachdruck nötig wurde.

Nachdem wir bereits für die 18. Auflage die Kapitel über Physiologie und Ökologie vollständig, sowie weitgehend auch die Genetik neu verfaßt hatten, zeigte es sich, daß nun eine weitere Auflage und Neubearbeitung des übrigen Kühnschen Textes den Anforderungen einer einheitlichen und zeitgemäßen Gestaltung nicht mehr genügen konnte. Wir haben uns daher zu einer vollständigen Neufassung entschlossen, wobei auch der thematische Aufbau in der Kapitelfolge zu ändern war. Vom Werk ALFRED KÜHNS haben wir lediglich einen Teil seiner didaktisch vorbildlichen Abbildungen übernommen. Dazu verdanken wir unserem hochverehrten Vorgänger auch wesentliche Anregungen und Informationen für die Stoffwahl und die Darstellung leitender Prinzipien eine allgemeinen Zoologie.

Der neue Text ist wohl in manchen Teilbereichen recht anspruchsvoll geworden, indem er jedenfalls den Stoff der Gymnasialstufe voraussetzt. Doch hoffen wir mit unserer Darstellung nach wie vor den Studierenden der Biologie und der Medizin bereits in den ersten Hochschulsemestern dienen zu können. Wiederum haben wir darauf verzichtet, die physikalischen, chemischen und biochemischen Grundlagen im einzelnen zu vermitteln. Hier muß der Studierende auf die diesbezüglichen Vorlesungen und Lehrbücher verwiesen werden.

Bei der Arbeit an der vorliegenden Neufassung haben folgende Kollegen beratend mitgewirkt: A. FREY-WYSSLING (Funktionsstruktur der Zelle); E. KUBLI, R. NÖTHIGER und H. TOBLER (Genetik); Frau E. JUNGEN-HAUSCHTEK (Cytologie); P. S. CHEN, U. und W. KOCHER-BECKER und P. TARDENT (Entwicklungsvorgänge); U. THURM (Physiologie); D. NEUMANN (Ökologie); A. PORTMANN und V. ZISWILER (vergleichende Morphologie). Wir danken ihnen und vielen anderen Kollegen, die wertvolle Hinweise lieferten, sehr herzlich für ihre Hilfe. Unser Dank gebührt auch den Zeichnerinnen Frau M. CLAVUOT, Fr. A. KOHL und Frau P. MORÓCZ, der Bibliothekarin Frau M. PUSKÁS sowie den Sekretärinnen Frl. M. EICH, Frau A. HOLSTRÖM und Frau S. FRAUENFELDER. Ebenso herzlich danken wir unseren Assistenten für ihre vielseitige Hilfe. Schließlich danken wir dem Verleger Herrn Dr. med. h.c. G. HAUFF und dem Geschäftsführer Herrn A. MENGE für ihr großzügiges Verständnis, mit dem sie unsere Arbeit stets förderten.

Zürich, im Herbst 1973 ERNST HADORN und RÜDIGER WEHNER

Vorwort zur 18. Auflage

Die erste Auflage von ALFRED KÜHNS Grundriß der allgemeinen Zoologie ist vor 50 Jahren erschienen. Bis zum Jahre 1969 folgten in regelmäßigen Abständen 17 Auflagen. Dabei hat es der 1969 verstorbene Autor stets meisterhaft verstanden, den Fortschritt der Wissenschaft durch Änderungen und Ergänzungen im Text und Abbildungen so zu berücksichtigen, daß das Buch immer wieder ein getreues Bild vom jeweiligen Stand der Forschung vermitteln konnte. So diente der Grundriß Generationen von Studierenden Naturwissenschaft und der Medizin wie auch Lehrern und interessierten Laien als Quelle einer klaren und zuverlässigen Wissensvermittlung.

In unserer Neubearbeitung folgen wir nach Möglichkeit der bewährten Gliederung des Stoffes. Für das Kapitel über Baupläne sowie für wesentliche Teile der Entwicklungsgeschichte und Entwicklungsphysiologie konnten wir KÜHNS Text weitgehend übernehmen. Unsere Änderungen beziehen sich hier auf den Einbau einiger neuerer Ergebnisse, der freilich durch Weglassen anderer Informationen kompensiert werden mußte. Für die übrigen Kapitel erwies sich eine vollständige Neufassung als unumgänglich. Dies gilt besonders für das Gesamtgebiet der Physiologie, für die Cytologie, Genetik und den genetischen Teil der Evolution. Ein bloßes Zufügen neuer Erkenntnisse hätte hier die Einheit der Darbietung gesprengt. Wir sind uns bewußt, daß einzelne Abschnitte – so besonders in der Physiologie – anspruchsvoller werden mußten und bestimmte physikalische wie chemische Grundkenntnisse voraussetzen, wie sie in den entsprechenden Anfängervorlesungen vermittelt werden. Trotzdem mußten wir darauf verzichten, diese Grundlagen selbst zu bieten. Hier müssen wir den Leser auf die betreffenden Lehrbücher verweisen. In der Genetik wurde die „klassische" Trennung zwischen mendelistischer Faktorengenetik und „Chromosomentheorie der Vererbung" aufgegeben. Ausgehend von der Struktur und Wirkungsweise der Erbstubstanz und dem Meiose-Mechanismus, wird eine einheitliche Darstellung angestrebt. Besonderer Wert wurde auf Beispiele aus der Humangenetik gelegt. Zur Behandlung ökologischer Fragen kann lediglich eine modellmäßige Einführung geboten werden. Ökologische Gesichtspunkte finden jedoch in den übrigen Kapiteln stets Berücksichtigung.

Wir danken dem Verleger, Herrn Dr. med. h. c. G. HAUFF, für sein großzügiges Verständnis.

Zürich, im Herbst 1971 E. HADORN, R. WEHNER

Inhaltsverzeichnis

1. Allgemeine Eigenschaften der Lebewesen und Lehrgebiete der Zoologie

Lebende Wesen (Organismen), die stets als Individuen auftreten, lassen sich von unbelebten Naturdingen auf Grund der folgenden typischen Eigenschaften unterscheiden, auf deren Gesamtheit die Lebensleistungen beruhen:

Stoffbestand. Obwohl in den Lebewesen nur Atome vorkommen, die auch in der unbelebten Natur nachgewiesen sind, vereinigen sich diese Elemente im Organismus zu komplexen Molekularverbänden, die es in der anorganischen Natur nicht gibt. Dazu gehören u. a. die Nucleinsäuren (Träger der Erbinformation), die Proteine oder Eiweißkörper (Strukturelemente des Protoplasmas und Komponenten von Wirkstoffen, wie Enzyme), Fette (Reservestoffe), Lipoide (Steroide als Hormone und Phosphatide als Energieüberträger). Mit 50–70% der Trockensubstanz übertreffen die Proteine alle anderen organischen Stoffe. Im Organismus sind die biologisch aktiven Stoffe vorübergehend oder dauernd in Wasser gelöst oder eingelagert. Das Wasser dient auch als Träger anorganischer Elektrolyte (Salze). Lebewesen enthalten 60–80% Wasser, Quallen bis zu 95%.

Zelluläre Organisation. Die Bauelemente der Lebewesen sind in *Zellen* vereinigt, die als Funktionseinheiten wirken. Dabei ist zu unterscheiden zwischen den *Prokaryonten* (Bakterien und Blaugrüne Algen = Cyanophyceen) und den *Eukaryonten* (alle übrigen Pflanzen und alle Tiere). Während den Prokaryonten ein von einer Hülle umschlossener Zellkern fehlt, kann bei Eukaryonten stets zwischen Zellkern (Nucleus) und umgebendem Cytoplasma unterschieden werden. Da auch andere zelluläre Funktionselemente generell vorkommen, können die Zellen aller Eukaryonten als homolog (S. 356) gelten, was auf einen gemeinsamen stammesgeschichtlichen Ursprung hinweist. Eine Sonderstellung nehmen die *Viren* ein, da sie nicht über alle Lebenseigenschaften der zellulären Organismen verfügen (S. 528).

Stoff- und Energiewechsel. Organismen sind offene Systeme, die mit ihrer Umwelt in einem andauernden Stoff- und Energieaustausch stehen. Dabei wird die Individualität in einem „Fließgleichgewicht" erhalten (*„dynamisch – stationärer Zustand"*). Der für Organismen charakteristische körpereigene Stoffwechsel dient als Grundlage für alle Lebensleistungen und wird durch Koordinationssysteme (z. B. Nervensysteme und Hormone) so gesteuert, daß die Integrität der Funktionen im Individuum erhalten bleibt.

Reizbarkeit und psychische Leistungen. Reizbarkeit ist das Vermögen, auf bestimmte äußere Einwirkungen mit ebenso bestimmten Lebensäußerungen (Reaktionen) zu antworten. Ein Reiz-Reaktions-Geschehen kann als Erfahrung in Form eines Lern- oder Gedächtnisinhaltes gespeichert werden und (mindestens bei Tieren) für künftige Handlungen eingesetzt werden (Assoziationenbildung). Daß Bewußtseinsvorgänge auch bei höheren Tieren vorkommen, darf aus ihrem Verhalten geschlossen werden. Die körperlich-seelische Einheit (psychophysische Einheit), die nur wir selbst erleben, kann kaum Gegenstand der Zoologie sein. Sie gehört zum Fachbereich der Psychologie.

Regelsysteme. In den Organismen sind alle Vorgänge so integriert, daß sich stets wieder stationäre Zustände einstellen können (*Homöostase*). Sich mit solchen Regelsystemen zu befassen, ist *ein* Aspekt der biologischen *Kybernetik*.

Kontinuität der Artspezifität. Neue Individuen der Organismen gehen nur aus Zellen der gleichen Art hervor. Diese Kontinuität kann durch Evolutionsvorgänge unterbrochen werden.

Vererbung. Die Artkonstanz der Lebewesen wie auch ihre individuellen Merkmale werden durch Informationsträger übermittelt, die in Makromolekülen der *Desoxyribonucleinsäure* (DNS) eingespeichert sind.

Individualentwicklung (Ontogenese). An die Begründung eines neuen Individuums (meist durch Keimzellen) schließen sich Entwicklungsvorgänge an. Dabei führen Zellteilungen und Differenzierungsprozesse zur Ausbildung unterschiedlicher Gewebe und Organe. *Ontogenese* bedeutet Realisation des Erbprogramms. Die Lebensdauer der Individuen wird durch Alterungsvorgänge, die zu einem natürlichen Tod führen, begrenzt.

Stammesentwicklung *(Phylogenese-Evolution).* Organismen sind insofern „historische Wesen", als die in einem gegebenen Zeitquerschnitt bestehenden Arten aus früher existierenden, anderen Arten hervorgegangen sind, die sich in ihren Erbmerkmalen und meist auch in ihrer Spezialisations- und Organisationshöhe von ihren stammesgeschichtlichen Nachkommen unterschieden haben. Der Grad der phylogenetischen „Blutsverwandtschaft" wird in den Kategorien des *natürlichen Systems* festgehalten.

Die aufgeführten Eigenschaften des Lebens sind die Grundlage für die in der nachfolgenden Darstellung berücksichtigten *Lehrgebiete der allgemeinen Zoologie.* Dabei werden für die verschiedenen Kapitel meist mehrere Fundamentaleigenschaften wegweisend sein.

2. Funktionsstruktur der Tierzellen

Alle andauernden Lebensleistungen erfordern das Zusammenwirken zahlreicher Zellstrukturen. Träger dieser Funktionseinheit ist das *Protoplasma,* das sich bei Eukaryonten (S. 1) stets in *Kern* (Nucleus) und *Cytoplasma* gliedert. Im folgenden werden wir die einzelnen Strukturelemente der Tierzelle vorstellen und auf ihre funktionelle Bedeutung hinweisen (Abb. 1). Eingehendere Besprechungen folgen in den Kapiteln Physiologie und Genetik.

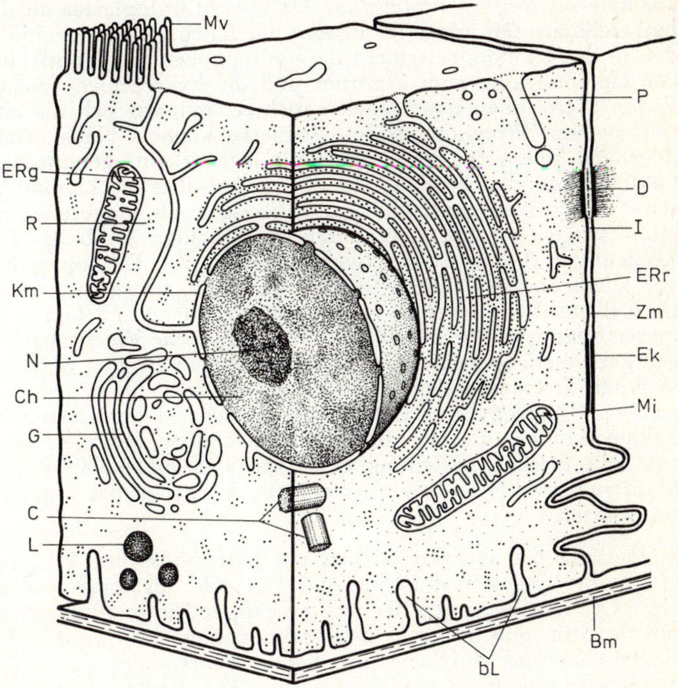

Abb. 1 Schema einer Tierzelle. *Bm* Basalmembran (Lamina), *C* Centriolen, *Ch* Chromatin, *D* Desmosomen, *Ek* Engkontakt der Zellmembran, *ERg* glattes endoplasmatisches Reticulum, *ERr* rauhes endoplasmatisches Reticulum, *G* Golgi-Apparat, *I* Interzellularspalte, *Km* Kernhülle mit Poren (Annuli), *L* Lysosomen, *bL* basale Lakunen, *Mi* Mitochondrium, *Mv* Mikrovilli, *N* Nucleolus, *P* Pinocytosekanälchen (z. T. nach Wohlfahrt – Bottermann u. Loewy).

Zellmembran

Eine Membran *(Plasmalemma)* begrenzt den Zellkörper nach außen. Da ihre morphologischen und funktionellen Eigenschaften für alle Zelltypen gelten und auch für die Membransysteme im Zellinneren typisch sind, scheint der Terminus *Einheitsmembran (unit membrane)* gerechtfertigt. Ihre Dicke beträgt 5 bis 10 nm. Im elektronenmikroskopischen Bild lassen sich stets zwei elektronendichte (dunkle) Schichten unterscheiden, die eine helle Innenzone begrenzen. Diesem Strukturbild entspricht der molekulare Aufbau aus einer zentralen *Lipiddoppelschicht* und einem äußeren wie inneren *Proteinfilm.* Da sowohl Cytoplasma als auch Extrazellulärraum wässerige Phasen darstellen, ist es verständlich, daß in der Lipiddoppelschicht die hydrophoben (apolaren) Enden der Lipidmoleküle zum Zentrum und die hydrophilen (polaren) Enden nach außen bzw. innen gerichtet sind, wo sich die ebenfalls polaren Proteinmoleküle assoziieren können. Nach neueren Befunden bilden die Proteinmoleküle jedoch keine geschlossenen lipidbegrenzenden Schichten, sondern sind über die Lipiddoppelschicht mosaikartig verteilt und teilweise in sie eingesenkt oder erstrecken sich sogar quer durch sie hindurch (Abb. 2). Auch Kohlenhydratketten sollen (wohl in Form von Glykoproteinen) vor allem an der Außenseite der Membran auftreten und dort für Zellspezifitäten verantwortlich sein. Proteine und Lipide sind in der Membran nur durch schwache chemische Wechselwirkungen gebunden. Je nach dem Verhältnis von gesättigten und ungesättigten Fettsäuren liegt die zentrale Lipidschicht in mehr oder weniger flüssiger Phase vor. Die dynamischen Eigenschaften von Zellmembranen, die sich in ständigem Umbau befinden (S. 8), sind mit dieser Vorstellung einer flexiblen molekularen Membranstruktur ebenso vereinbar wie die Vorgänge bei Membrantransporten.

Biologische Membranen wirken als *Diffusionsschranken.* Aufgrund ihrer *selektiven Permeabilität* sowohl für Ionen wie K^+, Na^+, Cl^- usw. wie auch für hochmolekulare Verbindungen schaffen sie intra- und interzelluläre Reaktionsräume, die zum Aufbau elektrischer und stofflicher Gradienten führen und damit überhaupt erst geordnete, mit spezifischen Funktionen ausgestattete biologische Strukturen ermöglichen.

Künstliche Lipidfilme, mit denen man Transportprozesse durch biologische Membranen simulieren kann, sind als hydrophobe Strukturen für Ionen oder wasserlösliche Moleküle (Aminosäuren, Zucker) praktisch impermeabel. Beim Transport müssen daher hydrophile Strukturen (z. B. Proteine) beteiligt sein. Die Frage, ob diese Strukturen als „carrier" des Transportgutes oder als Auskleidung von

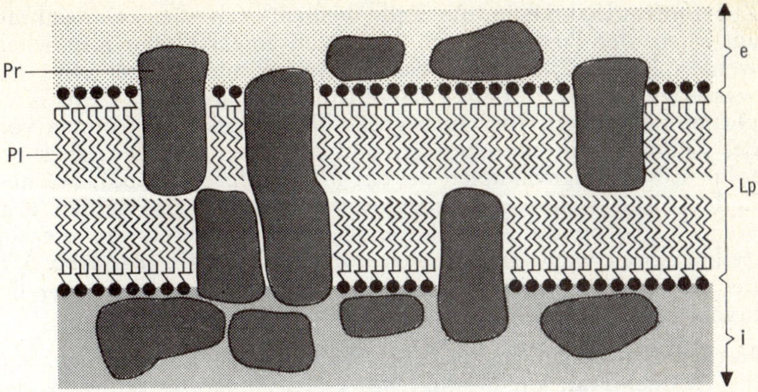

Abb. 2 Schematischer Querschnitt durch eine Einheitsmembran (Plasmalemma). *e*, *i* extra- bzw. intrazellulärer Raum; *Lp* Lipiddoppelschicht des Plasmalemms; *Pl* Phospholipidmolekül; *Pr* Proteinmolekül (nach Fox).

Porenkanälen wirken, steht im Mittelpunkt der Diskussion. Einige von Mikroorganismen synthetisierte zyklische Antibiotika (Valinomycin) wirken bei künstlichen Membranen als Carrier für Alkaliionen. Indem diese Molekülringe eine apolare Außen- und eine polare Innenseite besitzen, können sie hydratisierte Alkaliionen durch die hydrophobe Lipidschicht transportieren. Auch der Transport von Laktose durch die Bakterienzellmembran von *Escherichia coli* erfolgt über ein spezifisches Carrier-Protein. Während des Erregungszustandes einer Nervenzelle (S. 242) passiert Na^+ die Membran dagegen mit so hoher Durchtrittsrate, daß dieser Transport nicht auf einem Carrier-Mechanismus beruhen kann.

Die selektiven Ionenpermeabilitäten biologischer Membranen bilden eine wesentliche Voraussetzung für das Entstehen von elektrischen Potentialdifferenzen zwischen Zellinnerem und -äußerem (S. 243). Diese sind durch spezifische Moleküle, die über Rezeptorproteine an der Außenseite der Membran gebunden werden, modifizierbar. Erhöht sich durch solche molekulare Wechselwirkungen an der Membranaußenseite die Membranleitfähigkeit für eine bestimmte Substanz, spricht man von einer „Aktivierung" der Membran für diese Substanz, die dann, ihrem Konzentrationsgefälle folgend, die Membran passieren kann ((Entstehung elektrischer Potentiale an Synapsen (S. 241) und Sinneszellen (S. 264); Hormonwirkungen (S. 218); Induktionsstoffe (S. 158)). Andererseits können Stofftransporte auch durch spezielle Pumpmechanismen gegen ein Konzentrationsgefälle „bergauf" erfolgen (Na^+/K^+-Pumpe, S. 243).

Zur Stoffaufnahme in die Zelle bedient sich die Zellmembran außerdem der *Pinocytose* (S. 184). Von eingestülpten Kanälchen werden kleine Bläschen (Vesikel) abgeschnürt. Dabei wird ihr wässeriger Inhalt, in dem größere Moleküle flottieren, dem Cytoplasma zugeführt. Aber auch große Nahrungskörper können von der Zellmembran umschlossen und importiert werden; dies erfolgt in Nahrungsvakuolen bei der *Phagocytose* (S. 183). Solchen Endocytosen stehen die Exocytosen gegenüber. So werden u. a. vom Golgi-Apparat sekretführende Vesikel abgeschnürt, die zur Zellmembran wandern und sich dort entleeren (S. 184, Abb. 87). Bei diesem Vorgang verschmilzt die Vesikelmembran mit der ihr homologen Zellmembran.

Nach elektronenmikroskopischen Befunden ist anzunehmen, daß die Zellmembran ein *Produkt des Golgi-Apparates* ist. Von diesem Organell erfolgt durch Vesikelabgabe ein ständiger Nachschub („Membranfluß"), der den Verbrauch von Teilen der Zellmembran deckt und auch ihr Wachstum nach Zellteilungen ermöglicht.

Die Membran ist Träger von *art- und zellspezifischen Oberflächeneigenschaften,* die auf musterartig verteilten Mucopolysacchariden und Proteinen beruhen. Solche Moleküle können auch als äußerst dünne Filme die Oberflächen bedecken und als Interzellularmatrix zwischen benachbarten Zellen liegen. *Kontaktverhalten* der Zellen (S. 132) sowie *Immunreaktionen* (S. 199) werden durch diese Membranstoffe bestimmt.

Bei vielen, besonders bei resorptiv tätigen Zellen (z. B. Darmepithel) treten auf der Außenseite der Zelle (Apikalpol) als haarförmige Ausstülpungen die *Mikrovilli* auf (Abb. 1). Diese „Stäbchensäume" tragen Enzyme, die an der Stoffspaltung und an Transportvorgängen beteiligt sind. Auf der Basalseite von Zellen, die für einen starken Flüssigkeitsdurchtritt (Osmoregulation) spezialisiert sind (z. B. im Epithel der Nierentubuli, S. 209 und der Malpighischen Gefäße, S. 208), ist die Membran vielfältig eingestülpt; so entsteht das *basale Labyrinth.* Eine extrazelluläre Ausscheidung, die *Basalmembran* (Basallamina), grenzt häufig Epithelien gegen innere Zellschichten ab.

Besondere Membranstrukturen sind dort ausgebildet, wo sich benachbarte Zellen berühren. Hier gibt es Bereiche, wo die Membranen so eng aneinander liegen, daß kein Platz mehr für eine Interzellularsubstanz bleibt *(Engkontakt = tight junction).* An anderen Stellen sind als komplizierte Kontaktorganellen die *Desmosomen* zu beobachten. Elektronendichtes Material füllt hier als interzelluläre Matrix den Desmosomenspalt. Symmetrisch auf beiden Seiten (Abb. 1) stehen zu Platten vernetzte Fibrillen. Desmosomen und andere Kontaktstrukturen dienen als mechanische Haftstellen und sichern vor allem die stoffliche und elektrische Integration nebeneinanderliegender Zellen, indem sie wegen des geringen elektrischen Querwiderstandes den interzellulären Ionentransport erleichtern. Spezialisierte Zellkontakte bei Sinnes-, Nerven- und Muskelzellen sind als *Synapsen* ausgebildet (S. 241).

Organellen und Differenzierungen im Cytoplasma

Die Strukturen des Cytoplasmas sind eingelagert in ein **Grundplasma,** das als kolloidales System die reversiblen Zustände im Rahmen eines Sol-Gel-Gleichgewichtes annehmen kann. Gelöst oder suspendiert sind im Grundplasma neben anorganischen Ionen vor allem die Metaboliten des Bau- und Energiestoffwechsels (Aminosäuren, Zucker, Fettsäuren, Phosphate usw.). Im Grundplasma laufen zahlreiche Enzymreaktionen ab, so z. B. die Glykolyse als erster Schritt der Zellatmung, die dann in den Mitochondrien fortgeführt wird.

Ein reich vernetztes Kanalsystem durchzieht als **endoplasmatisches Reticulum** (ER) das Cytoplasma. Einheitsmembranen von 5–6 nm Dicke bilden die Wände feiner Röhrchen, deren Lumendurchmesser mindestens 50 nm beträgt. Je nach Entwicklungs- und Funktionszustand der Zelle ist das in ständigem Auf- und Abbau begriffene ER mehr oder weniger stark ausgebildet. Über ausgedehnte Bereiche ist die Außenmembran des ER von Ribosomen (S. 8) belegt. Von diesem rauhen ER (Abb. 1) können sich die Ribosomen ablösen; so entsteht das glatte ER. Die Bereiche des rauhen ER sind die Orte der Proteinsynthese (S. 80); auch andere Aufbauprozesse (z. B. für Fette) laufen an den Strukturen des ER ab. Die Kanäle des ER dienen als intrazelluläres Stoffleitungs- und Verteilersystem. Vom ER werden die Cisternen des Golgi-Apparates geliefert. Sodann steht das ER in direktem Zusammenhang mit der Kernhülle (Abb. 1); dadurch kommunizieren die Lumina des ER (Enchylema) mit dem Perinuclearspalt in der Kernhülle.

Der **Golgi-Apparat** (GA), der in Ein- oder Mehrzahl in der Zelle vertreten ist, setzt sich zusammen aus 5–30 übereinander gestapelten Kanälchen (Cisternen), die vom glatten ER ständig nachgeliefert werden. Dies geschieht auf der Innen- oder Proximalseite des GA. Die distal liegenden Cisternen werden verbraucht, indem von ihnen die zur Zellwand wandernden Vesikel abgeschnürt werden. So steht der GA in einem Fließgleichgewicht (S. 185). Die Einheitsmembranen des Golgi-Systems sind identisch mit denen der Zellmembran; sie unterscheiden sich aber in der Dicke (6–10 nm) von den Membranen des ER. Dies bedeutet, daß der GA im „Membranfluß" eine Vermittlerrolle zwischen dem ER und der Zellmembran übernimmt. Mit dem Membrantransport werden auch Proteine weitergeleitet, die am ER synthetisiert werden. Doch erfolgen im GA auch Eigensynthesen von höheren Kohlenhydraten aus einfachen Zuckern. Damit stehen der Zelle die Komponenten der Mucopolysaccharide zur Verfügung, die für die Qualitäten der Zellmembran entscheidend sind. Da der GA auch der Wasserausscheidung dient, wird es verständlich, daß von ihm die kontraktilen Vakuolen (S. 174, 369) abzuleiten sind. Als dynamische Funktionsstruktur zeigt der GA eine große zellspezifische Variabilität; er ist besonders stark ausgebildet in sekretorischen Zellen (Abb. 87).

Die **Ribosomen** sind globuläre Partikel von rund 20 nm Durchmesser, die aus zwei ungleich großen Teilstücken reversibel zusammengesetzt werden. Sie enthalten neben Proteinen, die dem Cytoplasma entstammen, etwa 65 % rRNS (S. 80), eine Nucleinsäure, die an bestimmten Chromosomenstellen codiert und im Nucleolus angereichert wird (S. 29), von wo aus dann das Cytoplasma versorgt wird. Hier liegen die Ribosomen entweder frei im Grundplasma, oder sie sind an das rauhe ER gebunden. Die Ribosomen sind Werkzeuge für die genbedingte *Synthese von Proteinen* (S. 80). Für diesen Translationsvorgang treten sie gruppenweise mit den bei der Transkription frei werdenden mRNS-Molekülen zu *Polysomen* zusammen.

Die **Mitochondrien** sind rundliche bis stabförmige Organellen von einigen Mikrometern Länge. In einer Leberzelle, die stark stoffwechselaktiv ist, können bis zu 2500 Mitochondrien tätig sein. In der Muskulatur (Abb. 107) und in Spermien (S. 36) liegen die Mitochondrien in unmittelbarer Nähe der Energie benötigenden Strukturen.

Außen sind die Mitochondrien von einer Doppelmembran umgeben. An vielen Stellen treibt die innere Membran ins Innere vor in Form von Kämmen (*Cristae*, Abb. 3) oder Schläuchen (*Tubuli*). Zahlreiche Ribosomen sind entweder an der Außenseite der Cristae angelagert oder zwischen ihnen frei verteilt. Als eigene Erbsubstanz verfügen die Mitochondrien über ein bis mehrere, meist zirkuläre *DNS-Moleküle*, die wahrscheinlich in der Matrix zwischen den Cristae liegen. Diese Ausrüstung gibt dem Mitochondrium eine *partielle* genetische und stoffwechselphysiologische *Autonomie*. Bestimmte Enzyme und wohl auch Membranproteine werden in den Mitochondrien aufgebaut. Doch trägt die mitochondriale DNS nur eine beschränkte Information. Daher bezieht das Organell andere Enzyme, wie z. B. die für den Ablauf der Atmungskette benötigten Wirkstoffe vom Cytoplasma der

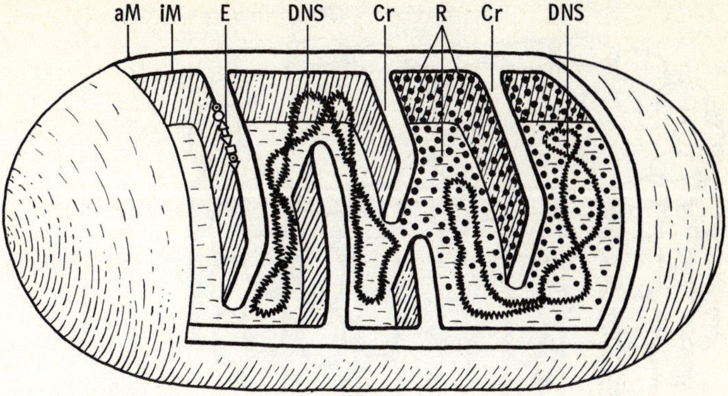

Abb. 3 Schema eines Mitochondriums. *Cr* Cristae, *DNS* ringförmige Moleküle, *E* Enzyme, *aM* äußere Membran, *iM* innere Membran, *R* Ribosomen.

Trägerzelle. Die Mitochondrien werden als die „Kraftwerke" der Zelle bezeichnet, weil in ihrem Membransystem die Enzyme des oxidativen Stoffwechsels (Citronensäurezyklus, Cytochromkette) eingefügt sind, von wo aus dann der Energieträger ATP (S. 176) frei wird.

Mitochondrien vermehren sich durch Querteilung oder durch Abschnüren kleiner Teile (Promitochondrien). Ob sie auch de novo aus anderen Zellbestandteilen gebildet werden, ist noch umstritten. Offen bleibt auch die Frage nach der phylogenetischen Herkunft der Mitochondrien. Für eine Hypothese, wonach sie von Bakterien abzuleiten wären, die als Symbionten die Eukaryontenzelle besiedelt hätten, gibt es Argumente „Pro und Kontra".

Mikrotubuli und Mikrofilamente. Die Mikrotubuli (in Abb. 1 nicht eingezeichnet) sind Differenzierungen des Cytoplasmas, die als Röhrchen von 10–25 nm Durchmesser auftreten (Abb. 4). Bauelement ist das Tubulin, ein globuläres Protein mit einem Molekulargewicht um 40 000. Die einzelnen Tubulinmonomere haben einen Durchmesser von 4–5 nm; sie verbinden sich zu Ketten (Polymere), die bei bestimmten Mikrotubuli (z. B. Spindelfasern) leicht wieder reversibel gelöst werden können. Die einzelnen Ketten sind wahrscheinlich durch ein anderes Protein (Dynein) verbunden, das auch als Material der Armfortsätze von Tubuli (Abb. 10, 106) verwendet werden mag und dann ähnliche Funktionen übernehmen könnte wie die Querbrücken zwischen den Muskelfilamenten (S. 228). In vielen Fällen sind 13 Tubulinketten zu Röhrchen vereinigt. Einzelne Mikrotubuli können zu Dup-

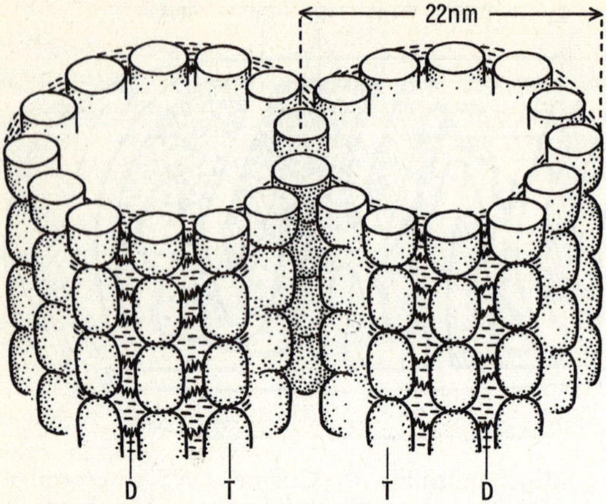

Abb. 4 Bau von 2 Mikrotubuli, die ein Duplet bilden. *T* Tubulin-„Monomere", *D* Dyneinbrücken (weitgehend hypothetisch nach verschiedenen Autoren).

lets oder Triplets verbunden sein (Abb. 4), wobei gemeinsame Kettenreihen den Zusammenhalt besorgen.

Die Mikrotubuli erfüllen zahlreiche unterschiedliche Aufgaben. Sie können *Formveränderungen* von Zellen bewirken und damit zur Morphogenese beitragen (S. 126); sie bauen die *Polstrahlungen* und *Spindelfasern* des Zellteilungsapparates auf (S. 31) und verlaufen in den *Axonen* der Nervenfasern. Allgemein im Tierreich und auch bei vielen Pflanzengruppen, die begeißelte Zellen entwickeln, werden Mikrotubuli verwendet für die Fibrillenapparate (Abb. 106) von *Cilien* und *Flagellen* (Spermaschwänze) sowie für die Achsenstäbe in den Pseudopodien der Heliozoen (Abb. 184). Schließlich bauen Mikrotubuli die *Centriolen* und ihre Derivate auf (Abb. 16).

Das Alkaloid *Colchicin* verbindet sich stöchiometrisch mit dem Tubulin. Dies führt zum Zerfall der Mikrotubuli (z. B. im Spindelapparat, S. 33; dagegen sind die Cilientubuli resistent gegen Colchicin).

Centriolen. Neben dem Zellkern liegen im Interphasestadium in einem Cytoplasmabereich, der frei ist von ER und Ribosomen, 2 senkrecht zueinander ausgerichtete, 3–5 μm lange Hohlzylinder, von denen jeder aus 9 Mikrotubulustriplets, die eine „Windrädchenstellung" einnehmen, aufgebaut ist (Abb. 16, 106). Diese Organellen werden als Centriolen bezeichnet, weil sie bei der Zellteilung im Zentrum der Polstrahlungen *(Asteren)* stehen und dort als Spindelpole funktionieren (S. 30). Bei jedem Zellteilungszyklus werden die Centriolen verdoppelt. Dabei handelt es sich nicht um eine Teilung und auch nicht um eine Kontaktneusynthese, bei der nach dem Modus der DNS-Replikation (S. 30, Abb. 8) das Baumuster direkt von der alten Matrize abgelesen würde. Die Mikrotubuli des neuen Centriols erscheinen vielmehr im Cytoplasma in einer Distanz ca. 100 nm entfernt vom alten Centriol, und zwar senkrecht zu diesem ausgerichtet. Gewiß muß vom existierenden Centriol ein formativer Einfluß auf die nachzubildende Kopie ausgehen. Wie aber solche Informationsübertragung erfolgt, ist noch unbekannt.

Im Mittelstück des Spermiums, dessen Centriolen bei der Besamung (Seeigel, S. 34) der Eizelle zur Verfügung gestellt werden, dient das distale Element zudem als *Basalkörper* der Flagelle (Abb. 106). Auch alle anderen Basalkörper von Cilien und Flagellen sind homolog den Centriolen und von diesen direkt abzuleiten. Dies gilt ebenso für Centriolenstrukturen in Sinneszellen (Abb. 132, 146, 154). Da alle diese Organellen durch direkte Informationsübertragung auseinander hervorgehen, fragt es sich, ob Centriolen oder Basalkörper überhaupt de novo entstehen können. Für diese Möglichkeit spricht, daß bei der Parthenogenese (Seeigel, S. 43) in der Eizelle, deren Centriolen während der Reifung verschwinden, nun im Cytoplasma normale „Ersatzcentriolen" erscheinen, die anstelle der Spermacentriolen die Funktion im Spindelapparat übernehmen. Daß bis jetzt DNS weder in Centriolen noch in Basalkörpern eindeutig nachgewiesen ist, spricht ebenfalls gegen eine obligate Autoreproduktion. Eine erstaunliche Übereinstimmung in der Zahl der Mikrotubuli in Cilien von Protozoen und Metazoen, in tierischen und pflanzlichen Flagellen, in Basalkörpern und Sinneszellen spricht für eine *monophyletische* Entstehung dieser Organellen. Nur so ist die generelle Bauvorschrift zu verstehen, die fast überall zur (9 + 2)- oder (9 + 0)-Formel führt.

Als Hauptfunktion kommt den Centriolen die Fähigkeit zu, in ihrer Umgebung die Bildung von Mikrotubulistrukturen zu organisieren (Eigenvermehrung und Spindelapparat). Für Basalkörper steht übrigens fest, daß von ihnen die Mikrotubuli direkt auswachsen. Ob die Centriolen direkt an der Anaphasebewegung der Chromosomen beteiligt sind, ist nicht entschieden (S. 33). Dagegen ist der Basalkörper unentbehrlich für die Cilienbewegung (S. 224).

Lysosomen und weitere Einschlüsse im Cytoplasma. Lysosomen entstehen als Bläschen, die vom ER geliefert werden. Hier schließt die Membran ein Depot von *lytischen Enzymen* ein, die erst bei Bedarf frei werden (vor allem verschiedene Hydrolasen:

Proteasen, Lipasen, auch Phosphatasen). Durch die Lysosomenenzyme werden nicht nur einzelne Bestandteile und Einschlüsse der Zelle verdaut, sondern es kann auch die ganze Zelle zerstört werden (Autolyse), was bei Metamorphosevorgängen (S. 162) oder beim „programmierten Zelltod" in der Organbildung der Fall ist (S. 136).

Als *Peroxisomen* werden Lysosomen bezeichnet, die Katalase einschließen. Dieses Enzym reduziert H_2O_2 zu $H_2O + {}^1/_2\ O_2$. Weitere geformte Einschlüsse flottieren meist frei im Cytoplasma. Es sind Produkte des Stoffwechsels wie Eiweißkristalle, Fettkügelchen (Öltropfen), Dotterkörner, Pigmentgranula (Melanosomen) und auch Exkrete, die im Zellinneren bleibend deponiert werden (z. B. das silberglänzende Guanin in den Chromatophoren der Fische und Amphibien).

Zellkern

Der Zellkern *(Nucleus)* wird von einem an das ER angeschlossenen perinuclearen Kanal umgeben. Diese *Kernenveloppe (Kernhülle)* besteht somit aus einer äußeren und inneren Einheitsmembran. Durch zahlreiche *Poren* steht der Innenraum des Kerns mit dem Cytoplasma so in Verbindungen, daß ein Stoffaustausch ermöglicht wird. Durch die Poren treten wahrscheinlich auch die im Kern codierten RNS-Moleküle hinaus ins Cytoplasma. Die Poren sind allerdings meist durch feine, von einer Ringstruktur *(Annulus)* ausgehende Septen abgedichtet, die aber ebensowenig wie die Annuli permanente Bildungen sind. Ort und Ausmaß der Kern-Plasma-Passagen sind Komponenten eines dynamischen Systems.

Das Kerninnere erscheint in der lebenden Zelle, abgesehen vom Nucleolus, optisch leer. Dies beruht darauf, daß die *Chromosomen* als individualisierte und persistierende „Kernbausteine" (S. 21) im Interphasekern (S. 30) als lange, dünne Fäden vorliegen, deren Durchmesser unter dem Auflösungsvermögen des Lichtmikroskops liegt. Nach Fixierung mit eiweißfällenden Substanzen oder auch im Elektronenmikroskop wird die Chromosomensubstanz, die im Kernsaft *(Karyolymphe)* verteilt ist, sichtbar. Dieses *Chromatin* enthält die DNS (S. 17) als Gensubstanz; sie ist mit Proteinen verbunden; dies sind (basische) Histone und (saure) Nichthistone. Außerdem findet sich im Chromatin noch Kern-RNS in geringer Menge. Einzelne Chromosomen (häufig Geschlechtschromosomen) oder Chromosomenteile (Heterochromatin) sind allerdings in der Interphase auch bei schwacher Vergrößerung sichtbar, da diese Elemente nach der Mitose noch kondensiert bleiben (S. 23). Ebenfalls sichtbar (als Knäuel) sind die polytänen Riesenchromosomen der Dipteren (S. 25, Abb. 11–14).

Der *Nucleolus* (Kernkörperchen) grenzt ohne Membran an den Kernsaft. Er enthält RNS und Proteine, beides Materialien, die für den Bau der Ribosomen verwendet werden. Die Zahl der Nucleolen wird durch die Anzahl jener Chromosomensegmente bestimmt, in denen die rRNS-Gene aufgereiht sind. Ist in einem diploiden Kern nur ein Nucleolus sichtbar, so beruht dies auf nachträglicher Verschmelzung primärer Nucleoli. Oocytenkerne von Amphibien können allerdings bis über 1000 Nucleoli enthalten (Abb. 15). In diesem Falle sind sie mit DNS-Stücken ausgerüstet, die sich als amplifizierte Kopien von repetitiven Gensequenzen abgelöst haben (S. 80).

Zellkerne haben meist eine kugelige bis flach ovoide Form. In den hochpolyploiden Zellen der Spinndrüsen der Schmetterlinge und in Makronuclei mancher Ciliaten (Abb. 186) ist der große Kern dagegen lappig ausgebuchtet oder lang ausgezogen. Die Größe der Zellkerne mag je nach Tierart sehr verschieden sein (wenige µm bis 1 mm im Durchmesser). Innerhalb einer Art variiert die Kerngröße als Funktion der Chromosomenzahl (haploid-diploid) und der Karyolymphmenge. So bestehen die Kerne der Spermien fast nur aus eng verpackten Chromosomen, während die Oocytenkerne (Keimbläschen) sehr viel Kernsaft enthalten und beim Frosch einen Durchmesser von 0,8 mm erreichen.

Die Zelle im Gewebeverband

Gleichartig differenzierte Zellen sind bei Metazoen zu Funktionsverbänden zusammengeschlossen; diese werden als *Gewebe* bezeichnet. Embryonale noch nicht ausdifferenzierte Zellverbände nennen wir *Blasteme.* In den Organen des Metazoenkörpers sind verschiedenartige Gewebe vertreten. Wir können hier keine detaillierte Darstellung der vielfältigen Typen geben; es sei daher auf die Lehrbücher der *Histologie* (S. 529) verwiesen. In der folgenden Übersicht beschränken wir uns zudem auf wenige Grundformen, die in vielen Organen verwendet werden und im Tierreich allgemein verbreitet sind. Besonders spezialisierte Gewebe wie jene der Muskulatur, des Nervensystems, der Sinnesorgane und der Drüsen werden im Physiologiekapitel behandelt.

Epithelgewebe sind bei Wirbellosen meist einschichtige (Ausnahme: *Chaetognatha),* bei Wirbeltieren immer mehrschichtige Lagen von Zellen, die äußere Oberflächen oder innere Hohlräume begrenzen (Abb. 5). Häufig scheiden Epithelzellen an der freien Oberfläche eine Cuticula (z. B. bei Arthropoden, S. 410), an ihrer Basis eine Basalmembran (Lamina) aus (Abb. 1). Flimmerepithelien (S. 224) dienen der Fortbewegung des ganzen Tieres (Plana-

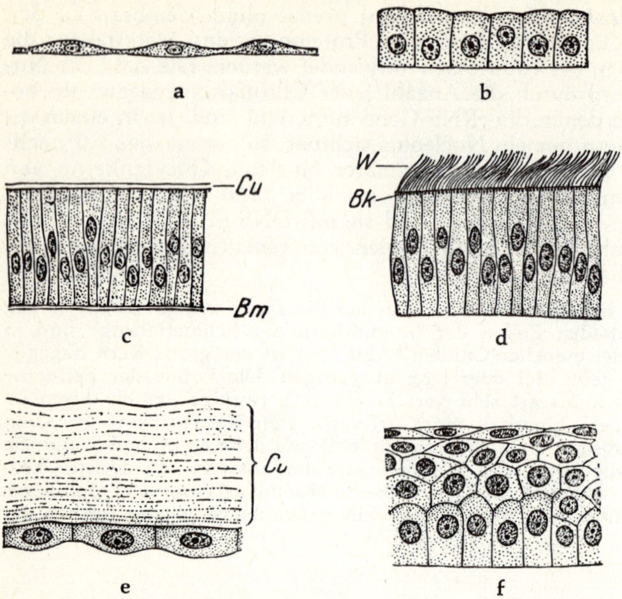

Abb. 5 Epithelformen im Schnitt, schematisch. a–e) Einschichtige Epithelien: a) Plattenepithel; b) Pflasterepithel; c, d) Zylinderepithel; d) Flimmerepithel; e) Epithel mit dicker Cuticula. f) Mehrschichtiges Epithel (von der Hornhaut eines Wirbeltiers), die unterste Schicht zylindrisch, die folgenden Schichten mit zunehmender Abplattung. *Bk* Basalkörper der Wimpern, *Bm* Basalmembran, *Cu* Cuticula, *W* Wimpern (Cilien).

rien, viele Larvenstadien), oder sie befördern ein flüssiges Medium (Atemwasser, Nahrungsstrudler usw.). Plattenepithelien, die das Coelom, die Blutkapillaren und die Lungenalveolen innen auskleiden, werden *Endothelien* genannt.

Bindegewebe (Abb. 6) erfüllen dank besonderer mechanischer Eigenschaften einer reichlich entwickelten Interzellularmasse vor allem Stützfunktionen. Bei der einfachsten Form, dem *Gallertgewebe* der Poriferen und Coelenteraten, liegen spindelförmige oder verästelte Zellen in einer gallertartigen Grundmasse, die Glykoproteine (Eiweiß-Polysaccharid-Komplexe) enthält. Durch Einlagern von Fibrillen (Skleroproteine, z. B. Kollagen) in die Interzellularmasse kommt das *fibrilläre Bindegewebe* zustande. Seine Substanz wird von *Fibroblasten* gebildet und erneuert; dies sind

Zellen, die in der Gewebekultur vielfach verwendet werden. Eigentliche Skelettfunktionen erfüllen Knorpel und Knochen. Das *Knorpelgewebe* findet sich außer bei Wirbeltieren auch noch in der Kopfkapsel der Tintenfische (S. 443), wo die Knorpelzellen im Gegensatz zu denen der Wirbeltiere Zellkontakte ausbilden. Die steifgallertige, elastische Grundmasse des Knorpels besteht

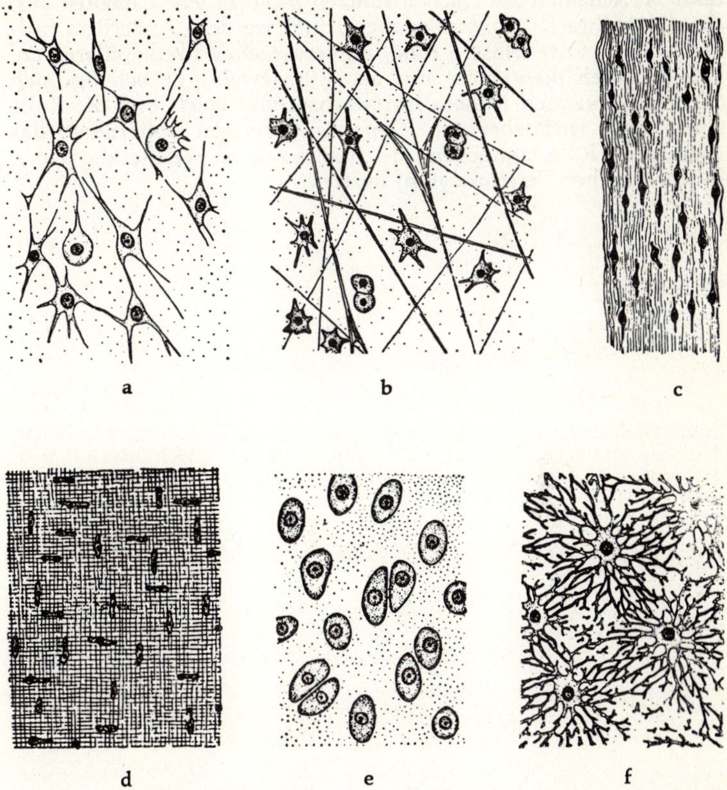

Abb. 6 Bindegewebeformen, schematisch. a) Homogenes Gallertgewebe (aus dem Mesenchym eines Schwammes). b) Gallertgewebe mit Fibrillen (aus dem Schirm einer Meduse). c) Fibrilläres Bindegewebe, parallelfaserig (Sehnengewebe). d) Fibrilläres Bindegewebe mit sich kreuzenden Fibrillen (aus dem Mesenchym eines Korallenpolypen). e) Knorpelgewebe eines Wirbeltieres. f) Knochengewebe eines Säugetieres.

vor allem aus Mucopolysacchariden (Chondroitinsulfat). Für die meist abgerundeten Knorpelzellen besorgt die Interzellularmasse den Stoffaustausch; Durchblutung fehlt. Das *Knochengewebe* der Wirbeltiere erreicht seine Festigkeit durch Einlagerung von Mineralsalzen, besonders Calciumphosphat und Calciumcarbonat, in eine organische Grundmasse. Die Bildungszellen des Knochens *(Osteoblasten)* stehen gegenseitig mit feinen Fortsätzen in Kontakt. Sie scheiden die Hartsubstanzen in Form von Lamellen aus, die durch ihre Kristallstruktur gerichtet werden. Außerdem ordnen sich die Osteoblasten rund um versorgende Blutkapillaren an. Der Knochen dient nicht nur als Stützgewebe. Er beteiligt sich auch am gesamten Mineralstoffwechsel und spielt hier die Rolle eines stets einsatzbereiten Depots. Außerdem beherbergt das Mark der Röhrenknochen die Stammzellen, welche die roten Blutkörperchen (Erythrocyten) liefern.

3. Genetik und Cytologie

Natur und Struktur der Erbsubstanz

Im Jahre 1869 entdeckte FRIEDRICH MIESCHER, ein Zeitgenosse GREGOR MENDELS, in den Zellkernen von Eiterzellen und Lachsspermien eine neue Klasse von organischen Verbindungen, die *Nucleinsäuren*. Es dauerte allerdings fast 80 Jahre, bis die Biologen erkannten, daß damit der stoffliche Informationsträger des Genotypus, d. h. des Erbprogramms, gefunden war. Das Bauelement der Gene wird als *Nucleotid* bezeichnet. Es setzt sich zusammen aus einem Phosphorsäureanteil, einem Desoxyribosezukker und einer Purin- oder Pyrimidinbase (Abb. 7). Die einzelnen Nucleotide werden durch Phosphat-Zucker-Bindungen zu langen Ketten (Makromolekülen) vereinigt. Als Basen, die mit dem Zukker verbunden sind, stehen zur Auswahl die beiden Purine Adenin (A) und Guanin (G) sowie die zwei Pyrimidine Thymin (T) und Cytosin (C). Für das kettenförmige Makromolekül wird der Terminus *Desoxyribonucleinsäure*, abgekürzt *DNS* oder *DNA* (A für Acid) verwendet.

Die genauere Analyse der DNS verschiedenster Lebewesen hat ergeben, daß zwar der mengenmäßige Anteil der einzelnen Basen in den DNS-Makromolekülen innerhalb weiter Grenzen variieren kann, daß dabei aber ein Verhältnis von 1 : 1 zwischen A und T einerseits und zwischen G und C andererseits eingehalten wird. Strukturanalysen mit Röntgenstrahlen und Kenntnisse über molekulare Bindungsmöglichkeiten erlaubten dann WATSON und CRICK 1953 ein Modell der DNS zu erarbeiten, dessen reale Existenz sich seither vielfach bestätigen ließ. Zwei komplementäre DNS-Ketten sind, gegensinnig laufend, als Schrauben umeinander gewickelt. Sie werden durch die Basenpaare A–T und G–C verbunden (Abb. 7, 8), die Wasserstoffbrücken eingehen.

Diese *DNS-Doppelhelix* erfüllt alle Anforderungen, die an die Erbsubstanz zu stellen sind. Mit den vier „Basenbuchstaben", die frei wähl- und kombinierbar sind, lassen sich in unendlicher Mannigfaltigkeit spezifisch gebaute Makromoleküle zusammenstellen. Für ein Gen als Wirkungseinheit werden einige hundert bis um die tausend Basenelemente (Nucleotidpaare) benötigt (S. 83). Daher kann jedes Gen von jedem anderen in seiner Basenzusammenstellung verschieden sein. Dies gilt sowohl für die Erbfaktoren im Genotypus einer Art, wo Zehntausende von Genen zusammenwirken, wie für die Unterschiede im Genbestand der rund zwei Millionen Tier- und Pflanzenarten, die heute die

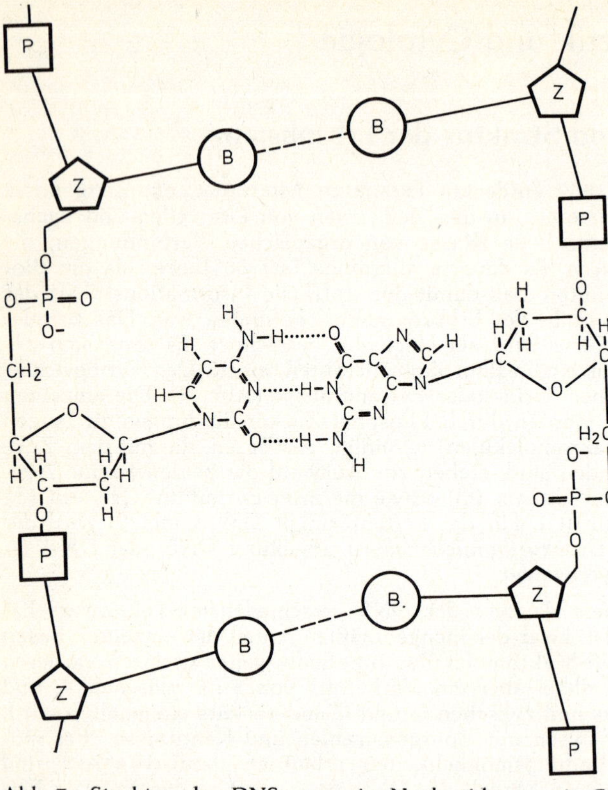

Abb. 7 Struktur der DNS; nur ein Nucleotidpaar mit Cytosin und Guanin ist ausgezeichnet. *P* Phosphorsäure, Z Zucker (Desoxyribose), *B* Base; Wasserstoffbrücken punktiert.

Erde besiedeln. Die Komplementarität der Basenpaare läßt zudem verstehen, wie sich die Erbsubstanz im Zell- und Generationszyklus vermehrt (Abb. 8).

Auf welche Befunde und Beweise stützt sich die Aussage, daß DNS die Erbsubstanz darstellt? Zunächst findet sich diese Molekülart in den *Zellkernen* aller Lebewesen, und zwar in den *Chromosomen* des Kernes, von denen wir wissen, daß sie die Träger der Gene sind; sodann ist die *Menge der DNS* in den verschiedenartig differenzierten Körperzellen (Somazellen) überall gleich groß. Dieser Befund steht in Einklang mit dem Postulat, wonach der Genbestand aller Zellen eines Organismus identisch ist (S. 34). Eine Ausnahme machen lediglich polyploide und polytäne Zellen, deren DNS-Gehalt dem Polyploidie-

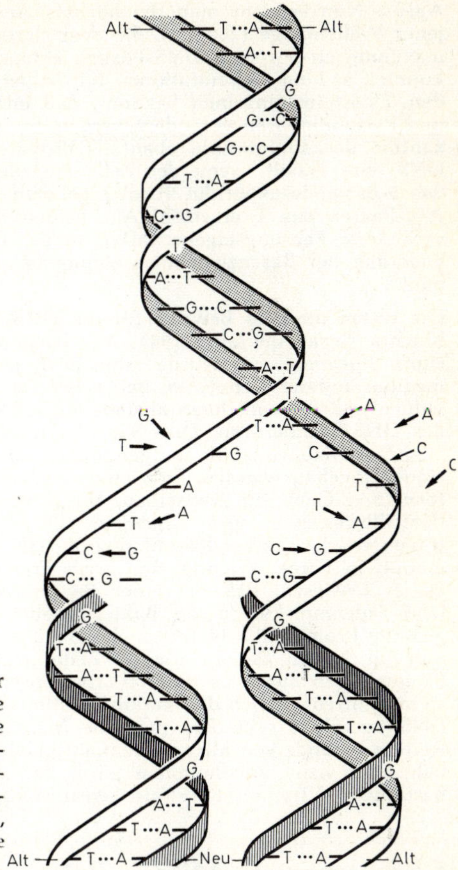

Abb. 8 Doppelhelix der DNS und Replikation. Alte Stränge hell, neue Stränge dunkel; Zucker-Phosphorsäure-Kette als Band dargestellt. *A* Adenin, *T* Thymin, *C* Cytosin, *G* Guanin, freie Nucleotidbausteine mit Pfeilen.

grad entspricht (S. 22). Erwartungsgemäß findet sich in den reifen haploiden Keimzellen genau die Hälfte der für die diploiden Somazellen typischen DNS-Menge. Weiter zeigt sich, daß die DNS-Moleküle – abgesehen von ihrer eigenen Verdoppelung – unverändert erhalten bleiben. Sie werden nicht wie Kohlehydrate, Fette, Proteine und cytoplasmatische Nucleinsäuren auf-, ab- und umgebaut; sie nehmen nicht am „turnover" teil. Es gibt allerdings in den Zellen in geringer Menge (1–3 %) neben der stabilen noch eine metabolische DNS, die verbraucht wird und deren Funktion noch unklar ist.

Weitere Argumente ergeben sich aus der *Mutationsforschung:* Ultraviolettes Licht (UV) wirkt als mutationsauslösendes (mutagenes) Agens. Nun erreicht man die höchste Ausbeute an Mutationen mit jener Wellenlänge (260 nm), die dem charakteristischen Absorptionsmaximum einer reinen DNS-Lösung entspricht. An Mikroorganismen konnten sodann Genmutationen mit salpetriger Säure ausgelöst werden. Es ist im einzelnen bekannt, daß und wie durch HNO_2 Purin- und Pyrimidinbasen verändert werden. So wird z. B. Adenin zu Hypoxanthin desaminiert. Ein ebenfalls direkter Eingriff in den Bau der DNS wird erzielt, wenn der Zelle anstelle normaler Nucleotidbasen das 5-Bromodesoxyuridin (BrdU) geboten wird. Diese Base kann in A-T-Paaren das T ersetzen. Aus beiden Experimenten ergeben sich veränderte Paarungseigenschaften in der Doppelhelix, was zur Veränderung der Basenzusammensetzung bei der Genreplikation führen muß.

Die ersten direkten Beweise für die DNS-Natur der Erbsubstanz erbrachte AVERY im Jahre 1944. Aus bestimmten Stämmen des Bakteriums *Pneumococcus* wurde reine DNS gewonnen und dem Kulturmedium anderer Genotypen beigefügt. Darauf nahmen einzelne Individuen und die von ihnen abstammenden Klone die Erbeigenschaften des DNS-Spenders an. Dies beruht darauf, daß von den Zellen die fremden DNS-Moleküle aufgenommen und in den eigenen Genbestand eingebaut werden. So können bei einer solchen *Bakterientransformation* Gene für Kapselbau, für Stoffwechselleistungen oder für Penicillinresistenz und allgemein für Virulenzeigenschaften übertragen werden. Dabei kommt nur die DNS als Träger der Geninformation in Frage. Wichtig sind auch Ergebnisse der *Virusforschung.* Es ist bewiesen, daß bei einer Bakteriophageninfektion einzig ein DNS-Fadenmolekül in die Bakterienzelle eindringt. Die kompliziert gebaute Proteinhülle bleibt an der Bakterienoberfläche zurück. Wenn nun im Innern der befallenen Zelle neue Viren entstehen, deren Proteinhüllen durch bestimmte Erbeigenschaften charakterisiert sind, so muß offensichtlich die merkmalbestimmende Erbinformation in der DNS verankert sein. Die moderne Molekulargenetik hat zahlreiche weitere Befunde von allgemeiner Gültigkeit erhoben, die nur verständlich sind, wenn angenommen wird, daß einzig die DNS (oder bei bestimmten Viren die RNS) als Gensubstanz wirkt.

Chromosomen, Mitose, Befruchtung, Meiose

Chromosomen

Die Makromoleküle der DNS sind in *Chromosomen* eingebaut. Dieser Name bedeutet, daß es sich um Körper handelt, die sich mit bestimmten (basischen) Farbstoffen anfärben lassen. Neue Chromosomen entstehen im Zellteilungszyklus nur in direkter **Kontinuität** mit vorher bestehenden Chromosomen, die als Matrizen dienen (S. 30). Geht z. B. nach Röntgenbestrahlung ein Chromosom oder ein Chromosomenstück verloren, so wird es nie mehr ersetzt.

Die einzelnen Chromosomen, die in einem Zellkern vereinigt sind, unterscheiden sich nach Form, Größe und Funktionsbedeutung (Abb. 9, 34). Diese **Theorie der Chromosomenindividualität** hat BOVERI schon im Jahre 1888 begründet.

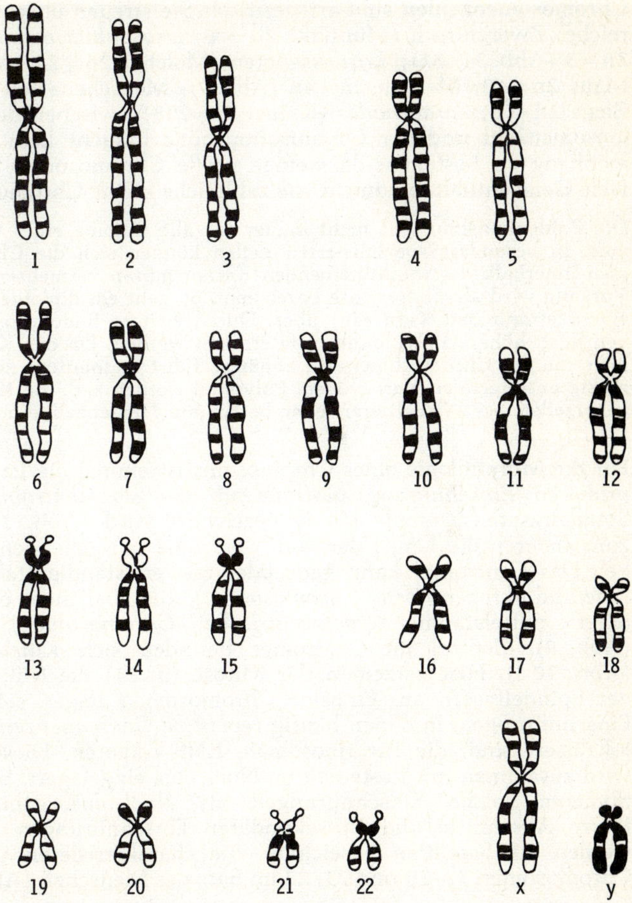

Abb. 9 Chromosomensatz des Menschen: Autosomen 1–22 sowie X- und Y-Chromosom. Bändermuster nach Giemsa-Färbung. Diese bereits verdoppelten Metaphasenchromosomen sind noch durch das Centromer verbunden (nacch BIGGER u. Mitarb.).

Reife Gameten enthalten nur einen Satz (Garnitur) Chromosomen; die Kerne sind *haploid* (n). Durch die Befruchtung wird ein Doppelsatz kombiniert (S. 38), der in der Regel auch allen von der befruchteten Eizelle (Zygote) abstammenden Zellen zugeteilt wird; diese sind daher *diploid* (2n). Unmittelbar vor der Gametenreifung wird durch die Meiose (S. 38) 2n auf n reduziert.

Chromosomenzahlen sind artspezifisch. Sie streuen über weite Bereiche: Zwerghirsch (Muntjak) 2n = 6; *Drosophila melanogaster* 2n = 8 (Abb. 34, 51); *Triturus*-Arten (Molche) 2n = 24 (Abb. 23); Maus 2n = 40; Mensch 2n = 46 (Abb. 9); Menschenaffen 2n = 48; Ziege 2n = 60; *Paralithodes* (Krebs) 2n = 208! Zwischen der Chromosomenzahl und der Organisationshöhe braucht kein Zusammenhang zu bestehen, da wenige große Chromosomen ebensoviele Gene enthalten können wie zahlreiche kleine Chromosomen.

Die Zahlenkonstanz gilt nicht immer für alle Organe eines Organismus. In besonders spezialisierten Zellen können sich die Chromosomen innerhalb der intaktbleibenden Kernmembran vermehren. Dieser Vorgang wird als *Endomitose* bezeichnet. So geht ein diploider (2n) in einen tetraploiden Kern (4n) über. Durch weitere Endomitosen können noch höhere Polyploidiegrade erreicht werden. Da das Kernvolumen von der Chromosomenzahl abhängt, führt Endomitose zu gesetzmäßig ansteigenden Kerngrößen. Polyploid werden z. B. die Kerne der Leberzellen bei Wirbeltieren oder bestimmte Drüsenzellkerne bei Insekten.

Für die **Morphologie** eines Chromosoms ist einmal die Lage einer *primären Einschnürung* bestimmend, die als *Centromer* oder Spindelfaseransatzstelle *(SFA)* bezeichnet wird (Abb. 10), und zum anderen die Länge der vom Centromer ausgehenden Schenkel. Das Centromer kann ganz oder fast endständig *(telozentrische* und *akrozentrische Chromosomen)* oder aber mehr oder weniger mittelständig *(metazentrische Chromosomen)* liegen (Abb. 9). Zentral im Centromer befinden sich *Kinetochoren* (Abb. 10 a). Hier setzen in der Mitose (S. 31) die Mikrotubuli der Spindelfasern an. Einzelne Chromosomen zeigen sekundäre Einschnürungen, in denen häufig *repetitive Gensequenzen* (S. 86) lokalisiert sind, die für ribosomale RNS codieren. Diese rRNS wird zusammen mit Proteinen im Nucleolus eingelagert. So funktionieren solche Einschnürungen als *Nucleolusorganisatoren.* Kurze Abschnitte, die an sekundären Einschnürungen hängen, werden als *Satelliten* bezeichnet. Sie charakterisieren u. a. die Chromosomen 13–15 und 21, 22 im Satz des Menschen (Abb. 9).

In vielen Chromosomen lassen sich zwei Chromatintypen unterscheiden. Das *Euchromatin* ist der Hauptträger der meist in einfacher Vertretung vorkommenden Strukturgene (S. 85). In der Interphase (S. 30) wird das Euchromatin „diffus", indem es zu

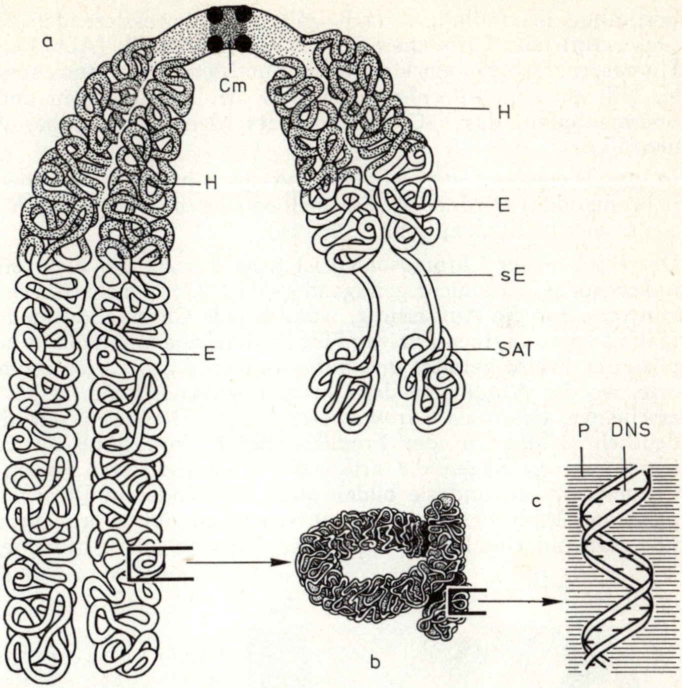

Abb. 10 Teilweise hypothetisches Schema eines Metaphasechromosoms. a) *Cm* Centromer mit Kinetochor, *sE* sekundäre Einschnürung mit Satellit *(SAT)*, *E* Euchromatin mit den aufgewundenen Chromatiden (primäres Coiling), *H* Heterochromatin, wobei der Typus der Chromatidenwindung kaum der Realität entspricht. b) Ausschnitt mit feineren Windungen 2. Ordnung (Supercoiling). c) DNS-Doppelhelix als zentrales Element der Chromatinfibrille, umgeben von Protein *P*, schraffiert (z. T. nach Lima di Faria und DuPraw).

lichtmikroskopisch nicht mehr sichtbaren Fibrillen ausgezogen (entspiralisiert) ist. Das *Heterochromatin* bleibt auch in der Interphase meist sichtbar „kondensiert"; es repliziert in der Regel später als Euchromatin und enthält keine oder nur sehr wenige merkmalsbestimmende, für Proteine codierende Strukturgene. Dagegen sind im Heterochromatin, z. B. in sekundären Einschnürungen wie auch an anderen Stellen (beidseitig der Centromeren, Abb. 34), repetitive Sequenzen vertreten, denen neben Produktion von rRNS noch Aufgaben zukommen, die wahrscheinlich die Integrität der Chromosomen sichern. Daß die Chromosomen in der Längsrichtung individuell differenziert sind, zeigen bestimmte Behandlungen (z. B. mit dem fluoreszierenden Stoff Quinacrin) oder Färbungen mit der Giemsatechnik (Abb. 9). Die Fluoreszenzfärbung markiert nicht nur Metaphasechromosomen; sie läßt auch im Interphasekern (z. B. bei Amnionzellen und in Spermaköpfen) das Y-Chromosom des Menschen sichtbar werden.

In der Metaphase der Mitose sind die Chromosomenschenkel (Chromatiden) verdoppelt. Sie bleiben hier nur noch durch das Centromer verbunden (Abb. 9, 10, 16).

Der **Feinbau der Chromosomen** ist trotz Einsatz des Elektronenmikroskopes noch nicht genügend geklärt. Doch mehren sich die Hinweise für die Auffassung, wonach jede Chromatide im Normalfall von nur einer *einzigen* Fibrille durchzogen ist, die in komplizierter Weise gefaltet und aufgewunden wird. Chromosomenorte, wo die Windungen der Chromatiden knötchenartig gestaut erscheinen, treten als *Chromomeren* hervor. Diese sind vor allem deutlich sichtbar in der Prophase der Meiose (Abb. 21). Die Chromomeren zeigen die artkonstante Längsdifferenzierung im Chromosom an, und sie bilden auch die Bänder in Riesenchromosomen (Abb. 11, 14). Sehr wahrscheinlich gibt es pro Chromatide auch nur eine DNS-Doppelhelix. Für eine solche *Mononemie*

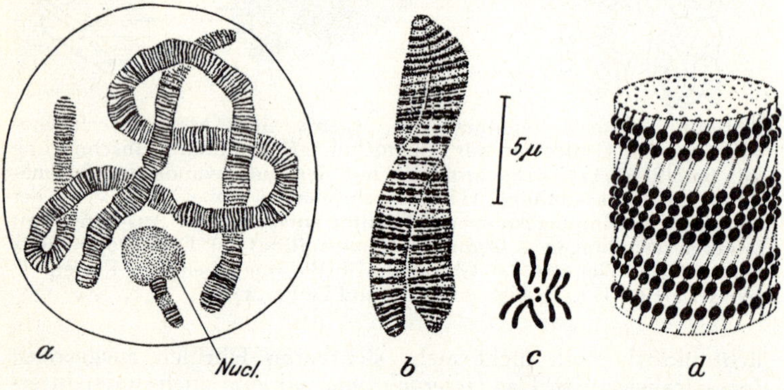

Abb. 11 Riesenchromosomen in Kernen von Speicheldrüsenzellen von Dipteren. a) Chromosomen einer *Chironomus*-Larve, *Nucl* Nucleolus. b) Das kleinste Chromosomenpaar aus einem Speicheldrüsenkern von *Drosophila melanogaster*; meist ist die Paarung der Homologen so, daß keine Trennlinie sichtbar bleibt. c) Chromosomensatz von *D. melanogaster* aus einer Kernteilung; das in b bei gleicher Vergrößerung (Maßstrecke = 5 µm) wiedergegebene Chromosom ist punktförmig (nach BRIDGES). d) Schema des Aufbaus eines Riesenchromosoms aus zahlreichen Chromatiden.

sprechen die Strukturen der Lampenbürstenchromosomen (Abb. 15) sowie Mutationsbefunde und die semikonservative Replikation (S. 31).

Da sich die Moleküllänge einer Doppelhelix pro Chromosom berechnen läßt, kann sie mit der Chromosomenlänge verglichen werden. In einem mittelgroßen Chromosom des Menschen mag die gesamte DNS etwa 4 cm lang sein. Die Totallänge für einen diploiden Satz würde ca. 170 cm betragen. Bei einer Länge eines Metaphasechromosoms von einigen Mikrometern müßte durch Aufwindung (Coiling und Supercoiling) eine rund 5000fache Verkürzung erreicht werden. Dies bedeutet, daß auf engstem Raum enorm viel genetische Information verpackt werden kann.

Das Elektronenmikroskop zeigt die *Chromatinfibrillen*, die als Einheitsstrukturen in den Chromatiden aufgewunden sind. Bis über 100 Querschnitte werden in einem ebenfalls quer geschnittenen Chromosomenschenkel getroffen. Die Fibrillen sind 10 bis 40 nm dick. Daran ist die Doppelhelix selbst mit einem Durchmesser von lediglich 2 nm beteiligt. Die Restmasse wird von Proteinen und geringen Mengen an RNS beansprucht.

Von besonderer Bedeutung sind die mit der DNS salzartig verbundenen *basischen Histonproteine* sowie auch kleinmolekulare, meist *saure Proteine*. Diese Proteine spielen eine Rolle bei der Kontrolle von Genaktivitäten (S. 89). Außerdem enthalten die Chromatinfibrillen *Enzyme*, so DNS-Polymerasen und Ligasen, die für den Replikationsprozeß (S. 19) eingesetzt werden; zudem noch Endonucleasen, die wahrscheinlich beim Öffnen und Entwinden der DNS-Stränge benötigt werden.

Besondere Einblicke in Bau und Funktion der Erbsubstanz gewähren **Riesenchromosomen**, wie sie in Zellkernen von **Dipterenlarven** (Fliegen und Mücken) vorkommen. Wir finden sie am größten entwickelt und am klarsten strukturiert in den *Speicheldrüsen* (Abb. 11–14); doch gibt es Riesenchromosomen u. a. auch in den Malpighischen Gefäßen, im Fettkörper und in den Nährzellen der Ovarien. Riesenchromosomen treten auch in Makronuclei einzelner Ciliaten, bei Collembolen (Insekten) und in der Samenanlage von Bohnen auf. Riesenchromosomen entstehen durch einen *Spezialfall einer Endomitose* (S. 22), indem sich die Chromatiden fortgesetzt um ein Vielfaches vermehren, dabei aber sehr eng nebeneinander liegen bleiben, also nicht auf selbständige Chromosomen verteilt werden. So ergeben sich vielfädige, d. h. polytäne Bündel. Der *Polytäniegrad* mag bis auf 1024 Chromatiden ansteigen; dies erklärt den ungewöhnlichen Durchmesser. Da die Chromatiden im Kern weniger aufgewunden sind als in einem Metaphasenchromosom, ergibt sich eine Verlängerung des Chromosoms bis auf das Hundertfache (Abb. 11 b, c). Sodann stehen die an DNS reichen Chromomeren (S. 24) im Chromatidenbündel nebeneinander, und so entstehen stark färbbare *Querbänder,* die durch schwach färbbare *Interbänder* getrennt sind. Als Ganzes ergibt sich ein artkonstantes *Verteilungsmuster,* das die aperiodische Längsdifferenzierung im Chromosom anzeigt. Bei vielen Dipteren finden sich die Riesenchromosomen in der Haploidzahl n, weil sich die embryonal noch getrennten homologen mütterlichen und väterlichen Chromosomen paarweise eng aneinanderlegen (Abb. 11, 13).

Für die **Forschung** wurden die Riesenchromosomen in mehrfacher Hinsicht wichtig. Einmal stellt die in der Längsrichtung hoch differenzierte

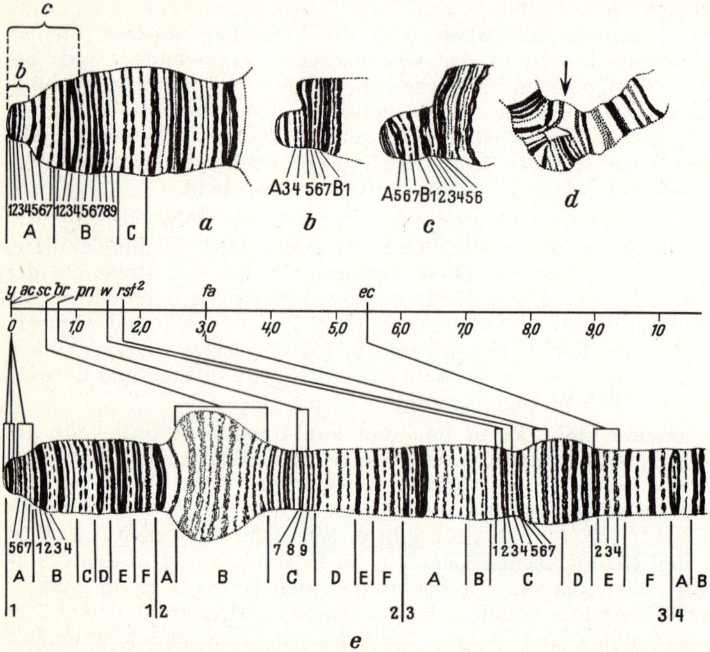

Abb. 12 Bänderstruktur im X-Chromosom von *Drosophila melanogaster.* a) Chromosomenende mit Bänderteilung (*A 1–7, B 1–9* usw.) und Ausmaß des in b und c vorliegenden Stückausfalls. b und c) Heterozygotie für terminale Stückausfälle (deficiencies) verschiedenen Ausmaßes. d) Heterozygotie für eine Deficiency (Pfeil) in einem chromosomalen Zwischenbereich. e) Oben die mit Crossover-Versuchen ermittelte Gensequenz, *y–ec* Gene, die 5,5 Morgan (S. 58) entfernt liegen; unten die Zuordnung der Kartenloci zu bestimmten Bändern des Speicheldrüsenchromosoms; Genabstände, gewonnen aus Rekombinationswerten (S. 56), entsprechen nicht den chromosomalen Distanzen.

Architektur ein adäquates und hier sichtbares Substrat für die Lehre von der *linearen Zuordnung der Gene* zu bestimmten Loci im Chromosom dar (Abb. 12). Die Zahl der Bänder, die bei *Drosophila melanogaster* ca. 5000 beträgt, stimmt hier in der Größenordnung mit der Minimalzahl an Strukturgenen überein, wie sie auf Grund von Ergebnissen der Mutationsforschung zu fordern ist. Dabei müßte ein Band zusammen mit seinem benachbarten Interband eine Funktionseinheit bilden, wobei umstritten ist, wo Strukturgene und wo eventuelle Kontrollfaktoren (S. 89) lokalisiert sind. An den Riesenchromosomen lassen sich die verschiedenartigsten *Mutationen* nachweisen, die den Chromosomenbau (S. 68) verändern. Was die Genetiker lange vor der Entdeckung der Speicheldrüsenstrukturen auf Grund von klassischen Kreuzungs- und Zuchtexperimenten und theoretischen Erwägungen postuliert hatten, konnte nun im Mikroskop gesehen werden. Dort wo ein Genausfall (deficiency) angenommen worden war, fehlen tatsächlich Bänder, und wo man eine Genverdoppelung (Duplikation) postuliert hatte, zeigten sich auch die Bänder verdoppelt. Wenn in anderen Fällen die Reihenfolge der Gene in einem bestimmten Chromosomenbereich invertiert ist, so wird dies im Bänderspektrum sichtbar (Abb. 13). Auch Translokationen von Chromosomenstücken lassen sich feststellen.

Wichtig sind auch die Möglichkeiten des Nachweises von *Evolutionsvorgängen.* In Wildpopulationen von Drosophila-Arten findet man zahlreiche Strukturtypen bei homologen Riesenchromosomen, die sich in der Anordnung der Bändersequenz unterscheiden. Diese Mannigfaltigkeit geht auf Inversionsereignisse zurück. Wie Abb. 13 zeigt, ist es möglich, „Stammbäume" von Inversionstypen aufzustellen, die angeben, welche Anordnungen durch ein Einzelmutationsereignis vonein-

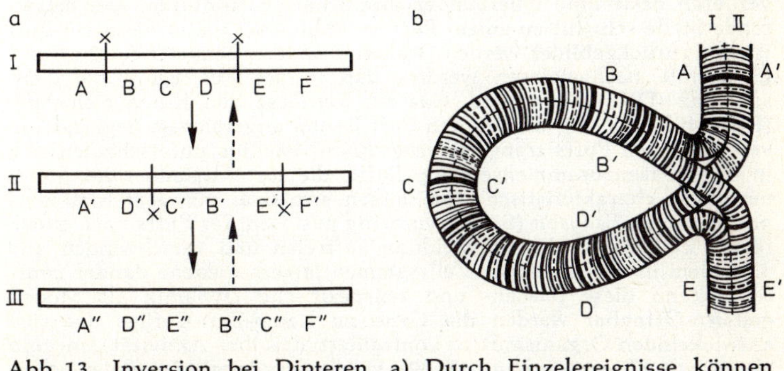

Abb. 13 Inversion bei Dipteren. a) Durch Einzelereignisse können folgende Anordnungen direkt auseinander hervorgehen: *I → II → III* oder *III → II → I* oder *I ← II → III*; I zu III verlangt ein unwahrscheinliches Doppelereignis. × Bruchstellen, die zu Inversionen führen, welche der Evolutionssequenz *I → II → III* zugrunde liegen. b) Bei Individuen, die heterozygot für eine Inversionsanordnung (I gegen II) sind, entstehen Schleifen, weil nur homologe Loci (gleiche Bänder) paaren können, z. B. *B* mit *B′*.

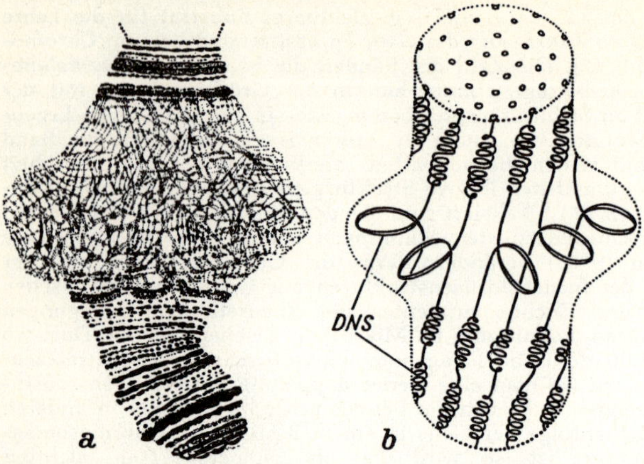

Abb. 14 Puffbildung. a) Bei der Mücke *Rhynchosciara* (nach BREUER u. PAVAN). b) Schema eines Puffs, das die Auflockerung in den Chromomeren zeigt (nach KARLSON).

ander ableitbar sind und wo unterschiedliche Typen nur über Zwischenstufen in Verbindung stehen können.

Auch für die Untersuchung von *Genaktivitäten* werden die Riesenchromosomen herangezogen. In bestimmten Phasen der Entwicklung verlieren bestimmte Querbänder ihre scharfen Konturen. Die betreffende Stelle schwillt zu einem *Puff* an (Abb. 14). Später kann ein Puff wieder zurückgebildet werden, während andere Bänder neu „puffen". Es konnte nachgewiesen werden, daß in der Puffregion die Gensubstanz (DNS) aktiv wird, was zur Synthese von Ribonucleinsäure (RNS) führt (S. 78), die um den Puff herum angereichert liegt. Die an verschiedenen Puffs transkribierten RNS-Moleküle unterscheiden sich in ihrer Basenzusammensetzung. Puffs, die für Vorstadien der Metamorphose charakteristisch sind, lassen sich u. a. mit dem Metamorphosehormon *Ecdyson* (S. 163) vorzeitig auslösen. Da Puffs nach einem festen Zeitplan in der Entwicklung auftreten und verschwinden und da zudem in verschiedenen Zellsystemen je verschiedene Bänder „puffen", kann diese phasen- und zellspezifische Dynamik als Modell gelten: Offenbar werden die Gene im Raum-Zeit-Gefüge des sich entwickelnden Organismus so kontrolliert, daß ihre Aktivität „an- und abgeschaltet" werden kann (S. 89). Hormone mögen hier als entscheidende Auslöser wirken.

Riesenchromosomen (bis fast 1 mm lang) mit einer besonderen Aktivitätsstruktur sind die **Lampenbürstenchromosomen;** sie kommen in den *Oocytenkernen* von Wirbeltieren vor (Abb. 15), aber auch in Spermatocyten von Drosophila, wo allerdings nur das für normale Spermienbildung unentbehrliche Y-Chromosom

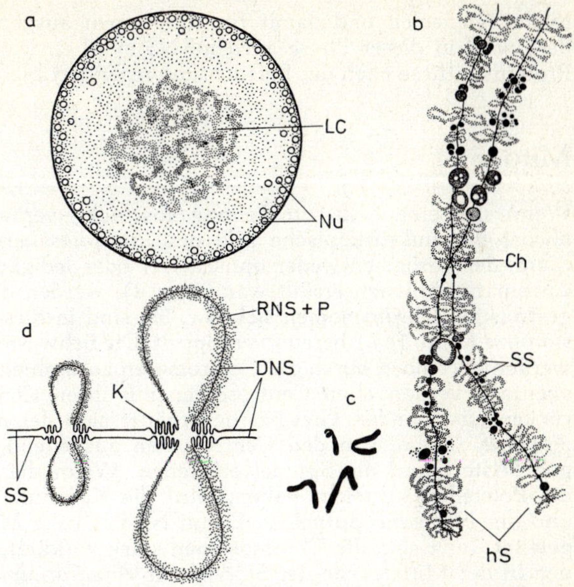

Abb. 15 Lampenbürstenchromosom (LC) von *Triturus cristatus.* a) Innerhalb des Kernes (Keimbläschen) einer Oocyte mit zahlreichen Nucleolen *(Nu).* Ausschnitt aus einem Paarungsstadium zwischen 2 homologen Chromosomen; *Ch* Chiasma, *hS* homologe Stränge, *SS* Schwesterstränge. c) Chromosomen aus Körperzellen in gleicher Vergrößerung wie b. d) Schema der wahrscheinlichen Struktur, DNS als dünner Faden, umgeben in den Schleifen von RNS und Protein *(P)*; *K* chromomerenartige Knoten (a–c nach CALLAN, d nach verschiedenen Autoren; aus E. HADORN: Verständliche Wissenschaft, Bd. 77. Springer, Berlin).

(S. 63) diese Besonderheit zeigt. Die Lampenbürstenstruktur ist charakteristisch für das *Diplotän* (S. 40) der meiotischen Prophase. In diesem Stadium, das bei Molchen *(Triturus)* bis 200 Tage andauert, sind die gepaarten homologen Chromosomen nur noch durch Chiasmata (S. 42) zusammengehalten (Abb. 15 b). Von den Chromatiden gehen Schleifen aus, die wie die Borsten einer Lampenbürste abstehen. Diese Schleifen bilden (wie die Bänder in polytänen Riesenchromosomen) ein aperiodisches, artkonstantes Muster. Bei *Triturus* sind im diploiden Satz annähernd 10 000 Schleifen ausgebildet. Gestreckt würde die gesamte DNS eines Kerns 1400 cm messen. In den Schleifen wird die DNS transkribiert (S. 80). Es entsteht hier RNS und anschließend auch Protein. Damit wird die reifende Eizelle mit Material für zahlreiche Nucleolen und damit für Ribosomen ausgerüstet. Außerdem wird in dieser Phase auch mRNS synthetisiert, die für eine Proteinsynthese nach der Befruchtung reserviert bleibt (S. 114).

Mitose

Wenn sich eine Zelle zur Teilung anschickt, verändert sich zunächst das mikroskopische Bild des *Interphasekerns*. Im Kernraum, der vorher entweder optisch leer oder lediglich von feinen Chromatinkörnchen erfüllt war (Abb. 1), werden die noch langgestreckten Chromosomen sichtbar. Sie sind in diesem *Prophasestadium* (Abb. 16 a) bereits verdoppelt. Die Schwesterchromatiden werden aber noch durch die Centromeren zusammengehalten. Die ebenfalls verdoppelten Centrosomen mit ihren Centriolenpaaren rücken auseinander. Gleichzeitig ergänzt sich der *achromatische Apparat*, indem, von den Centrosomen ausgehend, Polstrahlungen (Aster) und die Spindel entstehen. Wenn die Centrosomen die Polstellung erreicht haben, wird die Kernhülle fragmentiert und der Nucleolus aufgelöst. Damit ist die frühe *Metaphase* eingeleitet. Jetzt sind die Chromosomen stark verkürzt, und sie werden in der Mittelebene der Spindel zur *Äquatorialplatte* angeordnet. Die *Anaphase* beginnt mit der Trennung der Centromeren; anschließend bewegen sich die beiden Sätze der Schwesterchromosomen zu den entgegengesetzten Spindelpolen, wo sie dicht gedrängt versammelt werden. In der *Telophase* wird, wohl aus Elementen des ER (S. 7), eine neue Kernhülle zusammengesetzt. Die Chromosomen werden länger und entsprechend dünner, bis der Interphasezustand wieder erreicht ist. Ein neuer Nucleolus wird aufgebaut. Während der Anaphase beginnt auch die *Cytoplasmateilung*, wobei sich die Zellmembran meist von der Peripherie her ringförmig fortschreitend in Richtung des Spindeläquators einfaltet. So werden zwei Tochterzellen abgegrenzt.

In der Interphase, deren Perioden in Abb. 17 dargestellt sind, erfolgt während der S-Phase die *Replikation der DNS*. Dazu muß zuerst durch Lösen der Wasserstoffbrücken die Doppelhelix geöffnet werden (Abb. 8). Dann lagern sich an beide Einzelstränge freie Nucleotide an, die unter Einsatz von DNS-Polymerasen und Ligasen (S. 25) zu neuen Strängen polymerisieren. Da dabei die Paarungsaffinitäten (S. 17) A–T und G–C eingehalten werden, ergeben sich zwei Schwesterhelices, deren genspezifische Basensequenz identisch ist und auch mit dem Molekularbau der „mütterlichen" Doppelhelix übereinstimmt **(identische Replikation).** Bei der DNS-Verdoppelung (Abb. 8) wird nur ein Strang neu gebaut, der andere vom mütterlichen Chromatid übernommen

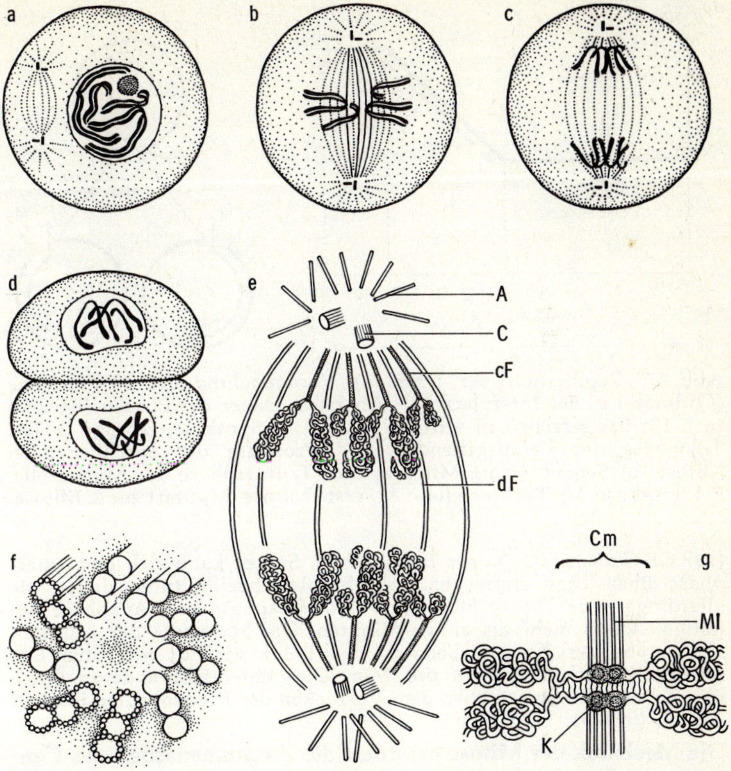

Abb. 16 Mitose, halbschematisch. a) Prophase; innerhalb der Kernhülle 4 Chromosomen mit je 2 Chromatiden und Nucleolus, im Cytoplasma der Spindelapparat. b) Metaphase; Chromosomen stärker kondensiert in Äquatorialebene. c) Späte Anaphase. d) Telophase. e) Strukturen der Anaphase; Chromosomenschenkel mit nur 1 Chromatide, *A* Aster, *C* Centriol, *cF* Chromosomenfasern der Spindel, *dF* Durchgehende Fasern. f) Centriol mit 9 Dreiergruppen von Mikrotubuli. g) Metaphase; Detailbild der Centromerenregion (*Cm*), Ansatz von Mikrotubuli *(Mi)* am Kinetochor *(K)* (e–g z. T. nach DuPraw).

und in nachfolgenden Teilungszyklen weitergegeben. Dieser Modus einer **semikonservativen Replikation** wurde mit radioaktiv markierten Nucleotidbasen nachgewiesen.

Je nach Organismus und Entwicklungsperiode beanspruchen Mitosezyklen eine unterschiedliche *Dauer*. Besonders rasch folgen sich Kernteilungen in Furchungsmitosen. *Drosophila melanogaster:* 7 × pro Std.

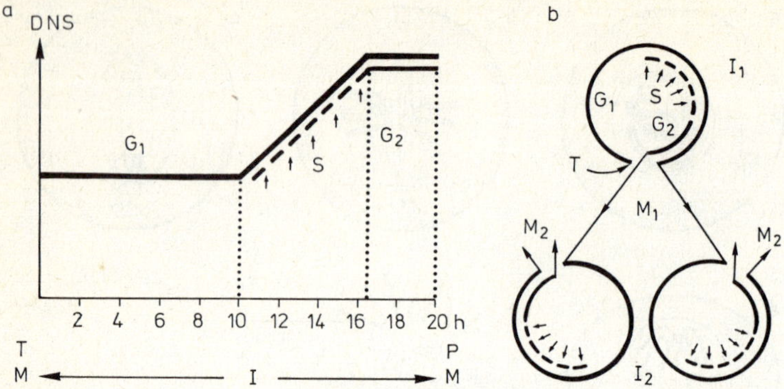

Abb. 17 Replikation der DNS. a) Verdoppelung der DNS-Menge (Ordinate) in der Interphase (*I*); Abszisse: Dauer der Phasen (Beispiel in h für Säugerzellen in vitro; G_1 Gap 1, *S* Synthese, G_2 Gap 2, *TM* Telophase der vorausgehenden, *PM* Prophase der anschließenden Mitose. b) Sequenzen im Mitosezyklus; I_1 Interphase der Mutterzelle, I_2 Interphase der Tochterzellen; M_1 erste Mitose, M_2 Start zur 2. Mitose.

(25° C); *Triturus:* 1 × pro Std. (18° C). Später kann sich eine Interphase über Tage erstrecken. In Fibroblastenzellkulturen dauert sie allerdings „nur“ 12–20 Std. (Abb. 17). Metaphase und Anaphase benötigen kaum mehr als einige Minuten. Die Bewegung der Chromosomen von der Äquatorebene zu den Polen verläuft mit einer Geschwindigkeit von 1–4 µm pro Min. Dies entspricht anderen Cytoplasmabewegungen, so etwa dem Vorrücken der Pseudopodien in einer Amöbe (S. 219).

Die **Mechanik der Mitose** erfordert die Zusammenarbeit des Centrosomen-Spindelapparates mit Strukturen der Chromosomen. Die *Centrosomen* organisieren die Spindelpole, wobei ihre *Centriolen* die Ausbildung der *Mikrotubuli* in den Asteren und in der Spindel induzieren (S. 11). Die bipolare *Spindel* bewirkt das Einordnen der Chromosomen in die Äquatorialebene und ist für die Anaphasebewegung unentbehrlich.

In Eizellen läßt sich durch Schütteln, Kälte oder Chemikalien die Centrosomenteilung verhindern; dann bildet sich lediglich ein *Monaster,* d. h. ein einpoliger achromatischer Apparat. Unabhängig von dieser Abnormität verläuft der Formwandel der Chromosomen. Sie erreichen das Metaphasestadium; doch bleiben sie ungeordnet verteilt. Andererseits trennen sich die Schwesterchromosomen *autonom,* und sie weichen (ohne Spindel) auch auf kurze Distanz auseinander. Dann aber unterbleibt die Verteilung auf Schwesterkerne; in der Telophase werden alle Chromosomen entweder in nur einen, nun polyploiden Kern verpackt, oder es können nebeneinander auch zahlreiche kleine Kerne (*Karyomeren*) entstehen, die jeweils das Chromatin von nur einem oder wenigen Chromosomen enthalten. Es kann auch vorkommen, daß in Eizellen ein achromatischer Apparat ohne Beziehungen zu Chromosomen auftritt. Solche *Cytaster* vollziehen autonome Zellteilungszyklen, wobei kernlose Blastomeren durch normale Wandbildung abgegrenzt werden (S. 128).

Das *Centromer* hat eine Doppelfunktion (Abb. 16). Chromatinfibrillen halten hier die Schwesterchromatiden bis zur beginnenden Anaphase zusammen, und die *Kinetochoren* stellen den Kontakt zu den *chromosomalen Spindelfasern* her.

Wenn Chromosomen oder Chromosomensegmente nach Röntgenbestrahlung ihre Centromeren verlieren, bleiben sie in der Äquatorialregion liegen, weil eine Verbindung zur Spindel fehlt. Sie gehen früher oder später zugrunde. Der Verlust an Erbsubstanz hat zur Folge, daß die Tochterzellen häufig nicht mehr weiter teilungs- und lebensfähig sind. So erklären sich sowohl unerwünschte Strahlungsschäden wie das erwünschte Zerstören von Krebszellen in der Strahlentherapie.

Über die Mechanismen, die zur *autonomen Trennung* der Centromeren und zu dem von der Spindel nicht abhängigen ersten Auseinanderweichen der Chromosomen führen, ist nichts bekannt. Auch nur teilweise verstanden wird heute die *Mechanik der Anaphasebewegung.* Immerhin ist unbestritten, daß *Mikrotubuli* für diese Dynamik eingesetzt werden. Die Mikrotubuli der *chromosomalen Spindelfasern* verbinden sich mit den Kinetochoren. Ebenfalls zu Bündeln vereinigt, bilden Mikrotubuli die *durchgehenden Spindelfasern* (Abb. 16), welche von Pol zu Pol ziehen und bis zum Ende der Anaphase erhalten bleiben. Die klassische „Zugfasertheorie", wonach am Chromosom ansetzende Spindelfasern sich kontrahieren und so die Chromosomen zu den Polen ziehen würden, muß heute modifiziert werden. Zwar werden die chromosomalen Fasern mit fortschreitender Anaphase kürzer. Doch nimmt dabei der Durchmesser der Mikrotubulusbündel nicht zu. Die Mikrotubuli scheinen sich vielmehr dort, wo sie in das Cytoplasma des Centrosoms einmünden, aufzulösen (Zerfall in Monomere, Abb. 4). Der eigentliche *Bewegungsmechanismus* mag ähnlich wie bei der Muskelkontraktion (S. 226) darauf beruhen, daß Filamente (hier die Mikrotubuli) aneinander vorbeigleitend sich verschieben. Dabei mögen die chromosomalen Mikrotubuli die durchgehenden Mikrotubuli als Gleitpartner benützen. Eine Anaphasebewegung wird blockiert, sobald man mit Colchicin (S. 10) die Mikrotubuli fragmentiert. Da die Chromosomenteilung dabei unbehindert erfolgt, entstehen so „polyploide Kerne"; dieses Verfahren spielt in der Pflanzenzucht eine Rolle.

Die *Bedingungen,* die eine Zelle zur Teilung veranlassen, sind nur unvollkommen bekannt. Protozoenzellen wie auch Metazoenzellen wachsen in Gewebekulturen bis zu einer bestimmten Größe heran, die wahrscheinlich durch das Verhältnis von Oberfläche zu Volumen und durch eine optimale Kern-Cytoplasma-Relation begrenzt wird. Dann teilt sich die Zelle, und in den Tochterzellen setzt erneut Wachstum ein. Bei Amöben ließ sich durch tägliches Abschneiden eines Cytoplasmastückes jegliche Teilung verhindern. Damit konnte das Individualleben auf über 100 Tage verlängert werden, während sich nichtoperierte Tiere etwa jeden 2. Tag teilen mußten.

Die Mitose verläuft bei allen Eukaryonten nach dem gleichen universalen Prinzip, was für eine einmalige „Erfindung", einen *monophyletischen* Ursprung, spricht. Dieser Mechanismus ermöglicht und sichert eine **äquivalente Verteilung der Erbsubstanz** in der Zell- und Generationenfolge.

Befruchtung

Bei der Befruchtung vereinigen sich stets zwei Kerne, meist auch zwei ganze Zellen. Diese *Gameten* können bei Protozoen morphologisch gleich *(Isogamie,* S. 108) oder verschieden gestaltet sein *(Anisogamie).* Aber auch bei Isogamie bestehen physiologische Unterschiede. Bei den Metazoen sind die Keimzellen stets verschieden. Der weibliche Gamet, die **Eizelle** (Abb. 18), enthält neben seinem Kern viel Cytoplasma mit allen seinen Strukturen und Organellen (S. 7), in das meist reichlich Nahrungsstoffe eingelagert sind. Dieser Dottervorrat dient dem Aufbau des Embryonalkörpers. Der männliche Gamet, die **Samenzelle** (Spermium, Abb. 19), ist eine für Bewegung hoch differenzierte Zelle. Sie besteht aus einem Kopf, der den Zellkern enthält, wo in dichter Packung die Chromosomen vereinigt sind. Auf diesem Kernteil sitzt als Spitzenstück das *Akrosom,* dem eine besondere Rolle bei der Befruchtung zukommt. An den Kopf schließen *Mittelstück* und *Schwanz* an. Im Mittelstück liegen ein oder zwei Centriolen sowie Mitochondrien. Der Bewegungsapparat des Schwanzes ist nach der für Flagellen und Cilien typischen (9 + 2)-Formel gebaut (S. 222, Abb. 19). Bei den Centriolen sind nur die 9 peripheren Mikrotubulusbündel (Abb. 16) vorhanden. Bei der Besamung (Abb. 18) dringen häufig nur Kopf und Mittelstück in das Eiplasma ein, während der Schwanz abgeworfen wird. Der Spermakern schwillt im Cytoplasma des Eies an und wird zum väterlichen Vorkern, der mit dem mütterlichen Vorkern zum Zygotenkern verschmilzt. Diese Karyogamie wird durch ein aktives Zueinanderwandern der beiden Vorkerne ermöglicht. Meist schließen sich unmittelbar an die **Befruchtung** die Furchungsteilungen an (Abb. 18 d), wobei die Centriolen des Mittelstückes den Spindelapparat organisieren.

Der Besamungs- und Befruchtungsvorgang setzt das Zusammenspiel zahlreicher Stoffe und Strukturen voraus. Die Stoffe, die

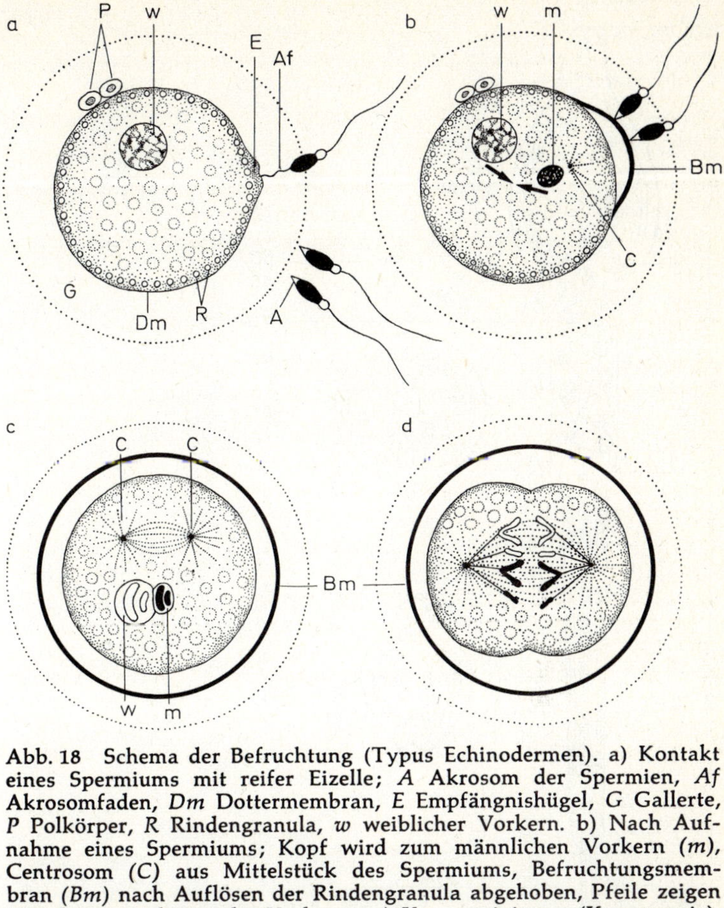

Abb. 18 Schema der Befruchtung (Typus Echinodermen). a) Kontakt eines Spermiums mit reifer Eizelle; *A* Akrosom der Spermien, *Af* Akrosomfaden, *Dm* Dottermembran, *E* Empfängnishügel, *G* Gallerte, *P* Polkörper, *R* Rindengranula, *w* weiblicher Vorkern. b) Nach Aufnahme eines Spermiums; Kopf wird zum männlichen Vorkern *(m)*, Centrosom *(C)* aus Mittelstück des Spermiums, Befruchtungsmembran *(Bm)* nach Auflösen der Rindengranula abgehoben, Pfeile zeigen Wanderungsrichtung der Vorkerne. c) Kernvereinigung (Karyogamie), Centrosom (C) geteilt, Aster und Spindel gebildet. Befruchtungsmembran überall abgehoben. d) Anaphase der 1. Furchungsteilung. Nur 2 Chromosomenpaare berücksichtigt.

von der Eizelle ausgehen, nennt man *Fertilisine*. Dies sind Glykoproteine mit einem Molekulargewicht von ca. 300 000. Unter ihnen gibt es wahrscheinlich verschiedene Wirkstoffe. Die Fertilisine aktivieren einerseits die Spermabewegung, andererseits reagieren sie mit Stoffen, die als *Antifertilisine* (wohl saure Proteine von nur 10 000 Molekulargewicht) die Spermaoberfläche belegen.

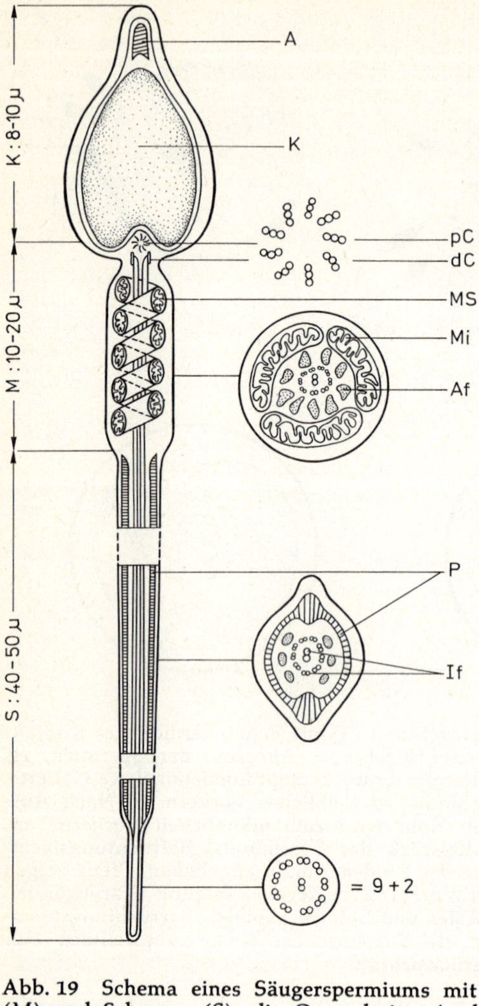

Abb. 19 Schema eines Säugerspermiums mit Kopf *(K)*, Mittelstück *(M)* und Schwanz *(S)*; die Querschnitte (rechts) gelten für die entsprechenden Regionen. *A* Akrosom, *Af* Außenfibrillen, *dC* gleich gebautes, aber senkrecht zu *pC* stehendes distales Centriol, *pC* proximales Centriol mit 9 dreiteiligen Fibrillen (vgl. Abb. 16 f), *If* Innenfibrillen, mit 9 + 2 Doppelelementen, wie im Endteil (unten), *K* Kern, *Mi* Mitochondrium, *MS* Mitochondrienspirale, *P* Proteinscheide (nach Fawcett u. Burgos).

Diese Wechselwirkung kann zur Agglutination der Spermien führen; doch scheint sie auch die Spermien zu befähigen, mit der Eioberfläche Kontakt aufzunehmen, was durch Austreten von ein oder mehreren Fäden aus dem Akrosom erfolgt (Abb. 18 a). Anschließend an diese *Akrosomenreaktion* wird das Spermium von der Eizelle aufgenommen. Entweder bildet das Ei einen Empfängnishügel, der den Spermakopf umfaßt und wie bei einer Phagocytose (S. 183) dem Eiplasma einverleibt, oder die Membran des Spermakopfes wird in die Eimembran eingefügt, so daß unter dieser *„Mosaikmembran"* der nackte Spermakern in die Eizelle eintritt. Aus dem Akrosom werden auch *lytische Enzyme* frei, die das Durchdringen der Gallerte ermöglichen. Säugetiereier sind von einem Kranz umgeben, der aus mehreren Lagen von Follikelzellen *(Corona radiata,* Abb. 62 a) besteht, die dem Ovar entstammen. Diese Zellschicht wird unter Mitwirkung der aus dem Akrosom stammenden Hyaluronidase aufgelockert. Dieser Wirkstoff vermag die Hyaluronsäure abzubauen, die als Gewebekitt die Zellen der Corona zusammenhält.

Unmittelbar nach dem Eindringen des Spermiums kommt es zu der *Rindenreaktion.* Bei Seeigeln, Amphibien und zahlreichen anderen Tiergruppen liegen direkt unter der Eimembran die Rindengranula (1–2 μm Durchmesser). Diese Körnchen lösen sich zunächst an der Eintrittstelle des Spermiums auf. Ihr Inhalt wirkt mit an der Bildung der sich abhebenden *Befruchtungsmembran* (Abb. 18 b). Diese Reaktion breitet sich in rund 20 Sek. (Seeigel) über die ganze Eioberfläche aus. Nach Abheben der Membran können keine weiteren Spermien mehr ins Ei eindringen. Zur Sicherung der Monospermie scheint aber das Abheben der Befruchtungsmembran mit zu kleiner Geschwindigkeit abzulaufen. Offenbar muß sich von der Kontaktstelle des ersten und erfolgreichen Spermiums noch eine schnellere Rindenreaktion ausbreiten; sonst wäre es unverständlich, daß von den zahlreichen fast gleichzeitig beim Ei eintreffenden Spermien nur *eine* Samenzelle als erste Erfolg hat. Über die Natur dieser schnellen Reaktion besteht noch keine Klarheit.

Immerhin wurde kürzlich gezeigt, daß im Moment der Besamung, d. h. nach dem erfolgreichen Kontakt eines erstangekommenen Spermiums, vom Ei proteolytische Enzyme freigesetzt werden. Diese Proteasen lösen die Bindungen, die überzählige Spermien mit dem Ei eingegangen sind. Danach können diese „Konkurrenten" nicht mehr eindringen, was eine Polyspermie verhindert.

Als mittelbare *Folgen der Befruchtung* werden u. a. folgende Vorgänge festgestellt: Der Stoffwechsel der Eizelle wird so aktiviert, daß als Energiespender für die ersten Zellteilungen vor allem Kohlenhydrate des Dottervorrates verbraucht werden. Außerdem werden nach der Befruchtung verschiedene, vorher nicht vorhandene Enzymproteine gebildet. Dabei stehen sowohl mRNS wie Ribosomen (S. 29) im unbefruchteten Ei bereit; doch treten sie erst nach Eindringen des Spermiums als Funktionskomponenten der Eiweißsynthese (Translation, S. 114) zusammen.

Meiose und Gametenbildung

Während Eizelle und Samenzelle in bezug auf die cytoplasmatischen Zellkomponenten nicht gleichwertig sind, bringen ihre Kerne zur Befruchtung gleich viele Chromosomen mit, und zwar je einen haploiden Satz (n). Die beiden homologen Sätze vereinigen sich in der Befruchtung zum diploiden Genom (2 n) der Zygote, in dem sich mütterliche und väterliche Chromosomen nach Form, Größe und Gengehalt je paarweise entsprechen (Abb. 34). Aus dem Chromosomeninventar der Zygote gehen durch mitotische Teilungen die Chromosomen aller Körperzellen hervor. Bei allen Lebewesen, die sich sexuell fortpflanzen, wird früher oder später im Entwicklungszyklus eine **Reduktion der Chromosomenzahl** durchgeführt, so daß wieder haploide Gameten zur Begründung einer neuen Generation zur Verfügung stehen.

Die Gesamtheit der Vorgänge, die zur Chromosomenreduktion führen, wird als **Meiose** zusammengefaßt. Bei Metazoen wird die Meiose stets unmittelbar vor der Befruchtung, d. h. gleichzeitig mit der Gametenreifung, vollzogen. Bei Protozoen kann sie, wie bei manchen niederen Pflanzen, der Befruchtung unmittelbar folgen (Abb. 185), so daß haploide Individuen auftreten; oder es können auch wie bei Foraminiferen (S. 366) haploide und diploide Generationen abwechseln.

Die Entwicklung der Geschlechtszellen der Metazoen wird als **Spermatogenese** und **Oogenese** bezeichnet. Beide Vorgänge laufen über Phasen ab, die sich entsprechen (Abb. 20). Die Urkeimzellen sind wie Somazellen diploid (S. 107). In beiden Geschlechtern führen sie zunächst zahlreiche mitotische Teilungen durch und liefern so im Laufe einer langen Vermehrungsperiode sehr viele *Spermatogonien* oder viele *Oogonien.* Die Vermehrung der Oogonien kann aber wie bei Säugetieren (Mensch) schon zur Zeit der Geburt eingestellt werden, während die Spermatogonienteilungen bis ins hohe Alter weitergehen. Mit dem Erreichen der Geschlechtsreife treten die bereitstehenden und zur vollen Eigröße herangewachsenen Oogonien als *Oocyten I. Ordnung* in die Meiose ein. Im männlichen Geschlecht werden von den Zellstämmen der Spermatogonienbahn die *Spermatocyten I. Ordnung* dauernd nachgeliefert. Zur Meiose gehören zwei sich meist rasch folgende **Reifeteilungen** (RT I und RT II, Abb. 20). Dabei gehen aus der diploiden Zelle 4 haploide Zellen hervor.

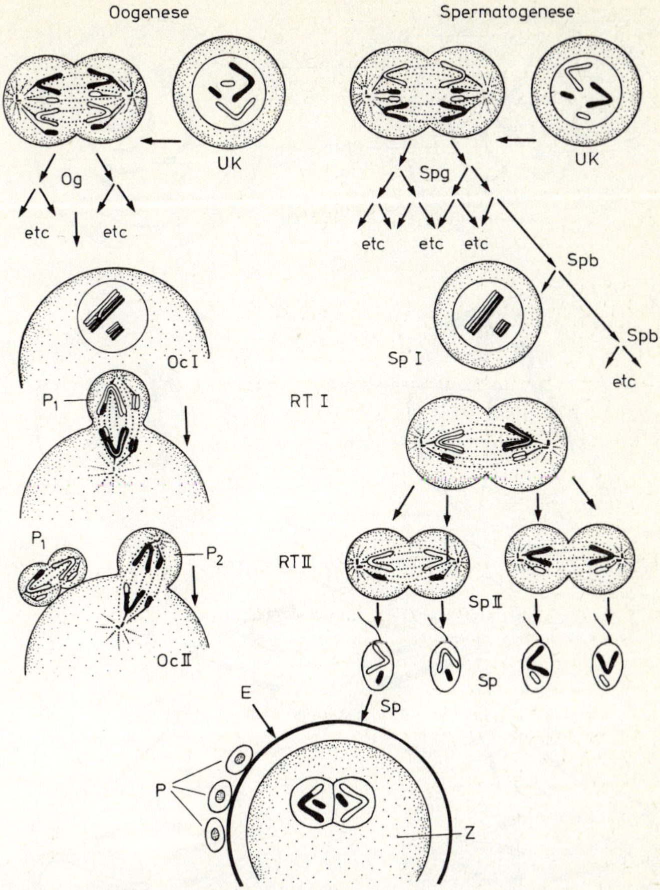

Abb. 20 Vergleichendes Schema für Oogenese und Spermatogenese: *UK* diploide Urkeimzellen mit je 2 mütterlichen (hell) und 2 väterlichen Chromosomen (dunkel), *Og* Oogonienteilungen (Mitose), *Spg* Spermatogonienteilungen (Mitose), *Oc I* Oocyte I. Ordnung in *RT I* (1. Reifeteilung) und Abschnüren des 1. Polkörpers *(P 1)*, *Oc II* Oocyte II. Ordnung in *RT II* (2. Reifeteilung), Abschnüren des 2. Polkörpers *(P 2)*, der 1. Polkörper *(P 1)* in Teilung, *E* reife Eizelle, *Spb* Spermatogonienbahn liefert Spermatocyten I. Ordnung *(Sp I)*; aus Spermatocyten II. Ordnung *(Sp II)* entstehen in *RT II* und nachfolgender Umformung (Spermiohistogenese) vier Spermien *(Sp)*. Zygote (*Z*) mit 3 Polkörpern *(P)*. In der *RT I* der Oogenese ist ein Crossover dargestellt. Bei verschiedenen Metazoen unterscheidet sich der Modus der Abzweigung von *Sp I* aus Spermatogonien von dem hier dargestellten Schema.

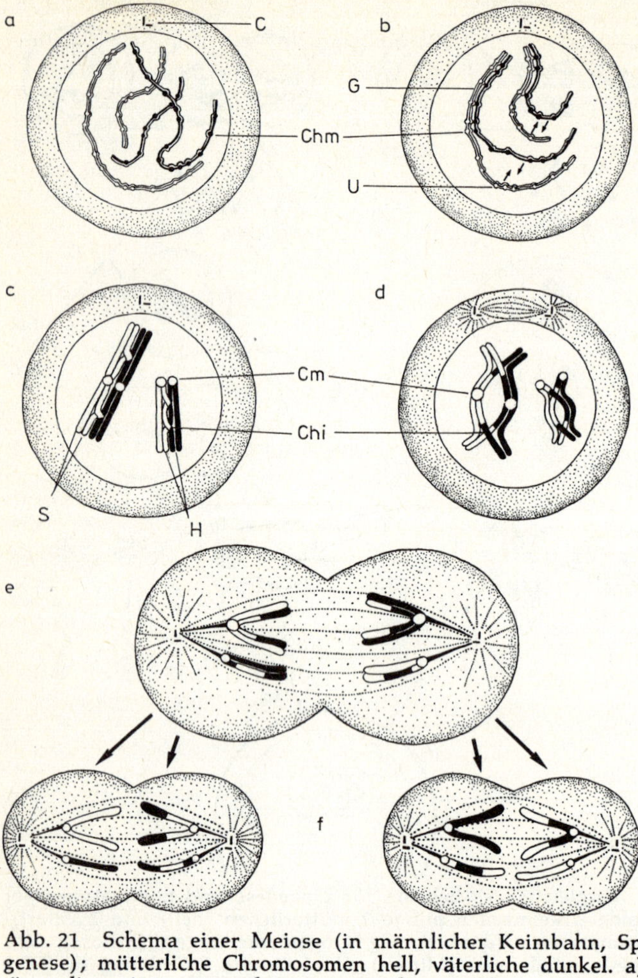

Abb. 21 Schema einer Meiose (in männlicher Keimbahn, Spermatogenese); mütterliche Chromosomen hell, väterliche dunkel. a) Leptotänstadien mit 2 n = 4 noch getrennten, dünnen Chromosomen (2 Schwesterstränge), *C* Centrosom, *Chm* Chromomeren. b) Zygotänstadium, Beginn der Paarung homologer Chromosomenloci, *G* bereits gepaart, *U* noch ungepaart. c) Pachytänstadium, Paarung zu n Tetraden mit je 4 Chromatiden vollzogen, *Chi* Chiasma, *Cm* Centromer, *H* homologe Stränge, *S* Schwesterstränge. d) Diplotänstadium, Öffnen der Tetraden mit Haftstellen an Chiasmata *(Chi)*, wo Crossover stattgefunden hat. e) Anaphase der *RT I*, Verteilung von n Chromosomen mit je 2 Chromatiden. f) Anaphase der *RT II*, pro Zelle n einfache Chromosomen.

In der frühen *Prophase* der RT I legen sich in den Kernen der Spermatocyten und Oocyten die väterlichen und mütterlichen homologen Chromosomen paarweise und parallel aneinander (Abb. 21). Diese *Chromosomenpaarung* schafft die Voraussetzung für die Reduktion der Chromosomenzahl und ebenso für die mendelistische Verteilung der Erbfaktoren (S. 45). Vor der Paarung erscheinen die in einer vorausgehenden S-Phase (S. 32) bereits replizierten Chromosomen in diploider Zahl als lange dünne Fäden, von denen jeder aus 2 Schwesterchromatiden besteht. Dann setzt, meist von den Chromosomenenden ausgehend, die Paarung der Homologen ein. Wie sich die mütterlichen und väterlichen Partner finden, ist noch kaum geklärt. Entscheidend sind dabei spezifische Affinitäten zwischen chromosomalen Teilbereichen, die im Paarungsstadium als ein Muster sich gegenseitig entsprechender, d. h. homologer Chromomeren sichtbar werden (Abb. 21 b). Sodann wird für die Paarung ein besonderer Apparat eingesetzt: Im Elektronenmikroskop sieht man, wie die beiden homologen Chromosomenpaare durch einen 100–200 nm dicken *synaptischen Komplex* verbunden werden. Diese Differenzierung besteht aus zwei peripheren Teilen und einer zentralen Struktur (Abb. 22). Wie der Komplex gebildet wird, ist noch ungeklärt. Wahrscheinlich sind einerseits Chromatinfibrillen (namentlich für die

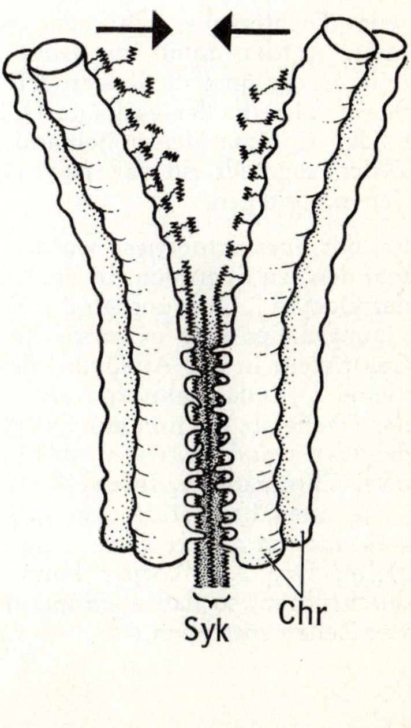

Abb. 22 Synaptischer Komplex (*Syk*). Ausbildung im Zygotänstadium der Meiose, *Chr* Chromatiden der Tetrade. Weitgehend hypothetisches Schema; Größenverhältnisse nicht maßstäblich.

peripheren Stränge) und andererseits nichtchromosomale Elemente (für den zentralen Strang) beteiligt. Beide Enden eines synaptischen Komplexes sind an der Kernhülle verankert, was für die Sicherung der Paarung wichtig sein mag.

Das Ergebnis der Paarung ist eine *Tetrad*e mit 4 Chromatiden, in der nun die 2 mütterlichen und die 2 väterlichen Schwesterstränge parallel nebeneinander liegen (Abb. 21 c). Darauf verkürzen sich die Chromatiden. In der späteren Prophase der RT I öffnen sich die Tetraden, wobei der synaptische Komplex „verschwindet" (Abb. 21 d). Die Chromatiden werden aber an mehreren Stellen durch *Chiasmata* zusammengehalten. Die Chiasmabildung wird durch einen Prozeß eingeleitet, den man als *Crossover* (Co) bezeichnet. Bei diesem Vorgang „brechen" an homologen Stellen zwei homologe Chromatiden (je eine mütterliche und eine väterliche) und verheilen darauf so, daß es zu mosaikartig zusammengesetzten Chromatiden und damit zu Neukombinationen von mütterlichen und väterlichen Chromosomenteilstücken kommt. Auch bei diesem Vorgang ist wohl der synaptische Komplex beteiligt.

Zu Beginn der *Metaphas*e der RT I liegen die Tetraden in die Äquatorialplatte eingeordnet. Dann rücken zwei Chromatiden nach dem einen, die beiden anderen nach dem entgegengesetzten Spindelpol (Abb. 21 e).

Jeder Tochterzelle, d. h. jeder *Spermatocyte* oder *Oocyte* II. Ordnung, werden damit aus jeder Tetrade zwei Chromatiden zugeteilt. In der anschließenden RT II, die auf eine sehr kurze Interphase folgt, in der es keine DNS-Replikation gibt, werden diese beiden Chromatiden voneinander getrennt und nochmals eigenen Zellen zugeteilt, so daß nach Abschluß der RT II vier haploide Zellen vorliegen.

Bei der *Spermatogenese* werden alle vier haploiden Zellen (Spermatiden) zu Spermien. In der *Oogenes*e (Abb. 20) rückt der Kern der Oocyte I. Ordnung an die Zellperipherie; die Spindel der RT I nimmt daher eine exzentrische Lage ein. Meist fehlen hier die Centriolen. In der Anaphase der RT I schnürt sich peripher eine kleine Cytoplasmaknospe als *1. Polkörper* von der Hauptmasse der Eizelle ab, die nun zur Oocyte II. Ordnung wird. Zu den Spindelpolen wandern, wie in der Spermatogenese, aus jeder Tetrade zwei Chromatiden. In der RT II wird von jeder Chromosomensorte eine Chromatide dem sich bildenden *2. Polkörper* zugeteilt, während die andere Chromatide in der nun reifen Eizelle zurückbleibt. Der 1. Polkörper kann auch noch eine zweite Teilung durchführen, so daß auch aus der Oocyte I. Ordnung im ganzen vier Zellen entstehen.

Die Polkörper gehen zugrunde. Da sie klein sind, bleibt fast der ganze Cytoplasma- und Reservestoffvorrat dem Ei erhalten. Das reife Ei enthält wie das Spermium einen kompletten haploiden Chromosomensatz und ist damit befruchtungsfähig.

Eine Abwandlung der sexuellen Fortpflanzung ist die **Parthenogenese,** eine eingeschlechtige Zeugung, wobei Eizellen ohne Befruchtung durch männliche Gameten zur Entwicklung kommen. Da eine reife Eizelle einen vollständigen Chromosomensatz enthält, in dem alle Gene vertreten sind, und in ihrem Cytoplasma auch alle Komponenten des Stoffwechselapparates sowie alle energieliefernden Vorräte zur Verfügung stehen, sollte Parthenogenese im Prinzip überall möglich sein. Tatsächlich findet sich diese Fortpflanzungsart in den verschiedensten Tierstämmen: Rotatorien (Rädertiere), Daphnien (Kleinkrebse), Stabheuschrecken, einzelne Schmetterlinge, Rüsselkäfer und Blattläuse. Parthenogenetisch entwickeln sich sodann die Männchen der Hymenopteren wie Bienen, Wespen und Ameisen. Eingeschlechtige Fortpflanzung kommt auch bei Wirbeltieren vor, was u. a. für kaukasische und amerikanische Eidechsenarten nachgewiesen ist, die ihr Gebiet als männchenlose Populationen besiedeln. Selbst unbefruchtete Truthuhneier beginnen in 30–40 % der Fälle mit einer parthenogenetischen Entwicklung, doch bleiben dann die meisten Keime auf Frühstadien stehen. Einzelne „vaterlose" Küken entwickeln sich aber doch bis zum Schlüpfen, und unter Zehntausenden von Versagern wurden einige parthenogenetische Individuen sogar zu normalen fertilen Männchen. Ein sehr seltener Parthenogenese-Erfolg ist auch für das Haushuhn nachgewiesen.

Außer der *natürlichen Parthenogenese,* die spontan einsetzt, gibt es auch zahlreiche Möglichkeiten, bei sich normalerweise bisexuell entwickelnden Eiern eine *experimentelle Parthenogenese* einzuleiten. Sobald es gelingt, die aktivierende Rolle des Spermiums durch äußere Einwirkungen zu ersetzen, löst dies in der an sich entwicklungsbereiten Eizelle die gleichen Vorgänge aus wie eine natürliche Besamung. Als parthenogenetische Agenzien können eingesetzt werden: Hyper- oder Hypotonie, Säuren, mechanische Reize, Hitze- oder Kälteschocks usw. Die erfolgreichen Mittel sind somit weitgehend unspezifisch. Die experimentelle Parthenogenese kann z. B. zu vollständig normalen Seeigellarven führen. Auch unbesamte Froscheier können sich parthenogenetisch entwickeln. Wenn man sie mit einer feinen Nadel ansticht und dabei noch einzelne Blutzellen (die irgendwie aktivierend wirken) ins Eiplasma eingeführt werden, können normale Kaulquappen und Frösche entstehen. Obwohl die angestochene Eizelle des Frosches zunächst haploid ist, sind die Zellkerne der erfolgreichen parthenogenetischen Individuen später diploid. Durch

Kernfusion, Blockierung der Anaphase in Mitosen oder durch Endomitosen (S. 22) erfolgt eine Aufregulierung der Chromosomenzahl zu einem rein mütterlichen 2n-Bestand. Bei experimentellen Parthenogenesen anderer Eier bleibt die haploide Chromosomenzahl erhalten.

Entsprechende Unterschiede gibt es auch in der *natürlichen Parthenogenese.* Die *Daphniden* (Wasserflöhe, S. 421) bringen in gewissen Abschnitten ihres Entwicklungskreises nur Weibchen hervor, und ihre Eier, sog. Subitaneier, entwickeln sich sofort ohne Befruchtung im Brutraum der Mutter. Dadurch werden die Tiere befähigt, sich in der günstigen Jahreszeit sehr rasch zu vermehren. Meist wenn die Vermehrung ein Maximum erreicht hat, treten aber Männchen auf, und die Weibchen erzeugen eine andere Eiersorte, sog. Dauereier; diese sind befruchtungsbedürftig. Nach Eintritt der Befruchtung umgeben sie sich mit einer festen Schale und können ungünstige Bedingungen (Kälte, Austrocknung) überdauern. Die parthenogenetischen Subitaneier reduzieren ihren Chromosomenbestand nicht. Chromosomenpaarung und *eine* Reifungsteilung werden unterdrückt, und die Eier bewahren sich so den diploiden Zustand: *diploide Parthenogenese.*

Anders verläuft die Parthenogenese bei den *Hymenopteren:* bei den Bienen, Wespen und Ameisen (S. 434) entstehen die Männchen aus unbefruchteten Eiern. Aber alle Bieneneier machen beide Reifungsteilungen durch und sind daher alle haploid und befruchtungsfähig: *haploide Parthenogenese.* Ob eine Befruchtung eintritt oder nicht, bestimmt das Bienenweibchen (Königin), das aus der Samentasche entweder Spermien zu dem Ei treten läßt oder das Ei unbesamt ablegt. Im ersten Fall wird aus dem Ei ein Weibchen (Königin oder Arbeiterin), im zweiten ein Männchen. Die unbefruchteten Eier treten, da sie die Reduktionsteilung durchgemacht haben, mit einem einzigen Chromosomensatz in die Entwicklung ein. Im Soma wird zur Diploidie aufreguliert; dagegen bleibt die Keimbahn haploid. Wenn sich nun die männlichen Keimzellen bilden, so kann keine Chromosomenpaarung erfolgen, und die Reduktionsteilung fällt aus.

Als Gegenstück zur Parthenogenese kann die **Androgenese** oder **Merogonie** gelten. Darunter verstehen wir eine Entwicklung ohne mütterliches chromosomales Erbgut. Der Experimentator entfernt den Eikern, tötet ihn durch Bestrahlen ab oder durchschnürt die Eizelle (Abb. 23). Ist ein Spermakern in einem „entkernten" Eiteil vorhanden, übernimmt er allein die Rolle, die normalerweise dem Zygotenkern zukommt. Der Entwicklungserfolg merogonischer Seeigel, Tunicaten und Amphibien beweist, daß ein väterlicher Chromosomensatz ebenso wie ein mütterlicher über ein vollständiges Erbprogramm verfügt. Selbstverständlich muß bei der Merogonie das Plasma der Eizelle mitwirken und die Maschinerie für den Bau- und Energiestoffwechsel liefern.

Falls das entkernte Cytoplasma einer Art mit einem Spermakern einer anderen Art versorgt wird, können solche *Bastardmerogone* Auskunft

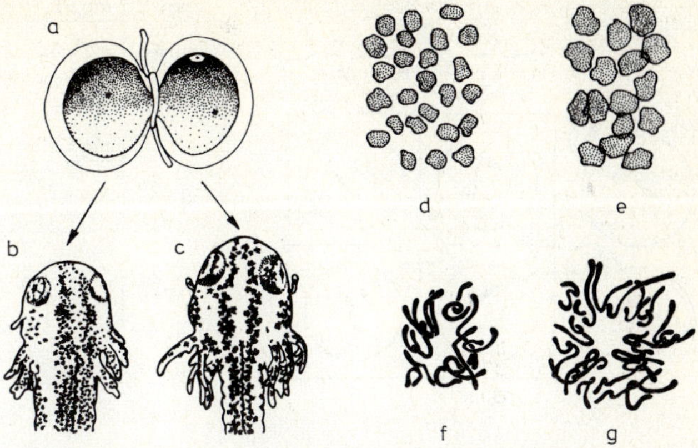

Abb. 23 a) Herstellen eines Molchmerogons durch Schnüren des frisch besamten Eies; links die merogonische Hälfte mit einem Spermaeinschlag; rechts der zum diploiden Zwilling führende Eiteil mit Eikern (heller Fleck) und Spermaeinschlag. b) Haploide merogonische Larve mit vielen kleinen Pigmentzellen. c) Diploide Schwesterlarve mit weniger, aber größeren Pigmentzellen. d) Größe und Dichte der Zellkerne in der Oberhaut einer haploiden Larve. e) Entsprechender Ausschnitt aus einer diploiden Larve. f) Kernteilung mit 12 Chromosomen aus dem haploiden Merogon. g) Die 24 Chromosomen der diploiden Larve (b–e nach FANKHAUSER, aus E. HADORN: Verständliche Wissenschaft, Bd. 77, Springer, Berlin).

geben über Möglichkeiten der Zusammenarbeit artfremder Zellpartner und über die Frage, ob und in welchem Ausmaße der generationseigene Kern die Merkmalsbildung bestimmt (S. 104).

Erbgang und Lokalisation der Gene

Kombination und Verteilung der Gene

Die Gesetzmäßigkeiten der Verteilung, Kombination und Lokalisation der Gene ergeben sich aus dem *Mechanismus der Meiose und der Befruchtung*. Die einzelnen Phasen dieser Grundvorgänge haben folgende Konsequenzen: 1. Die *Paarung der homologen Chromosomen* zur Tetrade und ihre anschließende Verteilung (Abb. 24) führt dazu, daß bei der Reduktion der Chromosomenzahl jedes Chromosomenindividuum und jeder Genlocus

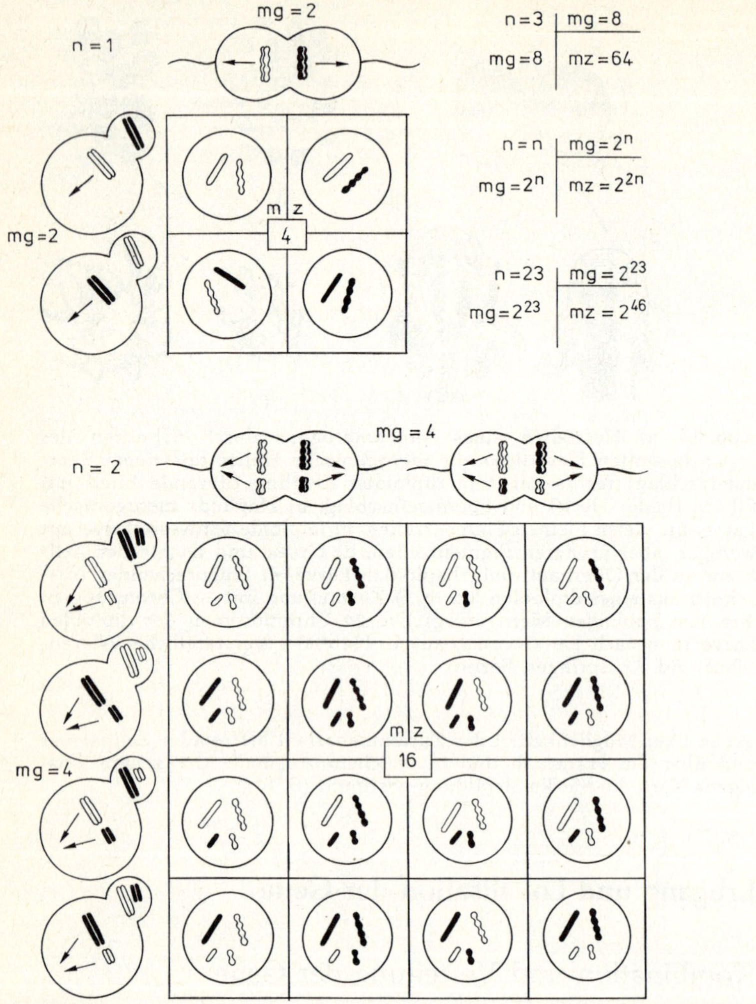

Abb. 24 Kombinationsmöglichkeiten für Gameten (*mg*) und Zygoten (*mz*) bei verschiedenen Chromosomenzahlen (n). Die Chromosomen des Eispenders sind gestreckt, die des Spermaspenders gewellt dargestellt. Links: Eizellen mit Polkörper, oben: Spermazellen in RT I. Helle Chromosomen mütterlicher, dunkle väterlicher Herkunft. Für die Zygoten (in den Kombinationsquadraten) sind es großmütterliche bzw. großväterliche Chromosomen. Oben rechts: Möglichkeiten für n = 3, n = n und n = 23 (Mensch).

den Gameten in einfacher Vertretung zugeteilt wird (*Vollständigkeit und Reinheit der Gameten*). 2. Die einzelnen *Tetraden* werden *zufallsmäßig* und *unabhängig* voneinander in die Spindelebene der Meiose eingeordnet. So werden, wie die Abb. 24 zeigt, alle möglichen Kombinationen von ursprünglich mütterlichen und väterlichen Chromosomen zufallsmäßig den Gameten zugeteilt (*freie Kombination der Gene*). 3. Durch *Crossover* entstehen Chromosomenindividuen (Abb. 21), deren Genbestand neu aus Elementen der elterlichen Chromosomen zusammengefügt wird (*Veränderung der Genkoppelung*). 4. Bei der Befruchtung besteht für alle Eizellen mit genetisch unterschiedlichen Chromosomen die *gleiche Wahrscheinlichkeit*, von irgendeinem der genetisch ebenfalls unterschiedlichen Spermien besamt zu werden. So ergibt sich für die Zygote der neuen Generation eine Mannigfaltigkeit von Zufallskombinationen aus den in der Meiose ebenfalls zufällig zusammengestellten Gensortimenten aus ursprünglich großelterlichen Genbeständen.

Diese Kombinationen können unvorstellbare Größenordnungen erreichen. Falls z. B. zwischen jedem der 23 homologen Chromosomenpaare des Menschen mindestens ein Unterschied an einem Genort besteht – eine Annahme, die die tatsächlichen Verhältnisse wohl weit unterschätzt – so müßten für eine Befruchtung 2^{46} verschiedene Kombinationen möglich sein (Abb. 24). Dabei sind Crossovers noch nicht berücksichtigt. So wären, abgesehen von den eineiigen Mehrlingen (S. 102), gleiche Erbkombinationen erst in Geschwisterschaften zu erwarten, die aus ca. 70 Billionen (70×10^{12}) Kindern bestünden. Meiose und Befruchtung haben also zur Folge, daß jedes Kind zum einmaligen *genetischen Individuum* wird.

In der Abb. 25 ist die Verteilung und Kombination von Chromosomen in der Generationenfolge dargestellt. Auf Grund der Experimentalbefunde weiß man heute, daß in jedes Chromosom zahlreiche Erbfaktoren eingebaut sind (Abb. 12, 31, 35). Je nach Chromosomengröße und Tierart kann die Genzahl pro Chromosom einige hundert oder bis rund tausend Strukturgene erreichen. Diese Gene wirken als selbständige Funktionseinheiten. Ihnen können spezifische Erbmerkmale (Phäne) zugeordnet werden (S. 83).

Die Erkenntnis, daß das *Erbgut aus Einzelfaktoren* zusammengesetzt ist, geht auf den Augustinermönch GREGOR MENDEL (1822 bis 1884) zurück. Er veröffentlichte bereits 1866 die Ergebnisse von Kreuzungsversuchen an Erbsen, die er im Klostergarten zu Brünn durchgeführt hatte. Die von Mendel entdeckten Gesetzmäßigkeiten blieben aber unbeachtet. Erst 1900 wurden sie von CORRENS, DE VRIES und TSCHERMAK erneut „entdeckt“ und in allen Einzelheiten bestätigt. MENDELS geniale Leistung, welche die Vererbungswissenschaft oder Genetik begründet hat, beruht darauf, daß er seine Aufmerksamkeit auf den Erbgang einzelner Merkmale (wie Blüten- und Samenfarben) konzentrierte, die er durch Bastardierung reiner Rassen kombiniert hatte. Dabei hat er die Häufigkeit des Auftretens der verschiedenen Merkmalstypen in den folgenden Generationen zahlenmäßig erfaßt und die experimentell festgestellten Frequenzen der Erbfaktoren auf Zufallsverteilungen und Zufallskombinationen bei der Gametenbildung und der Befruchtung zurückgeführt, wie dies gemäß mathematischen Wahrscheinlichkeiten zu erwarten ist. MENDEL konnte seine „abstrakten" Erbfaktoren und ihre Verteilung noch nicht einem „konkreten" Substrat zuordnen, da er von Chromosomen nichts wußte. Erst im Jahre 1902 zeigten BOVERI und SUTTON, daß sich die **Mendel-Gesetze** aus dem Verhalten der Chromosomen in Meiose und Befruchtung widerspruchsfrei und vollständig ergeben.

Wir gehen aus von einem diploiden Kern (Abb. 25). Er enthält einen Doppelsatz von Erbfaktoren. Gene, die in homologen mütterlichen und väterlichen Chromosomenpaaren je gleiche Loci belegen, werden als *Allele* bezeichnet. Sind die beiden Allele identisch, so ist das Individuum in bezug auf dieses eine Genpaar *homozygot* (reinerbig). Bestehen Unterschiede zwischen Allelen, so ist der Genotypus *heterozygot* (mischerbig). Vollkommen reine Rassen, die in allen Allelen übereinstimmen *(Isozygotie)*, kommen in natürlichen Populationen, deren Individuen sich bisexuell fortpflanzen, nicht vor. Doch kann durch generationenlang dauernde Inzucht (Bruder-Schwester-Paarung) oder durch Selbstbefruchtung bei Zwittern ein hoher Grad von Homozygotie erreicht werden. Isozygot wird die Nachkommenschaft (ein Klon) eines *Parameciums* nach einem Autogamiezyklus (S. 110).

Aufschluß über die Zusammensetzung des Erbgutes liefert die Bastardierung oder *Kreuzung erbverschiedener Individuen* und die Weiterzucht der Nachkommen der Bastarde. Das allgemeine Schema der Chromosomen- und Genverteilung ist in Abb. 25 dargestellt. Die zur Paarung eingesetzten Eltern werden als Parentalgeneration (P-Generation) bezeichnet. Im einfachsten Falle (Abb. 25 a) erfaßt der Erbgang nur ein Allelpaar, für das die Partner der P-Generation homozygot sind. Eine solche *monohybride Kreuzung* kann durch die Erbformel A/A x a/a charakterisiert werden, wobei den Genen A und a je verschiedene Phäne zugeordnet sind. Eine *dihybride Kreuzung* liegt dann vor, wenn zwei Allelpaare (A/A; b/b x a/a; B/B) verfolgt werden (Abb. 25 b und 26). Je nach der in einer Paarung kombinierten Zahl der Allelpaare ergeben sich auch trihybride bis polyhybride Kreuzungen.

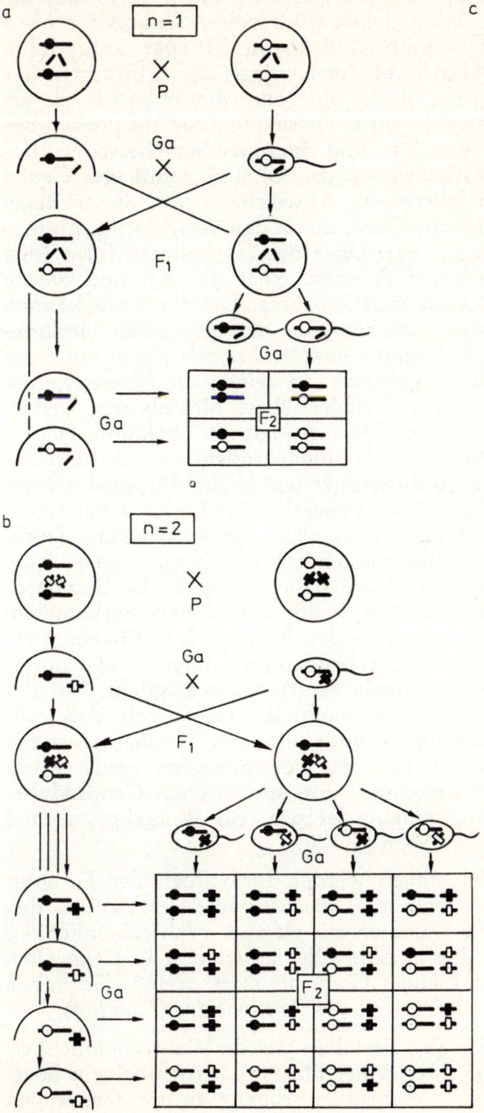

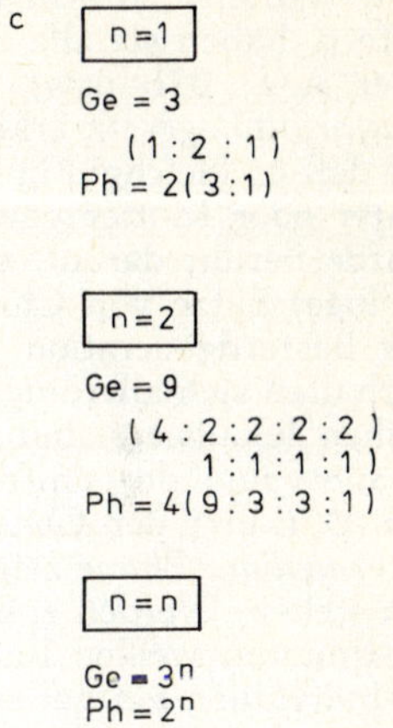

Abb. 25 Verteilung von Chromosomen und Genen von der Parentalgeneration *(P)* zur 1. Filialgenegeneration *(F_1)* und nach Inter-se-Paarung zur 2. Filialgeneration *(F_2)* bei freier Kombination. *Ga* Gameten; links Eizellen, rechts Spermien. Es sind nur zwei Chromosomenpaare berücksichtigt. a) Monohybrider Fall mit einem Allelpaar (n = 1), ● = dominantes, ○ = rezessives Allel (= A und a in Abb. 26). b) Dihybrider Erbgang (n = 2) mit zwei nicht gekoppelten Allelpaaren. ● über ○ und ■ dominant über □ (B und b in Abb. 26). In den Quadraten die mit gleicher Wahrscheinlichkeit entstehenden Genotypen in F_2. c) Zahl verschiedener Genotypen *(Ge)* für 1,2 und n Allelpaare (in Klammern: Aufspaltungsverhältnisse in F_2); *Ph* Zahl verschiedener Phänotypen bei vollständiger Dominanz von A über a und B über b usw. (in Klammern: Aufspaltungsverhältnisse der Mendel-Klassen).

Die Bastarde der 1. Generation stellen die 1. Filialgeneration (F_1-Generation) dar. Da die Individuen der F_1 von homozygoten Eltern stammen, die in der Meiose nur eine Sorte von Gameten liefern, haben sie alle den gleichen (uniformen) Genotypus (A/a oder A/a; B/b usw). Damit ist das von MENDEL aufgestellte *Uniformitätsgesetz* erklärt. Außerdem zeigen die Erbformeln der F_1, daß es gleichgültig ist, ob die eine oder die andere Rasse als Vater oder Mutter gewählt wird. Diese Identität reziproker Bastarde beruht darauf, daß Eier und Spermien gleichwertige (homologe) Sätze von Chromosomen (S. 38) und damit von Genen zur Bastardgeneration beisteuern. Abweichend von dieser Regel verhalten sich allerdings die Gene, die in den Geschlechtschromosomen lokalisiert sind (S. 64). Über die Erscheinungsform (den Phänotypus) der uniformen F_1 entscheidet die Art und Stärke der Wirkung der Gene eines Allelpaares. Die Bastarde können *intermediäre Phäne* zeigen, die zwischen den elterlichen Merkmalen stehen. Werden z. B. Hühner einer schwarzen Rasse mit einer bestimmten weißen Rasse gekreuzt, so zeigen die heterozygoten F_1-Individuen ein geflecktes Gefieder. Diese niemals rein weiterzüchtenden Bastarde sind als „Blaue Andalusier" bekannt. Häufig aber wirkt das eine Allel (A) *dominant,* indem es sich in einfacher Dosis (A/a) genauso durchsetzt wie in der Doppeldosis der elterlichen Rasse (A/A). Das Partnerallel (a) bleibt dabei *rezessiv;* in Bastarden (A/a) kommt es nicht zur Auswirkung (Abb. 26). Den dominanten Allelen werden große, den rezessiven kleine Buchstaben zugeordnet. Für „Normalallele", wie sie bei Standardtypen in Laborzuchten oder in Wildpopulationen vorkommen, wird häufig das Zeichen + verwendet. Wenn z. B. a für ein Albinogen eines Säugetieres steht, so bedeutet a^+ (oder $+^a$ oder nur +) das „Wildallel", das die normale Haarfarbe ermöglicht. Mit der Verbesserung der Untersuchungsmethoden zeigte sich, daß vollständige Dominanz oder Rezessivität selten ist. Vermehrt werden auch Fälle geklärt, bei denen im Heterozygoten beide Allele (A^1/A^2) unabhängig voneinander ihre spezifischen Genprodukte bilden. Eine solche *Kodominanz* ist u. a. für Blutgruppen- und Hämoglobingene nachzuweisen (S. 75).

Im klassischen Mendelversuch werden Individuen der F_1 unter sich (*inter se*) gepaart. Jetzt muß die Meiose (Abb. 24) aus den Genpaaren der F_1 einem Gameten mit gleicher Wahrscheinlichkeit je nur das eine oder das andere Allel zuteilen. Die Keimzellen sind somit in bezug auf einen Genlocus stets „rein". Sie haben niemals Bastardnatur (Gesetz von der *Reinheit der Gameten*).

In der 2. Filialgeneration (F_2) bestehen gleiche Wahrscheinlichkeiten für die Vereinigung irgendeiner Eizelle mit irgendeinem Spermium. Dies führt bei monohybridem Erbgang zu drei Genotypen

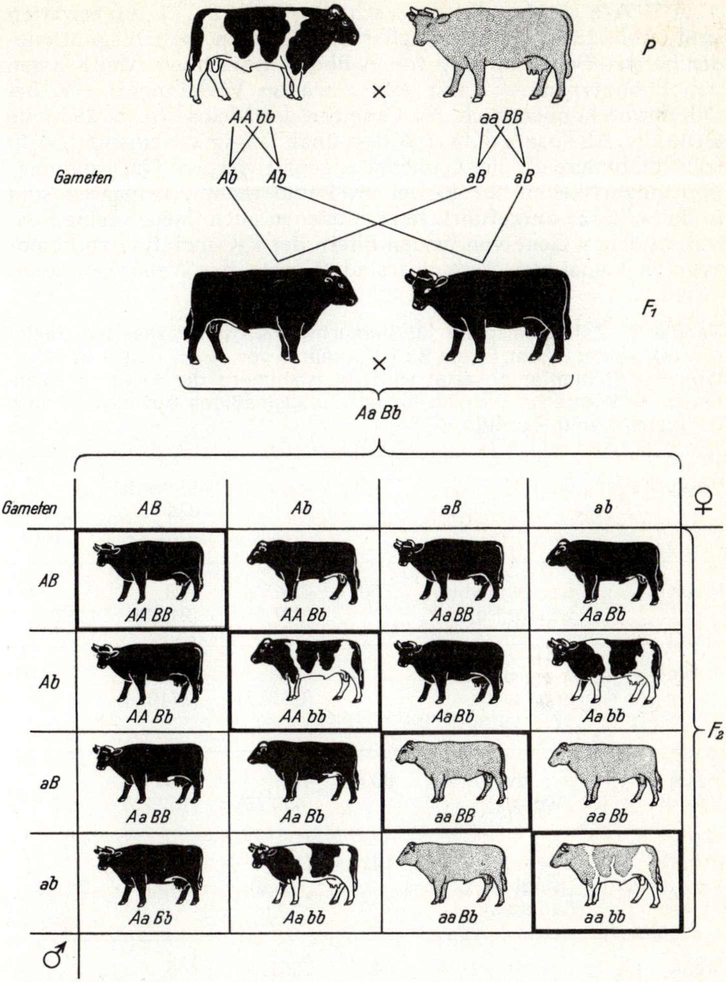

Abb. 26 Dihybride Kreuzung zweier Rinderrassen, einer gescheckt-schwarzen und einer einfarbig-roten. F_1: Einfarbig dominiert über Gescheckt (allerdings nicht vollkommen; es bleiben kleine weiße Flecke, meist an Schwanzspitze, Bauch, Kopf); Schwarz dominiert über Rot. In F_2 treten unter den 16 möglichen Gametenkombinationen 9 verschiedene Genotypen auf in 4 verschiedenen Phänotypen im Verhältnis 9 : 3 : 3 : 1 (nach LAUPRECCHT). Das Verteilungsschema der Chromosomen ist in Abb. 25 dargestellt.

A/A : A/a : a/a, die im Verhältnis 1 : 2 : 1 zu erwarten sind (Abb. 25 a). Die reinen elterlichen Rassen spalten somit wieder heraus. Bei Dominanz von A über a erscheinen zwei Klassen von Phänotypen A/A mit A/a : a/a im Verhältnis 3 : 1. Bei Dihybridie können nach den Gesetzen der Meiose (Abb. 25 b) die Gene der Allelpaare A/a und B/b unabhängig voneinander, d. h. frei kombinierend, den Gameten zugeteilt werden. Die Kombinationsmöglichkeiten für F_2 bei zwei und mehr Allelpaaren sind in der Abb. 25 aufgeführt. Jetzt entstehen auch „neue" reine Rassen, in denen Gene von beiden Eltern der P-Generation zu homozygoten Genotypen vereinigt sind (Gesetz der *Neukombination*

Tabelle 1 Zahlenbeispiele für Versuchsserien mit rezessiven Faktoren (a), wobei in der F_2 ein 3 : 1 Verhältnis von +/+ und +/a (Wildtyp) : a/a (Mutante) erwartet wird (in Klammern die Erwartungszahlen; p = Wahrscheinlichkeit für nur zufallsmäßiges Abweichen; nach GRÜNEBERG und HADORN).

Versuchstier	Gen	Total	Wildtyp +/+ u. +/a	Mutante a/a	p
Maus	a = wh (white, weißer Pelz)	850	632 (637,5)	218 (212,5)	> 0,5
Axolotl	a = f (fluid imbalance, „Wassersucht")	8441	6334 (6330,7)	2107 (2110,3)	> 0,5
Maus	a = dw (dwarf, Zwerg)	609	455 (456,75)	154 (152,25)	> 0,5
Huhn	a = wg (wingless, flügellos)	141	111 (105,8)	30 (35,2)	> 0,3
Maus	a = ch (congenitaler Hydrocephalus, Wasserkopf)	2474	2069 (1855,5)	405 (618,5)	< 0,001
Maus	a = gl (grey-lethal, grau letal)	4613	3642 (3459,8)	971 (1153,2)	< 0,001

der Gene). Für die praktische Züchtung ist dies von größter Bedeutung.

Infolge der Zufallsverteilung der Chromosomen in der Meiose und wegen der Zufallsvereinigung der Gametentypen bei der Befruchtung ergeben sich für die Häufigkeit (Frequenzen) der Individuen einer Mendel-Klasse Zahlenwerte, die von Paarung zu Paarung mehr oder weniger streuen, d. h. von einer theoretischen *Wahrscheinlichkeitsfrequenz* abweichen. In Tab. 1 sind einige konkrete Versuchsergebnisse für monohybride 3 : 1-Aufspaltungen angegeben. Für Beobachtungsserien läßt sich mit statistischen Methoden ermitteln, mit welcher Wahrscheinlichkeit derartige oder noch größere Abweichungen vom Erwartungswert auftreten können. Wird diese Wahrscheinlichkeit p zu klein (z. B. $p < 0{,}01$), so entspricht der Erbgang entweder nicht dem postulierten Mendel-Fall, oder es müssen irgendwelche zusätzliche Einflüsse in das Zufallsspiel eingreifen; auch kann eine Mendel-Klasse zu klein erscheinen, wenn nicht alle Individuen das erwartete Merkmal manifestieren (S. 103) oder falls bestimmte Genotypen frühzeitig absterben und sich so der Beobachtung entziehen.

Gene, deren Erbgang den allgemein gültigen Mendel-Gesetzen folgt, sind in großer Zahl auch für den Menschen bekannt. Sie bestim-

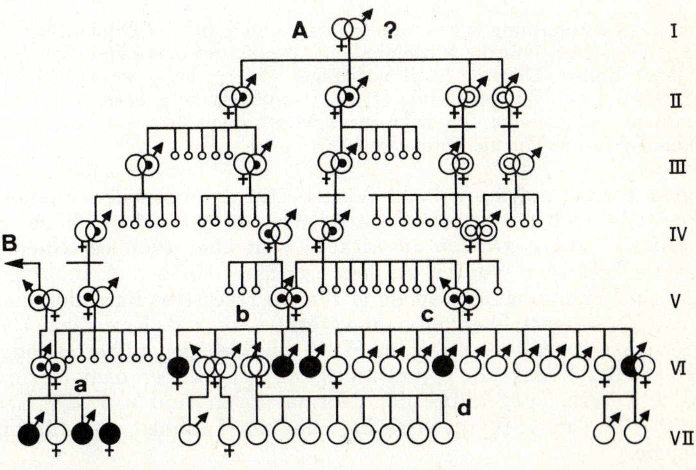

Abb. 27 Stammbaum einer Sippe *A* mit Vererbung einer rezessiven Taubstummheit aus einem Isolat im Wallis (Schweiz). *I–VII* Generationen (ca. 1700–1924). a–d Geschwisterschaften; *B* Anschluß an andere Sippe mit Taubstummheit. Ausgefüllte Symbole bedeuten homozygote Merkmalsträger. Für Individuen, die mit großer Wahrscheinlichkeit heterozygote Genträger sind, stehen Symbole mit Punkt und für mögliche Genträger Symbole mit Innenkreis. Leere Symbole für heterozygot oder homozygot Normale. Kleine Kreise für Kinder, über die keine sicheren Angaben erhältlich waren (nach HANHART).

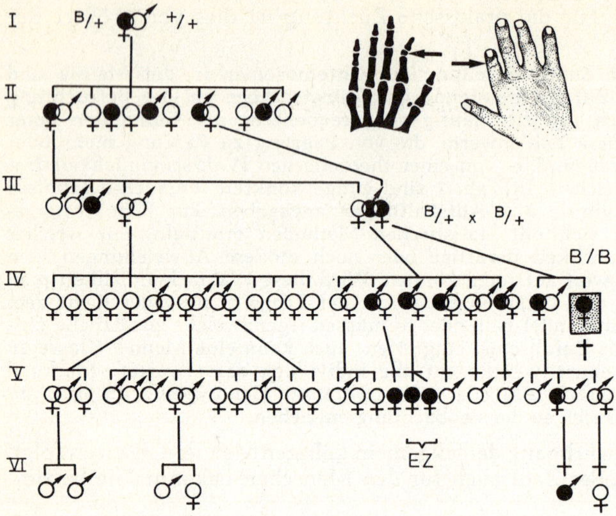

Abb. 28 Vererbung eines dominanten Gens für Brachydaktylie *(B)* des Menschen. Nur die Mittelphalange des Zeigefingers verkürzt. *I–VI:* Generationen. Dunkel: Merkmalsträger (*B*/+), hell: normal (+/+); B/B wohl homozygote, letale (†), stark mißgebildete Tochter aus Vetternehe; *EZ* eineiige Zwillinge (nach MOHR u. WRIEDT, aus E. HADORN: Letalfaktoren. Thieme, Stuttgart 1955).

men ebenso die individuelle Variabilität der normalen Phänotypen wie auch die verschiedenartigsten pathologischen Phäne, die sich als *Erbkrankheiten* auswirken; weit über 1000 verschiedenartige Erbleiden wurden bis heute erkannt. In den Abb. 27 und 28 sind Stammbaumbeispiele je für ein rezessives bzw. dominantes Gen dargestellt. Dominant vererbt wird z. B. Kraushaar (Negerhaar) gegenüber straffem Haar, dunkles gegenüber blondem Haar, Brachydaktylie (Kurzfingrigkeit) gegenüber dem Normaltyp. Rezessiv gegenüber den Normalallelen sind u. a. die Gene für Albinismus, für gewisse Formen von Taubheit und für Epilepsie.

Genkoppelung

Bisher haben wir den Erbgang frei kombinierbarer Gene erläutert und auf die zufallsmäßig freie Kombination ihrer Trägerchromosomen zurückgeführt. Dabei wurden die Genpaare A/a und B/b je verschiedenen Paaren von Chromosomenindividuen zugeordnet (Abb. 25).

Da aber Tausende bis Zehntausende von Genen auf die Chromosomen eines Satzes verteilt sind, muß sich eine Einschränkung der freien Kombinierbarkeit ergeben. Tatsächlich zeigen die Versuche, daß häufig die Gene verschiedener, im gleichen Chromosom lokalisierter Allelpaare entweder untrennbar miteinander vererbt werden oder doch viel häufiger zusammenbleiben, als dies bei freier Kombination zu erwarten wäre (Abb. 29). Solche Gene sind *gekoppelt*. Dabei gilt: Wenn A mit B und B mit C gekoppelt ist, so ist auch A mit C gekoppelt. Wenn aber A mit B frei kombiniert, dagegen B mit C gekoppelt ist, so kombiniert A auch frei mit C. Auf diese Weise kann die Anzahl der *Koppelungsgruppen* ermittelt werden. Sie stimmt überein mit der Anzahl der Chromosomen eines einfachen Satzes (n). Für *Drosophila melanogaster* (n = 4) sind vier Koppelungsgruppen ermittelt worden. Dabei ist die Anzahl der durch Mutation bekannt gewordenen Genloci einer Koppelungsgruppe korreliert mit der Größe des Trägerchromosoms. Für das kleine Chromosom Nr. 4 (Abb. 11) sind kaum 20 Loci bekannt. Je nach dem Stand der Forschung und der Gunst oder Ungunst des Objektes können Gene bestimm-

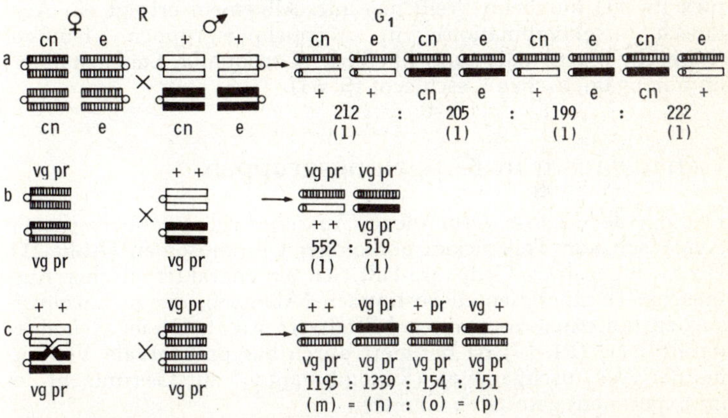

Abb. 29 Prüfung der Genkoppelung durch Rückkreuzung (R) eines doppelt heterozygoten Elters (weiß-schwarz) mit einem für die rezessiven Allele homozygoten Elter (schraffiert). Klassenverteilung in der Nachkommengeneration *(G1)*: Die Zahlen stammen aus Versuchen mit *Drosophila melanogaster*. Die hier dominanten Wildallele sind mit + bezeichnet, die mutierten Allele mit ihren Gensymbolen: *cn* = cinnabar (hellrote Augen); *e* ebony (dunkler Körper) *pr* purple (dunkle Augen) *vg* vestigial (stummelflüglig). a) Freie Kombination. b) Absolute Koppelung im ♂. c) Koppelung mit Rekombination im ♀; hier gilt: $m+n > 50\% > o+p$, und der Rekombinationswert beträgt $(o+p):(m+n+o+p) = 305 : 2839 = 10{,}75\%$.

ten Koppelungsgruppen zugeordnet werden. So kennt man bei der Maus ($n = 20$) bereits 19 Koppelungsgruppen. Dagegen waren für den Menschen ($n = 23$), abgesehen von den Genen des X-Chromosoms (S. 64), nicht mehr als 10 Koppelungsgruppen sicher nachzuweisen. Heute ergeben sich neue Möglichkeiten aus Zellfusionen (S. 97). Da in einer Maus-Mensch-Kombination während der Kulturdauer menschliche Chromosomen in zufälliger Auswahl verloren gehen, ließen sich bereits zahlreiche Gene für biochemische Phäne (vor allem Enzymvarianten) bestimmten Chromosomenindividuen zuordnen.

Ob freie Kombinationen, absolute oder relative Koppelung vorliegt, wird am einfachsten mit *Rückkreuzungen* geprüft, wie sie in Abb. 29 für zwei Allelpaare dargestellt sind. Dabei wurde gefunden, daß häufig der Grad der Koppelung nach Geschlechtern verschieden ist. Aus noch nicht völlig geklärten Ursachen bleiben z. B. Gene des *Drosophila*-Männchens (von seltenen Ausnahmen abgesehen) absolut gekoppelt, während dieselben Gene im Weibchen rekombinieren (Abb. 29). In Übereinstimmung mit diesem Unterschied tritt denn auch in der Meiose ein synaptischer Komplex (S. 41) nur beim Weibchen auf. Allgemein erfolgt ein Austausch (Rekombination) in Koppelungsgruppen häufiger (Mensch, Maus) oder ausschließlich (Drosophila, Seidenspinner) im homogametischen Geschlecht (S. 64).

Genaustausch in Koppelungsgruppen

Das mit der Meiose verbundene *Crossover* führt zum reziproken Austausch von Teilstücken homologer Chromosomen (Abb. 21). Für zwei gegebene Genpaare läßt sich ein charakteristischer Austauschwert experimentell bestimmen (Abb. 29), der in Einzelversuchen um einen konstanten Mittelwert streut. Dieser *Rekombinationswert* (Rk-W) ist definiert durch das prozentuale Verhältnis der Austauschgameten (Rekombinanten) zur Gesamtzahl der im Experiment getesteten Gameten.

Für die gekoppelten Gene vg (oder vg^+) und pr (oder pr^+) ergibt sich nach Abb. 29 ein Rk-W von 10,75%. Für Gene der ersten Koppelungsgruppe von *Drosophila melanogaster* wurden in Einzelversuchen u. a. folgende Rk-W bestimmt: y (yellow = gelber Körper) gegen w (white = weiße Augen): 1,5%; y gegen v (vermilion = hellrote Augen): 31,2%; y gegen B (bar = Bandauge): 48,7%; v gegen B: 22,4%; f (forked = gegabelte Borsten) gegen B: 0,5%.

Die unterschiedlichen Rk-Werte werden verständlich, wenn man annimmt, daß die Gene feste Plätze (Loci) in den Chromosomen

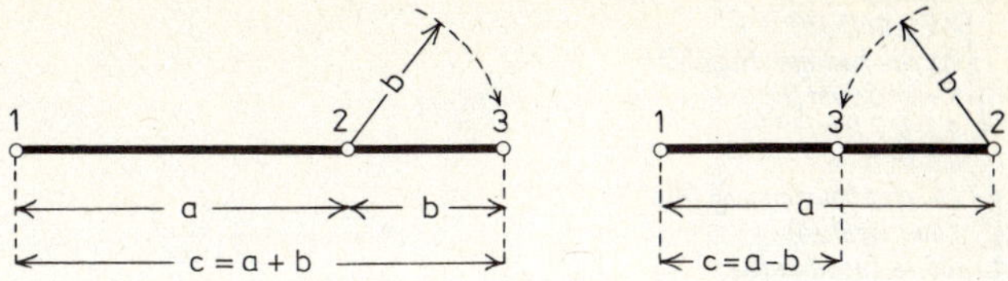

Abb. 30 Summen-Differenz-Regel für die Rekombinationswerte a, b und c eines Dreipunktversuches für die Genloci 1, 2 und 3. Im Falle links muß Gen 3 außerhalb der Strecke 1–2, im Falle rechts zwischen Gen 1 und Gen 2 liegen.

besetzen. Dann können die *Rk-Werte als Maßzahlen für gegenseitige Genabstände* gelten. Dabei ist vorauszusetzen, daß die zum Austausch von Chromosomenstücken führenden Crossover-Ereignisse längs des Chromosoms zufällig verteilt sind. So wird die Wahrscheinlichkeit eines rekombinierenden Crossovers um so größer, je weiter die beiden erfaßten Genloci voneinander entfernt sind.

Werden nun die Rk-W zwischen drei (oder mehr) Genen einer Koppelungsgruppe einander gegenübergestellt, ergibt sich folgende allgemeine Gesetzmäßigkeit für einen „Dreipunktversuch“:

Wenn der Rk-W zwischen Gen 1 und Gen 2 = a
und der Rk-W zwischen Gen 2 und Gen 3 = b,
so ist der Rk-W zwischen Gen 1 und Gen 3 = a + b oder a – b

Diese *„Summen-Differenz-Regel“* ist in Abb. 30 graphisch dargestellt, wobei die Rk-W als Strecken aufgetragen sind.

Nur wenn diese „Gen-Entfernungsstrecken“ auf einer Geraden aneinander gefügt werden, entsteht ein Anordnungsschema, das den Experimentalbefunden entspricht. Mit dieser Methodik prüfte MORGAN mit seinen Mitarbeitern STURTEVANT und BRIDGES die Rk-W zwischen zahlreichen gekoppelten Genen von Drosophila. Dies führte zu der heute allgemein gültigen *Theorie der linearen Anordnung der Gene* längs der Chromosomen. Sobald bei einem Organismus eine neue Mutante (S. 68) gefunden wird, kann zunächst im Kreuzungsversuch mit Genotypen, deren Chromosomen durch bekannte Gene schon markiert sind, die Koppelungsgruppe bestimmt werden; dann wird dem Gen auf Grund seiner Rk-Werte zu bereits lokalisierten Genen ein Locus in der linearen Genkette zugewiesen. Auf diese Weise entstehen *topographische Karten der Erbsubstanz* (Abb. 31). Solche Chromosomenkarten sind heute für zahlreiche Organismen (Viren, Bakterien, Pflanzen und Tiere) erarbeitet. Die verschiedenartigsten Experimentalbe-

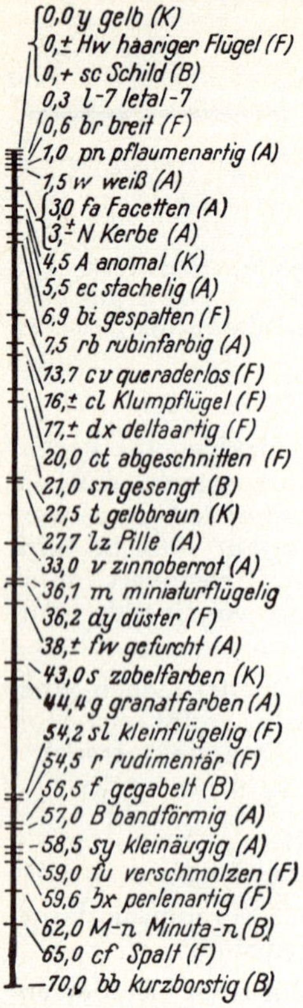

Abb. 31 Genkarte des I. Chromosoms (= X-Chromosoms) von *Drosophila melanogaster*. Die den Genbezeichnungen in Klammern beigefügten Buchstaben bezeichnen die Art des Merkmals: *A* Augen, *B* Borsten, *F* Flügel, *K* Körper. Vor den deutschen Gennamen stehen die meist englischen, offiziellen Gensymbole und ihre aus Rekombinationswerten errechneten Loci (in Morgan-Einheiten, bezogen auf den endständigen Locus 0,0) (nach Morgan und Stern).

funde beweisen, daß diese Karten insofern der Realität entsprechen, als sie die Reihenfolge und die relativen Abstände der Gene innerhalb einer Koppelungsgruppe richtig wiedergeben (was auch durch Befunde an Riesenchromosomen bestätigt ist (Abb. 12). Diese Abstände (map distances) werden in *Morgan-Einheiten* gemessen: 1 Morgan entspricht einem Rk-W von 1 %. Jedem Gen wird eine Locuszahl (z. B. v = 33,0 in Abb. 31) zugeordnet, die den Kartenabstand von jenem Gen angibt, das vorläufig den äußersten Platz links auf der Genkette besetzt (z. B. y = 0,0 in Abb. 31). Ob man das eine oder andere Kettenende als links oder rechts festlegt, ist eine konventionelle Entscheidung.

Ein weitergehendes Verständnis der Struktur der Chromosomenkarten gewinnen wir aber erst, wenn noch folgende *Gesetzmäßig-*

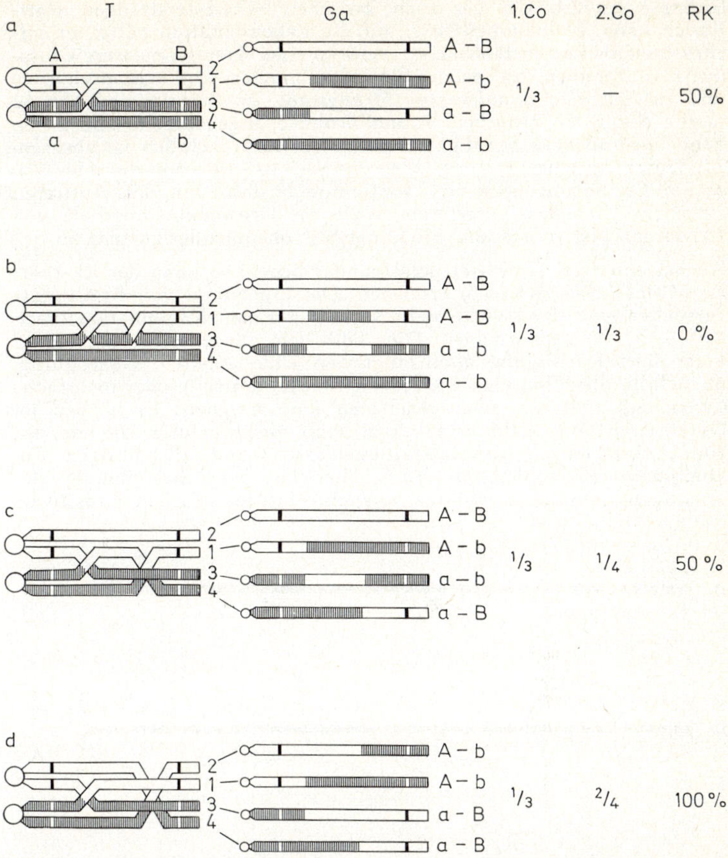

Abb. 32 Crossover-Möglichkeiten. a) Einfaches, b–d) Doppel-Crossover zwischen den Loci A/a und B/b. *1. Co* erstes, *2. Co* zweites Crossover, 1 und 2 sowie 3 und 4 sind Schwesterstränge, *Ga* Gameten mit Genen nach Meiose, *RK* maximaler Rekombinationswert, *T* Tetrade.

keiten des chromosomalen Crossovers (Co) berücksichtigt werden (Abb. 32):

1. Der Chromosomenstück-Austausch erfolgt im *Vierstrangstadium* der Tetrade. 2. An einem Co sind nur *zwei Stränge* beteiligt, und zwar ergibt sich eine Rekombination nur, wenn der Strangwechsel zwischen einer mütterlichen und einer väterlichen Chromatide (homologe

Stränge) erfolgt. Ob Co auch zwischen Schwestersträngen stattfinden kann, bleibt umstritten; auf die Rekombination hätte ein solches Ereignis keinen Einfluß. 3. Wenn in einer Tetrade mehrere Crossovers vorkommen, so besteht für jedes Ereignis eine statistisch freie und *zufallsmäßig unabhängige Strangwahl.* Im Beispiel der Abb. 32 wurde das 1. Co zwischen Strang 1 und 3 angenommen. Am 2. Co kann ebenfalls 1/3 beteiligt sein; ebenso wahrscheinlich ist aber ein Austausch zwischen 1/4 oder 2/4 oder auch 2/3 (nicht in der Abb. 32). 4. Ein Co hemmt über eine bestimmte Distanz hin das Auftreten eines zweiten. Diese *Interferenz* wirkt bei Drosophila innerhalb von 10 Morgan fast vollständig; sie klingt bei zunehmender Distanz ab.

Auch wenn zwei Gene weit auseinander liegen, so kann der Rk-Wert im Mittel *höchstens 50 %* erreichen. Die Ergebnisse von Kreuzungsversuchen sind dann nicht mehr von einer freien Kombination (nach Abb. 29 a) zu unterscheiden. Dies läßt sich, ausgehend von Abb. 32, unter Berücksichtigung aller möglichen Fälle ableiten. Gleichgültig, ob sich in allen Tetraden entweder einfache, doppelte oder mehrfache Crossovers zwischen zwei gegebenen Loci ereignen: Es bleiben im Durchschnitt die nicht erfaßbaren (0 %) gleich häufig wie die mit 100 % verrechneten Rekombinationsklassen, und alle übrigen Rekombinationen zählen als 50 %-Fälle. Für eine Bestimmung der „richtigen" Distanzen müßten alle ein- bis mehrfachen Crossovers

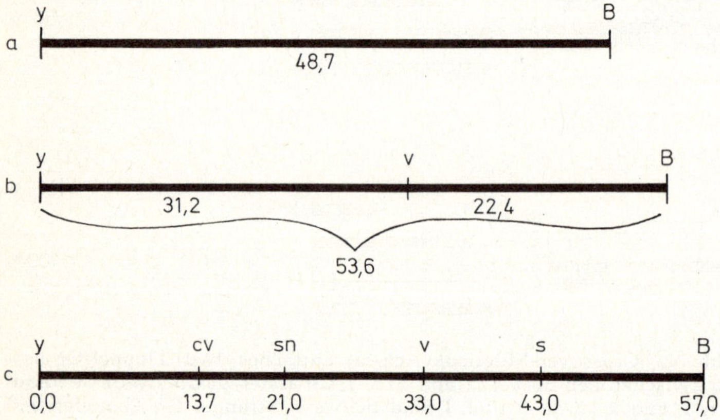

Abb. 33 Beziehung zwischen Rekombinationswerten (*Rk-W*) und Kartenabständen (map distances). a) Direkt bestimmter *Rk-W* zwischen yellow (*y*) und Bar (*B*). b) Einführen des Zwischenlocus vermilion (*v*), so daß auch Doppel-Crossover zwischen *y–v* und *v–B* erfaßt werden; die Distanz *y–B* ist angestiegen. c) Genkarte konstruiert aus Rk-Werten zwischen enger benachbarten Genen. Es sind noch die Loci für *cv* = crossveinless (queraderlos), *sn* = singed (angesengte Borsten) und *s* = sable (zobelfarbig) angegeben.

zwischen den Loci nachgewiesen werden, was in einem Zweipunkteversuch für Entfernungen, die über den Interferenzbereich (S. 60) hinausgehen, unmöglich ist. Der *Kartenabstand* läßt sich nur ermitteln, wenn weitere dazwischenliegende Gene eingeführt werden, die erlauben, alle auftretenden Crossovers zu erfassen. Bei der Konstruktion der Chromosomenkarten werden daher kleine Gendistanzen, die wegen der Interferenz nur ein Co erlauben, sukzessive addiert. Die Beziehungen zwischen Rk-Werten und Kartenabständen (*map distances*) sind in Abb. 33 für das Beispiel der 1. Koppelungsgruppe von Drosophila erläutert. Dabei werden die auf S. 56 angegebenen Versuchszahlen und die in Abb. 31 eingetragenen Kartenloci berücksichtigt. Die Genkarte mit 70 Morgan Länge (Abb. 31) übertrifft den maximalen Rk-W von 50 %, der sich in einem Zweipunktversuch mit y und bb ergeben würde. Die genetische Länge des 2. Chromosoms erreicht 104 Morgan und die des 3. Chromosoms 106 Morgan, während im kleinen 4. Chromosom (Abb. 11, 34) die endständig liegenden Gene nur 3 Morgan entfernt sind.

Vererbung und Bestimmung des Geschlechts

Bei der großen Mehrzahl der getrenntgeschlechtigen Tiere entscheiden chromosomale Faktoren (Gene) über das Geschlecht des Individuums, das sich aus der Eizelle entwickelt *(genotypische Geschlechtsbestimmung)*. Dabei ist im diploiden Organismus zu unterscheiden zwischen zwei homologen Sätzen von gleichwertigen Chromosomen oder *Autosomen* (2 A) und meist einem Paar von Heterosomen oder *Geschlechtschromosomen*. Im Autosomenbestand sind Chromosomen mütterlicher und väterlicher Herkunft in beiden Geschlechtern je durch morphologisch (Abb. 34) und funktionell gleichwertige Individuen vertreten. Dagegen bestehen zwischen den Geschlechtschromosomen meist morphologische (Abb. 9, 34), stets aber funktionelle Unterschiede. Die Verteilung der Geschlechtschromosomen in der Meiose und ihre Kombination bei der Befruchtung ist in Abb. 34 erläutert. Wir bezeichnen dasjenige Chromosom, das dem einen Geschlecht in doppelter Vertretung zugeteilt wird, als *X-Chromosom* und stellen ihm das *Y-Chromosom* gegenüber, das in einfacher Dosis neben einem X-Chromosom im Bestand des anderen Geschlechtes vorkommt. Im Beispiel der Abb. 34 sind die beiden Geschlechter durch folgende Formeln charakterisiert: 2A + XY = ♂; 2A + XX = ♀, wobei 2A für 2mal 3 Autosomenpaare steht. In der Meiose wird ein Weibchen mit dieser Konstitution in bezug auf die Geschlechts-Chromosomen nur eine Sorte von Eizellen (Gameten) liefern (1A + X). Dieses Geschlecht wird daher als das *homogametische* bezeichnet. Da sich in der Meiose von (2A + XY)-Männchen die beiden Geschlechtschromosomen als Paarungspart-

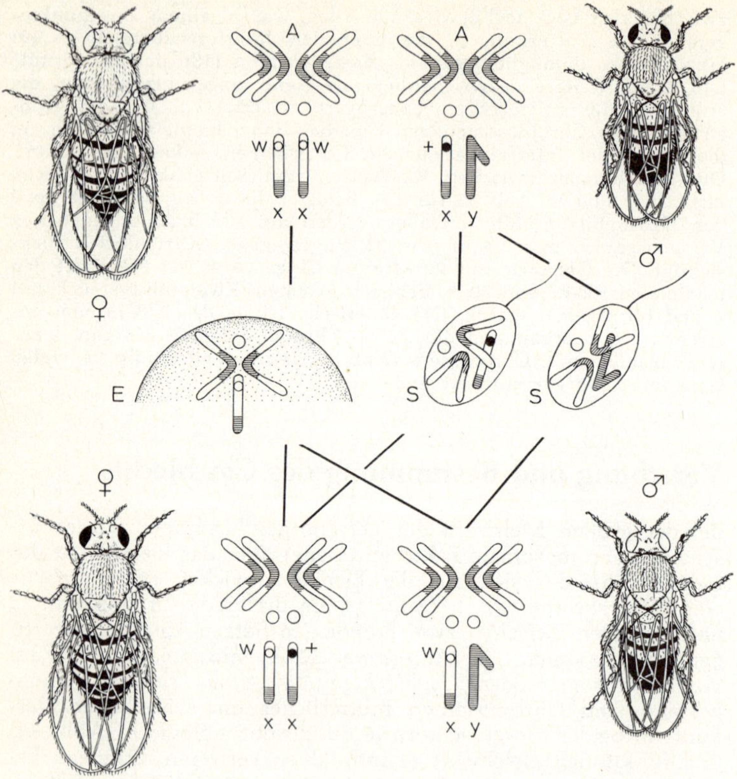

Abb. 34 Chromosomale Geschlechtsbestimmung bei *Drosophila melanogaster* und geschlechtsgekoppelter Erbgang für die Augenfarballele *w* (white) und + (wildrot). *A* Autosomen, *X*- und *Y*-Geschlechtschromosomen. *E* Eizelle und S Spermien nach Meiose. Das genarme Heterochromatin ist schraffiert.

ner verhalten, müssen zwei Sorten von Spermien entstehen, solche mit 1A + X und mit 1A + Y. In diesem Falle ist das männliche Geschlecht das *heterogametische.* Die Spermien mit X wirken weiblich bestimmend, diejenigen mit Y sind männlich bestimmend.

In einer normalen Meiose werden die beiden Spermasorten mit gleicher Häufigkeit gebildet; falls sie zudem eine Eizelle mit gleicher Wahrscheinlichkeit besamen, muß dies zu einem *Ge-*

schlechtsverhältnis von 1 : 1 führen. Bei vielen Tieren wird diese Relation denn auch mit Regelmäßigkeit verwirklicht.

Ob beim Menschen, wie bisher angenommen wurde, dieses Verhältnis zur Zeit der Befruchtung stark zugunsten männlicher Zygoten verschoben ist, wird neuerdings in Frage gestellt. Ebenso ist kaum klar erwiesen, daß mehr männliche als weibliche Embryonen und Feten während der Schwangerschaft absterben. Jedenfalls wird für die „weiße" Rasse bei der Geburt eine Relation von 100 ♀ zu 106 ♂ festgestellt. Dieses Verhältnis gleicht sich bis zur Pubertät wegen erhöhter Knabensterblichkeit auf 1 : 1 aus und verschiebt sich mit zunehmendem Alter noch mehr zugunsten der Frau. Falls tatsächlich bei der Konzeption die männlichen Zygoten überwiegten, müßten mehr Spermien mit Y- als mit X-Chromosomen zur Besamung kommen.

Die Rolle des *Y-Chromosoms* in der Geschlechtsbestimmung ist je nach Tiergruppe verschieden. Bei Drosophila hat dieses Chromosom keinen direkten Einfluß. Hier wird das Geschlecht durch das *Verhältnis der X-Chromosomenzahl zur Autosomenzahl* festgelegt.

Diese Aussage stützt sich auf seltene, aber regelmäßig zu beobachtende Ausnahmefälle, bei denen Verteilungsfehler in Meiose oder Mitose zu abnormen Chromosomensätzen führen (S. 69). So entwickeln sich (XX+2A)-Tiere ebenso zu normalen Weibchen wie (XXX+3A)- oder (XXY+2A)-Individuen. XY+2A führt zur männlichen Entwicklung ebenso wie XO+2A (Fehlen des Y-Chromosoms). Allgemein gilt, daß ein Verhältnis X : A = 1 das weibliche und X : A = 0,5 das männliche Geschlecht bestimmt. Falls die X : A-Relation zwischen 1 und 0,5 steht (z. B. bei 2X : 3A = $^2/_3$), entstehen sexuelle Zwischenstufen, d. h. *Intersexe.* Relationen über 1 (z. B. 3X : 2A) beeinträchtigen die Entwicklung ebenso wie Relationen unter 0,5 (z. B. X : 3A). Im ersten Fall entstehen schwache, sterile *Überweibchen,* im zweiten Falle ebenso schwache, sterile *Übermännchen.* Normale Lebenseignung und Geschlechtsentwicklung hängt somit von einem Wirkungsgleichgewicht zwischen den Genen ab, die auf die verschiedenen Chromosomen verteilt sind. Diese *Genbalancetheorie* hat auch Bedeutung für autosomale Faktoren (S. 72).

Obwohl das heterochromatische Y-Chromosom (Abb. 34) von Drosophila das Geschlecht nicht bestimmt, ist es für die Arterhaltung unentbehrlich. Es enthält mehrere Faktoren, welche die Entwicklung normal beweglicher Spermien sichern. Im übrigen fehlen in diesem Chromosom bis auf eine Ausnahme (bb-Locus der Abb. 31) irgendwelche Gene, die als Allele zu den vielen hundert Strukturgenen des X-Chromosoms wirken könnten. Dagegen ist des Heterochromatin des Y-Chromosoms reichlich mit repetitiven Sequenzen (S. 86) ausgerüstet, die u. a. für rRNS codieren. Auch für das kleine *menschliche Y-Chromosom* (Abb. 9) ist ein klassischer Genlocus nicht mit Sicherheit nachgewiesen. Dagegen steht fest, daß das Y der Säuger (im Gegensatz zum

Y der Fliegen) einen direkten Einfluß auf die Geschlechtsentwicklung ausübt. Es enthält *stark männlich bestimmende Faktoren* (vgl. S. 70). Selbst Individuen mit 2A + XXXXXY zeigen einen männlichen Phänotypus.

Falls ursprüngliche Funktionen des Y-Chromosoms von anderen Chromosomen übernommen wurden, kann das Y-Chromosom in der Evolution auch völlig verschwinden. Solche *XO-Genotypen* sind in verschiedenen Tiergruppen anzutreffen. Dabei funktioniert die Geschlechtsbestimmung ebenso wie beim XY-Typ, indem in der Meiose des heterogametischen Geschlechts zweierlei Gameten entstehen: Solche mit A + X und solche mit A allein. Bei weiblicher Homogametie wirken die ersten weiblich bestimmend, indem sie sich mit einer A + X-Eizelle zur 2A + XX-Zygote vereinigen; das Spermium ohne Geschlechtschromosom bestimmt dagegen das männliche 2A + XO-Geschlecht.

Soweit wurden nur Beispiele berücksichtigt, bei denen das *weibliche Geschlecht homogametisch* (2A + XX) und das *männliche heterogametisch* ist (2A + XY oder 2A + XO). Diese Verhältnisse gelten u. a. für Zweiflügler, Wanzen, Käfer, Heuschrecken, viele Fische und Amphibien (*Rana*-Froscharten) sowie für alle Säugetiere. In anderen Tierklassen und Familien ist das *Männchen homogametisch;* es bildet nur eine Sorte von Spermien, während das *heterogametische Weibchen* nun aus der Meiose gleich viele weiblich (A + Y oder A + O) wie männlich bestimmende (A + X) Eizellen liefert. *Männliche Homogametie* ist nachgewiesen für die Schmetterlinge, Vögel und Reptilien, für einzelne Fische und Amphibien (Schwanzlurche und den Krallenfrosch *Xenopus*).

Da das X-Chromosom meist mit zahlreichen Genen belegt ist (Abb. 31), ergeben sich für den Erbgang dieser Faktoren bestimmte Regeln (*geschlechtsgekoppelte Vererbung,* Abb. 34). Da diesen Genen im Y-Chromosom keine Allele gegenüberstehen, sind sie im heterogametischen Geschlecht in nur einfacher Dosis vertreten. Das Individuum ist bezüglich dieser Gene *hemizygot.* Bei Hemizygotie können sich auch alle rezessiven Gene manifestieren. Recht gut bekannt ist die dem menschlichen X-Chromosom zugeordnete Koppelungsgruppe, für die über 100 Erbfaktoren festgestellt sind (vorläufige Genkarte: Abb. 35). Wie der Erbgang für einen der Blutgerinnungsloci *(Hämophilie)* verläuft, ist aus der Abb. 36 ersichtlich. Bluterfrauen, die ja homozygot sein müßten, können nur auftreten, wenn eine gesunde Überträgerin (Konduktorin) einen Bluter heiratet. Solche Fälle sind zwar nachgewiesen, aber äußerst selten zu erwarten, da die Genfrequenz der Bluterfaktoren gering ist. Aus der Verteilung und Kombination der X- und Y-Chromosomen ergibt sich, daß für geschlechtsgekoppelte Gene reziproke Paarungen (S. 50) je zu unterschied-

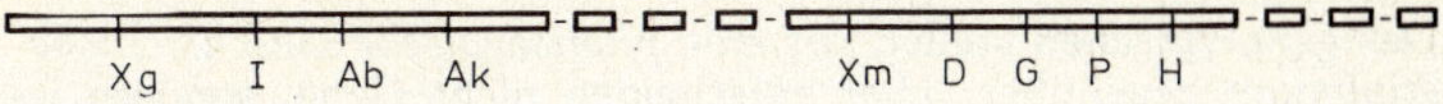

Abb. 35 Vorläufige Genkarte des X-Chromosoms des Menschen. *Ab* Albinismus der Augen, *Ak* Angiokeratom (Hautleiden), *D* Deutan (Grünblindheit), *G* Glukose-6-Phosphat-Dehydrogenase (Enzym), *H* Hämophilie A, *I* Ichthyosis (Hautleiden), *P* Protan (Rotblindheit), *Xg* Blutgruppe, *Xm* Serumgruppe (nach RACE u. SANGER).

lichen Ergebnissen führen. Dies deshalb, weil (bei weiblicher Homogametie) den Söhnen ihr X-Chromosom nur von der Mutter zugeteilt wird.

Eine besondere Art der chromosomalen Geschlechtsbestimmung ist bei einzelnen systematischen Gruppen von Wirbellosen verwirklicht, die sich parthenogenetisch fortpflanzen. So entwickeln sich bei Hautflüglern (Bienen, Wespen, Ameisen) die Männchen (Drohnen) aus unbefruchteten Eiern (S. 43); sie entstehen als Haplonten (Biene: n = 16), während die bisexuell entstehenden Weibchen diploid sind. Bei diesem *Haplo-Diplo-Mechanismus* kann offenbar die Chromosomenzahl als Ganzes entscheidend sein (2 n = ♀; n = ♂). Im einzelnen gibt es allerdings zusätzliche Komplikationen, da auch 2n – ♂ auftreten können.

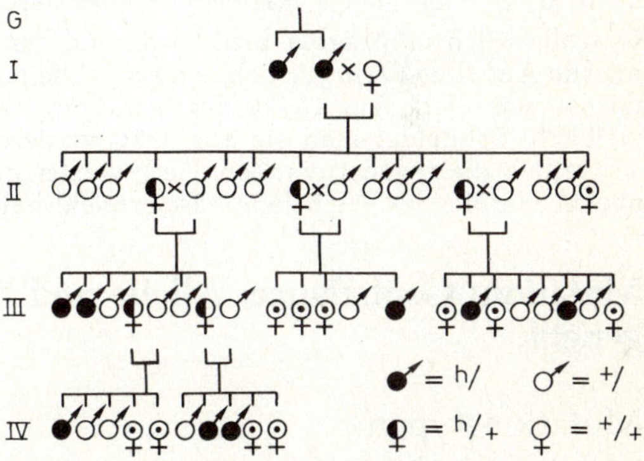

Abb. 36 Stammbaum einer Schweizer Familie mit geschlechtsgekoppeltem Erbgang der Bluterkrankheit (Hämophilie A). In Generation *GI* heiratet ein Bluter *(h/)* eine homozygot normale Frau (+/+). In *GII* kann keiner der 10 Söhne ein Bluter sein, doch sind 3 von 4 Töchtern heterozygot (*h*/+, Konduktorinnen). In *GIII* sind 5 von 10 Söhnen Bluter; auch in *GIV* entspricht die Zahl der Bluter der Wahrscheinlichkeit von 1/2. Für Töchter mit Punkt im Kreis ist der Genotypus unbekannt: entweder *h*/+ oder +/+ (nach FONIO).

Der genotypischen stellen wir eine *phänotypische Geschlechtsbestimmung* gegenüber: Hier entscheiden nicht Gene, sondern irgendwelche Außenfaktoren über die Richtung der Geschlechtsdifferenzierung. So entwickeln sich die befruchteten Eier des marinen Wurmes *Bonellia viridis* zunächst zu sexuell indifferenten Larven, denen noch beide Entwicklungswege offen stehen. Diejenigen Larven, die sich frei im Meerwasser entwickeln, werden Weibchen. Andere Larven setzen sich während 4–6 Tagen am Rüssel der adulten Weibchen fest, was die Entwicklung zum Männchen bewirkt. Wird diese Rüsselzeit und damit die stoffliche Einwirkung experimentell verkürzt, entstehen Intersexe.

Bei anderen Tieren (z. B. Amphibien) wird das Geschlecht wohl chromosomal-genotypisch bestimmt, doch vermögen Außenfaktoren wie *Temperatur oder Hormone* die Entwicklung so zu beeinflussen, daß der sexuelle Phänotypus nicht mehr dem chromosomalen Geschlecht entspricht. Dies ist im Prinzip bei allen Wirbeltieren möglich, weil hier sowohl die Gonaden als auch die übrigen Geschlechtsorgane zunächst bisexuell angelegt werden (S. 499).

Bei bestimmten „Putzerfischen", die in Haremsverbänden leben, übernimmt ein dominierendes Weibchen die Funktion des Männchens, falls dieses stirbt oder entfernt wird. Psychische Faktoren bewirken hier das Heranreifen von Hodengewebe aus embryonalen Blastemen, die in der Gonadenanlage erhalten geblieben sind.

Geschlechtlich umprägbar bleibt während des ganzen Lebens der marine Annelide *Ophryotrocha puerilis*. Die jungen Tiere sind zunächst männlich. Auf 15–20 Segmente angewachsen, werden sie weiblich. Schneidet man sie auf 5–10 vordere Segmente zurück, so werden die regenerierenden Tiere wieder männlich, bis sie erneut die Größe der Weibchenphase erreicht haben.

Mutation, Genbalance, Allelie und Populationsgenetik

Mutationstypen

Mutationen sind *Änderungen in der Erbsubstanz*. Sie ereignen sich bei allen Lebewesen und liefern das Rohmaterial für das Entstehen neuer Rassen und Arten (S. 520). Wir unterscheiden zwischen Genmutationen (Punktmutationen), Chromosomenbaumutationen (Strukturmutationen) und Chromosomenzahlmutationen (Abb. 37).

Im einfachsten Fall kann eine *Genmutation* darauf beruhen, daß nur eine einzige Base des DNS-Codes geändert wird (Abb. 37 a).

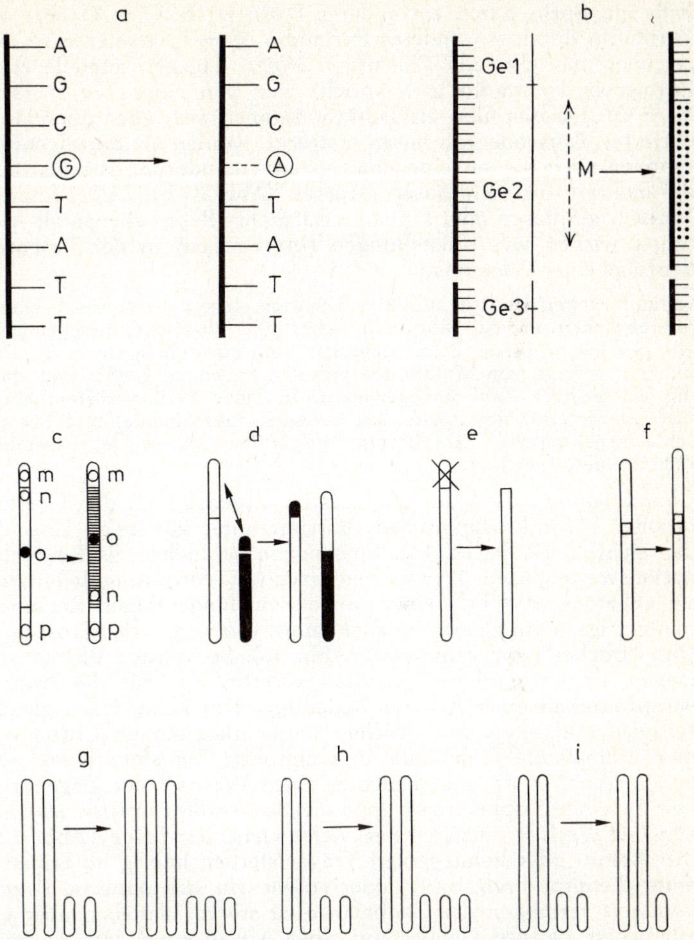

Abb. 37 Mutationsgruppen. a) Punktmutation, Änderung einer einzigen Base. b) „Punktmutation" (Genmutation), Änderung in einem ausgedehnten Bereich eines Gens *(Ge2)*; benachbarte Gene *Ge1* und *Ge3*; die kurzen Striche stellen wie in a die einzelnen DNS-Basen dar; Unterbruch in *Ge2* bedeutet, daß viel mehr Basen dem Gen als Funktionseinheit zuzuordnen sind; *M* Bereich der Mutation. c) Inversion, *m–p* Genloci, invertierter Bereich schraffiert. d) reziproke Translokation zwischen nichthomologen Chromosomen. e) Stückausfall (deficiency). f) Duplikation. g) Euploide Mutation. h) Mutation zur Trisomie. i) Mutation zur Monosomie.

Falls ein Purin durch ein anderes Purin (z. B. G → A) oder ein Pyrimidin durch ein anderes Pyrimidin (C → T) ersetzt wird, bezeichnet man dies als *Transition*. Wenn dagegen anstelle eines Purins ein Pyrimidin tritt, spricht man von einer *Transversion* (G → C). Da das Gen als Funktionseinheit sich aber über Hunderte bis Tausende von Basen erstreckt, werden als Einzelgenmutationen auch die verschiedenartigsten Veränderungen registriert, die mehrere bis viele Basen erfassen (Abb. 37 b). Dabei können Verlust von Basen oder Einbau zusätzlicher Basen ebenso als Mutation wirken wie Umstellungen (Inversionen) in der Basenreihenfolge einer Geneinheit.

Genmutationen sind für alle Eigenschaften eines Lebewesens bekannt. Sie bewirken ebenso morphologische, physiologische, biochemische wie psychische Pläne. Beim Menschen sind mendelnde Gene, die ihre Existenz infolge von Mutationen verraten haben, in großer und ständig wachsender Zahl nachgewiesen. In einer 1970 veröffentlichten Liste werden 837 dominante, 531 rezessive (autosomale) und 119 geschlechtsgekoppelte Erbfaktoren aufgeführt, denen je besondere Phäne zugeordnet sind.

Chromosomenbaumutationen sind im Gegensatz zu den Genmutationen im mikroskopischen Präparat unter günstigen Umständen sichtbar (Abb. 12, 13). *Inversionen* verändern die Rekombinationswerte (Abb. 37); in heterozygoter Vertretung behindern sie außerdem das Entstehen von entwicklungsfähigen Rekombinanten, was aufs gleiche herauskommt, wie wenn ein „Crossover-Unterdrücker" wirksam wäre (Abb. 46). So werden Blöcke von Genen als untrennbare Einheiten vererbt, was für die Anpassungsfähigkeit einer Art von Bedeutung sein kann. Nach gleichzeitigem Auftreten von Brüchen in nichthomologen Chromosomen können die Fragmente zu reziproken *Translokationen* verheilen (Abb. 37 d); dies bedeutet einen Wechsel der Zugehörigkeit zu einer Koppelungsgruppe. *Stückausfälle (deficiencies)* haben den Verlust einzelner bis vieler Gene zur Folge (Abb. 12). Ihre homo- oder hemizygoten Träger sterben häufig im Frühstadium (Letalfaktoren, S. 91) oder entwickeln sich abnorm. *Duplikationen* vermögen die Genbalance zu stören; daneben aber ermöglichen sie, den Genbestand einer Art zu erweitern. Anfänglich unterscheiden sich zwar die Gene in den verdoppelten Sektoren noch nicht. Neumutationen an der einen oder anderen Stelle können dann aber zu qualitativen Unterschieden zwischen ursprünglich identischen Genen führen, was der *„Entstehung neuer Gene"* gleichkommt.

Beim Menschen kommt als nicht seltene Translokation eine Dauerbindung von Chromosom Nr. 21 (Abb. 9) an ein größeres Autosom vor (z. B. Nr. 14). Falls zum Translokationschromosom noch zwei freie Nr. 21 kommen, wirkt sich dies gleich aus wie eine Trisomie 21 (S. 69), die zur „mongoloiden Idiotie" führt. Eine schwere Entwicklungsstörung, das „Katzenschreisyndrom" (Cris du Chat) beruht auf einer Deficiency, Den betroffenen Kindern fehlt die Hälfte des kürzeren Armes von Chromosom 5. Ein anderer Stückverlust, diesmal an Nr. 22 (als Philadelphia-Chromosom bezeichnet), wird bei Patienten beobachtet, die an einer malignen Anämie leiden.

Mutationen der *Chromosomenzahl* gehen auf Verteilungsfehler in der Meiose und Mitose zurück. Sind daran ganze Chromosomensätze beteiligt, so führt dies zu ausbalancierten *euploiden* Genotypen. So können aus einer diploiden Ausgangsform lebenstüchtige polyploide Rassen mit 3n- (Abb. 37) oder 4n-Chromosomenzahlen entstehen. Zusätzliche Ereignisse vermögen den Polyploidiegrad weiter zu steigern. Rassen- und Artbildung durch *Polyploidisierung* spielt bei Pflanzen eine viel größere Rolle als im Tierreich. Hier führt Triploidie wegen Störung der (A : XY)-Balance häufig zur Intersexualität (S. 72), so bei Schmetterlingen und Hühnern. Falls in der Anaphase einer Meiose (Abb. 38) oder Mitose einzelne Chromosomen nicht auseinanderweichen und daher nur der einen Tochterzelle zugeteilt werden, entstehen *aneuploide Genotypen.* Als *Trisomie* wird die Dreifachvertretung eines Chromosoms (Abb. 37 h), als *Monosomie* (Abb. 37 i) der Verlust eines Einzelchromosoms bezeichnet.

Chromosomal feststellbare Mutationen sind beim Menschen häufig. Im Mittel finden sich unter 100 Geburten 1–3 Abnormitäten. Bedeutend höher wird der Anteil bei vorgeburtlichen Stadien eingeschätzt. Hier werden alle schweren Fälle, die zum Entwicklungsstillstand und Tod des Individuums führen, als Aborte eliminiert. Nach Schätzungen werden bis zu 50 % aller Schwangerschaften so abgebrochen.

Genbalance

Beim Menschen ist wie bei Drosophila bei Aneuploidie die Genbalance so gestört, daß die Entwicklung zur Normalität nicht mehr gesichert bleibt. Verteilungsfehler infolge Nichtauseinanderweichens *(non-disjunction)* können im Prinzip alle Individuen der 23 Chromosomen des Menschen treffen. In der Abb. 38 sind einige besonders verbreitete Fälle dargestellt, wobei sich Nondisjunction in der Meiose der Eizelle ereignet. Aneuploidien können jedoch auch auf Fehlern in der Spermareifung oder bei somatischen Mitosen beruhen.

Die durch *Trisomie* des Autosoms Nr. 21 (Abb. 38 b) bewirkte *mongoloide Idiotie* (Down-Syndrom) verändert sowohl den körperlichen wie den psychischen Phänotypus. Durchschnittlich wird ein Fall auf 500–600 Geburten festgestellt. Mit zunehmendem Mutteralter erhöht sich die Wahrscheinlichkeit für dieses Fehlereignis, das auf dem gelegentlichen Versagen der Funktionsbeziehung zwischen dem Spindelapparat und dem Centromer des Chromosoms beruhen könnte.

Dabei dürfte das Risiko bei älteren Müttern ansteigen, weil die „Wartezeit" der Oocyten, die bereits zur Zeit der Geburt in der Meiose stehen (S. 38), verlängert ist. Weitere autosomale Trisomien (mit fataler Auswirkung) sind nur noch für Chromosom 13 und 18 bekannt; die übrigen führen wohl zu frühembryonaler Letalität.

Verhältnismäßig häufig werden von einem Non-disjunction auch die Geschlechtschromosomen erfaßt. So können beide X-Chromosomen der Mutter in der Eizelle verbleiben (Abb. 38 c, d), oder sie gelangen beide in den Polkörper (Abb. 38 e, f). Je nach dem Chromosomenbestand der besamenden Spermien entstehen folgende Genotypen: 2A + XXX-Individuen (Abb. 38 c) sind weiblichen Geschlechtes, bei denen sich die Störung der Genbalance vor allem in der psychischen Entwicklung nachteilig auswirkt. Bei 2A + XXY-Genotypen (Abb. 38 d) bestimmt das zusätzliche Y-Chromosom eine vornehmlich männliche Entwicklung. Doch zeigen diese *Klinefelter-Männer* auch weibliche Phäne wie Brustentwicklung und Behaarungsmerkmale. Die Klinefelter-Konstitution, die mit einer Geburtshäufigkeit 1 : 600 auftritt, führt stets zur Sterilität: Die unterentwickelten Hoden liefern keine Spermien. Wird eine Eizelle ohne X-Chromosom (Abb. 38 e) von einem Spermium mit X besamt, so entwickelt sich diese 2A + XO-Zygote zu einem körperlich und psychisch beeinträchtigten, steril bleibenden Mädchen (Ovarien nicht entwickelt). Dieses *Turner-Syndrom* erreicht eine Häufigkeit von 1 auf ca. 1500 Geburten. 2A+YO-Männer (Abb. 38 f) sind nicht bekannt. Wahrscheinlich sind solche Embryonen überhaupt nicht entwicklungsfähig, da ihnen zahlreiche lebenswichtige Gene des X-Chromosoms fehlen. Nicht selten wird bei Männern als Chromosomenbestand 2A+XYY festgestellt. Diese Abnormität scheint mit Hochwuchs und eventuell auch mit einer Neigung zur Kriminalität korreliert.

Falls sich Verteilungsfehler während der Embryogenese in somatischen Mitosen ereignen, muß dies zu *Mosaikindividuen* führen, in denen neben normalen Arealen auch Bereiche mit aberranten Chromosomensätzen liegen (z. B. für Trisomie 21). Im Phänotypus zeigen sich dann meist intermediäre Merkmale (milde Form eines Mongolismus).

Mosaike mit Unterschieden im Bestand der Geschlechtschromosomen entstehen durch Verlust eines X- oder Y-Chromosoms während der Furchungsmitosen. Dies führt zum *Gynandromorphismus,* d. h. zu Individuen, in denen weibliche und männliche Zellen nebeneinander vorkommen. Bei Insekten, wo Sexualhormone

---

Abb. 38 Chromosomenverteilung in der Meiose der Eizelle des Menschen. Entstehung aneuploider Genotypen und Inaktivieren von X-Chromosomen. a) Alle 46 Chromosomen normal auf Eizelle und Polkörper verteilt, ein kleines Autosom (Nr. 21) besonders herausgezeichnet; befruchtete Eizelle mit 46 Chromosomen. b) Nichtauseinanderweichen des kleinen Autosoms führt zur Trisomie 21 (Mongolismus) mit 47 Chromosomen. c–f) Nichtauseinanderweichen der X-Chromosomen, normale Verteilung der Autosomen A. c und d) Beide X-Chromosomen bleiben in der Eizelle. c) Genotyp eines 2 A+ XXX Mäd-

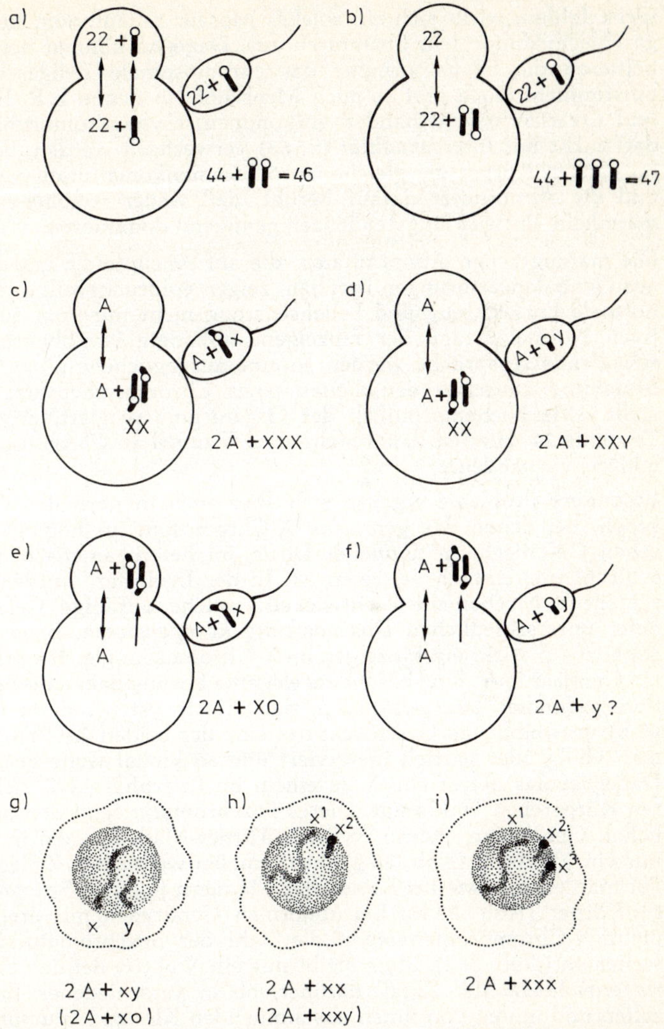

chens. d) Genotyp eines Klinefelter-Mannes. e und f) Beide X-Chromosomen gelangen in den Polkörper. e) Genotyp eines Turner-Mädchens. f) Wahrscheinlich letaler Keim. g–i) Zustand der X-Chromosomen im Interphasekern, unten mögliche Chromosomenformeln. g) Kein Sexchromatin. h) X^1 aktiv, X^2 als Sexchromatinkörper inaktiviert. i) Zwei Sexchromatinkörper.

meist fehlen, wirkt sich ein solches Mosaik zellautonom in allen geschlechtsdimorphen Strukturen aus. Dagegen können bei Wirbeltieren die Sexualhormone das chromosomale Zellgeschlecht umstimmen. Doch gibt es auch Menschen, in denen z. B. Hoden und Ovarien nebeneinander vorkommen. Gynandromorphismus darf nicht mit *Intersexualität* (S. 63) verwechselt werden, bei der im ganzen Körper die gleiche Chromosomenkonstitution vorliegt und die Abnormität darauf beruht, daß weder weibliche noch männliche Entwicklungstendenzen genügend dominieren.

Die mannigfachen Abnormitäten, die auf Aneuploidie und damit auf Genbalancestörungen beruhen, zeigen eindrucksvoll, daß eine normale Entwicklung und Lebensleistung nicht nur vom qualitativen Normalzustand der Einzelgene abhängig ist. Ebenso entscheidende Ansprüche werden an eine ausgeglichene *Quantitätsbeziehung zwischen den Genen* eines Chromosomensatzes gestellt. Wie hochempfindlich der Organismus reagiert, zeigt die Trisomie 21. Hier ist kaum mehr als 1 % zuviel an Chromosomenmaterie vorhanden.

Besondere Probleme ergeben sich aber auch in normalen Genotypen, bei denen das genreiche X-Chromosom im homogametischen Geschlecht in doppelter Dosis, im heterogametischen Geschlecht nur einfach vertreten ist. In der Evolution wurden verschiedene Mechanismen entwickelt, welche allfällige Gefahren einer unterschiedlichen *Dosiswirkung kompensieren*. Beim Drosophila – ♂ wirkt ein Einzelgen im X-Chromosom gleich stark wie ein Genpaar im ♀. Eine besonders elegante Lösung haben die Säugetiere gefunden. Hier wird nach dem Blastocystenstadium (Abb. 62 b) im weiblichen Geschlecht das eine der beiden X-Chromosomen völlig oder partiell inaktiviert und so klonal weitergegeben. Dabei ist das betroffene X zu einem im Interphasekern sichtbaren Körperchen verklumpt. Dieses *Sexchromatin* fehlt den männlichen Genotypen ebenso wie den Turner-Mädchen, die ja auch nur ein X führen (Abb. 38 g). In normalen weiblichen Zellen findet man ebenso wie bei Klinefelter-Männern je einen Sexchromatin-Körper (Abb. 38 h). Bei abnormen Genotypen mit drei und mehr X-Chromosomen steigt die Zahl der Sexchromatinkörper weiter an (Abb. 38 i). Stets bleibt nur ein X aktiv. Bei den *Eutheria* entscheidet der Zufall darüber, ob in verschiedenen Einzelzellen und in den von ihnen abstammenden Klonen ein ursprünglich mütterliches oder ein väterliches X inaktiviert wird. So hat der weibliche Organismus bezüglich der X-gekoppelten Gene eine Mosaiknatur, was sich in Scheckungsmustern oder in der Verteilung von Enzymen (z. B. für G6PD, Abb. 35) zeigt. Bei den bisher untersuchten *Marsupialia* wird dagegen stets das väterliche X inaktiviert.

Mutationsraten und Vitalitätsspektrum

In der Mutationsforschung wird unterschieden zwischen *Spontanmutationen,* die unter normalen Umweltbedingungen auftreten, und *Experimentalmutationen,* die durch zusätzliche Einwirkung mutationsauslösender (mutagener) Mittel ausgelöst werden. Als *Mutationsrate* wird das Verhältnis der Gameten mit Neumutation zur Gesamtheit aller geprüften Gameten einer Generation definiert.

Für *Einzelgene* von Drosophila wurden spontane Mutationsraten von $1:10^4$ bis $1:10^6$ bestimmt. Werte dieser Größenordnung konnten auch für Gene des Menschen errechnet werden. So beträgt die Wahrscheinlichkeit, daß in einer Generation eines der Normalgene für Blutgerinnung zu einem Hämophiliegen mutiert, etwa 2–4 : 100 000. Doch verhalten sich verschiedene Gene unterschiedlich stabil. Multiplizieren wir eine durchschnittliche Einzelgenrate mit der nur in grober Annäherung bekannten Genzahl eines Organismus, so gelangt man zu einer *Gesamtrate.* Diese wird auf 10 %–50 % geschätzt, was bedeutet, daß bis zur Hälfte aller Keimzellen eine Neumutation in die Population einführt.

Durch den Einsatz mutationsauslösender Mittel kann die Spontanrate um ein Vielfaches gesteigert werden *(Experimentalrate).* Solche mutagenen Mittel sind anregende und ionisierende *Strahlen* (wie Ultraviolett-, Röntgen- und Korpuskularstrahlen) sowie bestimmte *Chemikalien,* wie z. B. HNO_2 (S. 20), die „falsche" Base 5-Bromodesoxiuridin (BrdU), Formalin und alkylierende Stoffe, wie z. B. Äthyl-Methan-Sulfonat (EMS) und Senfgas. Zahlreiche Versuche haben für die verschiedensten Lebewesen gezeigt, daß die Mutationswahrscheinlichkeit *proportional mit der Strahlendosis* oder der Stoffkonzentration ansteigt. Für Strahlen kann *keine unterschwellige* („unschädliche") *Minimaldosis* nachgewiesen werden. Maßgebend ist die über eine Generation verteilte *Gesamtdosis,* wobei allerdings bei Mäusen eine auf längere Zeit verteilte Dosis weniger wirksam sein kann als bei einer kurzfristigen Einstrahlung. Auf die Experimentalbefunde stützen sich die staatlichen Strahlenschutzgesetze. Eine *Mutationsprophylaxe* ist deshalb notwendig, weil über 90 % der Neumutationen die Lebenseignung beeinträchtigen. Es entstehen in großer Zahl Änderungen der Erbsubstanz, die als *Letalfaktoren* (S. 91) die Entwicklung aller Träger auf irgendeinem Stadium blockieren. Bei anderen häufigen Mutationen erliegt mindestens die Hälfte der Träger dem Entwicklungstod *(Semiletalfaktoren).* Groß ist auch der Anteil der *Subvitalfaktoren,* welche die Lebenseignung soweit herabsetzen, daß bis zu 50 % der Belasteten das fortpflanzungsfähige Alter nicht erreichen. Aber auch die Überlebenden unter den Neumutierten weichen häufig von der Normalität ab. Sie können in mannigfacher Weise mißgebildet sein. Höchstens 10 % aller Mutationen bewirken Phäne, die unter den gegebenen Umweltsverhältnissen kaum nachweisbare Nachteile bringen. Dazu gehören u. a. einzelne Farb- und Formmerkmale. Schließlich aber entstehen als seltene Ereignisse auch neue Genzustände, die sich gegenüber den Ausgangstypen vorteilhaft auswirken *(Supervitalfaktoren)*. Ihre Ausbreitung in der Population wird in bestimmten Umwelten durch die natürliche Selektion gefördert (S. 521). Solche „positive Mutationen" sind als Grundlage für das Entstehen neuer und umweltangepaßter Rassen und Arten unentbehrlich.

Der Befund, wonach Neumutationen nur selten zu Veränderungen führen, die für die Vitalität belanglos sind oder die sogar Vorteile bringen, gilt sowohl für Spontan- als auch für Experimentalmutationen. Diese Tatsache ist aus zwei Gründen verständlich. Erstens beruhen Mutationen auf *zufallsmäßigen Ereignissen*, die weder durch die Natur des mutagenen Mittels noch durch besondere Bedürfnisse des Organismus günstig gerichtet werden können; zweitens ist in der Erbsubstanz einer jeden Art ein *durchexperimentiertes System* von Informationsträgern vereinigt. Unvorstellbar zahllose Änderungsmöglichkeiten wurden im Lauf der Jahrmillionen probiert und verworfen. So besteht nur eine geringe Wahrscheinlichkeit dafür, daß ein zufällig neuer Genzustand oder eine neue Genkombination dem Altbewährten überlegen sein kann.

Die *Ursachen der spontanen Mutabilität* sind nur ungenügend bekannt. Es kommen in Frage: kosmische Strahlung, Strahlung der radioaktiven Gesteine der Erdrinde, radioaktive Isotope und vielleicht mutagene organische Verbindungen, die am körpereigenen Stoffwechsel teilnehmen, sodann wohl auch extreme Temperaturschocks. Zudem spielen wahrscheinlich auch Fehlleistungen bei der Genreplikation eine Rolle sowie thermodynamische Instabilitäten, die im Molekularbau der Gene selbst begründet sind.
Neben den *Keimzellmutationen*, die als Erbfaktoren auf weitere Generationen übertragen werden, ereignen sich auch in den Zellen, die das sterbliche Soma des Körpers aufbauen, Änderungen der Erbsubstanz. Diese *somatischen Mutationen* können, falls sich die betroffenen Zellen teilen, zu Mosaikarealen führen, die andere Erbmerkmale zeigen als der übrige Körper (z. B. partieller Albinismus). Bei Pflanzen ist es möglich, mutierte Sprosse vegetativ zu vermehren und so neue Rassen zu begründen. Bei den meisten Metazoen ist dies ausgeschlossen, weil hier einzig sexuelle Vermehrung vorkommt. Doch werden somatische Mutationen als mögliche Ursache der *Krebsentstehung* und von *Alterungsvorgängen* diskutiert (S. 170).

Allelie

Genmutationen führen von einem Allelzustand zu einem neuen, veränderten Zustand. Nun kann ein als Gen wirkender DNS-Molekülbereich an verschiedenen Stellen und in einem unterschiedlichen Ausmaß mutieren (Abb. 37). Dabei entstehen verschiedene mutierte Allele (a^1, a^2 ... a^n). Außerdem kann ein aus einem Normalallel (a^+) hervorgegangenes Allel a^1 weiter und direkt zu einem Zustand a^2 mutieren. Auf diese Weise entstehen „Genfamilien", deren Glieder man als *multiple Allele eines Locus* bezeichnet. Für die einzelnen Mutationsschritte gibt es je charakteristische Wahrscheinlichkeiten des Auftretens; viele von ihnen sind zudem reversibel. Dies bedeutet, daß Rückmutationen von einem Allel a^2 wieder zu a^1 oder a^+ führen können.

In der Regel bewirken die Glieder einer *Allelserie* ähnliche oder doch vergleichbare Phäne. Für den white-Locus bei Drosophila (Abb. 12, 31, 34) sind über 20 Allele bekannt. Das Wildallel w^+ bewirkt die tiefrote Augenfarbe der Wildrasse. Sein Extremallel w verhindert völlig die Bildung von Farbstoff; das Auge ist rein weiß. Andere Allele der Serie wie w^a (apricot), w^e (eosin), w^i (ivory) manifestieren sich in Augenfarben, die zwischen Wildrot und Reinweiß stehen.

Weit verbreitet sind multiple Allele in Menschenpopulationen. Als Beispiel erwähnen wir lediglich die *Blutgruppengene,* die für die Bildung oder den Ausfall verschiedener Stoffe (Antigene) vom Typus der Isoagglutinogene (I) verantwortlich sind und als spezifische Mucopolysaccharide in der Membran der roten Blutkörperchen oder auch im Serum vorkommen. Im klassischen System sind (vereinfacht!) die drei Allele I^A, I^B, I^O (A, B, O) vertreten. Je zwei von ihnen werden einem diploiden Individuum zugeteilt. Sie bestimmen den Phänotypus seiner Blutgruppe: A bei Genotypus A/A oder A/O (A dominant über O); B bei Genotypus B/B oder B/O (B dominant über O); AB bei Genotypus A/B (Kodominanz, S. 50) und O bei Genotypus O/O. In der Bestimmung der *Rhesusblutgruppen* wirken wahrscheinlich drei eng gekoppelte Gene nebeneinander, die je in einem dominanten oder rezessiven Zustand vertreten sein können (D oder d, C oder c, E oder e). Aus ihrer Kombination ergeben sich acht mögliche Chromosomentypen (DCE, DCe, Dce ... dce). Den dominanten Allelen ist als Phän ein Antigen D, C oder E zugeordnet (Rh-positiv); beim Vorkommen der rezessiven Allele fehlen diese Antigene (rh-negativ). Heute sind für den Menschen mindestens 15 unabhängige Blutgruppenloci mit zusammen über 70 Allelen bekannt.

Genfrequenzen und Populationsgenetik

In verschiedenen Populationen sind die Allele der *Blutgruppenserien* in charakteristisch unterschiedlichen Frequenzen verbreitet. Für rund 275 000 schweizerische Soldaten wurden folgende Gruppenhäufigkeiten ermittelt: A 47,5 %, B 8 %, AB 3,5 % und O 41 %. Diese Zahlen sind für Mitteleuropa annähernd typisch. In Asien ist B auf Kosten von A und O bis auf 40 % erhöht. Aufgabe der Populationsgenetik ist es, die Gesetzmäßigkeiten der Allelverteilung und Veränderungen der Genfrequenzen in der Generationenfolge zu erforschen.

Ganz allgemein untersucht die **Populationsgenetik** die *Verteilungsdynamik* der verschiedenartigsten Genotypen in der Generationenfolge und berücksichtigt dabei neben unterschiedlichen Populationsgrößen sowohl Interaktionen zwischen Genotypen als auch die Einflüsse der verschiedensten Selektionsfaktoren. Für die *Evolutionsforschung* (S. 522) ist die Populationsgenetik grundlegend. Da diese Wissenschaft ein mathematisches Rüstzeug verlangt, das hier nicht erläutert werden kann, beschränken wir uns auf einführende und vereinfachte Beispiele.

Für die Rhesusallele D und d wurden in Mitteleuropa Frequenzen von $p = 0{,}6$ für D und $q = 0{,}4$ für d ermittelt; dabei muß $p + q = 1$ sein. Wie die Abb. 39 zeigt, übertragen wir diese Frequenz auf die Häufigkeit der Gameten. So beträgt die Wahrscheinlichkeit $p = 0{,}6$, daß eine Eizelle oder ein Spermium das Gen D besitzt, und die Wahrscheinlichkeit für ein homozygot Rh-positives D/D-Kind wird $p^2 = 0{,}36$. Aus den Genfrequenzen ergibt sich nach Abb. 39 für ein Allelpaar folgende Verteilung der Genotypen einer Generation: $(p + q)^2 = p^2 + 2pq + q^2 = 1$. Diese Beziehung wird als *Hardy-Weinberg-Formel* bezeichnet. Konkret für unser Beispiel sagt sie aus, daß 36 % D/D-, 48 % D/d- und 16 % d/d-Genotypen in der Population vertreten sind. Da D über d dominiert, werden 84 % Rh-positive mit 16 % rh-negativen Individuen zusammenleben. Für Blutgruppengene wie auch für zahlreiche andere Erbfaktoren ist für die Art *Homo sapiens* ein solcher *Polymorphismus* typisch.

Mit der Hardy-Weinberg-Formel lassen sich Genfrequenzen und Häufigkeiten von Genotypen in Populationen berechnen. Die *cystische Fibrose* des Menschen (S. 93) beruht auf einem rezessiven Allel f. Auf 1500–2000 Neugeborene entfällt ein homozygotes f/f-Kind. Somit beträgt q^2 ca. 1 : 1600 und $q = 1 : 40 = 0{,}025$ = Frequenz für f; p für $f^+ = 0{,}975$. Die Häufigkeit der Heterozygoten (f^+/f) ist $2pq = 2 \cdot 0{,}975 \cdot 0{,}025 =$ ca. 0,05. Die Wahrscheinlichkeit für die Geburt eines f/f-Kindes beträgt für nichtverwandte Eltern: $0{,}05 \cdot 0{,}05 \cdot 0{,}25 = 0{,}000625 = 1 : 1600$. Für Verwandtschaftsehen kann sich eine bedeutend höhere Wahrscheinlichkeit ergeben, falls in der Sippe das f-Allel zu-

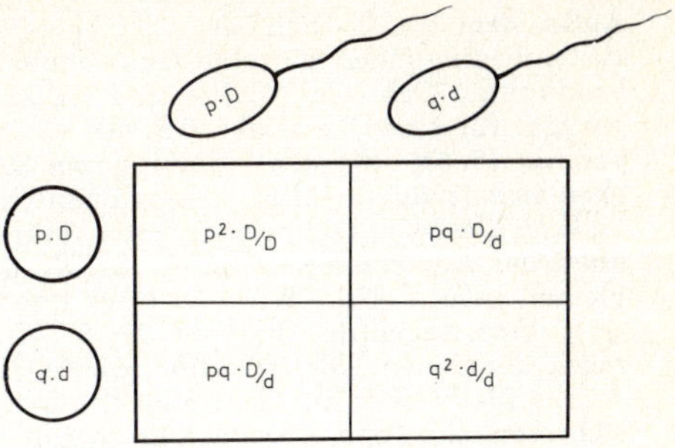

Abb. 39 Kombination von Eizellen (links) und Spermien (oben) mit verschiedenen Frequenzen (*p* und *q*) für die Gene *D* und *d*. Im Quadrat die Frequenzen der Genotypen in der Population.

fällig stärker vertreten ist als in der Gesamtpopulation. Die Zuverlässigkeit unserer Berechnung mag dadurch beeinträchtigt sein, daß nicht alle homozygoten f/f-Individuen das Geburtsstadium erreichen. Nur wenn auch die Heterozygoten direkt erfaßt werden (was bei f^{+}/f nicht möglich ist), lassen sich Genfrequenzen einwandfrei bestimmen.

Soll der *Polymorphismus einer Population*, in der mehr als zwei Allele vorkommen, erfaßt werden, so ist das Schema der Abb. 39 entsprechend zu erweitern. Für das klassische *A–B–O-System* ist dann einzusetzen: $[(p \text{ für A} + q \text{ für B} + r \text{ für O}) = 1]^2$. Aus den direkt in der Bevölkerung bestimmten Häufigkeiten der Phänotypen lassen sich leicht die Genfrequenzen berechnen. Sie betragen für die auf S. 76 angegebenen Zahlen: $p = 0{,}30$, $q = 0{,}06$, $r = 0{,}64$.

Aus der Hardy-Weinberg-Beziehung folgt, daß die *Genfrequenzen* unter folgenden Bedingungen über beliebig viele Generationen *unverändert* bleiben: Die *Population* muß so *groß* sein, daß jede Gametenkombination entsprechend der Wahrscheinlichkeit der einzelnen Genfrequenzen möglich ist. Zudem haben die Paarungen der Eltern nach den Zufallsregeln der *Panmixie* zu erfolgen; dies bedeutet, daß keine Bevorzugung des einen oder anderen Genotypus bei der Partnerwahl vorkommt. Die verschiedenen Genotypen müssen sodann alle die *gleiche Vitalität* und *Fortpflanzungschance* haben; positive oder negative *Selektionseffekte* sind *auszuschließen*. *Mutationen*, die zur Veränderung der Allelfrequenzen führen, dürfen *keine Rolle* spielen. Diese Bedingung ist auch erfüllt, wenn „Vor- und Rückmutationen" sich ausgleichen. Populationen, die über große Zeiträume hin im Hardy-Weinberg-Gleichgewicht verharren, kann es in der Natur kaum geben, da die Mutabilität verschiebend eingreifen kann und mit Umweltänderungen stets auch Selektionswirkungen einsetzen. So beruht die *Evolution* auf *Verschiebungen von Genfrequenzen* innerhalb einer Fortpflanzungsgemeinschaft (S. 522).

Außer dem Hardy-Weinberg-Gleichgewicht können noch andere Erbsystembedingungen einzelne Genfrequenzen unverändert erhalten. In bestimmten Gebieten Afrikas sind bis zu 40 % der Eingeborenen heterozygot für einen Letalfaktor S, der ein abnorm gebautes Hämoglobin bedingt (S. 84). Bei den Homozygoten S/S sind die roten Blutkörperchen sichelartig verformt. Dieses Phän bewirkt die tödlich verlaufende *Sichelzellanämie.* Die heterozygoten Träger des S-Faktors, die daneben noch das kodominante Gen A für Normalhämoglobin führen (A/S), bleiben gesund. Nun müßte in einer Population: $p^2 \cdot A/A + 2pq \cdot A/S + q^2 \cdot S/S$ wegen des Sterbens der S/S-Individuen die Frequenz von S rasch abnehmen. Die Selektion würde den Letalfaktor ausmerzen. In Afrika bleibt aber die Genfrequenz für S dauernd hoch. Dies wäre an sich möglich, wenn eine unwahrscheinlich hohe und nicht nachzuweisende Mutationsrate (A → S) die Eliminationsrate kompensieren würde. Dann würden stets neue S-Gene in die Population eingeführt. Eingehende Untersuchungen haben jedoch einen anderen Gleichgewichtsmechanismus aufgedeckt. Die Heterozygoten A/S sind gegenüber einem Befall von *Malariaparasiten* resistenter als die Homozygoten A/A. Dieser Selektionsvorteil scheint in Malariagegenden zu genügen, um die hohe Frequenz von S konstant zu halten. Ein solches System, bei dem Selektionsvorteile der Heterozygoten der Elimination von Genen entgegenwirken, die homozygot ungünstiger sind, wird als *balancierter Polymorphismus* bezeichnet. Ein ähnlicher Mechanismus kann auch einen Polymorphismus für Chromosomenbautypen stabilisieren. In „Populationskäfigen" wurde nachgewiesen, daß Individuen von *Drosophila pseudoobscura,* die für bestimmte Genanordnungen (Inversionen) heterozygot sind, gegenüber den beiden Genotypen mit homozygoten Anordnungen einen Selektionsvorteil haben.

Primärwirkung der Gene

DNS → RNS → Proteine

Die Spezifität des Gens als Wirkungseinheit ist durch die Basensequenz seiner DNS bestimmt (S. 17). Als erster Schritt der merkmalsbildenden Aktivität eines Gens wird die in der DNS gespeicherte Information auf eine ähnlich gebaute Molekülart, eine Ribonucleinsäure (RNS), überschrieben: *Transkription.* Die

---

Abb. 40 Transkription und Translation. Unten: Transkription, ein Strang der geöffneten DNS-Doppelhelix wird abgelesen, *N* freie Nucleotide, als Bausteine der mRNS mit ihren Basen: *A* Adenin, *C* Cytosin, *G* Guanin, *U* Uracil. Oben: Translation, mRNS im Kontakt mit Ribosom *(R* punktiert), Relativbewegung durch Pfeile bezeichnet, tRNS-Moleküle (Kleeblatt) binden vorübergehend die Aminosäuren *(AS): Ala* Alanin, *Val* Valin, *Phe* Phenylalanin. Rechts oben: frei ver-

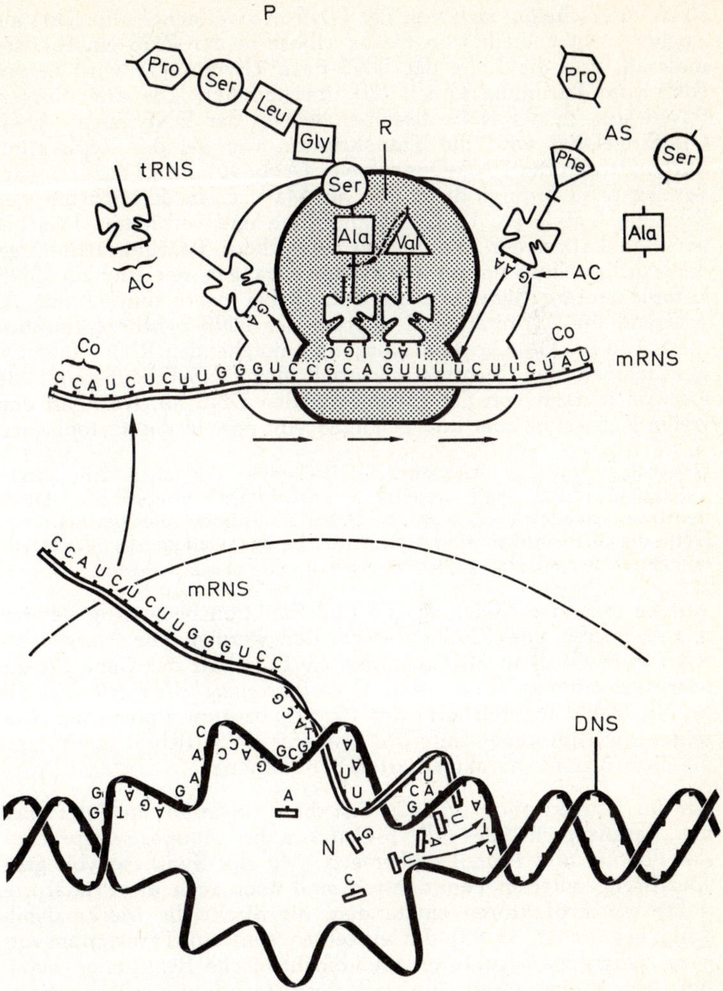

fügbare *AS* (*Pro* Prolin, *Ser* Serin). Links nach oben: die zur Peptidkette (*P*) bereits verbundenen *AS* (*Gly* Glycin, *Leu* Leucin usw.). Die tRNS trägt das Anticodon (*AC*), das sich mit den Triplettcodonen (*Co*) vorübergehend paart. In der tRNS kann an der 3. Stelle Inosin (*I*) als Base auftreten. Links oben: tRNS nach Freigabe der AS (z. T. nach Crick).

RNS unterscheidet sich von der DNS in zweifacher Hinsicht: als Zucker steht anstelle von Desoxyribose in der RNS ein Ribosemolekül, und die Rolle der DNS-Base Thymin (T) wird in der RNS vom Pyrimidin Uracil (U) übernommen. Die drei übrigen Basen sind in der RNS dieselben wie in der DNS (also: A, G, C). Eingeleitet wird die Transkription wie bei der Replikation durch Öffnen der DNS-Doppelhelix (Abb. 40). Einer der frei werdenden DNS-Stränge dient nun als Matrize, an der sich die vier RNS-Nucleotide (A, U, G, C) anordnen und verbinden. Wie bei der Replikation der DNS (Abb. 8) sichern Paarungsaffinitäten den Aufbau eines neusynthetisierten Stranges, der eine zur DNS komplementäre Basensequenz hat. Dabei paart nun U mit A, während die Affinität G–C wie bei der DNS-Synthese funktioniert. Die im Transkriptionsvorgang entstehenden RNS-Moleküle übernehmen den Informationsinhalt der DNS-Erbsubstanz; sie lösen sich dann von der chromosomalen DNS ab, treten in den freien Kernraum über und gelangen von dort in das Cytoplasma.

Neuerdings ist für bestimmte RNS-Tumorviren auch eine RNS-abhängige (durch eine „reverse Transkriptase" ermöglichte) DNS-Synthese nachgewiesen worden. Dabei übernimmt die synthetisierte DNS die Virusinformation und kann in das Genom der Wirtszelle eingebaut und mit ihm repliziert werden.

Auf Grund ihrer Molekülgröße und Funktionsbedeutung können u. a. 3 Sorten von RNS unterschieden werden. Die *Messenger-RNS* (mRNS) dient als Code, der die Botschaft der Gene für die Merkmalsbildung übermittelt. Die *ribosomale RNS* (rRNS), die im Nucleolus angereichert wird (S. 13), baut zusammen mit Proteinen die Ribosomen auf. Die *Transfer-RNS* (tRNS) übernimmt die nachfolgend charakterisierten Funktionen:

An die Transkription schließt sich die *Translation* an. Jetzt wird die „Basensprache" des *mRNS-Codes* in die *„Aminosäuresprache" der Peptide und Proteine* übersetzt. Mit der Synthese von genspezifisch codierten Peptidketten sind aber auch die Primärprodukte der Erbfaktoren entstanden, die direkt die Merkmalsbildung bestimmen (S. 93). Im einzelnen sind am Translationsvorgang zahlreiche Strukturen und biochemische Reaktionen beteiligt. Abb. 40 vermittelt eine stark vereinfachte und schematisierte Übersicht. Neben verschiedenen Enzymsystemen und energieübertragenden Verbindungen kommen zum Einsatz: 20 verschiedene Aminosäuren als Bausteine der Peptidketten und Proteine sowie mindestens ebensoviele Varianten der niedermolekularen Transfer-RNS. Diese unterschiedlichen tRNS-Moleküle haben die Aufgabe, je eine Aminosäure zu binden und zu den *Ribosomen* heranzuführen. Diese stehen mit dem mRNS-Code so in Verbindung, daß die Aminosäuren gemäß der Code-Information in spezifische Sequenzen zu Peptidketten verbunden werden.

Replikation (S. 30), Transkription und Translation lassen sich durch Antibiotika experimentell blockieren. *Mitomycin* verhindert die Replikation. *Aktinomycin D* verbindet sich mit dem Guanin der DNS, daher kann die RNS-Polymerase nicht mehr ansetzen und Transkriptionsprodukte bleiben aus. Als Translationshemmer wirkt u. a. *Puromycin*, weil es die Funktion der tRNS behindert.

Gencode

Durch Untersuchungen an Mikroorganismen, besonders am Bakterium *Escherichia coli*, konnte der Gencode entschlüsselt werden (Tab. 2). Je drei Basen *(Triplett)* der RNS bestimmen als *Codon* die Einfügungsstelle einer spezifischen Aminosäure in die Peptidkette, die im Translationsvorgang synthetisiert wird (Abb. 40). Dabei muß das tRNS-Molekül zwei spezifische Stellen besitzen. Die eine ist für die Bindung einer der 20 Aminosäuren spezialisiert, und die andere Stelle, das *Anticodon*, verbindet sich vorübergehend mit dem Codon der mRNS. So führt eine tRNS mit dem Anticodon AAA die Aminosäure Phenylalanin zu den Ribosomen, die dort eingebaut wird, wo ein Codon UUU oder UUC steht. Für den „Ablesevorgang" wird eine Relativbewegung der Ribosomen längs der mRNS postuliert.

Mit den vier Basenbuchstaben der mRNS ließen sich, falls nur eine Base für die Ortsbestimmung einer Aminosäure benötigt würde, lediglich vier Eiweißbausteine auswählend anordnen. Mit Basendupletts könnten 16 verschiedene Kombinationen verwirklicht werden, was für die 20 Aminosäuren nicht ausreicht. Mit dem Triplettcode stehen dagegen 64 Möglichkeiten zur Verfügung. Diese werden alle benutzt, was bedeutet, daß der Code überbestimmt (degeneriert) ist, indem mehrere verschiedene Tripletts je die gleiche Aminosäure codieren, z. B. UUU und UUC für Phenylalanin. Einigen Codons sind spezielle Funktionen zugewiesen; sie wirken als *Startsignale* und *Stoppzeichen* (Tab. 2), indem sie den Beginn und das Ende einer Peptidkette bestimmen. So werden die Produkte der Translation zerlegt und als abgegrenzte Moleküle ins Cytoplasma abgegeben. Jede solche Peptidkette kann einem Strukturgen zugeordnet werden, das sich somit auch nur über einen abgrenzbaren Bereich des DNS-Moleküls erstreckt (Abb. 37). Die Tripletts des Codes können *nicht* gleichzeitig *überlappend* abgelesen werden. Dies bedeutet, daß in einer AGCCAAU-Sequenz entweder AGC und CAA oder GCC und AAU, nicht aber AGC und GCC oder CCA und CAA je eine Aminosäure bestimmen. Außerdem ist bewiesen, daß zwischen der Reihenfolge der Basen im Code und der ebenso linearen Anordnung der Aminosäuren in der codierten Peptidkette eine *Kolinearität* besteht. Wenn nämlich innerhalb eines Gens (Cistron, S. 85) verschiedene Mutationsorte bekannt

Tabelle 2 Gencode

2. Stelle

1. Stelle	U		C		A		G		3. Stelle
U	UUU	Phe	UCU	Ser	UAU	Tyr	UGU	Cys	U
	UUC		UCC		UAC		UGC		C
	UUA	Leu	UCA		UAA	amber	UGA	opal	A
	UUG		UCG		UAG	ochre	UGG	Try	G
C	CUU	Leu	CCU	Pro	CAU	His	CGU	Arg	U
	CUC		CCC		CAC		CGC		C
	CUA		CCA		CAA	Gln	CGA		A
	CUG		CCG		CAG		CGG		G
A	AUU	Ile	ACU	Thr	AAU	Asn	AGU	Ser	U
	AUC		ACC		AAC		AGC		C
	AUA		ACA		AAA	Lys	AGA	Arg	A
	AUG*	Met	ACG		AAG		AGG		G
G	GUU	Val	GCU	Ala	GAU	Asp	GGU	Gly	U
	GUC		GCC		GAC		GGC		C
	GUA		GCA		GAA	Glu	GGA		A
	GUG*		GCG		GAG		GGG		G

Die Triplettkombinationen der Nucleotidbasen (mRNS) U, C, A, G bestimmen folgende Aminosäuren:

Phe Phenylalanin, *Leu* Leucin, *Ile* Isoleucin, *Met* Methionin, *Val* Valin, *Ser* Serin, *Pro* Prolin, *Thr* Threonin, *Ala* Alanin, *Tyr* Tyrosin, *His* Histidin, *Gln* Glutamin, *Asn* Asparagin, *Lys* Lysin, *Asp* Asparaginsäure, *Glu* Glutaminsäure, *Cys* Cystein, *Try* Tryptophan, *Arg* Arginin, *Gly* Glycin.

* wirken als Startcodons; ochre, amber und opal sind „Stoppcodons" (nach CRICK).

sind, so lassen sich in gleicher linearer Reihenfolge entsprechende Änderungen bei den Aminosäuren nachweisen.

Dem zunächst an Bakterien ermittelten Gencode kommt allgemeine Bedeutung auch für Eukaryonten zu. Diese *Universalität,* wonach bei allen Organismen die gleichen Codonen zu den gleichen Aminosäuren führen, wird durch zahlreiche Experimente belegt. So können mit Aminosäuren beladene tRNS-Moleküle aus Colibakterien in einem zellfreien System, das mRNS, Ribosomen,

Enzyme usw. aus jungen Blutzellen des Kaninchens enthält, so funktionieren, daß Kaninchenhämoglobin-Protein entsteht; und wenn Hämoglobin-mRNS aus Kaninchen in eine Eizelle des Krallenfrosches injiziert wird (S. 143), synthetisiert das Amphibiensystem auch Kaninchenhämoglobin. Die Universalsprache der Gene geht wohl auf eine nur einmalige Erfindung zurück.

Vom Gen zum Phän

Das Gen als Funktionseinheit

Mutationen im Baseninventar einer genischen Einheit müssen veränderte Polypeptidketten zur Folge haben. Im einfachsten Extremfall einer Punktmutation (Abb. 37 a) kann ein einziger Basenbuchstabe ausgewechselt sein. Damit ist im Code die Spezifität nur eines Tripletts betroffen, was sich auch auf nur eine Aminosäure auswirkt.

Solche Mutationen sind für die *Hämoglobinmoleküle* des Menschen nachgewiesen. Neben dem Farbstoffanteil (Häm) sind am Aufbau des Blutfarbstoffes noch Proteinketten beteiligt: und

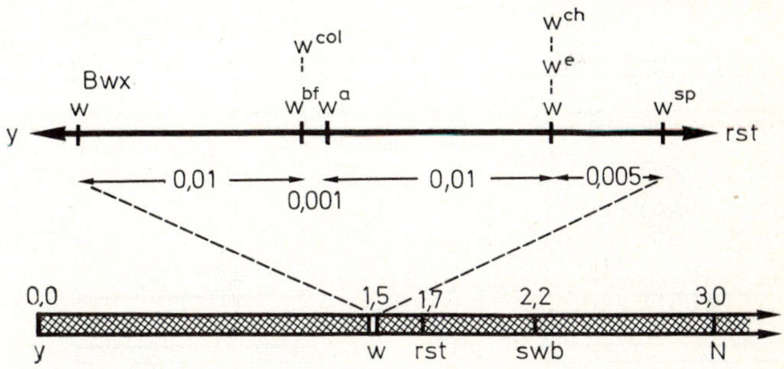

Abb. 41 Oben: das white-Cistron von *Drosophila melanogaster* mit einigen Pseudoallelen für Augenfarben w^{Bwx} (bräunlich), w^{bf} (hell), w^{col} (gefärbt), w^{a} (aprikosenfarbig), w (weiß), w^{e} (eosin), w^{ch} (kirschrot), w^{sp} (gefleckt). Abstände (Rekombinationswerte) in Bruchteilen von Morgan-Einheiten. Unten: Lage und Ausdehnung des white-Cistrons (*w*) im linken Ende des X-Chromosoms (vgl. Abb. 31). Benachbarte Gene *y* (gelb), *rst* (rauhe Augen), *swb* (erdbeerartig), *N* (Flügelkerbe). Über den Genloci die Kartenabstände (map distances) vom linken Ende aus.

zwar je zwei gleiche α- und zwei gleiche β-Ketten (gilt nach Abb. 44 für Adulthämoglobin). Für die α-Kette werden 141, für die β-Kette 146 Aminosäuren aneinandergefügt. Im Normalhämoglobin-A steht an der 6. Stelle der β-Kette Glutaminsäure. Beim *Sichelzellhämoglobin* (S. 78) wird hier „falsch" Valin eingebaut. Man darf annehmen, daß infolge der Mutation anstelle eines normalen 6. Codons GAA (oder GAG) im Sichelzellgen nun GUA (oder GUU) steht (Tab. 2). Eine andere Mutation innerhalb der β-Kette wurde für das Triplett 71 festgestellt. In diesem *„Hämoglobin Zürich"*, das eine besondere Empfindlichkeit gegenüber Medikamenten aus der Gruppe der Sulfonamide bewirkt, ist Arginin durch Leucin ersetzt. Auch für die α-Kette sind verschiedene Punktmutationen nachgewiesen, die zur Substitution einzelner Aminosäuren geführt haben. Heute sind über 100 aberrante Hämoglobine bekannt.

Wenn die beiden Kettenpaare des Hämoglobins je durch ein selbständiges Gen codiert werden und jedes dieser Gene an verschiedenen Stellen mutieren kann, so darf dies als Modellbeispiel für ein allgemeines Bau- und Wirkungsprinzip der mendelnden Erbfaktoren gelten: Die „klassischen Mendel-Gene" sind aus *mutationsfähigen Untereinheiten* zusammengesetzte Funktionseinheiten. Versuche an Mikroorganismen, aber auch an Drosophila zeigten überdies, daß diese Untereinheiten durch *intragenisches Crossover* voneinander getrennt werden können. Abb. 41 zeigt

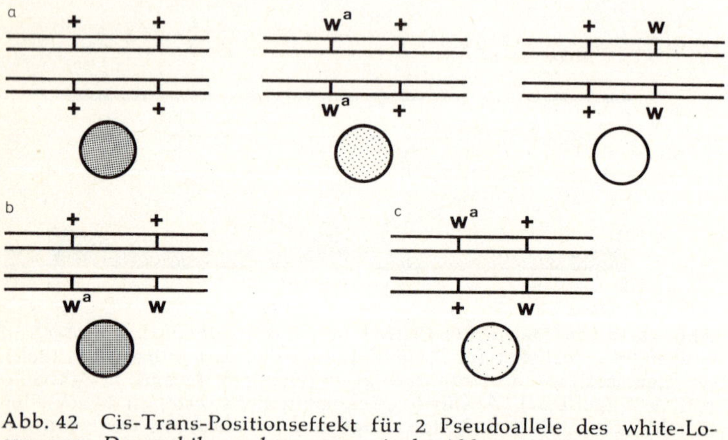

Abb. 42 Cis-Trans-Positionseffekt für 2 Pseudoallele des white-Locus von *Drosophila melanogaster* (vgl. Abb. 41). a) Homozygote: darunter im Kreis die Augenfarben wildrot, aprikosenrot, weiß. b) Cis-Stellung ist wildrot. c) Trans-Stellung ist mutant, intermediär zwischen w^a und w.

dies für ein klassisches Gen der Taufliege. Die ganze Funktionseinheit, die im nicht-mutierten Zustand als w^+-Gen das Wildrot der Augen bewirkt, erstreckt sich über mindestens 0,026 Morgan-Einheiten. Innerhalb dieses Bereiches sind zahlreiche Mutationen aufgetreten, denen die verschiedensten Allele (S. 75) für Farbabstufungen zwischen dem Wildrot und einem reinen Weiß (white-Allel) zugeordnet sind. Mutationszustände, die im Gen verschiedene Plätze belegen und durch Crossover getrennt werden konnten, werden als *Pseudoallele* bezeichnet (z. B. w^a und w^e). *Direktallele* liegen vor, wenn alle verfügbaren Informationen dafür sprechen, daß die Mutationen sich an der gleichen Untereinheit (am gleichen „site") innerhalb des Genmoleküls ereignet haben (z. B. w und w^e). Wie Abb. 42 b und c zeigen, sind bei Heterozygoten je nach der Lage der Pseudoallele zwei Stellungen zu unterscheiden. Liegen sie sich in homologen Chromosomen gegenüber (Trans-Stellung), so sind beide Funktionseinheiten betroffen, und der Phänotyp wird „mutant" sein. Liegen die Pseudoallele dagegen nebeneinander im gleichen Chromosom (Cis-Stellung), dann werden die Merkmale des Wildtyps erscheinen, weil daneben eine nichtmutierte Funktionseinheit ein normales Primärprodukt liefert. Eine genische Wirkungseinheit, die durch einen solchen *Cis-Trans-Positionseffekt* charakterisiert ist, wird als *Cistron* bezeichnet. Im erweiterten Sinne sind, sobald man das Gen als Funktionseinheit auffaßt, wohl alle Gene Cistrons, die jeweils „ihre" Peptidketten codieren. Die Gleichsetzung von Cistron und Gen bedeutet aber auch, daß „das Gen" weder eine Mutationseinheit (Muton) noch eine Rekombinationseinheit (Rekon) darstellt. Mutationen können an allen Genstellen erfolgen, und Crossover scheint ebenfalls überall zwischen einzelnen Basen möglich.

DNS-Moleküle, die als abgrenzbare Funktionseinheiten in den Vorgängen der Transkription und Translation die Spezifität von Peptidketten und Eiweißkörpern bestimmen, werden *Strukturgene* genannt. Daneben gibt es in den Chromosomen noch DNS-Einheiten, denen andere Aufgaben zugewiesen sind; an bestimmten Stellen wird rRNS (S. 80), an anderen Stellen tRNS codiert. Wieder andere Gene mögen darüber entscheiden, ob bestimmte Strukturgene aktiviert oder inaktiviert werden. Solche *Kontroll-* oder *Regulatorgene* wurden allerdings bisher nur bei Mikroorganismen mit Sicherheit nachgewiesen. Da aber feststeht, daß auch bei höheren Lebewesen in bestimmten Entwicklungsphasen sowie in spezialisierten Zellen nur eine Auswahl der Strukturgene tätig ist, dürften ebenfalls Kontrollfaktoren wirksam sein, welche die Strukturgene zur rechten Zeit und am richtigen Ort „an- oder abschalten" (S. 88).

Repetitive DNS-Sequenzen und Genamplifikation

Die klassische Vorstellung, wonach in einem haploiden Chromosomensatz, abgesehen von gelegentlichen Duplikationen (S. 68), nur je ein einziges Gen für eine bestimmte Funktion vertreten ist, mag nur noch für die Mehrzahl der für mRNS codierenden Strukturgene gelten. Eine repetitive Vertretung ist dagegen für Gene nachgewiesen, die nicht direkt der Merkmalsbildung dienen. **Repetitive Sequenzen** sind vor allem im *Heterochromatin* (Abb. 43) und im *Nucleolusorganisator* (S. 22) lokalisiert.

Zum Nachweis repetitiver Sequenzen wird doppelsträngige DNS durch kurzes Erhitzen oder durch Erhöhen des pH in ihre beiden komplementären Einzelstränge zerlegt (*Denaturierung*). Wird eine Lösung mit denaturierter DNS längere Zeit bei 60–70° C belassen, so finden sich die zueinander komplementären Sequenzen auf Grund der Affinitäten ihrer Basen. Dadurch entsteht wiederum doppelsträngige DNS (*Renaturierung*). Diese Vereinigung erfolgt, wenn komplementäre Basensequenzen in der Lösung zufällig kollidieren. Deshalb ist das Ausmaß der Renaturierung direkt abhängig von der Reaktionsdauer. Die Geschwindigkeit der Renaturierung wird durch Temperatur, Salz-

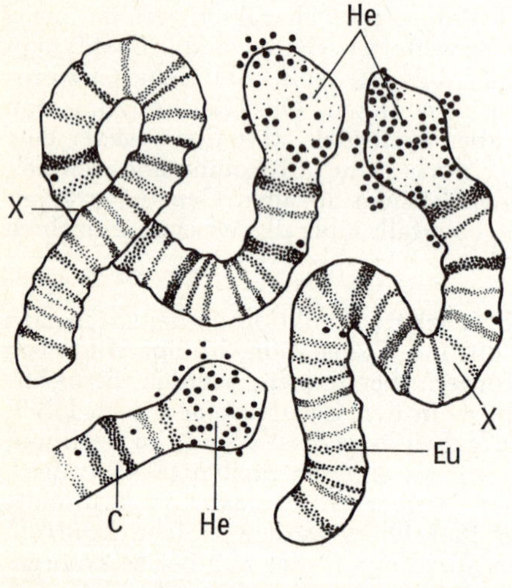

Abb. 43 Autoradiographie einer RNS/DNS Hybridisierung. Radioaktive rRNS aus Krallenfrosch *(Xenopus)* wird hybridisiert mit DNS in Speicheldrüsen der Fliege *Rhynchosciara*. Nur die heterochromatischen Enden *(He)* sind markiert (schwarze Punkte), im Euchromatin *(Eu)* Bänder, keine Markierung. *X* die beiden X-Chromosomen, *C* ein Autosom (frei schematisiert nach Pardue u. Mitarb.)

konzentration, Länge der Nucleotidsequenzen, vor allem aber durch die Konzentration der vorhandenen Komplementärsequenzen bestimmt. Ist z. B. in einer Lösung eine DNS-Sequenz zehnmal häufiger vertreten als eine andere, so ist zu erwarten, daß sie auch zehnmal rascher zu einem doppelsträngigen DNS-Stück renaturiert als die Vergleichssequenz. Die vielfach repetitive Sequenz kann ja nicht nur mit ihrem ursprünglichen Partner, sondern ebenso mit allen anderen gleichen Sequenzen renaturieren. Dagegen finden die nichtrepetitiven Sequenzen mit viel geringerer Wahrscheinlichkeit ihren einzigen Partner.

Aus Renaturierungsexperimenten ergeben sich folgende Schlüsse: Im Gegensatz zu Prokaryonten, wo Gensequenzen je nur einmal oder in sehr geringer Zahl vorkommen, besteht ein *großer Teil des Genoms* aller bisher untersuchten Eukaryonten aus repetitiven DNS-Sequenzen. Die Anzahl der sich wiederholenden Kopien variiert dabei von sehr wenigen bis zu mehreren Millionen, wobei diese Sequenzen eine Länge von ca. 100 bis 50 000 Nucleotiden umfassen. Anzahl und Länge der Sequenzen sind artspezifisch. Repetitive Sequenzen sind in ihrer Nucleotidfolge meist nicht völlig identisch, sondern lediglich ähnlich. Über die *Funktion* der meisten repetitiven Sequenzen ist noch nichts Sicheres bekannt. Ein beträchtlicher Teil wird jedenfalls nie in RNS transkribiert. Man hat den vervielfachten Sequenzen eine Rolle beim Aufbau der Centromerenregion und bei der meiotischen Paarung sowie in der Genregulation (codieren von Histonen, S. 89) zugeschrieben. Sicher sind Gene, die für ribosomale und Transfer-RNS codieren, repetitiv vorhanden, was im Hinblick auf den großen Bedarf an diesen Stoffen verständlich erscheint. Ob und wie häufig Strukturgene mindestens teilweise ebenfalls repetitiv vorkommen, ist noch nicht endgültig geklärt.

Einsträngige DNS paart sich im Reagenzglas auch mit zu ihr komplementär-passender RNS. Mit Hilfe dieser *RNS-DNS-Hybridisierung* ist es gelungen, in Oocyten von Amphibien und einiger anderen Organismen eine spezifische Vervielfachung **(Amplifikation)** für Gene nachzuweisen, die für rRNS codieren. Dabei steigt der Gehalt an rDNS auf das 1000 bis 4000fache an. Initiale Matrizen für die amplifizierten Gene sind bei Amphibien in der Region des Nucleolusorganisators (S. 22) lokalisiert. Der genaue Mechanismus der Amplifikation ist noch unbekannt; jedoch ist sicher, daß die gebildeten rDNS-Extrakopien nicht an die Chromosomen gebunden bleiben. Sie finden sich bei Amphibienoocyten in den sehr zahlreichen Nucleolen, deren rRNS während der Embryonalentwicklung für die Proteinsynthese benötigt wird (Abb. 15 a und S. 114).

Weitere Einblicke in die Lokalisation repetitiver DNS-Sequenzen liefert die Technik der *In-situ-Hybridisierung* (Abb. 43). Dabei wird RNS mit hoher spezifischer Radioaktivität an denaturierte DNS hybridisiert, die im Chromosomenverband belassen bleibt. Mit Hilfe eines Autoradiogramms können so z. B. in Riesenchromosomen von Dipteren rDNS- und andere repetitive DNS-Sequenzen spezifischen chromosomalen Stellen zugeordnet werden.

Regulation von Genaktivitäten

Erstmals konnte für Mikroorganismen gezeigt werden, daß die Tätigkeit der Strukturgene durch Regulator-, Promotor- und Operatorgene an- oder abgeschaltet wird. Eine solche Regulationseinheit wird *Operon* genannt. Bisher ist es aber nicht gelungen, entsprechende Systeme bei höheren Organismen einwandfrei nachzuweisen, obwohl zahlreiche Tatsachen beweisen, daß auch bei Eukaryonten die Genaktivität unter Kontrolle steht. So steht fest, daß bei Metazoen in einer bestimmten Entwicklungsphase und in einem bestimmten Zelltyp kaum mehr als 20 % der Strukturgene transkribiert werden; die Mehrheit bleibt reprimiert. Kerntransplantationen (S. 143) und Zellfusionen (S. 97) zeigen zudem, daß Aktivität oder Inaktivität *reversible Zustände* sind.

Viele spezifische, durch Gene codierte Proteine sind in der Ontogenese zunächst nicht nachweisbar. So erscheint das Insulin erst mit

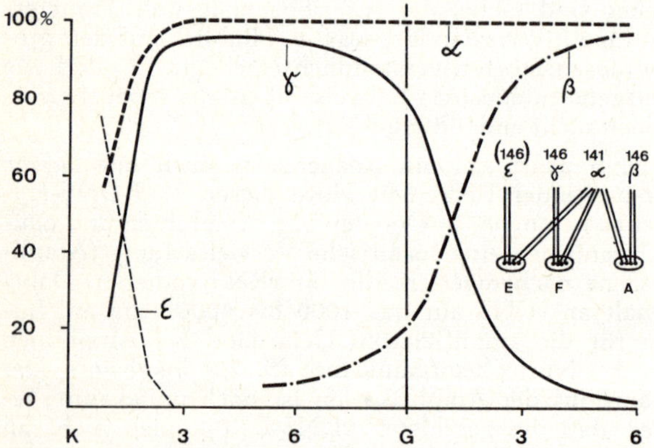

Abb. 44 Aktivität von Hämoglobingenen in der Entwicklung des Menschen. Abszisse: Zeiten von Konzeption *(K)* bis Geburt *(G)* und nach der Geburt in Monaten. Ordinate: Prozentanteil der Peptidketten *(ε, α, γ, β)*. Rechts: Schema der Kombination der Globinketten *(Häm* = Punkt) zu *E* Embryonal-, *F* Fetal- und *A* Adulthämoglobin (nach Huehns u. Beaven).

der Pankreasdifferenzierung und ist dabei auf einen Zelltyp (im Inselorgan) beschränkt. Eindrucksvolle Änderungen von Genaktivitäten sind für die *Hämoglobine* (Hb) festgestellt (Abb. 44). Das Hb-Molekül setzt sich einerseits aus 4 Hämteilen, die als Farbstoffkomponenten in einem Porphyrinring das Eisenmolekül tragen, und andererseits aus 4 Peptidketten zusammen (S. 84). Von diesen Globinen sind je zwei identisch (gleiche Aminosäuresequenz). Das bedeutet, daß sie vom gleichen Gen codiert werden. Beim Menschen folgen sich, teilweise überlappend, drei Hämoglobinsorten. Zuerst wird in Blutzellen, die aus dem Dottersack stammen, ein (oder mehrere) *Embryonal-Hb* gebildet, das mit 2 ε- und 2 α-Ketten gebaut wird. Abgelöst wird dieses HbE durch ein *Fetal-Hb;* es entsteht in den jungen Blutzellen (Reticulocyten) der Leber und führt 2 γ- und 2 α-Ketten. Gegen Ende der Schwangerschaft (Abb. 44) nimmt die Aktivität des γ-Gens zugunsten eines β-Gens ab. Jetzt entsteht *Adult-Hb,* mit 2 β- und 2 α-Ketten. Gleichzeitig verschiebt sich die Reticulocytenbildung von der Leber auf das Knochenmark.

Änderungen in Genaktivitäten liegen den *phasen- und zellspezifischen Differenzierungen* in der Entwicklung zugrunde (S. 142). Cytoplasmastoffe der Eizelle, Induktoren und Hormone mögen dabei die ersten Weichen stellen, doch wirken sie kaum direkt als Auslöser oder Hemmer der Transkription. Nach neuen Einsichten wird der Zugang zum Gen in vielen Fällen, z. B. für Peptidhormone, durch zyklisches Adenosin-Monophosphat *(cAMP)* vermittelt. Die Bildung dieses Stoffes, den man auch als sekundären Messenger bezeichnet, wird erst durch ein u. a. von Hormonen aktiviertes Enzym der Zellmembran (Adenylcyklase) katalysiert (S. 218). Dann löst cAMP eine Kaskade von weiteren Enzymreaktionen aus, die wohl im Dienst von genotropen (auf das Gen hinwirkenden) Stoffen stehen, wodurch schließlich Transkriptionen in Gang kommen. Die direktesten Beziehungen zum Gen haben allerdings die mit der DNS verbundenen Proteine (S. 25). Im Reagenzglas wird Transkription erst möglich, wenn die basischen *Histone* von der DNS abgetrennt werden. Demnach ist jedenfalls an der Aktivierung wie der Hemmung die Beziehung der Histone zur DNS beteiligt. Wie aber dabei nur ganz bestimmte Gene aktiviert oder reprimiert werden, bleibt deshalb unerklärt, weil den vielen tausend spezifisch verschieden gebauten Genen kaum mehr als 4 Histonsorten gegenüberstehen. Möglicherweise kommen für eine genspezifisch auswählende Wirkung die *Nichthistonproteine* in Frage. Jedenfalls fehlen heute noch zahlreiche Einsichten zum Verständnis der molekularen Mechanismen, die für die Kontrolle der Genaktivitäten bei höheren Organismen eingesetzt werden. Diese Erkenntnislücke betrifft ein Fundamentalgeschehen der Biologie.

Wirkstoffketten

Jede genbedingte Merkmalsbildung und Lebensleistung muß von den Produkten der Strukturgene, d. h. von spezifisch gebauten Peptiden und Proteinen, ausgehen. Diese *Primärprodukte* können als katalytisch unwirksame Strukturproteine (wie Collagen) direkt zum Aufbau der Zellen verwendet werden. Andere Peptide kommen als Hormone zum Einsatz; dazu gehören die Wirkstoffe der Hypophyse (S. 213) und das Insulin des Pankreas. In der überwiegenden Mehrzahl aber wirken die genbedingten Proteine als *Enzyme.* Mutationen von Strukturgenen führen zum völligen Ausfall eines Enzyms oder zur Synthese eines veränderten, eventuell wirkungslosen Enzymmoleküls. Letzteres ist verständlich, weil die *Tertiärstruktur der Proteine,* d. h. ihre dreidimensionale Gestalt, direkt durch die Aminosäuresequenz bestimmt wird und weil eine spezifische Tertiärstruktur für das Funktionieren eines Enzyms maßgebend ist. Mutationsbedingte Ausfälle wie auch Veränderungen der Enzyme haben einen Block in einer Stoffwechselkette zur Folge. Es erscheinen dann Erbmerkmale

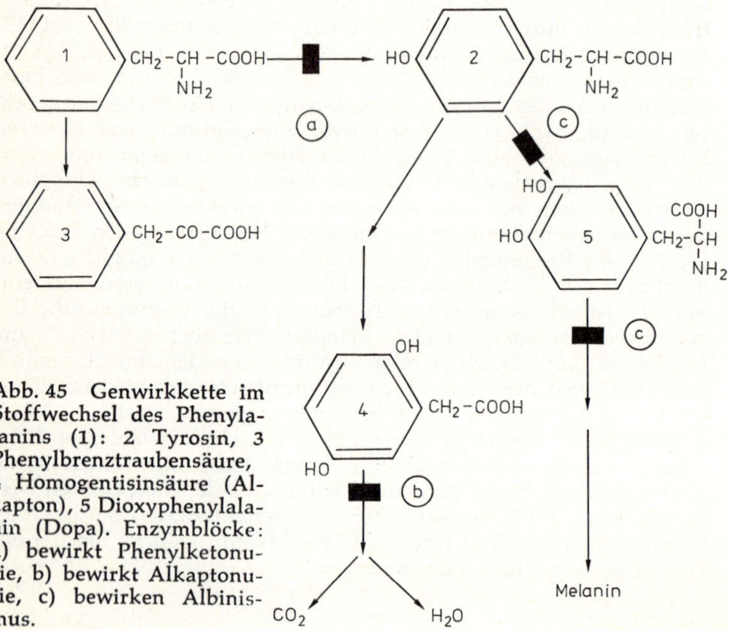

Abb. 45 Genwirkkette im Stoffwechsel des Phenylalanins (1): 2 Tyrosin, 3 Phenylbrenztraubensäure, 4 Homogentisinsäure (Alkapton), 5 Dioxyphenylalanin (Dopa). Enzymblöcke: a) bewirkt Phenylketonurie, b) bewirkt Alkaptonurie, c) bewirken Albinismus.

(Phäne), die entweder darauf beruhen, daß ein enzymatisch nicht verarbeitetes Substrat aufgestaut wird oder daß das normale Produkt der Enzymreaktion nicht verfügbar ist.

In der Abb. 45 sind einige Schritte aus einer *Stoffwechselkette* des Menschen dargestellt, in welcher aromatische Aminosäuren zum Einsatz kommen. Ein mutationsbedingter Enzymblock zwischen Phenylalanin und Tyrosin führt zum Aufstauen des Phenylalanins. Dieser Stoff samt seinen Folgeprodukten bewirkt in abnorm hohen Konzentrationen schwere Schäden im Gehirn, die Idiotie zur Folge haben. Da das überschüssige Phenylalanin nach Umwandlung in die Ketoform als Phenylbrenztraubensäure mit dem Urin ausgeschieden wird, bezeichnet man dieses Erbleiden als *Phenylketonurie*. Werden solche Erbtypen unmittelbar nach der Geburt erkannt, so kann durch eine Diät, in der von der essentiellen Aminosäure Phenylalanin nur die unbedingt notwendige Minimalmenge vertreten ist, die Idiotie vermieden werden. Das Phenylketonurie-Gen ist rezessiv, und unter rund 15 000 Geburten findet sich durchschnittlich ein homozygotes Kind.

In derselben Stoffwechselkette entsteht – ausgehend von Tyrosin u. a. – als Abbauprodukt die Homogentisinsäure, deren Anion auch als Alkapton bezeichnet wird. Der englische Arzt GARROD erkannte bereits zu Beginn unseres Jahrhunderts, daß infolge einer rezessiven Mutation das Enzym Alkaptonase ausfällt. Daher muß der vollständige Abbau des Alkaptons zu CO_2 und H_2O (Abb. 45) unterbleiben, und im Urin wird Alkapton ausgeschieden. Diese *Alkaptonurie* läßt sich leicht feststellen, weil sich der Harn, wenn er mit Sauerstoff der Luft in Berührung kommt, schwarz verfärbt. Als Beispiel der Phäne, die auf einem Ausfall enzymbedingter Folgeprodukte beruhen, ist in Abb. 45 auf den *Albinismus* verwiesen. Es kann kein Melanin für Haare und Iris gebildet werden, weil die von Tyrosin über Dioxyphenylalanin (Dopa) normalerweise gelieferten Pigmentvorstufen fehlen. Genänderungen, die den Melaninstoffwechsel blockieren, sind im Tierreich weit verbreitet. Es handelt sich um Mutationen homologer Gene, die bei allen Tierarten vorkommen, wo der dunkle Farbstoff im Wildtyp erscheint.

Letalfaktoren

Da alle Lebens- und Entwicklungsprozesse auf den normalen Einsatz von genbedingten Struktur- und Enzymproteinen angewiesen sind und auch ein in Raum und Zeit harmonisches Zusammenwirken der Entwicklungsfaktoren unter der Kontrolle der Erbsubstanz steht, ist es verständlich, daß sich ein großer Anteil unter den Mutationen als Letalfaktoren auswirken muß (S. 73). Diese Mutationen führen in der Regel zu *Entwicklungsstillstand und Tod des Individuums* während eines bestimmten Stadiums vor Erreichen des fortpflanzungsfähigen Alters. Außer dieser *Phasenspezifität* (Abb. 46) beobachtet man häufig noch eine *Zellspezifität* der Wirkung, indem der mutierte Zustand der Erbsubstanz zunächst nur in bestimmten Zellen oder Organen zur Krise führt (S. 136). Die Letalfaktoren spielen für den Forscher die Rolle von Naturexperimenten, die Aufschluß geben über die lebenswichtige Rolle der einzelnen Gene. Da die Letalmutationen meist ein kompliziertes *pleiotropes Schädigungsmuster* bewirken (S. 93), lassen sich an diesen Genotypen die Zusammenhänge zwischen solchen Phänen studieren, die für die Organisation und Funktion des Organismus von fundamentaler Bedeutung sind.

In der *Tierzucht* können Träger von rezessiven (bei Heterozygoten nicht feststellbaren) Letal- und Subvitalfaktoren (S. 73), falls sie als Samenspender ihr Erbgut zahlreichen Nachkommen übermitteln, sich höchst nachteilig auswirken. Daher sollte z. B. ein Stier für eine künstliche Besamung großen Ausmaßes erst eingesetzt werden, wenn durch Rückkreuzung mit eigenen Töchtern (oder anderen nahen Verwandten) das Fehlen ungünstiger rezessiver Gene mit genügender Wahrscheinlichkeit feststeht.

Beim Menschen sind Letal- und Subvitalfaktoren zusammen mit Chromosomenaberrationen (S. 69) maßgebend an der *vorgeburtlichen*

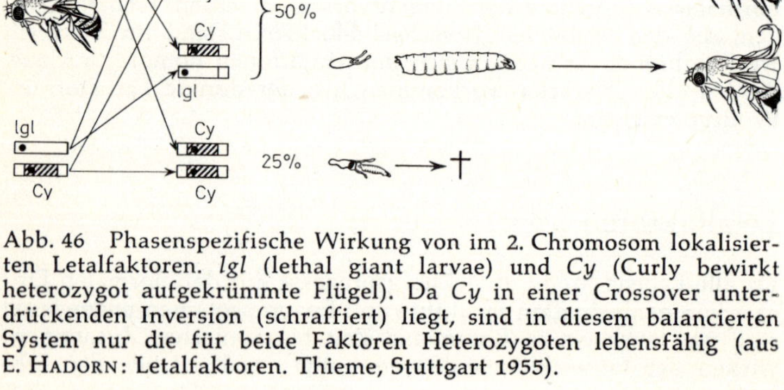

Abb. 46 Phasenspezifische Wirkung von im 2. Chromosom lokalisierten Letalfaktoren. *lgl* (lethal giant larvae) und *Cy* (Curly bewirkt heterozygot aufgekrümmte Flügel). Da *Cy* in einer Crossover unterdrückenden Inversion (schraffiert) liegt, sind in diesem balancierten System nur die für beide Faktoren Heterozygoten lebensfähig (aus E. HADORN: Letalfaktoren. Thieme, Stuttgart 1955).

Sterblichkeit beteiligt, die annähernd die Hälfte aller Schwangerschaften treffen dürfte. Unter den nachgeburtlich wirkenden Faktoren, die eine hohe Sterblichkeit verursachen, ist das rezessive Gen für *cystische Fibrose* besonders stark verbreitet (S. 76). Bei diesem Erbleiden sind die Sekretionsvorgänge in allen exokrinen Drüsen schwer gestört, was zu chronischen, lebensbedrohenden Lungenveränderungen führt.

Pleiotropie und Polygenie

Die Primärwirkung eines einzelnen Strukturgens, das sich zunächst auf das Codieren einer Peptidkette beschränkt, kann zahlreiche Erbmerkmale zur Folge haben. Eine solche *Polyphänie* oder *Pleiotropie* läßt sich bei genauer Untersuchung für die meisten Gene feststellen. Als Beispiel für ein besonders phänreiches Wirkungsmuster sei auf das Gen *lozenge-clawless* (lz^{cl}) von Drosophila verwiesen (Abb. 47). Obwohl nur ein Gen mutiert hat, werden Augenfarbe, Augenform, Sensillen, Klauenbildung, Geschlechtsorgane und das Inventar der Pterinfarbstoffe betroffen. Bei einer solchen *Mosaikpleiotropie* ist es bis jetzt nicht gelungen, die verschiedenartigen Phäne auf die mutationsbedingte Primärwirkung, d. h. auf ein fehlendes oder verändertes Peptid, zurückzuführen. Dagegen konnte für das *„rosy-cistron"* von Drosophila gezeigt werden, daß der Ausfall eines Enzyms (Xanthindehydrogenase) deshalb pleiotrop wirkt, weil dieser Wirkstoff sowohl in den Purin- als auch in den Pterinstoffwechsel eingreift. Verständlich werden auch pleiotrope Phänmuster dort, wo eine Genmutation primär an einer Hormondrüse angreift. Das ist der Fall bei der *„Hypophysenzwergmaus"*. Das Gen *„dwarf"* (*dw*) blockiert die Entwicklung hormonproduzierender Zellen des Vorderlappens. Dadurch wird u. a. das Wachstumshormon (Somatotropin) betroffen, was zum Zwergwuchs führt. Außerdem fehlt das Gonadotropin (S. 214); daher bleiben die Keimdrüsen unterentwickelt, und die Mäuse sind steril. Bei einer solchen *„Relationspleiotropie"* lassen sich Sekundärphäne *(Allophäne)*, wie Wuchs und Sterilität, auf ein in der Hypophyse manifestes Primärphän *(Autophän)* zurückführen. Werden den homozygoten Zwergmäusen täglich normale Hypophysenzellen einverleibt, so wachsen die Empfänger normal, und sie werden auch fertil. Eine derartig erfolgreiche Therapie ist bisher allerdings nur bei wenigen genbedingten Fehlern gelungen.

Eine besondere Art von Pleiotropie ist dann zu erwarten, wenn eine Mutation nicht an einem für Enzyme codierenden Strukturgen, sondern an Regulator- oder Kontrollgenen (S. 88) angreift, deren Änderung die Funktion mehrerer Strukturgene beeinflußt. Bei einer solchen *„Regulatorpleiotropie"* können sehr wohl infolge nur eines

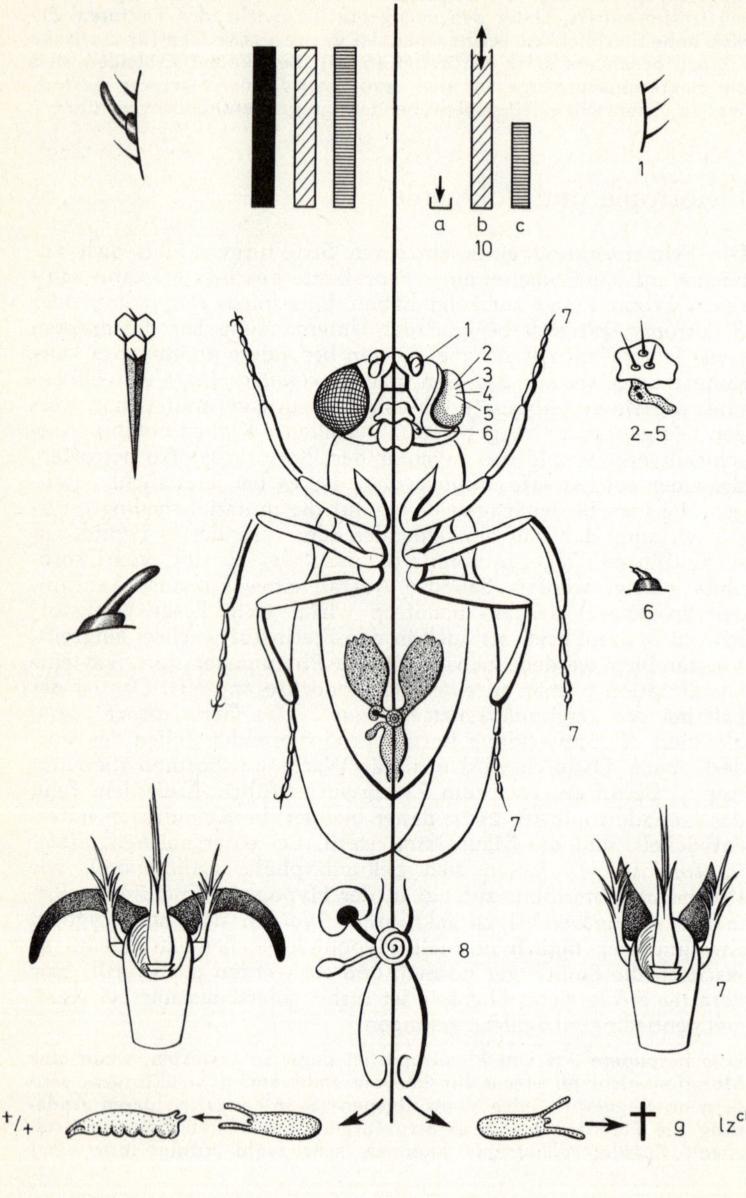
1
a
b
c
10
7
1
2
3
4
5
6
2-5
6
7
7
7
8
+/+
g
lz^cl

Mutationsschrittes mehrere Enzymsysteme betroffen sein. Der Satz „one gene – one enzyme" gilt dann nur noch bedingt.

Der Pleiotropie stellen wir die *Polygenie* gegenüber. Darunter verstehen wir die Tatsache, daß Phäne in der Regel als Leistungen mehrerer bis vieler Gene zustande kommen. So verlangt die Synthese des Melanins, das als einheitliches Farbmerkmal registriert wird, das verkettete Zusammenwirken zahlreicher Gene (Abb. 45). Polygen bedingt sind auch die Komponenten der körperlichen und psychischen Struktur, indem z. B. an der Bestimmung der Körpergröße oder der Intelligenz viele Gene beteiligt sind. Die Einzelfaktoren eines Polygeniesystems können additiv wirken. So mögen 4–6 Genloci den Unterschied zwischen den Hautfarben „Weiß" und „Schwarz" beim Menschen bedingen. Zwischen nichtallelischen Genen werden auch Interaktionen mannigfaltigster Art festgestellt. Im besonderen spricht man von *Epistase,* wenn ein Genlocus (z. B. für Pigmentbildung) über die Manifestation anderer Loci (z. B. alle übrigen Farb- und Schekkungsgene) entscheidet.

Die Gen-Phän-Beziehung läßt sich unter Berücksichtigung von Pleiotropie und Polygenie nur als höchst kompliziertes *Wirkungsnetz* darstellen (Abb. 48). Dabei muß als weiterer entscheidender Faktorenkomplex noch das Eingreifen von Umwelteinflüssen in Betracht gezogen werden (S. 98).

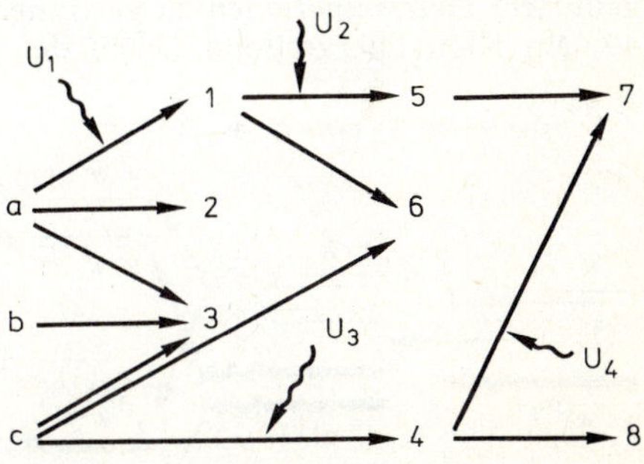

Abb. 48 Wirkungsnetz. Gene *a–c* bestimmen pleiotrop direkt oder indirekt die Phäne *1–8*. Einzelne Phäne *(3, 6, 7)* sind polygen bedingt. Umwelteinflüsse *(U_1–U_4)* modifizieren die Genwirkungen.

Abb. 47 Pleiotropes Wirkungsmuster der Mutante *lozenge-clawless* (*lz^{cl} von Drosophila melanogaster).* Rechts die abnormen Phäne (1–10) der Mutante, links die Phäne des normalen Wildtyps (+/+). Drittes Antennenglied verkleinert (1) und Ausfall von Sensillen (1) Auge (2) rautenförmig (3), bernsteinfarbig (4), Pigment am Rande (5), Fehlen der Fazetten (5), Pigment, verklumpt (5). Sensillen auf Mundtastern (6) reduziert (6), Mißbildung der Klauen (7), Fehlen von Strukturen des weiblichen Geschlechtsapparates (8), Sterilität (9), Unterschiede in drei fluoreszierenden Stoffen (Pterine) des Auges (10 a, b, c) (nach ANDERS u. HADORN).

Somatische Genetik

Neben dem Studium des durch Meiose und Genkombination bei der Befruchtung begründeten genetischen Systems werden heute auch Vorgänge untersucht, die sich in somatischen Zellen abspielen, falls ihr Geninventar entweder experimentell oder durch Spontanprozesse verändert wird. Daß dies aufgrund somatischer Mutationen geschehen kann, wurde bereits erwähnt (S. 74).

Ein besonderer Zugang zu spezielleren Problemstellungen wird durch **somatisches Crossover** eröffnet. Diese mitotische Rekombination war bisher allerdings nur bei Dipteren, Mäusen, Pilzen und der Sojabohne nachzuweisen. Abb. 49 erläutert, wie in Somazellen von Drosophila, die heterozygot für einige Genloci sind, durch ein Crossover, das sich hier im centromernahen Heterochromatin ereignet, zwei für die beteiligten Gene homozygote Tochterzellen entstehen. Von ihnen wird jede einen Klon begründen, dessen Phäne (soweit sie zellautonom sind) sich gegenseitig, wie auch gegenüber der Umgebung, welche von den Nichtrekombinationszellen stammt, unterscheiden. Nun kann somatisches Crossover durch Röntgenbestrahlung in jeder beliebigen Entwicklungsphase als zwar immer noch seltenes, aber doch genügend frequentes Einzelzellereignis (1–3 % bei 1000 r) ausgelöst werden. So wird es möglich, Informationen über Zeitphase und Qualität zellulärer *Determinationen* zu gewinnen. Wenn z. B., wie in Abb. 49, ein Klon übergreifend neben der Fazettenregion auch noch

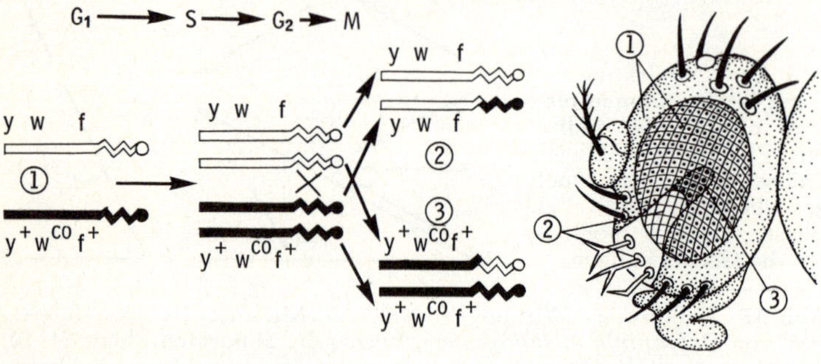

Abb. 49 Somatische Rekombination bei *Drosphila* in der Augen-Antennen-Imaginalscheibe (S. 163). Markierungsgene: *y* und y^+ yellow-Locus, *w* und w^{co} white und white-coral-Allel, *f* und f^+ forked-Locus; G_1–S–G_2–M die Phasen des Mitosezyklus (S. 30); Euchromatin gerade, Heterochromatin gezackt; *X* Crossover im Heterochromatin; rechts Kopf der Fliege mit Zwillingsflecken; 1–3 die dem Schema entsprechenden Areale (nach Nöthiger).

angrenzende Kopfpartien belegt, so bedeutet dies, daß der Determinationszustand in der Gründerzelle noch beide Qualitäten umfaßt hat. Ein späteres Crossover wird zu Arealen führen, die auf die eine oder andere Kopfregion beschränkt sind.

Größe, Form und Orientierung der Zwillingsflecken geben Auskunft über Ausmaß und Richtung der Zellproliferation in den markierten Regionen. Schließlich kann auch die *Zellautonomie* der Merkmalsbildung getestet werden. Wenn z. B. der eine Zwillingspartner für einen rezessiven Letalfaktor homozygot wird, so kann er dann keinen Klon liefern, falls sich die Mutation zellautonom auswirkt. In anderen Fällen vermag die Umgebung helfend so einzugreifen, daß eine im Ganztier letale Mutante als Mosaikfleck nicht zell-letal ist.

Somatisch-klonal vererbt werden auch die *inaktivierten X-Chromosomen* der weiblichen Säugetiere (S. 72) sowie Wirkungszustände, die dann labil werden, falls Gene infolge Chromosomenabberration in die Nähe verheilter Bruchstellen im Heterochromatin versetzt werden. Bei diesem *Variegations-Positionseffekt* wird bei Drosophila in einer bestimmten Initiationsphase darüber entschieden, ob bei den Nachkommen von Einzelzellen ein nichtmutiertes, aber heterochromatinnahes Gen (z. B. w^+) funktionieren soll oder ob es zur Inaktivität bestimmt wird. Da die beiden Klone zufällig vermischt begründet werden, entstehen später rot und weiß gescheckte Augen. Die weißen Areale zeigen an, daß die zur Bildung der roten Augenpigmente notwendige Genaktivität durch Einwirkung des Heterochromatins auf den w^+-Locus blockiert wurde. Wir wissen heute, daß ein einmal außer Funktion gesetzter Genlocus in Dauerkulturen zwar normal repliziert wird, dabei aber nie wieder aktiv werden kann. Andererseits repliziert ein während der kritischen Initiationsphase nicht betroffener Locus dauernd seinen normalen Aktionszustand.

Weitere Forschungsrichtungen ergeben sich aus der Möglichkeit einer **Fusion somatischer Zellen.** Solche Hybridisierungen ereignen sich in Zellkulturen bereits spontan. Doch werden durch Zugabe von (UV-inaktiviertem) Sendai-Virus und dem ebenso membranaktiven Concanavalin (ein Stoff aus der Bohne *Canavalia*) die Fusionsfälle um ein Vielfaches vermehrt. Wenn zwei diploide Zellen, z. B. von Maus und Mensch, verschmelzen, treten die Chromosomen der beiden Partner in der nachfolgenden Mitose zu einem Kollektiv zusammen, das weiter repliziert wird. In Klonen solcher Fusionszellen vermögen beide Genome nebeneinander zu arbeiten, und ihre Leistungen können sich auch ergänzen (komplementieren). Wird z. B. ein Genotyp a/a, b^+/b^+, dem die Fähigkeit zur Synthese eines Enzyms A fehlt, mit einem Genotyp a^+/a^+, b/b hybridisiert, der keinen Stoff B aufbauen kann, so wachsen auf einem Nährboden, dem A und B fehlen, nur die Fusionszellen: a/a, a^+/a^+; b^+/b^+, b/b. Daher können Klone mit neuen Erbeigenschaften isoliert werden, die wichtige Einsichten in Genwirkungen vermitteln.

Bei heterogenen Mischungen von Zellen verschiedener Arten gehen allerdings schon bald nach der Klongründung einzelne Chromosomen verloren. In einer Maus-Mensch-Kombination werden vornehmlich die menschlichen Chromosomen eliminiert. Meist bleiben von den 46 Chromosomen nur 2–10 erhalten. Aus diesem scheinbar ungünstigen Geschehen ergeben sich aber willkommene Forschungsmöglichkeiten. Da die akrozentrischen Mauschromosomen sich von unseren, durchwegs metazentrischen Chromosomen, unterscheiden lassen und auf Grund neuer Forschungsmethoden (Abb. 9) auch jedes Individuum kenntlich wird, können den Chromosomen je spezifische Gene, etwa für Enzymproteine oder malignes Wachstum, zugeordnet werden. Außerdem ergeben sich direkte Informationen über *Koppelungsgruppen* (S. 56). So liegt im Chromosom 17 (Abb. 9) das Enzymgen für Thymidinkinase.

Von Interesse sind überdies Befunde, die zeigen, wie Genome, die in einem bestimmten Regulationszustand sind, sich im Cytoplasma und unter dem Einfluß von Genen anderer Aktivitätszustände verhalten. Dazu ein Beispiel: Der Zellkern in reifen Vogelerythrocyten hat seine Funktion völlig eingestellt. Im Plasma einer proliferierenden Bindegewebszelle der Maus oder des Menschen beginnt im Vogelgenom erneut eine DNS- und RNS-Synthese, und es werden auch vogelspezifische Proteine gebildet (S. 143).

Anlage und Umwelt

Naturbeobachtungen und gezielte Experimente zeigen, daß die Merkmalsbildung eine Integrationsleistung zweier Komponenten ist. Die in der DNS gespeicherte Geninformation bestimmt ein System von Rahmenbedingungen, das als *Reaktionsnorm* verschiedenartige Realisationsmöglichkeiten zuläßt. Was im einzelnen verwirklicht wird, hängt je nach dem betreffenden Gensystem in durchaus verschiedenem Ausmaße von Umweltfaktoren ab. Es gibt Gene (wie die Blutgruppenfaktoren), die sich in jeder Umwelt und unter allen inneren und äußeren Bedingungen auswirken. Neben solchen umweltstabil sich manifestierenden Erbfaktoren sind im Genom alle Übergänge bis zu hochgradig umweltlabil sich auswirkenden Genen vertreten. Als Außenmilieu wirken Ernährungsart, alle Klimafaktoren und im psychischen

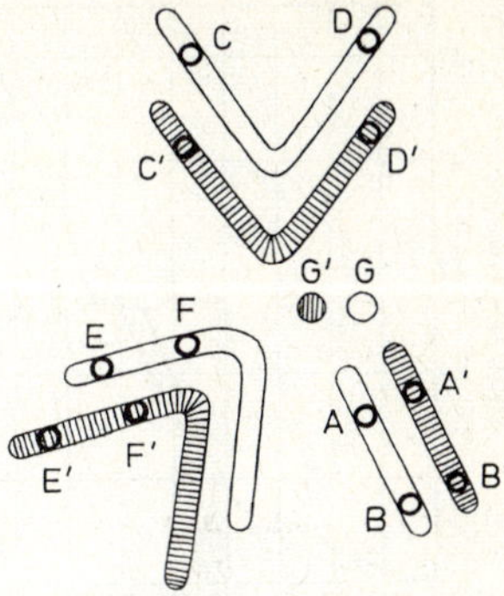

Abb. 50 Chromosomensatz von *Drosophila melanogaster. A–G* mütterliche und *A'–G'* väterliche Allele. Für ein gegebenes Allelpaar (z. B. *A/A'*) bilden die übrigen Gene das *genotypische Milieu.*

Bereich die Einflüsse von Erziehung und Gesellschaftsstrukturen. Bezogen auf einen einzelnen Locus bildet sodann die Gesamtheit aller übrigen in der Zelle vorhandenen Gene eine zellinterne Umwelt (Abb. 50). Dieses *genotypische Milieu* kann entscheidend in die Manifestation eines Locus eingreifen. Ein anderer Typus eines körpereigenen inneren Milieus wird durch das Hormonsystem verwirklicht. So finden bestimmte Gene nur dann ein Wirkungsfeld, wenn dieses durch männliche oder weibliche Sexualhormone reaktionsfähig wird. Dies bedeutet eine *geschlechtsbegrenzte Vererbung.*

So entscheidet bei bestimmten Schafrassen der Unterschied in Sexualhormonen, ob Hörner ausgebildet werden: h^+/h^+-Tiere tragen *Hörner* bei beiden Geschlechtern; bei h^+/h-Heterozygoten sind nur die Böcke gehörnt und bei Homozygotie für h/h fehlen beiden Geschlechtern Hörner. Somit wäre h dominant über h^+ beim Weibchen, aber rezessiv beim Männchen. Eine vergleichbare Situation mag für das Merkmal *Glatze* beim Menschen vorliegen. Ein weit verbreiteter Erbfaktor manifestiert sich dominant nur, wenn androgene Hormone (S. 217) eine gewisse Schwelle überschreiten. Darauf beruht die höhere Frequenz der Glatze bei Männern als bei Frauen.

Umweltwirkungen mannigfacher Art bewirken im Rahmen der genetisch fixierten Möglichkeiten die phänotypischen **Modifikationen.** Die dabei „erworbenen Eigenschaften" sind *nicht vererbbar* (S. 519).

Falls eine Individuengruppe genetisch einheitlich ist, wie z. B. die Tiere eines *Paramecium*-Klons (S. 110), so verteilen sich die Modifikationen (der Körperlänge) gesetzmäßig um einen Mittelwert (Abb. 51). Die Frequenz der Individuen in den einzelnen Größenklassen entspricht dann einer *Gaußschen Wahrscheinlichkeitskurve.* Diese Binomialverteilung beruht darauf, daß zahlreiche Außenbedingungen teils hemmend, teils fördernd einwirken und

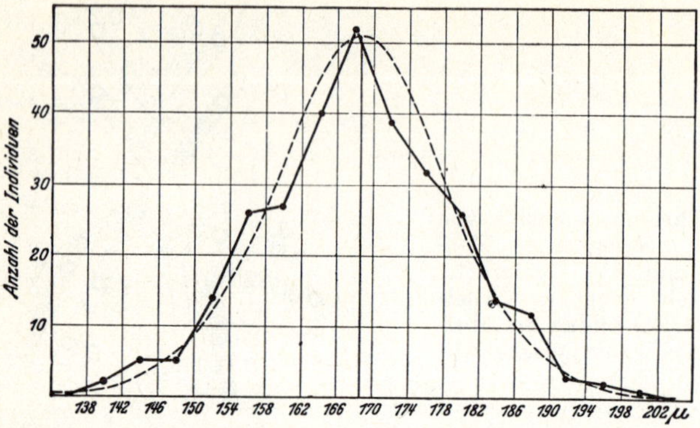

Abb. 51 Modifikationskurve der Länge von *Paramecium* aus einer Kultur, deren Individuen alle zum gleichen Klon gehören (Zahlen nach JENNINGS), verglichen mit einer idealen Zufallskurve (gestrichelt). Auf der Abszisse sind die Längen in µm in Klassen von je 4 µm abgeteilt, aufgetragen; als Ordinaten werden die Frequenzen von total 300 Individuen angegeben; Mittelwert = 168,5 µm.

sich unabhängig voneinander rein zufallsmäßig kombinieren. Gemäß der Wahrscheinlichkeitsrechnung sind die Fälle um so seltener, je mehr gleichartig wirkende Faktoren zusammentreffen, und Kombinationen werden um so häufiger, je mehr fördernde und hemmende Faktoren einander die Waage halten.

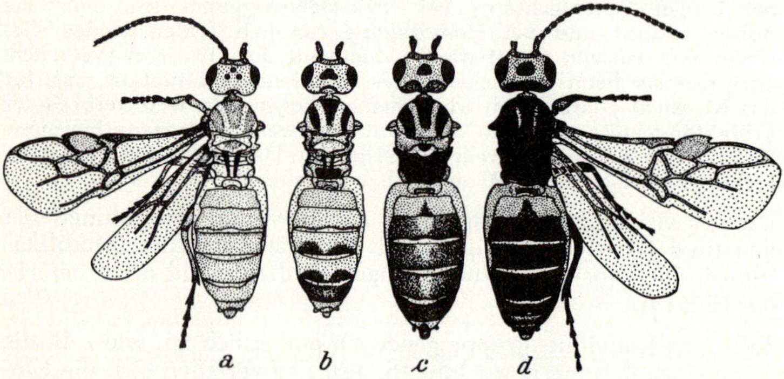

Abb. 52 Modifikation der Pigmentierung und Körpergröße von *Habrobracon juglandis* (Schlupfwespe) durch die Temperatur. a) Tier aus einer 35° C -Zucht. b) Tier aus einer 30° C-Zucht. c) Tier aus einer 20° C-Zucht. d) Tier aus einer 16° C-Zucht. 13fach vergrößert (nach SCHLOTTKE).

Eine solche *fluktuierende Modifikabilität* (mit gleitenden Übergängen) wird besonders häufig infolge Temperatureinwirkungen festgestellt (Abb. 52). In anderen Fällen reagiert der Organismus auf Umwelteinflüsse quantitativ sprunghaft oder mit qualitativ differenten Merkmalen. Eine derartige *alternative Modifikabilität* gilt u. a. für Unterschiede im Körperbau und Instinktverhalten zwischen Königin und Arbeiterinnen bei Bienen und Ameisen. Diese „Kasten" entwickeln sich aus genetisch und cytoplasmatisch gleich konstituierten Eizellen. Nur das unterschiedliche Larvenfutter führt zu den Differenzen.

Besonders umweltsensibel können *Enzymwirkungen* sein: Beim Kaninchen ist eine Allelserie bekannt, die je nach der Mutation verschiedene Grade der Melaninbildung und unterschiedliche Muster der Pigmentverteilung bedingt. Das Wildallel C^+ sichert die Wirkung eines Enzymsystems, das innerhalb eines weiten Temperaturbereiches erfolgreich ist. So wird der Farbstoff bei allen noch tragbaren Aufzuchttemperaturen gebildet und auch überall in der Haut abgelagert. Ein Allel c^h führt zur Himalaja- oder *Russenscheckung*. Das veränderte Enzymsystem wird nur bei Temperaturen unter 30° C wirksam. Diese Manifestationsbedingung ist nur an den kühlen „Körperspitzen" verwirklicht; nur dort können die Melanoblasten das Pigment synthetisieren. Wird durch Anlegen einer Manschette ein Ohr warm gehalten, so bleibt es weiß. Schafft man aber durch Rasieren und Kühlhalten ein Kältefeld auf der Körperflanke, so erscheint auch an dieser ungewohnten Stelle das Haarpigment. Bei dem extremen Albinoallel c vermag dagegen keine Temperaturbedingung eine Melaninbildung in Gang zu setzen. *Albinismus* gehört somit zu den umweltstabil sich auswirkenden Mutationszuständen.

Durch verschiedene Umwelteinflüsse, wie Strahlen, extreme Temperaturen, Mangelernährung, Chemikalien (besonders Verbindungen, die als Antimetaboliten die normalen Stoffwechselprodukte verdrängen) und durch Enzymgifte lassen sich in normalen Genotypen die Wirkungen mutierter Gene nachahmen. Solche **Phänokopien** zeigen dann ein Wirkungsmuster, das von demjenigen eines mutierten Gens kaum zu unterscheiden ist (Abb. 53). Dies gilt besonders für *Mißbildungen.* Ob z. B. eine Unterentwicklung des Vorderkopfes bei einem Wirbeltier (Mikro- bis Anencephalie) auf Erbfaktoren beruht, die das induzierende Kopfdarmdach (S. 155) schwächen, oder ob eine am gleichen Blastem ansetzende und im Effekt gleich schädigende Außenwirkung (Strahlen, Chemikalien) vorliegt, läßt sich im Einzelfall nicht entscheiden. In der **Teratologie** (Mißbildungslehre) sind stets beide Möglichkeiten zu erwägen, und zudem ist zu berücksichtigen, daß teratogene Agenzien je nach dem Genotypus des Reaktionssystems verschieden stark wirken können.

Für den phänokopierenden Eingriff lassen sich bestimmte sensible Phasen nachweisen, in denen das Entwicklungssystem besonders empfindlich ist. So konnte Contergan (Thalidomid) die

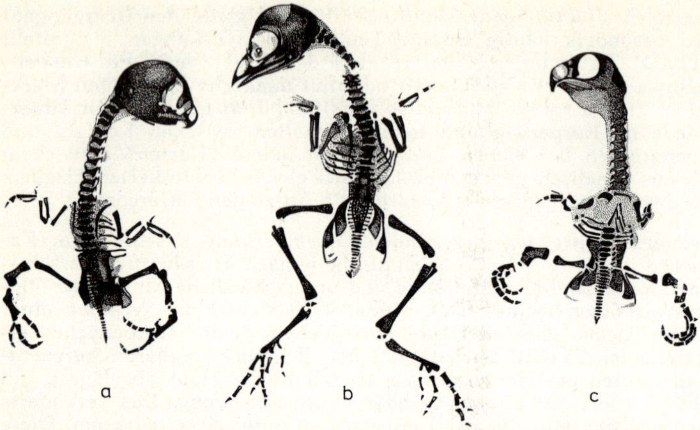

Abb. 53 Vergleich des Schädigungsmusters eines Letalfaktors (Chondrodystrophie) beim Huhn (a) mit der durch Biotinmangel (Avitaminose) verursachten Phänokopie (c). b) Skelett eines normalen Kontrolltieres am 21. Bruttag (Schlüpfen) (aus E. HADORN: Letalfaktoren. Thieme, Stuttgart 1955).

Extremitätenentwicklung nur treffen, wenn das Medikament im zweiten bis dritten Monat der Schwangerschaft eingenommen wurde. Im übrigen sind Mißbildungen vom Typus der Thalidomid-Phänokopie bei zahlreichen Wirbeltieren als Auswirkungen von Genmutationen bekannt. Phänokopien gehören zu den *Modifikationen*. Die Gene selbst werden ja nicht verändert; der Eingriff erfolgt erst auf irgendeiner Realisationsstufe, die vom Gen zum Phän führt.

Eine viel genützte Gelegenheit, beim Menschen die Anlage-Umwelt-Beziehungen zu analysieren, bietet die **Zwillingsforschung.** Von den Zwillingspaaren sind 60–75 % (verschieden je nach Rasse) zweieiig (ZZ). Sie sind ebenso erbverschieden wie gewöhnliche Geschwister. Die restlichen, die Eineiigen (EZ), gehen durch nachträgliche Teilung aus nur einer Zygote hervor; sie sind daher erbgleich. Ein kritischer Vergleich zwischen den vier Kategorien ZZ mit verschiedener Umwelt (U), ZZ mit gleicher U, EZ mit gleicher U und EZ mit verschiedener U erlaubt es, für körperliche wie psychische Eigenschaften das Ausmaß der Wirkung von Erbe und Umwelt gegenseitig abzuschätzen. Wenn bei erbgleichen Zwillingen Unterschiede im Phänotypus auftreten, so sind sie als mögliche umweltbedingte Varianten im Rahmen der erbbedingten Reaktionsnorm aufzufassen.

Die genetische Grundlage muß als naturgesetzliche Gegebenheit für alle *Bildungs- und Erziehungsaufgaben* berücksichtigt werden. Der *Homo sapiens* ist nicht nur in seinen Körpermerkmalen, sondern ebenso in bezug auf die vererbten Komponenten seiner psychischen Struktur polytypisch und polymorph (S. 505). „Chancengleichheit" kann daher nur bedeuten, daß der Familie, der Schule und der Gesellschaft die Aufgabe übertragen wird, jedem Menschen jene Umwelt zu bieten, die eine optimale Entwicklung im Rahmen der genetisch-individuell verschiedenen Möglichkeiten sichert.

Für sehr viele Gene ist nachgewiesen, daß sie sich nicht mit einer Sicherheit von 100% voll auswirken. Ihre Manifestationswahrscheinlichkeit, d. h. ihre **Penetranz,** kann so weit gesenkt sein, daß nicht mehr alle Genträger die entsprechenden Phäne verwirklichen. So bedeutet eine Penetranz von 20% für ein rezessives Gen, daß nur ein Fünftel der Homozygoten auch Merkmalsträger sind. Gene des Menschen für Hasenscharte, Klumpfuß und Epilepsie sind durch eine niedrige Penetranz charakterisiert. Über die Phänbildung bei Penetranzschwankungen kann das genotypische Milieu ebenso wie das äußere Milieu mitentscheiden. Erniedrigte Penetranz wirkt sich in Kreuzungsversuchen und Stammbäumen in einer zahlenmäßigen Untervertretung einer zu erwartenden Mendel-Klasse aus (S. 53).

Neben der Penetranz kann auch die Manifestationsstärke, die **Expressivität,** eines Erbfaktors, in einem weiten Rahmen variieren. Ob die eine oder andere Expressivitätsstufe verwirklicht wird, mag vom genotypischen wie äußeren Milieu abhängen. Dabei können alle Übergänge zwischen kaum merkbaren Mutationswirkungen bis zu extremen Abweichungen vom normalen Phänotypus auftreten. Expressivitätsunterschiede sind u. a. bei Mißbildungen (Hasenscharte-Wolfsrachen), bei Stoffwechselstörungen (Diabetes) und auch bei Nervenleiden (Epilepsie) festzustellen.

Die Rolle des Cytoplasmas

Wenn mit der Befruchtung durch Vereinigung von Ei- und Samenzelle ein neues Individuum begründet wird, so sind in bezug auf die chromosomalen Gene die elterlichen Beiträge mit Ausnahme der Geschlechtschromosomen gleichwertig. Auf dieser Äquivalenz beruht die Identität reziproker Bastarde (S. 50). Dagegen bestehen sehr große Unterschiede in der cytoplasmatischen „Aussteuer" der Gameten. Während das Spermium außer den Chromosomen lediglich Centriolen und allenfalls noch Mitochondrien liefert, steht in der unbesamten Eizelle ein hochorganisiertes Entwicklungssystem bereit (S. 112), das – wie die Parthenogenese

(S. 43) beweist – allein schon über alle Potenzen verfügt. Für die in verschiedenen Zelltypen unterschiedlich verlaufenden Differzierungsvorgänge sind Stoffe und Strukturen des Cytoplasmas als *Aktivatoren bestimmter Gensortimente* regulierend tätig (S. 118). Da sich im Ovar die Eizelle unter dem Einfluß des mütterlichen Zellkerns entwickelt, sind dessen Gene lange vor der Befruchtung tätig. Es darf daher nicht verwundern, daß gelegentlich auch Rassen- und Artmerkmale mütterlich bestimmt werden. Wegen dieses *mütterlichen Effektes* sind dann reziproke Bastarde (z. B. Pferd-Esel) bezüglich bestimmter Merkmale nicht mehr identisch. Ihr Phänotypus erscheint vielmehr *matroklin.* Eine solche *Prädetermination* (S. 113) durch mütterliche Gene ist u. a. nachgewiesen für die Windungsrichtung der Schnecken und das Larvenpigment der Mehlmotte *Ephestia.* Mütterliche Gene entscheiden in vielen Fällen über die Lebensfähigkeit früher Entwicklungsstadien. In all diesen Fällen kommen die mit den Spermien eingeführten Gene „zu spät".

Aus Merogonieversuchen (S. 44) ist sodann bekannt, daß das entkernte Eiplasma der einen Art nur in beschränktem Ausmaß mit dem Spermakern einer fremden Art zusammenarbeiten kann. So entwickelt sich das Plasma des Fadenmolches *(Triturus helveticus)* mit dem Kern des Kammolches *(Triturus cristatus)* höchstens bis zum Abschluß der Neurulation. Je nach Verwandtschaftsnähe von Plasma- und Kernspender erreichen andere Kombinationen nur die Blastula, oder sie bleiben erst auf einem frühen Larvenstadium stehen. Jedenfalls beweisen die Kern-Plasma-Bastarde, daß das *Cytoplasma über eine eigene Spezifität* verfügt, die vor der Besamung festgelegt wird.

Ob es außer der genbedingten Prädetermination auch eine echte, d. h. kernunabhängige *plasmatische Vererbung* gibt, bedarf einer besonders kritischen Prüfung. Sie müßte auf Elementen oder Strukturen des Cytoplasma beruhen, die in langer Generationenfolge identisch reproduziert (autoreproduktiv) und über ein autonomes Informationssystem verfügen würden. Diese Bedingung scheint mindestens teilweise erfüllt für die *Mitochondrien* (S. 8) wie auch für die *Chloroplasten* der Pflanzen. In diesen Zellorganellen, die sich durch Teilung vermehren, ist DNS nachgewiesen, und Kreuzungsversuche zeigen, daß tatsächlich einzelne Merkmale kernunabhängig vererbt werden.

4. Entwicklungsvorgänge

Fortpflanzung und Ontogenese

Als Individuen haben die Organismen eine begrenzte Lebensdauer. Durch Fortpflanzungsvorgänge wird die kontinuierliche Existenz der Arten gesichert. Einheit der Fortpflanzung ist die Zelle. Bei Protozoen beruht die Fortpflanzung auf Zweiteilung (Abb. 54) oder Mehrfachteilung (Abb. 55) eines Zellkörpers. Dieser Prototyp einer *vegetativen Vermehrung*, bei dem durch Mitose die Erbsubstanz eines Elternindividuums unverändert den Nachkommen übermittelt wird, kommt auch noch bei Metazoen vor: So entstehen durch Zellteilung am *Hydra*-Körper sich ablösende Knospen. Bei vielen Arten bleiben die durch Sprossung entstandenen Individuen im Zusammenhang und bilden so Kolonien oder Tierstöcke, z. B. Cnidarier, Abb. 195; Bryozoen, Abb. 204 b; Ascidien, Abb. 249. Dabei kann eine Arbeitsteilung durch verschieden gestaltete Funktionstypen verwirklicht werden (*Polymorphismus* vgl. Siphonophoren, S. 384).

Bei der Mehrzahl der Tier- und Pflanzenarten sind Befruchtungsvorgänge in die Fortpflanzungszyklen eingeschaltet. Bei dieser *sexuellen Fortpflanzung* vereinigen sich geschlechtlich unter-

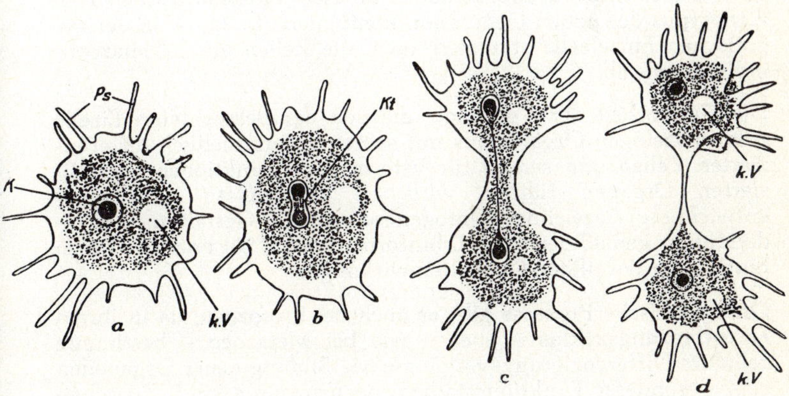

Abb. 54 a–d Teilung einer Amöbe (*Amoeba polypodia*). *K* Kern, *Kt* Kernteilung, *k.V* kontraktile Vankuole, *Ps* Pseudopodien (nach Schulze).

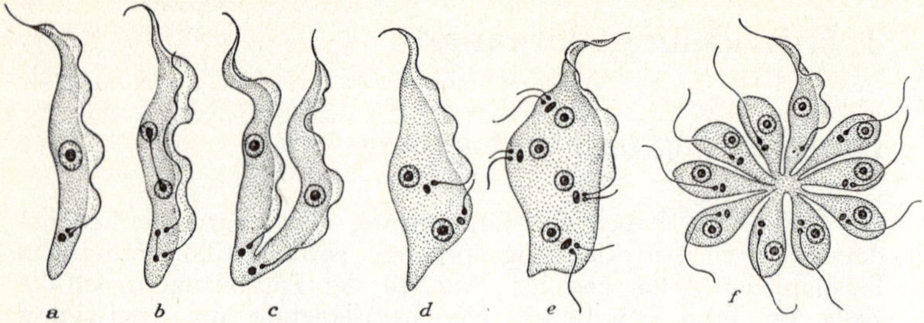

Abb. 55 Vermehrung von Trypanosomen. a–c) Zweiteilung von *Trypanosoma brucei* (vgl. Abb. 182 c): a) Teilung des Basalkörpers der Geißel; b) Teilung des Blepharoplasten, Bildung einer zweiten Geißel und undulierenden Membran, Kernteilung; c) Längsteilung des Plasmakörpers, von vorn nach hinten, durchschneidend. d–f) Vielteilung von *Trypanosoma lewisi* (Rattenblutparasit): d) Ausbildung einer zweiten Geißel nach Teilung des Kerns, des Basalkörpers und Blepharoplasten; e) Stadium nach einer nochmaligen Teilung des Kerns und der Organellen; f) Durchschnürung des Plasmas nach wiederholter Kernteilung und entsprechender Vermehrung der Geißelapparate; einem der Teilstücke fallen die Geißel und undulierende Membran des Muttertieres zu, die anderen Teilstücke bilden eine undulierende Membran erst später aus (nach KÜHN u. v. SCHUCKMANN).

schiedlich differenzierte Zellen (Gameten) oder Zellkerne zur Zygote. Dabei wird die Erbsubstanz von zwei Elternindividuen zum Genotypus der neuen Generation kombiniert (S. 34). Von der zygotischen Einzelzelle stammen auch alle Zellen eines Metazoenindividuums ab.

Die Gesamtheit der Vorgänge, die von der befruchteten Eizelle zum vielzelligen Organismus mit seinen unterschiedlich differenzierten Zellen und seinen für verschiedene Funktionen spezialisierten Organen führen, wird als **Ontogenese** (Individualentwicklung) bezeichnet. Ontogenese bedeutet Gestaltung des Individuums gemäß der DNS-Erbinformation (S. 20) und unter dem Einfluß der jeweiligen Umwelteinwirkungen.

Ontogenetische Prozesse gibt es auch bei Protozoen, da in ihrem Fortpflanzungszyklus – ebenso wie bei Metazoen – bestimmte zelluläre Differenzierungsvorgänge, wie Bildung neuer Organellen oder besonderer Funktionsstadien, nachzuweisen sind. Zwischen Protozoen und Metazoen besteht jedoch ein fundamentaler Unterschied. Bei Einzellern kann jede Zelle zur Begründung neuer Individuen so eingesetzt werden, daß ihre volle Substanz in der nachfolgenden Generation „unsterblich" weiterlebt. Dabei gibt es keinen „natürlichen Tod" und keine Leiche. Bei Metazoen kommt es dagegen zur Trennung einer *Keimbahn* (S. 118, Abb. 272), deren Eier und Spermien die Kontinuität des Lebens weiterführen, vom *Soma,* dessen Zellen sterblich sind und sich nicht an der Fortpflanzung beteiligen.

Protozoen

Die **Fortpflanzung** der Protozoen beruht auf der *Zweiteilung* ihres Zellkörpers. Bei einzelligen *Amöben* (Abb. 54) ist die Entwicklung eines Individuums mit den Vorgängen der Zweiteilung und dem anschließenden Zellwachstum erschöpft. Die Tochtertiere übernehmen direkt die Struktur des Muttertiers; neu gebildet wird in dem einen Individuum lediglich eine kontraktile Vakuole. Bei *Flagellaten* wird der Körper der Länge nach durchschnürt (Abb. 55). Dann muß das eine Individuum einen neuen

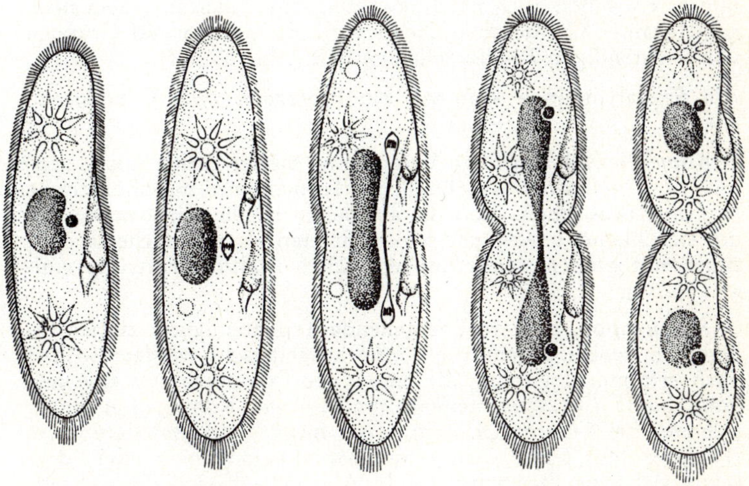

a *b* *c* *d* *e*

Abb. 56 Teilung von *Paramecium,* schematisch. a) Tier vor der Teilung (vgl. Abb. 186 a). b) Teilung des Mikronucleus. Verdoppelung des Cytostoms, Bildung je einer neuen kontraktilen Vakuole im Vorder- und Hinterkörper. c) Fortgeschrittene Mikronucleusteilung, Makronucleusteilung. d) Endstadium der Makronucleusteilung, Beginn der Plasmadurchschnürung. e) Kurz vor der Trennung der Tochtertiere.

Geißelapparat differenzieren. Bei *Ciliaten* teilen sich die beiden Kerne (Makro- und Mikronucleus), und der Plasmaleib wird quer durchschnürt, wobei jedes Individuum sein Kernpaar erhält (Abb. 56). Als neue Plasmadifferenzierungen werden benötigt: in jeder Teilhälfte eine zweite kontraktile Vakuole und für die „hintere" Tochterzelle ein neues Cytostom, da das alte in das Vordertier rückt. Die Differenzierung neuer Organellen setzt schon ein, wenn die Kernteilungen beginnen. Eindrucksvolle Entwicklungsprozesse ereignen sich bei der *Regeneration* von Teilstücken hochorganisierter Ciliaten (Abb. 186). Hier werden zugeteilte alte Strukturen, wie Cirrenfelder, Membranellen und Cytostomapparate, eingeschmolzen, und dann wird in der verfügbaren Cytoplasmaportion ein völlig neues Organellenmuster ausdifferenziert, das wiederum alle Elemente enthält. So kann auch ein kleines Teilstück sich bewegen, Nahrung aufnehmen und anschließend zur Normalgröße heranwachsen.

Bei manchen Protozoen, besonders bei stark und rasch sich vermehrenden Parasiten, teilen sich die Kerne zunächst mehrmals, und es entstehen auch neue Bewegungsorganellen in einem noch gemeinsamen Cytoplasma. Dieses wird erst nachher auf Gruppen von selbständigen Tochterzellen verteilt (Abb. 55 d–f).

Als Sexualvorgänge kommen bei Protozoen zwei Grundtypen vor:

1. *Kopulation,* d. h. völlige Vereinigung zweier Zellen (als Gameten) zur Zygote. Bei ursprünglichen Formen wird morphologische *Isogamie* beobachtet. Von ihr abzuleiten ist die *Anisogamie*, bei der sich kleine, bewegliche Mikrogameten als männliche Sexualzellen mit großen, meist unbeweglichen Makrogameten vereinigen (S. 34).

2. *Konjugation,* d. h. vorübergehende Teilvereinigung zweier Individuen, wobei gegenseitig Kerne ausgetauscht werden, so daß nach erfolgter Trennung die Kerne der Exkonjuganten eine neu kombinierte Chromosomengarnitur besitzen. Konjugation findet sich nur bei *Ciliaten* (S. 368). Zwei meist gleichgestaltete Tiere (Konjuganten) legen sich in der Mundregion aneinander; dort bildet sich eine Plasmabrücke. In Abb. 57 a–h sind die sich anschließenden Vorgänge erläutert.

Die Konjugationspartner sind insofern Zwitter, als sie zweierlei Gametenkerne liefern, die sich verschieden verhalten. Doch konjugieren Paramecien nur dann, wenn sie verschiedenen *Paarungstypen* angehören. Diese Phäne beruhen auf biochemischen Qualitäten der Cilien. Dabei werden von zwei alternativ zum Einsatz kommenden Genloci die unterschiedlichen Paarungstypen dadurch festgelegt, daß in einem Individuum je nur ein Locus aktiv ist.

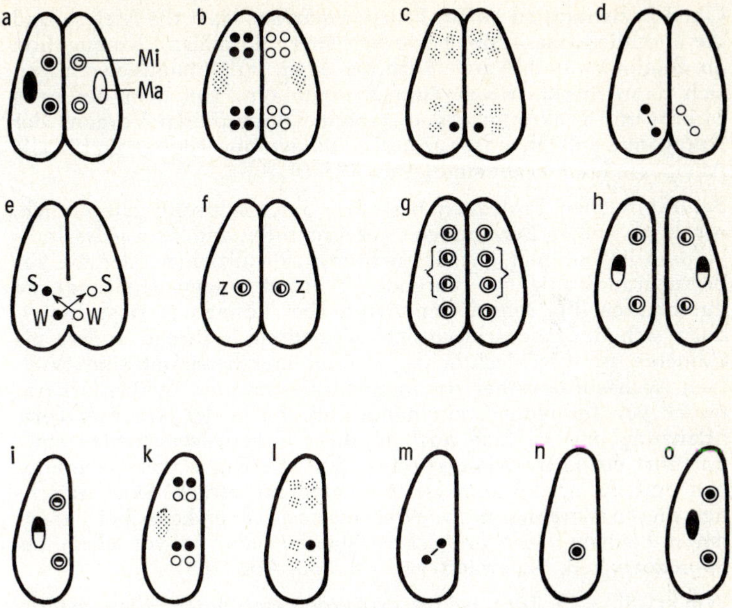

Abb. 57 Schema der Konjugation von *Paramecium aurelia* mit 1 Makronucleus (*Ma*) und 2 Mikronuclei (*Mi*). a) Kontaktnahme der Konjuganten mit den Cytostomen. b) Meiose des Mi, Zerfall des alten Ma. c) Bis auf einen haploiden Mi gehen alle übrigen Kerne zugrunde. d) Postmeiotische Mitose liefert je einen Stationär- (*S*) und einen Wanderkern (*W*). e) Austausch der W. f) Vollzogene Karyogamie von S und W zum diploiden Zygotenkern (*Z*). g) Teilung von Z begründet 2 neue Mi und 1 neuen Fusions-Ma (Klammern), der anschließend durch Endomitose (S. 22) hoch polyploid wird. i–o) Autogamiezyklus.

Die *Meiose* kann im Entwicklungsgang der Protozoen, wie eben für Ciliaten gezeigt wurde, unmittelbar vor der Befruchtung erfolgen. Eine solche *gametische Reduktion* ist auch für die Metazoen typisch. Die betreffenden Tiere sind Diplonten. Bei anderen Protozoen, so bei Sporozoen, wird der Chromosomenbestand der Zygote bei den ersten Teilungen dieser diploiden Zelle reduziert *(zygotische Reduktion)*. Bis zur nächsten Befruchtung leben dann alle Individuen als Haplonten. Bei Foraminiferen (S. 363) können diploide und haploide Generationen aufeinander folgen.

Bei einzelnen Arten von *Paramecium* kommt es unter bestimmten Umweltbedingungen zur Selbstbefruchtung *(Autogamie)*.

Ohne Beziehung zu einem Paarungspartner läuft die Meiose und die anschließende Teilung wie bei einer „normalen" Konjugation ab. Stationär- und Wanderkern des einen Individuums vereinigen sich dann direkt wieder zum Zygotenkern, von dem der neue Mikro- und Makronucleus abstammt. Durch diesen Vorgang der Autogamie entstehen *isozygote Individuen* und Klone, die für alle Allelpaare homozygot sind (Abb. 57 i–o).

Bei zahlreichen Protozoen tritt der Geschlechtsakt gelegentlich, oft durch äußere Beziehungen hervorgerufen, ein, und jedes Individuum ist befähigt, die Befruchtung zu vollziehen oder die zur Befruchtungsfähigkeit führenden Veränderungen (Reifung) zu durchlaufen. Bei sehr vielen Arten aber können gewisse Individuen sich nur ungeschlechtlich vermehren, während andere als Gameten zur geschlechtlichen Vereinigung bestimmt sind. Vielfach wechseln bei einer Art in einem bestimmten Zyklus Generationen von Individuen miteinander ab, die in der Art ihrer Fortpflanzung und vielfach auch in ihrer Gestalt verschieden sind. So führt ein Entwicklungszyklus, der eine Reihe von Generationen umfaßt, wieder zum gleichen Stadium zurück. Wir bezeichnen diesen Vorgang als *Generationswechsel;* er kann bei Parasiten mit einem *Wirtswechsel* verbunden sein, so vor allem bei Sporozoen, z. B. Malariaerregern (S. 368, Abb. 185).

Wie erwähnt (S. 106), ist für Protozoen eine *potentielle Unsterblichkeit* charakteristisch. Dazu ist einschränkend festzuhalten, daß doch das *individuelle Leben begrenzt* ist. Wenn eine Amöbe eine bestimmte Größe erreicht hat, „muß" sie sich teilen, und so lebt ihre Substanz in zwei neuen Individuen weiter, die bei zwar gleicher Erbsubstanz verschieden modifiziert (S. 99) werden können. Zudem führt ein Sexualakt insofern zu neuen Individuen, als dabei neue Genotypen kombiniert werden.

Selbst zur Leichenbildung gibt es Ansätze bei Protozoen. Bei manchen Vielfachteilungen (Schizogonie, Sporogonie, Mikrogametenbildung; vgl. Abb. 185) geht ein großer Teil des mütterlichen Plasmas als unverwertbarer Restkörper zugrunde. Er wird nicht in die nächste Zellgeneration aufgenommen. Auch Kerne können im normalen Lebensgang der Protozoen untergehen. So zerfällt der Makronucleus der Ciliaten bei der Konjugation und Autogamie (Abb. 57).

Metazoen

Forschungsthematik

Die Vorgänge, die von der befruchteten Eizelle zum vollausgebildeten Organismus führen, können zunächst rein beschreibend verfolgt werden. Diese *deskriptive Embryologie* oder Entwicklungsgeschichte untersucht die einzelnen Phasen der fortschreitenden Ontogenese, indem die Änderungen in der Formbildung und der Differenzierung erfaßt werden. Dabei berücksichtigt man sowohl morphologische wie biochemische Prozesse. Da die Ontogenese aber ein kausal verknüpftes Geschehen ist, bei dem Zustände und Bedingungen eines vorausgehenden Stadiums die Vorgänge in nachfolgenden Phasen bewirken, hat WILHELM ROUX (1850–1924) eine Forschungsmethodik gefordert und eingeführt, die nicht nur nach dem Wann, Wo und Wie, sondern auch nach dem Warum fragt. So gesellt sich zur beschreibenden Untersuchung eine *experimentelle Embryologie* als Entwicklungsphysiologie („Entwicklungsmechanik"). Wir werden im folgenden die Ergebnisse der beiden Methodologien berücksichtigen und nach Möglichkeit integrieren.

Entwicklungsperioden

Der Entwicklungsablauf des vielzelligen Individuums kann nach Perioden oder Phasen aufgegliedert werden.

a) Periode der *Embryonalentwicklung* (Embryogenese). Sie reicht von der Befruchtung der Eizelle bis zum Beginn eines freien, selbständigen Lebens mit eigener Fortbewegung und Ernährung (durch Geburt, Ausschlüpfen aus der Eihülle). Im einzelnen folgen sich hier die Prozesse der *Furchung, Gastrulation, Organogenese* und *Histogenese.* Bei Amnioten wird zudem noch besonders unterschieden zwischen Embryonalentwicklung im engeren Sinne (Primitiventwicklung gefolgt von Organogenese) und der Fetalentwicklung, die anschließend zum schlüpf- oder geburtsreifen Zustand führt.

b) Periode der *Jugendstadien.* Sie reicht von der Geburt bis zum vollkommen ausgebildeten Zustand. Die Jugendstadien werden in direkter oder in indirekter Entwicklung durchlaufen. Bei der direkten Entwicklung sind sie von der Geburt an dem ausgebildeten Zustand schon ziemlich ähnlich und erreichen ihn durch allmähliche Wachstumsveränderungen und Reifungsprozesse in den

Organen. Bei der indirekten Entwicklung, Larvenentwicklung mit Metamorphose (S. 162), ist der Jugendzustand, als Larve, vom ausgebildeten Zustand wesentlich verschieden. Ihm fehlen Organe und Funktionen des erwachsenen Zustands, und er zeichnet sich andererseits durch besondere larvale Organe und Leistungen aus.

c) Periode des ausgebildeten *Adultzustandes,* in dem die Geschlechtsreife stattfindet und durch Fortpflanzung neue Individuen erzeugt werden.

d) Periode der *Seneszenz,* des Alterns. Am Ende dieser Phase schließt der natürliche Tod die Entwicklung ab.

Organisation der Eizelle

Die befruchtungsreife Eizelle hat eine Ordnungsstruktur, die für die Embryogenese bestimmend wirkt. Maßgebend sind vor allem die *Symmetrieeigenschaften.* So ist bei vielen Eiern (z. B. Anneliden, Mollusken, Echinodermen, Chordaten) eine Hauptachse festgelegt, die einen animalen mit einem vegetativen Pol verbindet (Abb. 58, 60, 74). Diese *Polarität* beruht meist auf einer geschichteten Anordnung der Reservestoffe (Dotter), deren Masse gegen den vegetativen Pol hin zunimmt. Auch Eipigmente können die Polarität markieren (Abb. 58, 74). Mit der Animal-Vegetativ-Achse kann bereits die Dorso-Ventral-Achse (z. B. Fische, Abb. 66) oder häufig auch die Vorn-Hinten-Achse (bei Amphibien, Abb. 58; viele Wirbellose) festgelegt sein. Bei bestimmten Eisystemen ist im Zeitpunkt der Befruchtung zu der Polarität auch

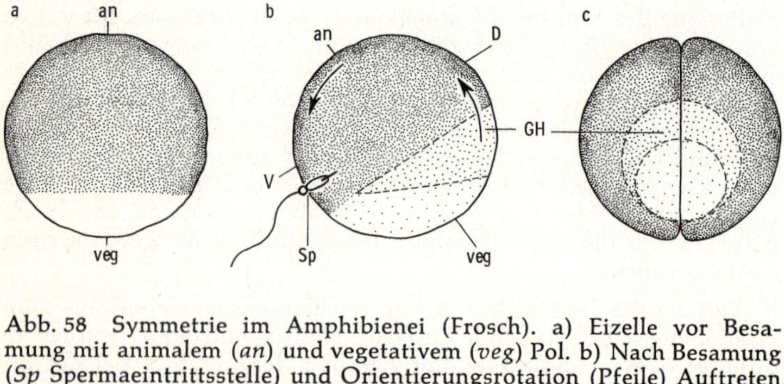

Abb. 58 Symmetrie im Amphibienei (Frosch). a) Eizelle vor Besamung mit animalem (*an*) und vegetativem (*veg*) Pol. b) Nach Besamung (*Sp* Spermaeintrittsstelle) und Orientierungsrotation (Pfeile) Auftreten des grauen Halbmondes *(GH)*; *D* dorsal, *V* ventral. c) Ansicht auf vegetativen Pol (hinten) nach 1. Furchung in der bilateralen Symmetrieebene.

schon die *Bilateralität* auf Grund besonderer Plasmastrukturen nachzuweisen. So erscheint im Froschei zwischen der dunkel pigmentierten animalen und der hellen vegetativen Kalotte der *graue Halbmond* als aufgehellte Zone. Durch diesen Bereich der Eirinde läßt sich an der breitesten Stelle ein Meridian legen, der mit der späteren Symmetrieebene des Keimes übereinstimmt (Abb. 58).

Unter welchen Bedingungen die Polarität der Eizelle entsteht, bleibt noch umstritten. Möglicherweise ist hier die Lage der Eizelle im Ovar entscheidend, wobei eine einseitige Zufuhr von Eistoffen die polare Schichtung bewirken könnte. Recht kompliziert erscheint das Festlegen der Bilateralität. Beim Froschei wird der Symmetriemedian meist durch die Eintrittstelle des Spermiums (Abb. 58 b) bestimmt. In der Regel verläuft auch die erste Furchungsebene in dieser Mediane (Abb. 58 c). Strukturbestimmend ist beim Froschei sodann eine Rotationsbewegung, die sofort nach der Eiablage einsetzt. Die Rindenschicht des Eies bewegt sich unter dem Einfluß der Schwerkraft im Sinne der Pfeile der Abb. 58 b. Dabei wird auch oberflächliches Eipigment gegen den Animalpol hin verlagert, was zur Aufhellungszone des grauen Halbmondes führt. Schwerkraftrichtung und Besamungsort können experimentell manipuliert werden. Diese Versuche zeigten, daß die Symmetrieebene, selbst wenn sie schon im Ovar fixiert wäre, nachträglich noch verlagert werden kann.

Von den *Reservestoffen* der Eizelle (Proteine, Lipide, Glykogen) werden die Proteine bei Wirbeltieren nicht im Ovar, sondern in der *Leber* synthetisiert. Die Blutbahn bringt sie zum Ovar, wo sie unter Vermittlung der Follikelzellen (Abb. 62) ins Ei eingelagert werden. Bei Insekten scheint der Fettkörper die Rolle der Leber zu spielen. Die Dotterproteine der Vögel entstehen unter dem Einfluß weiblicher *Sexualhormone*. Wird einem Hahn, der normalerweise keine Dotterproteine bildet, der weibliche Wirkstoff zugeführt, so reagiert seine Leber sofort mit Dottersynthese. Man darf annehmen, daß hier das Hormon direkt oder indirekt ein Gensystem aktiviert, das beim Hahn (wie bei der Henne) zwar vorhanden ist, aber ohne den hormonalen Stimulus untätig bleibt (S. 89).

Die orientierte Anordnung unterschiedlicher Eiplasmasorten kann bei Anneliden, Mollusken, Nematoden und Tunicaten einen hohen Komplexitätsgrad erreichen, der sich präformierend auf das Furchungsmuster und die Organogenese auswirkt (S. 143, Abb. 74). Alle stofflichen und strukturellen Eigenschaften der Eizelle werden unter dem *Einfluß der mütterlichen Gene* im Ovar bestimmt. Dies führt dazu, daß sich bestimmte Phäne in der sich entwicklenden Zygote gemäß des mütterlichen Genotypes ausbilden (*Prädetermination*, S. 104). So wird etwa durch mütterliche Gene bereits vor der Besamung die Orientierung der Furchungsteilungen (Spiralfurchung) der Schnecken determiniert, was sich später in der Organtopographie und in der Rechts- oder Linkswindung der Schalen manifestiert.

Über den *molekularen Wirkungsmechanismus* der mütterlichen Gene während der Eireifung ist noch wenig Sicheres bekannt. Doch wissen wir, daß bei Amphibien im Stadium der Lampenbürstenchromosomen (S. 28) die *rRNS* codierenden Gene hoch aktiv sind, so daß zahlreiche Nucleolen im Oocytenkern deponiert werden (S. 29, Abb. 15). Dieser Vorrat an Ribosomenmaterial wird der neuen Generation zur Verfügung gestellt. Er mag in bestimmten Fällen bis zur Vollendung des früheren Larvenstadiums ausreichen. Dies wird „bewiesen" durch eine *Xenopus*-Mutante, bei welcher der chromosomale Nucleolusorganisator (Abb. 10) defekt ist. Die für den Ausfall homozygoten Tiere sind erst im erwähnten Stadium letal. Außer der rRNS wird in der reifenden Eizelle auch *mRNS* transkribiert. Doch bleiben bei Amphibien und Seeigeln diese genbedingten Moleküle noch inaktiv. Wahrscheinlich sind sie durch Proteine so maskiert, daß die Translation nicht ablaufen kann. Erst nach der Befruchtung kommen die langlebigen mRNS-Moleküle zum Einsatz. Ihre Translationsprodukte sind als neu gebildete Proteine während der Furchung nachzuweisen; sie werden für Spindelapparate und Enzyme benötigt. Da die Furchung bei Seeigeln und Amphibien durch das Antibiotikum Actinomycin (S. 81), das die Transkription spezifisch blockiert, nicht beeinträchtigt wird, können nicht die generationseigenen Gene die neuen Proteine codiert haben. Es ist vielmehr der gespeicherte mRNS-Vorrat der Oocyte, der die ersten Leistungen der Embryogenese sichert. Die Gene der neuen Generation kommen bei diesen Eiern erst zu Beginn der Gastrulation zum Einsatz.

Durch Eifurchung zur Blastula

Nach erfolgter Befruchtung (S. 34) setzen in der Eizelle Sequenzen von rasch aufeinanderfolgenden Kern- und Cytoplasmateilungen ein. Mit jedem Schritt dieses *Furchungsablaufes* werden die Embryonalzellen *(Blastomeren)* kleiner. So wird bei Amphibien zuerst ein beerenartiges Stadium *(Morula)* passiert, bis dann ein kleinzelliger Keim erreicht ist, der bei vielen Eitypen als *Blastula* die Gestalt einer Hohlkugel annimmt (Abb. 59, 60).

Maßgebend für den Furchungsmodus ist die Menge und Verteilung des Dotters. Eine *total-äquale* Furchung ist für dotterarme Eier mit gleichmäßiger, *isolecithaler* Verteilung des Reservematerials typisch (z. B. Seeigel, Abb. 60, und Säuger mit Ausnahme der Monotremen). Ist der Dotter reichlicher und zudem gegen den vegetativen Pol hin dichter eingelagert, furchen sich diese mäßig *telolecithalen Eier total-inäqual.* Bei Amphibien (Abb. 59)

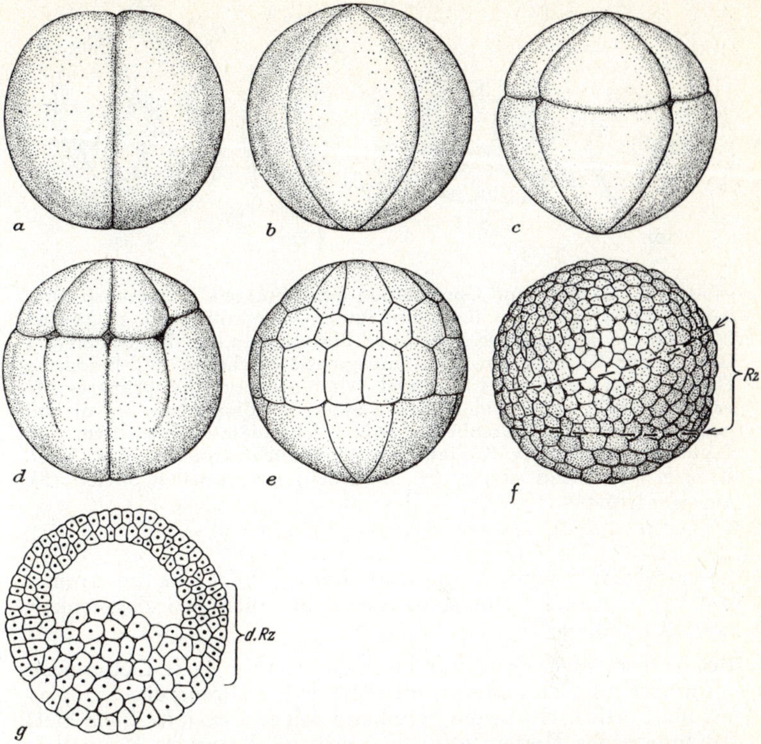

Abb. 59 Furchung des Amphibieneies (Frosch), schematisch. a) 2-Zellen-Stadium. b) 4-Zellen-Stadium. c) 8-Zellen-Stadium, die Zellen der vegetativen Keimeshälfte sind größer als die der animalen Keimeshälfte (inäquale Furchung). d) Übergang vom 8- zum 16-Zellen-Stadium (die animalen Zellen sind bereits geteilt, die größeren, dotterreicheren vegetativen Zellen sind erst in Durchschnürung begriffen). e) Späteres Furchungsstadium. f, g) Blastula; g) im Sagittalschnitt. *Rz* Randzone zwischen künftigem Ektoderm und Entoderm (wird als Material für das Mesoderm bei der Gastrulation eingestülpt); *d.Rz* dorsale Randzone.

verläuft dabei nach zwei meridionalen Furchungen die dritte Teilungsebene über dem Äquator. Bei manchen Wirbellosen (z. B. Tintenfische) und bei Fischen, Reptilien, Vögeln und Monotremen überwiegt der Dotter derart (*extrem telolecithale* Eier), daß er nicht mehr mit durchgehenden Furchungen aufgeteilt werden

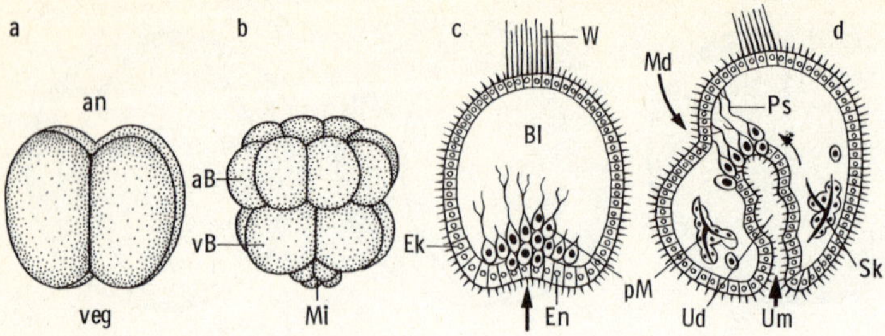

Abb. 60 Furchung und Gastrulation eines Seeigels (schematisiert). a) 4-Zell-Stadium, oben animal *(an)*, unten vegetativ *(veg)*. b) 16-Zell-Stadium, *aB* animale, *vB* vegetative Blastomeren, *Mi* Mikromeren. c) Beginn der Gastrulation, Pfeil Invaginationsrichtung des Entoderms *(En)*, *Ek* Ektoderm mit Cilien und Wimperschopf *(W)*, primäres Mesenchym *(pM)* mit Pseudopodien wandert ins Blastocoel *(Bl)*. d) Endgastrula vor Munddurchbruch *(Md)*, sekundäres Mesenchym (mit Pseudopodien *(Ps)* in Kontakt mit Mundbuchtektoderm *(Md, Pfeil)*, Urdarm *(Ud)* neigt sich gegen *Md* (Pfeil), *pM* scheidet Skelett *(Sk)* aus, *Um* Urmund.

kann. Gefurcht wird nur noch *partiell-discoidal* eine am Animalpol konzentrierte Cytoplasmakalotte, die auch den Zygotenkern enthält (Abb. 66).

Bei Anthropoden, besonders Insekten, ist eine große Dottermasse im Innern des Eies konzentriert (Abb. 61), während das Cytoplasma als Corticalschicht die Peripherie belegt (*centrolecithale* Eier). Im Innern des Dotters erfolgen synchron die ersten Kernteilungen, ohne daß Plasmafurchungen zu Zellabgrenzungen führen. Die Kerne, umgeben von einem „Hofplasma", verteilen sich gleichmäßig im Dotter. Wenn (in bestimmten Fällen) das 256-Kernstadium erreicht ist, wandern die meisten Kerne hinaus ins Corticalplasma, wo dann nach Ausbildung von Zellgrenzen als embryonales Epithel das *Blastoderm* entsteht. Bei dieser *partiell-superfiziellen* Furchung verbleiben nur wenige Kerne im Zentraldotter, wo sie wohl an der Mobilisierung der Reservestoffe beteiligt sind.

Bei einer *Blastula* können die Zellen in einschichtiger Lage (Abb. 60) oder mehrschichtig einen Hohlraum, das *Blastocoel*, umgeben (Abb. 59). Bei den discoidal sich furchenden Keimen der Fische und Sauropsiden ist das der Amphibienblastula entsprechende (homologe) Stadium flächenhaft dem ungefurchten Dotter aufgelagert (Abb. 66). Bei anderen Eitypen (z. B. Arthropoden) fehlt eine dem Blastocoel entsprechende Furchungshöhle. Für die

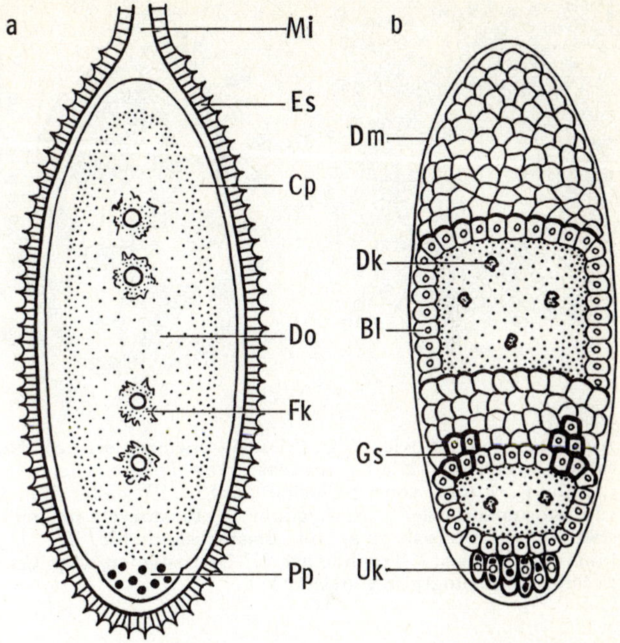

Abb. 61 Furchung und Organisation eines Insekteneies. a) Ei im Vierkernstadium, *Cp* Corticalplasma, *Do* zentraler Dotter mit vier Furchungskernen *(Fk)*, *Es* Eischale („Chorion“) mit Mikropyle *(Mi)*, *Pp* Polplasma mit Polgranula. b) Stadium nach Bildung des Blastoderms *(Bl)*; *Dk* restliche Dotterkerne, *Dm* Dottermembran, *Gs* ungefähre Lage des Gonadensomas (stark ausgezogen), *Uk* Urkeimzellen mit Polgranula.

Säugerentwicklung ergeben sich Besonderheiten als Folge der Phylogenie: Von der dotterreichen Eizelle der Reptilien wurde auf ein sekundär dotterarmes Ei umgestellt, das sich zu einem Keim entwickelte, der fähig ist, sich in die Uteruswand einzunisten (Abb. 62). Hier führt eine total-äquale Furchung zu einer Keimblase. In dieser *Blastocyste* unterscheiden wir zwischen einer äußern Zellage, die als *Trophoblast* zum Chorion wird (S. 140), und einer *inneren Zellmasse* die den Embryonalkörper, aber auch Dottersack, Allantois und Amnion liefert. Der Hohlraum zwischen den beiden Anteilen der Blastocyste ist nicht homolog zum Blastocoel der Amphibien.

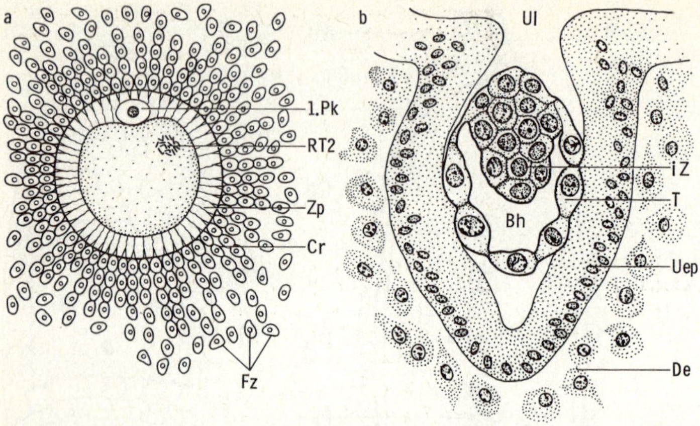

Abb. 62 Säugerentwicklung (Maus) schematisiert. a) Noch unbesamte Eizelle aus Eileiter umgeben von Follikelzellen *(Fz)*, Corona radiata *(Cr)* und Zona pellucida *(Zp)*, *1. Pk* erster Polkörper, RT_2 Chromosomen in der 2. Reifeteilung. b) Blastocyste im Implantationsstadium in Uteruskrypte, *Bh* Blastocystenhöhle, *De* Decidua, *iZ* innere Zellmasse, *T* Trophoblast, *Ul* Uteruslumen, *Uep* Uterusepithel, (a teils nach Fotografie von THEILER).

Bedeutung der Furchungsvorgänge. Die Aufteilung der Eizelle führt die Zellkerne in qualitativ und quantitativ unterschiedliche Cytoplasmabereiche. Die sich abgrenzenden Zellen werden differentiell ausgerüstet mit Reservestoffen (animal oder vegetativ), mit Plasmaorganellen (Dichte von Mitochondrien, ER und Ribosomen) und mit nur lokal vertretenen Einschlüssen (z. B. Polgranula, Abb. 61). Besonders bedeutsam sind auch die Strukturen und Stoffe, die musterartig verteilt von der Rindenschicht (Cortex) des Eies getragen werden. Alle diese Unterschiede können für den Differenzierungsweg eines Zellsystems entscheidend sein, indem sie dazu führen, daß von dem überall vertretenen Gesamtgenom des Kernes je nur bestimmte „Genteams" zum Einsatz kommen (S. 118). So ist ein *Polplasma* beim Insektenei (Abb. 61) mit RNS-haltigen Granula ausgerüstet. Nach Einwanderung von Furchungskernen entsteht hier eine Gruppe von Zellen, welche die Granula einschließt. Diese Polzellen – und nur sie – werden zu den *Urkeimzellen* (S. 499). Dieses Beispiel kann als Modell dafür gelten, daß der erste Anstoß zu unterschiedlichen Differenzierungsrichtungen der Blastomeren von cytoplasmatischen „Determinanten" gegeben wird, die auswählend die einen oder andern Gene aktivieren oder reprimieren (S. 88). Ein einmal etablierter Unterschied mag dann zu weiteren genbedingten Differenzierungen führen.

Obwohl die Furchung die Voraussetzung für die Differenzierung schafft, ist sie in Einzelfällen für die Frühstadien nicht unentbehrlich. Wird die durch Cortexareale und verschiedene Cytoplasmasorten reich strukturierte Eizelle des Polychaeten *Chaetopterus* mit KCl behandelt, unterbleibt die Furchung. Trotzdem ereignen sich in diesem „Einzeller" Materialverschiebungen, ähnlich wie bei einer Gastrulation, und es werden Vakuolen und Cilien gleich wie bei einer frühen Trochophoralarve (S. 129) differenziert. So verfügt dieses Cytoplasmasystem über eine autonome, von Furchungskernen unabhängige Entwicklungskompetenz.

Gestaltungsbewegungen der Gastrulation

Grundtypen

Aus dem Blastulastadium geht bei allen Metazoen die *Gastrula* hervor. Diese besteht im einfachsten Fall aus nur zwei *Keimblättern,* dem *Ektoderm* und *Entoderm.* Das Ektoderm bildet die primäre Körperbedeckung, das Entoderm den Urdarm, der bei vielen Embryonaltypen durch eine einfache Einstülpung der vegetativen Seite der Blastulawand gebildet wird, so bei Echinodermen (Abb. 60). Die Invaginationsstelle wird als *Urmund* (Blastoporus) bezeichnet. Ein drittes Keimblatt, das *Mesoderm,* entsteht entweder sekundär, meist aus Urdarmmaterial (viele Wirbellose,

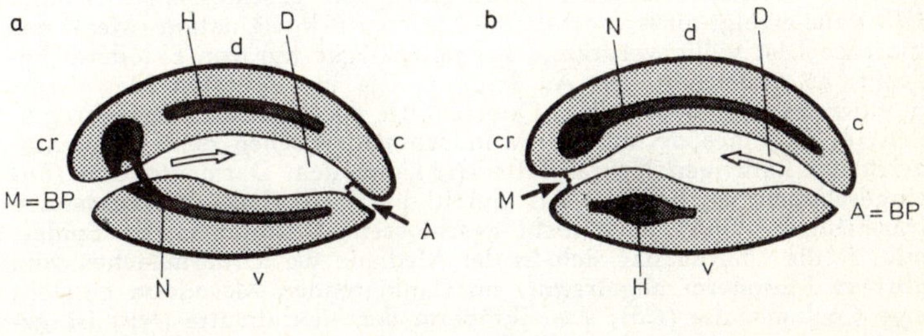

Abb. 63 Bauplanschema der Embryonen von Protostomiern (a) und Deuterostomiern (b). *A* After, *BP* Urmund (Blastoporus), *c* caudal, *cr* cranial (rostral), *D* Darm, *d* dorsal, *H* Herz, *M* Mund, *N* Zentralnervensystem, *v* ventral; helle Pfeile: Invaginationsrichtung des Urdarms; dicke schwarze Pfeile: sekundäre Ektodermeinstülpung (a Proctodaeum, b Stomodaeum).

S. 128), oder es ist wie bei Wirbeltieren primär neben Ektoderm und Entoderm angelegt (S. 123).

Je nach der Lage des Urmundes lassen sich bei den *Bilateralia* (S. 386) die beiden Hauptgruppen der **Protostomier** und **Deuterostomier** unterscheiden (Tab. 5). Bei den Protostomiern wird der Urmund zum späteren Mund umgebaut, während der After aus einer sekundären Ektodermeinstülpung hervorgeht, die zum hinteren entodermalen Darmteil durchbricht (Abb. 63 a). Deuterostomier bilden dagegen den Urmund zur Kloake oder zum After um; hier entsteht neu der Mund als Ektodermtasche am Kopfpol (Abb. 63 b). Dieser ontogenetische Unterschied ist mit einer bestimmten Organtopographie korreliert, indem z. B. die Längsstränge des Zentralnervensystems bei Protostomiern ventral des Darmes, bei Deuterostomiern dorsal verlaufen (Abb. 63).

Abb. 64 Gastrulationsablauf und Organogenese im Amphibienkeim. *EK* Ektoderm (hell), *En* Entoderm (hell punktiert), *Mes* Mesoderm (dicht punktiert). a–d) Längsschnitte zeigen die fortschreitende Invagination von Entoderm und Mesoderm: a) Frühgastrula mit noch großem Blastocoel *(Bl)*, Invagination unter der dorsalen Urmundlippe *(d.Ul)* beginnt; b) mittlere Gastrula; es entwickelt sich eine Urdarmhöhle *(Ud)* auf Kosten des Blastocoels; c) Endgastrula; das Mesoderm mit der medianen Chordaanlage *(Cha)* unterschichtet als Urdarmdach *(Ud)* das Neuralektoderm *(Ne)*; Urdarmhöhle = Gastrocoel *(Gc)* voll ausgebildet; vorn das Kopfdarmlumen *(Kd)*; vom geschlossenen Urmund *(Um)* aus erfolgt auch ventral eine Mesoderm-Invagination *(Mes)*; das Blastocoel ist völlig verdrängt, Keimoberfläche nur von Ektoderm bedeckt; d) gestrichelt, die Ausdehnung des invaginierten Mesoderms in einer frühen Neurula. e–i) Querschnitte durch mittlere Rumpfregionen: e) Das mesodermale Urdarmdach ist zwischen dem Darmentoderm der künftigen Neuralplatte *(Np)* und dem Darmentoderm *(En)* eingeschoben; es bedeckt das durch die nach oben auswachsenden Darmflügel (Pfeile) noch nicht geschlossene Darmlumen, *Ep* Epidermis; f) die Chorda hat sich in der Mediane des Urdarmdaches vom übrigen Mesoderm abgetrennt; im flankierenden Mesoderm entsteht eine Coelomspalte *(Cö)*; das Ektoderm der Neuralplatte *(Np)* ist gegenüber dem epidermalen Ektoderm *(Ep)* verdickt; g) die Ränder der Neuralplatte zu Neuralwülsten erhoben *(Nw)*, Darmlumen unter der Chorda geschlossen; h) Neuralfalten *(Nf)* nähern sich, beginnende Rohrbildung; i) Neuralrohr *(Nr)* geschlossen, von der Epidermis *(Ep)* abgelöst und versenkt. Ursegmente *(Us)* vom Mesoderm der Seitenplatten *(Sp)* abgetrennt. Coelomwände mit äußerer (Somatopleura *So*) und innerer Auskleidung (Splanchnopleura *Spa)* ausgebildet.

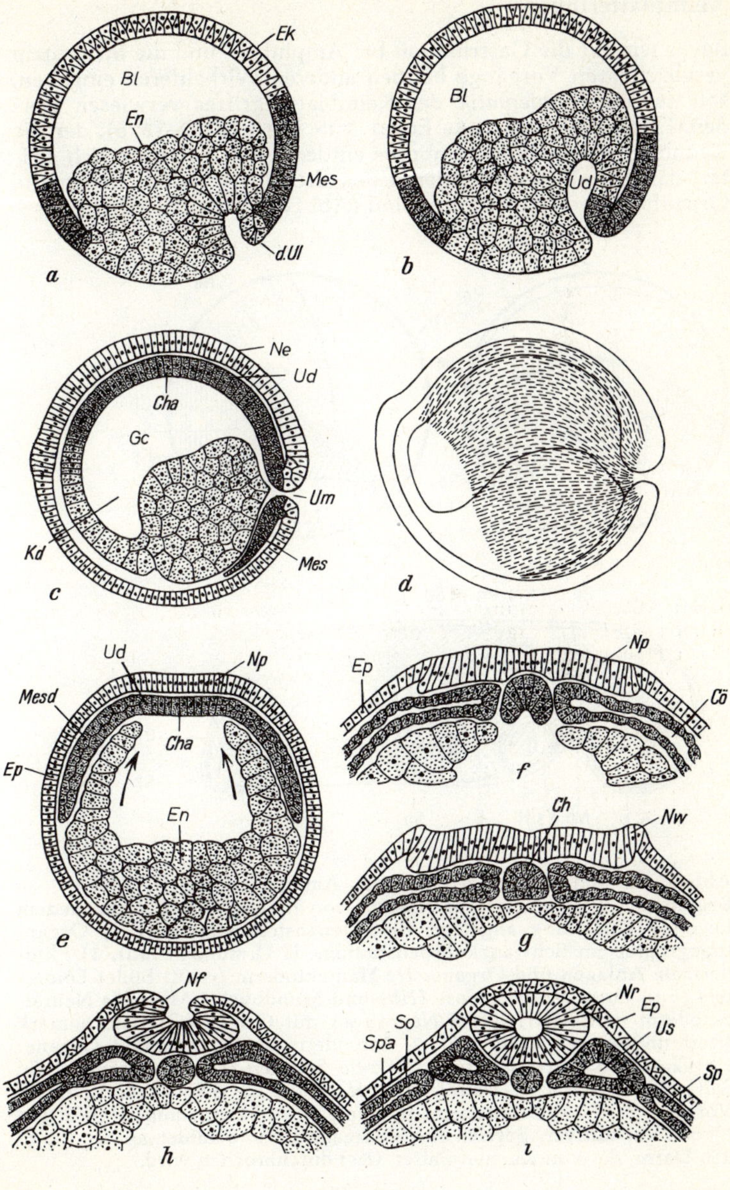
Ek
Bl
En
Mes
d.Ul
a
Bl
Ud
b
Ne
Ud
Cha
Gc
Um
Kd
Mes
c
d
Ud
Np
Mesd
Cha
Ep
En
e
Np
Ep
Cö
f
Ch
Nw
g
Nf
h
Nr
Ep
So
Us
Spa
Sp
i

Keimblättertheorie

Bevor wir auf die Gastrulation bei Amphibien und die im Prinzip vergleichbaren Vorgänge bei den anderen Wirbeltieren eingehen, soll auf die *Problematik* des Keimblattbegriffes verwiesen werden. Er stammt von Karl Ernst von Baer (1792–1876), der die Keimblätter des Hühnerembryos entdeckt hat. Es zeigte sich später, daß bei allen Wirbeltieren den drei Keimblättern bestimmte Organbildungen zuzuordnen sind (Abb. 65).

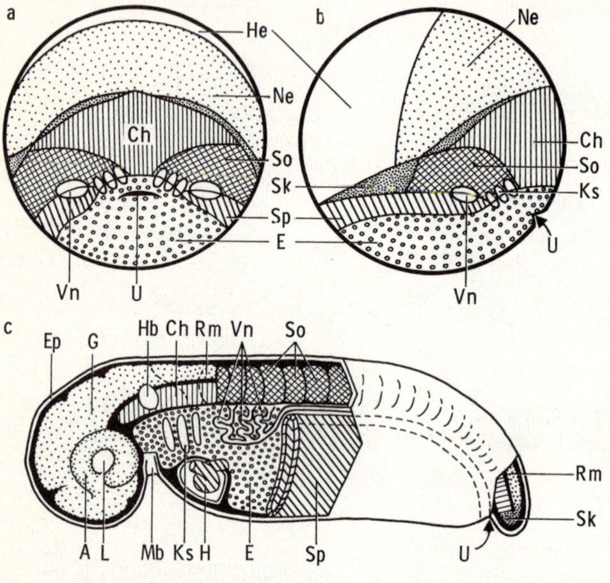

Abb. 65 a und b) Anlageplan eines Amphibienkeimes *(Triturus)* zu Beginn der Gastrulation: a) Ansicht von hinten, Urmund als median liegende Vertiefung angelegt; b) Seitenansicht von links. c) Organtopographie im Schwanzknospenstadium. *U* Urmund (Pfeil). 1) Ektodermale Anlagen und Organe: *He* Hautektoderm (weiß) bildet Epidermis *(Ep)*, Linse *(L)*, Hörblase *(Hb)* und Mundbucht *(Mb)*; *Ne* Neuralektoderm (punktiert) bildet Neuralrohr mit Gehirn *(G)*, Rückenmark *(Rm)* und Augenbecher *(A)*. 2) Mesodermale Anlagen und Organe: *Ch* Chorda (senkrecht schraffiert), *So* Somiten (kreuzschraffiert), *Sp* Seitenplatten (schräg schraffiert), *H* Herz, *Sk* Schwanzknospe, *Vn* Vorniere (hell). 3) *E* Entoderm (kleine Kreise) besetzt außen (in a und b) den vegetativen Bereich der Frühgastrula und bildet später (in c) den Darm, der von Kiemenspalten *(Ks)* durchbrochen wird.

Ektoderm: Epidermis und ihre Derivate (z. B. Drüsen, Haare, Federn), Nervensystem, Sinnesepithelien, Neuralleistenderivate.

Mesoderm: Muskulatur, Skelett, Gefäßsystem, Exkretionsapparate, Gonadensoma.

Entoderm: Verdauungstrakt mit Anhangsorganen (z. B. Leber, Pancreas, Lunge).

Experimente haben nun aber gezeigt, daß eine derartige Zuordnung *zu starr schematisch* und nicht zu verallgemeinern ist: Der Mesodermbereich einer Frühgastrula kann nach Isolation auch ektodermale und entodermale Blasteme liefern, und Gastrulaektoderm wird unter dem Einfluß mesodermaler Induktoren zur Bildung mesodermaler Organe befähigt (S. 152). Der ektodermalen Neuralleiste (S. 134) entstammen neben ektodermalen Zelltypen (z. B. Spinalganglien) auch Knorpel und Knochen des Visceralskelettes, während das übrige Kopf- wie das Körperskelett im Mesoderm entstehen. Sodann arbeiten bei zahlreichen Organbildungen zwei Keimblätter eng zusammen (Leber und Lunge: Entoderm und Mesoderm). Schließlich lassen sich die Zellen der Keimbahn, die ja die Keimblätter durchwandern, diesen nicht zuordnen (S. 499).

Die Aussage der klassischen *Keimblättertheorie,* wonach die Körpergrundgestalt der Metazoen überall aus 2–3 Blastembereichen hervorgeht, die auf gemeinsame phylogenetische Ursprünge hinweisen (S. 372), ist aber nach wie vor berechtigt und als vereinheitlichendes Bezugssystem für die Beschreibung von Entwicklungsvorgängen auch unentbehrlich. Doch kommt den Keimblättern *keine strenge Spezifität* zu. Die Grenzen werden vielfach von den Leistungsmöglichkeiten der Zellen überschritten.

Amphibien

Die Gastrulation bei Amphibien wurde besonders genau untersucht. Vogt konnte den *Bewegungsablauf* ermitteln, indem er auf die Oberfläche der Blastula Agarstücke aufsetzte, die mit Vitalfarben (z. B. Nilblausulfat) durchtränkt waren. Aus solchen „Tätowierungsstempeln" diffundieren die Farben in die Zellen. Aus der Lage der Marken vor, während und nach Abschluß der Gastrulation wie auch im späteren Embryo läßt sich die Blastembewegung direkt ermitteln. Es kann dann ein *Anlageplan* entworfen werden, der angibt, wo in der Frühgastrula die Zellbereiche für die künftigen, d. h. die *präsumptiven Organe* liegen (Abb. 65).

Die Phasen der *Gastrulation* sind an Hand von Abb. 64 zu verfolgen. Wir stellen fest, daß die in der Blastula noch flächenhaft nebeneinander die Peripherie besetzenden Blasteme von Ektoderm, Mesoderm und Entoderm bis zur Endgastrula so verlagert, umgeformt und übereinander geschichtet werden, daß nun ein äußeres, mittleres und inneres Keimblatt zu unterscheiden ist. Dabei wird die Oberfläche nur noch von Ektoderm bedeckt.

Fische, Sauropsiden, Säuger

Die discoidale Furchung führt bei **Fischen** zu einem *Blastoderm*, das unter einer Deckschicht liegt, die sich über den Dotter ausbreitet (Abb. 66). Unter dem Blastoderm verschmelzen Abkömmlinge von Furchungszellen unter Verlust der Zellwände zu einem Syncytium, das als *Periblast* sich der Dottermasse auflagert. In der weiteren Entwicklung werden im Blastoderm die Keimblätter gesondert; gleichzeitig umwachsen ihre Ränder die Dotterkugel, wobei der animal-dorsale Teil der Keimblätter den Embryo, die flächenhaft über den Dotter nach vegetativ vorstoßenden Schichten den Dottersack bilden (Abb. 72). Viele Einzelheiten der Fischgastrulation, die nicht direkt mit den Verhältnissen bei Amphibien vergleichbar ist, sind noch nicht klar erkennbar.

Bei den ebenfalls discoidal furchenden **Sauropsiden**-Eiern entsteht zunächst, ähnlich wie bei Fischen, ein Blastoderm, das sich als *Keimscheibe* flach über dem Dotter der animalen Kalotte ausbreitet. Beim Hühnerei, dessen Entwicklung bereits im Eileiter beginnt, besteht die Keimscheibe zur Zeit der Eiablage aus ca. 60 000 Zellen. Als erstes Keimblatt wird aus dem Blastoderm das *Entoderm* ausgesondert. Dies geschieht durch *diffuses Auswan-*

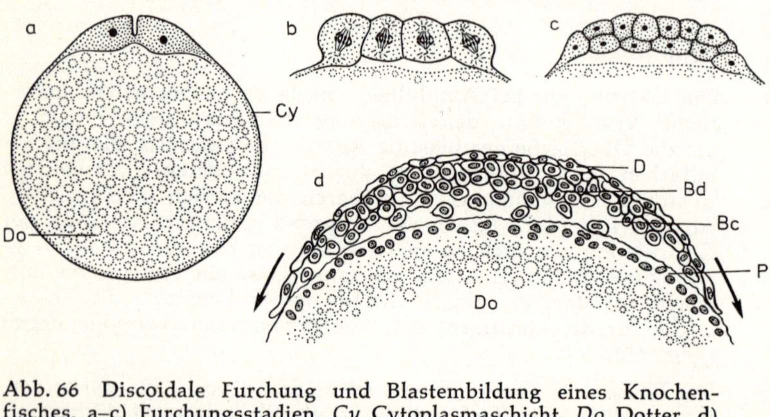

Abb. 66 Discoidale Furchung und Blastembildung eines Knochenfisches. a–c) Furchungsstadien. *Cy* Cytoplasmaschicht, *Do* Dotter. d) Keimscheibe mit Deckschicht *(D)*, Blastoderm *(Bd)*, Blastocoel *(Bc)*, Periblast *(P)* (nach TRINKHAUS).

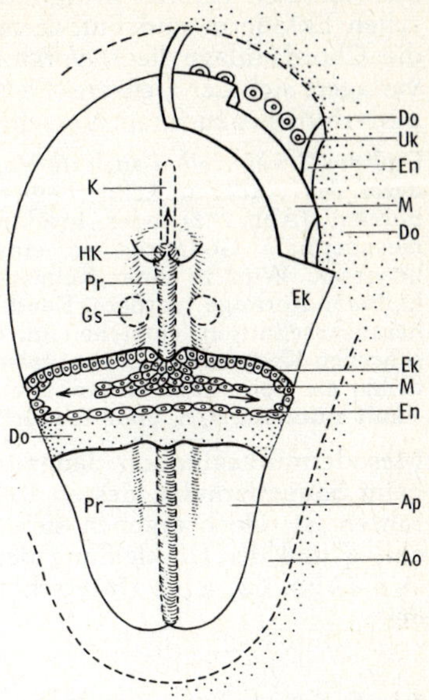

Abb. 67 Schema zur Gastrulation und Keimbahn beim Vogel. *Ao* Area opaca als Anlage für extraembryonale Hüllen, *Ap* Area pellucida, bildet den Embryo, *Do* ungefurchter Dotter, *Ek* Ektoderm, *En* Entoderm, *Gs* ungefähre Lage des mesodermalen Gonadensomas, *HK* Hensenscher Knoten, *K* Kopffortsatz, M Mesoderm, *Pr* Primitivrinne, *Uk* Urkeimzellen.

dern von Zellen, zuerst aus dem caudalen, noch überflächlichen Bereich der Scheibe, später aus tieferen Schichten der Primitivrinne. Die Entodermzellen versammeln sich dabei flächenhaft als Epithel über dem ungefurchten Dotter (Abb. 67). In der Keimscheibe umschließt die für die Embryonalhüllen (S. 137) bestimmte *Area opaca* eine *Area pellucida*, die den Embryonalkörper selbst liefert. Zentral in dieser Anlage und die künftige Längsrichtung des Embryos bestimmend, verläuft die *Primitivrinne*. Sie funktioniert als *Urmund*, weil von hier aus das Mesoderm ins Innere wandert. Dies geschieht teils von Zellteilungszentren aus, die direkt in der Rinne oder an deren Vorderende im *Hensenschen Knoten* liegen. Daneben bewegen sich wahrscheinlich auch mesodermale Zellen aus der Oberflächenschicht der Keimscheibe in Richtung Primitivrinne, wo sie vor allem beim

Hensenschen Knoten invaginieren und von dort im Innern zwischen Ektoderm und Entoderm als *Kopffortsatz*, in dem zentral die Chordaanlage liegt, vorstoßen. Im Verlauf der Gastrulation verlagert sich der Hensensche Knoten nach caudal, wobei die Primitivrinne bis zu ihrem Verschwinden verkürzt wird.

Daß die *Urkeimzellen* auch im Vogelkeim extragonadal über dem Entoderm des vorderen Keimscheibenrandes auftreten und wie bei Amphibien (Abb. 272) oder Insekten (Abb. 61) erst sekundär in das mesodermale Gonadensoma einwandern (S. 499), ist experimentell bewiesen. Wird in einer Keimscheibe vom Stadium der Abb. 67 der halbmondförmige vordere Rand der Area pellucida bestrahlt oder herausgeschnitten, entstehen im Gonadensoma, das hinter dem Hensenschen Knoten liegt, zwar typische, aber sterile Hoden oder Ovarien, denen die Keimzellen fehlen. Die Differenzierung der Gonaden erfolgt somit autonom, d. h. ohne Einwirkung von Keimzellen.

Mesoderminvagination längs einer Primitivrinne erfolgt auch beim **Säugetierkeim,** dessen Keimscheibe ein Erbe der Reptilvorfahren ist. Doch ergeben sich infolge der sekundär-totalen Furchung und der Umkleidung der Blastocyste mit dem Trophoblasten (Abb. 62) auch Unterschiede zur Gastrulation der Sauropsiden.

Mechanik der Gastrulation und Dynamik der Zellform

Bei der Gastrulation bewegen sich die Embryonalzellen im Verband. Die Verschiebung großer Areale ins Keiminnere und eine Streckung des oberflächenbedeckenden Ektoderms sind genau aufeinander abgestimmt. Doch ist dieses Ordnungsverhalten nicht eine vom ganzen Keim gesteuerte Leistung. Die einzelnen Blasteme verfügen vielmehr über *autonome Bewegungstendenzen.* So vergrößert ein isoliertes Stück Ektoderm seine Fläche ebenso wie im Verband der Gastrula, und ein Fragment aus dem Mesoderm der oberen Urmundlippe invaginiert selbständig an jeder beliebigen Keimstelle, wenn es oberflächlich implantiert wird (S. 126).

Voraussetzung für die Blastembewegung ist allerdings eine autonome *Formveränderung* der Einzelzellen. Zellen, welche via Amphibienurmund ins Blastocoel vorstoßen (Abb. 64), verlieren ihre ursprüngliche kuboid-prismatische Gestalt; sie werden länglich zur Flaschenform ausgezogen, wobei sie mit dem engen Hals noch lange an der Keimoberfläche verankert bleiben. Als unmittelbar die Zellform bestimmende Elemente kommen die *Mikrotubuli* und *Mikrofilamente* (S. 9) in Frage. Ähnlich wie bei der Gastrulation liegt auch der *Neurulation* (S. 130) ein Formwechsel der Zellen zugrunde. Die dem entstehenden Rohrlumen zugekehrte Front wird kontrahiert, die der Peripherie zugewandte Zellmasse verbreitert und die ganze Zelle verlängert. Dies muß, falls die Aktivität direkt von den Zellen ausgeht, zur Auffaltung der Neuralplatte zum Neuralrohr führen (Abb. 64). Nun zeigt das Elektronenmikroskop, daß mit Einsetzen des Formwandels orientierte Mikrofilamente unter der inneren sich verengenden Zellwand und Mikrotubuli in der Längsrichtung der sich streckenden Zelle auftreten. Ob diese Strukturen nur als *Cytoskelett* wirken oder ob ihnen auch *dynamische Funktion* zukommt (z. B. Kontraktion der Filamente), ist noch nicht entschieden. Wichtig ist jedenfalls der Befund, daß nach Behandlung mit *Colchicin*, das die Mikrotubuli fragmentiert (S. 10), die Bildung eines Rohres unterbleibt; die Zellform kann sich jetzt nicht mehr gestalten; bereits verlängerte Zellen runden sich ab. Auch Mikrofilamente können reversibel gebrochen werden, und zwar mit dem aus Pilzen gewonnenen *Cytochalasin* (S. 219), das wie Colchicin die Morphogenese von Zellverbänden in Richtung tubulär geformter Organanlagen blockiert.

Solche Feststellungen sind lediglich Ansätze zum Verständnis der Gastrulationsmechanik. Sie werden noch ergänzt durch Beobachtungen an **Seeigelkeimen** (Abb. 60). Aus den zuerst über dem invaginierenden Urdarm liegenden primären *Mesenchymzellen*, die sich zunächst unter lebhaften Pulsationen aus dem Entodermverband lösen, wachsen *Pseudopodien* aus. Diese erstrecken sich durch das Blastocoel, und nach dem „Prinzip von Versuch und Irrtum" finden sie einen Kontakt mit bestimmten Stellen an der Innenseite des Ektoderms. Mit fortschreitender Gastrulation verkürzt sich diese Fernverbindung zwischen der Urdarmfront und jener asymmetrisch zur Invaginationsachse liegenden Region, wo das Ektoderm eingedellt wird und der Munddurchbruch erfolgt. Daß durch eine Pseudopodienkontraktion indirekt auch das Entoderm „nachgezogen" würde, ist nicht bewiesen. Wird aber der Keim mit Colchicin behandelt, entsteht eine rotationssymmetrische Gastrula, deren Darmanlage abnorm, d. h. in Richtung der Animal-Vegetativ-Achse verläuft. Daraus könnte man auf eine *morphogenetische Rolle von Mikrotubuli* schließen.

Die Gastrulation stellt erhöhte Ansprüche an den *Stoffwechsel.* Der *Sauerstoffverbrauch* steigt stark an. Als Energielieferant wird vor allem *Glykogen* eingesetzt. Aus dem Vorrat der Dotterkörner werden gleichzeitig auch Proteine abgebaut. Die frei werdenden Aminosäuren dienen zum Aufbau stadienspezifischer *Proteine.* Eine solche Synthese erfordert zusätzliche Genaktivitäten. Tatsächlich konnte mit RNS-DNS Hybridisierung (S. 87) gezeigt werden, daß neue Sorten von mRNS auftreten.

Auch aus dem Studium der phasenspezifischen Wirkung von Letalfaktoren (S. 91) wurde klar, daß mit Beginn der Gastrulation zahlreiche *neue Gene* zum Einsatz kommen. Eine für Genänderungen hoch *sensible Phase* löst die Periode der Furchungsteilungen ab, die wesentlich von der prädeterminierenden Nachwirkung der mütterlichen Oocytengene lebt (S. 114). Daß bis zur Gastrulation die väterlichen Gene nur von beschränkter Bedeutung sind, zeigen u. a. folgende Befunde:

Durch Abzentrifugieren des Zellkerns (Seeigel) oder durch Abschnüren des kernhaltigen Eiteils (*Triturus*) lassen sich kernlose Eifragmente herstellen. In beiden Fällen können Furchungen unter Leitung achromatischer Spindelapparate (*Cytaster*, S. 33) zu kernlosen Blastulaarealen führen. Wird im Merogonieversuch (S. 44) kernloses Eicytoplasma der einen Art mit einem Spermakern einer anderen Art kombiniert, so bleibt in vielen Fällen die Entwicklung solcher *Bastardmerogone* im Gastrulastadium stehen, offenbar deshalb, weil die Gene des artfremden Kerns jetzt in dieser anspruchsvollen Phase nicht mehr mit dem spezifisch verschiedenen Cytoplasma zusammenarbeiten können.

Vielfalt der Mesodermbildung

Bei niederen Cnidariern, einfachen Polypen und Medusen (Abb. 189, 190) bleiben Ektoderm und Entoderm die alleinigen Körperschichten. Sie liegen entweder direkt aufeinander, nur durch eine Stützlamelle getrennt, oder das ursprüngliche Blastocoel wird von einer Gallertmasse (Mesogloea) erfüllt.

Bei den meisten Tieren liegt zwischen Ektoderm und Entoderm das *Mesoderm* (S. 119). Dieses kann epithelial geschlossen sein oder als *Mesenchym* aus frei verteilten Zellen bestehen, die in bestimmten Fällen auch vom Entoderm geliefert werden. Aus Mesenchym können sekundär wieder Epithelien entstehen, so z. B. die Endothelien der Blutgefäße bei Wirbeltieren.

Das *Mesenchym* ist ein Füllgewebe bei Schwämmen (Abb. 188), Korallen (Abb. 191) und Plattwürmern (Abb. 196). Es entsteht durch Auswandern unzusammenhängender Zellen aus der Blastula (z. B. das primäre Mesenchym der Echinodermen, Abb. 60) oder erst nach der Gastrulation aus einem der Keimblätter, vorwiegend aus dem Entoderm (z. B. das sekundäre Mesenchym der Echinodermen, Abb. 80). Bei Wirbeltieren liefern dagegen sowohl Mesoderm wie Ektoderm (Neuralleiste, S. 134) skeletogenes Mesenchym.

Wie unabhängig vom Entoderm die geschlossenen Zellverbände des Wirbeltiermesoderms aus einem autochtonen *Primärblastem* hervorgehen, wurde besprochen (S. 123). Bei Echinodermen und *Branchiostoma* entsteht dagegen das Mesoderm sekundär durch Abfaltung von Auswüchsen aus dem Entoderm (Abb. 80 a, b). Völlig anders wird das Mesoderm bei Spiraliern (Anneliden und

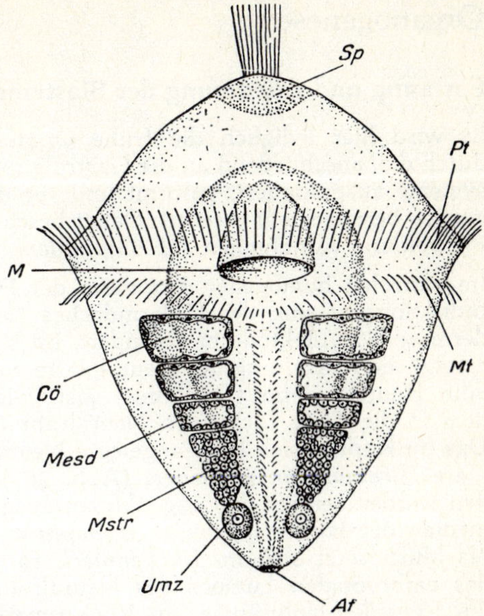

Abb. 68 Schema der Mesodermbildung in der *Trochophora-Larve* eines Anneliden. *Af* After, *Cö* Colom, *M* Mund, *Mesd* Mesoderm, *Mstr* Mesodermstreif, *Mt* Metatroch, *Pt* Prototroch, *Sp* Scheitelplatte, *Umz* Urmesodermzelle.

Mollusken) begründet. Hier werden frühzeitig zwei Blastomeren als Urmesodermzellen ausgeschieden, die dann in klonalen Zellfamilien ihren Determinationszustand weitergeben *(cell-lineage)*. Durch fortgesetzte Teilung entstehen hier aus den Urmesodermzellen zwei paarige, anfänglich noch solide Mesodermstreifen. Diese geben (bei Anneliden) sukzessive die Coelomsäcke der einzelnen Körpersegmente ab. Der Vorgang der Mesodermbildung, eine Art von Sprossung, ist im Stadium der *Trochophora*-Larve noch im vollen Gange (Abb. 68).

Organogenese

Formung und Gliederung der Blasteme

Es wird hier lediglich die frühe Organogenese berücksichtigt, durch die, anschließend an die Gastrulation, die einzelnen Organsysteme ausgesondert, geformt und für die nachfolgende Histogenese bereitgestellt werden. Dabei beschränken wir uns auf die Wirbeltiere, vornehmlich auf *Amphibien*.

Im zunächst homogenen **Ektoderm** der Frühgastrula wird durch Induktionswirkung des Urdarmdaches (S. 150) das Neuralektoderm vom Hautektoderm gesondert. Im Vorgang der *Neurulation* erfolgt die Auffaltung der Neuralplatte zum Neuralrohr, das sich vom Hautektoderm (Epidermis) löst. Dieses schließt sich über dem in die Tiefe rückenden Neuralrohr (Abb. 64 e–i, Abb. 70). Das im Kopfbereich breit angelegte Neuralrohr wird in fünf primäre *Hirnbläschen* gegliedert (Abb. 269). Am Zwischenhirnboden werden seitlich die *Augenblasen* ausgestülpt (Abb. 137) und median der Hinterlappen der *Hypophyse* angelegt (S. 213). Das Nachhirn setzt sich im *Rückenmark* fort (Abb. 65). Als Reste des embryonalen Lumens des Neuralrohres bleiben im Gehirn die *Ventrikel*-Hohlräume, im Rückenmark der *Zentralkanal* erhalten (Abb. 269).

Auch das **Mesoderm** ist nach der Gastrulation noch in einem zusammenhängenden Blastem vereinigt. Die Gliederung beginnt mit der Loslösung der *Chordaanlage* vom seitlich angrenzenden *Somitenmaterial* (Abb. 64 f). Das Chordablastem hat einen starken Gestaltwandel erfahren. Aus dem breit ausgedehnten, sichelförmigen präsumptiven Chordabereich (Abb. 65) sind die Zellen konvergierend dem Urmund zugeströmt, von wo sie dann als längs geraffter Strang in der Mediane des Urdarmdaches vorstoßen.

Die dorsalen, beidseitig die Chorda begleitenden voluminösen Mesodermstreifen werden, von cranial nach caudal fortschreitend, in die *Ursegmente* (Somiten) gegliedert und gleichzeitig gegen die flachen, nach ventral sich ausdehnenden *Seitenplatten* abgesetzt (Abb. 64). Die Somiten geben nach innen die *Sklerotome* ab, die als skeletogenes Mesenchym (S. 128) die Chorda umgeben und für die Bildung der Wirbelsäule bestimmt sind (Abb. 261). Die Hauptmasse der Somiten wird von den *Myotomen* beansprucht, die sich zur dorsalen Stammuskulatur ausdifferenzieren. Die einzelnen künftigen Muskelzellen *(Myoblasten)* verschmelzen in der Frühphase der Histogenese zu mehrkernigen Syncytien, die als Muskelfasern mit ihren Myofibrillen als Elemente der Kontraktion dienen (S. 224). Von den Somiten löst sich peripher, der Epidermis zugewandt, das *Dermatom* ab, das die Zellen für das Unterhautgewebe *(Dermis)* liefert (S. 468).

Die Somiten stehen anfänglich noch mit einem Ursegmentstiel mit den unsegmentiert bleibenden Seitenplatten in Verbindung. Hier entstehen segmental angeordnet die Einheiten (Nephrone) von *Vorniere* (Abb. 65) und *Urniere,* wobei im Urnierenabschnitt die Zahl der Nephrone sekundär vermehrt wird (Tab. 12). Dorsal auf der Höhe der Urniere liefert das *splanchnische (viscerale) Blatt* der Seitenplatten die ins Coelom vorragenden paarigen *Genitalfalten* (Abb. 272) als Primordien des Gonadensomas. Auch das dorsale *Mesenterium,* an dem das Darmrohr befestigt ist, entwickelt sich aus der Splanchnopleura.

Im äußeren, *somatischen Blatt* der Seitenplatten konzentrieren sich die Zellen zum Mesoderm der *Extremitätenknospen.* Zwischen ihnen ist bei Amnioten ein Areal für die *Nachniere* reserviert, das auf einen induktiven Einfluß des Uretersprosses reagiert (S. 498). An der ventralen Fusionsstelle der Seitenplattenränder entsteht die *Herzanlage.*

Das **Entoderm** entwickelt sich zum *Verdauungstrakt.* Auswüchse differenzieren sich im Vorderdarmabschnitt zur *Schilddrüse* (S. 214) und zum *Lungenepithel,* im Mitteldarmbereich zu *Leber* und *Pancreas.* Ursprüngliche Verbindungen zum Darm bleiben als Gallen- und Pancreasgänge erhalten. In der *Mundregion* nimmt das vorstoßende Entoderm des Kopfdarmes einen Direktkontakt mit der ektodermalen Mundbucht (S. 134) auf, wo eine Ausstülpung als Rathkesche Tasche den *Vorderlappen* der *Hypophyse* bildet (S. 214). Ektoderm und Entoderm stoßen in einer gemeinsamen Pharyngealmembran zusammen; diese wird dann aufgelöst (programmierter Zelltod, S. 136), wodurch in der Rachengegend die Passage von der Mundhöhle zum Schlunddarm *(Pharynx)* eröffnet ist. Nach dem gleichen Mechanismus brechen auch die *Kiemenspalten* durch: Vom Entoderm des Vorderdarmes wachsen segmental hintereinander die *Schlundtaschen* aus, die unter Verdrängung des Mesoderms gegen das Ektoderm vorstoßen, das seinerseits mit entsprechenden Einbuchtungen dem Entoderm entgegenkommt. Bei Fischen und Amphibien wird die gemeinsame Trennwand aufgelöst, während sich dies bei Amnioten (Abb. 278) nur ausnahmsweise als Mißbildung ereignet. An der Umkonstruktion des Urmundes zur Kloake oder zum After ist Hautektoderm ebenfalls beteiligt (Abb. 63).

Dynamik der Zellkontakte in der Morphogenese

Gliederung in Blasteme, wie z. B. die Abtrennung der Chordaanlage vom umgebenden Mesoderm des Urdarmdaches (Abb. 64), erfordert eine Änderung im *Kontaktverhalten* der Zellen. Im Experiment läßt sich zeigen, daß eine anfänglich positive Affinität, die den Zusammenhalt während der Gastrulation gesichert hat, in eine negative Affinität umschlägt, die zur Trennung führt. Was sich als Ergebnis eines embryonalen Differenzierungsprozesses ändert, sind Oberflächenqualitäten der Zellen, wahrscheinlich spezifische Stoffe, die in die Membran eingelagert sind oder diese als Film belegen (S. 6). So können die Zellen das Gleichartige (Isotypische) vom Fremdartigen (Heterotypischen) unterscheiden.

Wie **Zellaffinitäten** als Ordnungsfaktoren der Organogenese wirken, erläutert Abb. 69. Ein Ektodermstück aus einer Amphibienneurula wird isoliert und in alkalischer Lösung (oder mit Trypsin) in Einzelzellen dissoziiert. Bereits verschieden determinierte Zelltypen werden dann vermischt. Im normalen Kulturmedium schließen sie sich in zufallsmäßiger Verteilung zu einem Kugelhaufen zusammen, der sich als Explantat weiterzüchten läßt (Abb. 69 c). Doch bleibt das chaotische Gemenge nicht stabil. Die *Epidermiszellen* wandern an die Peripherie, wobei sie erst zur Ruhe kommen, wenn sie im Kontakt mit gleich determinierten Zellen in einer Oberflächenschicht vereinigt sind (Abb. 69 d, e). Ebenso bewegen sich die präsumptiven *Nervenzellen* solange, bis sie in einem zentral liegenden Haufen vereinigt sind, der sich zu einem Rückenmarksteil differenziert. Ein Kontakt mit Epidermiszellen wird vermieden. Der dritte Typ, der auch die Zellen der *Neuralleiste* (S. 134) enthält, fügt sich als Mesenchym zwischen Epidermis und Neuralrohr ein. Damit ist eine Ordnung hergestellt, die der Organtopographie in einer Larve entspricht (Abb. 69 f).

Im Prinzip gleiche Ergebnisse erzielt man, wenn Zellen aus Hautektoderm, Mesoderm und Entoderm einer Frühgastrula durchmischt werden. Die Bewegung führt die Ektodermzellen nach außen zur Bildung einer Epidermis, die Mesodermzellen in eine Mittelschicht als Muskel- oder Chordaanlage und vereinigt innen die Entodermzellen zur Darmanlage. Auf Grund von Affinitätsreaktionen kann auch ein durch ein feines Sieb getriebener Schwamm aus chaotisch vermengten Einzelzellen wieder seine normale Organisation herstellen. Dies gelingt ebenso einer Seeigelgastrula nach Dissoziation.

Die wirksamen *Mechanismen,* die den morphogenetischen Zellbewegungen zugrunde liegen, sind noch nicht genügend bekannt. Immerhin steht fest, daß in Embryonalzellen, sobald sie isoliert sind oder auch wenn sie zusammen mit bestimmten heterotypi-

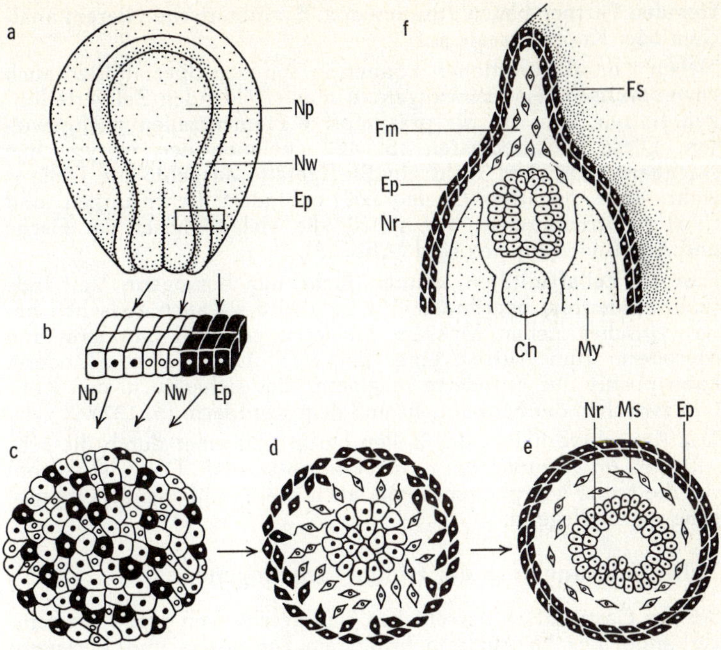

Abb. 69 Morphogenese im Zellgemisch als Funktion von Zellaffinitäten. a) Entnahme von drei Zelltypen: *Ep* Epidermis, *Np* Neuralplatte, *Nw* Neuralwulst aus Amphibienneurula. b) Vor der Dissoziation. c) Reaggregation im Explantat. d) Beginnende Entmischung. e) Differenziertes Endstadium mit Neuralrohr *(Nr)*, Mesenchym *(Ms)* und Epidermis *(Ep)*. f) Die dem Explantat (e) entsprechende Larvenregion: *Ch* Chorda, *Fm* Flossensaummesenchym, *Fs* Flossensaum, *My* Myotom (nach Townes u. Holtfreter).

schen Nachbarn kultiviert werden, eine Bewegungstendenz ausgelöst wird. Berühren sie zufällig andere Zellen, wird je nach der Spezifität des Partners die Bewegung verstärkt, abgeschwächt oder ganz eingestellt. Begegnung mit isotypischen Zellen führt meist zum Stillstand. Bei dieser *Kontakthemmung* wird die Membranwellenbewegung (S. 220) eingestellt; so erfolgt der Zusammenschluß zum festen Zellverband. Bei *Krebszellen* mag eine Kontakthemmung fehlen, was zum infiltrierenden Wachstum und zu Metastasen führen kann.

Die Affinitätsqualitäten sind nicht artspezifisch, was Mischungen embryonaler Zellen von Maus und Huhn zeigen. Die klassenfremden Partner bauen zusammen z. B. chimärische Nierenkanälchen oder Knorpelareale auf.

Neben Kontaktfunktionen können in seltenen Spezialfällen auch *chemotaktische Fernwirkungen* zu musterbildenden Zellverteilungen führen. Dies ist für präsumptive Pigmentzellen nachgewiesen. Diese Melanoblasten (S. 472) nehmen den isotypischen Nachbarn, von dem wohl ein Stoffgefälle ausgeht, auf Distanz wahr. Eine negative Chemotaxis behindert Berührungen und führt zu Streumustern, wie sie für die Melanophoren der Fische und Amphibien typisch sind (Abb. 23).

Positive Zellaffinitäten können nicht nur homogene Verbände (z. B. Epidermis) begründen. Vielfach sind sie auch zwischen heterotypischen Zellen wirksam. So vereinigen sich Entoderm und Mesoderm zum Aufbau einer Leber (S. 123). Selbst Ektoderm kann positiv auf Entoderm reagieren, dies sichert u. a. den Kontakt zwischen der Mundbucht und dem Kopfdarm (S. 131).

Das Kontaktverhalten der Zellen beruht auf einer durch die Erbsubstanz *programmierten Entwicklungsdynamik*. Diese ist sowohl für die frühe Morphogenese als auch die anschließende Organogenese grundlegend.

Zellwanderungen in der frühen Organogenese

Bei der Gastrulation verschieben sich geschlossen große Blastemverbände: Die Neurulation bringt ein Umformen und Verlagern einer ganzen Anlage (Abb. 64). Nachdem anschließend auch die Aufteilung des Mesoderms erfolgt ist, setzen im Wirbeltierembryo Wanderungen von *Einzelzellen* oder *gelockerten Zellgruppen* ein. So bewegen sich die *Urkeimzellen* von ihrem extragonadalen Ursprungsort hinein ins Gonadensoma (S. 499).

Weite Strecken legen auch die Zellen der ektodermalen **Neuralleiste** zurück. Das Ausgangsblastem liegt in der Neurula auf der Innenseite der Neuralwülste, zwischen Neural- und Hautektoderm (Abb. 70 a). Nach dem Auffalten der Neuralplatte zum Neuralrohr befinden sich die Leistenzellen in der dorsalen Fusionszone (Abb. 70 b). Von hier schwärmen sie teils unter der Epidermis, teils zwischen Neuralrohr und Myotomen in verschiedene Regionen des Embryos aus. Dank besonderer Zellaffinitäten machen sie an bestimmten Stellen halt. Hier vollziehen sie vielfältig unterschiedliche Differenzierungen. Diese *Derivate* der Neuralleiste sind in Abb. 70 c dargestellt. Besonders eindrücklich ist die Beteiligung am Skelett, das ja sonst mesodermaler Herkunft ist. Es werden Knorpel und Knochen der Visceralbogen (S. 480), bestimmte Teile der Schädelbasis und die Dentinkeime der Zähne (S. 475) geliefert.

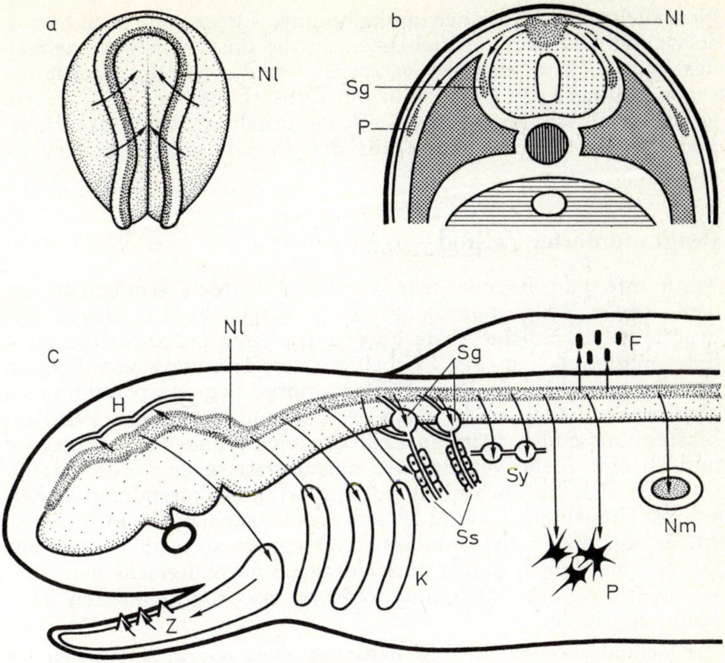

Abb. 70 Neuralleiste (*Nl*) eines Amphibiums. a) Neurula (Pfeile zeigen Bewegung der Neuralwülste an). b) Beginnende Abwanderung der Zellen (Pfeile) nach Abtrennung des Neuralrohres vom Hautektoderm; *P* Pigmentzellen, *Sg* Spinalganglion. c) Schema der Derivate; *F* Flossensaummesenchym, *H* Hirnhäute, *K* Knorpel des Visceralskeletts, *Nm* Nebennierenmark, *P* Pigmentzellen, *Sg* Spinalganglien, *Ss* Schwannsche Scheidenzellen, *Sy* Sympathicusganglien, *Z* Dentinkeime der Zähne.

Aufschluß über die Derivate der Neuralleiste haben vor allem *Exstirpationsexperimente* und *heteroplastische Transplantationen* gegeben. Werden in der präsumptiven Rumpfregion einer Amphibienneurula die Neuralwülste mitsamt der Neuralleiste beidseitig entfernt, so entwickelt sich eine Larve, die in der betroffenen Zone kein Pigment besitzt, der dort auch ein Flossensaum fehlt, weil das Mesenchym nicht geliefert wird, und die auf lokale Berührung nicht reagiert. Diese sensorische Lähmung ist die Folge des Ausfalles der Spinalganglien (Abb. 128), womit auch die Perikaryen der sensorischen Neuronen fehlen. Wenn dem Embryo einer weißen Hühnerrasse ein kleines Implantat aus der

Neuralleistengegend einer dunkelbraunen Drossel eingefügt wird, so wandern Drosselmelanoblasten an die Basis von Federkeimen des Wirtes. Von hier aus versorgen sie die ständig nachsprossende Hühnerfeder (Abb. 469) mit Drosselpigment. Es bleibt ein gefärbter Busch im weißen Gefieder erhalten. Auch das Hautpigment der Säuger stammt aus den Wanderzellen der Neuralleiste.

Programmierter Zelltod

Bestimmte *morphogenetische Vorgänge* werden ermöglicht, indem lokale Zellgruppen oder auch ausgedehnte Anlagen zugrunde gehen. Solche Absterbezentren führen im paddelförmigen Extremitätenblastem der Wirbeltiere zur Trennung von Fingern und Zehen (Abb. 71). Beim Hühnerembryo liegt ein präsumptives Nekroseareal auch an der Basis der Extremitätenknospe. Wird ein Blastem aus einem späteren Zelltodbereich frühzeitig entnommen und an eine Stelle versetzt, wo normalerweise kein Tod erfolgt, so fügen sich die noch nicht fest für Letalität determinierten Zellen der Umgebung ein und leisten, was ortsgemäß (S. 147) richtig ist. Erfolgt die Transplantation etwas später, so geht das Implantat, obwohl dessen Zellen noch durchaus normal erscheinen, später an jeder Körperstelle autonom und im programmierten Zeitpunkt zugrunde.

Der Zelltod wird durch *Gene* bestimmt. Dies zeigen Mutationen bei Vögeln und Säugern. Mendel-Faktoren können die zum Tod führenden Differenzierungsprozesse blockieren. So entwickeln sich Extremitäten mit verwachsenen Zehen oder Schwimmhäuten. Was für Gänsevögel normal und in ihrem Erbgut verankert ist, führt bei den Hühnern zur *Mißbildung* (S. 101). Zelltod ist häufig dort beteiligt, wo sekundär in soliden Anlagen ein Lumen entsteht, auch dort wo embryonale Blasteme mit Trennwänden aneinandergrenzen, die zur Herstellung eines durchgehenden Lumens aufzulösen sind (S. 131).

Welche regionalen Faktoren in allen diesen Fällen den Zelltod bestimmen, ist unbekannt. Dagegen steht fest, daß nach der Organogenese ein Verschwinden umfangreicher Bereiche, sei es in der Sexualentwicklung oder in der Metamorphose, durch *Hormone* bewirkt wird, welche die notwendigen Gene aktivieren. Männliche Sexualhormone sind für die Rückbildung der Müllerschen Gänge verantwortlich (S. 498), und die Zellen des Kaulquappenschwanzes sind so programmiert, daß Thyroxin ihren Zerfall einleitet, während gleichzeitig die Blasteme der Hinterbeine auf den gleichen Wirkstoff mit Proliferation reagieren (S. 165).

Nicht nur der Ausfall eines *physiologischen Zelltodes* kann durch Mutation begründet werden. Genänderungen führen sehr häufig auch zum zellspezifischen Absterben in normal benötigten Anlagen. Bereits angelegte Sinneszellen im Auge und Ohr von Nagetieren

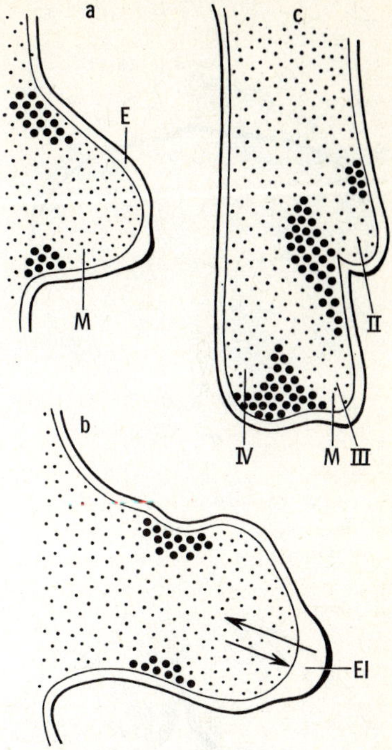

Abb. 71 Programmierter Zelltod (grobpunktierte Areale) in der Flügelanlage des Hühnchens, sowie Wechselwirkung (Pfeile) zwischen Ektoderm (*E*, weiß) mit Epidermisleiste (*El*) und Mesoderm (*M*, fein punktiert). a) Frühes Stadium. b) Paddelförmige Anlage mit voll entwickelter Epidermisleiste. c) Trennung der drei Phalangenstrahlen (*II–IV*) in Vorbereitung (nach SAUNDERS).

gehen bei bestimmten Mutanten zugrunde, woraus Blindheit und Taubheit oder Bewegungsstörungen resultieren. Trifft ein solch *pathologischer Zelltod* eine lebenswichtige Anlage, so wirkt der Mutationszustand als Letalfaktor (S. 91).

Embryonalhüllen

Bei Tieren aus verschiedenen Stämmen werden während der Embryonalentwicklung **embryonale Anhangsorgane** gebildet, die der Ernährung, dem Gasaustausch, der Exkretion oder dem Schutz des Keimes dienen und beim Übergang zum freien Leben ver-

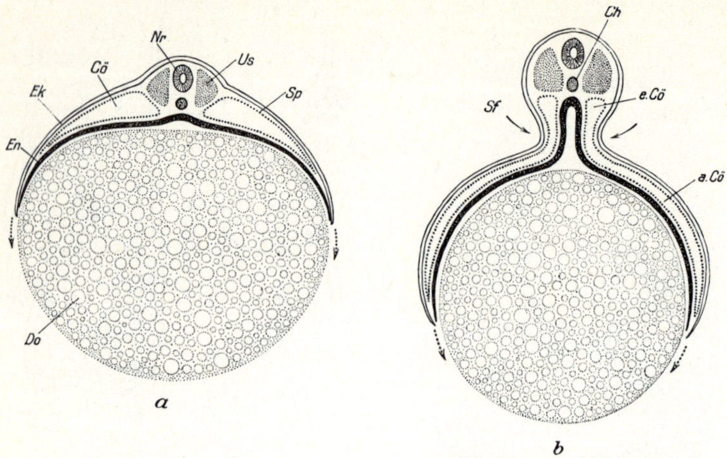

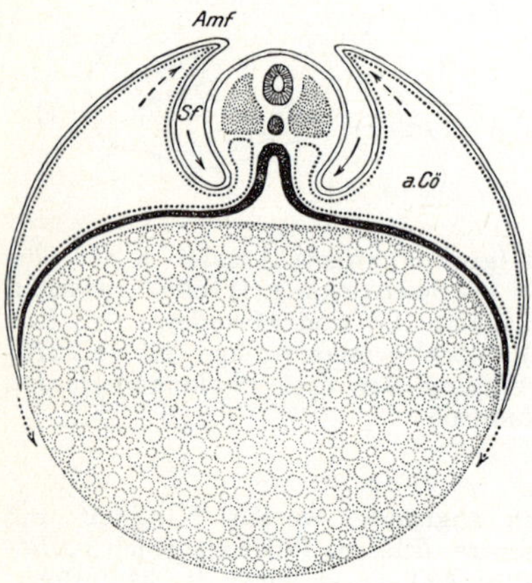

Abb. 72 Schematische Querschnitte durch dotterreiche Wirbeltierembryonen. a) Fischembryo oder Sauropsidenembryo vor der Sonderung des Embryokörpers von dem Dottersack. b) Abfaltung des Embryokörpers vom Dottersack bei einem Fisch. c) Amnionbildung bei Reptilien und Vögeln. *Amf* Amnionfalte, *Ch* Chorda, *Cö* Coelom, *a. Cö* außerembryonales, *e.Cö* embryonales Coelom, *Do* Dotter, *Ek* Ektoderm, *En* Entoderm, *Nr* Neuralrohr, *Sf* Seitenfalten, *Sp* Seitenplatten, *Us* Ursegmente, —▶ Richtung der Einfaltung der Seitenfalten, - - -▶ Richtung der Amnionfalte, ·····▶ Umwachsungsrichtung der dotterumgreifenden extraembryonalen Blasteme.

schwinden. Unter den *Wirbeltieren* bildet sich bei allen Embryonen, die aus dotterreichen Eiern durch discoidale Furchung entstehen, ein *Dottersack*. Auf dieses extraembryonale Organ können einzig die Amphibien verzichten, da sich ihre Eier total furchen (S. 114), wobei der gesamte Dottervorrat in die Embryonalzellen eingelagert und von dort aus durch die lytische Aktivität intrazellulärer Enzyme verfügbar wird. Bei Fischen, Reptilien und

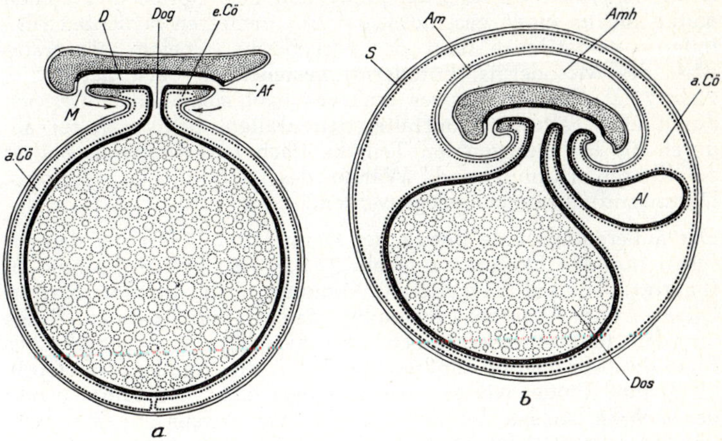

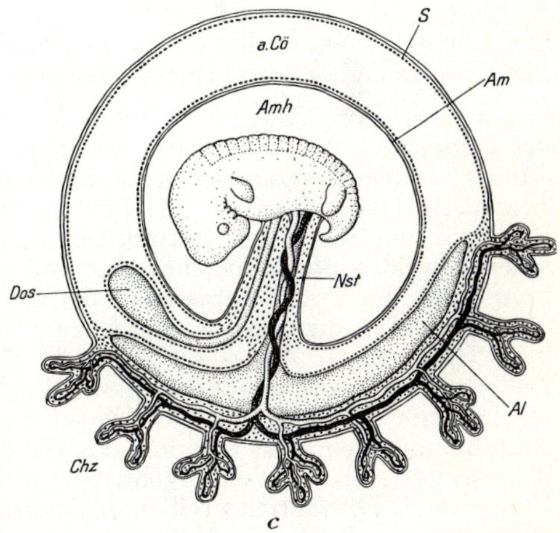

Abb. 73 Embryonalhüllen der Wirbeltiere. Schematische Längsschnitte a) durch einen Fischembryo, b) durch einen Sauropsidenembryo; c) Schema eines Säugerembryos mit Chorion und Placentargefäßen; dunkel: Arterien, hell: Venen, deren Blut durch Gasaustausch mit dem mütterlichen Blut oxidiert ist. *Af* After, *Al* Allantois, *Am* Amnion, *Amh* Amnionhöhle, *Chz* Chorionzotten, *a. Cö* außerembryonales, *e. Cö* embryonales Coelom, *D* Darm, *Dog* Dottergang, *Dos* Dottersack, *M* Mund, *Nst* Nabelstrang, *S* Serosa.

Vögeln wird über der unzerlegten Dottermasse (Abb. 72 a) zunächst nur der Rückenteil des Embryos mit den Achsenorganen (Neuralrohr, Chorda, Ursegmente) angelegt. Die ventralen Anteile der Keimblätter sind flach über dem Dotter ausgebreitet (Abb. 72 a). Sie umwachsen allmählich den Dotter und stellen damit um ihn einen geschlossenen, aus mehreren Schichten (Ektoderm, somatisches Blatt des Mesoderms, Coelom, viscerales Blatt des Mesoderms, Entoderm) bestehenden Sack her (Abb. 72 b, 73 a). Der Körper des Embryos hebt sich vom Dottersack durch eine Faltung (Kopffalte, Seitenfalten, Schwanzfalte) ab, durch die im embryonalen Teil die flach ausgebreiteten Blätter zu Röhren (Rumpfwand, Wände des embryonalen Coeloms, Darmwand) zusammengelegt werden.

Der außerembryonale Bezirk der Keimblätter liefert bei den Fischen nur den Dottersack (Abb. 72 b, 73 a), bei den Amnioten (Sauropsiden und Säugetieren) kommen noch *Amnion, Serosa-Chorion* und *Allantois* (der embryonale Harnsack) hinzu. Rings um den Embryo erhebt sich eine Ektoderm und somatisches Blatt des Mesoderms umfassende Falte, die Amnionfalte (Abb. 72 c); ihre Ränder wölben sich über dem Embryo zusammen und verwachsen, so daß der Embryo von zwei jeweils aus Ektoderm und Mesoderm bestehenden, durch außerembryonales Coelom voneinander getrennten Hüllen umgeben ist, der äußeren Hülle, der Serosa, und der inneren Hülle, dem Amnion (Abb. 73 b, c). Die Allantois entwickelt sich als blasenförmige Ausstülpung des Enddarms in die außerembryonale Leibeshöhle (Abb. 73 b, c).

Bei den *viviparen Säugetieren* wird die Serosa zu einem Organ der Embryonalernährung. Diese erfolgt bei den *Beuteltieren* ausschließlich oder vorwiegend durch eine von der Uteruswand abgesonderte Nährflüssigkeit, die Embryotrophe oder Uterinmilch (Gemisch von Sekret der Uterindrüsen, ausgewanderten und zerfallenen weißen Blutkörperchen, Fetttropfen). Sie wird vom Embryo durch die Serosa aufgesaugt. Bei den *Eutheria* (S. 465) differenziert sich die Serosa weiter zum *Chorion* oder *Zottenhaut* (Abb. 73 c). An diese legt sich die Allantois mit ihrer Außenwand an; die den Allantoisstiel begleitenden Gefäße breiten sich am Chorion aus und dringen in seine zottenförmigen Ausstülpungen ein. Das Chorion, das aus dem Trophoblasten der Blastocyste (Abb. 62) hervorgeht, tritt in enge Beziehungen zur Uteruswand: Die Zotten greifen in Gruben der Uteruswand ein; embryonale und mütterliche Teile bilden zusammen die *Placenta.* Man kann vier Typen von Placentabildungen unterscheiden: bei ihnen sind (1) Zotten über die Oberfläche des ganzen Chorions verteilt *(Placenta diffusa,* z. B. Schweine, Pferde, Kamele), (2) Zotten in einzelnen Gruppen („Kotyledonen") angeordnet *(Pl. co-*

tyledonaria oder *multiplex*, Wiederkäuer), (3) Zotten gürtelförmig um die Mitte der langgestreckten Chorionblase angeordnet (*Pl. zonaria*, Raubtiere), oder (4) Zotten auf einen scheibenförmigen Bezirk beschränkt (*Pl. discoidea*, Insektivoren, Fledermäuse, Halbaffen, Affen, Mensch). Die Verbindung zwischen mütterlichen und embryonalen Teilen ist verschieden innig: Sie kann so locker sein, daß beide Teile sich bei der Geburt unbeschädigt voneinander trennen können (bei Typus 1 u. 2), oder es kann eine feste Verwachsung zwischen mütterlicher und embryonaler Placenta stattfinden (Typus 3 und 4), so daß bei der Geburt des Kindes die an der Placentabildung beteiligten Stücke der Uteruswand (als *Decidua*) mit der Nachgeburt abgestoßen werden und eine ausgedehnte Wundfläche entsteht.

Neben dem Chorion kann bei *Eutheria* auch der Dottersack mit der Uteruswand eine Placenta bilden (Nagetiere, Insektivoren). *Dottersackplacenten* haben aber nicht nur Säuger, sondern auch vivipare *Anamnier* entwickelt, denen ja ein Chorion fehlt. Bei einzelnen Haifischgruppen erreicht der Kontakt zum mütterlichen Uterus eine Differenzierungsstufe, deren Leistungshöhe durchaus einer Säugerplacenta entspricht.

Die Placenta erfüllt mannigfaltige **Funktionen.** Sie versorgt den Embryo und Fetus mit O_2 und übernimmt das aus der Fetalatmung anfallende CO_2. Die Passage der *Atemgase* wird möglich, weil sich das fetale Hämoglobin (Abb. 44) vom mütterlichen Blutfarbstoff unterscheidet, der eine geringere Affinität für Sauerstoff hat und diesen daher leichter abgeben kann. Von der *Placenta materna* werden zur *Placenta fetalis Nährstoffe* (Aminosäuren, Glucose, Fettsäuren) transportiert; umgekehrt übernimmt die Mutter *Exkrete* des fetalen Stickstoffstoffwechsels (z. B. Harnstoff). Die Placenta, die selbst als endokrines Organ tätig ist (S. 217), bleibt weitgehend undurchlässig für mütterliche Sexualhormone, so daß sich die Geschlechtsorgane eines männlichen Fetus meist normal entwickeln können. Keine Barriere besteht dagegen für Viren; daher ist bei Erkrankung der Mütter an Röteln (Rubeolen) die Organogenese im Fetus gefährdet. Rote Blutkörperchen des Fetus gelangen beim Menschen in der Regel gegen Ende der Schwangerschaft in die mütterliche Blutbahn. Ist das Kind Rh-positiv, lösen dessen *Antigene* (S. 75) in einer rh-negativen Mutter die Bildung von *Antikörpern* aus, die ihrerseits auch in die fetale Blutbahn übergehen und dort die als Rhesuskrankheit (Erythroblastosis fetalis) bekannte Schädigung bewirken. Doch kommt es zu dieser Komplikation in kaum 5% der Geburten von Rh-positiven Kindern rh-negativer Mütter.

Determination und Induktionssysteme

Allgemeine Prinzipien

Unter **Determination** verstehen wir einen Vorgang, der auswählend aus verschiedenen Möglichkeiten, für die ein Zellsystem kompetent ist, einen spezifischen *Differenzierungsweg* begründet. Da heute die Theorie annimmt, daß diese Weichenstellung nicht auf Unterschieden im Geninventar der Zellen beruht, ist eine *Äquivalenz der Zellkerne* nachzuweisen und gleichzeitig zu zeigen, wie Differenzierungen im Cytoplasma unterschiedliche Genaktivitäten induzieren (S. 143). In Eizellen, deren Cytoplasma bereits vor Beginn der Furchung so organisiert ist, daß determinativ wirkende Stoffe und Strukturen ein festgelegtes und reich gegliedertes Muster bilden (Abb. 74), setzt eine *Mosaikentwicklung* ein. Hier bestimmen die den Zellkernen zugeteilten Cytoplasmasorten mehr oder weniger fest Differenzierungen, die nur beschränkte Varianten zulassen. Solcher Ontogenese ist die *Regulationsentwicklung* gegenüberzustellen. Nur wenige Parameter sind hier festgelegt. Die aus Furchung und Gastrulation hervorgehenden Blasteme verfügen noch über mehrfach freie Kompetenzen. Die Determination wird in diesen Keimen in der Regel durch *Induktionswirkungen* festgelegt, die sich zwischen verschiedenen Primärblastemen abspielen. Auch die Stellung der Zellen innerhalb eines stofflichen *Gradientensystems* vermag oft ihre Differenzierungsrichtung zu lenken.

Äquivalenz und Totipotenz der Zellkerne

Aus der Gesamtheit der Gene (Genom) eines Zellkernes ist in verschiedenen Entwicklungsphasen und in unterschiedlich sich differenzierenden Zellen nur eine Auswahl tätig (S. 88). Aus der Hybridisierung von RNS und DNS (S. 87) ergibt sich, daß in diesen Zellkernen je verschiedene *Gensortimente* transkribiert werden. Diese Einschränkung beruht nicht auf einer ungleichen Verteilung von Erbsubstanz und auch nicht auf irreversiblen Differenzierungsvorgängen im Genom selbst. Wird ein frisch besamtes Molchei hantelförmig eingeschnürt, so furcht sich nur die Hälfte, die den Zellkern enthält. Löst man später die Schlinge, wandern Kerne aus dem gefurchten Teil hinüber in das noch kernlose Eiplasma. Dort leiten sie nun auch die Furchung ein, und es entwickelt sich ein Ganzembryo genauso normal wie im Zwillingsteil. So verfügt ein Kern aus dem 16-Blastomeren-Stadium bei dieser *verzögerten Kernversorgung* noch über alle Entwicklungspotenzen. Die Furchungskerne sind *äquivalent*.

Daß die spätere Differenzierung ebenfalls nicht eine irreversible Änderung der Kernsubstanz erfordert, zeigen *Kerntransplantationen.* Wird eine Amphibieneizelle entkernt und ihr ein vom Cytoplasma befreiter Kern einer voll ausdifferenzierten Zelle des larvalen Darmepithels injiziert, kann dieser „alte" Kern eine Vollentwicklung ermöglichen, die in günstigen Fällen bis zum metamorphosierten Frosch führt. Selbst Kerne aus Epidermiszellen adulter Frösche, die man aus Gewebekulturen gewinnt, vermögen alle Aufgaben zu bewältigen, so daß sich normale Kaulquappen mit ihren verschiedenartigsten Zelltypen entwickeln. Dabei lagen die Vorfahren der Kerne in Zellen, die für Synthese von Hornsubstanz (Keratin) spezialisiert waren. Die Zellkerne bleiben somit funktionell *totipotent,* und sie können im Eiplasma so „angeschaltet" werden, daß ein bereits absolviertes Entwicklungsprogramm erneut durchgeführt wird. Aber auch die Gegenreaktion ist möglich. Gene, die in einem Spenderkeim tätig waren und u. a. für rRNS (S. 114) codierten, stellen im Cytoplasma einer sich furchenden Eizelle diese Aktivität ein; sie werden „abgeschaltet".

Es gibt gute Gründe für die Annahme, daß bestimmte *Proteine* oder *Nucleoproteine des Cytoplasmas* die Genaktivitäten in den Zellkernen kontrollieren. So kann ein Kern aus einem reifen roten Vogelblutkörperchen, wo er jegliche Funktion eingestellt hat, nach Zellfusion (S. 97) im Cytoplasma einer Mauszelle wieder aktiv werden und erneut vogelspezifisches Hämoglobinprotein codieren, nachdem in den Zellkernen zunächst wieder ein Nucleolus aufgebaut wurde. In der Determination der Keimbahn zeigt sich ebenfalls, daß durch Cytoplasmastoffe die Differenzierungsrichtung embryonaler Zellen bestimmt wird (S. 499).

Mosaikentwicklung

In der Eizelle der Ascidie *Cynthia* werden mindestens vier sichtbar markierte *Cytoplasmasorten* bereitgestellt, die sich nach der Besamung durch Strömungsbewegung polar geschichtet und bilateral-symmetrisch anordnen (Abb. 74 a). Die Furchung teilt diese Areale den Blastomeren zu. Im 64-Zell-Stadium sind sie mosaikartig völlig getrennt. Jeder der vier Zelltypen leistet seinen spezifischen Beitrag zur Entwicklung der Körpergrundgestalt (Abb. 74 d–f). Durch Zentrifugieren der Eizelle lassen sich die Plasmastoffe so verlagern, daß abnorme Muster entstehen. Die Stoffe determinieren aber auch in der gestörten Anordnung je ihre bestimmten Zelltypen. Es differenzieren sich daher Keime mit chaotisch verteilten Organanlagen (Abb. 74 h). Dies ist das Ergebnis einer *Selbstdifferenzierung,* die unabhängig von Nachbarzellen und vom Keimganzen abläuft. Auch wenn man einzelne Fur-

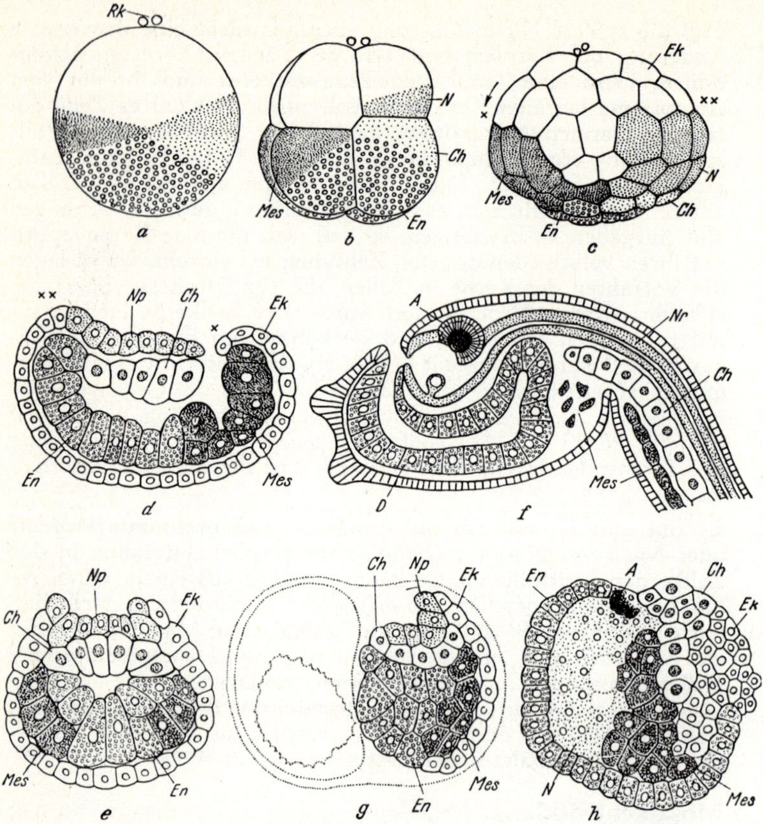

Abb. 74 Determination in der Ascidienentwicklung. a) Ansicht des Eies von der linken Seite im 2-Zell-Stadium (rechte Blastomere verdeckt); *Rk* Richtungskörper (Polkörper) über animalem Pol; weiß: transparentes animales Plasma für Ektoderm *(Ek)*; große Kreise: dotterreiches vegetatives Plasma für Entoderm *(En* und *D* Darm); locker punktiert: grauer Halbmond für *N* Neuralgewebe *(Np* Neuralplatte, *Nr* Neuralrohr) und Chorda *(Ch,* in späteren Stadien hell mit großen Kernen); dicht punktiert: gelber Halbmond für Mesoderm (*Mes,* Muskulatur). b) 8-Zell-Stadium. c) Blastula. d) medianer Längsschnitt durch Gastrula-Neurula. e) Querschnitt durch Stadium d. f) Junge Larve mit Auge *(A)*. g) Halbkeim nach Abtöten der linken Blastomere im 2-Zell-Stadium. h) Ergebnis einer Zentrifugation während der 1. Furchung. *x* und *xx* entsprechende Stellen in c (vor) und d (nach der Gastrulation) (nach CONKLIN).

chungszellen isoliert aufzieht, entwickeln sie sich lediglich zu jenen Körperteilen, Zellarten und Organen, die sie auch im normalen Verband geliefert hätten. Wird z. B. im 2. Zellstadium die eine Blastomere abgetötet, dann entsteht aus der Schwesterzelle ein rechter oder linker Halbkeim (Abb. 74 g).

In solchen Mosaiksystemen ist die *prospektive Potenz,* d. h. die einem Zellverband überhaupt mögliche Leistung, eingeschränkt auf seine *prospektive Bedeutung,* d. h. auf diejenigen Differenzierungen, welche die Blasteme in der Normalentwicklung übernehmen.

Mosaikbedingte Determination ist für viele Eisysteme von Wirbellosen nachgewiesen. Bei *Rippenquallen* führt eine totale Furchung zu einem 16-Zell-Stadium, bestehend aus 8 großen vegetativen und 8 kleineren animalen Blastomeren. Im animalen Oktett wird durch Strömung ein häufig besonders pigmentiertes Plasma konzentriert, das determinierende und damit formative Bedeutung hat. Jede dieser Zellen verfügt über die Potenz zur Bildung je einer der 8 Wimperbänder (Rippen) des Tieres (Abb. 194). Bei isolierten Furchungszellen entspricht die sich bildende Rippenzahl der Anzahl der zugeteilten Animalblastomeren. So können Teillarven mit 1, 2, 4 usw. Rippen hergestellt werden.

Besonders überzeugend läßt sich die organbildende Leistung spezieller Plasmabereiche beim Scaphopoden *Dentalium* (S. 436) nachweisen. Hier wird während der beiden ersten Furchungsteilungen je ein *Pollappen* vorgewölbt, der vegetatives Plasma enthält, das dann nur je einer Furchungszelle zugeteilt wird. Werden diese Lappen weggeschnitten, fehlen in der Trochophoralarve (S. 438) bestimmte Körperteile.

Embryonale Regulation

Bei sehr vielen Entwicklungssystemen verfügen die Ei- und Keimteile über prospektive Potenzen, die ihre prospektive Bedeutung weit übertreffen. Isoliert man die beiden ersten Furchungszellen eines *Amphibienkeimes,* die im Verband belassen je eine rechte oder linke Körperhälfte geliefert hätten, entsteht aus jeder Blastomere eine ganze Larve und daraus ein ganzer Frosch oder Molch. Somit wird über das zugeteilte Eimaterial neu verfügt. Je eine neue Symmetrieebene wird festgelegt und ein neuer Anlageplan errichtet, dessen Organisation und Entwicklungspotenz eine verkleinerte Kopie dessen darstellt, was für den ganzen Keim vorgesehen war. Bei solchen *Regulationsvorgängen* sind Faktoren eines strukturierten Kontinuums wirksam, das den darauf reagierenden Zellen übergeordnet ist (S. 162). Damit ergibt sich eine von Nachbarschaftswirkungen *abhängige Differenzierung.*

Daß ein regulativ errichteter Organisationsplan nicht an Zellgrenzen gebunden ist, zeigen u. a. Schnürungen von *Molcheiern* im

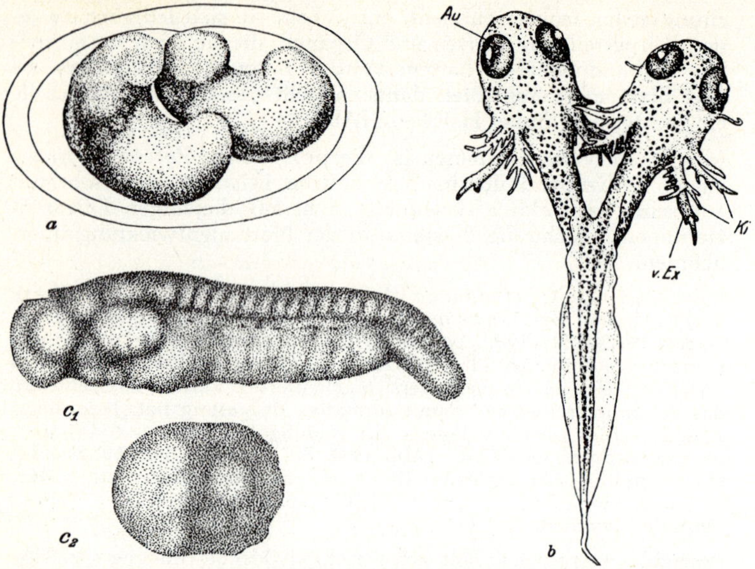

Abb. 75 Ergebnisse von Schnürungsversuchen an Amphibienkeimen (Molch). a, b) Doppelbildungen: a) Zwillingsembryonen innerhalb der Eikapsel, aus einem median durchschnürten Keim entstanden; b) Larve mit verdoppeltem Vorderende *(Duplicitas anterior)* infolge von medianer Einschnürung des Keimes. c) Ganzembryo (c_1) und Bauchstück (c_2) entstanden aus einem frontal durchschnürten Keim. *Au* Auge, *Ki* Kiemen, *v.Ex* Vorderextremität (nach SPEMANN).

frühen Gastrulastadium. Falls die Trennungsebene mit der Symmetrieebene zusammenfällt, entstehen ebenso wohl proportionierte Zwillinge (Abb. 75 a) wie nach Trennung von $^1/_2$-Blastomeren. Schnürt man in der Medianebene die Keimhälften lediglich partiell ein, entwickeln sich mehr oder weniger weitgehende Verdoppelungen des vorderen Larvenkörpers (Abb. 75 b).

Ähnlich wie Amphibienkeime regulieren auch die Frühstadien der *Seeigel.* Falls bei der Isolierung ein Gleichgewicht zwischen animalen und vegetativen Blastomeren gewahrt bleibt (S. 160), wird selbst $^1/_8$ Keimteil eine ganze Larve liefern. Regulation ist sodann für alle Wirbeltiere nachgewiesen. Tötet man mit Strahlenstich die eine Blastomere eines 2-Zell-Stadiums des *Kaninchens* ab, entwickelt sich die unversehrte Partnerzelle zum Ganztier. Beim *Menschen* entstehen eineiige *Zwillinge* (Mehrlinge, S. 102) oder Doppelmißbildungen (siamesische Zwillinge) nach vollständiger oder partieller Trennung früher Keimstadien. Die kanadischen Dionne-Fünflinge, die auch aus nur einer Eizelle hervorgegangen sind, zeigen, in welch hohem Ausmaß embryonal reguliert werden kann.

Außer der Regulation, die aus dem Teil das verkleinerte Ganze bildet, ist auch Regulation zum *vergrößerten Ganzen* möglich. Die Zellen aus zwei oder mehr Furchungskeimen der Maus lassen sich vereinigen. Dabei entsteht ein sich normal organisierender Riesenembryo, der sich bis zum geschlechtsreifen Tier entwickeln kann. Mit dieser Methode kann man Zellen verschiedener Genotypen kombinieren. Die Differenzierungen der entstehenden *Mosaikmäuse* geben Aufschluß über Zellautonomie in der Merkmalsbildung, über Geschlechtsentwicklung in gynandromorphen Kombinaten (S. 72) und über die Leistungen von Zellstämmen (Klonen), die von einer Embryonalzelle durch *cell-lineage* (S. 129) hervorgegangen sind.

Der *Unterschied* zwischen Mosaik- und Regulationsentwicklung ist *gleitend,* indem selbst in einem Mosaikkeim vom Typus der Rippenquallen (S. 145) einzelne Strukturen, wie das am apikalen Pol sich bildende Statocystenorgan (Abb. 194), in der Teillarve zum Ganzen reguliert. Andererseits erfolgt die Regulation bei Seeigeln und Amphibien, wie anschließend gezeigt wird (S. 152, 159), nur dann, wenn bestimmte Eibereiche im Fragment vertreten sind. Entscheidend aber ist jedenfalls der Zeitpunkt, in dem ein Zellsystem zu seiner spezifischen Leistung determiniert wird, gleichgültig ob dies wie beim Mosaikkeim früh durch Zuteilung bestimmter Plasmasorten an die Furchungszellen oder wie beim Regulationskeim später durch zwischenzellige Interaktionen geschieht.

Phasen, Folgen und Stabilität der Determination

SPEMANN (1869–1941), dem wir die für Embryonen geeignete mikrochirurgische Operationstechnik verdanken, hat nachgewiesen, wann in der Amphibienentwicklung im Ektoderm zwischen den Qualitäten Epidermis und Neuralgewebe determiniert wird (Abb. 76). Zu *Beginn der Gastrulation* wird ein Stück präsumptive Epidermis, z. B. Bauchhaut, ausgetauscht gegen ein Stück präsumptive Neuralplatte eines andern Individuums (Abb. 76 a, b). Die Implantate heilen ein und entwickeln sich *ortsgemäß,* d. h. entsprechend ihrer neuen Umgebung zu Gehirn oder Haut (Abb. 76 e, f). Die Ektodermbereiche waren also in diesem Stadium noch undeterminiert. Verpflanzt man dagegen Blasteme aus denselben Arealen, aber erst nach *Abschluß der Gastrulation,* wenn

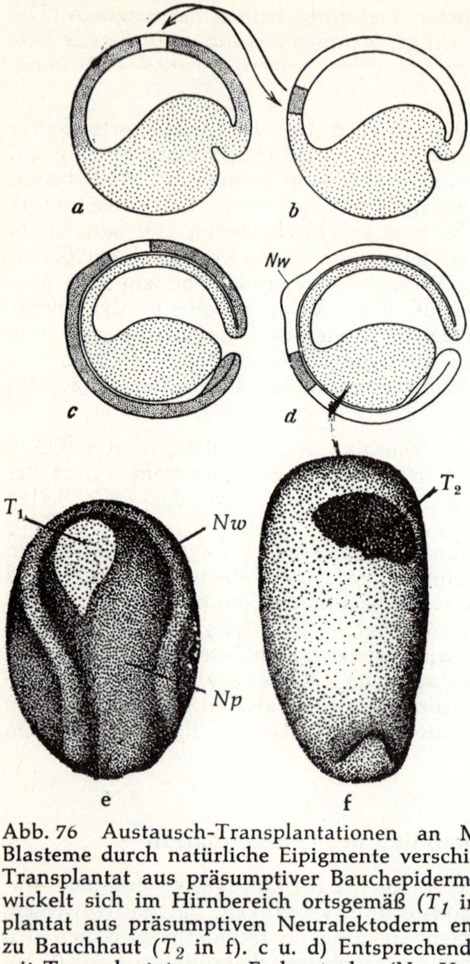

Abb. 76 Austausch-Transplantationen an Molchkeimen *(Triturus)*, Blasteme durch natürliche Eipigmente verschieden markiert. a) Helles Transplantat aus präsumptiver Bauchepidermis der Frühgastrula entwickelt sich im Hirnbereich ortsgemäß (T_1 in e). b) Dunkles Transplantat aus präsumptiven Neuralektoderm entwickelt sich ortsgemäß zu Bauchhaut (T_2 in f). c u. d) Entsprechende Austauschexperimente mit Transplantaten aus Endgastrulae (*Nw* Vorderrand des Neuralwulstes). e) Implantatsträger a im Neurulastadium (Np Neuralplatte, *Nw* Neuralwulst). f) Implantatsträger b als Neurula in Ventralansicht (nach SPEMANN).

das Urdarmdach das Ektoderm unterschichtet hat (Abb. 76 c, d), heilen die Ektodermstücke zwar auch ein; sie entwickeln sich aber *herkunftsgemäß* weiter. Die nach Anlageplan (Abb. 65) präsumptive Epidermis wird auch am neuen Ort zu Epidermis und als solche später aus dem Gehirn ausgestoßen; das präsumptive Neuralmaterial entwickelt sich in der Bauchhaut als Neuralplatte weiter, versenkt sich unter die Oberfläche und wird zu jenem Gehirnteil, den es am alten Ort geliefert hätte. Während der Gastrulation sind also die beiden Ektodermstücke endgültig *determiniert* worden.

Als Folge der Determination stellt sich die Fähigkeit zur *Selbstdifferenzierung* ein. Daher setzt in determinierten Blastemen, auch wenn man sie als Explantate in *Gewebekultur* isoliert weiterzüchtet, die Histogenese bis zur Vollendung der spezifisch differenzierten Zellstruktur ein. Bereits im Jahre 1907 hat HARRISON (1870–1959), der Begründer der Gewebekultur, beobachtet, wie Embryonalzellen aus der Neuralanlage des Frosches sich *in vitro* differenzierten, indem aus den Neuroblasten lange Nervenfasern auswuchsen. Damit war bewiesen, daß Zellkörper (Perikaryon) und Axon (Abb. 117) Teile ein und derselben Zellen sind.

In Gewebekulturen können sich Zellen, z. B. aus Hühnerembryonen oder aus Krebsstämmen, unbegrenzt über Jahrzehnte hin vermehren. Sie behalten und replizieren dabei dauernd ihren Determinationszustand, so z. B. zur Differenzierung von Epithel-, Bindegewebs-, Herzmuskel- oder Krebszellen. Eine solche *Zellheredität* bleibt jedoch nicht unter allen Umständen stabil. Abgesehen von Mutationen in der Erbsubstanz selbst, kann sich in besonderen Fällen lediglich die Gen-*Aktivität* ändern. Dies wurde gezeigt für Blasteme, die in den *Imaginalscheiben* der Fliegen (Abb. 81) mosaikartig vereint sind und schon frühzeitig für die später während der Metamorphose einsetzende Differenzierung zu bestimmten Körperteilen der Imago determiniert werden. Solche Zellverbände können im Abdomen adulter Fliegen in einem undifferenzierten Zustand beliebig lange kultiviert werden. Dabei ändern sich die ursprünglichen Determinationszustände mit einer bestimmten Wahrscheinlichkeit und in bestimmten Richtungen. So geht z. B. eine Determination für Bein über in einen Zustand, der nun für die Differenzierung von Flügeln oder Kopfteilen kompetent wird. Dieses als **Transdetermination** bezeichnete Phänomen wird wahrscheinlich ausgelöst durch Änderung von Proliferationsraten, was zum Verschieben zellinterner Gleichgewichte führen kann, die auswählend je die Funktion bestimmter Gengruppen kontrollieren (S. 88). So könnte die Tätigkeit von „Beingenen" eingestellt und von der Aktivität von „Flügelgenen" abgelöst werden.

Eine Änderung von Determinationszuständen ist auch für das Einsetzen eines *krebsartigen Zellverhaltens* anzunehmen. Die für Krebs typische Zellheredität und Merkmalsbildung (Wachstumsform, Stoffwechsel usw.) mag – wie bei der Transdetermination – das Ergebnis einer Substitution von Genaktivitäten sein. Damit ist allerdings über die Primärursachen der malignen Entartung nichts ausgesagt.

Ein primärer Induktor als Organisationszentrum

Da während der Gastrulation im Amphibienkeim wichtige Determinationen erfolgen (S. 149), ist jetzt zu zeigen, daß diese Entscheidungen von bestimmten Blastemen ausgehen. Ein Stück einer Frühgastrula aus dem präsumptiven Mesodermareal, das vor der Gastrulation als *Randzone* (Abb. 59) über der oberen *Urmundlippe* liegt und das später das *Urdarmdach* bildet (Abb. 64, 65), wird in die künftige Bauchepidermis eingesetzt (Abb. 77 a, b) oder in das Blastocoel gesteckt (Abb. 77 a, c). Im ersten Experiment stülpt es sich selbst ein (S. 126), im zweiten wird es bei der Gastrulation an das ventrale Ektoderm herangeschoben (Abb. 77 d). Auf Grund autonomer Kompetenzen gliedert sich das Implantat selbst in Chorda und übriges Mesoderm. Außerdem übt es auf die angrenzenden Teile des Wirtskeims eine Wirkung aus, die man als **Induktion** bezeichnet: Das eingepflanzte Stück ergänzt sich aus dem umgebenden Mesoderm des Wirts, soweit ihm Material für Ursegmente und Seitenplatten fehlt. In dem über dem Implantat liegenden Wirtsektoderm wird die Bildung einer Neuralplatte induziert (Abb. 77 e). Im Entoderm kann eine sekundäre Urdarmhöhle entstehen, und in dem zur Ergänzung herangezogenen Mesoderm vermögen sich Vornierenkanälchen zu differenzieren (Abb. 77 f).

Das als Fragment aus der Randzone stammende präsumptive Mesoderm organisiert durch regulative *Selbstgliederung* und durch *Induktion* eine *sekundäre Embryonalanlage,* die symmetrisch um

---

Abb. 77 Organisatortransplantation a) Entnahmegebiet in der dorsalen Urmundlippe. b, c) Verschiedene Arten der Implantation. d) Verlagerung des Implantats aus c durch die Gastrulation und Wirkung auf das Ektoderm. e, f) Keim von *Triturus taeniatus,* dem in jungem Gastrulationszustand ein Stück obere Urmundlippe einer Gastrula von *Triturus cristatus* links ventral implantiert wurde (nach SPEMANN). e) Ansicht des Keims von links mit der von dem implantierten Organisator ausgelösten überzähligen Embryonalanlage mit Neuralrohr, Ursegmenten, Gehörblasen und Schwänzchen. f) Querschnitt durch die Mitte des Keims, Implantatgewebe hell, die überzählige Chorda und ein Stück rechtes Ursegment bildend. g) Doppelbildung; Molchlarve mit einer durch ein Stück implantierter dorsaler Urmundlippe an der Bauchseite hervorgerufenen sekundären Embryonalanlage (nach HOLTFRETER). *ü.Ch* überzählige Chorda, *ü.Ms* überzähliges Muskelsegment, *Nr* normales Neuralrohr des Wirts, *ü.Nr* überzähliges Neuralrohr, *V* normale Vornierengänge des Wirts, *ü.V* überzähliger Vornierengang.

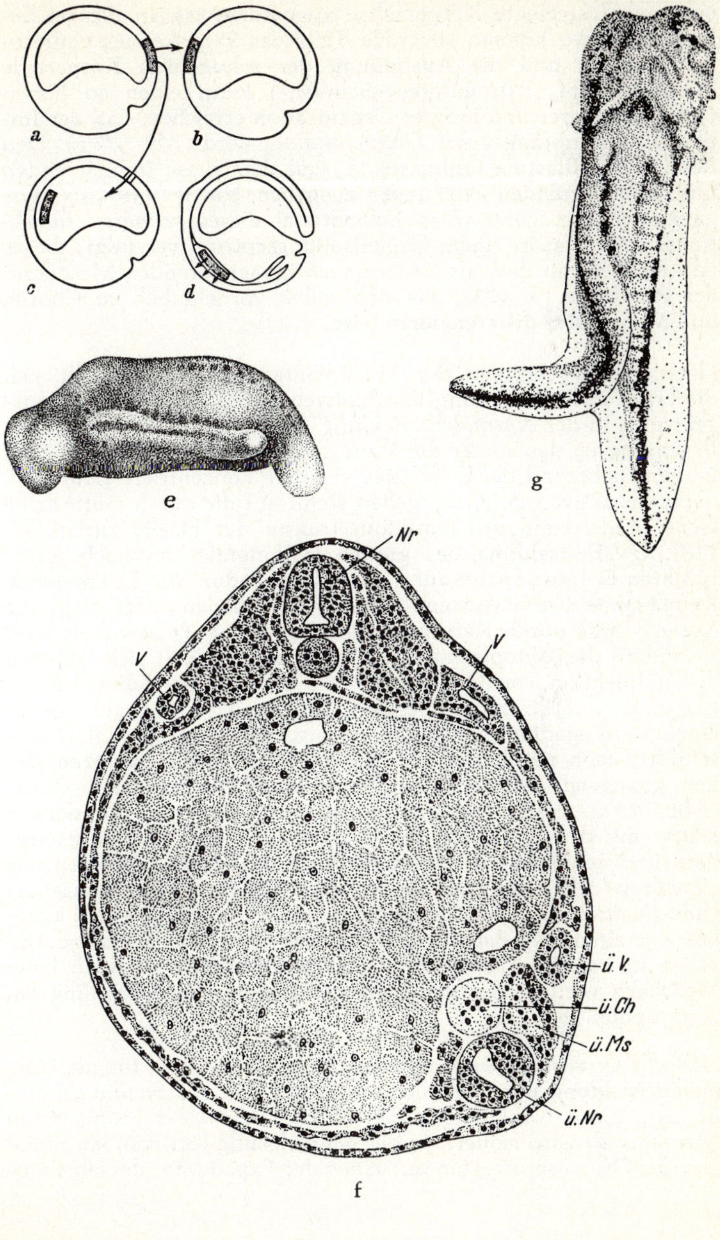
a
b
c
d
e
g
Nr
V
V
ü.V.
ü.Ch
ü.Ms
ü.Nr
f

eine neu festgelegte Körperachse angeordnet ist. In diesem Sekundärembryo können so große Teile des Wirtskeimes einbezogen werden, und die Ausbildung der sekundären Körperteile (Kopf, Rumpf, Extremitäten, Schwanz) kann einen so hohen Grad an äußerer und innerer Organisation erreichen, daß der Implantationsempfänger zur *Doppelbildung* wird (Abb. 77 g). Den Bereich der Blastula-Frühgastrula, von dem diese induzierenden und organisierenden Wirkungen ausgehen, hat SPEMANN als **„Organisator"** bezeichnet. Das Zellmaterial dieses *primären Induktionssystems* ist in einem Organisationszentrum vereinigt; dieses ist identisch mit dem als *Urdarmdach* invaginierenden Mesoderm der Randzone (S. 123), das sich selbst vornehmlich zu Chorda und Muskulatur differenzieren wird.

Nach den Ergebnissen der Transplantationsversuche stellt sich die Frage nach Bedeutung und Notwendigkeit des Organisationszentrums in der *Normalentwicklung*. Schon unmittelbar nach der Besamung ist das später der Randzone zugeteilte Cytoplasma im grauen Halbmond des Froscheies sichtbar konzentriert (Abb. 58). Seine induktiven Potenzen gehen somit auf die durch mütterliche Gene prädeterminierte Funktionsstruktur der Eizelle zurück (S. 113). UV-Bestrahlung des grauen Halbmondes im noch ungefurchten Ei führt später zum Ausfall der Induktion. Es entstehen Keime ohne Nervensystem. Dieser UV-Schaden trifft nicht die Kerne – was durch Kerntransplantation (S. 143) bewiesen wird – sondern das Cytoplasma. Der Strahleneffekt läßt sich beheben durch Injektion von Cytoplasma aus der Grauen-Halbmond-Region eines unbestrahlten Spenders. Werden Molcheier auf irgendeinem Frühstadium bis zum Gastrulationsbeginn entzweigeschnürt, dann regulieren nur mediane Hälften zum Ganzen, denen genügend Zellmaterial aus der Randzone zugeteilt wurde (Abb. 75 a). Nach frontaler Aufteilung wird nur die dorsale Hälfte mit dem induzierenden Blastem versorgt; nur sie gastruliert und reguliert zur Normallarve (Abb. 75 c). Der ventrale „Zwilling" lebt zwar auch weiter, doch fehlen ihm die Achsenorgane (Neuralrohr, Chorda und Somiten). Es entwickelt sich lediglich ein amorphes *Bauchstück*, das aus dotterreichen Entodermzellen und einem Hautüberzug besteht (Abb. 75 c_2). Auch beim Menschen wird gelegentlich neben einem normalen Zwilling ein „Amorphus" geboren.

Daß das Urdarmdach als primäres Induktionssystem für die Normalentwicklung unentbehrlich ist, ergibt sich aus *Sandwichkombinaten*. Noch nicht determiniertes Ektoderm einer Frühgastrula (Ab. 78 a, d) wird isoliert. In der Kulturlösung legt man ein Stück aus der Organisatorregion auf eines der Explantate; dessen Ekto-

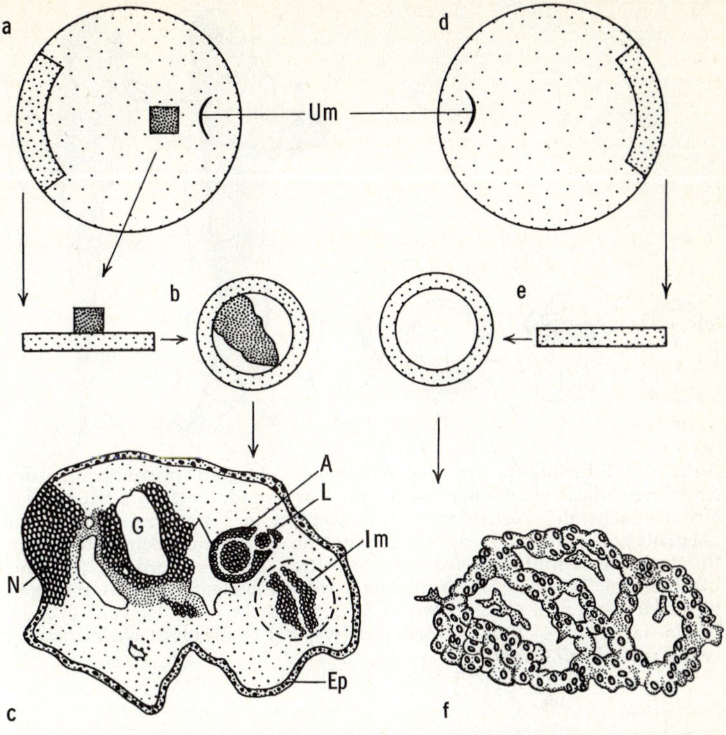

Abb. 78 Sandwichversuch. a u. d) Spender (Frühgastrula mit Urmund (*Um*) zur Entnahme von Ektoderm (locker punktiert und von Mesodermmaterial (dicht punktiert). b u. e) Explantat mit und ohne Füllung. c) Induktionswirkung der Füllung (*Im* Implantat umrahmt); Differenzierungen im Reaktionssystem: Neuralgewebe *(N)*, Gehirnteil *(G)*, Auge *(A)* mit Linse *(L)* und normale Epidermis *(Ep)*. f) atypische Epidermis (nach HOLTFRETER).

derm umschließt rasch die Füllung (Abb. 78 b). Im präsumptiven Ektoderm werden anschließend die verschiedensten Organe und Normalgewebe, vor allem Teile des Nervensystems, induziert (Abb. 78 c). Das Kontrollexplantat (Abb. 78 e) entwickelt sich zu einem Gebilde, das nur aus strangförmig angeordneten, atypischen Epidermiszellen besteht. Ohne Urdarmdachwirkung kann demnach keine Determination in Richtung Nervengewebe erfolgen. Dies zeigen auch die Bauchstücke (Abb. 75). Die Induktions-

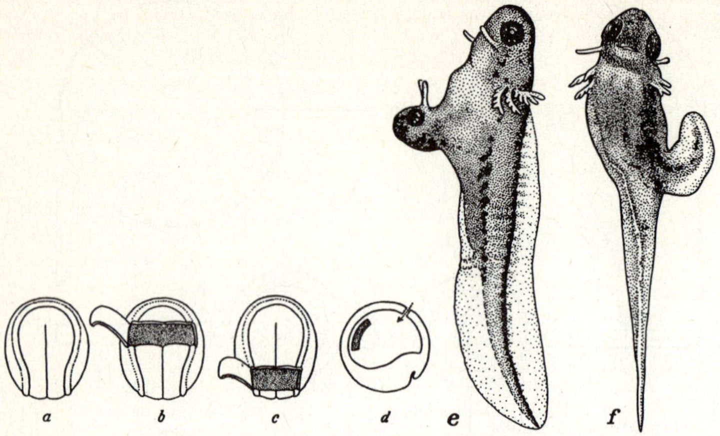

Abb. 79 Transplantation verschiedener Organisatorbereiche der Molchneurula. Verschieden weit vom Vorderende entfernte Stücke des Urdarmdachs des Neurulastadiums werden in Keime zu Beginn der Gastrulation verpflanzt. a) Rückenansicht des Spenderkeims. b, c) Ein Stück der Nervenplatte wird aufgeschnitten, und ein vorderer (b) oder hinterer (c) Teil des Urdarmdachs wird bloßgelegt und (d) in einen Keim zu Beginn der Gastrulation hineingesteckt. e, f) Larven: e) nach Implantation eines Stücks vorderen (wie b); f) hinteren Urdarmdachs (wie c) (nach MANGOLD).

wirkung setzt im Verlauf der Gastrulation ein, wenn das Ektoderm unterlagert wird (Abb. 64), und hält bis nach Abschluß der Neurulation an (Abb. 79).

Artunspezifität der Induktion

Wird Urdarmdachmaterial eines Frosches *(Rana)* oder einer Unke *(Bombina)* in einen Molchkeim *(Triturus)* implantiert, so induziert es dort genauso wie in der eigenen Art. Solche Art-Unspezifität gilt aber noch für viel weitere Verwandtschaftsgrade. Mit Organisatormaterial von Amphibien, Fischen oder Säugetieren kann auch in der Keimscheibe des Hühnchens eine zusätzliche Embryonalanlage induziert werden. Selbst Extrakte aus Geweben adulter Vögel und Säuger induzieren bestimmte Körperteile im Amphibienkeim (S. 155). Offenbar erfolgt bei allen Wirbeltieren die Determination zum Neuralsystem nach übereinstimmenden

Mechanismen und durch gleiche oder vertretbare Stoffe. Induktoren wirken somit ähnlich wie Hormone innerhalb weiter Grenzen artunspezifisch.

Artspezifität der Reaktionsnorm

Von der Kopfregion eines Urodelenembryos (Molch) geht eine artunspezifische Induktionswirkung aus, die in einem implantierten Epidermisstück, das von einem Anur (Frosch oder Unke) stammt, die ortsgemäße Bildung von Mundstrukturen und Haftorganen bewirkt. Die Ausführung dieses „Auftrages" erfolgt aber gemäß der genetischen Konstitution der reagierenden Zellen. Daher entstehen am Molchkopf die für Anuren typischen Hornkiefer und Haftnäpfe. Im reziproken Experiment wird der Kaulquappenkopf mit epidermalen Urodelenorganen, d. h. mit echten Kieferzähnen und Haftfäden ausgerüstet. Die *genbedingte Reaktionsnorm* setzt sich autonom durch. Dies gilt auch für zahlreiche andere Transplantationsexperimente, bei denen Aktions- und Reaktionssystem verschiedenen Genotypen angehören (Mutanten, Arten).

Regionsspezifität der Induktoren

Nach der Induktion durch das Urdarmdach entsteht vorn in der Neuralplatte das Gehirn, weiter hinten das Rückenmark. Wie kommt es zu dieser Regionenbildung? Beruht die Längsgliederung im Nervensystem auf Unterschieden, die im Reaktionssystem selbst verankert sind, wobei vom Induktor lediglich die allgemeine „Parole Nervengewebe" ausginge, oder gibt es im Urdarmdach einen *Kopforganisator*, der sich qualitativ oder quantitativ von einem *Rumpforganisator* zu unterscheiden hätte? Das Experiment der Abb. 79 weist regionsspezifische Qualitäten im Urdarmdach nach. Zum gleichen Ergebnis führen Sandwichversuche (nach Abb. 78). Eine Füllung mit Mesoderm, das zu Kopfdarmdach würde, induziert Gehirnteile, Augen und Haftfäden. Dagegen induziert Material aus dem präsumptiven Rumpfdarmdach im Ektoderm Rückenmark, Rumpfmuskulatur, Flossensaum und Schwanzteile.

Eine Regionsspezifität der Wirkung ist auch für *Organextrakte* aus adulten Meerschweinchen nachgewiesen. Mit diesen Stoffen lassen sich Agarstücke durchtränken, die man wie zelluläre Implantate ins Blastocoel einstecken kann (Abb. 77 c), wo sie ihre Substanzen an reagierendes Gewebe abgeben. Extrakte aus Leber induzieren vornehmlich Vorderhirnteile; auf Nierenextrakt wird mit Nachhirn- und Rückenmarksbildung und auf Knochenmarksextrakt mehrheitlich mit mesodermalen Rumpforganen (Muskulatur usw.) reagiert.

Hierarchie von Induktionssystemen

Vor allem im Wirbeltierembryo wird die in Raum und Zeit geordnete Bildung der Organanlagen durch eine *Sequenz von Induk-*

Tabelle 3 Beispiele zur Hierarchie der Induktoren im Wirbeltierembryo *

Aktives Blastem	Induktorrang	Eigene Differenzierung	Reaktionssystem	Induktionswirkung
Urdarmdachmesoderm	I. Ordnung	Chorda Muskulatur usw.	präsumptives Neuralektoderm	Neuralplatte Neuralrohr
Neuralrohr	II. Ordnung	Gehirn Augenbecher Rückenmark	Präsumptives Hautektoderm	Nasengrube Linse Hörblase
Hörblase	III. Ordnung	häutiges Labyrinth	Mesenchym	knorpeliges Labyrinth

* Die Hierarchiesequenz setzt Kontrollmechanismen voraus, die dafür sorgen, daß die Induktorwirkungen zeitlich mit der Ansprechbarkeit (Kompetenz) der Reaktionssysteme übereinstimmen. Dies erfordert, daß in beiden Systemen die phasenspezifisch passenden Gensortimente zeitgerecht an- oder abgeschaltet werden (S. 88). Mutationen können verschiedene Komponenten der Hierarchiesysteme außer Funktion setzen. Relativ häufig treten bei Wirbeltieren vererbbare *Mißbildungen* im Kopfbereich, wie Mikrocephalie, Anencephalie (Fehlen des Vorderkopfes) oder Mikrophthalmie (verkleinerte Augen) auf. Dabei bleibt zu entscheiden, ob die genetische Störung primär am Induktor 1. Ordnung (Kopfdarmdach) oder am Reaktionssystem (Neuralektoderm) angreift. Solche Mißbildungen lassen sich durch Bestrahlungen oder chemische Behandlung des Organisatormaterials phänokopieren (S. 101). Das Schädigungsmuster einer Letal-Mutante der Maus, der die Nachnieren fehlen, beruht darauf, daß der induzierende Uretersproß (S. 498) nicht auswächst und sein Reaktionssystem im Seitenplattenmesoderm nicht erreicht. Hier wäre der Ureterdefekt als Autophän, der Ausfall der Nierenentwicklung als Allophän aufzufassen (S. 93).

tionsprozessen bewirkt, wobei Blasteme, die ihre Spezifität durch Induktoren höherer Ordnung erworben haben, nun selbst als Induktoren tieferer Ordnung weiterwirken. Eine solche Hierarchie, die für eine *Folge abhängiger Differenzierungen* eingesetzt wird, ist in Tab. 3 erläutert.

Wirkungsmechanismen der Induktion

Eine Induktion durch das Urdarmdach erfolgt nur, wenn nach der Invagination ein enger *flächenhafter Kontakt* zum Ektoderm hergestellt ist. Nach einer bestimmten *Wirkungsdauer*, die je nach Art zwischen einigen Minuten und 16 Std. variiert, kann der Induktor entfernt werden. Die Determination für Neuraldifferenzierung ist dann stabilisiert. Ein Blastem ist nur während einer *begrenzten Phase* fähig, auf Induktion zu reagieren. Diese *Kompetenz* setzt im präsumptiven Neuralektoderm erst mit der Gastrulation ein und endigt, wenn Kontrollkeime die Neurulation abgeschlossen haben.

Manche Differenzierungsprozesse erfordern einen additiven Einfluß *mehrerer Aktionssysteme.* Dies zeigt u.a. die *Linseninduktion* bei Wirbeltieren. Die Linse bildet sich dort, wo der embryonale Augenbecher das Hautektoderm berührt (Abb. 137). Doch wirkt vorher bereits in der jungen Gastrula das Entoderm des Kopfdarmes als erstes Aktionssystem stimulierend auf das spätere Linsenblastem. In einer zweiten Phase, d. h. in der Spätgastrula, wird dieser Einfluß durch das präsumptive Herzmesoderm verstärkt. Erst nach der Neurulation kommt der Augenbecher als drittes Aktionssystem zum Einsatz. Bei den Gattungen *Triturus* und *Ambystoma* ist vor allem die dritte Stufe erforderlich. Ohne Augenbecher gibt es hier keine Linse, und ein Augenbecher kann auch an fremder Stelle, etwa in der Bauchepidermis, eine Linse induzieren. Der Wasserfrosch *(Rana esculenta)* vermag dagegen auch nach Entfernen der Augenbecheranlage scheinbar selbstdifferenzierend eine Linse zu bilden. Offenbar genügen hier die vorausgehenden Induktionseinflüsse. Auch für die Entwicklung des Riechepithels der Nasengrube und für die Hörblase (Tab. 3) sind mehrstufige Phasen nachgewiesen.

Induzierte Anlagen wirken in vielen Fällen auf ihre Induktoren zurück. Solche *Interaktionen zwischen Aktions- und Reaktionssystem* sind u. a. für die Augenbecher-Linsen-Reaktion nachgewiesen, indem die Linsenanlage die normale Differenzierung der Retina sicherstellt. Eine Wechselwirkung ist auch in der *Extremitätenentwicklung* der Wirbeltiere erforderlich. Eine Verdickung des Ektoderms (Epidermisleiste) an der Spitze der Bein- oder Flügelknospen ist als Induktor für das proliferierende Wachstum des Mesoderms unentbehrlich. Andererseits bleibt die Epidermisleiste nur erhalten, wenn sie unter der fördernden Wirkung des Mesoderms steht (Abb. 71).

Trotz jahrzehntelanger Bemühungen bleiben Grundfragen der Induktionsmechanismen noch ungelöst. Daß *spezifische Stoffe* von Induktorblastemen abgegeben und in die reagierenden Zellverbände übertreten, ist kaum bestritten. So verhindert eine porenlose Membran, die zwischen Urdarmdach und Ektoderm eingeschoben wird, die Induktion. Dagegen hemmt ein Milliporfilter, der Poren von nur 0,8 µm Durchmesser hat, den Stoffübertritt zur Induktion nicht. Neuerdings haben allerdings elektronenoptische Bilder gezeigt, wie in die Filterporen feinste Cytoplasmafortsätze vorstoßen; so dürfte – wenn nicht ein direkter Zellkontakt – doch nur ein engster Passageraum den Induktor vom Reaktionssystem trennen. Möglicherweise werden die induzierenden Stoffe zunächst in eine überbrückende interzelluläre Substanz abgegeben.

Über die *Natur der Induktionsstoffe*, die in der Normalentwicklung wirken, läßt sich nichts Abschließendes aussagen. Zwar konnte aus Hühnerembryonen ein reines *Protein* gewonnen werden, das im Amphibienkeim mesodermale Organe wie Muskulatur und Chorda der Rumpf-Schwanz-Region induziert. Für die Induktion im Kopfbereich werden wahrscheinlich auch Proteine eingesetzt, doch neigt man zur Ansicht, daß sie zusammen mit RNS Komplexmoleküle bilden müssen, um regionsspezifisch (S. 155) wirksam zu sein. Im Zwischenbereich, wo das Nachhirn induziert wird, könnten Kopf- und Rumpfinduktoren zusammen wirken. Ein Rumpfgradient würde hier auskeilen und nach vorn von einem ansteigenden Kopfgradienten abgelöst werden (vgl. S. 160). Über molekulare Mechanismen läßt sich zur Zeit nur spekulieren. Wahrscheinlich erfordert die durch Induktion bewirkte Determination einer spezifischen Differenzierungsrichtung die Tätigkeit bestimmter Gensortimente. Dies könnte sowohl durch Aktivieren einer bereitgestellten, aber maskierten mRNS als auch durch Auslösen neuer Transkriptionen erfolgen.

Organisation durch Gradientensysteme und Positionsinformation

Cytoplasmagradienten bei Echinodermen

Eiteile und Blastomeren der *Seeigel* regulieren nur dann zum Ganzen (S. 146), wenn ihnen sowohl animale wie vegetative Bereiche in einem Verhältnis zugeteilt werden, wie es im ungefurchten Ei vorliegt. Wird dagegen senkrecht zur Animal-Vegetativ-Achse aufgeteilt, so entwickeln sich nur unvollständige Larventeile. Farbmarkierungen (S. 123) und natürliche Pigmentzonen ermöglichen es, die *prospektive Bedeutung* (S. 145) der kranzartig übereinander geschichteten Blastomeren zu ermitteln (Abb. 80 a).

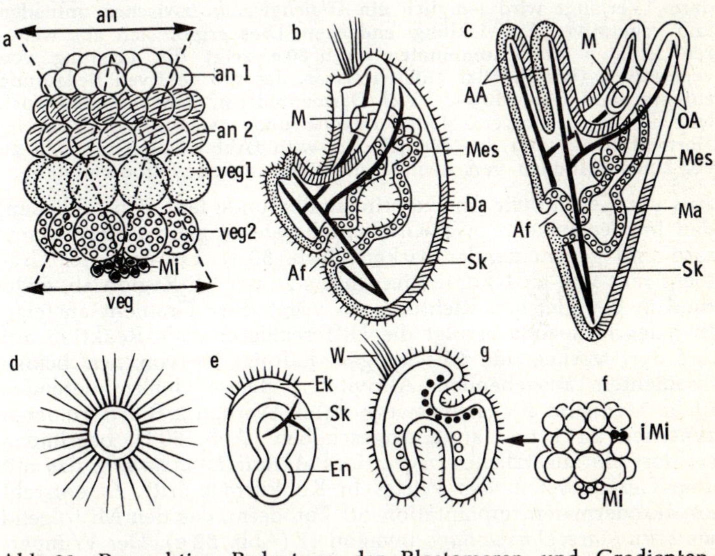

Abb. 80 Prospektive Bedeutung der Blastomeren und Gradientensystem beim Seeigelkeim. a) 64-Zell-Stadium, animale Zellkränze *an 1* (weiß) und *an* 2 (schraffiert), vegetative Zellkränze *veg 1* (punktiert) und *veg* 2 (Kreise), *Mi* Mikromeren (dunkel), *an* nach *veg* abfallender animaler, *veg* nach *an* abfallender vegetativer Gradient. b) Junges Larvenstadium, *Af* After, *Da* Darm dreiteilig, *M* Mund, *Sk* Skelett, Signaturen nach a. c) Pluteuslarve, *AA* Analarme, *Ma* Magen, *Mes* Mesodermsäcke, *OA* Oralarme. d) Isolat aus *an 1*. e) Isolat aus *veg 2*, *Ek* Ektoderm, *En* Entoderm, *Sk* Skelett. f) Implantation von Mikromeren (*iMi*, schwarz), keimeigene *Mi* hell. g) Ergebnis nach Experiment f, *W* Wimperschopf (z. T. nach Hörstadius).

Die Zellen des Kranzes „animal 1" (an 1) liefern das Ektoderm der Mundregion, das außer kürzeren Cilien, die seine Hauptfläche bedecken, auch den auf den animalen Polbereich konzentrierten Wimperschopf bildet (Abb. 60 c, 80 b). Dieser besteht aus langen unbeweglichen Stereocilien. Wird der an-1-Kranz isoliert aufgezogen, so entsteht eine Ektodermblase, die nun rundherum mit Wimperschopf besetzt ist (Abb. 80 d). Diese Selbstdifferenzierung erfolgt *„animaler als animal"* und somit nicht rein mosaikartig. Solche überbordende Animaltendenz wird in der Normalentwicklung durch Einflüsse der vegetativer liegenden Eizonen verhindert. Dies ergibt sich u. a. aus den Leistungen in *Blastomerenkombinaten.*

Vereinigt man an 1 mit den Mikromeren (Mi), so differenziert sich erstaunlicherweise eine normale Pluteuslarve. Die Entwicklung zum Ganzen erfordert somit keineswegs (wie beim typischen Mosaikkeim, S. 143) alle Cytoplasmasorten. So fehlt dem an 1-Mi-Kombinat alles prospektive Entoderm, trotzdem entsteht ein normal großer Pluteusdarm. Verlangt wird lediglich ein *Gleichgewicht* zwischen animalen und vegetativen Entwicklungstendenzen. Dies ergibt sich aus weiteren Isolaten und Kombinaten. Abb. 80 e zeigt die Leistung von vegetativ 2 (veg 2). Hier entsteht zwar, der prospektiven Bedeutung entsprechend (Abb. 80 a–c), viel Darmentoderm, daneben aber auch eine kleine bewimperte Ektodermzone und etwas Skelett, das im Normalfall nur von den Mi geliefert wird (Abb. 60 d). Gibt man zu veg 2 noch Mi dazu, verschwindet das cilientragende Ektoderm völlig.

Aus der Gesamtheit der Experimentalbefunde läßt sich schließen, daß im Seeigelkeim zwei **Gradientensysteme** gleichzeitig zusammen und gegeneinander wirken (Abb. 80 a). Ein animaler Gradient fällt von an 1 kontinuierlich bis zu der Mi-Region ab, während in der gleichen Richtung ein vegetativer Gradient ansteigt. In jeder Keimzone erfolgt die Differenzierung als Reaktion auf das dort vorliegende Mischungsverhältnis der von den beiden Gradienten ausgehenden Aktivitäten. Diese determinierenden Qualitäten sind aber keineswegs stabil. Werden z. B. *Mikromeren* zwischen an 1 und an 2 eingeschoben (Abb. 80 f), begründen sie dort ein zusätzliches *vegetatives Aktivitätsmaximum,* das mit dem Gefällesystem des Wirtes in Konkurrenz tritt. Es entsteht am ektodermalen Implantationsort Entoderm, das den Mi folgend als *sekundäre Darmanlage* invaginiert (Abb. 80 g). Der Wimperschopf wird nicht mehr am Pol der ursprünglichen an-veg-Achse ausgebildet, sondern an die neu festgelegte animalste Stelle gedrängt.

Im Gradientensystem trägt jeder Zellbereich bei zur Differenzierungsrichtung aller übrigen Keimzonen, genauso wie er selbst unter dem Einfluß des Ganzen steht. Darin besteht ein wesentlicher Unterschied zu den *Induktionssystemen der Wirbeltiere* (S. 158). Induktoren als Aktionssysteme determinieren die von ihnen abhängigen Blasteme, und diese Induktionswirkung erfordert meist einen direkten Zellkontakt, während in Gradientensystemen die determinierenden Gleichgewichtszustände überzellig festgelegt sind und auch durch „Fernwirkungen" neu eingestellt werden können.

Die Frage nach der *stofflichen Natur der Gradienten* läßt sich noch nicht abschließend beantworten. Doch ergeben zahlreiche Untersuchungen, daß die beiden Gefällesysteme je durch besondere Stoffwechselaktivitäten charakterisiert sind, die sich u. a. in der Reduktion von Farbstoffen oder in der Reaktion auf Enzymhemmer äußern. Neuerdings ist es auch gelungen, aus Eizellen sowohl eine animalisierende wie eine vegetativisierende Stofffraktion zu isolieren. Wahrscheinlich handelt es sich um verschiedenartige Proteine, die morphogenetisch wirken.

Beeinflussung von Gradienten durch Chemikalien

Behandelt man Eier oder Furchungsstadien von Seeigeln mit *Lithiumsäuren* (Li^+), werden sie vegetatioisiert. Große Bereiche, welche die animalen Organe geliefert hätten, entwickeln sich zu Entoderm; so entsteht eine vornehmlich aus Darmteilen bestehende Mißbildung. *Rhodanidionen* (SCN^-) wirken gegensinnig zu Li^+. Sie hemmen den vegetativen Gradienten; es kommt zur *Animalisierung*; die so weit gehen kann, daß ganze Eier nur noch Ektodermblasen mit Stereocilien bilden (wie im Isolat der Abb. 80 d).

Li^+ und SCN^- wirken auch antagonistisch auf die Gliederung im *Urdarmdach der Amphibien* (S. 130). Li^+ unterdrückt die Chordabildung zugunsten übergroß werdender Myotome, und SCN^- führt zu einer abnormen Chordavergrößerung auf Kosten der Mytome. Ähnlich entgegengesetzte Wirkungen von Li^+ und SCN^- sind auch in der Augen- und Kopfentwicklung von *Tintenfischen* nachgewiesen. Somit dürften Stoffgradienten, wie sie für die Gesamtorganisation der Echinodermenkeime maßgebend sind, in zahlreichen anderen Tiergruppen an der Blastemgliederung beteiligt sein. Übrigens kann auch die *regionale Differenzierung im Neuralektoderm* der Wirbeltiere als Interaktion überlappend konkurrierender Gradienten von Rumpf- und Kopfinduktoren gedeutet werden (S. 158).

Positionsinformation

In zahlreichen Blastemen entstehen typisch geordnete *Muster*, in denen verschiedene Zellen je verschiedene Differenzierungsrollen übernehmen. So stehen z. B. im *Integument der Insekten* Borsten,

Haare oder Schuppen in bestimmter Distanz und Verteilung. Wie werden hier einzelne Zellen an ausgezeichneter Stelle zu einer Sonderleistung determiniert, die von der Differenzierung der Umgebung abweicht? Eine mögliche, durch Experimente gestützte Deutung nimmt an, daß in homogenen Blastemen zunächst Inhomogenitätszentren entstehen, die ein „Vormuster" darstellen. Die Einzelzellen würden je nach ihrer Lage auf eine vom Vormuster ausgehende *positional information* mit unterschiedlichen Differenzierungen reagieren. Im weitesten Sinne darf auch die Entwicklung der Zellen im Seeigelkeim als Ergebnis einer Positionsinformation gelten. Dabei muß allerdings das ganze Eisystem die determinierenden Qualitäten der einzelnen Orte mitbestimmen.

Metamorphose

Bei sehr vielen Tieren führt die Embryonalentwicklung zunächst zu Stadien, die sich als **Larven** in ihrer Organisation und Lebensweise von den Adultformen unterscheiden (z. B. Made-Biene oder Kaulquappe-Frosch). Für viele Larven ist typisch, daß sie sich aus zahlreich abgegebenen und meist kleinen Eizellen sehr rasch entwickeln. Sie werden dabei frei beweglich und zur Nahrungsaufnahme befähigt. Schon 2–3 Tage nach der Befruchtung erreichen die Larven der Echinodermen und Tunicaten diese *Selbständigkeit.* Die große Nachkommenzahl dient der *Artverbreitung,* was besonders für Tiere bedeutsam ist, die als Adulte entweder sessil (Korallen, Ascidien), wenig beweglich (Echinodermen, Muscheln) oder als Endoparasiten (Leberegel, Bandwürmer) leben. Im *Plankton* (S. 333) sind Larvenstadien mengenmäßig stets stark vertreten. Larven können auch Hinweise auf *phylogenetische Beziehungen* vermitteln (S. 510). So läuft die Entwicklung sowohl von Anneliden wie von Mollusken über *Trochophoralarven* (Abb. 68), die sich im Bauplan sehr viel näher stehen als die Adulttiere.

Als **Metamorphose** bezeichnen wir die Gesamtheit der Vorgänge, die von der Larvenorganisation zur Adultform führen. Diese Umwandlung kann sich mehr oder weniger gleitend vollziehen (z. B. Krebse), oder sie erfordert eine völlige Um- und Neukonstruktion. So wird auf höchst komplizierte Weise in die bilateral-symmetrische *Pluteuslarve* (Abb. 80 c) ein radiär-symmetrischer Seeigel eingebaut. In der Metamorphose verschwinden die speziell dem Larvenleben angepaßten Strukturen (Cilienorgane, Filtrierapparate, Verdauungseinrichtungen); sie werden abgelöst durch Entwicklungen, die das Adultleben benötigt (Kopulations- und Brutpflegeapparate). Gleichzeitig ändert sich auch das Verhalten.

Auswählend besprechen wir im folgenden lediglich die Metamorphose der Insekten und Amphibien. Bei **Insekten,** wo die Adultform als *Imago* bezeichnet wird, sind 3 Typen zu unterscheiden:

1. *Ametabolie:* Bei den flügellosen Apterygoten (S. 424, Abb. 223) unterscheiden sich auch frühe Larvenstadien, abgesehen von den noch nicht voll entwickelten Sexualorganen, kaum von der Imago. Von Häutung zu Häutung ändert sich im wesentlichen lediglich die Körpergröße. Sekundär ametabol wurden die Läuse (Abb. 237 c).

2. *Hemimetabolie:* Hier bringt jede Häutung nicht nur eine Größenzunahme, sondern auch eine stufenweise Annäherung an die Organisation der Imago, so etwa in den Flügelanlagen der Heuschrecken und Wanzen. Daneben gleichen sich Larve und Imago in vielen Merkmalen. Eine letzte Häutung führt direkt vom letzten Larvenstadium (Nymphe, Abb. 236 e) zur Imago. Dazwischen wird kein Puppenstadium eingeschaltet. Die hemimetabolen Ordnungen sind in Tab. 7 (S. 432) aufgeführt.

3. *Holometabolie* (Ordnungen: Tab. 7): Die Larven (Maden, Raupen, Engerlinge) verwirklichen völlig andere Lebensformen als die Imagines (Fliegen, Bienen, Schmetterlinge, Käfer). Die Umkonstruktion erfolgt in einem *Puppenstadium,* in dem keine Nahrung aufgenommen wird und das Tage, Monate oder gar Jahre dauern kann. In der Embryonalentwicklung kommen zunächst nur die Anlagen des Larvenkörpers zur Differenzierung. Andere Zellstämme verharren während der ganzen Larvenentwicklung im undifferenzierten Zustand; sie sind in kleinen Zellnestern oder in größeren *Imaginalscheiben* vereinigt (Abb. 81). Nach der Verpuppung zerfallen die Larvenorgane; ihre Zelltrümmer werden von Phagocyten aufgenommen oder aufgelöst. Nun erst treten die Zellen der Imaginalscheiben in die Differenzierung ein: Sie liefern je bestimmte Teile des Imaginalkörpers. Dieser Entwicklungsablauf wird durch **Hormone** gesteuert (Abb. 81).

Im *Gehirnganglion* produzieren *neurosekretorische Zellen* ein Gehirnhormon, welches die Tätigkeit der *Prothoraxdrüse* anregt (prothorakotropes Hormon). Dieser Wirkstoff kann durch Nervenbahnen den *Corpora cardiaca* zugeleitet und dort gespeichert oder wohl auch direkt abgegeben werden. Die stimulierte Prothoraxdrüse bewirkt durch ihr „Inkret" das Auftreten des Steroidhormons (S. 212) *Ecdyson* (E), das direkt als *Häutungs- und Metamorphosehormon* tätig ist. Wo aktives Ecdyson „fertig" gebildet wird, ist noch nicht klargestellt: vielleicht im Fettkörper. Ecdyson bewirkt, daß auf Larvenhäutungen die Puppenhäutung und die Imaginalhäutung folgen. Dem Ecdyson wirkt das *Juvenilhormon* (JH, ein Methylester, $C_{18}H_{36}O_2$) entgegen. JH wird von den *Corpora allata* geliefert. Überwiegt im Körper JH über E, so werden Larvenhäutungen durchgeführt. Im letzten Larvenstadium geht die Sekretion der Corpora allata zurück. Jetzt überwiegt E, und in den darauffolgenden Häutungen werden Puppen- und danach Imaginalstrukturen ausdifferenziert (Abb. 81). Entfernt man aus

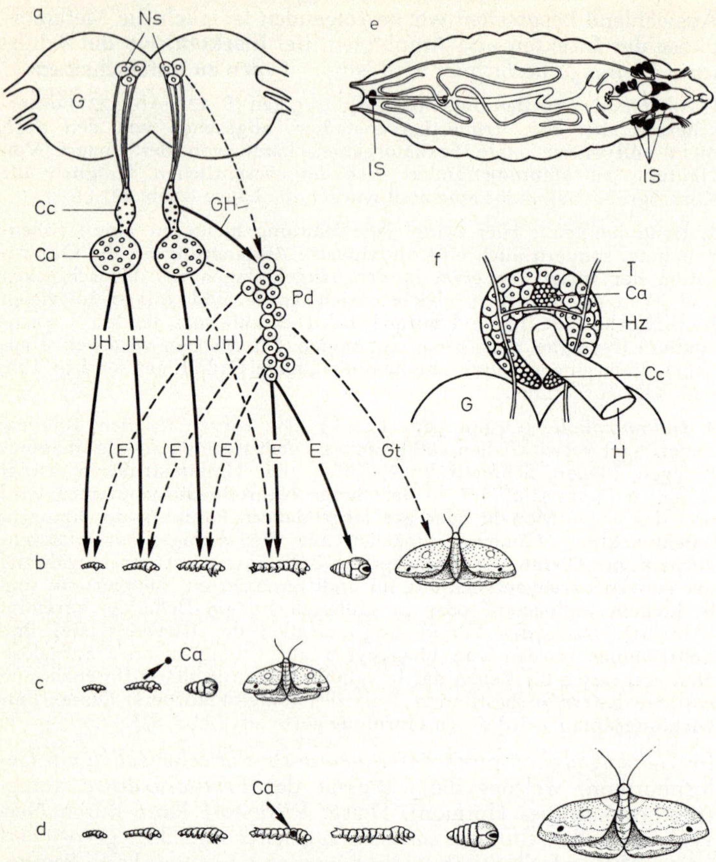

Abb. 81 Metamorphose der Insekten (a–d Typus Schmetterling; e, f Fliegen). a) *Ca* Corpus allatum, *Cc* Corpus cardiacum, *E* Ecdyson (nicht berücksichtigt ist hier die neue Erkenntnis, wonach *E* nicht direkt von *Pd* geliefert wird, siehe Text, S. 163), *G* Gehirn, *GH* Gehirnhormon, *Gt* gonadotropes Hormon, *JH* Juvenilhormon, *Ns* neurosekretorische Zellen, *Pd* Prothoraxdrüse. b) Larvenstadien, Puppe und normalgroße Imago; Pfeile geben den relativen Anteil (stark ausgezogen oder punktiert) von *JH* und *E* in der Entwicklung an. c) Entfernen der *Ca* führt zur Zwergimago. d) Zusätzliches Implantieren junger *Ca* bewirkt überzählige Larvenhäutung und Riesenimago. e) Die Imaginalscheiben *IS* (schwarz) einer Fliegenlarve. f) Ringdrüse einer Drosophilalarve umgibt Herzschlauch *H; Ca* Corpus allatum, *Cc* Corpus cardiacum, *G* Gehirn (Oberschlundganglion), *Hz* Hauptzellen, *T* Tracheen (z. T. nach Schneiderman).

jungen Raupen die Corpora allata (Abb. 81 c), setzt eine verfrühte Metamorphose ein: Es entstehen Zwergschmetterlinge. Andererseits kann man auch Riesenschmetterlinge „machen“: Falls einer Larve des letzten Stadiums Corpora allata implantiert werden, geht das Wachstum über die Norm hinaus, und die nächste Häutung führt zu einem zusätzlichen Larvenstadium. Diese Riesenlarve metamorphosiert anschließend zur Riesenimago (Abb. 81 d). Nach der Metamorphose liefern die adulten Corpora allata erneut ein Hormon, das als ein *Gonadotropin* die Eireifung anregt.

Bei Fliegen und Mücken sind Corpora allata, Corpora cardiaca und Prothoraxdrüse in einem über dem Larvenhirn befestigten Komplexorgan vereinigt; es wird als *Ringdrüse* bezeichnet, weil es den Herzschlauch umfaßt (Abb. 81 f). Dabei entsprechen die „Hauptzellen“ der Ringdrüse der bei anderen Insekten selbständigen Prothoraxdrüse.

Die Metamorphose der **Amphibien** wird durch das *Thyroxin* und das *Trijodthyronin der Schilddrüse* (S. 214) ausgelöst. Führt man jungen Kaulquappen Schilddrüsenextrakte aus beliebigen Wirbeltieren zu, oder versetzt man das Zuchtwasser mit Spuren von Thyroxin ($1:10^8$), reagieren sie mit verfrühter Metamorphose und gehen als Zwergfröschchen an Land. Wird dagegen einer Kaulquappe die Schilddrüse entfernt, so kann sie nie mehr metamorphosieren; sie lebt als Riesenlarve weiter. Die Sekretionstätigkeit der Schilddrüse hängt ihrerseits von einem *thyreotropen Hormon des Hypophysenvorderlappens* ab. Durch frühzeitiges Entfernen der Hypophyse wird die Metamorphose ebenso verhindert wie nach Wegnahme der Schilddrüse.

Bei einzelnen Urodelen, so beim Axolotl *(Ambystoma mexicanum)*, besteht ein erbbedingter Metamorphoseblock, indem entweder das Hypophysen- oder das Schilddrüsenhormon ausfällt. Es können aber auch die Erfolgsorgane die Fähigkeit verlieren, auf die Hormone anzusprechen; dies ist beim Grottenolm *(Proteus anguineus)* der Fall. Solche Erbtypen werden als Larven geschlechtsreif *(Neotenie)*.

Mit der Metamorphose der Amphibien setzen mannigfache *Abbau- und Aufbauprozesse* ein. Larvenorgane, wie der Schwanz der Anuren, Vornieren, Mundteile, Kiemen und einzellige Hautdrüsen werden zurückgebildet (Abb. 257). Neu aufgebaut und zur Funktion kommen Urnieren, Lungenkreislauf und mehrzellige Drüsen der Landhaut. Diese morphogenetischen Prozesse werden begleitet von Umstellungen im biochemisch-physiologischen Bereich. Ein neuer Typ von roten Blutkörperchen löst die larvalen Zellstämme ab. Jetzt wird ein dem erhöhten Sauerstoffangebot der Luft angepaßtes Hämoglobin anstelle des „Wasserblutfarbstoffes" synthetisiert, was den Einsatz anderer Gene voraussetzt (S. 88). Auch der Exkretionsstoffwechsel wird umgestellt. Während die Larven, denen reichlich Wasser zur Verfügung steht, den giftigen Ammoniak gefahrlos verdünnt ausschwemmen können, wird nach der Metamorphose aus NH_3 der ungiftige Harnstoff aufgebaut und durch die Urnieren ausgeschieden. Diese Umstellung kann erfolgen, weil Thyroxin die Bildung der Enzyme des Harnstoffzyklus bewirkt. Schließlich wird die für das larvale Wasserleben geeignete chromophore Gruppe des Sehfarbstoffes (Dehydro-Retinal) durch die des landlebenden Adultieres (Retinal, S. 270) ersetzt.

Regeneration

Im Gegensatz zur erstmaligen embryonalen Bildung von Strukturen versteht man unter Regeneration den Ersatz verlorengegangener Teile eines Individuums.

Im normalen Lebensablauf werden durch *physiologische Regeneration* Körperteile erneuert, die fortlaufend verbraucht (z. B. oberste Epidermisschicht, Blutzellen) oder periodisch abgestoßen werden (Cuticularstrukturen der Arthropoden, Federn der Vögel, Haare der Säugetiere, Geweihe der Hirsche, Uterusschleimhaut bei der Menstruation).

Bei der *reparativen Regeneration* werden Stücke ersetzt, die durch zufällige Verletzungen wie auch durch experimentelle Eingriffe verloren gegangen sind oder die infolge natürlicher Fragmentation bei vegetativer Fortpflanzung (S. 105) dem Individuum fehlen.

Regeneration findet im geringen Ausmaße bei jeder kleineren Verletzung statt (Wundheilung); sie kann sich aber auch auf große Körperteile erstrecken. Bei vielen Arthropoden, Fischen und Amphibien werden ganze Extremitäten wieder gebildet; Eidechsen ersetzen z. B. den Schwanz.

Bei vielen Wirbellosen kann aber das Ganze nicht nur den Teil ersetzen; der Teil ist auch befähigt, das ganze Individuum erneut herzustellen. Seesterne regenerieren nicht nur Arme; bei manchen Arten kann auch ein einzelner Arm die ganze Zentralscheibe und die vier übrigen Arme nachbilden. Wenige Segmente von Anneliden (z. B. Regenwurm) liefern ein vorderes Regenerat mit Mund, Vorderarm und Gehirn sowie ein hinteres Regenerat mit Enddarm und After. Bei Planarien (Strudelwürmer) vermag $^1/_{100}$, bei Süßwasserpolypen $^1/_{200}$ des ursprünglichen Körpervolumens das ganze Tier zu regenerieren. Derartig kleine, isolierte Stücke kön-

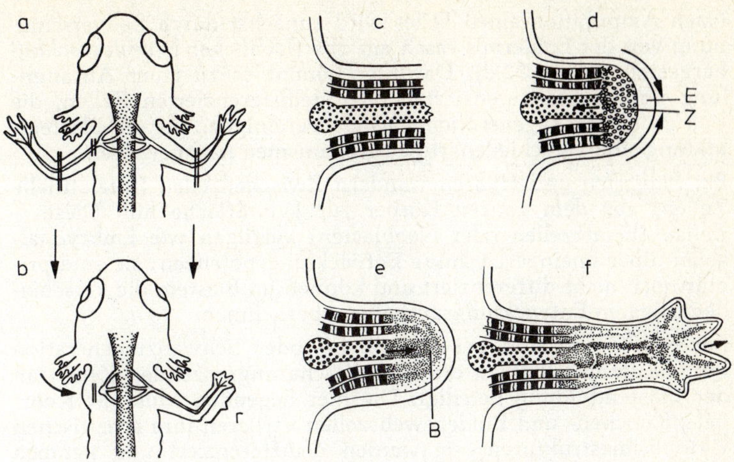

Abb. 82 Extremitätenregeneration bei einer Amphibienlarve. a) Operationsskizze. b) Nur der innervierte Stumpf (rechts) regeneriert *(r)*, links wird eingeschmolzen. c) Nach Amputation. d) Wundverschluß durch Epidermis *(E)*, darunter Zerfall *(Z)* durch Dedifferenzierung der Gewebe. e) Redifferenzierung im Blastem *(B)*. f) Regenerat weiter entwickelt (aus E. HADORN: Experimentelle Entwicklungsforschung an Amphibien, Verständliche Wissenschaft Bd. 77. Springer, Berlin 1970).

nen keine Nahrung aufnehmen, da sie keinen Mund besitzen. Bevor erneutes Wachstum einsetzen kann, muß aus dem vorhandenen Zellmaterial zunächst wieder ein mit allen Organen ausgerüstetes Ganztier hergestellt werden. Dies geschieht durch Einschmelzen zu großer Organteile sowie durch Umordnung von Zellverbänden. Erst eine solche *Morphallaxis* führt zum proportional verkleinerten Ganzen.

Im allgemeinen nimmt die *Regenerationsfähigkeit* mit steigender Organisationshöhe ab. Vögel und Säugetiere regenerieren nur noch in beschränktem Ausmaß (Wundheilung, Knochenbrüche), dies im Gegensatz zu Fischen und Amphibien. Auch verringern sich bei Anamniern die Regenerationsleistungen mit fortschreitendem Alter. So regenerieren Froschlurche (Anuren) während des Larvenlebens noch ganze Extremitäten. Nach der Metamorphose ist dies nur noch unter bestimmten Experimentalbedingungen und in einem stark eingeschränkten Ausmaß möglich. Bei Schwanzlurchen (Urodelen) bleibt dagegen für Extremitäten das Regenerationsvermögen auch nach der Metamorphose erhalten.

Nach Amputation eines Teiles wird zunächst durch Zellverschiebung von der Epidermis rasch ein oberflächlicher *Wundverschluß* hergestellt (Abb. 82 d). Darunter kommt es zu einer Ansammlung von nichtdifferenzierten oder dedifferenzierten Zellen, die sich zu einem *Regenerationsblastem* vereinigen. Für die Blastembildung sind verschiedenartige Mechanismen nachgewiesen.

Bei *Planarien* und *Hydren* wandern Zwischenzellen (interstitielle Zellen) aus dem ganzen Körper zur Wundfläche hin. Diese *I-Zellen* (Ersatzzellen oder Neoblasten) verfügen wie Embryonalzellen über uneingeschränkte Entwicklungspotenzen; sie sind primär noch nicht differenziert und können im Blastem die verschiedenartigsten Entwicklungsaufgaben übernehmen.

Bei *Amphibien* sind bei einer Bein- oder Schwanzregeneration nur die unmittelbar an die Wundfläche angrenzenden Zellen an der Blastembildung beteiligt. Die hier liegenden Muskel-, Knorpel-, Knochen- und Bindegewebszellen verlieren ihre spezifischen Cytoplasmastrukturen; sie werden dedifferenziert und nehmen alle eine ähnliche, embryonal erscheinende Gestalt an. Hat das durch *Dedifferenzierung* entstehende Blastem eine bestimmte Größe erreicht, setzt intensive Zellvermehrung ein (Abb. 82 e). Dann werden im auswachsenden Regenerat die für die zu ersetzende Region typischen Gewebe, wie Muskelstränge und Skelettelemente, erneuert. Die Abkömmlinge der dedifferenzierten Zellen sind *wieder differenziert* (Abb. 82 f). Für diese Regenerationsleistung ist die Mitwirkung von *Nervenfasern* unentbehrlich, die vom Stumpf aus in das Blastem einwachsen. Wird die nervöse Verbindung mit den Ganglien des Rückenmarkes unterbunden, so schreitet die Dedifferenzierung ungehemmt fort, und die Redifferenzierung unterbleibt. Ein entnervter Regenerationsstumpf kann dann vollständig eingeschmolzen werden (Abb. 82 b).

Da ein Beinregenerat aus vorher differenzierten Zellen hervorgeht, fragt es sich, ob mit der Dedifferenzierung die Blastemzellen wieder eine embryonale Omnipotenz erreichen. Dies dürfte unter anderem bedeuten, daß ehemalige Muskelzellen nun zu Knorpelzellen umdeterminiert würden. Eine solche *Metaplasie*, d. h. eine Neudetermination oder Transdetermination (S. 149) in Richtung anderer Zelltypen, ist für *Extremitätenblasteme* der Amphibien aber nicht eindeutig nachgewiesen, steht aber für die *Linsenregeneration* fest (Abb. 83). Wird aus einem Molchauge die Linse entfernt, bildet sich am oberen Irisrand eine vollkommene Ersatzlinse. Dies ist deshalb eine höchst erstaunliche Leistung, weil in der Normalentwicklung die Linse aus dem über dem Augenbecher liegenden Hautektoderm hervorgeht (Abb. 137). Bei der Regeneration beginnen sich zunächst Iriszellen zu teilen; sie verlieren dabei ihr Pigment und nehmen embryonale

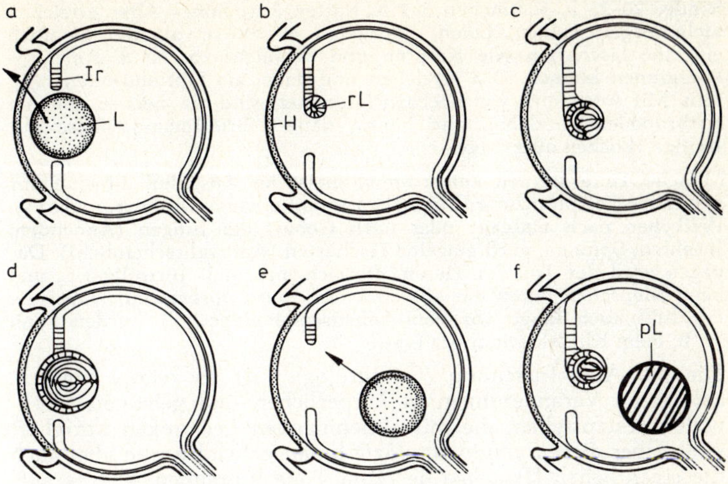

Abb. 83 Linsenregeneration *(rL)* vom oberen Irisrand *(Ir)* im Amphibienauge. a) Entfernen der Linse *(L)*. b–d) Fortschreitende Regeneration, *H* Hornhaut (Cornea). e) Versetzte lebende Linse hemmt Regeneration. f) Tote paraffinierte Linse *(pL)* hemmt nicht (aus E. Hadorn; Experimentelle Entwicklungsforschung an Amphibien, Verständliche Wissenschaft Bd. 77. Springer, Berlin 1970).

Blastemgestalt an. Dann kommen Gene zum Einsatz, die vorher in der Iris untätig waren. Sie ermöglichen die Synthese von spezifischen *Linsenproteinen*. So übernehmen die Zellen des Irisstammes, die vorher u. a. Melanin synthetisierten, eine durchaus neue Funktion, was als echte Metaplasie gelten darf. Im intakten Auge wird die Linsenpotenz der Iris durch die Linse selbst gehemmt (Abb. 83 e, f).

Altern und Tod

Mit der Sonderung von Keimbahn und Soma beim Übergang vom Einzeller zum Vielzeller wurde als biologisches Phänomen der *natürliche Tod* des Individuums begründet (S. 107). Einzig einige einfach organisierte Metazoen wie die Süßwasserhydra vermögen dauernd zu leben, da absterbende Zellen stets durch omnipotent oder teilungsfähig gebliebene I-Zellen (S. 168) ersetzt werden.

Für jede Art ist eine mittlere maximale *Lebensdauer* charakteristisch: Riesenschildkröten 300 Jahre (a), Elefanten 70–90 a, Pferde 40 a,

Rinder 20–25 a, Kaninchen 5–7 a, Ratten 3 a; hohes Alter erreichen viele Vögel: Falken, Eulen, Papageien 60–100 a; alt werden auch einzelne Fischarten wie Karpfen und Schollen: ca. 80 a. Ameisenköniginnen können 30 a erreichen und dabei als Eiproduzenten tätig sein. Mit Ausnahme von Krebsen (Hummer) sind die meisten anderen Arthropoden kurzlebig, und häufig dauert ihre Imaginalphase nur wenige Wochen oder Tage.

Manche Tiere sterben *katastrophal* meist im Anschluß an eine nur einmalige Fortpflanzung: Männchen unmittelbar nach der Kopulation, Weibchen nach Eiablage oder nach Geburt der Jungen (Anneliden, Insekten, Spinnen, auch einzelne Fischarten [Aal wahrscheinlich]). Dagegen wird der Tod bei Tieren, die sich mehrmals fortpflanzen, und beim Menschen durch ein *allmähliches Altern* vorbereitet, wobei die Fertilität auch lange vor dem Lebensende eingestellt werden kann (z. B. beim Klimakterium der Frau).

Für die Altersforschung *(Gerontologie)* ist es relativ einfach, zahlreiche Veränderungen in körperlichen und geistigen Merkmalen festzustellen, die mit abnehmenden Leistungen korreliert sind. Über diese *Symptomatologie* hinausgehend wären aber auch die eigentlichen *Ursachen* des zum Tode führenden Alterns aufzudecken, was bis heute noch keineswegs befriedigend gelingt.

Wir haben einleitend hervorgehoben, daß Organismen durch Regelsysteme befähigt werden, in einem *Fließgleichgewicht* zu verharren (S. 1). Daher könnte Altern bedeuten, daß dieser lebenssichernde Gleichgewichtszustand durch eine Summation irreversibler Prozesse verändert wird. Da alle Komponenten der Zelle zu einem Funktionssystem integriert sind, wird jede Beeinträchtigung eines Teiles das Ganze treffen. So wurde festgestellt, daß *Stoffwechselendprodukte* wie Lipide und Exkrete sich in alternden Zellen anhäufen, was rückwirkend auch die Aktivität anabolischer (aufbauender) Prozesse beeinträchtigen kann. Die für die *Proteinsynthese* unentbehrliche RNS nimmt in alternden Gehirnzellen der Säugetiere ab, und für alternde Hunde wird ein Verlust von repetitiven Sequenzen gemeldet, die für rRNS codieren (S. 87). In senilen Taufliegen (Drosophila) sind in den neurosekretorischen Zellen des Gehirns (S. 163) sowohl die freien Ribosomen wie das rauhe ER (S. 7) stark vermindert. Solche Beobachtungen deuten hin auf zunehmende Schwierigkeiten in der Proteinsynthese.

Alterungsvorgänge würden letztlich dann unvermeidlich, falls in die einzelnen Lebensfunktionen eine bestimmte Unexaktheit und statistische Fehlermöglichkeit im Sinne einer *zunehmenden Entropie* einprogrammiert wäre. Ein derart programmierter Individualtod kann das Ergebnis der *natürlichen* Selektion sein, die bewirkt hat, daß die älteren Generationen den Nachkommen Platz machen. Hier sichert – wie übrigens auch bei der Mutabilität der Erbsubstanz (S. 520) – ein tragbares Ausmaß an Gefährdung die Erhaltung und evolutive Weiterentwicklung der Arten.

Sicher werden Alterungsvorgänge auch durch *somatische Mutationen* (S. 74) gefördert. Tatsächlich finden sich in Gewebeproben mit zunehmendem Alter durchschnittlich mehr Chromosomenaberrationen als bei jungen Tieren. Durch Punktmutationen kann überdies der Anteil fehlerhafter Proteine ansteigen.

Der Tod des Individuums wird nach einem „Gesetz des Minimums" durch die am raschesten alternden Zellsysteme bestimmt, falls diesen eine zentrale Lebensfunktion zukommt. Gefährdet dürften vor allem Zelltypen sein, die – wie Nervenzellen – bereits in der Juvenilphase normalerweise ihre *Teilungsfähigkeit* und damit eine gewisse Restitutionsmöglichkeit verlieren. Andere Zellen können unter günstigen Bedingungen in der Gewebekultur den natürlichen Alterungsvorgängen entgehen. So überleben Bindegewebszellen von Vögeln und Säugetieren oder Zellen aus Imaginalscheiben (S. 149) von Insekten dauernd, falls sie dem zum Tode verurteilten Individuum entnommen werden.

5. Physiologie

Stoff- und Energiewechsel

Alle Organismen stehen mit ihrer Umgebung in einem ständigen Stoffaustausch. Er besteht in der Aufnahme flüssiger und fester Stoffe *(Ernährung)*, im Gasaustausch *(Atmung)*, im Transport *(Kreislauf)* und chemischen Umbau *(intermediärer Stoffwechsel)* sowie in der Ausscheidung *(Exkretion)* von Stoffen. Er kann über undifferenzierte Körperoberflächen erfolgen, ist jedoch in den meisten Fällen an spezialisierte Gewebe wie Darm-, Atmungs- und Exkretionsepithelien gebunden. Dabei werden zunächst Stoffe aus dem Außenmedium von resorbierenden Zellen aufgenommen und dann an die Körperflüssigkeiten abgegeben. Da sich alle diese Vorgänge in der wäßrigen Phase abspielen und die Zellmembran für Wasser sehr viel stärker permeabel ist als für die in ihm gelösten Stoffe, kommt den osmotischen Beziehungen zwischen den Epithelzellen und ihrer inneren wie äußeren Umgebung eine entscheidende Rolle beim Stofftransport zu.

Das zeigt sich z. B. darin, daß in den Muskelfasern mariner Polychaeten, Mollusken und Crustaceen die intrazellulären Konzentrationen von Aminosäuren in Abhängigkeit von der osmotischen Außenkonzentration variieren. Ferner sind Wassertransporte gegen ein Konzentrationsgefälle stets mit aktiven Ionentransporten verbunden, die ihrerseits mit dem Transport organischer Verbindungen gekoppelt sein können (z. B. Na^+-Zucker-Transport in Darmepithelien). *Osmoregulation, Ionenregulation* und *aktiver Transport* sind daher Erscheinungen, die über spezielle Zell- oder Organleistungen hinausgehen und einer vergleichend-physiologischen Betrachtung aller in diesem Kapitel behandelten Vorgänge vorangestellt werden müssen.

Zwar sind die Körperflüssigkeiten der Metazoen fast stets isotonisch mit dem Cytoplasma – weisen also gleiche Gesamtkonzentrationen an osmotisch wirksamen Substanzen auf –, doch bestehen zwischen dem Außenmedium und den Körperflüssigkeiten oft erhebliche Konzentrationsunterschiede. Damit diese Gefälle zwischen Innen- und Außenmilieu erhalten bleiben, sind spezielle, dem passiven Wasserein- und -austritt entgegenwirkende Regulationsvorgänge nötig: **Osmoregulation.** So besitzen z. B. die marinen Knochenfische eine gegenüber dem Meerwasser (Gefrierpunktserniedrigung $\triangle T = -1{,}85°\,C$) hypotonische Blutflüssigkeit ($\triangle T \approx -0{,}7°\,C$), während die im Süßwasser lebenden Formen zwar eine geringere innere osmotische Konzentration als die marinen Arten aufweisen, gegenüber ihrem Außenmedium aber trotzdem noch hypertonisch sind. Tiere, die die osmotischen Konzentrationen ihrer Körperflüssigkeiten trotz unterschiedlicher und zeitlich variierender Außenkonzentrationen konstant halten, werden als *homoiosmotisch* bezeichnet (Osmoregulatoren). Wir stellen sie den *poikilosmotischen* Formen gegenüber, deren innere Konzentration mit dem Außenmedium variiert (Abb. 84). Würden Tiere nicht über osmoregulatorische Mechanismen verfügen, ergäben sich bei gegebenen intra- und extrazellulären Ionenkonzentrationen erhebliche hydrostatische Druckunterschiede zwischen Innen- und Außenmedium.

Schon bei der Süßwassermuschel *Anodonta*, die eine sehr niedrige innere Ionenkonzentration aufweist, indem ihr Blut mit einer 0,1 %-NaCl-Lösung isotonisch ist, müßte ein osmotischer Druck von 0,75 atm. entstehen; bei der im Süßwasser lebenden Wollhandkrabbe *Eriocheir* stiege dieser Wert sogar auf 14,1 atm. Durch die verschiedensten osmoregulatorischen Mechanismen wird jedoch solchen Druckunterschieden entgegengearbeitet.

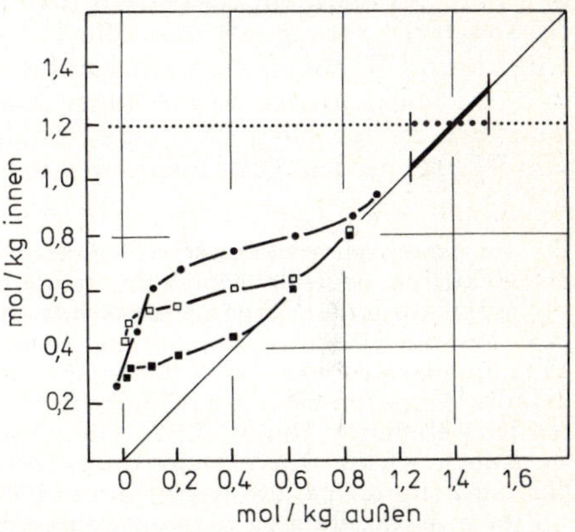

Abb. 84 Hyperosmotische Regulation bei 3 Flohkrebsarten *(Gammarus)*: ■ im Süßwasser, □ im Brackwasser, ● marin lebend. Die osmotischen Konzentrationen im Blut (Ordinate) sind als Funktion der Außenkonzentration (Abszisse) angegeben. Zusätzlich zeigt die ausgezogene Gerade die Konzentrationsverhältnisse für einen poikilosmotischen und die punktierte diejenigen für einen ideal homoiosmotischen Organismus (links der ausgezogenen Geraden: hyperosmotische Regulation, rechts davon wäre hyposmotische Regulation). Die osmotischen Konzentrationen im Blut können über einen weiten Variationsbereich der Außenkonzentrationen konstant bleiben (punktierte Gerade) bzw. variieren (ausgezogene Gerade) (euryhaline Arten). Stenohaline Arten sind auf einen engen Konzentrationsbereich im Außenmedium beschränkt (stark hervorgehobene Abschnitte der Geraden) (nach WERNTZ).

Die homoiosmotischen Süßwassertiere sind *hyperosmotische Regulatoren,* da sie hyperosmotische Körperflüssigkeiten einregulieren. Sie können entweder eine wenig wasserdurchlässige Körperoberfläche entwickeln (z. B. adulte Wasserinsekten) oder in ihrem Innenmilieu mit niedrigen osmotischen Konzentrationen auskommen (z. B. *Anodonta),* ferner aktiv Ionen aus dem verdünnten Außenmedium akkumulieren (über die Kiemen bei vielen Fischen oder besondere Analpapillen bei den Larven der Mücke *Chironomus)* oder einen in bezug auf die Körperflüssigkeiten hyposmotischen Urin ausscheiden (Exkretion, S. 206). Süßwasserciliaten pumpen das über die Zellmembran oder aus Nahrungsvakuolen aufgenommene Wasser über kontraktile Vakuolen (Abb. 186, S. 369) wieder hinaus. Umgekehrt sind marine Organismen, die in einem hypertonischen Milieu leben, als *hyposmotische Regulatoren* auf die Ausscheidung von Ionen angewiesen: Sie kann wie bei dem in hochkonzentriertem Salzwasser lebenden Krebs *Artemia* oder bei marinen Teleostiern (die zudem einen bluthyposmotischen Harn erzeugen!) über die Kiemen erfolgen. Bei marinen Vögeln und Reptilien sind am Kopf spezielle Salzdrüsen entwikhelt, die konzentrierte Salzlösungen ausscheiden. Wie marine Organismen stehen auch Landtiere vor dem Problem, eine Abgabe von Wasser an das Außenmedium zu vermeiden.

Da die osmotisch wirksamen Substanzen im wäßrigen Medium nicht als elektrisch neutrale Moleküle, sondern als Ionen vorliegen, sind osmoregulatorische Vorgänge stets mit einer **Ionenregulation** verbunden. Für die einzelnen Ionenarten weisen die Zellmembranen dabei ganz unterschiedliche Permeationseigenschaften auf. Allgemein gilt, daß die Permeabilität mit zunehmendem Durchmesser des hydratisierten Ions abnimmt. Durch aktive, energieverbrauchende Prozesse kann sie jedoch selektiv für einzelne Ionen beträchtlich gesteigert werden. Für die Zellproteine, die wegen ihres isoelektrischen Punktes von pH = 5 (beim intrazellulären pH von wenig unterhalb 7) als Anionen vorliegen, ist die Zellmembran sogar impermeabel. Solche zellinternen nichtpermeationsfähigen Anionen bewirken, daß die je nach den selektiven Permeabilitätseigenschaften der Membran diffusionsfähigen anorganischen Ionen charakteristische Konzentrationsunterschiede zwischen Zellinnerem und -äußerem festlegen (Donnan-Verhältnisse). So entstehen *elektrische Potentialdifferenzen,* die sich anhand der Nernstschen Gleichung aus den Konzentrationsverhältnissen berechnen lassen. Obwohl also innerhalb und außerhalb der Zelle ungefähr die gleichen Gesamtkonzentrationen an Ionen vorliegen, weichen die Konzentrationen der einzelnen Ionen in der Zelle erheblich von denen der Körperflüssigkeiten ab (Abb. 118). Diese *ionenspezifischen Konzentrationsgradienten,* die im elektrochemischen Gleichgewicht zwischen Zellinnerem und -äußerem an der Zellmembran auftreten, bilden die Grundlage für die bioelektrischen Erscheinungen, die sich im Auftreten von Membranpotentialen äußern (S. 243).

Die Regulation solcher spezifischer Ionenkonzentrationen in Körperflüssigkeiten und Zellmilieus erfolgt nicht nur über selektive Permeabilitätseigenschaften des Plasmalemms, sondern ist vor allem an einen **aktiven Transport** von Ionen gebunden. Aktive Transportmechanismen bestehen aber nicht nur für Ionen und sind auch nicht auf spezielle (z. B. osmoregulatorisch tätige) Zellen beschränkt; vielmehr stellen sie einen fundamentalen, sich in allen Zellmembranen abspielenden Vorgang dar. Sie sind an spezifische Trägerproteine gebunden (S. 4). Gegenüber der passiven, einem Konzentrationsgradienten folgenden Diffusion führen aktive Transporte nicht zu einer Gleichgewichtsverteilung der transportierten Substanzen zwischen beiden Seiten der Membran. Da sie zudem Energie verbrauchen, können sie durch verschiedene Stoffwechselinhibitoren herabgesetzt oder ganz unterdrückt werden, so durch Dinitrophenol (DNP), das die oxidative Phosphorylierung und damit die ATP-Bildung (S. 176) unterbindet, sowie durch Fluorid und Monojodacetat, die beide die Glykolyse hemmen.

Wie bereits erwähnt, werden nicht nur Wasser und anorganische Ionen, sondern auch organische Verbindungen aktiv in die Zellen aufgenommen. Tiere als heterotrophe Organismen sind auf solche hochmolekularen Verbindungen, die von den autotrophen Pflanzen direkt oder indirekt über die Photosynthese gewonnen werden, zur **Energiegewinnung** angewiesen. Dabei wird die chemische Energie der aufgenommenen Nährstoffe dem Organismus in den meisten Fällen durch oxidativen Abbau dieser Nährstoffe nutzbar gemacht und in Wärme, mechanische Energie (Bewegungsvorgänge, S. 218), elektrische Energie (Membranpotentiale bei verschiedenen Zelltypen, elektrische Organe einiger Fische, S. 236) oder Lichtenergie (Biolumineszenz bei Flagellaten, Coelenteraten, Cephalopoden, Crustaceen, Insekten, Tunicaten und Fischen) transformiert. Mit Hilfe des bei der Photosynthese der Pflanzen anfallenden Sauerstoffes können die Nährstoffe oxidativ *(aerob)* vollständig zu CO_2, H_2O und NH_3 (S. 207) abgebaut werden. Die freiwerdende Energie bleibt dabei als chemische Energie in Form des energiereichen Adenosintriphosphats (ATP) erhalten, das bei Hydrolyse einen Energiebetrag von 7 kcal/mol liefert. Die vollständige Oxidation von 1 Mol Glucose (über Glykolyse, Zitronensäurezyklus und Atmungskette, s. Lehrbücher der Biochemie) führt zu 38 Mol ATP. Viele Tiere, besonders Fäulnisfresser (Saprozoen) und Parasiten, sind in der Lage, vorübergehend oder dauernd ohne Sauerstoff zu leben. 1 Mol Glucose liefert bei diesem *anaeroben,* nur über die Glykolyse laufenden Abbau 2 Mol Milchsäure, wobei lediglich 2 Mol ATP entstehen. Die Energieausbeuten von aerobem und anaerobem Kohlenhydratabbau verhalten sich also wie 19 : 1. Auch die Muskulatur aerob lebender Tiere muß bei ihrem hohen O_2-Bedarf vorübergehend anaerob arbeiten und dabei Milchsäure bilden, die jedoch anschließend, wenn das plötzliche O_2-Defizit behoben ist, unter Energieverbrauch wieder zu Glucose bzw. Glykogen (z. T. in der Leber) resynthetisiert wird.

Die *anaerobe* Lebensweise vieler *Parasiten* hat sich im Laufe der Phylogenie nicht sprunghaft entwickelt. So bilden Gewebs- und Blutparasitismus erste Stufen auf dem Weg von der freien zur parasitischen Lebensweise, denen der Darmparasitismus mit seiner vollständigen Umstellung auf die anaerobe Energiegewinnung als die höchste Form der Anpassung folgt. Bei den Nematoden (S. 397) lassen sich für alle Übergangsstufen Vertreter finden, indem neben rein saprozoischen Formen (einige *Rhabditis*-Arten) und solchen, die in bestimmten Entwicklungsstadien saprozoisch, in anderen parasitisch leben (*Mermis*), schließlich reine Darmparasiten auftreten (*Ascaris, Enterobius, Ancylostoma*). Bei ihnen ist nur noch die Embryogenese innerhalb der Eihülle auf O_2 angewiesen, so daß sich allein dieser Entwicklungsabschnitt in der Außenwelt vollzieht. Die Larve siedelt sich jedoch nur bei wenigen dieser anaerob lebenden Parasiten sogleich im Darm an (*Enterobius*), sondern wandert zuerst durch das O_2-reichere Milieu von Blut, Lungen oder Muskeln (*Ascaris, Trichinella*; vgl. S. 398). Rückblickend kann man daher in der saprozoischen Lebensweise mit ihrer fakultativen Anaerobiose eine phylogenetische „Präadaptation" für die Entwicklung von Darmparasiten sehen.

Unabhängig von der speziellen chemischen Natur der Nährstoffe münden alle oxidativen energieliefernden Abbauprozesse in die gleiche Endstrecke *(Atmungskette)* ein. In mehreren Zwischenstufen werden dabei zunächst die anfallenden Substrate durch Abspaltung von Wasserstoff oxidiert (dehydrogeniert). Bei der Oxidation dieses Wasserstoffs in der Atmungskette entstehen dann je Mol Wasserstoff 3 Mol ATP (Atmungskettenphosphorylierung), das die unmittelbare Energiequelle der Zelle für chemische Leistungen darstellt. Die als Redoxsysteme wirkenden Enzyme der Atmungskette (z. B. Cytochrome) sind in die innere Mitochondrienmembran eingefügt (S. 8).

So wie letzten Endes alle energetischen Prozesse in Organismen an die Bildung und Spaltung von ATP gebunden sind, führen auch die an diesen Reaktionen beteiligten Stoffe immer wieder über die gleichen Zwischenverbindungen (Metabolite). Eine zentrale Rolle in diesem intermediären Stoffwechsel nimmt z. B. das Acetylcoenzym A ein, das beim Abbau von Kohlenhydraten, Fetten und Proteinen entsteht. Man kann daher von einem allgemeinen „Sammelbecken des intermediären Stoffwechsels" (*metabolic pool*) sprechen, das aus verschiedenen Quellen gespeist wird. Die stationären Konzentrationen der Metaboliten sind dabei erstaunlich gering (ca. 10^{-3} mol/l), ihre an Hand von Isotopenmarkierungen gemessenen Umsatzraten (turnover) jedoch außerordentlich hoch. So werden alle Enzyme der Säugerleber im Laufe von ca. 10 Tagen erneuert und im menschlichen Körper wird täglich 70 kg ATP produziert und umgesetzt. Wegen dieses allgemeinen Energie- und Stoff-„pools" ist es kaum möglich, eine klare Trennung von Energie- und Baustoffwechsel konsequent durchzuführen.

Alle diese oxidativen Abbauprozesse könnten jedoch – ebenso wie die übrigen chemischen Reaktionsfolgen in der Zelle – gar nicht ablaufen, wenn sie nicht durch *Enzyme* katalysiert würden. Zwar liegt in Gegenwart von O_2 das Gleichgewicht der meisten organischen Verbindungen auf der Seite der Abbauprodukte CO_2 und H_2O, doch müssen stets erst bestimmte Aktivierungsenergien aufgebracht werden, damit die Reaktionen in Gang kommen. Die Enzyme setzen nun diese Aktivierungsenergien erheblich herab, so daß die betreffenden chemischen Reaktionen auch bei niedrigen, das Cytoplasma nicht schädigenden Temperaturen mit hinreichender Geschwindigkeit ablaufen. Stofflich bilden Enzyme einen Großteil der Zellproteine, indem sie neben einem niedermolekularen *Coenzym* (prosthetische Gruppe, Vitamine, S. 180) stets ein Protein als *Apoenzym* enthalten. Die Wirkungs- und vor allem Substratspezifität eines Enzyms ist dabei an die Proteinkomponente gebunden, während die von ihnen oft leicht abtrennbaren Coenzyme vielfach für ganz verschiedenartige Reaktionen eingesetzt werden. So dient bei mehreren Dehydrogenierungsschritten während des oxidativen Abbaus der Glucose das Coenzym Nicotinamid-adenindinucleotid (NAD) als Wasserstoffakzeptor, während jedem dieser Oxidationsschritte ein eigenes Apoenzym zugeordnet ist. Viele Coenzyme können daher auch als „Cosubstrate" aufgefaßt werden, mit denen sich das eigentliche Substrat in einer vom Proteinenzym katalysierten Reaktion umsetzt.

Mit Hilfe der enzymatischen oxidativen Abbauprozesse wird pro Mol Glucose eine *Energieausbeute* von 38 Mol ATP erreicht, der 266 kcal entsprechen. Da bei der totalen Verbrennung von 1 Mol Glucose 675 kcal entstehen, arbeitet der oxidative glykolytische Abbau mit dem erstaunlich hohen Wirkungsgrad von nahezu 40 %, was dem moderner Dampfturbinen entspricht. Atomkraftwerke erlauben nur eine 30 %ige Ausbeute an elektrischer Energie. Bei der Muskeltätigkeit werden ca. 25 % der Energie nutzbar gemacht und der Rest – wie in allen genannten Fällen – als Wärme freigesetzt.

Obwohl dem Abbau aller Nährstoffe die energieliefernde Endstrecke der Atmungsketten-Phosphorylierung gemeinsam ist, tragen die einzelnen Substrate jedoch in unterschiedlichem Ausmaß zur allgemeinen Energiegewinnung bei. Nach *kalorimetrischen Messungen* liefern Kohlenhydrate 4,1 kcal (Glucose 3,7 kcal), Proteine 5,7 kcal und Fette 9,3 kcal pro g Substrat, wobei wiederum nur ca. 40 % für den Organismus als gebundene chemische Energie verwertbar bleibt. Zudem werden Proteine in den Zellen nicht vollständig oxidiert, so daß mit den N-haltigen Exkretionsprodukten NH_3, Harnstoff oder Harnsäure ein Teil der Energie verloren geht. Im Gegensatz zum physikalischen liegt daher der physiologische Brennwert der Proteine nur bei 4,5 kcal/g. Während beim Abbau der Kohlenhydrate genau so viele Mole CO_2 entstehen, wie Mole O_2 verbraucht werden, sind Fette und Proteine sauerstoffärmer, so daß die Bildung von 1 Mol CO_2 mehr als 1 Mol O_2 benötigt. Folglich besitzen Kohlenhydrate einen *respiratorischen Quotienten* (RQ = Mole gebildetes CO_2/Mole aufgenommenes O_2) von RQ = 1,00, Proteine von RQ = 0,77–0,80 und Fette von RQ = 0,70–0,74. Auf diese Weise kann relativ einfach durch Messung von O_2-Aufnahme und CO_2-Abgabe die in einem Organismus umgesetzte Stoffart bestimmt werden.

Nach diesen Überlegungen liefert der Sauerstoffverbrauch ein direktes, experimentell leicht bestimmbares Maß für die beim oxidativen Abbau der Nährstoffe freiwerdende Energie (Grundumsatz). Aus dem Sauerstoffverbrauch eines Tieres läßt sich damit auf dessen *Stoffwechselintensität* schließen, die bei den einzelnen Tiergruppen sehr unterschiedliche Werte annehmen kann. Als zwei Extreme seien die Süßwassermuscheln (*Anodonta:* 2 ml O_2/kg/h) und fliegende Insekten (bis zu 1 000 000 ml O_2/kg/h) genannt. Messungen an zahlreichen Arten einer Verwandtschaftsgruppe haben gezeigt, daß der relative O_2-Verbrauch mit abnehmender Körpergröße steigt – was z. T. auf die relativ größere Körperoberfläche zurückzuführen ist –, so daß kleine Tiere pro Gewichtseinheit einen größeren Nahrungsbedarf als große haben. Da jedoch der Nutzeffekt der Stoffwechselenergie, d. h. das Verhältnis der chemisch gespeicherten und der Arbeitsenergie zu der als Wärme abgegebenen Energie, mit zunehmendem Körpergewicht abnimmt, wachsen kleinere Tiere schneller als große (gemessen an der Gewichtszunahme/Zeiteinheit), obwohl sie gleichzeitig mehr Wärme/Zeiteinheit verlieren. Folglich übertrifft in einer abgeschlossenen Biozönose (Lebensgemeinschaft, S. 329) auch die Gesamtmasse kleiner Tierarten stets die der großen.

Wenn die relative Stoffwechselintensität mit abnehmendem Körpergewicht steigt, muß sie bei einem unteren Grenzwert des Körpergewichts unphysiologisch hohe Werte annehmen. Tiere, die nahe dieser Grenze leben (z. B. Kolibris), sind daher gezwungen, während der Pausen in der Nahrungsaufnahme ihre Körpertemperatur herabzusetzen, um damit den Stoffumsatz zu drosseln.

Viele Tierarten sind sogar befähigt, in bestimmten *Dauerzuständen* längere Zeiträume völlig ohne Nahrungsaufnahme zu leben (Winterschlaf von Säugern, Kältestarre von Amphibien und Reptilien, Trokkenstarre mancher Fische, mehrjährige Puppenruhe [Diapause] bei Insekten). Kleine Organismen (z. B. Tardigraden, S. 357, Rotatorien, S. 399) können beim Eintrocknen bis zu 90 % ihres Volumens verlieren und in dieser Trockenstarre jahrelang verharren. In diesen Zuständen *latenten Lebens* ist der Stoffumsatz stark herabgesetzt. Pilzsporen, Bakterienzellen, Spermatozoen wie auch Zellen aus Gewebekulturen höherer Organismen lassen sich für längere Zeit in flüssigem Stickstoff (Siedepunkt –196° C) lebensfähig erhalten.

Ernährung

Obwohl die einzelnen Tierarten und -gruppen recht unterschiedliche Ernährungstypen herausgebildet haben, ist der **Stoffbedarf** bei allen Tieren doch nahezu der gleiche.

Organismen benötigen für ihre Stoffwechselleistungen nur ungefähr ein Viertel der natürlich vorkommenden *Elemente.* Wasserstoff und Sauerstoff stellen dabei allein 88 % aller Atome des menschlichen Körpers. Die 11 häufigsten Elemente (> 0,01 % aller Atome) dienen dem Aufbau der wesentlichen Körperbestandteile (C, N, H, O, P, S) und dem Elektrolythaushalt (Na, K, Ca, Mg, Cl). Ferner werden Spurenelemente (vor allem Metallionen) für Coenzyme und Proteine mit speziellen Funktionen (z. B. Hämoglobin) benötigt. Für die Auswahl dieser biologisch relevanten Elemente war vor allem deren Vorkommen im Meerwasser entscheidend: 9 der genannten 11 häufigsten Elemente in Organismen sind gleichzeitig die 9 häufigsten im Meerwasser. Lediglich C und P, die als Grundbausteine von Makromolekülen oder als Bestandteile energiereicher Bindungen (z. B. ATP) biologisch entscheidende Funktionen erfüllen, treten im Meerwasser nur in Spuren auf. Dabei ist es vor allem den chemischen Eigenschaften des Kohlenstoffs zuzuschreiben (Stabilität der Ketten- und Ringbildung, Wasserlöslichkeit des monomeren Dioxids), daß er und nicht das in der Erdkruste 150mal häufigere Silicium für die organischen Verbindungen ausgewählt wurde.

Nicht ein spezieller Stoffbedarf, sondern die Selektionswirkung der ökologischen „Einnischung“ (S. 346) führte zur artspezifischen **Nahrungswahl.** Diese wird daher heute durch angeborene Verhaltensweisen bei der Auswahl und Aufnahme der Nahrung und nicht durch deren Stoffbestand bestimmt. So extreme Nahrungsspezialisten wie viele Schmetterlingsraupen, die auf bestimmte Wirtspflanzen beschränkt sind und nur deren Blätter fressen, treffen ihre Nahrungswahl mit Hilfe von Kontaktchemorezeptoren (S. 288), die selektiv auf Stoffe der Wirtspflanze (z. B. Citral u. a. Terpene) ansprechen; sie nehmen sogar unverdauliche Stoffe auf, wenn den „Wahlstoffen“ solche Verbindungen zugesetzt werden. Bei Coelenteraten wirkt das Tripeptid Glutathion als Auslöser für Freßreaktionen. Daß unterschiedliche Ernährungstypen wie Herbivore (Pflanzenfresser) oder Carnivore (Fleischfresser) überhaupt entstehen konnten, war nur deshalb möglich, weil über den allgemeinen „pool“ des intermediären Stoffwechsels die notwendigen Metabolite gleichermaßen aus Kohlenhydraten, Proteinen und Fetten hervorgehen (S. 176). Ob jene Tiere, die sich nur auf eine einzige chemische Verbindung spezialisiert haben (wie die Larven der Wachsmotte *Galleria* auf Bienenwachs oder die Pelzmotte *Tineola* auf die Hornsubstanz Keratin) wirklich keine anderen Stoffe aufnehmen, bleibt freilich abzuklären.

Unabhängig davon, wie spezialisiert einzelne Ernährungstypen auch sein mögen, müssen alle Tiere aus relativ wenigen Zwischenverbindungen des intermediären Stoffwechsels, die durch Verdauung der aufgenommenen organischen Verbindungen gewonnen werden, eine große Zahl körpereigener Stoffe synthetisieren. Bei denjenigen Bausteinen, die – ziemlich einheitlich bei allen Tiergruppen – nicht selbst aufgebaut werden können, sind sie zudem auf direkte Zufuhr von außen angewiesen *(essentielle Nahrungsfaktoren)*. Hierzu gehören vor allem die *Vitamine*, die den Syntheseleistungen der Pflanzen entstammen und als Cofaktoren von Enzymen wirken: z. B. Nicotinsäureamid (Vitamin-B-Gruppe) und Riboflavin (B_2) bei Dehydrogenasen, Thiamin (B_1) bei Aldehydgruppen übertragenden Enzymen, Pyridoxin (B_6) bei verschiedenen Enzymen des Aminosäurestoffwechsels, Biotin bei carboxylierenden Enzymen oder Folsäure bei Enzymen des Purinstoffwechsels. Daneben werden essentielle *Aminosäuren* (Valin, Leucin, Isoleucin, Threonin, Histidin, Methionin, Phenylalanin, Tryptophan, Lysin und Arginin) sowie einige ungesättigte *Fettsäuren* (Linol-, Linolensäure) benötigt. Die *Prostaglandine* (S. 218), die bei Säugern wohl in allen Geweben gebildet werden und in besonders hohen Konzentrationen in der Samenflüssigkeit und im Menstruationsblut auftreten, entstehen aus ungesättigten essentiellen Fettsäuren durch oxidative Zyklisierung. Insekten können Cholesterin und andere Sterine nicht selbst synthetisieren. Vielfach werden dazu die biosynthetischen Leistungen von symbiontischen *Mikroorganismen* (vor allem Bakterien und Hefen) herangezogen. Unter *Symbiose* (S. 353) versteht man dabei das wechselseitige Abhängigkeitsverhältnis zweier Arten, von denen beide Partner profitieren. Die biosynthetisch tätigen Symbionten können entweder im Darmtrakt oder intrazellulär leben.

Solche *Endosymbiosen* (Abb. 85) sind besonders bei Insekten weit verbreitet: Holz fressende Termiten enthalten in ihrem stark erweiterten Enddarm eine Fülle verschiedener vielgeißeliger Flagellatenarten *(Polymastigina*, Abb. 182 a, b), die an ihrem hinteren Zellpol durch Ausbildung amöboider Fortsätze Holzpartikel aufnehmen und diese abbauen mit Hilfe des Enzyms Cellulase. Werden die Termiten einige Stunden lang bei 36 °C gehalten, sterben die Flagellaten und 10–20 Tage später auch die Termiten. Phylogenetisch höher stehende Termiten legen ebenso wie die Blattschneiderameisen *(Attini)* Pilzgärten an. Während die Pilze von den ihnen fehlenden proteolytischen Enzymen aus dem Kot ihrer Wirte profitieren, liefern sie selbst (wie die endosymbionti-

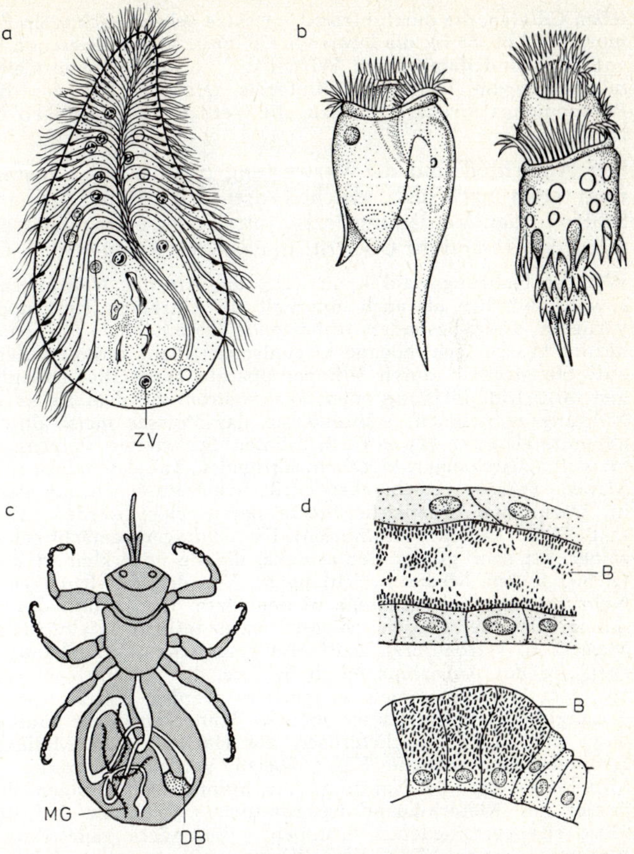

Abb. 85 Endosymbionten. a) Flagellat *(Synderella tabogae, Calonymphida)* aus dem Darm von Termiten, *ZV* zellulose-(holz-)haltige Vakuole (nach GRELL). b) Ciliaten *(Entodiniomorpha)* aus dem Pansen des Rindes (nach KAESTNER). c) Schaflaus *(Melophagus ovinus)* mit bakteriumhaltigem Darmabschnitt *(DB)*, *MG* Malpighische Gefäße. d) Extrazelluläre (oben) und intrazelluläre (unten) symbiontische Bakterien *(B)* im Darm von Insekten (nach BUCHNER).

schen Flagellaten oder Bakterien) Cellulasen. Bakterien können dabei im Darmlumen, in Zellen des Darmepithels (Abb. 85 d) oder sogar in speziellen Organen (Mycetomen) auftreten. Oft werden schon die Eier in den Ovarien infiziert, womit die Übertragung auf die nächste Generation gesichert ist. Im Pansen von Wiederkäuern (Abb. 89) leben Ciliaten, die durch bizarre Fortsätze gekennzeichneten *Entodiniomorpha* (Abb. 85 b), die ihrerseits Cellulase synthetisierende Bakterien enthalten und damit ihren Wirten die Verwertung von Cellulose ermöglichen. Im Darm des Blutegels (*Hirudo*) hat das Bakterium *Pseudomonas hirudinis* nahezu alle Verdauungsfunktionen übernommen.

Der Aufschluß und die Verwertung organischer Substanzen erfolgt stets nach den gleichen drei Prinzipien: Aufnahme der Stoffe in den Verdauungstrakt, intra- oder extrazellulärer Abbau dieser Stoffe und ihr Übertritt in das Kreislaufsystem.

Wie die Nahrungswahl kann auch die Art der *Nahrungsaufnahme* sowohl zwischen als auch innerhalb der einzelnen Tiergruppen stark variieren. Viele, besonders festsitzende Tiere nehmen als *Strudler* kleine, im Wasser schwebende Organismen (Plankton) und Zerfallsteile auf: Sie strudeln durch Wimperapparate oder Gliedmaßenbewegungen ihrer Mundöffnung einen Wasserstrom zu, dem sie suspendierte Nahrung entnehmen, während sie das Wasser meist durch Filterapparate ablaufen lassen (z. B. Ciliaten, Schwämme, Polychaeten, Tentakulaten, Cirripedier, Muscheln, Crinoiden, Tunicaten, *Branchiostoma*). Manche Formen verschlucken große Substratmengen, aus denen dann im Darmkanal organische Stoffe herausgelöst werden: *Sandfresser* (z. B. Oligochaeten, Holothurien). Die *Schlinger* bemächtigen sich einzelner, oft sehr großer Beutestücke, die sie unzerkleinert aufnehmen (z. B. Polypen, Medusen, Schlangen). Von den *Zerkleinerern* wird die Nahrung vor der Aufnahme in den Darm mechanisch durch Kiefer, Zähne oder Reibplatten zerrissen bzw. zerkaut (viele Arthropoden, Mollusken, Wirbeltiere). Auch auf chemischem Weg kann die Nahrung vor der Aufnahme durch Sekrete, die aus Speicheldrüsen oder aus dem Darm stammen, angegriffen werden (extraintestinale Verdauung). Zum Beispiel lösen manche Schnecken durch Säureausscheidung aus ihren Speicheldrüsen die Hartteile von Mollusken und Echinodermen; manche Käfer speien Verdauungsenzyme aus dem Mitteldarm auf die Nahrung. Die Spinnen verflüssigen durch das Sekret der Kieferklauendrüse sämtliche Weichteile der Beutetiere. Tiere aus verschiedenen Gruppen – besonders viele Würmer und Insekten – saugen Tier- oder Pflanzensäfte, meist nachdem sie sich durch Anbohren Zugang zu ihnen verschafft haben: *Säftesauger*. Sie fallen ihre Nahrungsspender entweder nur zeitweise an (z. B. Blutegel, Zecken, Stechmücken, Stechfliegen, Wanzen, Flöhe) oder leben als Parasiten dauernd in oder auf einem Wirtstier: *Ektoparasiten* (z. B. Pflanzen- und Tierläuse) und *Endoparasiten* (Leberegel, viele Nematoden). Viele Parasiten ernähren sich nicht nur von gelösten Stoffen, die sie aufsaugen, sondern von festen Gewebebestandteilen, die sie fressen (Krätzmilbe, Maden der Dasselfliege). Parasiten, die von Körperflüssigkeiten oder einem vom Wirt vorbereiteten Nahrungsbrei umspült werden oder im Innern von Zellen oder Geweben liegen, können die typische tierische Nahrungsaufnahme in einen verdauenden Hohlraum ganz verlieren und durch die Körperoberfläche die vom Wirt gelieferten Nahrungsstoffe resorbieren (z. B. Trypanosomen, Sporozoen, Bandwürmer).

Im Verdauungstrakt werden die aufgenommenen organischen Verbindungen durch die Wirkung von Verdauungsenzymen in Bruchstücke zerlegt, die die Membranen resorbierender Epithelien und schließlich der Kreislaufsysteme passieren können. Dabei lassen sich zwei **Haupttypen der Verdauung** unterscheiden: Bei der phylogenetisch älteren *intrazellulären* Verdauung werden ganze Nahrungskörper durch *Phagocytose* aufgenommen. Sie findet sich bei vielen Protozoen, ferner bei den Choanocyten und Amoebocyten der Schwämme (S. 375) sowie in den Darmzellen der Turbellarien. Diese Verdauungsart fehlt dagegen den Anneliden, Cephalopoden, Arthropoden (mit Ausnahme der Mitteldarmdrüsen der Spinnen) und Vertebraten. Die mit einer Pellicula bedeckten Flagellaten und Ciliaten phagocytieren feste Nahrungskörper über den Zellmund (Cytostom) und schließen sie in membranbegrenzte Vakuolen ein. Zunächst werden im sauren Bereich arbeitende Enzyme, später solche des alkalischen Bereichs in diese Nahrungsvakuolen abgegeben (Abb. 86), was für eine in getrennten Schritten ablaufende Verdauung verschiedener Stoffgruppen spricht (S. 189). Bei der *extrazellulären* Verdauung resorbieren die Verdauungszellen dagegen die im Darmlumen in diffundierbare Bruchstücke zerlegten organischen Verbindungen. Diese *Resorption* kann sich der Diffusion längs eines Konzentrationsgradienten (z. B. bei wasserlöslichen Vitaminen) oder eines aktiven Transports bedienen (z. B. Monosaccharide, Aminosäu-

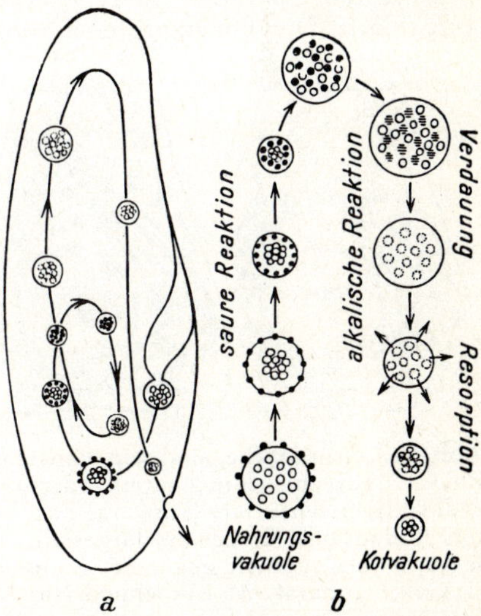

Abb. 86 Schema der intrazellulären Verdauung bei *Paramecium*. a) Weg der Nahrungsvakuole im Cytoplasma. b) Veränderungen der Nahrungsvakuole vom Beginn der Sekretabscheidung bis zur Abgabe des Fäzes durch den Zellafter.

ren, s. S. 172). Sie kann ferner durch *Pinocytose* erfolgen: Über feine, 0,5 bis 2 µm weite Kanälchen, die von der Zellmembran aus ins Cytoplasma führen, werden dabei mit Hilfe sich abschnürender Bläschen höhermolekulare Verbindungen in kolloidaler Form in die Zelle eingeschleust (Abb. 1). Die Pinocytose versorgt die Zelle also mit Teilchen, die zwar für die Phagocytose zu klein, doch für die Membranpassage durch Diffusion zu groß sind. Es steht zur Diskussion, ob ein Teil der Fette in Form von unvollständig gespaltenen Triglyceriden durch Pinocytose in die Darmzellen aufgenommen wird.

Der phylogenetisch älteren Phagocytose mit anschließender intrazellulärer Verdauung steht also die extrazelluläre Verdauung gegenüber, bei der niedermolekulare Abbauprodukte durch Resorption oder Pinocytose in die Zelle gelangen. Im letzteren Fall hat das Darmepithel daher sowohl die Funktion der Sekretion von Verdauungsenzymen als auch der Resorption zu erfüllen. Inwieweit beide Funktionen räumlich auf verschiedene Zellen verteilt sind oder in zeitlicher Aufeinanderfolge in derselben Zelle ablaufen, stellt ein noch weitgehend ungeklärtes vergleichend-physiologisches Problem dar. Die **Zellen des Darmepithels,** die die Verdauungsenzyme synthetisieren und ins Darmlumen sezernieren, zeigen jedenfalls die typischen feinstrukturellen Merkmale von Drüsenzellen. Dabei sind durch kombinierte elektronenmikroskopische und biochemische Untersuchungen die einzelnen Schritte der *Synthese- und Sekretionsprozesse* heute recht gut aufgeklärt: Die Enzymproteine werden an den Ribosomen des

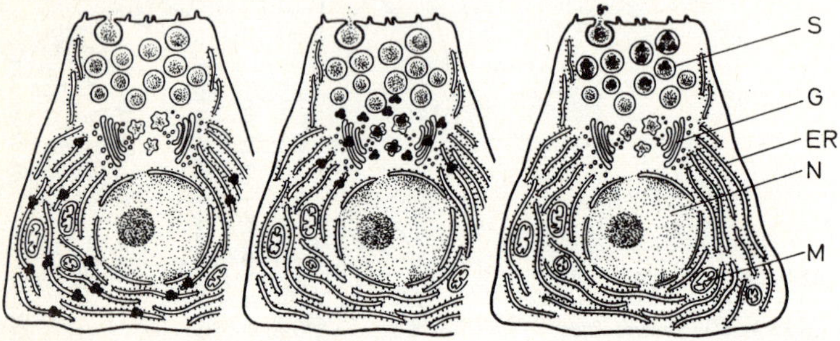

Abb. 87 Drüsenzelle aus dem Pancreas des Meerschweinchens. Von links nach rechts ist in 3 aufeinanderfolgenden Stadien die Ausbreitung radioaktiven Materials (schwarze Partikel) nach Injektion der markierten Aminosäure ^{3}H-Leucin dargestellt: 0, 17 und 177 Min. nach Markierung. Darmlumen oben. *ER* rauhes endoplasmatisches Reticulum, *G* Golgi-Apparat, *M* Mitochondrien, *N* Kern, *S* Sekretvesikel (nach Jamieson u. Palade).

rauhen ER (S. 7) synthetisiert, treten dann durch die ER-Membranen in das Lumen der ER-Schläuche ein und werden von dort in Vesikeln zu den Membranstapeln der Golgi-Apparate transportiert, in deren Lumen sie schon wenige Minuten später nachweisbar sind. Vom Golgi-Apparat schnüren sich dann membranbegrenzte Granula ab, die zum distalen Zellpol wandern, dort

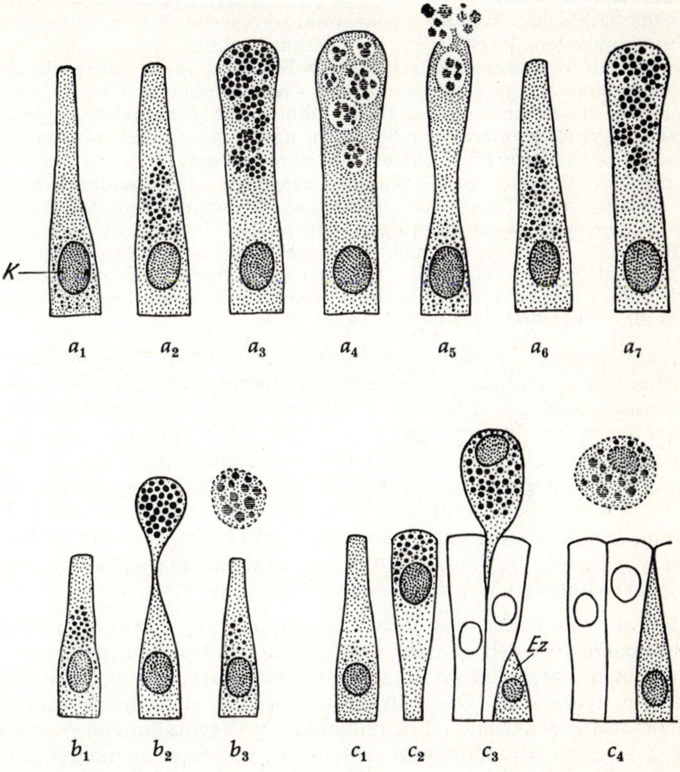

Abb. 88 Sekretionstypen (nach lichtmikroskopischen Befunden). a) Merokrine Sekretion: Das Drüsenepithel läßt während eines Sekretionszyklus (a_{1-7}) keine Volumenänderung erkennen (die meisten Drüsen des Atem-, Verdauungs- und Genitaltraktes). b) Apokrine Sekretion: Das Sekret wird durch Abschnürung des apikalen Zellteils nach außen abgeschieden (z. B. Duft- und Milchdrüsen bei Säugern). c) Holokrine Sekretion: Nach Austritt der Drüsenzelle aus dem Epithel werden die Sekretgranula durch Zerfall der Zelle frei (z. B. Talgdrüsen, Giftdrüsen der Amphibien, Abb. 257), *Ez* Ersatzzelle, *K* Kern.

– wie sich bei hungernden Tieren zeigen läßt – gespeichert und bei Nahrungszufuhr ins Lumen freigesetzt werden. Mit Hilfe ^3H-markierter Aminosäuren kann dieser ganze Funktionszyklus rekonstruiert werden (Abb. 87).

Auch bei anderen Drüsenzellen laufen die geschilderten Vorgänge der Sekretbildung prinzipiell in der gleichen Weise ab; dagegen bestehen in der Art der Sekretausschleusung (*Extrusion*) gesetzmäßige Unterschiede (Abb. 88). Wie elektronenmikroskopische Bilder zeigen, erfolgt sie meistens in einer Art Umkehrung der Pinocytose, indem sich die von den Membranen umschlossenen Bläschen an die Innenseite des Plasmalemms anlagern und dann wird – nach Einbau der Vesikelmembran ins Plasmalemm – der Inhalt ohne Membranumkleidung nach außen abgegeben (*merokrine* Sekretion nach lichtmikroskopischen Befunden; bei nahezu allen Drüsen des Verdauungstrakts). Bei der *apokrinen* Sekretion werden die Bläschen mit einem Membranüberzug und oft zusammen mit Teilen des Cytoplasmas abgeschnürt (z. B. Milchdrüse der Säuger, Mitteldarmdrüse der Gastropoden). Erreicht die Sekretbildung solche Ausmaße, daß sich die ganze Zelle nach einem Sekretionszyklus auflöst und durch eine neue ersetzt werden muß, spricht man von *holokriner* Sekretion. Solche Drüsen (z. B. Talgdrüsen) besitzen stets ein mehrschichtiges Epithel (Abb. 256).

An der *Resorption* diffundierbarer Verbindungen in die Darmepithelzellen sind ebenfalls spezielle Strukturen beteiligt. Der lichtmikroskopisch sichtbare „Stäbchensaum", mit dem die Zellen das Lumen des Darms begrenzen, hat sich elektronenmikroskopisch als ein Mikrovillisaum (Abb. 1) erwiesen, der die resorptive Oberfläche enorm vergrößert: Beim Menschen stehen auf einer Zelloberfläche $3 \cdot 10^3$, auf 1 mm^2 $2 \cdot 10^8$ Mikrovilli. Der hohe Gehalt an ATP-spaltenden Enzymen (ATPasen) in den Mikrovilli weist auf die hier ablaufenden aktiven Transportvorgänge hin; zwischen den Mikrovilli findet Pinocytose statt.

Alle von den Zellen des Verdauungsapparates sezernierten **Verdauungsenzyme** gehören zur Gruppe der *Hydrolasen*, die bei den von ihnen katalysierten Reaktionen nur ganz geringe Energiemengen freisetzen. Dadurch unterscheiden sich die hydrolytischen Abbaureaktionen hochmolekularer Verbindungen wesentlich von dem intrazellulären Abbau der resorbierten niedermolekularen Bruchstücke (intermediärer Stoffwechsel, S. 176).

Hydrolasen finden sich in besonders hoher Konzentration in den *Lysosomen* (Abb. 1). Diese erstmals in der Rattenleber entdeckten membranbegrenzten Vesikel sind nicht durch besondere Größe (Durchmesser 0,5 μm) oder Feinstruktur gekennzeichnet, sondern nur auf Grund ihres charakteristischen Enzymgehalts definiert. Die bisher aus den Lysosomen isolierten Enzyme sind beim Protein-, Polysaccharid- und Nucleinsäureabbau beteiligt. Da sie bei Zellschädigung aus den zerfallenden Lysosomen freigesetzt werden, führen sie dann zur Gewebsautolyse (z. B. postmortaler Gewebszerfall).

Die Verdauungsenzyme werden nach ihren Substraten in Proteasen, Carbohydrasen und Esterasen (vor allem Lipasen) unterteilt. Je nachdem, ob die *Proteasen* mittel- oder endständige Peptidbindungen spalten, lassen sich Endopeptidasen (Proteinasen) und Exopeptidasen (Peptidasen) unterscheiden. Zur ersten Gruppe zählen die nur bei Wirbeltieren auftretenden Pepsine (pH-Optimum 1,5–2,5; Magen), die Kathepsine (pH-Optimum 4–6; Magen) und Trypsine (pH-Optimum >7; Pancreas). Bei den Exopeptidasen unterscheidet man je nach dem enzymatischen Angriffspunkt Carboxy- und Aminopeptidasen. Analog den Endopeptidasen zerlegen bei den *Carbohydrasen* die Polyasen hochmolekulare Polysaccharide (Stärke, Glykogen) in kleinere Bruchstücke (Disaccharide). Dabei spalten die Amylasen die α-glykosidischen und die Cellulasen die β-glykosidischen Bindungen. Cellulasen werden in den meisten Fällen, Chitinasen stets von symbiontischen Mikroorganismen geliefert (S. 180). α- und β-Glykosidasen (Oligasen) katalysieren dagegen den Abbau der Disaccharide (Maltose, Saccharose, Lactose, Cellobiose u. a.) zu den für die Verdauungszellen resorbierbaren Monosacchariden. Unter den *Esterasen* hydrolysieren die Lipasen des Pancreas die langkettigen Glycerin-Fettsäure-Ester.

Neben den Enzymen sezerniert der Verdauungstrakt eine Reihe von Stoffen, die überhaupt erst die optimalen chemischen Bedingungen für die Enzymwirkung schaffen: z. B. Hydronium-(H_3O^+)Ionen zur Einstellung eines bestimmten pH-Wertes oder Gallensäuren zur Emulgierung der Fette und als Lösungsmittel der primären Fettverdauungsprodukte.

Vor allem die *HCl-Produktion* im Fundusteil des Wirbeltiermagens, die die autokatalytische Umwandlung des von den „Hauptzellen" des Magens sezernierten Proenzyms Pepsinogen in das aktive Enzym Pepsin ermöglicht, verdient allgemein-physiologisches Interesse; denn die auf diese Weise erzeugten pH-Werte müßten für die sezernierenden Zellen tödlich wirken. In den H_3O^+-Ionen produzierenden „Belegzellen" des Magens bleibt jedoch der pH-Wert während der Magensaftsekretion nahezu unverändert. Dagegen sinkt er in den abführenden Kanälchen (Canaliculi), die sich bis in die Belegzellen hinein verästeln und dann in das Darmlumen münden, auf Werte bis zu pH = 1,5 ab, wie sich durch Injektion von Indikatoren zeigen läßt. Ausgelöst wird diese Säureproduktion von dem Gewebshormon Gastrin, das Zellen der Pylorusregion des Magens (Abb. 89) nach Dehnung der Magenwand ausschütten.

Die sezernierten H_3O^+-Ionen diffundieren normalerweise nicht, ihrem Konzentrationsgradienten folgend, in die Zellen der Magenschleimhaut (Mucosa) zurück. Zellkontakte (tight junctions, S. 6) zwischen

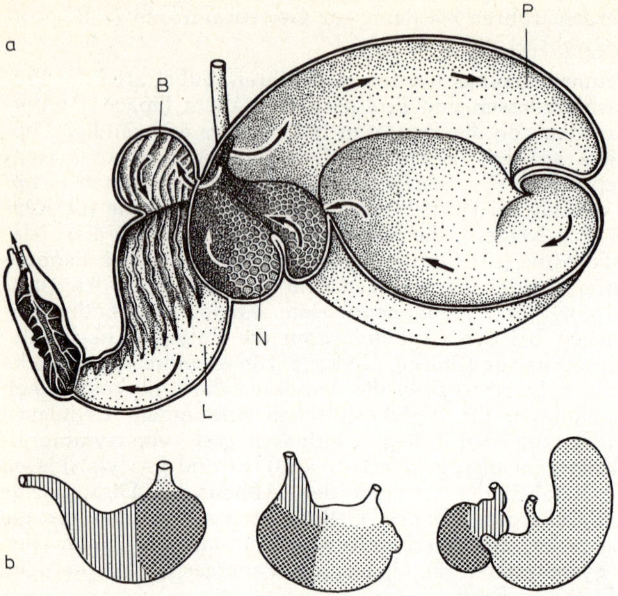

Abb. 89 a) Mehrkammeriger Wiederkäuermagen (Schaf). *B* Blättermagen, *L* Labmagen, *N* Netzmagen, *P* Pansen; Pfeile geben den Weg der Nahrungspassage an: Die Nahrung gelangt aus dem Ösophagus zunächst in den Pansen und Netzmagen, aus dem sie dann zum Wiederkauen wieder in die Mundhöhle heraufbefördert wird. Dieser Vorgang kann sich mehrmals wiederholen. Bewegungen von Pansen und Netzmagen dienen der Durchmischung der Nahrung mit dem ständig zufließenden Speichel. In Pansen und Netzmagen beginnt eine Verdauung durch Enzyme von Verdauungssymbionten (s. Abb. 85 b). Feines Material wird im Pansen aussortiert und unter Mitwirkung des Netzmagens vom Blättermagen angesaugt. Dazu öffnet sich das Ostium zwischen Netz- und Blättermagen unter Beteiligung der Schlundrinne. Nur feine Nahrungsbestandteile können zwischen den Blättern hindurch zum Labmagen transportiert werden, in dem allein die Verdauung mit körpereigenen Enzymen stattfindet und der damit den normalerweise einkammerigen Mägen der Säuger entspricht. b) Cardia- (fein gerastert), Fundus- (grob gerastert) und Pylorusdrüsenregion (schraffiert) des Säugermagens: links: Mensch, Mitte: Schwein, rechts: Hamster (nach Pernkopf und Herre).

den distalen Teilen der zylindrischen Zellen sowie eine „Membranschranke" scheinen für diesen Schutz verantwortlich zu sein. Detergentien (auch Aspirin) machen die Membran für H_3O^+-Ionen permeabel. Über die Ausschüttung von Histamin kommt es dann zu erhöhter Säureproduktion und Entzündungserscheinungen.

Die Vorgänge der extrazellulären Verdauung und anschließenden Resorption spielen sich bei den Metazoen in verschiedenen Abschnitten des **Gastrointestinaltraktes** (Verdauungsdrüsen und Darmkanal) ab. Das Lumen dieses Verdauungstraktes stellt ein Stück Außenwelt dar, das bei den Coelenteraten ausschließlich von *Entoderm* umgeben wird; bei den übrigen Metazoen nehmen dagegen alle drei Keimblätter am Aufbau des Verdauungstrakts teil. Im Extremfall ist bei den Arthropoden sogar nur der sehr kurze Mitteldarm entodermalen Ursprungs, während einerseits Mundhöhle und Pharynx (und sogar der Magen) als sogenanntes Stomodaeum, andererseits der Enddarmabschnitt (Proctodaeum) dem *Ektoderm* entstammen. Mit Bindegewebsschichten und Muskellagen beteiligt sich auch das *Mesoderm* am Bau des Darmkanals (besonders bei Wirbeltieren).

Die Verlängerung des in der Leibeshöhle gewundenen Darmrohrs, die Ausbildung von Falten und Zotten an der Darminnenfläche und das Auftreten zusätzlicher Blindsäcke dienen der Vergrößerung der resorbierenden Oberfläche sowie der Verlängerung der Verdauungszeit. Daher entfalten viele Verdauungsenzyme ihre Wirksamkeit auch bei suboptimalen pH- und Temperaturbedingungen: Bei vielen Enzymen liegt z. B. die optimale Temperatur um so niedriger, je längere Verdauungs-(Inkubations-)Zeiten zur Verfügung stehen.

Der *Transport* der aufgenommenen Stoffe durch den Verdauungskanal erfolgt entweder durch *Flimmerbewegung* (bei Coelenteraten, Plathelminthen, Polychaeten, Mollusken, Tentakulaten und Echinodermen; vgl. S. 221) oder durch alternierende Kontraktionen einer Längs- und Ringmuskelschicht *(Peristaltik)*. Bei vielen Arthropoden wird die Nahrung im Darmkanal von einer *peritrophischen Membran* umgeben, die häufig von Zellen am Beginn des Mitteldarms sezerniert wird und einen mechanischen Schutz des Darmepithels gegen Nahrungsbestandteile darstellt.

Die Darmlänge und damit die Dauer der Verdauungszeit ist mit der Aufschließbarkeit der Nahrung deutlich korreliert. So besitzen Carnivoren stets viel kürzere Darmkanäle als Herbivoren. Das Verhältnis Darmlänge/Körperlänge beträgt z. B. für die Katze 4,5/1, für das Rind dagegen 21/1; für den räuberischen Gelbrandkäfer *(Dytiscus)* 1/1 und den pflanzenfressenden Maikäfer (*Melolontha*) 7/1. Besonders lange Därme haben die nährstoffarmen Kot fressenden Käfer (*Scarabaeus:* 13/1) entwickelt.

Fast stets sind dem Darmkanal spezielle *Verdauungsdrüsen* in Form von Speicheldrüsen, Drüsenzellen im Epithel des Darmtrakts (S. 187) oder als besondere Mitteldarmdrüsen angeschlossen. Innerhalb der Vertebraten enthalten nur die *Speicheldrüsen* der Säuger Verdauungsenzyme (Amylasen). Doch kommen bei den übrigen Metazoenstämmen den Speicheldrüsen oft schon erhebliche Verdauungsfunktionen zu: Insekten produzieren in ihnen z. B. Peptidasen, Pektinasen sowie Diastasen und Spinnentiere *(Arachnida)* zahlreiche Proteinasen, die ebenso wie bei einigen Cephalopoden *(Octopus)* der präoralen (extraintestinalen) Vorverdauung dienen (S. 417). Einige Mollusken bilden in den Speicheldrüsen sogar Cellulasen. Bei Krebsen, Arachnoiden und Mollusken findet die vollständige Verdauung in den reich verzweigten *Mitteldarmdrüsen* statt (Abb. 216, 239). Bei Wirbeltieren hat sich dagegen eine räumliche und zeitliche Trennung der einzelnen Enzymwirkungen herausgebildet: Kohlenhydratverdauung in der Mundhöhle und der Cardiazone des Magens, Proteinverdauung im Fundusteil des Magens (Pepsin, Kathepsin; Abb. 89) und schließlich die Fettverdauung und die Endverdauung der schon gespaltenen Kohlenhydrate und Proteine durch die Enzyme des Pancreas (Lipase; Amylase, Maltase; Vorstufen von Trypsin, Chymotrypsin). Die *Pancreasproteasen* werden in inaktiver Form als Zymogene in das Duodenum sezerniert und dort über eine Kette von proteolytischen Vorgängen in die aktiven Enzyme überführt. Der erste Schritt dieses Aktivierungsprozesses besteht in der Umwandlung von Trypsinogen in Trypsin durch die *Enterokinase,* ein Enzym, das von der Darmwand in das Lumen des Duodenums abgegeben wird. Sobald genügend Trypsin gebildet ist, werden unter seinem Einfluß die übrigen Vorstufen der Pancreasproteasen in aktive Enzyme überführt. Bei der Fettverdauung übernehmen im Darm die Gallensäuren der Leber Hilfsfunktionen. Da die im Dünndarm bis zu resorptionsfähigen Bruchstücken hydrolysierten organischen Verbindungen in der Leber dem weiteren intermediären Stoffwechsel unterzogen werden, ist in ihr ein eigenes venöses Kapillarsystem ausgebildet, das über die Leberpfortader (Vena portae, Abb. 92) vom Dünndarm her gespeist wird.

Kreislauf

Kreislaufsysteme sind Verteilersysteme, die dem Transport von Atemgasen, Nährstoffen, Exkreten, Hormonen, Wärme und freien Zellen innerhalb des Körpers dienen. Zwar können solche Transporte auch auf Grund osmotischer Vorgänge, durch Diffusion in Interzellularräumen oder mit Hilfe von Amoebocyten erfolgen, doch bilden bei allen höheren Metazoenstämmen Flüssigkeitsbewegungen, die durch mechanische Triebkräfte in Hohlraumsystemen erzeugt werden, die wirksamste Art des Stofftransports. Dabei lassen sich – besonders klar bei Anneliden (Abb. 91) und Wirbeltieren (Abb. 92) – drei abgeschlossene **Flüssigkeitsräume** abgrenzen: das *Blutgefäßsystem*, das *Coelom* und die *Interzellularräume* mit ihrer interstitiellen Flüssigkeit. Die Drainage dieses Flüssigkeitssystems erfolgt bei den Wirbeltieren über die blind in den Geweben endigenden *Lymphgefäße*, die in das Blutgefäßsystem einmünden. Die vom Darm kommenden Lymphgefäße enthalten eine an resorbierten Fettsäuren reiche, milchige Flüssigkeit (Chylus). Sie vereinigen sich zum Milchbrustgang (Ductus thoracicus), der zur hinteren Hohlvene zieht (Abb. 92).

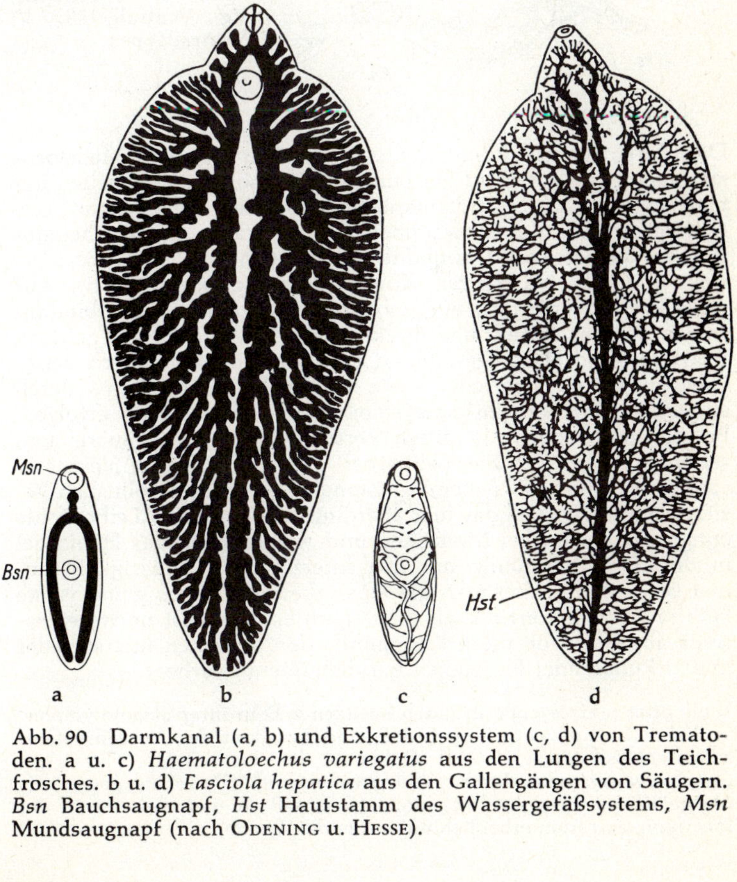

Abb. 90 Darmkanal (a, b) und Exkretionssystem (c, d) von Trematoden. a u. c) *Haematoloechus variegatus* aus den Lungen des Teichfrosches. b u. d) *Fasciola hepatica* aus den Gallengängen von Säugern. *Bsn* Bauchsaugnapf, *Hst* Hautstamm des Wassergefäßsystems, *Msn* Mundsaugnapf (nach Odening u. Hesse).

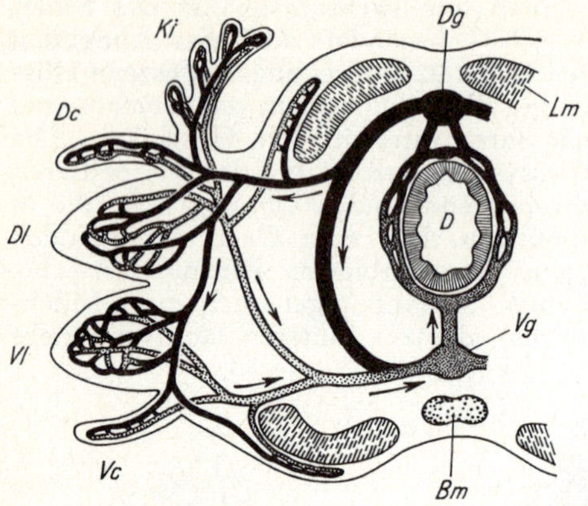

Abb. 91 Ausschnitt aus dem Blutgefäßsystem eines Anneliden. Schematischer Querschnitt durch einen Polychaeten (vgl. Abb. 206). Schwarz: O_2-armes, hell: O_2-reiches Blut. *Bm* Bauchmark, *Dc* Dorsalcirrus des Parapodiums, *Dg* Dorsalgefäß, *Dl* Dorsallappen des Parapodiums, *Ki* Kiemen, *Lm* Längsmuskeln, *Vc* Ventralcirrus, *Vg* Ventralgefäß, *Vl* Ventrallappen.

Diese drei Systeme können jedoch bei ursprünglichen Metazoenstämmen noch gar nicht getrennt und bei höher entwickelten auf mannigfache Weise miteinander verbunden oder sogar verschmolzen sein. Bei Schwämmen, Coelenteraten und Plathelminthen ist die afterlose Darmhöhle als einheitliches *Gastrovascularsystem* durch den ganzen Körper verzweigt (Abb. 90 b). Auf diese Weise werden die aufgenommenen organischen Verbindungen im Körper verteilt und direkt an die Resorptionsorte geführt. Exkretion und Drainage können entweder ebenfalls durch dieses Gastrovascularsystem oder – wie bei den Plathelminthen – durch ein eigenes Protonephridialsystem (Abb. 100 a, S. 207) erfolgen. Bei den Arthropoden ist durch Verschmelzung von primärer und sekundärer Leibeshöhle (Mixocoel) ein einheitliches *Hämocoel* („offenes" Blutgefäßsystem) entstanden. Auch die Mollusken besitzen ein Hämocoel, das hier allerdings der primären Leibeshöhle entspricht. Wenn bei Mollusken und Arthropoden das Hämocoel in direkter Verbindung mit den interzellulären Flüssigkeitsräumen steht, bezeichnet man die Flüssigkeit, die dieses gemeinsame Hohlraumsystem erfüllt, als *Hämolymphe*. Doch ist noch keineswegs abgeklärt, ob diese Kommunikation zwischen interstitieller und zirkulierender Flüssigkeit wirklich überall vorliegt.

Viele pflanzenfressende Insekten besitzen z. B. in ihrer „Hämolymphe" so hohe K^+-Konzentrationen, daß eine Tätigkeit des Nervensystems ausgeschlossen wäre (S. 243). Daher ist die extrazelluläre Flüssigkeit des Nervensystems durch Bindegewebe und Gliazellen gegen die übrige Körperflüssigkeit abgedichtet, so daß sie sich von ihr in der Ionenkonzentration erheblich unterscheiden kann.

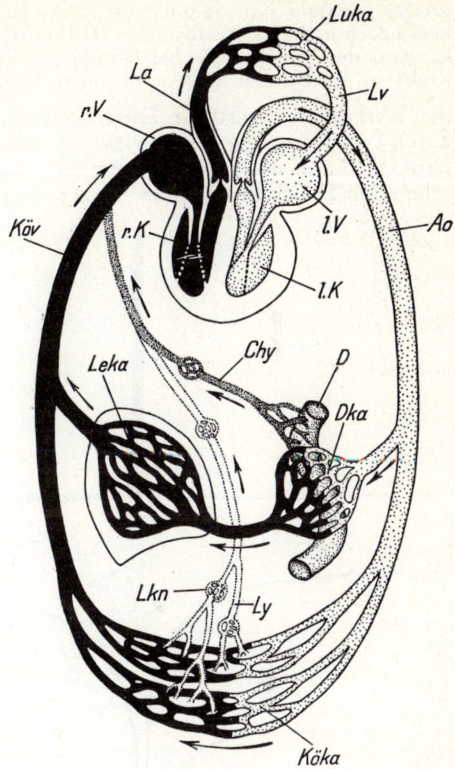

Abb. 92 Schema des Blutkreislaufes der Säuger. Schwarz: venöses, punktiert: arterielles Blut. *Ao* Aorta, *Chy* Chylusgefäße, *D* Darm, *Dka* Kapillarnetz des Darmes, *Köka* eines der Kapillarnetze des Körpers, *Köv* Körpervene (V. cava posterior), *l.K* linke Herzkammer, *r.K* rechte Herzkammer, *La* Lungenarterie, *Leka* Kapillarnetz der Leber, *Lkn* Lymphknoten, *Luka* Kapillarnetz der Lungen, *Lv* Lungenvene, *Ly* Lymphgefäße, *l. V* linker Vorhof *r.V* rechter Vorhof. Vom Darm strömt das venöse Blut durch die Pfortader (V. portae, embryonal V. subintestinalis) zur Leber und von dort über die V. hepatica in die hintere Hohlvene (V. cava posterior).

Die **Flüssigkeitsbewegung** kommt durch die Pumptätigkeit bestimmter kontraktiler Gefäßabschnitte *(Herzen)* zustande. Während in den Coelomabschnitten nur eine meistens ungeregelte Mischbewegung stattfindet – und lediglich im Ambulacralcoelom der Echinodermen (Abb. 244) durch Cilienschlag eine gleichmäßige Strömung erzeugt wird –, tritt in den Blutgefäßsystemen stets eine gerichtete Blutzirkulation auf. Sie wird durch rhythmische Kontraktionen (Systole) und Dilatationen (Diastole) der Herzhohlmuskeln erzeugt.

Die Erregungs-(Kontraktions-)wellen breiten sich dabei von bestimmten Schrittmacher-Zentren, die modifizierte Muskelzellen mit periodischer Selbsterregung darstellen, über die gesamte Herzmuskulatur aus (*myogener* Herzschlag bei Vertebraten, Tunicaten, Mollusken und wohl auch Insekten). Vom Zentralnervensystem kommende Nervenfasern greifen meistens nur modulierend in die Herzschlagfrequenz ein, wirken jedoch nicht als Auslöser der rhythmischen Kontraktionen. Nur wo letzteres der Fall ist (z. B. bei *Limulus* [Abb. 211] und den dekapoden Krebsen), spricht man von *neurogenem* Herzschlag.

Bei *Wirbeltieren* wird die Flüssigkeitsbewegung im wesentlichen durch die *Druckpumpen*-Wirkung des Herzens erzeugt. Die Druckwirkung des linken Ventrikels (Abb. 92) hebt beim Menschen den Druck in den vom Herzen wegführenden Gefäßen (Ar-

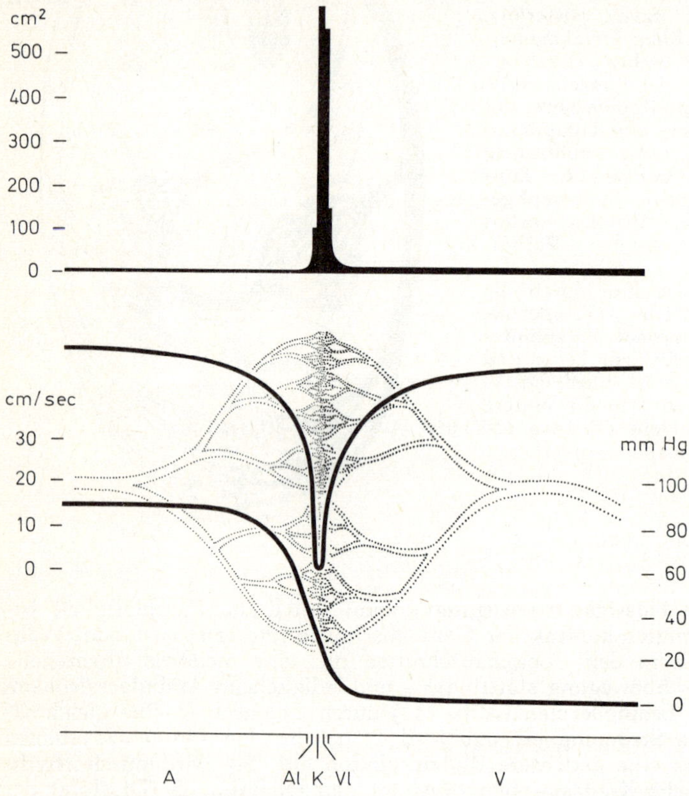

Abb. 93 Daten zur Hämodynamik des Blutkreislaufs bei Säugern. Gesamte Querschnittsfläche der Gefäße (oben) und Strömungsgeschwindigkeit (Mitte, linke Ordinate) bei einem 13 kg schweren Hund. Druckgefälle im Kreislaufsystem des Menschen (unten, rechte Ordinate). *A* Arterien, *Al* Arteriolen, K Kapillaren, *V* Venen, *Vl* Venolen (nach Rusmer; Rein u. Schneider).

terien) auf ein mittleres Niveau von 80 mm Hg. In den *Kapillargebieten* sinkt der Druck steil ab und behält diese niedrigen Werte im gesamten Venensystem, d. h. in den von den Kapillarnetzen zum Herz zurückführenden Gefäßen, nahezu unverändert bei. Die steile Druckverminderung im Bereich der Kapillaren kommt dadurch zustande, daß der Druckabfall in einem Gefäßabschnitt der vierten Potenz des Innenradius indirekt proportional ist ($\triangle p \sim r^{-4}$), wobei die englumigen Kapillaren den weitaus größten Teil der Querschnittsfläche des gesamten Kreislaufsystems ausmachen (Abb. 93). Ein besonders starker Druckabfall wird dort erreicht, wo einem arteriovenösen noch ein rein venöses Kapillarnetz nachgeschaltet ist (Leber- und Nieren-Pfortaderkreislauf; letzterer fehlt bei Säugern; S. 495, Abb. 92) oder wo auch bei Wirbeltieren das Blut in Sinus oder Lakunen fließt, die keine Endothelauskleidung besitzen („offene" Stellen des Blutgefäßsystems in Milz und Placenta). Diesem Druckprofil des Kreislaufsystems entsprechen Bau und Funktion der *Arterien* und *Venen.* In den dickwandigen, wenig dehnbaren und relativ engen Arterien genügt beim Menschen schon eine Volumenzunahme

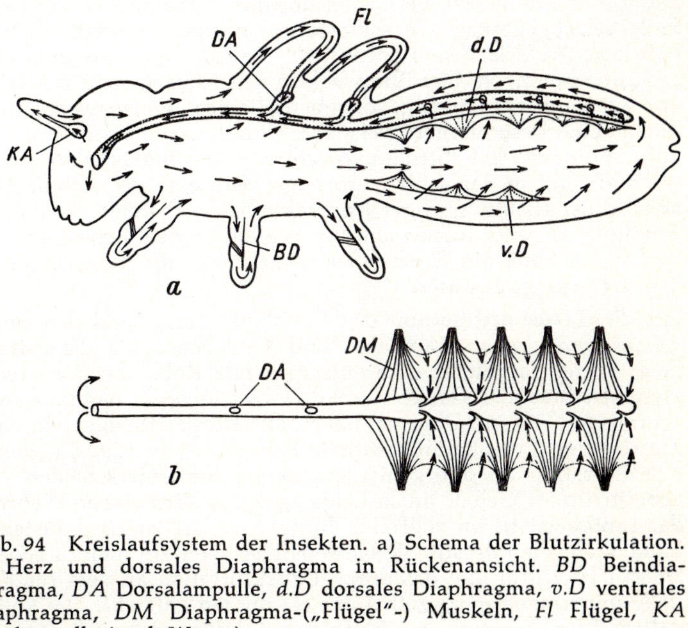

Abb. 94 Kreislaufsystem der Insekten. a) Schema der Blutzirkulation. b) Herz und dorsales Diaphragma in Rückenansicht. *BD* Beindiaphragma, *DA* Dorsalampulle, *d.D* dorsales Diaphragma, *v.D* ventrales Diaphragma, *DM* Diaphragma-(„Flügel"-) Muskeln, *Fl* Flügel, *KA* Kopfampulle (nach WEBER).

von 1 ml, um eine Drucksteigerung von 1 mm Hg hervorzurufen, während bei den stark dehnbaren weitlumigen Venen dazu 200 ml zusätzliche Blutflüssigkeit notwendig sind. Folglich befinden sich im Ruhezustand 85 % des gesamten Blutvolumens im venösen Niederdrucksystem.

Im Gegensatz zu den Verhältnissen bei Wirbeltieren arbeitet das Herz der *Arthropoden* vor allem als eine *Saugpumpe*, da bei Entspannung des Herzmuskels die elastischen Ligamente, an denen das meistens röhrenförmige Herz aufgehängt ist, das Herz erweitern. Bei Insekten sind in Form der „Flügelmuskeln", die einem dorsalen Diaphragma aufsitzen, sogar spezielle Herzdilatatoren ausgebildet, die als Antagonisten zum Herzhohlmuskel arbeiten (Abb. 94). Durch dessen Kontraktion wird die Hämolymphe unmittelbar oder durch Arterienstämme in die Leibeshöhle gepumpt. Schließlich gelangt sie in den das Herz umgebenden Pericardialsinus und tritt durch spaltförmige, mit Ventilklappen versehene Öffnungen (Ostien) wieder in das Herz ein. Um Blutzirkulation durch Flügel, Beine und Antennen zu fördern, sind vielfach zusätzliche pulsierende Organe (akzessorische Herzen, z. B. Dorsalampullen) und die Strömung regulierende Diaphragmen ausgebildet. Die *Mollusken*, bei denen nur die Cephalopoden ein durch Endothel abgegrenztes (geschlossenes) Blutgefäßsystem besitzen, haben *kontraktile Venen* entwickelt, die das Blut aktiv zum Herzen zurückpumpen. Der Blutdruck in den Kiemen wird zusätzlich von Kiemenherzen erzeugt, die ebenfalls dem Venensystem angehören. Eine Besonderheit weist die Blutzirkulation der *Tunicaten* auf, bei denen die Strömungsrichtung des Blutes alternierend wechselt, indem das schlauchförmige Herz eine periodische Umkehr in der Richtung seiner Kontraktionswellen zeigt. Schon eine Erhöhung des Blutdruckes um 0,1 mm Hg an dem gerade arteriell wirkenden Ende des Herzschlauchs kann die Richtungsänderung des Herzschlags auslösen.

Für die **Transportfunktion** des Kreislaufsystems und den *Stoffaustausch* zwischen Kapillaren und Geweben spielt die Zusammensetzung des Blutes eine entscheidende Rolle. Zwar bestehen zwischen Blut und Gewebe große Unterschiede in der Ionenkonzentration (Tab. 4). Dagegen haben alle Körperflüssigkeiten eines Tieres (Blut, Lymphe, interstitielle Flüssigkeit) nahezu die gleiche Konzentration an anorganischen Ionen. Sie unterscheiden sich aber in ihrem Gehalt an kolloidal gelösten Proteinen. Während der Proteingehalt im zellfreien Blutplasma bis zu 10 % ansteigen kann, stellt die interstitielle Gewebsflüssigkeit ein nahezu eiweißfreies Ultrafiltrat dar, das durch Druckfiltration an dem für Kolloide impermeablen Endothel der Kapillaren entsteht. Die kolloidal gelösten Proteine des Blutplasmas bilden daher die Grund-

Tabelle 4 Extra- und intrazelluläre Konzentrationen [mMol/l] anorganischer Ionen bei Meeres-, Süßwasser- und Landtieren (nach Prosser und Brown; Potts und Parry)*

		Na^+	K^+	Ca^{2+}	Mg^{2+}	Cl^-
Meerwasser		478	10	10	54	558
Mytilus						
(Miesmuschel,	Blut	474	12	12	53	553
marin)	Muskel	79	152	7	34	94
Anodonta						
(Teichmuschel,	Blut	15	0,4	5	0,4	10
limnisch)	Muskel	5	10	5	2	11
Rattus	Blut	150	6	3	2	119
(Ratte, terrestrisch)	Muskel	16	152	2	16	5

* Bei marinen Tieren entsprechen die Ionenkonzentrationen im Blut denen im Meerwasser (total 3–4 %), bei limnischen (Süßwasser-) und terrestrischen Tieren liegen sie tiefer (0,6–0,9 %), sind jedoch für alle extrazellulären Flüssigkeiten (Blut, Lymphe, Gewebeflüssigkeit) annähernd gleich.

lage für den Stoffaustausch zwischen Kapillaren und Interstitium. Liegt nämlich der durch die Proteine bestimmte „kolloidosmotische Druck" (= Äquivalent für eine bestimmte kolloidosmotische Konzentration) tiefer als der hydrostatische Druck in den Kapillaren, resultiert ein positiver Filtrationsdruck, der einen Flüssigkeitstransport aus den Kapillaren in das umliegende Gewebe ermöglicht. Solche Verhältnisse sind für die arteriellen Endabschnitte der Kapillaren (Arteriolen) kennzeichnend. In den venösen Kapillarbezirken (Venolen) herrscht dagegen ein negativer Filtrationsdruck, wobei der hydrostatische niedriger ist als der kolloidosmotische Druck des Blutplasmas, was zu einem Flüssigkeitseinstrom in die Kapillaren führt.

Spezielle Proteine übernehmen im Blut den *O_2-Transport*. Sie sind entweder kolloidal im Blut gelöst – wie das Cu-haltige *Hämocyanin* (O_2-haltig blau, O_2-frei farblos) bei Arachniden, Crustaceen und vielen Mollusken und des *Chlorocruorin* (O_2-haltig und O_2-frei grün) bei einigen Polychaeten – oder in besonderen Blutzellen lokalisiert wie das *Hämerythrin* (O_2-haltig violett, O_2-frei farblos) bei einigen Polychaeten und Tentakulaten oder das *Hämoglobin* (O_2-haltig hellrot, O_2-frei dunkelrot) in den Erythrocyten der Chordaten, das aber frei gelöst auch im Blut von Echinodermen, Anneliden, einigen Arthropoden und Mollusken vorkommt. Ein Hämoglobinmolekül (MG = 68 000) besteht aus vier Peptidketten (S. 89) mit je einem Fe^{2+}-haltigen Porphyrinring (Häm). Jedes Häm kann über Nebenvalenzbindungen ein Molekül O_2 aufnehmen, ohne daß das Fe^{2+} dabei seine Wertigkeit ändert. Das Hämoglobin wird also nicht oxidiert, sondern nur „oxygeniert". Welcher Prozentsatz des Hämoglobins (Hb) jeweils in der oxygenierten Form (Hb-O_2) vorliegt, hängt von der O_2-Konzentration ab, die als O_2-Partialdruck gemessen werden kann. Die sigmoidale O_2-Dissoziationskurve (Abb. 95, linke Ordinate) beschreibt diesen Zusammenhang quantitativ. Ihr läßt sich entnehmen, daß geringe Änderungen der O_2-Konzentration in den Geweben schon zu einer starken Freisetzung von O_2 aus dem Hb-O_2-Komplex führen. Eine Erniedrigung des pH-Wertes durch zunehmenden CO_2 (HCO_3^-)-Gehalt im Blut bewirkt eine Verminderung der O_2-Affinität des Hämoglobins *(Bohr-Effekt)*, wodurch sowohl die O_2-Abgabe in den Geweben (hohe CO_2-Konzentration) als auch die O_2-Aufnahme in den Atmungsorganen (niedrige CO_2-Konzentration) erleichtert wird. O_2-Dissoziationskurven geben jedoch nur den relativen O_2-Gehalt an; der absolute ist aus den O_2-Gleichgewichtskurven (Abb. 95, rechte Ordinate) zu ersehen. Im Muskel übernimmt bei den Deuterostomiern wie bei den Hauptstämmen der Protostomier das *Myoglobin*, ein Monomeres des Hämoglobins, die

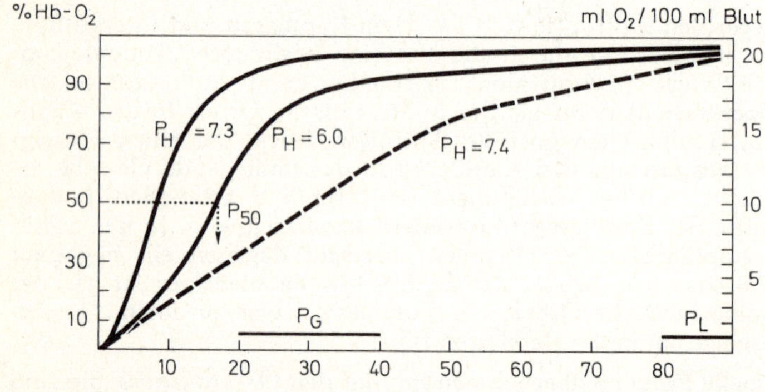

Abb. 95 Relativer O_2-Gehalt (ausgezogene O_2-Dissoziationskurven, linke Ordinate) und absoluter O_2-Gehalt (unterbrochene O_2-Gleichgewichtskurve, rechte Ordinate) des menschlichen Blutes. Mit abnehmendem pH-Wert bei zunehmendem CO_2-Partialdruck verschiebt sich die O_2-Dissoziationskurve zu höheren O_2-Partialdrucken (Bohr-Effekt): die O_2-Affinität nimmt ab. Abszisse: O_2-Partialdruck im Blut; linke Ordinate: Anteil des oxygenierten Hämoglobins (Hb-O_2) am Gesamthämoglobin; rechte Ordinate: Volumenprozent transportierten Sauerstoffs; p_G und p_L O_2-Partialdruck in Geweben *(G)* und Lunge *(L)*; p_{50} O_2-Partialdruck bei 50 %iger O_2-Sättigung des Hämoglobins (nach Manwell u. Redfield).

Funktion des O_2-Transportes. Es besitzt eine höhere O_2-Affinität als das Hämoglobin, erreicht seinen p_{50}-Wert (= Wert des O_2-Partialdruckes im Blut, bei dem 50 % des Pigments in der oxygenierten Form vorliegen; Abb. 95), also bei niedrigeren O_2-Konzentrationen als das Hämoglobin. Im Muskel wird daher der Sauerstoff vom Hämoglobin auf das Myoglobin übertragen.

Der *CO_2-Transport* erfolgt nur zum geringsten Teil direkt an Hämoglobin gebunden; denn CO_2 liegt vorwiegend im Blutplasma als HCO_3^- gelöst vor. Das Enzym Kohlensäuredehydratase katalysiert die Bildung von HCO_3^- aus CO_2 und H_2O, wobei die Pufferwirkung des Hämoglobins und anderer Blutproteine die mit dieser Reaktion verbundene pH-Abnahme weitgehend kompensiert.

Neben dem Stoff- und Gastransport erfüllt das Blut mit seiner **Abwehrfunktion** (Immunisierungsreaktionen) eine zweite entscheidende Aufgabe. In besonderen, in lymphatischen Organen und im Knochenmark entstehenden Blutzellen (verschiedene Typen von Lympho- und Leukocyten) werden vor allem gegen Fremdproteine (*Antigene,* z. B. von Bakterien), die ins Blut eingedrungen sind, spezifische *Antikörper* gebildet. Alle bekannten Antikörper gehören der Gruppe der γ-Globuline (Proteine) an, die von *Plasmazellen* des undifferenzierten Mesenchyms synthetisiert und ans Blut abgegeben werden. Über bestimmte Haftstellen, die für jedes Antigen spezifisch sind, kommt es zur Bildung von Antigen-Antikörper-Komplexen (Präzipitation, Agglutination), die durch besondere Typen von *Leukocyten* (Makrophagen) phagocytiert werden. Ein *Immunglobulinmolekül* bildet ein symmetrisches Tetramer aus 4 Polyptetidketten: 2 langen (heavy chains, H) und 2 kurzen (light chains, L), die durch Disulfidbrücken miteinander verbunden sind (Abb. 96). Die H-Ketten bestehen aus 4, die L-Ketten aus 2 Gruppen von je 107 Aminosäuren. Diese Ketten werden je von spezifischen Genen codiert. An der Synthese einer L-Kette sind also mindestens 2 Gene beteiligt. Indem die N-terminalen Teile je einer zusammengelagerten H- und L-Kette als Antikörperbindungsstelle dienen, sind sie für die Spezifität des Antikörpers bestimmend. Folglich variieren bei den verschiedenen Antikörpern die der Bildungsstelle zugehörigen 107er Gruppen der H- und L-Ketten in ihrer Aminosäurezusammensetzung stark, während die Aminosäuresequenzen der übrigen Gruppen (3 in der H-Kette, 1 in der L-Kette) sehr konstant sind (Abb. 96). Der Immunbiologie stellt sich nun die interessante Frage, wie die Antikörper mit ihren für jedes Antigen spezifischen Erkennungsregionen gebildet werden: Ob sie erst unter der Einwirkung des Antigens entstehen (Matrizentheorie) oder ob die Antigene schon spezifische Antikörper vorfinden, die nur noch ausgewählt und zur Vermehrung gebracht werden müssen (Auswahltheorie). Fer-

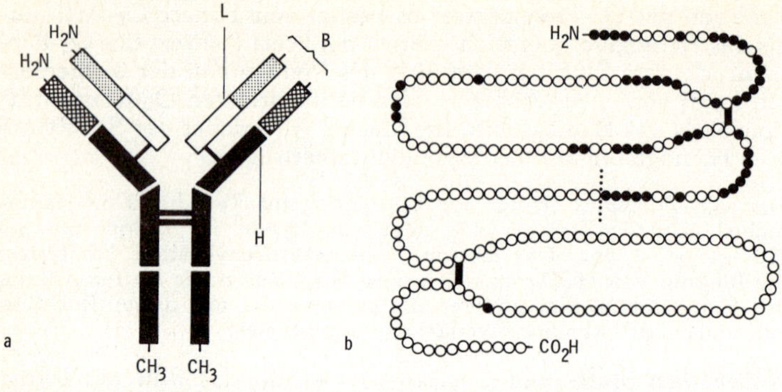

Abb. 96 a) Strukturschema eines Antikörpers. b) Aminosäuresequenz einer L-Kette. Oben sind jeweils die variablen (N-terminalen), unten die konstanten (C-terminalen) Enden der langen *(H)* und kurzen *(L)* Ketten dargestellt. Die einzelnen Blöcke in a symbolisieren Gruppen von je 107 Aminosäuren, die schwarzen Querbalken Disulfidbrücken. Jeder Kreissignatur in b entspricht eine Aminosäure: Die weißen Stellen werden bei allen Antikörpern identisch besetzt, an Stelle der schwarzen Symbole treten immer wieder andere Aminosäuren auf. Die vertikale Punktlinie trennt die variable von der konstanten 107er-Gruppe der L-Kette.

ner erhebt sich die Frage, ob und warum gegen körpereigene Proteine keine Antikörper gebildet werden. Diese Immuntoleranz ist nicht angeboren, sondern wird embryonal erworben.

Neben der *erworbenen* gibt es auch eine *angeborene Immunität.* An Erythrocyten gebunden, treten z. B. beim Menschen bestimmte Blutgruppenfaktoren auf (Antigene A und B), für die im Blutserum anderer Individuen Antikörper (Agglutinine Anti-A und Anti-B) vorliegen. Bluttransfusionen zwischen Individuen verschiedener Blutgruppen führen daher zu Hämagglutinationen. Die Blutgruppen-Antigene sind Mucopolysaccharide (S. 75).

Die Spezifität der Antigen-Antikörper-Reaktionen kann zum Nachweis *phylogenetischer Verwandtschaftsbeziehungen* herangezogen werden. Spritzt man einem Tier X das Blut eines anderen Tieres Y ein, so entstehen im Blut des behandelten Tieres Y-Antikörper gegen das eingeführte Fremdeiweiß. Im Reagenzglas kommt es daher zwischen beiden Blutflüssigkeiten zu Präzipitationen. Wegen ihrer Spezifität fällen die Antikörper in voller Stärke aber nur die Proteine, gegen die sie gebildet wurden (in unserem Falle die Y-Proteine). In geringerem Maße wirken sie auf die Blutproteine systematisch verwandter, gar nicht auf das Blut fernstehender Arten. Auf diese Weise ergeben sich z. B. Informationen über die Verwandtschaftsbeziehungen zwischen Hominiden und Pongiden (S. 518).

Bei *Invertebraten* – und speziell Insekten – sind Immunreaktionen bisher nur vereinzelt nachgewiesen worden. Bei Insekten scheint es keine adaptiv entstandenen spezifischen Abwehrsysteme zu geben, sondern eher „zufällige" Affinitäten zwischen Bakterienantigenen und Immunfaktoren, die nicht primär Immunstoffe sind.

Atmung

Die Vorgänge des *Gaswechsels* (O_2-Aufnahme, CO_2-Abgabe) erfolgen an Austauschmembranen zwischen Außenmedium – Luft oder Wasser – und Körperflüssigkeit („äußere" Atmung). Sie sind eng mit dem Gastransport (S. 197), dem Gasaustausch zwischen Körperflüssigkeiten und Geweben sowie der intrazellulären Nutzung des aufgenommenen O_2 im oxidativen Stoffwechsel („innere" Atmung; S. 175) verbunden.

Der Gaswechsel an den respiratorischen Membranen (Kiemen, Lungen, Integument, Enddarm u. a.) beruht auf den Gesetzen der **Gasdiffusion.** Da Sauerstoff in den Geweben eine äußerst geringe Diffusionsrate besitzt (ca. 0,0001 ml cm^{-2} cm^{-1} atm^{-1} sec^{-1}), würden bei einem für die meisten Gewebe zutreffenden durchschnittlichen O_2-Verbrauch von 0,1 ml g^{-1} h^{-1} schon Gewebsschichten in mehr als 0,5 mm Tiefe nicht mehr mit Sauerstoff versorgt. Folglich können nur Organismen, deren Körperdicke 1 mm nicht überschreitet, ohne zusätzliche Systeme des Gastransports auskommen (z.B. Coelenteraten, Plathelminthen). In den übrigen Fällen muß O_2 entweder direkt ins Körperinnere transportiert werden (Tracheensystem der Insekten) oder nach dem Übertritt durch die äußeren Austauschmembranen spezielle Transportmedien benutzen (Kreislaufsysteme, S. 190).

Die O_2-Menge, die durch spezialisierte Austauschmembranen (respiratorische Membranen) in die Körperflüssigkeiten übertritt, hängt von der *Membranoberfläche* und dem *Konzentrationsgradienten* über der Membran ab. Eine Vergrößerung der Oberflächenmembranen im Bereich respiratorischer Organe läßt sich bei allen Atmungsorganen feststellen (vgl. z. B. Abb. 97). Für einen hohen O_2-Diffusionsgradienten über der Austauschmembran sorgt die Bewegung des Außenmediums (Ventilation), wie sie durch Cilien- oder Muskeltätigkeit erreicht werden kann, und der O_2-Verbrauch in den Geweben. Auf diese Weise können außerhalb der zellulären respiratorischen Membranen stets hohe, innerhalb stets niedrige O_2-Partialdrucke aufrechterhalten werden. Dabei ist die O_2-Aufnahme in Wasser gegenüber der in Luft erschwert; denn obwohl luftgesättigtes Wasser den gleichen O_2-Partialdruck wie Luft besitzt (160 mm Hg) und damit in beiden Medien die-

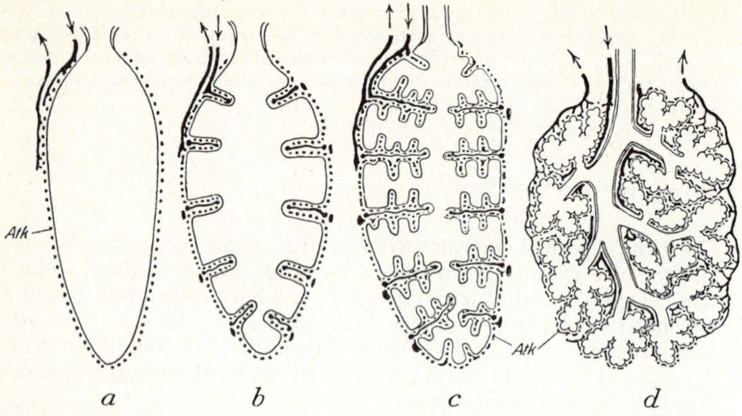

Abb. 97 Schema der Oberflächenvergrößerung des respiratorischen Epithels bei Vertebraten. a) Glattwandiger, von Atemkapillaren *(Atk)* umsponnener Sack (manche Amphibien, z. B. Molche). b) Leistenförmige Erhebungen der Lungenwände nach innen (manche Amphibien). c) Zunehmende Kammerung: im Innern ein luftzuführender Raum (Stammbronchus), außen Kammersysteme (manche Amphibien, Reptilien). d) Endverästelungen eines Bronchiolus der Säugetierlunge. Pfeile: Strömungsrichtung des Blutes.

selben Diffusionsbedingungen herrschen, beträgt der O_2-Gehalt im Wasser nur ca. $^1/_{20}$ desjenigen in Luft. Wasseratmer müssen daher in einem zudem noch stärker viskösen Medium eine viel größere Ventilationsleistung als Luftatmer vollbringen, um ihre respiratorischen Oberflächen mit 1 ml O_2 zu versorgen.

Obwohl der Gasaustausch über die respiratorischen Epithelien nicht auf aktiven Transportvorgängen beruht, sondern allein von dem bestehenden Konzentrationsgradienten angetrieben wird, kann in der Schwimmblase vieler Fische eine **Gassekretion** gegen Drucke von mehr als 100 atm erfolgen. In Anpassung an die jeweilige Wassertiefe sind nämlich alle jene Fische auf Gassekretionen und -resorptionen über das Schwimmblasenepithel angewiesen, die keine offene Verbindung zwischen Schwimmblase und Darmkanal besitzen (S. 461; *Physoclisten,* z. B. Barsch, Stichling). Die *Physostomen* (Karpfen, Hering), die über einen solchen Schwimmblasengang verfügen, können die Gasfüllung ihrer Schwimmblase über den Darmkanal regulieren. Bei den Physoclisten dient das *Oval,* ein stark durchbluteter Teil der Schwimmblasenwand, der Gasresorption. Sezerniert wird das im Vergleich zu Luft O_2-reichere Gas dagegen von einer speziellen *Gasdrüse* (Abb. 98): Arterielle und venöse Kapillaren sind dabei in der Schwimmblasenwand eng benachbart als sog. „Wundernetz" (Rete mirabile) angeord-

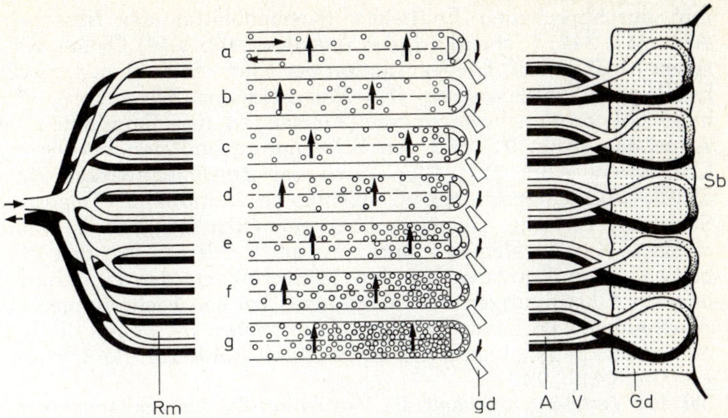

Abb. 98 Erzeugung hoher Gasdrucke in der Schwimmblase von Teleostiern. Die im Rete mirabile *(Rm)* parallel verlaufenden Arteriolen *(A)* und Venolen *(V)* stehen in der Gasdrüse *(Gd)* in der Wand der Schwimmblase *(Sb)* miteinander in Verbindung. Aus diesen arteriovenösen Endstücken (Scheitel des Rete) tritt das Gas in die Schwimmblase über. Die Einschaltfigur *(a–g)* verdeutlicht den Mechanismus der Gassekretion an einem isolierten Arteriolen-Venolen-Paar: Die Abscheidung von Milchsäure durch die Zellen *(gd)* der Gasdrüse steigert den O_2-Partialdruck in den Venolen (s. Text) und infolge der Gasdiffusion (dicke Pfeile) auch in den Arteriolen. Da das gasreichere Blut von den Arteriolen in die Venolen strömt (dünne Pfeile), führt eine ständige Wiederholung dieses Einzeleffektes *(a–g)* schließlich zu hohen Gaskonzentrationen am Scheitel des Rete (nach Kuhn).

net, wobei nach dem Prinzip des Gegenstromaustausches am Scheitel des Rete hohe Gasdrucke entstehen, die zur Gassekretion in der Schwimmblase führen. Diese hohen Gasdrucke kommen dadurch zustande, daß aus den Zellen der Gasdrüsen Milchsäure in das venöse Blut abgegeben wird, die das O_2-Bindungsvermögen des Blutes herabsetzt (Bohr-Effekt, S. 198). Der auf diese Weise bedingte höhere Partialdruck in den venösen Kapillaren hat einen Gasübertritt in die arteriellen Kapillaren und damit eine höhere Gaskonzentration in diesen Arteriolen zur Folge, die sich jedoch über den Scheitel des Rete auch den Venolen mitteilt. Durch vielfache Wiederholung dieses Einzelprozesses entstehen schließlich am Scheitel des Rete hohe Gaskonzentrationen.

Nach funktionellen wie anatomischen Gesichtspunkten lassen sich drei **Typen von Atmungsorganen** unterscheiden: *Kiemen* nehmen als reich verästelte Ausstülpungen der respiratorischen Oberflächen (Anneliden, Abb. 91; Krebse, Abb. 216, 217; Mollusken, Abb. 238–240 a–c, 243; Fische, Amphibienlarven) oder netzförmig durchbrochenen Epithelien (Kiemenblätter der Muscheln, Abb. 241, 242; Kiemenkorb des Ascidien, Abb. 249) O_2 aus wäßrigem Medium auf. Die Ventilation der Kiemenblättchen wird dabei durch Cilienbewegung (bei Muscheln und Schnecken), normale Lokomotionsbewegungen (Kiemen an den Parapodien bei Anneliden, Abb. 91, und den Schwimmextremitäten bei einigen Crustaceen, Abb. 217) oder durch das Zusammenwirken eines Druck- und Saugpumpenmechanismus der Mundhöhle (Teleostier, Selachier) erreicht. Demgegenüber entstehen *Lungen* als Blindsäcke an Kanalsystemen – und zwar am Vorderarm bei den Wirbeltieren, am Enddarm bei den Wasserlungen der Holothurien oder als Einstülpungen des Integuments bei den Fächerlungen der Arachniden. Die Landschnecken *(Pulmonata)*, bei denen die Kiemen zurückgebildet sind, haben die Mantelhöhle zur *„Lunge"* umgestaltet (Abb. 240 d).

Bei den Vertebraten kommt die Ventilation der Lungenkammern mit ihren feinsten blindgeschlossenen Endverzweigungen, den Alveolen, durch die Druckpumpenwirkung der Mundhöhle (bei Lungenfischen und Amphibien) oder die Saugpumpenwirkung des Brustraumes (bei Reptilien, Vögeln und Säugern) zustande. Das wirkungsvollste Ventilationssystem besitzen die Vögel, deren Lungen nicht nur rhythmisch gefüllt und entleert, sondern einsinnig durchströmt werden, da voluminöse Luftsäcke die aus den Lungen kommende Luft aufnehmen und (als Blasebälge wirkend) die Luft wieder durch die Lungenkapillaren zurücktreiben (Abb. 99).

Im Gegensatz zu den Kiemen und Lungen, die lediglich der Resorption dienen, übernehmen die *Tracheen* der Insekten, Myriapoden und Onychophoren (S. 412) auch noch den O_2-Transport im Körper. Die Verteilung des Sauerstoffs erfolgt hier also nicht durch Vermittlung des Blutes. Die Tracheenbahnen können mit ihren feinsten Endverzweigungen, den weniger als 1 μm weiten Tracheolen, direkt in einzelne Zellen (z. B. in Muskelfasern) eindringen. In ihrem Endteil sind die Tracheolen bis zu einem Durchmesser von 0,2–0,3 μm mit Gewebsflüssigkeit gefüllt. Da bei O_2-Mangel der osmotische Druck in der Hämolymphe ansteigt, wird Flüssigkeit aus den Tracheolenendstücken absorbiert und auf diese Weise Luft nachgesaugt.

Die Ventilation der weitlumigen Tracheenstämme erfolgt teils durch direkte Diffusion, teils durch Muskelkontraktionen, die den Körper in rhythmischer Folge dorsoventral abflachen und die Abdominalsegmente teleskopartig ineinanderschieben (Pumpbewegungen) und damit Luft aus den Tracheen nach außen pressen: aktive Exspiration im Gegensatz zur aktiven Inspiration der Vertebraten. Außerdem können die Stigmen (Abb. 226), mit denen die Tracheen in den nicht sklerotisierten Flankenhäuten am Thorax und Abdomen münden, zeitweilig verschlossen werden. Die Diffusionsgeschwindigkeit von Luft ist in engen Röhren

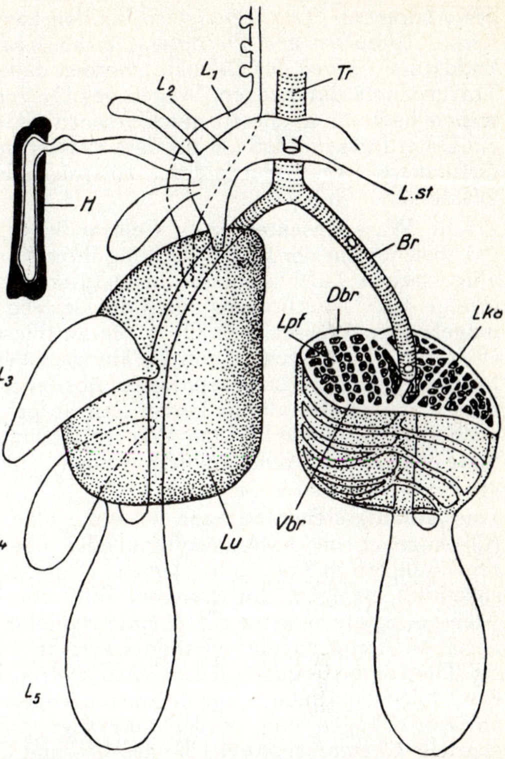

Abb. 99 Lungen und Luftsäcke bei Vögeln. *Br* Bronchus, *Dbr* Dorsalbronchien, *H* Humerus, L_1–L_5 Luftsäcke: L_1 Nebenluftsack mit kanalförmigem Halsfortsatz, von dem aus Fortsätze in die Wirbel eintreten, L_2 peritrachealer Luftsack mit Ausstülpungen in die Oberarmknochen und zwischen die Muskeln, $L_{3,4}$ ventraler und dorsaler thoracaler Luftsack, *Ls* abdominaler Luftsack, *Lst* Verbindung zum Luftsack im Sternum, *Lka* Luftkapillaren, *Lpf* Lungenpfeifen, *Lu* Lunge, *Tr* Trachea, *Vbr* Ventralbronchien.

stark herabgesetzt. Daher können Insekten eine gewisse Körpergröße nicht überschreiten. Mit steigender Temperatur nimmt jedoch die Diffusionsgeschwindigkeit zu, so daß die größten fossilen und rezenten Insekten auf tropische Klimazonen beschränkt sind.

Viele im Wasser lebende Insektenlarven haben ein geschlossenes Tracheensystem ausgebildet. Blatt- oder fadenförmige Anhänge des Abdomens (*Tracheenkiemen* bei den Larven der *Ephemeroptera, Trichoptera* und *Plecoptera*; S. 432) oder Einfaltungen des Enddarms (Larven der *Odonata*) werden dabei von einem dichten Tracheennetz durchzogen. Wegen des O_2-Verbrauchs in den Geweben herrscht in diesen geschlossenen Tracheensystemen stets ein Unterdruck, so daß O_2 aus dem Wasser in die Tracheen nachdiffundiert. Der N_2-Partialdruck entspricht dem des umgebenden Wassers.

Adulte Wasserinsekten (z. B. Gelbrandkäfer, *Dytiscus marginalis*) speichern in der Haarbedeckung ihres Körpers oder unter den Flügeldecken Luftblasen, die als *physikalische Kiemen* wirken; infolge des O_2-Verbrauchs durch die Gewebe diffundiert aus dem umgebenden Wasser stets O_2 in die Luftblase ein. Wegen dieser ständigen Nachdiffusion von O_2 aus dem Wasser können solche Insekten mit einer Luftblase länger überleben als mit einer Blase reinen Sauerstoffs, die in kurzer Zeit aufgebraucht wäre. Da jedoch der N_2 allmählich ins Wasser diffundiert, muß die Luftblase von Zeit zu Zeit erneuert werden – nicht um O_2, sondern um N_2 zu ersetzen.

Eine **Atmungssteuerung** kann entweder über die Ventilationsrate (O_2-Angebot im Außenmedium) oder über die Strömungsgeschwindigkeit in Kreislaufsystemen (O_2-Bedarf in den Körperflüssigkeiten) erfolgen. Im ersteren Fall, bei der Regulation der Atembewegungen, wird die Atemmuskulatur von einem zentralnervösen Atemzentrum mit spontaner Aktivitätsrhythmik gesteuert. Die Impulsfrequenz dieser Atemzentren unterliegt dabei der Kontrolle von Chemo- wie Mechanorezeptoren. Säuger besitzen am Aortenbogen und an der Verzweigungsstelle der Carotiden spezielle *Chemorezeptoren*, die den O_2- und CO_2-Partialdruck sowie den pH-Wert des Blutes registrieren und auf diese Weise die Atemfrequenz über das im Nachhirn liegende Atemzentrum den jeweiligen Bedürfnissen anpassen (homöostatische Regelung des O_2-Gehaltes im Blut).

Exkretion

Endprodukte des Stoffwechsels werden über spezielle Exkretionsorgane (Nierensysteme) ausgeschieden. In erster Linie erfüllen diese Organe jedoch die Aufgabe, die chemische Zusammensetzung der Körperflüssigkeiten zu regulieren (vgl. Osmoregulation, Ionenregulation, S. 172). So wirkt bei Wassertieren die Körperfläche (Kiemen, Integument) als Hauptexkretionsorgan, während erst bei den Landtieren diese Aufgabe in größerem Umfang von den Nieren übernommen wird.

Vor allem für die N-haltigen **Exkretionsprodukte** sind in den einzelnen Tiergruppen besondere Ausscheidungsmechanismen entwickelt (CO_2 wird bei der Atmung abgegeben). Als primäres Produkt des Aminosäurestoffwechsels wird das Zellgift NH_3 nur bei Wassertieren infolge der hier möglichen starken Verdünnung als Exkret gebildet. Bei Landtieren werden die NH_2-Gruppen dagegen auf andere Verbindungen übertragen (z. B. auf Citrullin im Ornithinzyklus der Wirbeltierleber) und schließlich in Form von Harnstoff oder Harnsäure ausgeschieden. Da Harnstoff wasserlöslich ist und demnach zur Bildung hoher osmotischer Drucke führt, kann er nur bei solchen Tieren als Exkretionsprodukt auftreten, die Harn hoher osmotischer Konzentration zu bilden vermögen (adulte Amphibien, Säuger; die wasserlebenden Larven der Amphibien scheiden dagegen NH_3 ab). Bei Tieren, die über wenig Wasser verfügen, dient die wasserunlösliche und daher osmotisch unwirksame Harnsäure der N-Exkretion, die in diesem Falle also nicht mit einem gleichzeitigen Wasserverlust verbunden ist (terrestrische Pulmonaten, Insekten, Reptilien, Vögel).

Als **Exkretionsorgane** können im einfachsten Fall einzelne Zellen dienen, die Exkretsubstanzen aufnehmen und über einen gewissen Zeitraum hinweg speichern *(intrazelluläre Exkretion).* Diese Aufgabe erfüllen die grüngefärbten Chloragocyten, die bei den Oligochaeten (Anneliden) als lockerer Gewebsverband Darm und Gefäße umspinnen. Auch im Fettkörper der Insekten werden Purine und Harnsäure (letztere in speziellen Uratzellen) intrazellulär abgelagert. In diesen Zellen können zudem toxische Phenole durch Bildung von Melaninen entgiftet werden. Nach neueren Untersuchungen dienen die meisten dieser exkretorisch tätigen Zellen jedoch nicht nur der Exkretspeicherung, sondern führen die Abbaureaktionen, die schließlich die Exkrete bilden, selbst durch (katabolischer oder Energiestoffwechsel). Damit wären sie den Zellen der Leber bzw. Mitteldarmdrüsen zu vergleichen.

Alle Exkretionsorgane der Metazoen sind als tubuläre Nephridien ausgebildet, mit denen sie gelöste Exkretionsprodukte aus der Leibeshöhle nach außen transportieren. Die bei Plathelminthen (Abb. 196, 197), Nemertinen, Rotatorien (Abb. 203) und Trochophoralarven auftretenden *Protonephridien* (Abb. 100 a) sind blind geschlossene Tubuli. Sie enden mit einer Terminalzelle, in der entweder eine Wimperflamme aus vielen Cilien oder eine einzige lange Geißel schlägt *(Solenocyten* bei Polychaeten und *Branchiostoma).* Blind geschlossen sind auch die aus einer einzigen Zelle bestehenden Exkretionsorgane der Nematoden (Abb. 201) sowie jene der Insekten *(Malpighische Gefäße,* Abb. 100 c) und höheren Wirbeltiere. Bei letzteren besteht ein einzelnes Nierenelement, ein *Nephron* (Abb. 100 d), aus einem blind geschlos-

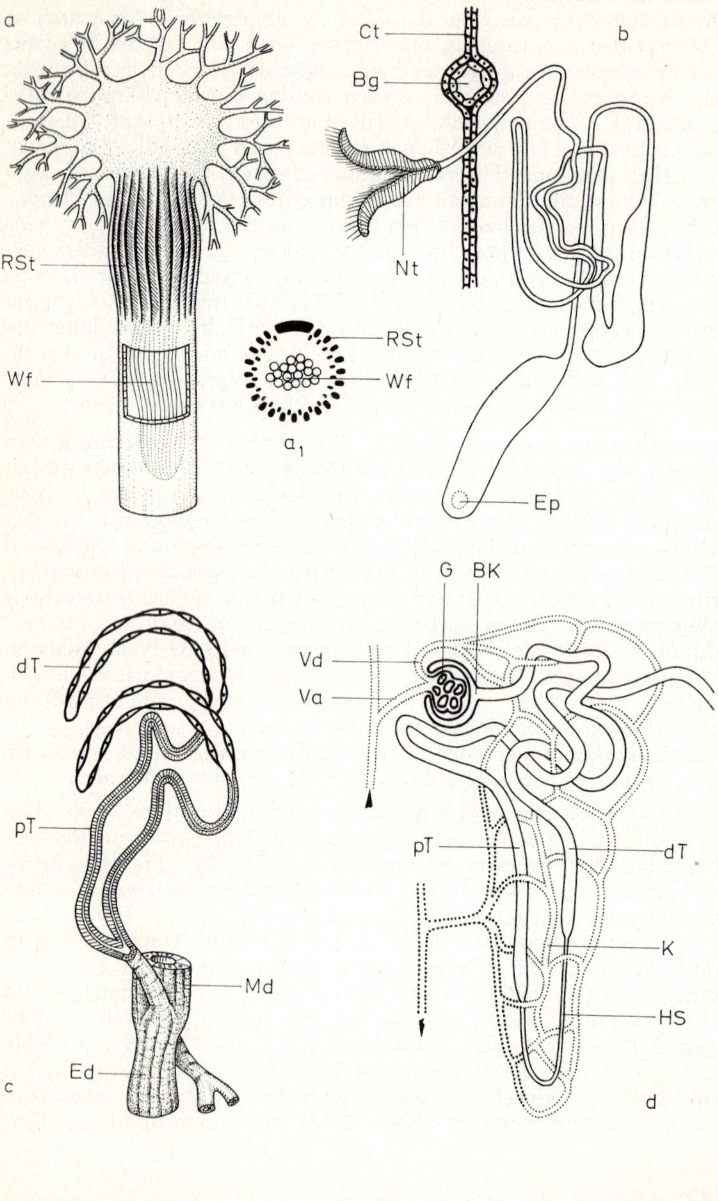
a
RSt
Wf
a1
RSt
Wf
Ct
Bg
Nt
b
Ep
dT
pT
Md
Ed
c
G
BK
Vd
Va
pT
dT
K
HS
d

senen, kapselartig ausgewölbten Tubulus (Bowmansche Kapsel), in den ein Blutkapillarnetz knäuelartig eingesenkt ist (Glomerulum). Das abführende Kanälchen gliedert sich in einen proximalen Tubulus, die englumige, haarnadelförmig gebogene Henlesche Schleife und einen distalen Tubulus, der über Sammelrohre in das Nierenbecken mündet. Offen in der Leibeshöhle beginnen dagegen die *Metanephridien* der Anneliden (Abb. 100 c, 206) und Mollusken (Abb. 238–242), die wie die Nephridien von Pro- und Mesonephros der Wirbeltiere (Abb. 271, 274) als Endstück einen cilienbesetzten Wimpertrichter (Nephrostom) besitzen.

Der **Exkretionsmechanismus** besteht bei allen Nephridien zunächst in einer Passage der gelösten Exkrete durch zelluläre Membranen: bei den Metanephridien aus den Lumen der Blutgefäße ins Coelom, bei den Malpighischen Gefäßen aus der Hämolymphe in das Lumen der Malpighischen Gefäße und bei den Wirbeltier-Nephronen aus den Kapillaren des Glomerulums in das Tubuluslumen der Bowmanschen Kapsel. Nur selten erfolgt dieser Stoffübertritt durch Diffusion, da die Exkrete im Harn in der Regel in höherer Konzentration als im Blut vorliegen. Bei den Insekten findet daher in den distalen Abschnitten der Malpighischen Gefäße aktive *Sekretion* statt. In die Bowmanschen Kapseln wird der Harn dagegen durch *Druckfiltration* aus dem Glomerulum ausgeschieden, da in diesem Kapillarnetz vor allem durch den ungleichen Durchmesser der zu- und abführenden Arterien (Abb. 100 d) ein höherer Blutdruck als in jedem anderen Kapillargebiet entsteht. In allen Fällen wird durch diese Membranpassage zunächst ein Ultrafiltrat der Blutflüssigkeit (Primärharn) erzeugt, das die gleiche Ionenzusammensetzung wie das Blutplasma besitzt und sich nur durch das Fehlen der Proteine von diesem unterscheidet. Durch Rückresorption in den nachgeschalteten Tubuli treten dann Wasser, anorganische Ionen, Glucose u. a. wieder in die Blutgefäße ein.

Abb. 100 Exkretionsorgane. a) Protonephridium (Reusengeißelzelle) eines Plathelminthen (Larve von *Fasciola*); a_1) Querschnitt durch die Reusenregion. b) Metanephridium eines Anneliden (*Lumbricus*). c) Malpighische Gefäße eines Insekts (*Drosophila*). d) Nephron eines Vertebraten (*Homo*). Stark hervorgehoben sind diejenigen zellulären Membranen, an denen die Sekretion bzw. Filtration des Primärharns erfolgt. *Bg* Blutgefäß, *BK* Bowmansche Kapsel, *Ct* Coelothel, *Ed* Enddarm, *Ep* Exkretionsporus, *G* Glomerulum, *HS* Henlesche Schleife, *K* arteriovenöses Kapillarnetz, *Md* Mitteldarm, *RSt* Reusenstäbe, *dT* distaler Tubulus, *pT* proximaler Tubulus, *Va* Vas afferens, *Vd* Vas deferens, *Wf* Wimperflamme, *Nt* Wimpertrichter (Nephrostom) (nach Kümmel; Graszynski; Wessing; Smith).

Die Menge des gebildeten *Primärharns* läßt sich durch Konzentrationsmessungen von Stoffen bestimmen, die zwar aus dem Blut in die Nierentubuli filtriert, aber nicht rückresorbiert werden (z. B. das Polysaccharid Inulin). Sie beträgt beim Menschen 170 l pro Tag. Da aber täglich nur 1–2 l Harn ausgeschieden werden, erfolgt eine ca. 99 %ige Rückresorption aus dem Primärharn. Mit mikrochemischen Methoden ist es zudem gelungen, winzige Mengen von Primärfiltrat zu gewinnen und direkt zu analysieren.

Tierische Wärme

Die beim oxidativen Abbau organischer Verbindungen gewonnene Energie wird zu mehr als 50 % als Wärme frei. Demnach sind die bevorzugten Organe des katabolischen (Energie-)Stoffwechsels zugleich die wichtigsten Orte der Wärmebildung (Muskulatur; Drüsen, bei Wirbeltieren besonders die Leber). Da der Wärmeaustausch mit der Umgebung bei der Mehrzahl der Tiere jedoch sehr rasch erfolgt, variiert die Körpertemperatur mit der Außentemperatur und dem Aktivitätszustand des Körpers: **Poikilothermie.** Die Geschwindigkeit enzymatischer Reaktionen und damit die Intensität der Stoffwechselvorgänge hängt jedoch gemäß dem Q_{10}-Wert von der Temperatur ab. Der Wert $Q_{10} = (K_1/K_2)\ 10/(T_2 - T_1)$ gibt dabei den Faktor an, um den die Reaktionsgeschwindigkeit bei einer Temperaturerhöhung von 10° C (von T_1 auf T_2) steigt. K_1 und K_2 sind die Geschwindigkeitskonstanten bei T_1 und T_2. Folglich wird bei den poikilothermen (wechselwarmen) Tieren schon bald eine untere Grenze der Außentemperatur erreicht, unterhalb derer die Tiere in eine Kältestarre mit stark herabgesetzten Stoffwechselleistungen verfallen.

In einem solchen Zustand des *latenten Lebens* können Organismen unter Anwendung moderner *kryobiologischer Techniken* sogar bei extrem tiefen Temperaturen verharren. Encystierte *Nauplius*-Larven des salinen Krebses *Artemia* schlüpfen z. B. nach 6tägigem Aufenthalt bei – 272° C im gleichen Prozentsatz wie unbehandelte Cysten. Zellen überstehen solche tiefen Temperaturen jedoch nur dann, wenn sie rasch, d. h. um ca. 100–1000° C/min abgekühlt werden (Verhinderung einer zu starken Dehydratation und Kristallbildung) und auch der Auftauprozeß sehr rasch erfolgt (Verhinderung der Rekristallisation des Wassers). Bei einigen überwinternden Insekten wird der Gefrierpunkt der Körperflüssigkeiten durch hohe Glycerinkonzentrationen der Hämolymphe (bei der Hymenoptere *Bracon* 2,7 Mol/l) stark herabgesetzt. Einige in eisbedecktem Meerwasser lebende arktische und antarktische Fische weisen viel höhere Proteinkonzentrationen des Cytoplasmas auf als andere Tiere polarer Regionen. Da mit zunehmendem kolloidosmotischem Druck (S. 197) die Temperatur der beginnenden Eisbildung in den Zellen sinkt (bis auf –2,0° C), können diese Fische im unterkühlten Wasser überleben. Allgemein ist bei Tieren, die in Wasser gelösten Sauerstoff atmen, der Wärmeverlust 10^5 mal so groß wie bei luftatmenden Landtieren; denn Wasser besitzt nicht nur die 3000fache Wärmekapazität von Luft, sondern enthält auch nur 2,5 % des Sauerstoffs eines gleichen Luftvolumens. Einige schnell schwimmende Fischarten (z. B. Thunfische) besitzen trotzdem bis zu 10° C höhere Körper- als Außentemperaturen. Bei ihnen verlaufen die großlumigen Blutgefäße nicht längs der Wirbelsäule, sondern direkt unter der Haut, während im Körperinneren zwischen der Muskulatur arteriovenöse Wundernetze (S. 202) ausgebildet sind, die als Gegenstrom-Wärmeaustauscher arbeiten.

Vögel und Säuger haben durch Entwicklung der **Homoiothermie** ihre Innentemperatur und damit ihre Stoffwechselaktivität von äußeren Temperaturbedingungen weitgehend unabhängig gemacht. Ihre Körpertemperatur schwankt nur innerhalb sehr enger Grenzen, wobei die Temperaturdifferenz zwischen Körperinnerem und -äußerem 70–80° C betragen kann (Körpertemperatur von Polarvögeln + 40° C, Außentemperatur –30 bis –40° C). Die Erzeugung solcher Übertemperaturen erfordert einen gegenüber den Poikilothermen erhöhten Stoffumsatz sowie besondere Schutzvorrichtungen gegen Wärmeverlust (Federn, Haare, Unterhautfettgewebe). Ferner müssen Mechanismen der **Wärmeregulation** ausgebildet sein, die wie bei einem Thermostat Abweichungen vom Sollwert registrieren und über Effektoren kompensieren: Beim Menschen sind die entsprechenden Thermorezeptoren sowie das Regulationszentrum im vorderen Hypothalamus (S. 257) lokalisiert. Effektorisch erfolgt bei Übertemperatur eine verstärkte Wärmeabgabe durch Gefäßerweiterung sowie erhöhte Transpiration (Erzeugung von Verdunstungskälte: Die Verdunstung von 1 g Wasser entzieht der Umgebung 580 cal). Dagegen führt bei Untertemperatur die Erhöhung des Skelettmuskeltonus, die beim Menschen eine 4–5fache Steigerung des Grundumsatzes bedingen kann, zu einem Anstieg in der Wärmeerzeugung.

Auch bei Homoiothermen kann jedoch der Sollwert und sogar der Grad der Homoiothermie – z. B. tageszeitlich oder in Abhängigkeit von der Ernährungslage – schwanken *(Heterothermie).* Manche Homoiothermen leben sogar zeitweise poikilotherm: z. B. Winterschläfer (viele Insektenfresser, Nager oder Fledermäuse). In allen diesen Fällen setzt jedoch bei Annäherung an den Gefrierpunkt die Wärmeproduktion im Körper automatisch wieder ein.

Zur *kurzfristigen* Thermoregulation sind einige Insekten befähigt (z. B. Schmetterlinge: *Sphingidae, Saturniidae).* Schwärmer können bei Außentemperaturen von 20–30° C durch Flügelvibrationen vor dem Flug, d. h. durch rhythmische Kontraktionen der Flugmuskulatur, ihre Thoraxtemperatur auf 40–41° C einregeln, während die Temperatur im Abdomen auf dem Niveau der Außentemperatur bleibt. Wie bei den ausdauernd fliegenden Heuschrecken – jedoch im Gegensatz zu Wirbeltieren – dienen dabei die energiereichen Fette (S. 177) als Energielieferant. Der Gefahr der Überhitzung wird durch eine erhöhte Kontraktionsrate des Herzschlauchs begegnet, so daß eine schnellere Zirkulation der Hämolymphe die Wärmeabgabe an das Abdomen steigert.

Eine soziale Wärmeregulation haben Bienen entwickelt. Sie überwintern daher im Gegensatz zu anderen Insekten (auch Ameisen) nicht in

Kältestarre. Die Stocktemperatur wird dabei auf 20–30° C, im Sommer sogar noch sehr viel genauer auf 34,5–35,5° C eingeregelt. Abkühlung führt zu Muskelzittern und damit verbundenem Flügelschwirren, Überhitzung zu verstärktem Eintragen und filmartigem Ausziehen von hervorgewürgten Wassertröpfchen. Da Sammeln und Verteilen des Wassers von verschiedenen Individuen ausgeführt wird, müssen die Sammelbienen von den Verteilerbienen über den Wärmehaushalt im Stock genau informiert werden. Die Information erhält die Sammelbiene über die Geschwindigkeit, mit der ihr von den Verteilerbienen das eingetragene Wasser abgenommen wird: Je schneller die Wasserabnahme erfolgt, um so höher liegt die Stocktemperatur.

Humorale Koordination

Die Leistungen der verschiedenen Organe werden nicht nur auf *nervösem* (S. 237), sondern auch auf *humoralem* Weg koordiniert, wobei spezifische *Hormone* als innere Sekrete (Inkrete) in gesonderten innersekretorischen Drüsen oder in bestimmten Gewebsabschnitten gebildet und an die Blutbahn abgegeben werden. Auch einige Nervenzellen können Hormone produzieren und bis zu den aufgetriebenen Endigungen ihrer Axone *(Neurohämalorgane)* transportieren, wo die Sekrete dann in Blutgefäße übertreten. Diese *neurosekretorischen* Leistungen, wie sie z. B. im Hypothalamus der Wirbeltiere und im Protocerebrum der Insekten auftreten, vermitteln also zwischen dem neuronalen und humoralen Steuerungsprinzip. Gleichzeitig bilden sie die phylogenetisch älteste Stufe einer hormonalen Koordination, da es sich bei den Inkreten der Invertebraten – mit Ausnahme einiger Hormone der Arthropoden (Ecdyson, Juvenilhormon, S. 163) – um Neurosekrete handelt. Neurosekrete sind stets Peptide oder Proteine (Proteohormone).

Regulatorisch wirksame Stoffe, die nicht über größere Distanzen transportiert werden, sondern nur durch Diffusion vom Produktions- zum Reaktionsort gelangen, zählt man nicht zu den Hormonen. Hierzu gehören die *Induktionsstoffe*, die während der Embryonalentwicklung bestimmte morphogenetische Effekte auslösen (S. 158), oder die *Transmittersubstanzen* des Nervensystems (S. 241). Ebenso werden jene allgemein auftretenden Stoffwechselmetabolite, die wie CO_2 und Milchsäure als Regulatoren spezieller Organfunktionen – z. B. der Atemtätigkeit – wirken, nicht als Hormone bezeichnet.

Der humoralen Korrelation zwischen den Individuen einer Art dienen die *Pheromone*. Sie können bei anderen Artangehörigen entweder zu speziellen morphogenetischen Effekten führen (z. B. Unterdrückung der Ovarienentwicklung bei den Bienenarbeiterinnen durch die „queen substance“ der Bienenkönigin) oder – wie die Sexuallockstoffe, Spurstoffe und Alarmstoffe – bestimmte Verhaltensweisen auslösen. Sie sind daher an der sozialen Integration in tierischen Sozietäten wesentlich beteiligt (vgl. S. 318).

Unter den **Hormonen der Wirbeltiere** nehmen die der *Hypophyse* eine zentrale Stellung ein. Da die Axone der neurosekretorischen Zellen des Zwischenhirns (Hypothalamus) in die Hypophyse einlaufen (Abb. 101), schlägt dieses Organ die Brücke zwischen den neuronalen und hormonalen Koordinationssystemen. Im *Hinterlappen* (Neurohypophyse) werden zwei in neurosekretorischen Zellen des Hypothalamus gebildete niedermolekulare zyklische Peptidhormone (je 8 Aminosäuren) gespeichert: Von ihnen fördert bei Säugern das *Oxytocin* die Uteruskontraktionen (Geburtswehen) sowie die Milchsekretion. Das *Vasopressin* wirkt vor allem blutdruckerhöhend und antidiuretisch, steigert also die Rück-

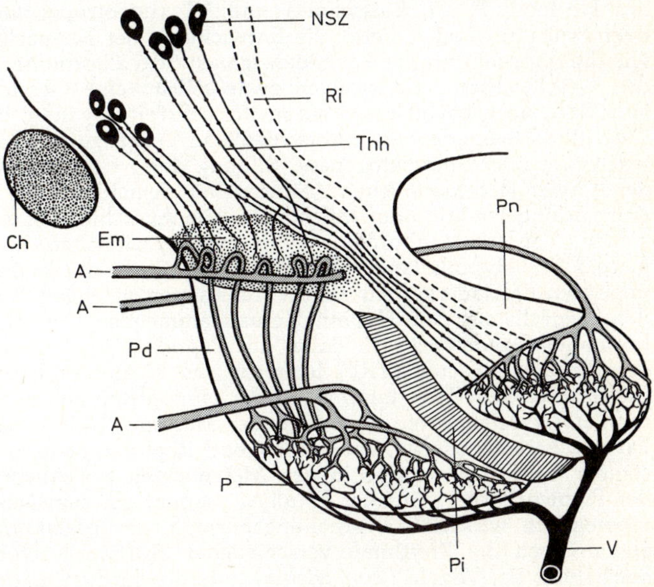

Abb. 101 Neurohumorale Koordination zwischen Hypothalamus und Hypophyse bei höheren Vertebraten. *A* Hypophysenarterien, die von der A. carotis interna gespeist werden, *Ch* Chiasma opticum, *Em* Eminentia mediana (punktiert), *NSZ* neurosekretorische Zellen, *P* hypophysäres Portalsystem, *Pd* Pars distalis (Adenohypophyse, Vorderlappen), *Pi* Pars intermedia (Mittellappen), *Pn* Pars neuralis (Neurohypophyse, Hinterlappen), *Ri* Recessus infundibuli (bei Vögeln), *Thh* Tractus hypothalamohypophyseus, *V* abführende Hypophysenvene (nach Jenkin; Oksche).

resorption des Wassers in der Niere. Von den Peptid- oder Proteinhormonen des *Vorderlappens* (Adenohypophyse) greift das Wachstumshormon *Somatotropin* (STH) in zahlreiche Stoffwechselvorgänge ein und stimuliert vor allem die Proteinsynthese (anabolische Wirkung): Mangel führt zum Zwergwuchs (S. 93), Überproduktion zum Riesenwuchs. Mit 188 Aminosäuren stellt das menschliche STH das größte bisher in vitro synthetisierte Proteinmolekül dar. Erfolgsorgane des *Thyreotropins* (TSH) ist die Schilddrüse, wo es sowohl die Synthese als auch die Sekretion des Thyroxins fördert (S. 165). Das *adrenocorticotrope Hormon* (ACTH), ein Polypeptid mit 39 Aminosäuren, bewirkt die Abgabe der Nebennierenrindenhormone (Corticosteroide). Die *gonadotropen Hormone* FSH (follikelstimulierendes Hormon), LH (Luteinisierungshormon, auch als interstitielle Zellen stimulierendes Hormon, ICSH, bezeichnet) und LT (luteotropes Hormon oder Prolactin) kontrollieren die Entwicklung der Keimzellen sowie die Ausschüttung der gonadeneigenen Sexualhormone in beiden Geschlechtern. Sie besitzen zwar selbst keine Geschlechtsspezifität, doch beeinflussen sie in ihren Erfolgsorganen, d. h. in Ovar und Hoden, jeweils unterschiedliche Vorgänge wie Follikelwachstum oder Spermatogenese, Bildung der weiblichen (Östrogene) oder der männlichen (Androgene) Sexualhormone sowie Aufbau und Funktion der Milchdrüse. Die Ausschüttung der einzelnen Vorderlappenhormone wird von spezifischen *releasing factors* des Hypothalamus getriggert, die über das venöse Hypophysen-Pfortadersystem zum Vorderlappen gelangen. Wie bei den ebenfalls aus dem Hypothalamus stammenden Hinterlappenhormonen handelt es sich dabei um Peptide: Für TSH besteht der Releasing Factor (TRF) lediglich aus 3 Aminosäuren. Der *Zwischenlappen* (Pars intermedia) der Hypophyse liefert das *Intermedin* (Melanocyten stimulierendes Hormon, MSH), das den Farbwechsel der Fische, Amphibien und Reptilien steuert. Unter seinem Einfluß kommt es in den Melanocyten zur Ausbreitung der Pigmentkörner. Aus der *Epiphyse* stammt ein zum MSH antagonistisch wirkendes Aufhellungshormon, das *Melatonin*, das zudem noch die Rhythmik verschiedener Stoffwechselvorgänge beeinflußt. Bei Vögeln *(Zonotrichia)* unterdrückt Exstirpation des Pinealorgans (Epiphyse) den zirkadianen Rhythmus der Zugunruhe.

Die Wirkstoffe der *Schilddrüse* (Abb. 102) sind relativ einfache jodhaltige Aminosäurederivate wie *Thyroxin* (Tetrajodthyronin), die in proteingebundener Form wirksam werden. Sie beschleunigen die Stoffwechselvorgänge (Grundumsatz) und lösen u. a. bei Amphibien die Metamorphose aus (S. 165). Die Schilddrüse der Wirbeltiere läßt sich mit der Hypobranchialrinne der Acranier

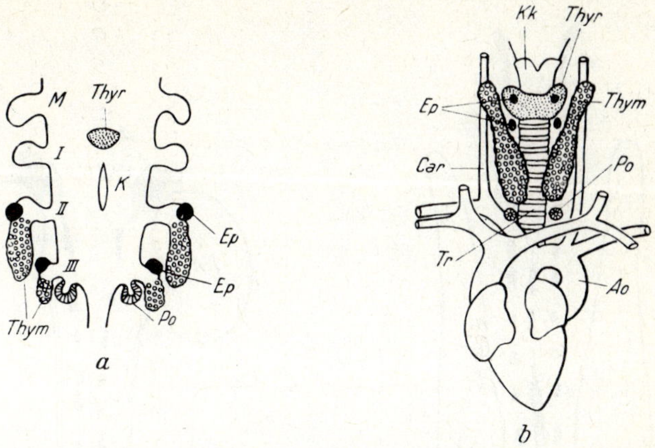

Abb. 102 Entwicklung und Lage der Hormondrüsen im Gebiet des Schlunddarmes der Säuger. a) Früher Embryonalzustand. b) Halberwachsener Zustand. *Ao* Aorta, *Car* Carotis, *Ep* Epithelkörperchen, *K* Kehlschlitz, *Kk* Kehlkopf (Larynx), *M* Mittelohrtasche, wird zur Tuba Eustachii, *Po* postbranchiale Körper (Bedeutung unbekannt), *Thym* Thymus, *Thyr* Schilddrüse (Thyreoidea), *Tr* Trachea, *I, II, III* 1. bis 3. Schlundtasche.

homologisieren. Bei *Branchiostoma* (S. 456, Abb. 251) ist diese Rinne noch ein schleimproduzierendes Organ mit äußerer Sekretion. Daß aus der Hypobranchialrinne direkt eine Schilddrüse hervorgehen kann, zeigen die Neunaugen *(Cyclostomata)*, bei denen sich die noch offene Rinne der Larve in der Metamorphose zur innersekretorischen Schilddrüse schließt (S. 457). Aus den *Epithelkörperchen* (Nebenschilddrüse, Parathyreoidea, Abb. 102) stammt das *Parathormon*, ein Polypeptid, das den Calcium- und Phosphatstoffwechsel kontrolliert. Es fördert vor allem die Freisetzung von Ca^{2+} aus dem Knochengewebe (Erhöhung des Ca^{2+}-Spiegels im Blut) und verhindert die Rückresorption von HPO_4^{2-} in den Nierentubuli (erhöhte Phosphatausscheidung). Antagonistisch zum Parathormon wirkt das *Calcitonin* der Schilddrüse.

Der *Markteil* der *Nebenniere* (chromaffine Zellen, Adrenalsystem, Abb. 103) gibt das dem Tyrosinstoffwechsel entstammende *Adrenalin* (und *Noradrenalin)* ab. Dieses Hormon erhöht den Blutdruck, steigert die Herzfrequenz und wirkt als Antagonist zum *Insulin* des *Pancreas*, indem es den Blutzuckergehalt ansteigen läßt. Noradrenalin dient zudem als Transmittersub-

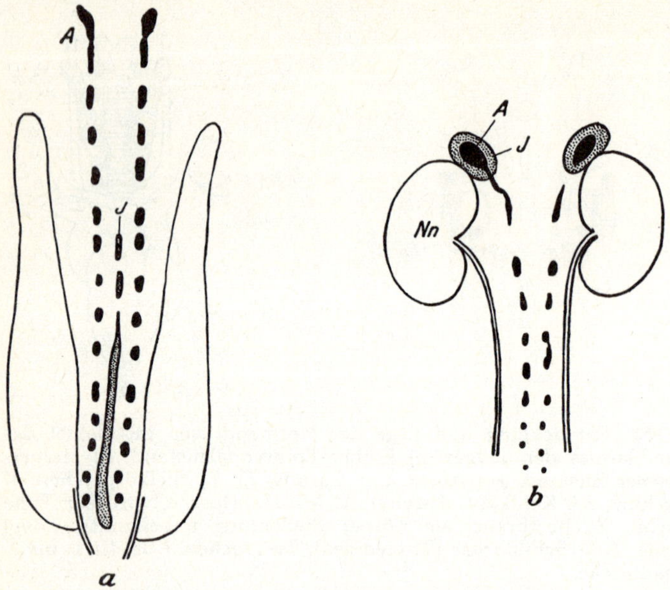

Abb. 103 Lagebezeichnung der Nebennierensysteme. a) Selachier. b) Säuger. *A* Adrenalsystem (Nebennierenmark der Säuger), *I* Interrenalsystem (Nebennierenrinde der Säuger), *Nn* Nachniere.

stanz des Nervensystems (S. 241). Die *Nebennierenrinde* (Interrenalsystem, Abb. 103) erzeugt eine Vielzahl von Steroidhormonen (Corticosteroide), die entweder auf den Osmomineralhaushalt einwirken *(Mineralocorticoide,* z. B. Aldosteron), indem sie die Rückresorption von Na^+-Ionen und Wasser in den Nierentubuli fördern (S. 209), zum anderen als *Glucocorticoide* (z. B. Cortison) den Umbau von Fetten und Proteinen in Kohlenhydrate stimulieren (Gluconeogenese).

Aldosteron, das zuletzt isolierte Nebennierenrindenhormon, hat wahrscheinlich beim Übergang zum Landleben eine entscheidende Rolle gespielt, indem es als Na^+-retinierendes Hormon den Landtieren ermöglichte, ohne die hohen Na^+-Konzentrationen des Meerwassers auszukommen. Bei Fischen kommt es nämlich nur vereinzelt, bei allen übrigen Wirbeltieren dagegen regelmäßig vor. In den natriumarmen Gebirgsgegenden Australien besitzen Wildkaninchen und Känguruhs eine bis zu 20fach höhere Aldosteronkonzentration als ihre Artgenossen in den natriumreichen Küstengegenden. Die Aldosteronsynthese wird ihrerseits von *Renin*, einem Enzym der Niere, gesteuert, das aus einem Plasmaprotein das aldosteronstimulierende *Angiotensin* abspaltet.

Die Sexualhormone der *Gonaden* sind ebenfalls Steroide. Sie stimulieren die Entwicklung und die Funktion der Geschlechtswege (Müllerscher und Wolffscher Gang) sowie deren Anhangsdrüsen (z. B. Prostata) und bewirken die Ausbildung der sekundären Geschlechtsmerkmale (Wuchstypen, Behaarung, Gefieder, Geweihe, Milchdrüsen, Sexualverhalten). Die weiblichen Merkmale werden durch *Östrogene*, die männlichen durch *Androgene* (Testosteron) bestimmt. Die im Gelbkörper (Corpus luteum) gebildeten *Gestagene* (Progesteron) sichern bei Viviparie das Austragen der Feten. Sexualhormone gehen auch von der Placenta aus. Über Inkrete der *Thymusdrüse* (Abb. 102), die für die immunologischen Abwehrvorgänge wichtig erscheinen, ist wenig Sicheres bekannt.

Bei **Wirbellosen** (vor allem bei Insekten) entstehen die sekundären Geschlechtsmerkmale im Gegensatz zu den Verhältnissen bei Wirbeltieren in der Regel direkt und autonom auf Grund der organeigenen chromosomalen Zellkonstitution, also unabhängig vom Geschlecht der Gonaden. Doch ist bei Krebsen eine *androgene Drüse* nachgewiesen, die auf bestimmte sekundäre Geschlechtsmerkmale vermännlichend wirkt. Implantation dieser Drüse in weibliche Tiere führt zur Geschlechtsumkehr. Im übrigen steuern Hormone bei Arthropoden die Häutungszyklen, die Metamorphose (S. 163), die Oogenese und den Farbwechsel der Krebse.

Hormonwirkungen lassen sich als Teile von **Regelkreisen** auffassen, indem nicht nur Wechselwirkungen zwischen Nerven- und Hormonsystem, sondern auch zwischen den einzelnen Hormonen selbst bestehen. Innersekretorische Drüsen und Erfolgsorgane sind dabei stets durch Rückkoppelungsmechanismen *(feed back)* miteinander verbunden. Die Freisetzung gonadotroper Hormone wird z. B. durch den Gehalt von Gonadenhormonen im Blut reguliert: So induziert beim Östrus der Säuger zunächst FSH die Follikelreifung und LH die Bildung von Östrogenen, die in den Zwischenzellen des Ovars synthetisiert werden und dann rückwirkend die FSH-Ausschüttung hemmen. Die nach dem Follikelsprung einsetzende Progesteronsynthese, die vom LH eingeleitet und im weiteren Verlauf vom LT reguliert wird, wirkt wiederum hemmend auf LH- und LT-Produktion zurück.

Für die Mehrzahl der Hormone besteht keine *Artspezifität* der Wirkung; so haben z. B. Sexualhormone aus Säugergonaden auch bei Fischen Erfolg. Dagegen gilt diese Artunspezifität nur beschränkt für einzelne Proteohormone der Hypophyse: Beim hypophysären Zwergwuchs des Menschen kann nur das arteigene STH helfen.

Über den **pimären Wirkungsmechanismus** von Hormonen sind noch keine definitiven Aussagen möglich. Doch ist ein einheitliches, allgemein gültiges Wirkungsprinzip schon wegen der verschiedenen chemischen Konstitution der Hormone (Proteine, Peptide, Aminosäurederivate, Steroide, Fettsäureester) nicht unbedingt zu erwarten. Im Mittelpunkt der Diskussion stehen Wirkungen bei der Regulation von *Genaktivitäten:* Ecdyson stimuliert das Auftreten spezieller „puffs" (S. 28) in den Speicheldrüsenchromosomen von Dipterenlarven. Im letzten Larvenstadium der Fliege *Calliphora* aktiviert Ecdyson das Gen für die Dopa-Decarboxylase, ein Schlüsselenzym bei der Sklerotisierung der larvalen Cuticula zur harten Puppenhaut. Ebenso stimuliert Thyroxin bei der Amphibienmetamorphose die genetische Aktivität für eine Reihe von Prozessen, die beim Übergang zum Landleben einsetzen (Abbau der Schwanzmuskulatur, Synthese von Enzymen des Harnstoffwechsels, Bildung eines Adulthämoglobins (S. 165). Dagegen lassen sich die Stoffwechseleffekte von Thyroxin bei Säugern (S. 214) nicht direkt mit Genaktivierungen erklären.

Vielfach sind Hormoneffekte auf *Membraneigenschaften* nachgewiesen worden: Insulin erhöht z. B. die Permeabilität von Zellmembranen für Glucose. In einigen solchen Fällen führt die Bindung des Hormons an die Zellmembran zur Aktivierung des membrangebundenen Enzyms *Adenylcyclase,* das dann aus ATP das *zyklische Adenosinmonophosphat* (cAMP) bildet. In der Zelle induziert cAMP als „sekundärer Messenger" seinerseits die zellspezifische biochemische Reaktion, die also vom Hormon als „primärem Messenger" nur indirekt ausgelöst wird (S. 89). Da sich eine Reihe von Hormonen durch cAMP ersetzen läßt, scheint diese indirekte Hormonwirkung weit verbreitet zu sein. Zudem werden beim Bakterium *E. coli* einige 100 der insgesamt 10 000 Gene durch cAMP aktiviert. Auch für die *Prostaglandine* (S. 180) wird eine Funktion als sekundärer Messenger diskutiert, indem sie nach Bindung der Hormone an die Zellmembran von der Lipidschicht des Plasmalemms (Abb. 2) gebildet und ins Cytoplasma abgegeben werden sollen. Bisher hat man bei Prostaglandinen vor allem Wirkungen auf sympathisch innervierte Organe (glatte Muskulatur, Gefäße) beobachtet, wo sie antagonistisch zum Noradrenalin wirken.

Bewegung

Alle Typen aktiver Bewegung, gleichgültig ob sie nun unmittelbar durch Vorgänge im Cytoplasma einzelliger Organismen, durch die Wirkung spezieller Zellorganellen (Wimpern und Geißeln) oder besonderer Gewebe (Muskelfasern) erzeugt werden, sind an fibrilläre Cytoplasmadifferenzierungen gebunden. Solche *Mikro-*

filamente (Durchmesser 5–20 nm) haben sich elektronenmikroskopisch in allen kontraktilen Strukturen nachweisen lassen. Je nach ihrer Anordnung in der Zelle und der Art ihres Zusammenwirkens kommen die verschiedenen Typen der amöboiden, der Flimmer- und der Muskelbewegung zustande. Durch das Antibiotikum Cytochalasin (S. 127) kann das cytoplasmatische Arrangement der Mikrofilamente zerstört und eine Vielzahl typischer Zellbewegungsvorgänge gehemmt werden.

Amöboide Bewegung

Nicht nur *einzellige Organismen* (Rhizopoden), sondern auch einzelne Zellen aus spezialisierten Geweben *(Wanderzellen:* Amöbocyten bei Invertebraten, Makrophagen und Leukocyten bei Vertebraten, Urkeimzellen usw., S. 134) oder sogar *plasmodiale Zellaggregationen* (Myxomyceten) können sich unter Veränderung ihrer Zellform „amöboid" fortbewegen. Dabei werden in der Fortbewegungsrichtung der Zellen Cytoplasmafortsätze **(Pseudopodien)** gebildet, die lappen- bis fadenförmig gestaltet sein können (Lobo-, Axo-, Filipodien; S. 363). An Hand mitgeführter Partikel lassen sich bei Axo- und Filipodien Gegenströmungen beobachten. Möglicherweise erfüllen die Mikrotubuli des zentralen Achsenstabs (Abb. 184) nicht nur Skelettfunktionen (Stereoplasma), sondern erzeugen auch Triebkräfte für die Fließbewegungen des peripheren Cytoplasmamantels (Rheoplasma).

Der **Mechanismus** der amöboiden Bewegung scheint den Elementarvorgängen bei der Muskelkontraktion ähnlich zu sein. Die klassische Vorstellung, nach der sich die *Oberflächenspannung* am funktionellen Vorderpol der Zelle vermindert und daher das Cytoplasma in diese Richtung vorfließt, kann heute nicht mehr gelten. Dagegen finden *aktive Kontraktionsprozesse* im peripheren Gelmantel (Ektoplasma) der Amöbe statt, durch die sich das solartige Endoplasma in der Lokomotionsrichtung verlagert. Dieser Fließvorgang wird dadurch erleichtert, daß die ektoplasmatische Gelschicht am funktionellen Vorderende nur sehr schwach ausgebildet ist und die geringste Cytoplasma-Viskosität an der „Scherungszone" der Sol-Gel-Grenze vorliegt. Die aktiven Kontraktionsprozesse kommen entweder im vorderen oder im hinteren Gelschlauch oder dadurch zustande, daß an der Sol-Gel-Grenze Plasmafilamente wie die Actin- und Myosinfilamente der quergestreiften Wirbeltiermuskeln aktiv aneinander vorbeigleiten (Abb. 104 a_1). Die bei Amöben und Schleimpilzen elektronenmikroskopisch nachgewiesenen Plasmafilamente (Durchmesser 7 nm) liegen jedenfalls im Ektoplasma und in der äußeren Zone

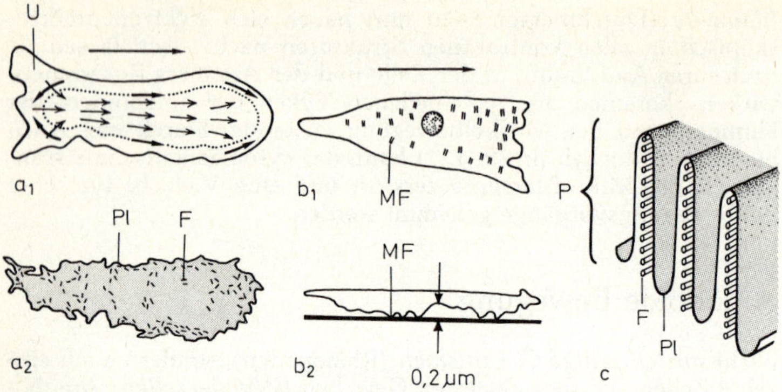

Abb. 104 a) Amöboide Bewegung. *a_1)* Schema zum Bewegungsmechanismus. Punktiert: Grenze zwischen Ekto- und Endoplasma, dünne Pfeile: Strömungsrichtung des Endoplasmasols, dicke Pfeile: mögliche Orte der Kontraktionsprozesse, langer Pfeil: Fortbewegungsrichtung der Amöbe, *U* Uroid, gelappte Hinterregion bei gestreckt kriechenden Amöben. *a_2)* Verteilung der Plasmafilamente nach elektronenmikroskopischen Aufnahmen. b) Membranwellenbewegung. Fibroblast in Aufsicht *(b_1)* und im Längsschnitt *(b_2)*. *MF* Membranfalten, die sich undulierend von vorn nach hinten über die Zellunterseite bewegen. c) Pellicula eines Ciliaten *(Opalina)*. *F* Plasmafilamente, *P* Pellicula, *Pl* Plasmalemma (nach Hayashi; Bhowmick; Ambrose; Noirot-Timothee).

des Endoplasmas dichter und strenger geordnet als im übrigen Cytoplasma (Abb. 104 a_2). Die Pseudopodienbewegung läßt sich damit als eine hydraulische Druckflußbewegung verstehen, die durch die Kontraktion des Ektoplasmaschlauchs hervorgerufen wird. Auch physiologisch bestehen Parallelen zwischen der amöboiden Bewegung und der Muskelkontraktion: Glycerinextrakte aus Amöben lassen sich nämlich wie solche von Muskelzellen mit ATP zur Kontraktion bringen. Die extrahierten Proteine gleichen außerdem in ihrer ATPase-Aktivität und Aminosäurezusammensetzung dem Myosin der Muskeln.

Membranwellenbewegung

Neben Rhizopoden und spezialisierten Wanderzellen können sich in Gewebe- und Zellkulturen auch solche Zellen bewegen, die – wie Fibroblasten und Epithelzellen – normalerweise zu festen Zellverbänden zusammengeschlossen sind. Doch erfolgt diese Bewegung nicht amöboid unter Pseudopodienbildung und intrazellulärer Cytoplasmaströmung, sondern wird durch die Ausbildung von *Plasmalemmafalten* auf der dem Substrat zugekehrten Seite bewirkt (Abb. 104 b). Diese Membranrippeln bilden sich auf der leicht aufgewölbten funktionellen Vorderkante der Zelle und werden während der Zellbewegung sukzessive nach hinten verlagert. An der Faltenbildung scheinen *Plasmafilamente* in dem unmittelbar an das Plasmalemm grenzenden Corticalplasma beteiligt zu sein. Sie haben sich elektronenmikroskopisch bisher bei einigen Ciliaten (Abb. 104 c) und bei den ohne Veränderung ihrer äußeren Zellgestalt über das Substrat gleitenden Gregarinen (Sporozoen) nachweisen lassen. Auch bei auswachsenden Zellfortsätzen (z. B. Axonen) werden Membranwellenbewegungen beobachtet.

Flimmerbewegung

Zur Fortbewegung bedienen sich viele Protozoen (Flagellaten, Ciliaten), kleine Metazoen (z. B. Turbellarien, verschiedene Larvenstadien) sowie die Spermatozoen der Flimmerbewegung. Andererseits wird sie dem Herbeistrudeln von Nahrungsteilchen oder Atmungswasser und in allen Tierstämmen (außer Arthropoden und Nemathelminthen) dem Stofftransport in inneren Hohlraumsystemen (Darm, Nierentubuli) nutzbar gemacht.

Flimmern können in Form langer peitschenförmiger Geißeln *(Flagellen)* oder kurzer Wimpern *(Cilien)* auftreten. Beide Typen lassen sich nicht auf Grund ihres submikroskopischen Feinbaues, sondern nur nach ihrer Funktionsweise unterscheiden: Während die überwiegend einzeln auftretenden Geißeln die verschiedenartigsten Ruder- oder Schraubenbewegungen ausführen können und sich als Zug- oder Schuborganellen in einem meistens dreidimensionalen Schwingungsraum bewegen, schlagen die kurzen Cilien stets in einer Ebene. Durch schnelles Fixieren, das die Cilie in ihrer jeweiligen Schlagphase beläßt, oder durch Hochfrequenzkinematographie kann der gesamte Bewegungszyklus einer Cilie rekonstruiert werden (Abb. 105): Einer raschen, den Vortrieb erzeugenden Abschlagphase, während der die Cilie gestreckt bleibt, folgt der langsamer verlaufende Rückschlag mit einer von der Basis zur Spitze fortschreitenden Beugung des Cilienschaftes.

Der **submikroskopische Feinbau** zeigt bei allen Flimmertypen – von den Geißeln pflanzlicher Gameten, den Protozoengeißeln und Wimpern der Flimmerepithelien bis zu den Spermienschwänzen – eine erstaunliche Übereinstimmung (Abb. 19, 106): Zwei axiale

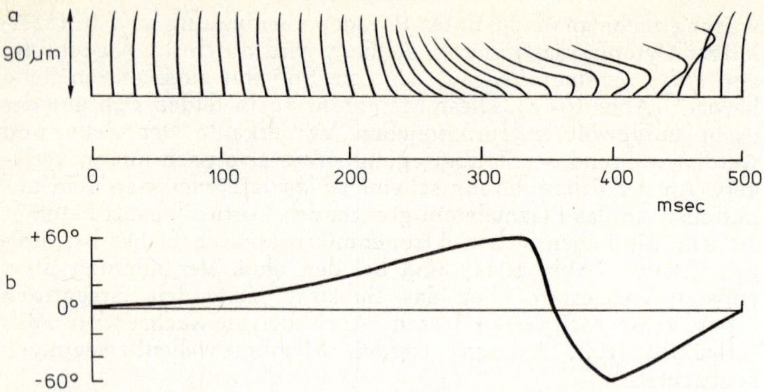

Abb. 105 a) Schlagfolge einer Cilie aus dem Wimperepithel einer Muschelkieme *(Mytilus edulis)*. b) Änderung des basalen Anstellwinkels der Cilie während eines Schlagzyklus: Abweichung des Cilienschaftes von der Lotrechten in der Schlagrichtung (+) und gegen die Schlagrichtung (–) (nach hochfrequenz-kinematographischen Aufnahmen von Baba u. Hiramoto).

Fibrillen (Mikrotubuli, S. 9) werden in zylinderförmiger Anordnung von neun peripheren Doppelfibrillen (Abb. 4) umgeben, die einem aus Fibrillentripletts bestehenden Basalkörper entspringen. Dieser Basalkörper ist dem Centriol homolog (Abb. 16), das die meisten Protozoen- und Metazoenzellen mindestens zweifach enthalten und das bei der Kernteilung seine entscheidende Rolle spielt (S. 32). Das Centriol stellt auch das morphogenetische Zentrum bei der Bildung der Cilie dar, indem es zur Zellperipherie wandert und dort aus jedem Tubulitriplett zwei periphere Mikrotubuli hervorsprossen läßt. Über sogenannte Wurzelfasern, die Querstreifung zeigen und ATPase-Aktivität (S. 226) besitzen, kann der aus dem Centriol hervorgehende Basalkörper im Cytoplasma oder sogar an der „Kernmembran" (S. 12) verankert sein. Neben dem *9 + 2-Grundtyp* gibt es auch seltene Varianten (9 + 1, 9 + 0, 9 + 7, 9 + 9). In unbeweglichen, sogenannten Stereocilien und in abgewandelten Cilienstrukturen, wie sie für viele Sinneszellen charakteristisch sind (Abb. 132; S. 266), fehlen die beiden zentralen Fibrillen.

Die **Schlagtätigkeit** der Flimmern kommt wahrscheinlich dadurch zustande, daß sich die peripheren Filamente wie bei Myofibrillen gegeneinander verschieben. Den stets einseitig ausgebildeten Armfortsätzen (Abb. 106), die das isolierbare Protein *Dynein* enthalten (Abb. 4), könnte hier eine besondere Bedeutung zu-

Abb. 106 Cilienfeinstruktur. Längs- und Querschnitte durch ein Cilium aus den Kiemenblättchen der Muschel *Anodonta*. *A* Armfortsätze der *pF*, *Bk* Basalkörper, *Bp* Basalplatte, *Cs* Cilienschaft, *pF* periphere, *sF* sekundäre, *zF* zentrale Fibrillen (Mikrotubuli), *Pl* Plasmalemm, *Ü* Übergangsregion, *Wf* Wurzelfasern (nach Gibbons).

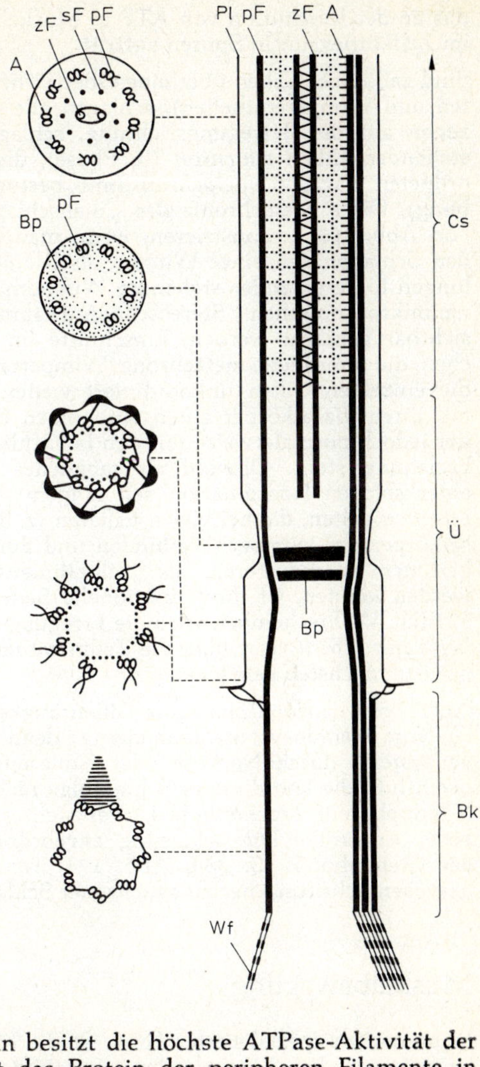

kommen; denn Dynein besitzt die höchste ATPase-Aktivität der Cilien. Zudem gleicht das Protein der peripheren Filamente in seiner Aminosäurezusammensetzung sehr dem Muskelactin (S. 225). Bei Vorhandensein von ATP schlagen Cilien auch dann noch, wenn sie von der Zelle isoliert sind. In separierten Geißeln konnte zudem das Enzym Argininkinase nachgewiesen werden, das an der Restitution von ATP in Muskelfasern beteiligt ist und im Zellkörper nur in Spuren auftritt.

Sind zahlreiche Cilien über eine Oberfläche verteilt (wie bei Ciliaten und Wimperepithelien), schlagen alle Cilien koordiniert: Bezogen auf die Bewegungsrichtung, schlagen die nebeneinander stehenden Cilien *synchron* (in Phase), die hintereinander angeordneten dagegen *metachron* (mit bestimmter Phasenverschiebung). Diese Metachronie des Cilienschlages läßt sich an Hand von Abb. 105 demonstrieren, wenn man die aufeinanderfolgenden Schlagphasen einer Wimper als Momentaufnahme der Stellungen hintereinander stehender Wimpern betrachtet. In elektronenmikroskopischen Stereoscan-Aufnahmen kann sie direkt sichtbar gemacht werden. Einschnitte im Ektoplasma unterbrechen die geordnete metachrone Wimpertätigkeit, doch schlagen die einzelnen Cilien unkoordiniert weiter. Jede Cilie stellt also mit ihrem Basalkörper einen autonomen Bewegungsapparat dar, der jedoch normalerweise mit den benachbarten in fester Phasenbeziehung steht. Obwohl als mögliches strukturelles Korrelat einer solchen Koordination seit langem die *kinetodesmatischen Fibrillen* gelten, die bei vielen Ciliaten (z. B. *Paramecium)* die Basalkörper der Wimpern verbinden und durch ihre Fähigkeit, Silberionen zu reduzieren, als „Silberliniensystem" nachgewiesen werden können, ist ihre funktionelle Bedeutung heute sehr umstritten. Wahrscheinlich wird die Erregung im Sinne einer *Reflexkette* nur schrittweise über die Zellmembran von einem Basalkörper zum nächsten geleitet.

Auch bei *Metazoen* bleibt die Cilientätigkeit in den meisten Fällen vom Nervensystem unabhängig; denn Ausschalten des Nervensystems durch Narkose oder Isolierung des Wimperepithels beeinflußt die koordinierte Schlagfolge nicht. Bei einigen Formen (Ctenophoren, *Trochophora*-Larve) steht sie dagegen unter nervöser Kontrolle. Die achtreihig angeordneten Wimperplättchen der Ctenophoren (S. 384, Abb. 194) werden z. B. durch einen nervösen Schrittmacher zu synchroner Schlagfolge programmiert.

Muskelbewegung

In besonders spezialisierter Form ist die Kontraktion von Fibrillensystemen bei Muskelzellen ausgebildet. Eine Vorform der Muskelbewegung ist schon bei den Protozoen verwirklicht, wo bei sessilen Ciliaten bestimmte fibrilläre Cytoplasmadifferenzierungen *(Myoneme)* zu raschen Kontraktionen befähigt sind (z. B. „Stielmuskel" von *Vorticella,* Abb. 186 c).

Die **kontraktilen Elemente** der verschiedensten Muskeltypen sind entweder einkernige *Muskelzellen* oder vielkernige *Muskelfasern*, die embryonal durch Verschmelzung einzelner Zellen entstehen. Im Herzmuskel der Wirbeltiere, der früher als ein mehrkerniges Syncytium angesehen wurde, sind die Membranen benachbarter Zellen zu festen Kontaktzonen („Glanzstreifen") verbunden. Im Cytoplasma der Muskelzellen und -fasern treten längsgerichtete Plasmafilamente zu *Myofibrillen* zusammen, nach deren Feinstruktur sich im lichtmikroskopischen Bild glatte und quergestreifte Muskeln unterscheiden lassen. Bei letzteren bilden zwei Typen von *Plasmafilamenten* ein hochgeordnetes hexagonales Gittersystem, das in der Längsrichtung aus einzelnen Einheiten (Sarkomeren) aufgebaut ist (Abb. 107 a). Jedes *Sarkomer* enthält in der Mitte einen Satz dicker Myosinfilamente (anisotrope A-Bande), in den von beiden Seiten dünnere Actinfilamente eine Strecke weit hineinreichen. Im übrigen erstrecken sich die Actinfilamente durch die myosinfreien Fibrillenabschnitte (isotrope I-Bande) bis zu den Z-Membranen, den Grenzen zwischen aufeinanderfolgenden Sarkomeren, an denen sie inserieren. Die Kontraktion, bei der sich die I-Banden verkürzen, indem sich die Actinfilamente zwischen die Myosinfilamente schieben (Abb. 107 a_2), erfolgt bei den quergestreiften Muskeln relativ rasch, was auch ihrer Verbreitung im Tierreich entspricht: Außer bei den Vertebraten treten sie in den Glockenmuskeln der Medusen, den Schlundkopfmuskeln von Anneliden, den Herzmuskeln von Mollusken, den Körpermuskeln rasch beweglicher Cephalopoden und wohl bei allen Muskeln der Arthropoden auf.

Unter *glatter Muskulatur* wird eine Vielzahl sehr heterogener Muskeltypen zusammengefaßt, in denen dicke und dünne Filamente weniger regelmäßig angeordnet sind. Bei der Eingeweidemuskulatur der Wirbeltiere, die als Prototyp der glatten Muskulatur gelten kann, sind dicke und dünne Filamente homogen über die Faserfläche verteilt. In ähnlicher Weise liegen im Schalenschließmuskel von Mollusken dünne (Actin) und dicke Filamente (Tropomyosin A) parallel nebeneinander, ohne sonst irgendwie regelmäßig angeordnet zu sein. Dagegen ähneln die *schräggestreiften Muskeln* vieler Invertebraten (Mollusken, Anneliden, Nematoden) schon stark den quergestreiften. Auch bei ihnen treten anisotrope und isotrope – allerdings schräg verlaufende – Querbanden auf (Abb. 108). Diese Schrägstellung bedingt, daß sich bei der Kontraktion nicht nur die dicken gegen die dünnen Filamente, sondern auch die dicken Filamente gegeneinander verschieben, was – z. B. beim Hautmuskelschlauch des Regenwurms – sehr viel größere Längenänderungen als bei der quergestreiften Muskulatur ermöglicht. Im feinstrukturellen Bau bestehen aber zwischen quergestreiften und glatten Muskelfibrillen keine grundsätzlichen Unterschiede.

Die zwischen den Fibrillen gelegenen Cytoplasmaabschnitte sind dicht von *H-(Horizontal-)Kanälen* des endoplasmatischen Reticulums (ER) durchzogen und mit Mitochondrien besetzt. Neben diesem stärker als in sonstigen Zellen ausgebildeten ER („sarkoplasmatisches" Reticulum) besitzen die Muskelfasern noch ein zweites – extrazelluläres – Kanalsystem, das aus Einstülpungen des Sarkolemms besteht und quer zu den Myofibrillen auf Höhe der Z-Streifen verläuft *(T-System, Transversalkanäle,* Abb. 107 c, d). Die bei der Erregung auftretenden Potentialänderungen (S. 230) können auf diese Weise rasch bis zu den im Innern der Muskelfaser gelegenen Myofibrillen geleitet werden. Zwischen T- und H-System bestehen keine Verbindungen.

Zur **Kontraktion der Muskelfibrillen,** bei der die beiden Actingitter eines Sarkomers in das Myosingitter gleiten (Abb. 107 a), wird energiereiches Adenosintriphosphat (ATP) benötigt. Die energieliefernde Spaltung des ATP erfolgt mit Hilfe einer auf dem Myosin lokalisierten ATPase, die zu ihrer Aktivierung jedoch Ca^{2+}-Ionen benötigt. Erregungswellen, die vom äußeren Sarkolemm der Muskelfaser über das T-System fortgeleitet werden, bewirken eine Ausschüttung der in den Vesikeln des sarkoplasmatischen Reticulums gespeicherten Ca^{2+}-Ionen, so daß deren Konzentration in der Myofibrille auf den kritischen Wert von 10^{-5} bis 10^{-6} mol/l ansteigt. Unter diesen Bedingungen entfaltet die Myosin-ATPase ihre enzymatische Wirkung auf die Interaktion von Actin und Myosin, wobei in äußerst rascher Folge (5–100 Hz bei Wirbeltiermuskeln) Querbrücken zwischen Actin- und Myosinfilamenten gebildet und wieder gelöst werden. Jeder dieser Elementarzyklen, entweder die Entstehung oder die Lösung einer Querverbindung, soll mit der Spaltung von einem Molekül ATP verbunden sein. Durch Fällung des frei werdenden Phosphats läßt sich jedenfalls histochemisch der Interaktionsbereich von Actin und Myosin in den A-Banden als alleiniger Ort der ATP-Spaltung ausweisen.

Abb. 107 Quergestreifte Muskulatur der Wirbeltiere. a) Schema eines Sarkomers im dilatierten (a_1) und kontrahierten Zustand (a_2). b) Querschnitt durch ein Sarkomer auf Höhe der A-Bande; die durchgezogenen Linien symbolisieren die Längsschnittebenen von a. c) Halbschematischer Längsschnitt durch eine Skelettmuskelfaser. d, e) Dreidimensionale Darstellungen von 4 Myofibrillen einer Skelettmuskelfaser *(d)* und eines Ausschnitts aus der Herzmuskulatur *(e)*. *A* anisotrope A-Bande, *C* interfibrilläres Cytoplasma, *Fb* Myofibrille, *Fl (A, M)* Myofilament (Actin- bzw. Myosinfilament), *Fs* Muskelfaser, *Gl* „Glanzstreifen" der Herzmuskulatur (spezialisierte Zellkontaktzonen auf Höhe der Z-Streifen), *H* H-Zone, *HK* intrazellulärer Horizontalkanal (sarkoplasmatisches Reticulum), *I* isotrope I-Bande, *M* Mitochondrium, *S* Sarkomer, *Sl* Sarkolemm, *TK* extrazellulärer Transversalkanal, *Z* Z-Streifen (nach Huxley; Poche und Lindner; Porter und Bonneville).

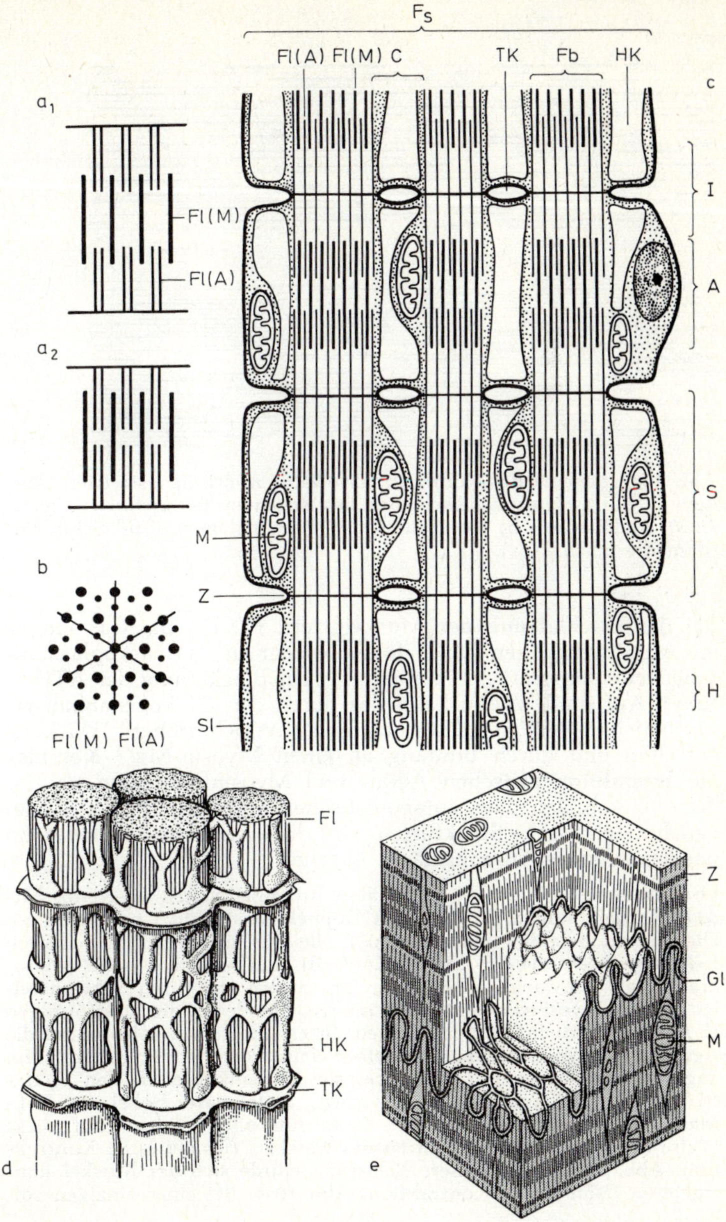
Fs
Fl(A) Fl(M) C
TK
Fb
HK
c
a1
Fl(M)
Fl(A)
a2
I
A
S
M
b
Z
H
Sl
Fl(M) Fl(A)
Fl
Z
Gl
M
HK
TK
d
e

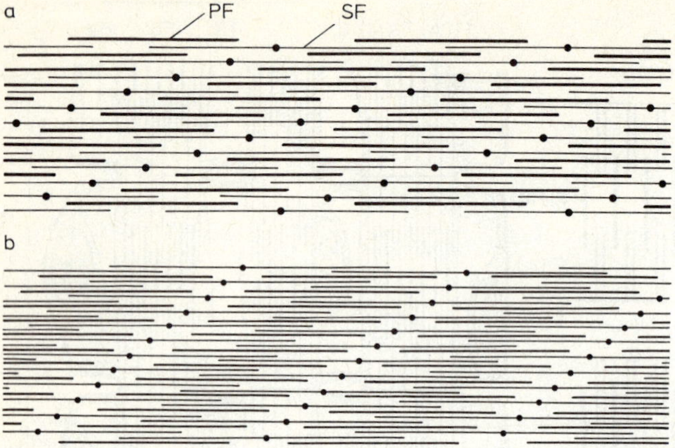

Abb. 108 Schema des Kontraktionsverlaufs in schräggestreiften Muskeln (z. B. im Hautmuskelschlauch des Regenwurms, *Lumbricus terrestris*). a) Dilatiert, b) Kontrahiert, *PF* Primärfilamente, *SF* Sekundärfilamente (nach Zebe).

Bei der Erschlaffung der Muskelfasern werden die Ca^{2+}-Ionen im Austausch gegen Mg^{2+}-Ionen wieder in das sarkoplasmatische Reticulum zurückgepumpt, was zur Blockierung der ATPase führt. Auf diese Weise kann das durch den Glykogenabbau resynthetisierte ATP seine Dissoziations-(„Weichmacher"-)Wirkung entfalten und durch Bindung an einen Myosin-Mg^{2+}-Komplex die Interaktion zwischen Actin- und Myosinfilamenten verhindern. Durch den Zug antagonistischer Systeme (Muskeln oder gedehnte elastische Strukturen) wird der erschlaffte Muskel dann wieder auf seine Ausgangslänge gedehnt.

Im Actinmolekül sind die globulären Proteineinheiten (*G-Actin*, MG 50 000) zum fädigen *F-Actin* (mit Doppelhelixstruktur) polymerisiert. Die Myosinmoleküle (MG 500 000), die aus einem ATPase-aktiven *H-(heavy-)Meromyosin*-Anteil (Kopfteil) und einem *L-(light-)Meromyosin* als Schwanzteil bestehen, lagern sich mit ihren Schwanzteilen zu den Myosinfilamenten zusammen, aus denen die kopfförmigen H-Anteile rechtwinklig herausragen. In erschlafften Muskeln sind die Actin- und Myosinmoleküle ungefähr 5 nm voneinander getrennt. Im angespannten Muskel haften sich die Myosinköpfe an den Actinfilamenten fest, schlagen wie winzige molekulare Hebel im H-L-Meromyosin-Gelenk um ca. 45 Grad um und spannen auf diese Weise die elastischen Strukturen des Muskels (*isometrische* Kontraktion, Abb. 109). Ohne äußere Belastung würde sich der Muskel kontrahieren (*isotonische* Kontraktion, Abb. 109): Bei einer einzigen sol-

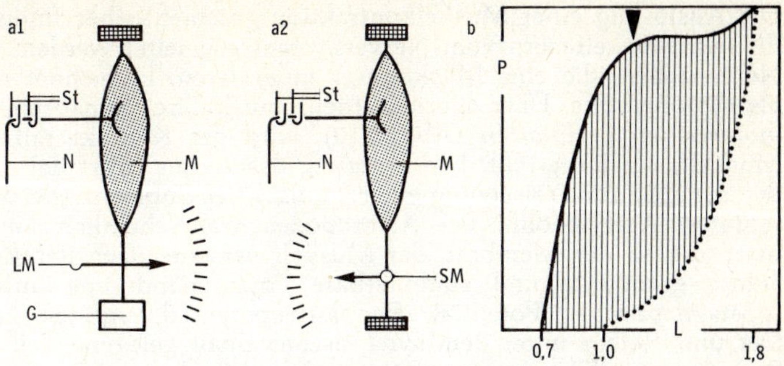

Abb. 109 a) Isotonische (a_1) und isometrische (a_2) Kontraktionsmessung am Muskel. In a_1 werden Längenänderungen, in a_2 Spannungsänderungen des Muskels gemessen. b) Kraft-Längen-Diagramm des Muskels: Ruhedehnungskurve (punktiert) und Kurve der isometrischen Maxima (ausgezogen). Der schraffierte Bereich gibt den Kraftzuwachs während isometrischer Kontraktion an; er ist bei der Ruhelänge des Muskels am größten (▼). *G* Last, *L* Muskellänge (Ruhelänge = 1,0), *LM* Längenmesser, *M* Muskel, *N* Nerv, *P* Kraft, *SM* Spannungsmesser, *St* Stimulationselektroden (nach DUDEL).

chen synchronen Ruderbewegung aller Myosinköpfe gleiten die Actinfilamente beider Sarkomerhälften allerdings nur um 10 nm zur Sarkomermitte, was der Verkürzung eines 10 cm langen Muskels um 1 mm entspricht. Bei einer Interaktionsfrequenz der Actin- und Myosinfilamente von 50 Hz hätte sich der Muskel dagegen schon nach 1 Sek. um die Hälfte verkürzt.

Ein einseitig befestigter Muskel, der sich unter Verkürzung bei gleichbleibender Muskelspannung kontrahieren kann (isotonische Kontraktion, Abb. 109), läßt sich durch eine Last an seinem freien Ende dehnen. Wie die *Ruhedehnungskurve* zeigt (Abb. 109 b), steigt dabei die zur Dehnung nötige Kraft mit zunehmendem Grad der Vordehnung, d. h. zunehmender Muskellänge exponentiell an. Auch die vom Muskel bei der Kontraktion entwickelte Kraft hängt von der Vordehnung ab. Zum Nachweis dieser Beziehung mißt man bei isometrischen Kontraktionen, bei denen sich der Muskel in seiner Länge nicht verändert, dagegen seinen Spannungszustand erhöht (Abb. 109 a_2), diejenige Kraft, die der Muskel in Abhängigkeit von der Muskellänge (Vordehnung) über die Ruhespannung hinaus entwickelt *(Kurve der isometrischen Maxima).* Die Kraftentwicklung des Muskels ergibt sich aus der Differenz der beiden in Abb. 109 eingetragenen Kurven. Sie ist bei der Ruhelänge des Muskels am größten.

Die **Auslösung einer Muskelkontraktion** geschieht über Impulse, die den Muskelfasern vom Nervensystem zugeleitet werden. Die Nervenzellen, die eine Muskelfaser innervieren, bezeichnet man als *Motoneurone.* Über spezielle (neuromuskuläre) Synapsen, die *motorischen Endplatten* (Abb. 110), wird der Kontakt mit der Muskelfaser hergestellt. Die Erregung des Axons führt dabei an der Synapse zur Freisetzung einer *Transmitter*-Substanz (bei Vertebraten Acetylcholin, bei Arthropoden wahrscheinlich Glutamat), die an der Membran der Muskelfaser eine nach der Reizstärke graduierte und summierbare Potentialänderung auslöst (postsynaptisches Potential, Endplattenpotential, vgl. S. 241). Der unmittelbar unter dem synaptischen Spalt gelegene Teil des Sarkolemms, d. h. der postsynaptischen Membran, ist nur zur Ausbildung solcher lokalen Potentiale verschieden hoher Amplitude befähigt (*subsynaptische* Membranbezirke). Außerhalb des Synapsenbereichs kommt es dann bei den meisten Vertebratenmuskeln zur Entstehung eines Aktionspotentials (S. 243) und damit zu einer über das gesamte Sarkolemm aktiv fortgeleiteten Er-

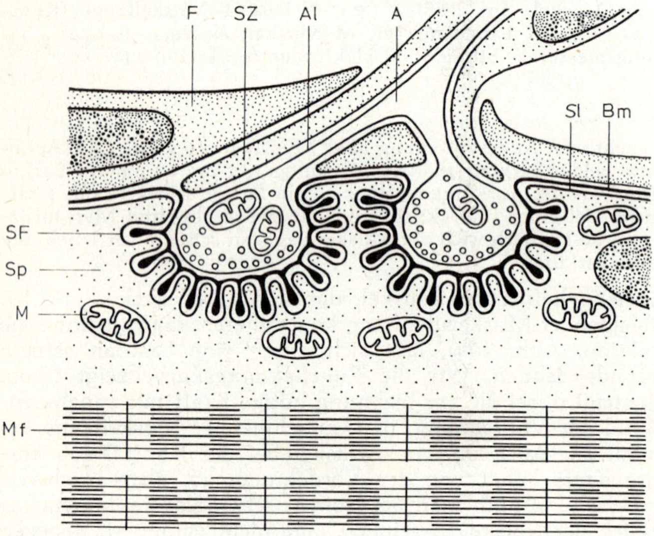

Abb. 110 Motorische Endplatte (myoneurale Synapse). *A* Axon, *Al* Axolemm, *Bm* Basalmembran – das elektronendichte Material zwischen prä- (*Al*) und postsynaptischer Membran (*Sl*) stellt ein Derivat der *Bm* dar –, *F* Fibrocyt (Bindegewebszelle), *M* Mitochondrium, *Mf* Myofibrille, *SF* Einfaltungen des Sarkolemms im Bereich der Synapse, *Sl* Sarkolemm, *Sp* Sarkoplasma, *SZ* Schwannsche Zelle (nach ECCLES).

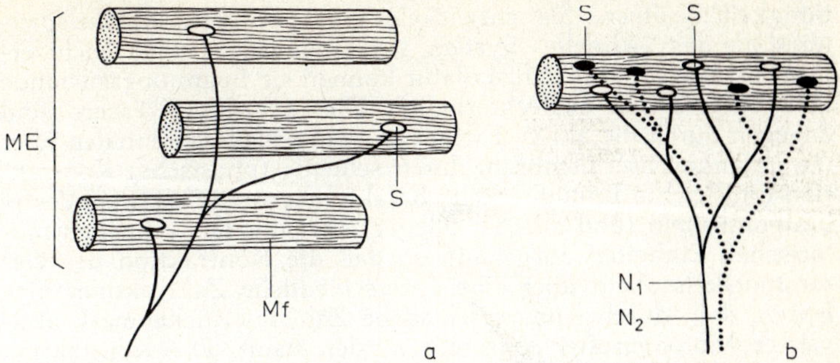

Abb. 111 Muskelinnervation bei Vertebraten (a) und Arthropoden (b). *ME* motorische Einheit (von einem Motoneuron innervierte Gruppe von Muskelfasern), *Mf* Muskelfaser, N_1 *und* N_2 Motoneurone (z. B. exzitatorisches und inhibitorisches Motoneuron), *S* Synapse (motorische Endplatte) (nach Florey).

regung, die mit Hilfe des T-Systems bis ins Innere der Muskelfaser eindringt und dort den beschriebenen Kontraktionsmechanismus auslöst.

Wirbeltiere besitzen an jeder Muskelfaser nur eine motorische Endplatte; doch können die verschiedenen Endigungen eines Motoneurons mehrere Muskelfasern erreichen und zu einer *motorischen Einheit* zusammenschließen (Abb. 111 a). Dagegen werden die Muskelfasern bei *Arthropoden* stets von mehreren (2–5) Motoneuronen *polyneuronal* innerviert. Jedes dieser Neurone bildet an der Muskelfaser zudem eine Vielzahl von Endplatten aus (*multiterminale* Innervierung, Abb. 111 b). Da Arthropoden im Gegensatz zu Vertebraten keine fortgeleiteten Muskelpotentiale bilden, wird eine synchrone Erregung der gesamten Muskelfaser nur durch eine derart dichte Verteilung der Synapsen über das Sarkolemm sichergestellt.

Die Kontraktion eines Muskels kann durch die **Koordination mehrerer Muskeleinheiten** abgestuft werden. Die im Dienste der Fortbewegung stehende Muskulatur der *Wirbeltiere,* die an einem Innenskelett angreift, läßt sich dabei auf zwei verschiedene Arten steuern. Die Extremitätenmuskulatur der Frösche wird z. B. sowohl von dünnen, langsam leitenden Motoneuronen (Durchmesser 5–8 µm, Leitungsgeschwindigkeit 2–8 m/sec) als auch von dicken, schnell leitenden Axonen (10–20 µm, 10–40 m/sec) versorgt, die zu getrennten Muskelfasern ziehen. Die Muskeln des „langsamen" Systems zeigen keine fortgeleiteten Erregungen (und ähneln in dieser Hinsicht der Arthropodenmuskulatur), sondern nur graduierte Endplattenpotentiale, die eine hohe Summationsfähigkeit besitzen. Sie entwickeln eine geringere Muskelspannung als das „schnelle" System, sind aber viel weniger leicht ermüdbar. Als tonische Muskulatur können sie Spannungszustände über längere Zeit aufrechterhalten. Die „schnellen" Fasern sind dagegen durch die aktive Fortleitung von Muskelpotentialen über die gesamte Fasermembran, durch schnelle (phasische) Kontraktion und leichte Ermüdbarkeit charakterisiert. Die meisten Vertebratenmuskeln (und alle der Säuger) sind nur aus schnellen motorischen Einheiten aufgebaut, so daß die Kontraktion des Gesamtmuskels allein über eine unterschiedliche Zahl aktiver Einheiten, d. h. durch eine verschiedene Zahl im Rückenmark aktivierter Motoneurone, abgestuft werden kann. Die Kontraktion langsamer motorischer Einheiten läßt sich dagegen schon durch Variation der Erregungsfrequenz des zugehörigen Motoneurons steuern. Möglicherweise leiten sich die γ-Fasern der Muskelspindeln bei Säugern (S. 249) von solchen langsamen Muskelfasern ab. Bei neugeborenen Katzen gehören noch alle Skelettmuskeln dem langsamen Typ an und gehen erst nach 6–7 Wochen in den schnellen Typ über.

Neben der Dauerverkürzung tonischer Fasern (Sperr- oder Haltemuskeln) können auch phasische Einheiten (Bewegungs- oder Arbeitsmuskeln) lang anhaltende Kontraktionen ausbilden. Überschreitet nämlich die Reizfrequenz einen bestimmten Wert (ca. 12–20 Impulse/sec beim Froschsartorius und mehr als 60 Impulse/sec beim Trommelmuskel des Tigerfischs), bleibt der Muskel während der gesamten Reizzeit kontrahiert (Tetanus, Abb. 112). Ein weiteres demonstratives Beispiel, daß phasische und tonische Einheiten in einem Muskel vereinigt sein können, liefern die *Mollusken.* Die Muschel *Pecten* schließt ihre Schale sehr rasch (in 100 msec) und hält sie dann gegen Spannungen von 1–4 kg/cm^2 über Stunden oder Tage gegen den elastischen Zug der Schloßbänder aneinander gepreßt. In dem dafür verantwortlichen Adductormuskel liegen ein phasischer, gestreifter Anteil und ein tonischer „Sperrmuskel"-Anteil direkt nebeneinander. Der Sperrtonus stellt dabei keine tetanische Verkürzung auf niederfrequente Reizung dar, sondern kann ohne jegliche äußere Stimulation erhalten bleiben. In ähnlicher Weise üben viele glatte Muskeln der Wirbeltiere, z. B. die Gefäßwandmuskeln, ihre Sperrwirkung ohne Energieverbrauch aus. Erregungen vom sympathischen Nervensystem (S. 259) versetzen sie in einen bestimmten Spannungszustand, der auf jede beliebige Stufe zwischen maximaler Dehnung und maximaler Verkürzung eingestellt (gesperrt) werden kann.

Bei *Arthropoden* erfolgt die Koordination der Muskeltätigkeit nach einem anderen Prinzip. Häufig bildet hier ein ganzer Mus-

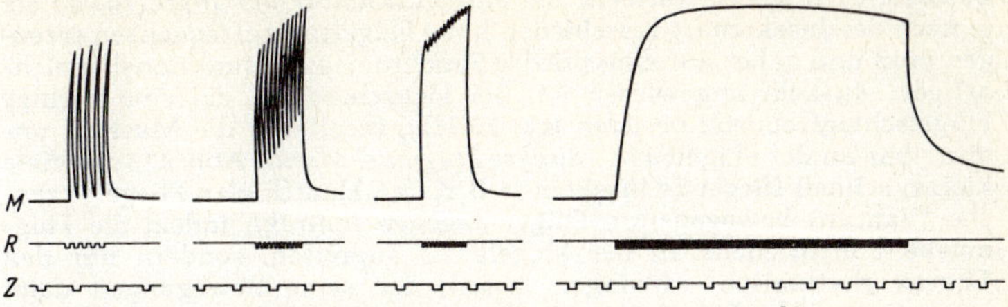

Abb. 112 Aufzeichnung der Kontraktionen eines Froschmuskels nach elektrischer Reizung. a) Einzelzuckungen. b, c) Summation der Einzelzuckungen zu einem unvollständigen Tetanus. d) Tetanus. *M* aufgezeichnete Muskelkontraktionen, *R* Reizfolge, *Z* Zeitskala (in sec).

kel eine einzige motorische Einheit, indem die Verzweigungen einer Nervenzelle zu allen Fasern eines Muskels ziehen. Andererseits empfängt jede Muskelfaser ihre Erregungen von meistens zwei oder drei Nervenzellen, von einer „schnellen" und einer „langsamen" erregenden (exzitatorischen) sowie einer hemmenden (inhibitorischen), die bei Insekten allerdings fehlt.

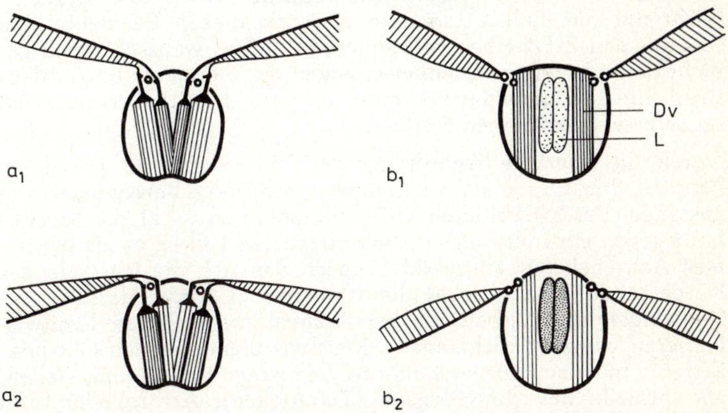

Abb. 113 Direkte (a, z. B. Libellen) und indirekte Flugmuskulatur (b, z. B. Fliegen und Hautflügler) bei Insekten. *1* (oben) Aufschlag, *2* (unten) Abschlag. *Dv* Dorsoventralmuskeln (indirekte Flügelheber), *L* Longitudinalmuskeln (indirekte Flügelsenker); stark schraffiert (Längsschnitt) bzw. punktiert (Querschnitt): kontrahierter Zustand; schwach schraffiert bzw. punktiert: dilatierter Zustand (nach NACHTIGALL).

Besonderes Interesse verdient die *Flugmuskulatur der Insekten*, da sie je nach der Insektenart verschieden hohe Flügelschlagfrequenzen erzeugen muß und daher auf eine präzise Synchronisation funktionell gleichartiger Muskeln angewiesen ist. Bei Heuschrecken, die eine geringe Flügelschlagfrequenz besitzen (ca. 20 Hz), inserieren die Muskeln unmittelbar an der Flügelbasis (*direkte Flugmuskulatur*, Abb. 113 a). Viele kleine, schnell fliegende Insekten (z. B. Käfer, Hautflügler, Fliegen, manche Wanzen) bewegen ihre Flügel dagegen *indirekt*, indem die Flugmuskeln nicht mehr an der Flügelbasis angreifen, sondern nur den Thorax rhythmisch schwingen lassen, der seine Bewegungen dann sekundär auf die Flügel überträgt (Abb. 113 b). Auf diese Weise werden Flügelschlagfrequenzen von 200 Hz (Fliegen), 500 Hz (Stechmükken) und sogar über 1000 Hz (Gnitzen, *Heleidae*; oft $<$ 1 mm) erreicht. Während bei den direkten Flugmuskeln noch jedem Nervenimpuls eine Muskelkontraktion entspricht (synchrone, *neurogene Rhythmik*), ist das bei den indirekten hochfrequenten Muskeln nicht der Fall. Hier folgen einem Nervenimpuls mehrere (10–20) Muskelzuckungen (asynchrone Muskelerregung). Diese Fähigkeit beruht auf der besonderen Eigenschaft dieser Muskeln, sich nicht auf einen Impuls vom Zentralnervensystem, sondern auf vorausgehende mechanische Dehnung hin zu kontrahieren *(myogene Rhythmik)*.

Da die Längenänderungen bei den asynchronen Flugmuskeln der Insekten mit außerordentlich hoher Geschwindigkeit, aber nur minimaler Amplitude erfolgen, hat der Primärprozeß der Kontraktion (S. 226) hier eine interessante Spezialisierung erfahren: Nicht nur die dünnen, sondern auch die dicken Filamente sind fest mit den Z-Scheiben verbunden, so daß es wahrscheinlich gar nicht mehr zu echten Gleitbewegungen der Filamente unter Myosin-Actin-Brückenbildung kommt, sondern die Brücken nur zwischen zwei Extremlagen oszillieren.

Durch die spezielle Anordnung der Muskulatur im jeweiligen Bauplan eines Organismus kommen verschiedene **Bewegungstypen** zustande. Bei Wirbeltieren und Echinodermen wirkt die Muskulatur gegen ein *Innenskelett*. Im einfachsten Fall ist es als biegsames Achsenskelett ausgebildet, gegen das sich die Muskeln der Körperseiten abwechselnd kontrahieren (Chorda dorsalis bei *Branchiostoma*, Wirbelsäule bei Fischen und fußlosen Landwirbeltieren wie z. B. Schlangen). Meistens dienen jedoch Gliedmaßen, die mit dem Körperstamm in gelenkiger Verbindung stehen, als spezielle Bewegungsorgane (Tetrapoden). Arthropoden sind durch ein *Außenskelett* gekennzeichnet, bei dem zwischen starren, stark sklerotisierten Abschnitten (Skleriten) flexible Membranen ausgespannt sind. Die Muskeln treten hier von innen an die durch Gelenkhäute voneinander getrennten Sklerite heran, die auf diese Weise gegeneinander abgewinkelt werden können (Abb. 114). Ein besonderer Bewegungsmechanismus ist im Spinnenbein verwirklicht, in dem an bestimmten Gelenken nur Beu-

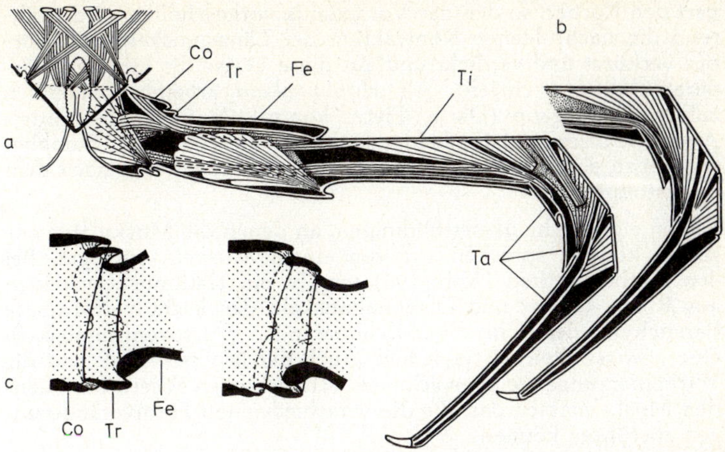

Abb. 114 Skelettmuskulatur im Außenskelett des Beines von *Polymicrodon polydesmoides* (*Diplopoda*, Hundertfüßler). Die Muskeln können entweder nur ein Gelenk oder als langgestreckte Muskelbündel, die für schnelle Bewegungen zuständig sind, mehrere Gelenke überspannen. Ansicht von vorn (a) und hinten (b). c) Bewegungsmechanismus der einzelnen röhrenförmigen Beinsegmente, die durch Gelenkhäute miteinander verbunden sind. *Co* Coxa, *Fe* Femur, *Ta* Tarsalglieder, *Ti* Tibia, *Tr* Trochanter (nach GRAY).

germuskeln auftreten und die Streckung des Beines *hydraulisch* durch die *Hämolymphe* erfolgt. Ein steter Muskeltonus muß daher dem vorhandenen hohen Hämolymphdruck entgegenwirken, so daß die Beugung des gesamten Beines eine fein abgestufte Aktivität phasischer und tonischer Einheiten erfordert.

Bei einigen Stämmen meistens wurmförmiger Tiere (Nemathelminthen, Anneliden) steht ein Hautmuskelschlauch in antagonistischer Wechselwirkung zu einer von ihm eingeschlossenen Flüssigkeitssäule *(Hydroskelett)*. In den meisten Fällen übernimmt die sekundäre Leibeshöhle, das Coelom (Abb. 187), diese Skelettfunktion. Folglich ist es bei allen Tierstämmen, die andere Skelettelemente entwickelt haben (z. B. Arthropoden, Vertebraten), stark zurückgebildet. Wird das Hydroskelett nur von Längsmuskeln umgeben (Nemathelminthen), kann die Fortbewegung nur schlängelnd durch abwechselnde Kontraktion der Muskeln der entgegengesetzten Seiten erfolgen. Bei Würmern mit Ring- und Längsmuskulatur (Anneliden) ist dagegen eine geradlinige Bewegung möglich, indem Kontraktionswellen über den Körper laufen: Die Kontraktion der Ringmuskulatur verdünnt und verlängert den Körper, so daß das Vorderende vorgeschoben wird, während die nachfolgende Kontraktion der Längsmuskeln den Körper verkürzt und verdickt und auf diese Weise die hinteren Körperabschnitte nachzieht. Als *Hohlmuskeln* arbeiten schließlich zahlreiche Organe (Darm, Herz, kontraktile Gefäßabschnitte). Auch Medusen und Cephalopoden bewegen sich durch Pumpbewegungen eines Hohlmuskels fort; dies geschieht hier nach dem Rückstoßprinzip.

Fehlen eigentliche Skelettbildungen, an denen die Muskulatur ansetzen könnte, sprechen wir von einem *Muskelparenchym.* Bei den Plathelminthen (Abb. 196) umgibt ein Hautmuskelschlauch aus Ring-, Längs- und Diagonalmuskeln das leicht verformbare Parenchym, dem nur die durchquerenden Dorsoventralmuskeln eine gewisse Steifheit verleihen. Auch der Molluskenfuß und die Wirbeltierzunge stellen solche aus verflochtenen Fasern bestehenden Muskelmassen dar, die die verschiedensten Formveränderungen ausführen können.

Als eigenartige Umkonstruktion quergestreifter Muskeln sind die **elektrischen Organe** einiger Fische entstanden. Sie bestehen aus modifizierten Muskelfasern, den *elektrischen Platten,* die in ih-

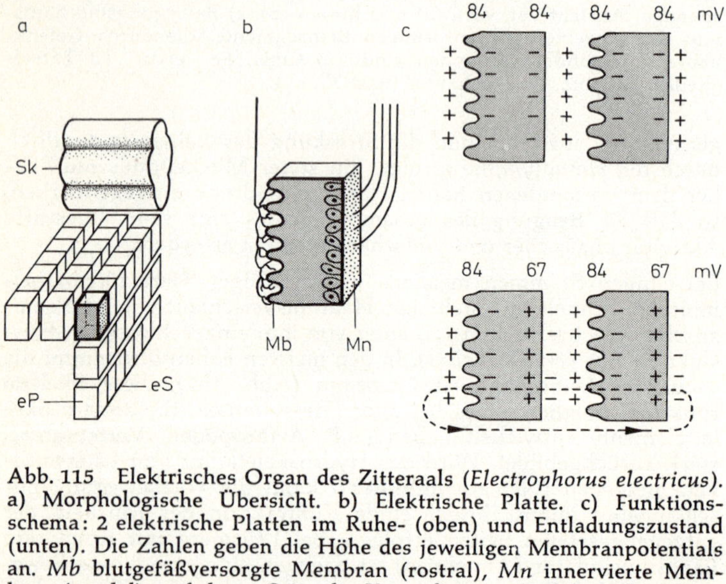

Abb. 115 Elektrisches Organ des Zitteraals (*Electrophorus electricus*). a) Morphologische Übersicht. b) Elektrische Platte. c) Funktionsschema: 2 elektrische Platten im Ruhe- (oben) und Entladungszustand (unten). Die Zahlen geben die Höhe des jeweiligen Membranpotentials an. *Mb* blutgefäßversorgte Membran (rostral), *Mn* innervierte Membran (caudal), auf deren Seite die Kerne liegen, *eP* elektrische Platte, *eS* elektrische Säule, *Sk* Achsenskelett.

rem vielkernigen Cytoplasma keine funktionell aktiven Myofibrillen mehr enthalten und sich demnach auch nicht mehr kontrahieren können. Sie sind zu *elektrischen Säulen* zusammengeschlossen (Abb. 115). Jeweils eine Seite der Platte wird von verzweigten Nervenendigungen nach Art einer motorischen Endplatte innerviert, während die andere papillös ausgebildet ist und mit einem Kapillarnetz in Kontakt tritt. Auf dieser Asymmetrie beruht die Funktionsweise der elektrischen Platte. Im Ruhezustand herrscht an der Plattenmembran eine Potentialdifferenz von 84 mV (innen negativ). Durch Nervenimpulse kann jedoch die glatte Seite der Platte auf ein Potential von 67 mV umgepolt werden, so daß dann die Membranen aller Platten gleichgerichtete Potentialdifferenzen aufweisen. Jede Platte wirkt auf diese Weise wie eine elektrische Batterie, die 151 mV liefert. Da beim Zitteraal *(Electrophorus)* ca. 6000 Platten auf diese Weise in Serie zu einer Säule zusammengeschaltet sind, kann eine solche Säule eine Spannung von 900 Volt erzeugen. Neben diesen „Hochspannungsfischen" gibt es Süßwasserformen *(Gymnotidae, Mormyridae)*, deren elektrische Organe nur Spannungen von wenigen Volt entwickeln. Diese Fische verfügen über besondere Elektrorezeptoren (S. 306), die die vom Tier selbst erzeugten elektrischen Felder wahrnehmen können.

Neuronale Koordination

Neurone

Nervenzellen (Neurone, Abb. 116) haben die Funktion, Erregungen zu bilden, weiterzuleiten und schließlich auf andere Zellen (Nervenzellen, Muskelzellen, Drüsenzellen) zu übertragen. Kommt die Erregung durch äußere Reizenergien zustande, handelt es sich um *sensorische Neurone*, wird sie auf Muskelzellen übertragen, um *Motoneurone*, während man Nervenzellen, die Erregungen von anderen Nervenzellen empfangen und auch an solche weitergeben, allgemein als *Interneurone* bezeichnet. Diese verschiedenen funktionellen Eigenschaften eines Neurons, deren unterschiedlich starke Bedeutung in der Gesamtfunktion einer Nervenzelle zur Ausbildung verschiedener Neuronentypen führt, spiegelt sich auch in der Gliederung eines einzelnen Neurons wider (Abb. 117). Von dem um den Zellkern liegenden Zellkörper (Perikaryon, Soma) gehen feine Zellverzweigungen (Dendriten) aus, die insgesamt die *Rezeptorfunktion* der Nervenzelle erfüllen. Ein Zellfortsatz (Axon), der mehrere Meter lang werden kann

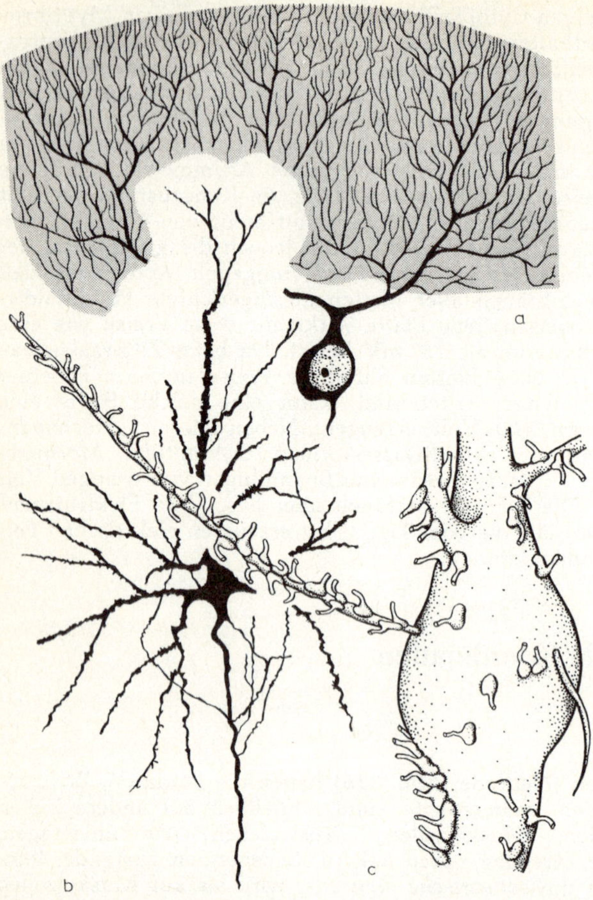

Abb. 116 Neuronentypen aus dem Gehirn der Säuger. a) Purkinje-Zelle aus dem Cerebellum (nach RAMON Y CAJAL). b) Pyramidenzelle aus dem Cortex (nach SHOLL). c) Perikaryon einer Nervenzelle (nur wenige Dendriten dargestellt) aus dem Thalamus, rekonstruiert nach elektronenmikroskopischen Serienschnitten (nach KARLSSON).

und bei der Differenzierung der Zelle (S. 149) noch vor Anlage der Dendriten auswächst, dient der *Leitungsfunktion*, während die distal am Axon gelegenen Synapsen die *Überträgerfunktion* ausüben. Je nach der Zahl ihrer Verzweigungen unterscheidet man *multi-*

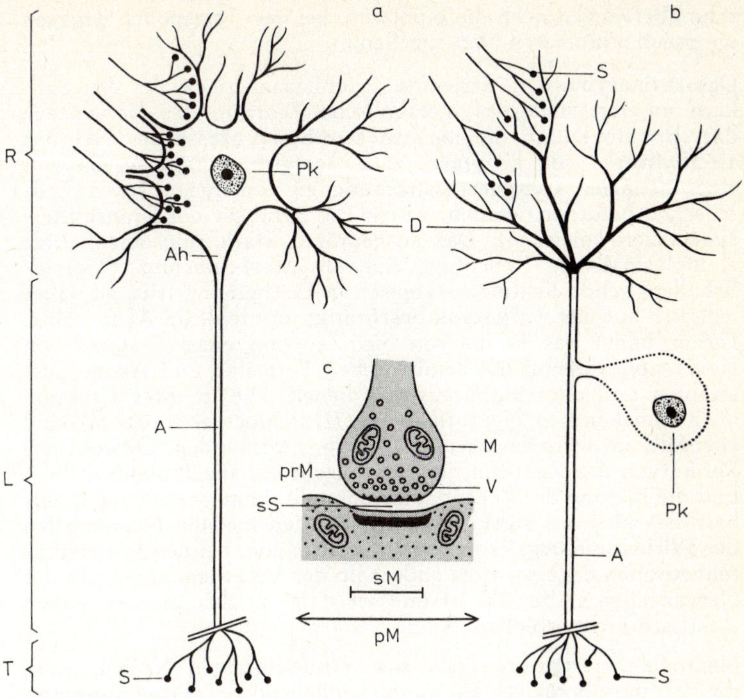

Abb. 117 Schema eines typischen (multipolaren) Neurons bei Vertebraten (a) und Invertebraten (b). c) Schema einer interneuronalen Synapse; dick ausgezogen: elektronendichtes Material (prä- und postsynaptisch). *A* Axon, *Ah* Axonhügel, *D* Dendriten, *L* Leitungsregion, *M* Mitochondrium, *pM* postsynaptische Membran, *prM* präsynaptische Membran, *sM* subsynaptische Membran (Bildungsort der lokalen postsynaptischen Potentiale), *Pk* Perikaryon (Soma), bei Invertebraten in den meisten Fällen elektrisch unerregbar, *R* Rezeptorregion, *S* Synapse, *sS* synaptischer Spalt (ca. 20 nm breit), *T* Transmitterregion, *V* präsynaptische Vesikel.

polare Nervenzellen mit einem Axon und zahlreichen Dendriten (z. B. motorische Neurone), *bipolare* oder adendritische Nervenzellen mit zwei sich gegenüberstehenden Zellfortsätzen (z. B. Neurone der Riechschleimhaut) und *pseudounipolare* Zellen, bei denen die beiden Zellfortsätze an einer gemeinsamen Stelle des sonst dendritenlosen Perikaryons entspringen (z. B. Neurone der Spinalganglien; Abb. 121, 128). Im Zentralnervensystem der Fische überwiegen noch die bipolaren, bei den Tetrapoden dagegen die pseudounipolaren Nervenzellen.

Das **Perikaryon,** d. h. derjenige Cytoplasmabereich, der den Zellkern umgibt, stellt das metabolische Zentrum der Nervenzelle dar. In ihm laufen die meisten Syntheseprozesse des Neurons ab (Synthese von Enzymen, z. B. Acetylcholinesterase, die mit einer axonalen Cytoplasmaströmung zu den synaptischen Endbläschen befördert werden, wo sie die Synthese der Transmittersubstanzen bewirken). Das ausgeprägte, stark ribosomenhaltige endoplasmatische Reticulum, das als *Nissl-Substanz* (Tigroid-Schollen) schon lichtmikroskopisch in Erscheinung tritt, ist daher lediglich auf das Perikaryon beschränkt und fehlt im Axon völlig. Ferner bildet das Perikaryon das Zentrum eines Systems von *Neurotubuli,* die in die dendritischen Fortsätze und Axone ausstrahlen und dem Stofftransport dienen. Die in ihrer Funktion noch unbekannten *Neurofilamente* (Durchmesser 8–10 nm) sind ebenfalls im Cytoplasma eines Neurons vorhanden. Obwohl das Perikaryon das Zentrum der Nervenzelle für die Proteinsynthese und die Bildung der Zellfortsätze darstellt, kann seine Lage innerhalb des Neurons stark variieren: Bei den meisten Nervenzellen der Wirbeltiere liegt es in der Rezeptorregion, bei den Invertebratenneuronen dagegen stets außerhalb der Verzweigungsregion der Nervenzellen (Abb. 117 b) und ist dann in den meisten Fällen elektrisch nicht erregbar.

Neurone differenzieren sich aus spindelförmigen Neuroblasten, die sich morphologisch kaum von umliegenden Zellen unterscheiden und noch keine Zellfortsätze besitzen. Nach dem Auswachsen des Axons, das sich in vitro an einer Kultur embryonaler Zellen verfolgen läßt (S. 149), erlischt die Teilungsfähigkeit der Zellen (S. 171).

Die Rezeptorregion des Neurons wird von den **Dendriten** und in vielen Fällen auch vom Perikaryon gebildet. Bei *Sinneszellen* können die Dendriten als rezeptorische Fortsätze ausgebildet sein, an denen auf Grund der Energieaufnahme durch äußere Reize lokale Rezeptorpotentiale ausgelöst werden, die die ersten meßbaren elektrischen Antworten auf die Einwirkung eines Reizes darstellen (S. 262, Abb. 130 b). An den Dendriten und häufig auch an der Membran des Perikaryons von *Nervenzellen* liegen dagegen die Synapsen zu vorgeschalteten Neuronen. Auch hier können die Dendriten jedoch als Rezeptoren aufgefaßt werden: nämlich als Chemorezeptoren für die vom synaptischen Endbläschen (Abb. 117 c) eines zweiten Neurons abgegebene Transmittersubstanz. Zwischen Nerven- und Sinneszellen bestehen also keine grundsätzlichen neurophysiologischen Unterschiede. Das

Axon dient der Erregungsleitung, d. h. der Weiterleitung von Impulsen (Aktionspotentialen, S. 243), die nach dem Alles-oder-Nichts-Prinzip an dem sich zum Axon verjüngenden nisslfreien Teil des Perikaryons, dem *Axonhügel*, entstehen. Die Axone können von *Gliazellen* (Schwannsche Zellen, Lemnoblasten) umhüllt und damit gegen ihre Umgebung isoliert sein. Entweder lagern sich dabei die Axone den Schwannschen Zellen einfach ein (nichtmyelinisierte Fasern) oder werden von dichtgepackten Membrankomplexen (Myelinscheiden, Mesaxone) dieser Hüllzellen umwunden (myelinisierte Fasern). Die Myelinscheiden der Vertebraten sind in regelmäßigen Abständen (1–2 mm) von sog. Ranvierschen Schnürringen unterbrochen, denen bei der Erregungsleitung eine entscheidende Bedeutung zukommt.

An den **Synapsen** (Abb. 117 c) wird die Erregung von einem Neuron auf ein anderes (oder auf Muskelzellen, S. 230, Abb. 110) übertragen. Auf die Rezeptorregion einer Nervenzelle können dabei im Wirbeltiercortex bis zu 50 000 Synapsen geschaltet sein (Abb. 116 c). Bei dem am weitesten verbreiteten Typ, der *chemischen Synapse,* bewirkt ein von der präsynaptischen Faser freigesetzter Transmitter (Acetylcholin, Noradrenalin, Glutamat, Serotonin, Dopamin, γ-Amino-Buttersäure), der durch den synaptischen Spalt diffundiert, an der postsynaptischen Membran eine Erhöhung der Permeabilität für bestimmte Ionen (K^+, Na^+ oder Cl^-), wodurch eine Änderung des Membranpotentials ausgelöst wird. Den erregenden (exzitatorischen) Synapsen stehen Hemmsynapsen gegenüber (inhibitorische Synapsen), bei denen die postsynaptische Faser blockiert wird und damit keine weiteren Aktionspotentiale bildet (Abb. 123). Nach Versuchen an der marinen Nacktschnecke *Aplysia* löst derselbe Transmitter (Acetylcholin) an zwei Synapsen der gleichen präsynaptischen Faser an der einen postsynaptischen Zelle exzitatorische und an der anderen inhibitorische Effekte aus. Nicht die Transmittersubstanzen, sondern die Eigenschaften der postsynaptischen (genauer subsynaptischen [Abb. 117 c]) Membran definieren also erregende und hemmende Synapsen.

Der Transmitter bewirkt an der subsynaptischen Membran die Ausbildung eines *postsynaptischen Potentials* (PSP), das wie das Generatorpotential der Sinneszellen (S. 262) in seiner Amplitude graduierbar ist und sich passiv (elektrotonisch, d. h. mit exponentiell abklingender Amplitude) über die postsynaptische Membran ausbreitet. Bei den exzitatorischen Synapsen besteht es in einer Depolarisation (S. 243) der postsynaptischen Membran, bei den inhibitorischen in einer Hyperpolarisation. Erreicht die Depolarisation einen bestimmten Schwellenwert, kommt es außerhalb der subsynaptischen Membran zur Ausbildung eines Aktionspotentials, das dann längs des postynaptischen Nerven aktiv fortgeleitet wird.

An besonderen Kontaktzonen von Nervenzellen, die dem elektrischen Stromfluß einen viel niedrigeren Widerstand als die übrigen Zellmembranen entgegensetzen, kann es zu einer direkten elektrischen Übertragung kommen *(elektrische Synapsen)*. Der gleiche Effekt wird z. B. bei Anneliden und Crustaceen durch großflächigen Kontakt (mehr als 1000 μm^2) von Riesenfasern erreicht.

Erregungsbildung und -leitung

Die Vorgänge der *Erregungsbildung* sind ausschließlich an die Zellmembran der Nervenfaser (Axolemm) gebunden. Schon im erregungsfreien Zustand bildet sich an dieser Membran auf Grund der ungleichen Ionenverteilung zwischen innen und außen – letztlich bedingt durch die Proteinanionen im Zellinneren, die

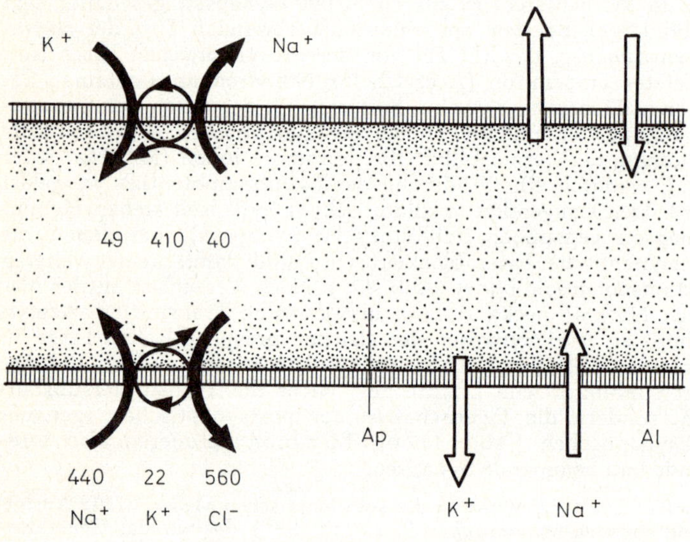

Abb. 118 Schematische Darstellung der Ionenkonzentrationen und Ionenströme am Riesenaxon des Cephalopoden *Loligo*. Schwarze Pfeile: K^+/Na^+-Pumpe (aktiver Ionentransport), weiße Pfeile: passive Ionendiffussion aufgrund der angegebenen Ionenkonzentrationen (mMol/l) im Zellinneren und -äußeren. Während der Erregung des Axons steigt die Permeabilität des Axolemms für Na^+ auf das 500-fache des Ruhewertes. *Al* Axolemm, *Ap* Axoplasma (nach HODGKIN und KEYNES).

das Plasmalemm nicht passieren können – und auf Grund der selektiven Ionenpermeabilität ein *Ruhepotential* von ca. –70 mV aus (Innenseite negativ gegenüber Außenseite, Abb. 119). Dieses Ruhepotential ist durch hohe K^+-Innen- und Na^+-Außenkonzentrationen gekennzeichnet, da die Membran im Ruhezustand für K^+ ca. 20mal stärker permeabel ist als für Na^+ (Abb. 118; zur Entstehung dieser Potentialdifferenzen s. Lehrbücher der Physiologie). Wird eine Nervenfaser elektrisch gereizt (Abb. 119 a_1), tritt zunächst ein lokales Potential auf (vgl. Rezeptorpotential, S. 262), dem nach Überschreiten einer Impulsschwelle eine plötzliche Depolarisation der Zellmembran bis auf + 30 mV folgt, da die Permeabilität für Na^+-Ionen sprunghaft (bei Warmblüternerven in 0,1 msec) auf den 500fachen Wert steigt. Damit können Na^+-Kationen in das Innere der Zelle einströmen und zu der Ladungsumkehr von ca. 100 mV führen (*Nervenimpuls* oder *Aktionspotential*, engl. *spike*). Dieser Na^+-Einstrom hat die Struktur eines positiven rückgekoppelten Regelkreises, indem die ausgelöste Depolarisation der Membran die Leitfähigkeit der Membran für Na^+ erneut erhöht. In seinem Ausmaß erfaßt er jedoch nur einen kleinen Teil der extrazellulär überhaupt vorliegenden Na^+-Ionen. Nach einer Erregungsdauer von weniger als 1 msec (bei Wirbellosen oft mehr als 10 msec), fällt die Leitfähigkeit für Na^+ wieder ab, während die für K^+ ansteigt. Folglich kompensiert der Ausstrom von K^+-Ionen im Laufe von 1 msec den durch Na^+ bedingten positiven Ladungseinstrom vollständig, so daß sich wieder der Wert des Ruhepotentials einstellt (*Repolarisation*). Unmittelbar nach einer Depolarisation ist die Membran für ca. 1 msec für Na^+ nicht mehr aktivierbar, d. h. selbst noch so hohe Depolarisationen führen zu keiner Permeabilitätserhöhung für Na^+ (die Impulsschwelle liegt gewissermaßen bei unendlich hohen Depolarisationen: *absolute Refraktärzeit*). Während weiterer 1–2 msec wird die Membran wieder für Na^+ aktivierbar (*relative Refraktärzeit*).

Da die Nervenzellmembran auch im Ruhezustand nicht gänzlich impermeabel für Na^+ ist, diffundieren ständig Na^+-Ionen entsprechend dem Konzentrationsgefälle nach innen. Mit Hilfe einer gekoppelten *Na^+/K^+-Pumpe,* die an den Energiestoffwechsel der Zelle angeschlossen ist, werden Na^+-Ionen wieder außen und gleichzeitig K^+-Ionen innen angereichert. Durch Stoffwechselgifte (z. B. Dinitrophenol) kann die Na^+/K^+-Pumpe blockiert werden; doch wird wegen der minimalen Menge der bei Erregung nach innen transferierten Na^+-Ionen aber immer noch eine Folge von mehreren Tausend Aktionspotentialen ausgelöst.

Ein Aktionspotential führt nun aber gleichzeitig zur Depolarisation benachbarter, bisher unerregter Membranbezirke (Abb.

119 b). Erreicht diese Depolarisation einen bestimmten Schwellenwert, reagiert diese Stelle ebenfalls mit einem Aktionspotential, so daß es zu einem fortgeleiteten, ständig neue Aktionspotentiale erzeugenden Erregungsfluß längs des Axons kommt. Die Geschwindigkeit der *Erregungsleitung* nimmt mit dem Durchmesser des Axons zu. Die Riesenfasern, die bei verschiedenen Invertebraten (Anneliden, Arthropoden, Cephalopoden) auftreten und einen Durchmesser von 1 mm erreichen können, erzielen daher unter den marklosen Nervenfasern die höchsten Leitungsgeschwindigkeiten (30 m/sec). Bei den mit Myelinscheiden versehenen Axonen der Vertebraten sind dagegen nur die an den Ranvierschen Schnürringen liegenden Bereiche des Axolemms erregbar (Abb. 119 $b_{2,3}$). Die Erregung springt also gewissermaßen von Schnürring zu Schnürring (saltatorische Erregungsleitung), wobei sogar bei dünnen Nervenfasern Geschwindigkeiten von 120 m/sec erreicht werden.

Abb. 119 Entstehung und Weiterleitung eines Aktionspotentials am Beispiel des *Loligo*-Axons. a_1) Versuchsaufbau: Lokalisation der stimulierenden (E_S) und ableitenden Elektroden (E_{R1} und E_{R2}) am Axon (Durchmesser 0,5 mm). a_2) Reizmuster an der Elektrode E_S: Depolarisation des Axolemms nach oben, Hyperpolarisation nach unten gezeichnet. a_3) Potentialänderungen des Axolemms am Ort der Registrierelektrode E_{R1}: Die ersten 5 Reize führen zu graduierten Hyper- bzw. Depolarisationen (lokale Potentiale); beim 6. Reiz überschreitet die lokale Depolarisation die Impulsschwelle *IS*, so daß ein fortgeleitetes Aktionspotential entsteht. a_4) Mit einer Verzögerung von ca. 1 msec (Leitungsgeschwindigkeit 20 m · sec^{-1}) trifft das Aktionspotential bei E_{R2} ein. b_1) In Pfeilrichtung fortgeleitetes Aktionspotential. b_2) Na^+-Ein- und K^+-Ausstrom als Folge von selektiven Permeabilitätserhöhungen des Axolemms (*Al*) für Na^+ und K^+; die beiden gegenläufigen Ionenströme bedingen die an- und absteigende Phase des Aktionspotentials. b_3) Stromflußrichtungen im Axoplasma (*Ap*) und Außenmedium. In $b_{2,3}$ ist links ein markloses, rechts ein myelinisiertes Axon mit Schwannscher Scheide (*S*) und Ranvierschen Schnürringen (*RS*) dargestellt. Die Pfeilspitze markiert den aktivierten Schnürring. Man beachte bei b_1 den zeitlichen und bei $b_{2,3}$ den räumlichen Maßstab. c) Äquivalenzschaltbild eines Axolemms mit Kondensator *K* als Membrankapazität (1 μF · cm^{-2}) und parallel geschaltetem Widerstand *R* als Analogon der Ionenpermeabilität (1 kΩ · cm^2) sowie einer Batterie *B* als Ladevorrichtung (Na^+/K^+-Pumpe). An dem Membrankondensator liegt eine Spannung von $P_m = -60$ mV (innen *i* gegen außen *a*). *dE*, *iE* differente und indifferente Elektrode.

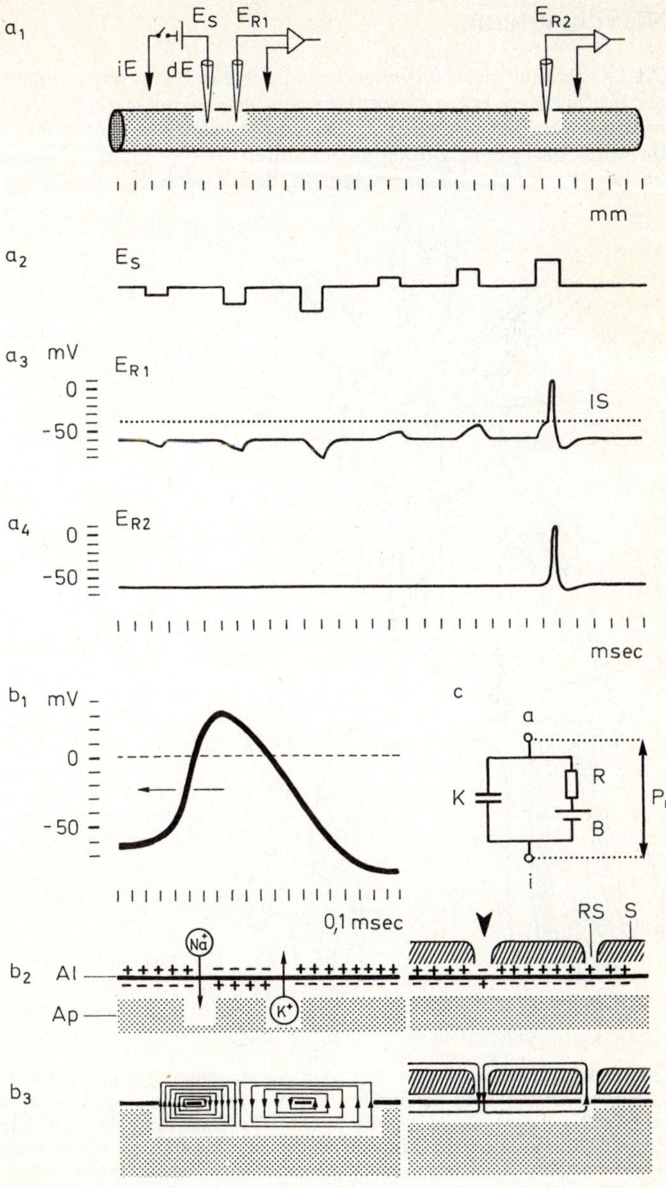
a1
E_S
E_{R1}
E_{R2}
iE
dE
mm
a2
E_S
a3
mV
E_{R1}
0
-50
IS
a4
E_{R2}
0
-50
msec
b1
mV
0
-50
0,1 msec
c
a
R
K
P_m
B
i
RS
S
b2
Al
Ap
Na^+
K^+
b3

Nervensysteme

Die Gesamtheit der Nervenzellen bildet das Nervensystem. In seiner einfachsten Form besteht es aus einem netzartigen Verband multipolarer Nervenzellen (Nervennetz, **diffuses Nervensystem**), die ohne besondere Bindegewebshüllen in das Gewebe eingebettet liegen. Solche Nervennetze, in denen sich die Erregung mit

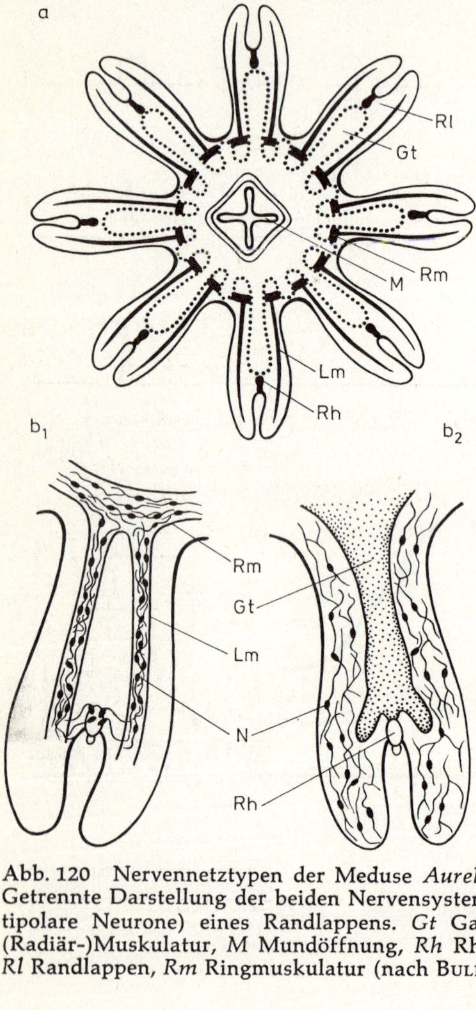

Abb. 120 Nervennetztypen der Meduse *Aurelia*. a) *Aurelia*-Larve. b) Getrennte Darstellung der beiden Nervensysteme (b_1 bipolare, b_2 multipolare Neurone) eines Randlappens. *Gt* Gastraltasche, *Lm* Längs-(Radiär-)Muskulatur, *M* Mundöffnung, *Rh* Rhopalium (Sinnesorgan), *Rl* Randlappen, *Rm* Ringmuskulatur (nach Bullock u. Horridge).

starker Verzögerung (hohem Dekrement) ausbreitet, bilden das alleinige Nervensystem vieler Coelenteraten, treten aber neben zentralisierten Nervensystemen auch bei höheren Metazoen auf (bei Echinodermen, S. 447; in der Fußmuskulatur der Mollusken oder in inneren Organen – z. B. Darmtractus und Herz von Arthropoden und Vertebraten).

Doch schon bei Organismen, die nur über diffuse Nervensysteme verfügen, gibt es deutliche Ansätze für eine funktionelle Trennung zwischen verschiedenen Neuronen oder sogar ganzen Teilen von Nervensystemen. Medusen wie die Ohrenqualle *Aurelia* (Abb. 120) besitzen z. B. unmittelbar unter dem ektodermalen Oberflächenepithel ein feines Netz aus *multipolaren Nervenzellen,* das mit Sinneszellen an der Oberfläche in Verbindung steht und die Bewegungen bei der Nahrungsaufnahme steuert. Unabhängig davon arbeitet ein zweites Nervennetz, dessen *bipolare Neurone* der Ring- und Radiärmuskulatur aufliegen und das die rhythmische Kontraktion dieser Muskeln bei der Schwimmbewegung auslöst. Diese Differenzierung des Nervensystems in zwei Netze aus Nervenzellen, die sich anatomisch und funktionell (etwa in der Leitungsgeschwindigkeit) unterscheiden, ermöglicht es den Medusen, Schwimm- und Freßbewegungen getrennt zu koordinieren.

In den **zentralisierten Nervensystemen** sind die Perikaryen der Nervenzellen in einzelnen Ganglien konzentriert, die untereinander und mit der Peripherie, d. h. mit den Sinnes- und Erfolgsorganen, durch Nerven verbunden sind. Diese Nerven bestehen aus den zu Kabeln vereinigten Axonen der in den Ganglienmassen lokalisierten Nervenzellkörper. Einen Übergang zwischen den diffusen und stark zentralisierten Nervensystemen bilden die *Markstränge,* bei denen sich Nervenzellen zu strangartigen Verbänden anordnen, die Perikaryen also noch nicht ausschließlich auf die Ganglien beschränkt sind. Sie treten vor allem bei Plathelminthen auf.

In zentralisierten Nervensystemen, die in höchstentwickelter Form bei Cephalopoden, Arthropoden und Vertebraten vorkommen, stellt der *Reflexbogen* wegen der geringen Zahl beteiligter Neurone einen Mechanismus besonders schneller Reizbeantwortung dar. Bei ihm werden die Erregungen sensorischer Neurone (S. 237) entweder unmittelbar oder über wenige Interneurone auf motorische Nervenzellen übertragen. Ein übersichtliches Beispiel liefert die *Steuerung der Muskeltätigkeit:* In den Skelettmuskeln der Säuger liegen zwischen den Muskelfasern sog. Muskelspindeln, die als Dehnungsrezeptoren dienen. Wird der Muskel (in Abb. 121 z. B. der Extensor) passiv gedehnt, laufen von ihnen Erregungen über sensorische Neurone direkt zu motorischen Zellen (Vorderhornzellen) im Rückenmark, die dann eine Kontraktion des Muskels auslösen und damit der passiven Dehnung entgegenwirken. Da im Rückenmark in den ganzen Erregungskreis

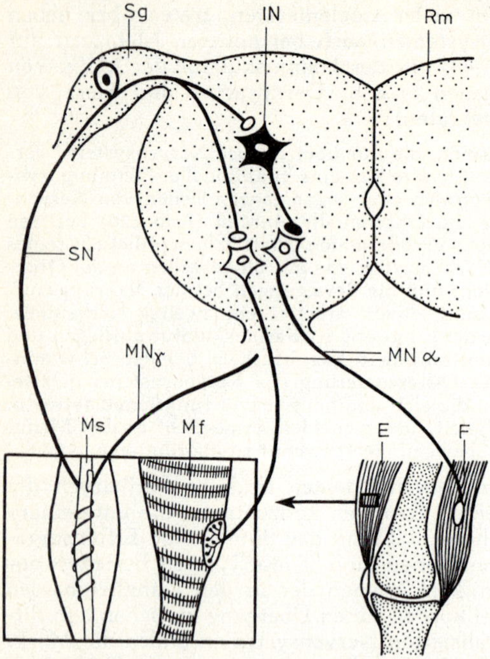

Abb. 121 Schema des Reflexbogens bei der Steuerung der Muskelkontraktion. *E* Extensor, *F* Flexor, *IN* inhibitorisches Interneuron, *Mf* Muskelfaser, *MN* α, γ Motoneurone unterschiedlicher Leitungsgeschwindigkeit (α 80–120 m/sec, γ 40 m/sec), *Ms* Muskelspindel, *Rm* Rückenmark, *Sg* Spinalganglion, *SN* sensorisches Neuron.

nur eine Synapse eingeschaltet ist, spricht man von einem monosynaptischen Reflex. Gleichzeitig wird aber durch ein inhibitorisches Interneuron die zum antagonistischen Muskel (Flexor) laufende motorische Nervenzelle gehemmt. Diese Hemmung verhindert eine weitere Dehnung des Extensors, wie sie eine zusätzliche Kontraktion des Flexors zur Folge hätte. Durch Beteiligung weiterer Nervenzellen kann dieses System verfeinert werden, so daß es schließlich nicht nur passive Dehnungen eines Muskels durch sofortige Kontraktion rückgängig macht, sondern auch die fein abgestuften Muskelkontraktionen bei aktiven (willkürlichen) Bewegungen steuert. Solche graduierten Bewegungen kommen nämlich nur indirekt durch Kontraktionen zustande, die auf die oben beschriebenen schnell leitenden Motoneurone (α-Fasern, 80–120 m/sec) zurückzuführen sind. Vielmehr werden bei beginnender Willkürmotorik zunächst dünnere und langsamer leitende motorische γ-Fasern erregt, die die Muskelspindeln efferent innervieren und dadurch zu einer kurzen lokalen Kontraktion der Spindelmmuskeln führen. Diese Spindelmuskelkontraktion dehnt die Muskelspindeln und löst dann über den monosynaptischen Reflexbogen (sensorisches Neuron, α-Motoneuron) die Kontraktion des Gesamtmuskels aus.

Je mehr Nervenzellen an einem neuronalen Schaltkreis beteiligt sind, desto schwieriger wird es, seine Leistungen aus den Eigenschaften der beteiligten Neurone und ihrer spezifischen Verschaltung zu erklären. Doch sind einige allgemeine Schaltprinzipien bekannt, die an den verschiedensten Stellen von Nervensystemen auftreten. Durch *laterale Inhibition* können z. B. lokale Erregungen verschärft, d. h. gegenüber Erregungen aus der Umgebung hervorgehoben werden, indem eine Nervenzelle bei Erregung unmittelbar benachbarte Nervenzellen in ihrer Erregbarkeit hemmt (z. B. durch postsynaptische Hyperpolarisation, S. 241).

Projiziert man ein Muster, das aus einer weißen und einer schwarzen Hälfte besteht, auf die Retina (Abb. 122 a), erhebt sich die Frage, wie scharf die Kante, d. h. der Sprung zwischen hoher und geringer Intensität (Abb. 122 b), vom optischen System wahrgenommen wird; denn die Sehfeldüberlappung der einzelnen Rezeptoren führt zunächst zu einer Verwaschung der Kante (Abb. 122 d). Diese Verwaschung kommt dadurch zustande, daß Sehzellen, die (wie Nr. 4 und 5 in Abb. 122 c) idealerweise nur auf die dunkle oder helle Seite der Kante blicken sollten, tatsächlich beide Seiten wahrnehmen und daher nur eine mittlere Lichtintensität melden. Da jedoch jeder Rezeptor durch eine laterale Inhibitionsschaltung den Erregungsausgang benachbarter Rezeptoren vermindert, führen die kantennahen Hell- und Dunkelbezirke zu höheren bzw. geringeren Erregungswerten als die kantenfernen Bereiche physikalisch gleicher Intensität (Abb. 122 e). Dadurch wird also nicht nur die durch die Sehfeldüberlappung bedingte Verwaschung der Kante rückgängig gemacht, sondern der Kontrast zwischen den beiden Musterhälften sogar noch verstärkt. Elektrophysiologisch ist dieser laterale Inhibitionsmechanismus am Komplexauge von *Limulus* (S. 274) direkt nachgewiesen worden. Auch bei den freien druckempfindlichen Nervenendigungen (S. 297) führt er zu einer strengeren Lokalisation des Reizes.

Über die genaue Struktur der Schaltsysteme auf höheren Stufen zentralisierter Nervensysteme sind wir weit weniger gut unterrichtet. Als Beispiel wählen wir die *Kleinhirnrinde*, weil sie sich durch einen relativ einfachen und sich über ihre ganze Fläche stereotyp wiederholenden Bau auszeichnet. Diese Einfachheit äußert sich darin, daß der Cortex des Kleinhirns (Cerebellum,

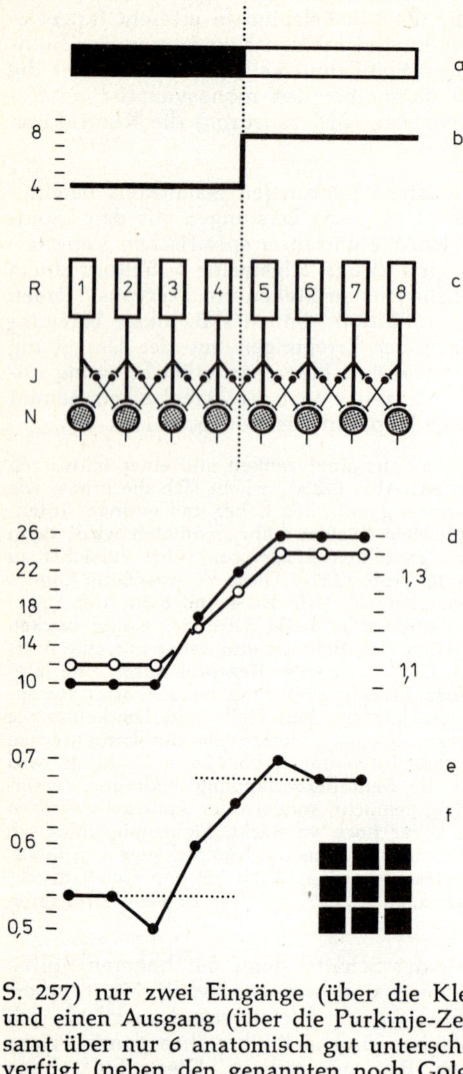

Abb. 122 Neuronaler Schaltplan zur Kontrastverschärfung durch laterale Inhibition. a) Optisches Reizmuster. b) Helligkeitsverteilung des Musters. c) Schaltplan des Rezeptorsystems (z. B. Retina des Menschen). d) Lichteinfall in die einzelnen Rezeptoren (Nr. 1–8 in c) nach Sehfeldüberlappung (*o* linke Ordinate) und Erregungsverteilung auf der Ebene der Rezeptoren nach logarithmischer Bewertung der Reiz- (Licht-) Intensitäten (• rechte Ordinate). e) Erregungsverteilung an den Neuronen II. Ordnung (*N*) nach Wirkung der lateralen Inhibition (Inhibitionskoeffizient 0,25). f) Psychophysischer Nachweis der lateralen Inhibition: Die zwischen den schwarzen Flächen liegenden Weißstreifen erscheinen heller als die nicht von Schwarz begrenzten Quadrate an den Kreuzungen der weißen Streifen; hier treten daher dunkle Punkte auf. *I* Inhibitionsneurone (z. B. Horizontale, siehe Abb. 136 b), *N* Neurone II. Ordnung (z. B. Bipolare), *R* Rezeptoren (z. B. Stäbchen).

S. 257) nur zwei Eingänge (über die Kletter- und Moosfasern) und einen Ausgang (über die Purkinje-Zellen) besitzt und insgesamt über nur 6 anatomisch gut unterscheidbare Neuronentypen verfügt (neben den genannten noch Golgi-, Körner- und Korbzellen; Abb. 123).

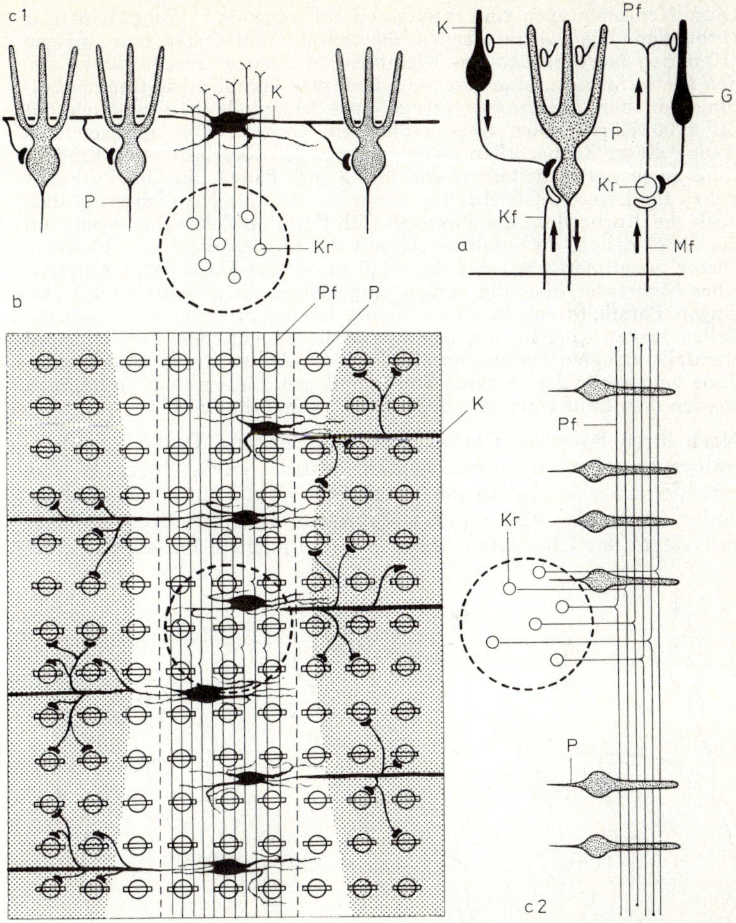

Abb. 123 Schaltplan der Nervenzellen in der Kleinhirnrinde der Säugetiere. a) Schaltschema; weiß: exzitatorische, schwarz: inhibitorische Synapsen und Neurone, Pfeile: Ausbreitungsrichtung der Erregung. b) Aufsicht auf die Kleinhirnrinde: Die in dem zentralen Kreis gelegenen Körnerzellen erregen über die Parallelfasern in einem 3 mm langen Streifen alle Purkinje-Zellen (helle Zone); gleichzeitig hemmen sie über die Korbzellen die seitlich dieser Zone gelegenen Purkinje-Zellen (gerasterte Bereiche). c) Längsschnitte durch die Kleinhirnrinde parallel zur Schmalseite (c1) und Breitseite (c2) von b. *G* Golgi-Zelle, *K* Korbzelle, *Kf* Kletterfaser, *Kr* Körnerzelle, *Mf* Moosfaser, *P* Purkinje-Zelle, *Pf* Parallelfaser (nach ECCLES u. SZENTAGOTHAI).

Diese Neuronentypen sind funktionell auf folgende Weise miteinander verbunden: Die *Purkinje-Zellen,* die charakteristischsten und einzigen efferenten Nervenzellen des Kleinhirns, werden einerseits direkt von den Kletterfasern und andererseits über eine komplizierte Hemmschaltung von den *Moosfasern* erregt: Jede Mooszelle tritt nämlich mit ca. 1000 Körnerzellen in synaptischen Kontakt. Die aufsteigenden Axone dieser Körnerzellen gabeln sich in der oberflächlichen Rindenzone zu je 2 Parallelfasern von je 1,5 mm Länge, die die Purkinje-Zellen innervieren. Gleichzeitig versorgen aber die Parallelfasern auch noch die Korbzellen, die ihrerseits die Purkinje-Zellen hemmen, und die Golgi-Zellen, die inhibitorisch auf die Körnerzellen zurückwirken. Dieser Schaltplan hat zur Folge, daß die scharf lokalisierte Aktivität einer Moosfaser über die beiden entgegengesetzt gerichteten 1,5 mm langen Parallelfasern in einem 3 mm langen Streifen alle Purkinje-Zellen erregt. Gleichzeitig hemmen aber die von den Parallelfasern ebenfalls erregten Korbzellen alle Purkinje-Zellen, die in einer 2-mm-Zone beiderseits des erregten Streifens liegen. Einlaufende Erregungen werden damit auf einen eng begrenzten Raum fokussiert.

Nach ihren Bauplänen lassen sich verschiedene **Typen von Zentralnervensystemen** unterscheiden, unter denen einerseits das Strickleiternervensystem der Anneliden (Abb. 205) und Arthropoden (Abb. 216, 225) sowie andererseits das röhrenförmige Nervensystem der Chordaten (Abb. 269) die höchste Entwicklung er-

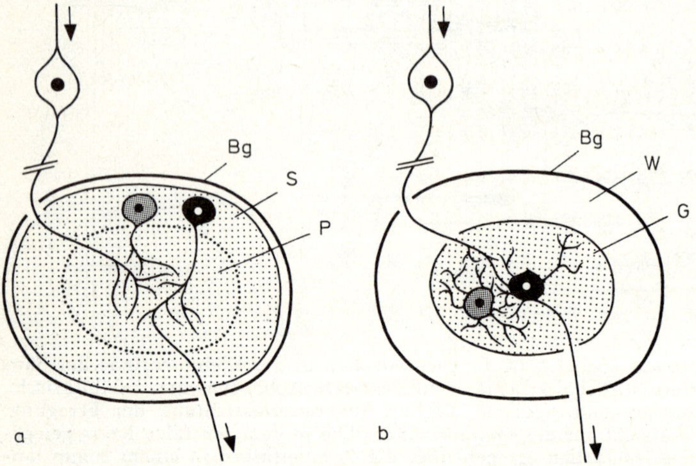

Abb. 124 Schema des Ganglienbaues bei Invertebraten (a) und Vertebraten (b). Weiß: sensorisches Neuron, schwarz: motorisches Neuron, punktiert: Interneuron; die Pfeile markieren die Ausbreitungsrichtung der Erregung. *Bg* Bindegewebshülle, *G* graue Substanz, *P* Neuropilem, *S* Somazone, *W* weiße Substanz.

fahren haben. Beide zeigen dabei in der anatomischen Untergliederung ihrer Ganglien grundsätzliche Unterschiede. Bei Arthropoden wie bei allen Invertebraten (Abb. 124 a) liegen die Perikaryen in einer äußeren Zone des Ganglions *(Somazone)* und sind an der Erregungsübertragung nicht beteiligt (vgl. auch Abb. 117 b). Diese spielen sich vielmehr ausschließlich im zentralen *Neuropilem* ab, wo die dendritischen Verzweigungen von sensorischen, motorischen und Interneuronen in gegenseitigen synaptischen Kontakt treten. Diese beiden hier deutlich getrennten Zonen sind bei Vertebraten (Abb. 124 b) in der *grauen Substanz* vereinigt, die von Zonen markhaltiger Nervenfasern *(weiße Substanz)* umgeben wird.

Beim *Strickleiternervensystem* entspricht ursprünglich jedem Körpersegment ein Ganglienpaar, in dem die von den Sinneszellen eines Segments einlaufenden Erregungen auf die Motoneurone desselben Segments geschaltet werden können. Ein Segmentganglienpaar stellt also mit den zugehörigen Sinneszellen und Muskeln einen in gewissem Grade selbständigen Reaktionsapparat dar. Die Bewegungskoordination zwischen den Segmenten wird durch die längslaufenden Konnektive erreicht. *Riesenfasern,* die durch Vergrößerung einzelner Axone oder durch Verschmelzung mehrerer Axone entstehen, überbrücken die einzelnen Ganglienpaare ohne synaptische Unterbrechung. Sie bilden daher in der Längsachse des Tieres schnell leitende Erregungsbahnen, die zur Auslösung rascher Fluchtbewegungen dienen können (Zuckreflex beim Regenwurm, Rückwärts-Fluchtschwimmen bei Krebsen, Abb. 125). Zwar nehmen bei höheren Formen die Koordination mehrerer Segmentapparate zu einheitlichen Leistungen und ihre Unterordnung unter die vorgeschalteten Hirnzentren zu; doch werden bei Insekten noch ganze Erregungsmuster – z. B. für Lauf- und Flugbewegungen – in den entsprechenden Segmentganglien programmiert und vom Gehirn aus lediglich in Gang gesetzt oder gehemmt.

Arthropoden und ganz allgemein Invertebraten werden immer mehr zu *bevorzugten Objekten neurophysiologischer Arbeiten,* da sie sich durch die Größe und relativ geringe Zahl ihrer Nervenzellen vorteilhaft von Wirbeltieren unterscheiden. Während man im Zentralnervensystem des Menschen 10^{10}–10^{11} Nervenzellen schätzt, beträgt ihre Zahl beim Flußkrebs *(Astacus)* nur $0{,}5 \cdot 10^6$. Zur Bewegungskoordination seiner Scherenextremität, die 6 aktiv bewegliche Gelenke besitzt, dienen ihm nur ca. 25 Motoneurone, während bei Säugern von einem Rückenmarkssegment mehrere 1000 Motoneurone zu den zugehörigen Muskeln ziehen. Ferner wird die Herzschlagfrequenz bei *Astacus* von nur 9 Nervenzellen geregelt. Der Mensch besitzt in einem Auge ca. $1{,}3 \cdot 10^8$ Sehzellen, das Komplexauge einer *Drosophila*-Fliege nur $5{,}6 \cdot 10^3$. Bei der marinen Nacktschnecke *Hermissenda* enthält die

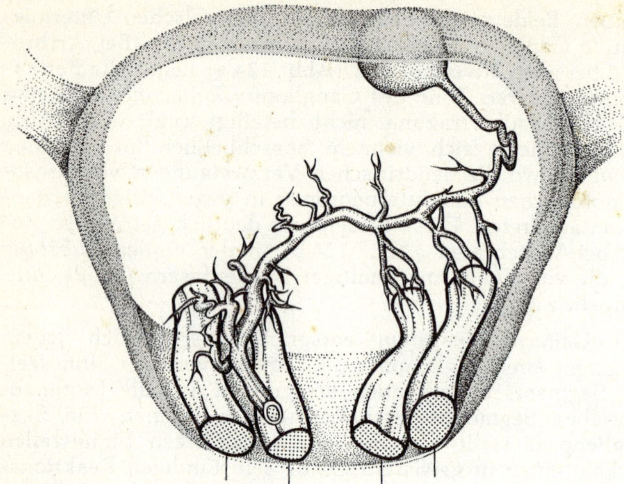

Abb. 125 Neuronenschaltung in einem Abdominalganglion des Krebses *Procambarus clarkii.* Die über die beiden medianen (M_1, M_2) und lateralen (L_1, L_2) Riesenaxone einlaufenden Erregungen werden auf das Motoneuron (Perikaryon dorsal) übertragen, das zur Schwimmuskulatur des Abdomens zieht. Der Verlauf des Motoneurons wurde nach Injektion eines Fluoreszenzfarbstoffs in Serienschnitten rekonstruiert (nach KENNEDY).

Retina der beiden Linsenaugen sogar nur 5 Sehzellen, die jedoch wie bei *Limulus* und bei Vertebraten durch einen lateralen Inhibitionsmechanismus (S. 249) miteinander verbunden sind. Nur 2 Zellen dienen in den ultraschallempfindlichen Gehörorganen einiger Nachtschmetterlinge der Schallperzeption. Von den 1800 Neuronen im Abdominalganglion von *Aplysia*, einer zum neurophysiologischen Labortier avancierten Nacktschnecke, sind bisher 30 Nervenzellen individuell identifiziert worden, so daß sich bei dieser Schnecke in jüngster Zeit einige Neuronenschaltkreise anatomisch und physiologisch aufklären ließen. Da die Perikaryen dieser Zellen einen Durchmesser von maximal 1 mm aufweisen, gehören sie zusammen mit den Riesenaxonen des Tintenfisches *Loglio* (Durchmesser 800–1000 µm) zu den größten Nervenzellen des Tierreiches überhaupt.

Bei den *Wirbeltieren* sind die einzelnen Teile des Zentralnervensystems nicht scharf in Körpersegmente abgegliedert, obwohl durch die Ein- und Austrittstellen der Nerven eine metamere Gliederung angedeutet wird. Dementsprechend bilden in der

Wand des *Neuralrohrs* liegende Neuronengruppen in einzelnen Abschnitten des Zentralnervensystems verhältnismäßig selbständige Apparate, die bestimmte Einzelleistungen ausführen können.

Am deutlichsten tritt das bei denjenigen Chordaten hervor, deren Fortbewegung auf der Tätigkeit einer segmental angeordneten Rumpfmuskulatur beruht: Kurze Stücke von *Branchiostoma* (Abb. 250) führen regelmäßige, schlängelnde Schwimmbewegungen aus; auch ein geköpfter Haifisch schwimmt kaum anders als ein normaler. Aber auch bei höheren Formen können Erregungen, die in einen Abschnitt des Rükkenmarks eintreten, innerhalb desselben auf Motoneurone übertragen werden. Hier sind also die nervösen Schaltkreise für komplizierte Bewegungsfolgen (Klammerbewegung des männlichen Frosches, Schwimmbewegung bei Wasservögeln) in einem kurzen Rückenmarkstück enthalten. Wird einem Säugetier der Hirnstamm zwischen Mes- und Metencephalon (S. 257) durchtrennt und zudem die Kleinhirnrinde entfernt, bleiben die Tiere in „Dezerebrationsstarre" aufrecht stehen, da der Tonus in den Extensormuskeln der Extremitäten stark erhöht ist. Durch passive Bewegung des Kopfes lassen sich jedoch auch bei einem derart *dezerebrierten Tier* noch Halte-Reflexe in Form von Beugungen und Streckungen der Beine auslösen. Die einseitige Tonuserhöhung der Extensormuskeln entfällt, wenn die Hirndurchtrennung vor dem Mesencephalon vorgenommen wird. Ein solches immerhin vorderhirnloses Tier *(Mittelhirntier)* vermag vollkommen koordinierte Beinbewegungen auszuführen, sich hinzulegen und sich im Gegensatz zum dezerebrierten Tier auch aktiv aufzustellen (Stellreflexe). Entfernt man einem Säugetier lediglich den motorischen Cortex *(dekortiziertes Tier)*, fallen nur die erlernten sowie die spontanen motorischen Fähigkeiten (Willkürmotorik) aus.

Bei den höheren Wirbeltieren werden die im Rückenmark liegenden Schaltungen immer mehr der Kontrolle des *Gehirns* unterstellt. Das äußert sich schon darin, daß die in das Rückenmark eintretenden Erregungen aufwärts zum Gehirn geleitet werden. Bei niederen, wasserlebenden Vertebraten sind diese aufsteigenden Bahnen allerdings noch schwach entwickelt, da hier die wichtigsten Sinnesorgane der Körperoberfläche, die Seitenlinienorgane des Ferntastsinnes (S. 298) und die über die ganze Epidermis verteilten Geschmacksknospen, unter Umgehung des Rükkenmarks getrennte Bahnen zum Gehirn besitzen: die Lateralisnerven (VIII) und den N. facialis (VII; vgl. S. 256). Dagegen liegen schon bei niederen Vertebraten gut ausgebildete absteigende Bahnen vor. Bei Fischen und Amphibienlarven bilden sie ein einziges Paar von Riesenfasern (Mauthnersche Zellen), deren Perikaryen in der Medulla oblongata liegen. Eine durchgehende Verbindung von Telencephalon zum Rückenmark tritt erstmals bei Säugern in Form der Pyramidenbahn auf. Sie erlaubt eine direkte Beeinflussung motorischer Vorgänge durch die Großhirnzentren. Die einzelnen Abschnitte des Wirbeltiergehirns erfahren in den verschiedenen Klassen mannigfache Abwandlungen (Abb. 126).

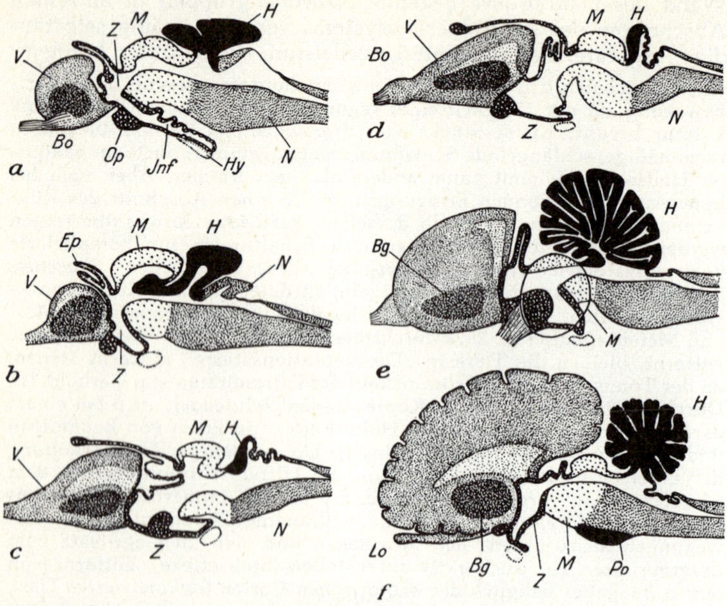

Abb. 126 Gehirne der Wirbeltiere. Die medianen Längsschnitte zeigen die Aufsicht auf die rechte Hemisphäre, die durchscheinend gedacht ist und das Basalganglion, den 1. Ventrikel und das Pallium eingezeichnet enthält. a) Hai, b) Knochenfisch, c) Amphibium (Frosch), d) Reptil, e) Vogel, f) Säuger. *Bg* Basalganglion, *Bo* Bulbus olfactorius, *Ep* Epiphyse, *H* Hinterhirn (Kleinhirn), *Hy* Hypophyse, *Inf* Infundibulum, *Lo* Lobus olfactorius, *M* Mittelhirn (in e ist die Ausdehnung von M seitlich angegeben), *N* Nachhirn, *Op* Eintritt des N. opticus, *Po* Pons (Verbindungsfasern der Kleinhirnhälften), *V* Vorderhirn, *Z* Zwischenhirn.

Das verlängerte Mark oder Nachhirn *(Myelencephalon)* ist in der Wirbeltierreihe am gleichförmigsten ausgebildet. Es bildet die End- und Ursprungsstellen der meisten Gehirnnerven (Abb. 269), nimmt die vom Labyrinthorgan (S. 299) kommenden Nerven (VIII, N. stato-acusticus) auf und innerviert bei Fischen und im Wasser lebenden Amphibien die Seitenlinienorgane. Sensorisch und motorisch wird von hier aus die Region des Visceralskeletts versorgt (Region der Kiefer, des Zungenbeinbogens, der Kiemenbögen und ihrer Derivate; V, VII, IX und X, Nn. trigeminus, facialis, glossopharyngeus, vagus; S. 490). Im Nachhirn liegen auch die Zentren der vegetativen Funktionen (Atmung, Gefäßinnervation, Stoffwechsel, Schlaf).

Das Kleinhirn (*Metencephalon*, Cerebellum) geht aus dem Dach des vorderen Abschnitts des Myelencephalons hervor. Es erhält Erregungen von den sensorischen Endigungen in Muskeln und Sehnen sowie aus dem Ohrlabyrinth und wird damit zum Zentrum der Bewegungskoordination und des Muskeltonus. Je nachdem, ob in einer Tiergruppe hohe Anforderungen an die Erhaltung des Gleichgewichts, an rasche und exakte Bewegungen gestellt werden (Fische, Vögel, Säuger; Abb. 126 a, b, e, f) oder nicht (Amphibien, die meisten Reptilien; Abb. 126 c, d), ist es sehr verschieden stark entwickelt.

Das Mittelhirn (*Mesencephalon*) enthält bei den niederen Vertebraten das Sehzentrum (Tectum opticum) und verliert diese Bedeutung in dem Maß, in dem die Fasern des Sehnerven im Diencephalon verschaltet werden. Bei Säugern, bei denen sich das primäre Sehzentrum sogar bis zum Telencephalon (visueller Cortex) vorverlagert, erhalten nur noch die beiden vorderen Colliculi superiores der Vierhügelregion optische Erregungen in geringem Umfang zugeleitet. Sie scheinen bei Säugern die Lokalisation von Gegenständen im Sehfeld vorzunehmen, während dem visuellen Cortex die Identifikation der lokalisierten Gegenstände obliegt. Mit einer mehrschichtigen Rinde ist das Tectum des Mittelhirns vor allem bei Vögeln hoch differenziert. Ursprünglich enthält es neben den optischen auch akustische Zentren, von denen bei Säugern nur noch die Colliculi inferiores des Vierhügels zeugen. Bis hinauf zu den Reptilien bildet das Mittelhirn noch die Hauptstelle nervöser Koordination. Die ventralen Teile von Mes-, Met- und Myelencephalon werden oft als *Hirnstamm* zusammengefaßt.

Bei den Säugetieren übernimmt dagegen das Zwischenhirn (*Diencephalon*), das bei den anderen Gruppen zurücktritt, die Rolle einer Hauptschaltstation, die besonders in dem paarigen Sehhügel (Thalamus opticus: *Corpora geniculata laterales*) lokalisiert ist. Sie vermittelt zwischen Vorderhirn und weiter hinten gelegenen Hirnteilen. Hier enden bei den Säugern auch die meisten Sehnervenfasern aus der Retina und werden auf zum Cortex ziehende Fasern umgeschaltet (geniculato-corticale Bahn). Als ventraler Teil des Zwischenhirns stellt der *Hypothalamus* ein Zentrum für vegetative Funktionen und affektives Verhalten dar, das in dieser Funktion mit dem limbischen System des Telencephalons, den vom Neocortex überlagerten alten Rindengebieten (Abb. 127), zusammenwirkt.

Das Vorderhirn (Großhirn, *Telencephalon*) besteht stets aus zwei blasenförmigen Vorstülpungen am Vorderende des Zwischenhirns, den paarigen Hemisphären (Abb. 127, 269). Der Boden jeder Hemisphäre ist verdickt und treibt ein Basalganglion (*Corpus striatum*) in den Hohlraum vor. Die übrige Hemisphärenwand bildet den Hirnmantel (*Pallium*). Am Vorderende treten die Riechnervenfasern (I, Tractus olfactorius) in einen kolbenförmigen Fortsatz der Hemisphärenbasis (Bulbus olfactorius) ein und werden dort auf weitere Ganglien umgeschaltet. Diese sekundären Riechbahnen enden in den peripheren Teilen der Hirnbasis (Lobi olfactorii) und strahlen bei Fischen auch in alle Teile des Hirnmantels ein; das Vorderhirn ist also ursprünglich Riechhirn. Von den Amphibien an entwickelt sich in steigender Ausbildung ein Teil des Mantels, der keine sekundären Riechbahnen mehr auf-

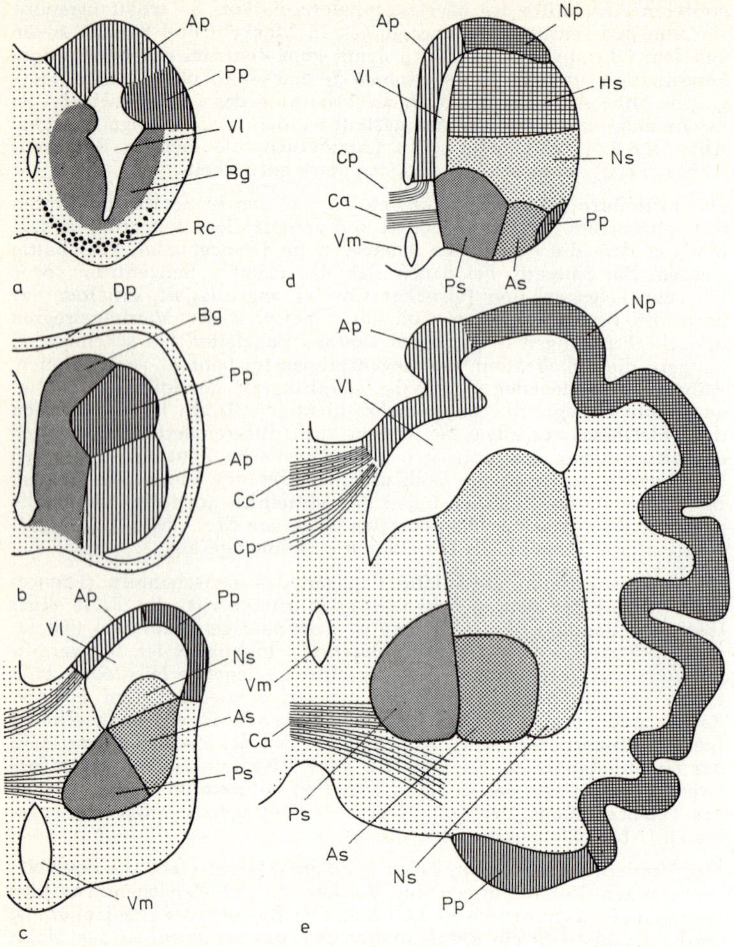

Abb. 127 Telencephalon der Wirbeltiere. Querschnitte durch die rechten Hemisphären von Knorpelfischen (a), Knochenfischen (b), Reptilien (c), Vögeln (d) und Säugern (e). *Ap* Archipallium, *As* Archistriatum, *Bg* Basalganglion, *Ca* Commissura anterior, *Cc* Corpus callosum (Säuger), *Cp* Commissura pallii, *Dp* Deckplatte (Knochenfische), *Hs* Hyperstriatum (Vögel), *Np* Neopallium, *Ns* Neostriatum, *Pp* Paläopallium, *Ps* Paläostriatum, *Rc* Riechcortex (Knorpelfische), *Vl, m* lateraler und medianer Ventrikel.

nimmt, zum Neopallium. Es wird insbesondere bei Säugern zu einem übergeordneten Zentrum, in das Bahnen von allen Sinnesorganen einstrahlen. Eine große Zahl von intrazentralen Bahnen verbindet die einzelnen Rindenteile miteinander, so daß das Neopallium mit seinen sensorischen, motorischen und Assoziationsfeldern das oberste nervöse Zentrum darstellt, das in der Wirbeltierreihe zunehmenden Einfluß auf untergeordnete Zentren gewinnt. Bei den Amphibien ist das Vorderhirn nur mit dem Zwischenhirn unmittelbar verbunden, bei den Sauropsiden wird auch das Mittelhirn erreicht und bei den Säugern verlaufen von der Großhirnrinde stammende absteigende Faserzüge nach allen Hirnteilen und bis ins Rückenmark *(Pyramidenbahn)*. Bei Vögeln hat sich der Reptilientypus des Vorderhirns in einer anderen Richtung als beim Säuger weiterentwickelt, indem bei ihnen eine Differenzierung des ehemaligen Basalganglions, das Neo- und Hyperstriatum, die Größenzunahme des Neopalliums weit übertrifft (Abb. 127 d).

Bei den höheren Säugern überlagert der *Neocortex* anatomisch und funktionell die phylogenetisch älteren, einstmals jedoch obersten Integrationszentren der niederen Säuger (*Archi-* und *Paläopallium:* limbisches System) und Reptilien *(Basalganglien)*. Die neu entwickelten neocorticalen Schaltungen haben die alten Programme allerdings nicht vollkommen in ein einheitliches neues System integriert, sondern sich ihnen als hierarchische Strukturen aufgepfropft. Das limbische System mit der Hippocampusformation wird heute als Sitz affektiv betonter Verhaltensweisen aus dem Funktionskreis der Selbstdarstellung und -erhaltung und als Ort des Kurzzeitgedächtnisses (S. 326) angesehen. Die subcorticalen Basalganglien *(Striatum* und *Pallium)* steuern feste motorische Programme (Kontrolle der Körperstellung im Raum). An ihren Neuronen enden die vom motorischen Cortex kommenden *extrapyramidalen Fasern,* die hier und (oder) im subcorticalen Hirnstamm (S. 257) umgeschaltet werden und dem Einsatz und der Kontrolle dort programmierter lokomotorischer Abläufe (S. 255) dienen.

Bei höheren Wirbellosen sowie bei Wirbeltieren werden bestimmte Teile des Nervensystems, die der Innervierung der inneren Organe dienen, als *vegetatives* oder *viscerales Nervensystem* vom Zentralnervensystem weitgehend abgegliedert. Anneliden und Arthropoden besitzen vor allem in der Nähe des Vorderdarms spezielle Ganglienknoten, deren Nerven zu Darmabschnitten, Speicheldrüsen und anderen inneren Organen (z. B. Herz) ziehen. Bei Wirbeltieren besteht das vegetative Nervensystem aus dem *Sympathicus* des Brust- und oberen Lendenmarks (Abb. 128) und den *Parasympathicus*-Fasern, die im Hirnstamm (vor allem über den N. vagus [X]) und im Kreuzmark entspringen. Die aus dem ZNS kommenden (präganglionären) Fasern werden beim Sympathicus in den beiderseits der Wirbelsäule angeordneten

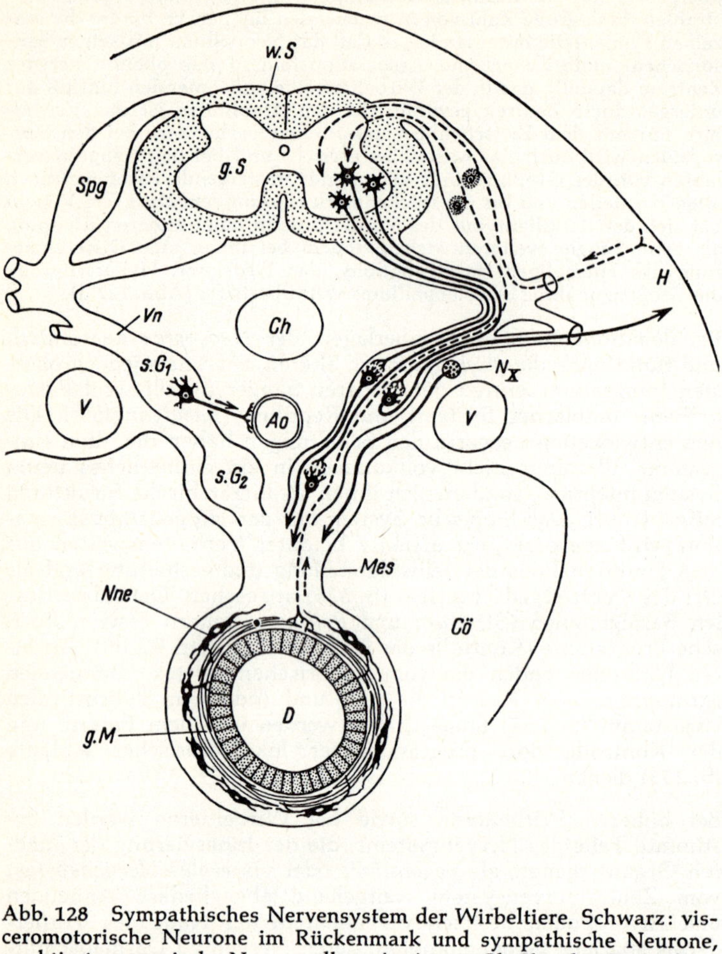

Abb. 128 Sympathisches Nervensystem der Wirbeltiere. Schwarz: visceromotorische Neurone im Rückenmark und sympathische Neurone, punktiert: sensorische Nervenzellen. *Ao* Aorta, *Ch* Chorda, *Cö* Coelom, *D* Darm, *s.G₁* sympathisches Ganglion des sympathischen Nervenstrangs (Grenzstrang), *s.G₂* weiter peripher gelegenes sympathisches Ganglion, *H* Haut, *Mes* Mesenterium, *g.M* glatte Muskulatur, *Nne* Nervennetz, N_X Ast des N. vagus, *Spg* Spinalganglion, *g.S* graue Substanz des Rückenmarks, *w.S* weiße Substanz (Faserschicht) des Rükkenmarks, *V* Vene, *Vn* Verbindungsnerv zum Grenzstrangganglion (R. communicans).

paarigen Ganglien des sympathischen Grenzstrangs auf Folgeneurone (postganglionäre Fasern) umgeschaltet. Die parasympathischen Ganglien liegen dagegen in der Nähe der Erfolgsorgane (Herz, Lunge, Enddarm, Blase), so daß die präganglionären die postganglionären Fasern an Länge weit übertreffen. Als Transmitter tritt in den präganglionären Fasern stets Acetylcholin, in den postganglionären ebenfalls Acetylcholin (Parasympathicus: *cholinerges System)* oder Noradrenalin (Sympathicus: *adrenerges System)* auf. Während Adrenalin Kontraktionen der glatten Darmmuskulatur hemmt, erregt es die Gefäßmuskulatur von Herz, Arterien und Venen. Acetylcholin wirkt jeweils antagonistisch. Dieselben Transmitter des vegetativen Nervensystems entfalten also je nach dem Effektororgan hemmende oder erregende Wirkungen (S. 241). Daß ein mit Blutersatzlösung und einem vom Vagus sezernierten Stoff durchströmtes Herz seinen spontanen Schlagrhythmus vermindert, führte in den 30er Jahren zur Entdeckung der Transmittereigenschaften von Acetylcholin („Vagusstoff").

Bei den niederen Wirbeltieren erfolgt die vegetative Innervierung noch alternativ durch die sympathischen oder parasympathischen Nerven der jeweiligen Körperregionen. Mit der Vergrößerung der Innervierungsareale bildet sich jedoch in der aufsteigenden Wirbeltierreihe ein immer stärkerer Antagonismus beider Systeme in den doppelt innvervierten Organen aus. Als erstes Anzeichen dieser antagonistischen Innervierung sei bei Knochenfischen das Wechselspiel zwischen dem sympathisch versorgten Pupillenschließmuskel und dem parasympathisch innervierten Pupillenöffner genannt (bei Säugern liegen die Verhältnisse gerade umgekehrt).

Sinne

Sinnesorgane übersetzen ein von ihnen perzipiertes *Reizmuster* in ein dem Zentralnervensystem zugeleitetes *Erregungsmuster.* Als **Reize** gelten dabei solche physikalischen oder chemischen Zustände oder Zustandsänderungen in der Umwelt eines Organismus, die zur Auslösung einer Erregung in bestimmten Zellen (Rezeptor- oder *Sinneszellen*) führen. Stets sind die zugeführten Reizenergien um ein Vielfaches geringer als jene, die der ausgelöste Erregungsvorgang benötigt. Somit kommt den Reizen keine energieliefernde, sondern nur eine auslösende Funktion zu („trigger"-Wirkung).

Die auf die Oberfläche von Sinnesorganen auftreffenden und dort physikalisch meßbaren Reize *(Eingangsreize)* werden häufig durch einen nicht nervösen reizleitenden Apparat zu *Nutzreizen* umgeformt, die dann die Sinneszelle erregen (Abb. 129). So ver-

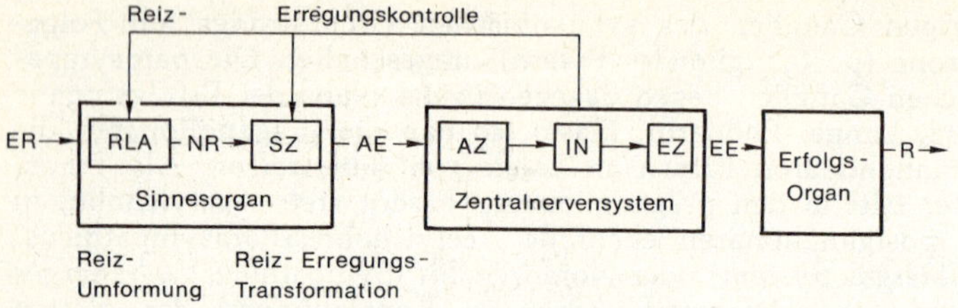

Abb. 129 Schema des Reiz- und Erregungsflusses in Sinnesorganen und Nervensystemen. *AE* afferente Erregung, *AZ* afferentes Zentrum, *EE* efferente Erregung, *ER* Eingangsreiz, *EZ* efferentes Zentrum, *IN* Interneurone, *NR* Nutzreiz, *R* Reaktion, *RLA* reizleitender Apparat, *SZ* Sinneszellen.

ändert z. B. das Linsensystem im Wirbeltierauge die spektrale Zusammensetzung des auf die Retina fallenden Lichts, indem der UV-Anteil herausgefiltert wird, oder der reizleitende Apparat des Mittel- und Innenohres transformiert die Schallschwingungen des Trommelfells in eine seitliche Abbiegung (Scherung) der Sinneshaare im Cortischen Organ (S. 303; Abb. 154). Die Nutzreize führen dann in Rezeptorzellen zur Auslösung einer Erregung *(Rezeptorpotential)*, die in eine Sequenz von *Aktionspotentialen* (S. 243) umcodiert und als solche den afferenten Zentren im Zentralnervensystem zugeleitet wird. Diesem zum Zentrum gerichteten Erregungsfluß kann jedoch eine die Erregung und sogar die Reizumformung beeinflussende *zentrifugale Kontrolle* entgegengeschaltet sein. So bietet sich dem Nervensystem die Möglichkeit mitzubestimmen, welche Reize die Rezeptoren erreichen *(Reizkontrolle* oder physikalische Adaptation, z. B. Pupillenverengung beim Auge) oder in welcher Weise Reize an den Sinneszellen Erregungen auslösen *(Erregungskontrolle,* z. B. Hemmung der Kontraktionsauslösung am Crustaceen-Muskel durch spezielle inhibitorische Fasern, Abb. 130; laterale Hemmung, S. 249, Abb. 122).

In weit größerem Maße als in den Rezeptoren selbst sind solche *Filtermechanismen* auf höheren Stufen der Informationsverarbeitung tätig. Sie führen dazu, daß einlaufende Erregungen mannigfach modifiziert oder sogar ganz unterdrückt werden können; z. B. entfalten Reize, die als *Auslöser* für spezifische Verhaltungsweisen wirken (S. 318), diese Auslöserfunktion nur unter ganz bestimmten physiologischen Zuständen des Gesamtorganismus.

Damit Reize Sinneszellen erregen können, müssen sie bestimmte **qualitative** und **quantitative Bedingungen** erfüllen: Die Energie muß den Rezeptor als *adäquater Reiz* in geeigneter, auf die betreffende Sinneszellen abgestimmter Form treffen und darf dabei

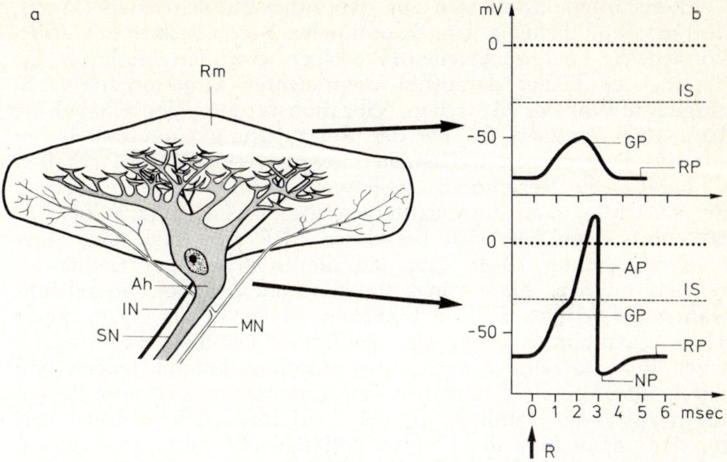

Abb. 130 Die Erregungsbildung am Streckrezeptor des Flußkrebses *(Astacus fluviatilis)*. a) Innervationsmuster des Rezeptormuskels (nach BURKHARDT). b) Erregungsbildung in der Dendritenregion (oben) und am Axonhügel (unten) der Sinneszelle. *Ah* Axonhügel, *AP* Aktionspotential, *GP* Generator-(Rezeptor-)Potential, *IN* inhibitorisches Neuron, *IS* Impulsschwelle, *MN* motorisches Neuron, *NP* Nachpotential (Hyperpolarisation), *R* Reizbeginn (Reiz: Dehnung des Rezeptormuskels), *Rm* Rezeptormuskel, *RP* Ruhepotential, *SN* multipolares sensorisches Neuron.

quantitativ einen minimalen Energiebetrag nicht unterschreiten. Die meisten Rezeptoren sprechen zwar auch auf inadäquate Reize an (z. B. Sehzellen auf mechanischen Druck), jedoch meistens erst dann, wenn diese in unphysiologisch hoher Stärke geboten werden.

Die Empfindlichkeit eines Sinnesorgans für den adäquaten Reiz läßt sich in Form der für diesen Reiz erforderlichen *Energieschwelle* angeben. Dabei müssen zwei Faktoren, die die Wirksamkeit eines Reizes bestimmen, in Betracht gezogen werden: Erstens weist jedes Reizspektrum Bereiche auf, die der betreffende Rezeptor am empfindlichsten beantwortet (Licht einer Wellenlänge von 507 nm für das Dämmerungssehen des Menschen; Töne von 1200 Hz für die Schallwahrnehmung des Menschen, von 83 kHz für die Ultraschallperzeption einer Rhinolophiden-Fledermaus, Abb. 155); zweitens muß ein Reiz eine minimale Zeitspanne andauern. Diese *Nutzzeit* beträgt für das Dämmerungssehen und die Lautwahrnehmung des Menschen ca. 0,5 sec. Mit Hilfe dieser

Zeitkonstanten lassen sich aus den Intensitätsschwellen (Watt), die an Hand beliebig langer optimaler Reize bestimmt werden können, die Energieschwellen (Wattsec) berechnen. Sie liegen für die meisten bisher daraufhin untersuchten Sinnesorgane (z. B. Auge und Ohr des Menschen, Vibrationsrezeptor der Schabe) bei 10^{-17}–10^{-18} Wattsec. Da bei der Reizzuleitung ein Großteil der auf das Sinnesorgan treffenden Energie verloren geht, erhalten schließlich die Rezeptoren einen weit geringeren Energiebetrag. Berücksichtigt man die Quantenenergie des Lichts (z. B. bei $\lambda =$ 507 nm), dann läßt sich berechnen, daß zur Auslösung einer Lichtempfindung 10–40 Quanten die Stäbchen der Retina erreichen müssen. Da es aus statistischen Gründen höchst unwahrscheinlich ist, daß ein Stäbchen von mehr als einem dieser 10–40 Quanten getroffen wird, genügt 1 Quant für die Erregung einer Rezeptorzelle. Eine Lichtempfindung kommt jedoch erst durch intraretinale Summation der Erregungen mehrerer Rezeptoren zustande. Damit ist freilich kein Informationsverlust verbunden; denn läge die Empfindungsschwelle bei einem Quant, würde schon die Erregung eines Stäbchens zu einer Lichtempfindung führen. Folglich könnte ein spontaner thermischer Zerfall von Sehpigmentmolekülen *(Störpegel)* nicht von einem lichtinduzierten Sehpigmentabbau unterschieden werden, was zu Falschmeldungen an die Sehzentren im visuellen Cortex (Sehhirnrinde) führen müßte. In gleicher Weise wird bei den Riechzellen auf den Antennen des männlichen Seidenspinners *(Bombyx mori)* schon ein einzelnes Molekül weiblichen Sexuallockstoffs mit einem Nervenimpuls beantwortet, doch müssen 200–300 der insgesamt 32 000 Riechzellen einer Antenne von je einem Duftstoffmolekül getroffen werden, damit die Männchen ihre charakteristische Schwirreaktion zeigen. Auch dieser Wert liegt knapp über dem Störpegel *(Rauschen)*. Beim mechanischen Sinn ist die Empfindlichkeit der Rezeptoren ebenfalls bis zur physikalisch überhaupt möglichen Grenze vorangetrieben. Wäre z. B. unser Ohr, das für Töne von 2000 Hz schon auf Schwingungsamplituden des Trommelfells von 10^{-8} mm anspricht, um eine halbe Zehnerpotenz empfindlicher, müßten wir die thermischen Luftdruckschwankungen als Geräusche hören.

Da demnach die Leistungen von Sinnesorganen an Elementarprozesse wie die Absorption von Quanten und Molekülen gebunden ist, erhebt sich die Frage nach den **Mechanismen der Erregungsbildung** in der Sinneszelle, d. h. der Transformation eines Reizes in eine dem Zentralnervensystem zugeleitete Erregung. Die Erregung ist mit elektrischen Vorgängen an der Membran der Sinneszelle verbunden. Die primären erregungsauslösenden Prozesse sind zwar chemischer Natur, haben sich jedoch einer Analyse bisher weitgehend entzogen. Dagegen läßt sich elektrophysiologisch die auf Reizeinwirkung ausgelöste Erregung als *Veränderung des Membranpotentials* der Sinneszelle mit Hilfe intrazellulärer Mikroelektroden (Spitzendurchmesser 100 nm) messen. Im unerregten Zustand besitzen die Sinneszellen ein *Ruhepotential* von ca. –70 mV (innen gegenüber außen; vgl. S. 243). Adäquate Reizung der Sinneszelle – beim Streckrezeptor der Abb. 130 durch Dehnung des zugehörigen Rezeptormuskels – führt an den Dendriten zur Ausbildung eines *Rezeptorpotentials*, das in einer leichten, nach der Reizintensität graduierten *Depolarisation der Zellmembran* besteht und sich wie in einem elektrischen Kabel („elektrotonisch") über die Membran der Dendriten und des Perikaryons ausbreitet. Diese Erregungsausbreitung wird als passiv bezeichnet, da sie keine Änderung der Membraneigenschaften zur Folge hat (S. 243) und sich daher auf Grund der Kabeleigenschaften der Zellmembran aus Membranwiderstand und Membrankapazität voraussagen läßt. Erreicht die Depolarisation bei genügend großem Reiz (z. B. genügend starker Dehnung des Rezeptormuskels) schließlich am Axonhügel, der Ansatzstelle des Axons am Perikaryon, einen überschwelligen Wert, kommt es zu einer plötzlichen, überschießenden Depolarisation, die für kurze Zeit (0,5–1 msec) sogar zur Umpolung der Membran und damit zu einem *Impuls* führt.

Die **Informationsübertragung** bei dieser Reiz-Erregungs-Transformation folgt speziellen Codierungsmechanismen. In den meisten Fällen übersetzt sich die Reizintensität am Rezeptor *logarithmisch* in die Amplitude des Generatorpotentials. Zum Zentralnervensystem wird sie jedoch als Folge von Aktionspotentialen weitergeleitet, deren Frequenz *linear* von der Amplitude des Generatorpotentials abhängt. Folglich ist die Erregungsstärke (Impulsfrequenz) – von Ausnahmen abgesehen – dem Logarithmus der Reizstärke proportional. Nach dem aus psychophysischen Messungen am Menschen erschlossenen Weber-Fechnerschen Gesetz ist die subjektive Empfindungsstärke ebenfalls logarithmisch mit der Reizstärke korreliert. Der funktionelle Vorteil dieser logarithmischen Übersetzungsfunktion („Kennlinie") ist in dem weiten Spektrum von Reizintensitäten zu sehen, die auf diese Weise von den Sinnesorganen perzipiert werden können. Photorezeptoren registrieren z. B. Reizenergien im Bereich von 10^{10} Intensitätsstufen. Da jedoch die maximale Impulsfrequenz bei $0{,}5 \cdot 10^3$ Impulsen/sec liegt, würden sich bei linearer Übersetzung relativ große Änderungen der Reizenergien in sehr geringen Veränderungen der Impulsfrequenz widerspiegeln.

Als reizperzipierende nervöse Endorgane können verschiedene **Rezeptortypen** dienen (Abb. 131), die sich durch den Anteil und

die Lage ihrer rezeptorisch tätigen Regionen relativ zur erregungsleitenden und synaptischen (Übertragungs-)Region unterscheiden (Abb. 117). Die *primären Sinneszellen* (a) besitzen einen peripheren kernhaltigen Zellbezirk (Perikaryon) und leiten die Erregung über ein langes Axon zentripetal (z. B. Riechzellen der Wirbeltiere). Bei ihnen wie bei den *freien Nervenendigungen* (b), deren Perikaryen meist ins Zentrum verlagert sind, werden sowohl die Reiz-Erregungs-Transformation als auch die Erregungsleitung von der Sinneszelle geleistet. Den nur bei Vertebraten vorkommenden *sekundären Sinneszellen* (c, Geschmacks- und Hörsinneszellen) fehlt dagegen ein Axon, so daß die synaptische Region ebenfalls Teil des Perikaryons ist und die Erregung von einer getrennten Nervenzelle abgegriffen werden muß.
Von der Feinstruktur her lassen die perzeptorischen Regionen der Sinneszellen häufig eine Gliederung in ein *Innen-* und ein *Außensegment* erkennen. Während letzteres je nach der perzipierten Energieform unterschiedlich („modalitätsspezifisch") gestaltet ist, stimmt das mitochondrienreiche Innensegment in seiner Struktur bei allen Sinneszellen mehr oder weniger überein. In vielen Fällen – gleichermaßen bei Photo-, Mechano- und Chemorezeptoren – kann das Außenglied einen umgebildeten Cilienschaft darstellen (Abb. 132). Aus dem feinstrukturellen Bau des Außengliedes läßt sich häufig auf die Funktion der Sinneszelle schließen. So besitzen Sehzellen stets dicht gepackte, das Sehpig-

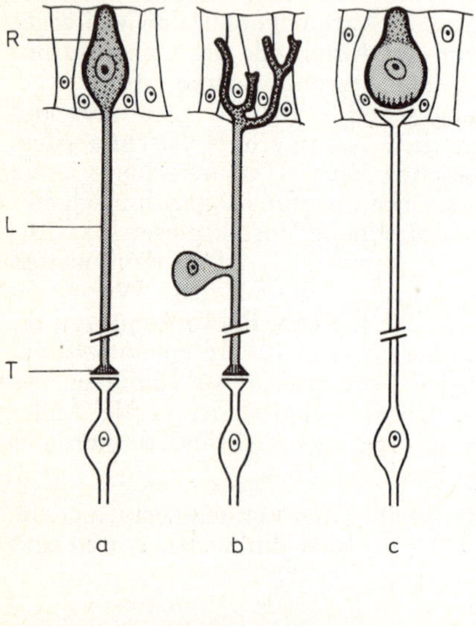

Abb. 131. Typen von Sinneszellen (gerastert) und ihrer Verbindung mit nachgeschalteten Nervenzellen (hell). a) Primäre Sinneszelle. b) freie Nervenendigung („Sinnesnervenzelle"). c) Sekundäre Sinneszelle. *L* Leitungsregion, *R* (punktiert) Rezeptorregion, *T* (schraffiert) Transmitterregion.

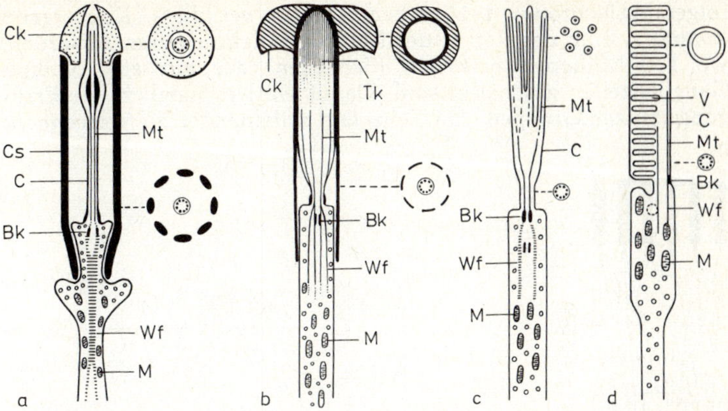

Abb. 132. Distale (Außen-)Segmente von Sinneszellen, die für die Aufnahme verschiedener Reize spezialisiert sind. a) Mechanorezeptorische Sinneszelle eines Skolopidiums von Insekten. b) Mechanorezeptorisches Sensillum campaniforme (Insekten). c) Chemorezeptorische Sinneszelle (Insekten). d) Sehzelle der Wirbeltiere. *Bk* Basalkörper, *C* Ciliensegment, *Ck* Cuticularkappe, *Cs* Cuticularspange, *M* Mitochondrium, *Mt* Mikrotubulus, *Tk* Tubulärkörper, der bei Druckeinwirkung komprimiert wird, *V* Vesikel, deren Membranen die Sehpigmentmoleküle enthalten, *Wf* Wurzelfasern. Querschnitte zeigen die Mikrotubuli mit (9 + 0)-Formel (nach THURM).

ment enthaltende Membranstapel (Abb. 132 d), während sich Mechanorezeptoren oft durch zylinderförmige Tubulärkörper auszeichnen (Abb. 132 b).

Sinneszellen sind in der Regel mit anderen, nichtneuralen Zellen zu **Sinnesorganen** zusammengeschlossen. Über *reizleitende Apparate* (z. B. Linsensysteme, mechanische Überträger) können die auftreffenden Reize gefiltert und auf verschiedenste Weise transformiert werden, ehe sie das Sinnesepithel erreichen. Bei einem *epithelialen Zusammenschluß von Sinneszellen* kann die zur Erregungsauslösung erforderliche Energie auch von nichtneuralen Epithelzellen bereitgestellt werden, so daß der Sinneszelle nur die Steuerung des Energieflusses bei Reizwirkung zukommt. Die Anordnung von Sinneszellen in einem Epithel hat ferner zur Folge, daß sich die Erregungen mehrerer Sinneszellen gegenseitig beeinflussen können (z. B. durch *laterale Inhibition,* S. 249). Die Informationsverarbeitung beginnt also bereits im Sinnesorgan selbst. Die Zahl der Rezeptorzellen übertrifft nämlich in den meisten Fällen die der ableitenden Nervenzellen (sekundäre, tertiäre und folgende Neurone) bei weitem. Diese *periphere Konvergenz* kommt z. B. in der Retina des Menschen deutlich zum Ausdruck, wo 130 Millionen Stäbchen (Sehzellen) auf nur eine Million Ganglienzellen geschaltet sind. Damit wird es möglich, die Erregung ganzer Gruppen von Sehzellen miteinander zu verrechnen.

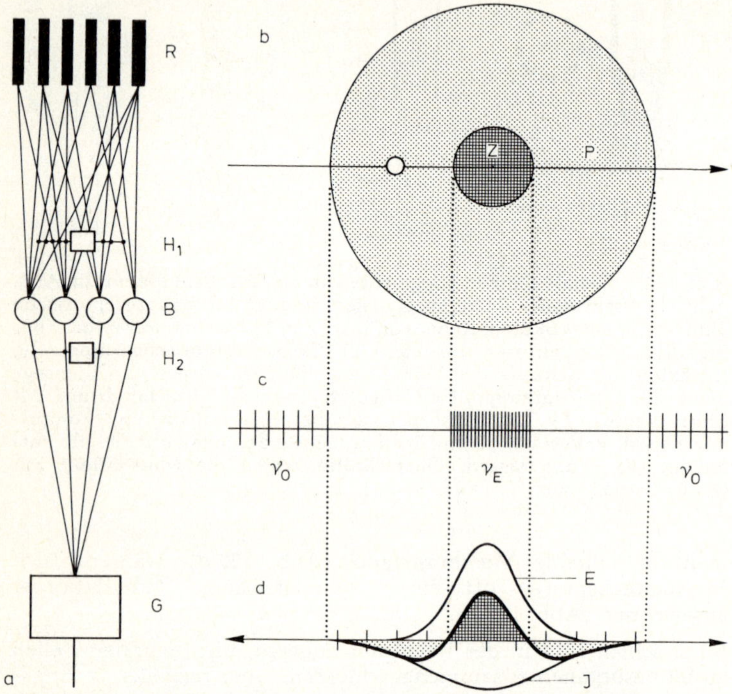

Abb. 133 Struktur eines rezeptorischen Feldes aus der Retina der Katze. a) Schaltbild der Retina (vgl. Abb. 136 b).b) Schema des rezeptorischen Feldes (Aufsicht), über das ein Lichtpunkt von links nach rechts bewegt wird. c) Impulsfrequenzen, die bei Wanderung des Lichtpunktes an der zugehörigen Ganglienzelle *(G)* ausgelöst werden. d) Funktionelle Organisation des rezeptorischen Feldes: Durch Summation von Erregungsfunktion *E* und Hemmfunktion *I* kommt die Feldstruktur von b zustande. *B* Bipolare (Neurone II. Ordnung), *G* Ganglienzelle (Neuron III. Ordnung), $H_{1,2}$ horizontale Schaltneurone (Horizontale und Amakrine), ν_0 Spontanfrequenz der Ganglienzelle, ν_E Frequenz bei Wanderung des Lichtpunktes durch das Feldzentrum, *P* hemmende Feldperipherie, *R* Rezeptoren, *Z* erregendes Feldzentrum (nach Büttner u. Grüsser).

Rezeptorpopulationen, deren Erregungen gemeinsamen höheren Nervenzellen zufließen, bilden *rezeptorische Felder.* Sie sind vor allem von Hautrezeptoren und aus der Retina beschrieben worden und bezeichnen funktionelle, aber keine festgelegten anatomischen Einheiten, da ihre Größe und innere Struktur mit der Art (z. B. der Intensität) des Reizes variieren kann. In der Retina der Katze existieren rezeptorische Felder, in denen ein Lichtpunkt im Zentrum eine Steigerung der Erregung, in der Peripherie dagegen Hemmung hervorruft (Abb. 133) . Dabei hängt die Feldergröße wie auch die anteilmäßige Gliederung in erregendes Feldzentrum und hemmende Feldperipherie von der Lichtintensität und dem Adaptationszustand des Auges ab. Sinnesorgane übernehmen also nicht nur die Aufgabe der Reizperzeption, sondern sind schon in den Prozeß der Erregungsbildung eingeschaltet.

Die **Einteilung der Rezeptoren** und der von ihnen perzipierten Reize erfolgt in der Sinnesphysiologie des Menschen seit alters nach den Empfindungskategorien in *Reizmodalitäten* (Licht-, Schall-, Druck-, Geschmacks-, Geruchs-, Temperatur- und Schmerzreize) und *Reizqualitäten* (z. B. Farben innerhalb der Modalität Lichtreize). Hier soll jedoch die physiologisch sinnvollere Gliederung nach der jeweiligen *Energieform* der Reize gewählt werden. Danach lassen sich optische, mechanische, chemische, thermische, elektrische und magnetische Reize unterscheiden, die je nach ihren physikalischen Charakteristiken weiter differenziert werden können.

Photoperzeption

Neben der *Photosynthese* der Pflanzen stellt die *Photoperzeption* (Lichtwahrnehmung) die wichtigste biologische Lichtreaktion dar. Die beiden Prozesse unterscheiden sich allerdings grundlegend: Bei der Photosynthese besteht eine quantitative energetische Beziehung zwischen eingestrahlten Lichtquanten und dem biologischen Effekt (Bildung von Glucose), während bei der Photoperzeption der Lichtreiz nur ein in der Zelle bereits vorliegendes Energiepotential freisetzt.

Primärreaktion

Obwohl die Organismen die verschiedensten lichtbrechenden Apparate und lichtleitenden Systeme entwickelt haben, sind die Vorgänge am Rezeptor überall an die gleichen Primärreaktionen gebunden. In den Sehzellen werden die Lichtquanten von einem lichtempfindlichen Farbstoff, einem *Rhodopsin* („Sehpurpur"), absorbiert, das im sichtbaren Bereich meistens bei einer Wellenlänge von $\lambda = 500$ nm (grün) ein Absorptions- und damit Empfindlichkeitsmaximum besitzt. Die Rhodopsine, die als Sehpigmente nicht nur bei Vertebraten auftreten, sondern auch für Cephalopoden und Arthropoden nachgewiesen sind, bestehen aus einem Carotinoid (*Retinal*, Aldehyd des Vitamins A) und einem Protein *(Opsin)*. Bei Einwirkung von Licht ändert das Retinal seine sterische Konfiguration *(Photoisomerisation)* und wird schließlich vom Opsin abgespalten – ein Vorgang, der äußerlich als Bleichung des Sehpigments in Erscheinung tritt. Später muß dann das Rhodopsin resynthetisiert werden. Da es allein bei Wirbeltieren zwei Retinale und mehrere Opsine gibt, existieren verschiedene Sehpigmente, die in ihrer spektralen Empfindlichkeit differieren und damit die Grundlage für ein Farbensehen (S. 281) bilden.

Augenstrukturen

In den **Sehzellen** sind die Sehpigmente in geordnete Membransysteme eingelagert, die modifizierte Mikrovillistrukturen der Sehzellenmembran darstellen. Diese Membranstapel sind bei Arthropoden als *Rhabdomere* längs der Sehzellen angeordnet (Abb. 138, 139), während sie bei Vertebraten das *Außenglied* der Sehzellen bilden (Abb. 132 d). Allerdings können auch Zellen, die nicht zu Photorezeptoren differenziert sind, lichtempfindlich sein, wie es für die Epidermiszellen unter der Cuticula einiger Insektenarten oder für das 6. Abdominalganglion des Flußkrebses zutrifft.

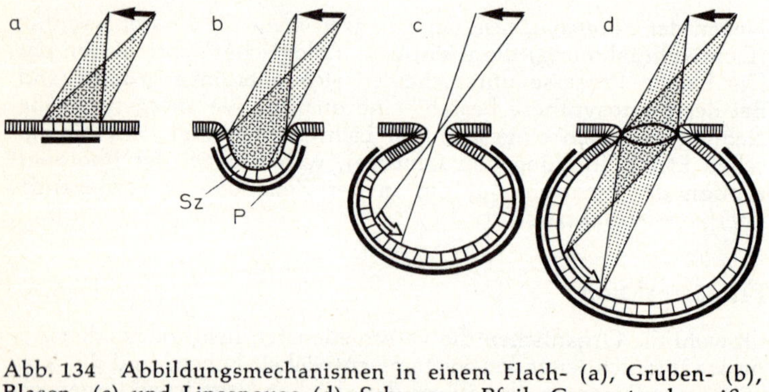

Abb. 134 Abbildungsmechanismen in einem Flach- (a), Gruben- (b), Blasen- (c) und Linsenauge (d). Schwarzer Pfeil: Gegenstand, weißer Pfeil: Bild, *P* Pigmentschicht, *Sz* Sehzellen (Retina).

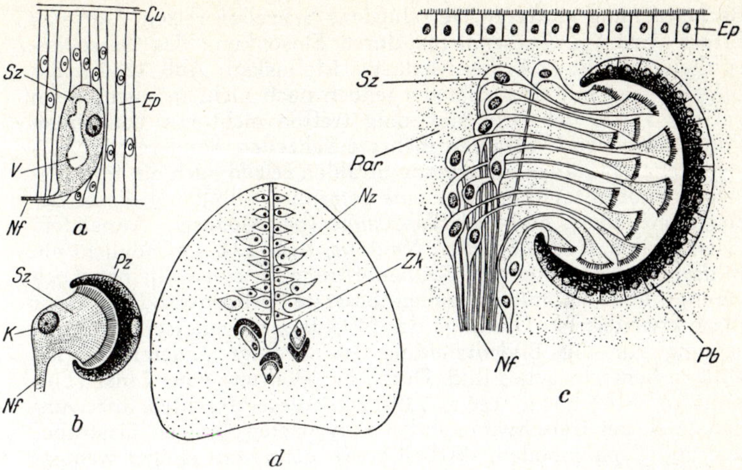

Abb. 135 Einzelne Sehzellen und Pigmentbecherocellen. a) Sehzelle in der Epidermis des Regenwurms (*Lumbricus terrestris*). b) Sehzelle mit becherförmiger Pigmentzelle von *Polycelis cornuta (Turbellaria)*. c) Pigmentbecherauge von *Planaria gonocephala (Turbellaria)*. d) Sehzellen im Neuralrohr von *Branchiostoma lanceolatum*. *Cu* Cuticula, *Ep* Epidermis, K Kern, *Nf* Nervenfaser (Axon), *Nz* Nervenzelle (Perikaryon), *Par* Parenchym, *Pb* Pigmentbecher, *Pz* Pigmentzelle, *Sz* Sinneszelle, *V* Vakuole, *Zk* Zentralkanal des Rückenmarks (nach Hesse).

Hier müssen die Sehpigmente in weniger geordneter Form im Cytoplasma vorliegen.

Bei vielen Tiergruppen sind einzelne Sehzellen isoliert in die Epidermis (z. B. bei Regenwurm, Abb. 135 a) oder in Nervengewebe (z. B. *Branchiostoma*, Abb. 135 d) eingelagert. Auf diese Weise ist jedoch lediglich eine *Intensitätsmessung* („Helligkeitssehen“) oder – falls die Sehzellen gegen bestimmte Einfallsrichtungen des Lichts abgeschirmt sind (Abb. 135 b) – eine *Richtungsmessung* möglich. Für höhere Leistungen der Lichtwahrnehmung sind die Sehzellen in einem Sinnesepithel (**Retina**) angeordnet, dem noch die verschiedenartigsten **Abbildungsapparate** (Linsensysteme als dioptrische Apparate) vorgelagert sein können. Durch die Ausbildung einseitig geöffneter Pigmentbecher, die eine Gruppe von Sehzellen umschließen (*Pigmentbecherocellen*, Abb. 135 c) und in verschiedene Richtungen weisen, können schon Turbellarien die Richtung einfallender Lichtstrahlen bestimmen. Zu dieser Richtungsmessung ist in diesem Fall schon ein einzelnes Auge befähigt, da Strahlen, die in verschiedener Richtung durch die

Becheröffnung eintreten, verschiedene Sehzellen reizen. Derselbe Effekt wird bei *Grubenaugen* durch Einsenkung des Sehzellenepithels erreicht (z. B. bei Medusen, Mollusken; Abb. 134 b). Ein *Bildsehen* ist mit Grubenaugen jedoch noch nicht möglich; denn bei der Weite der Grubenöffnung treffen nicht nur von einem Punkt ausgehende Strahlen mehrere Sehzellen, sondern von verschiedenen Punkten stammende Strahlen reizen auch ein und dieselben Photorezeptoren, was eine getrennte Abbildung dieser Bezirke verhindert. Erst das *Blasenauge* (bei Medusen, Anneliden, Gastropoden, Cephalopoden: *Nautilus*, Abb. 134 c) ermöglicht ein Bildsehen, indem hier die Grubenöffnung zu einem kleinen Loch verengt und die mit Sehzellen besetzte Grubenwand zu einer Blase erweitert ist. Die Enge der Öffnung, die einerseits Voraussetzung für die Bildentstehung ist, bedingt andererseits ein äußerst lichtschwaches Bild. Durch Einschaltung einer Linse (*Linsenauge*, Abb. 134 d, 136 a, 137) wird dieser Nachteil überwunden (z. B. bei freischwimmenden Polychaeten, einigen Gastropoden und Cephalopoden, Wirbeltieren); denn statt einiger weniger

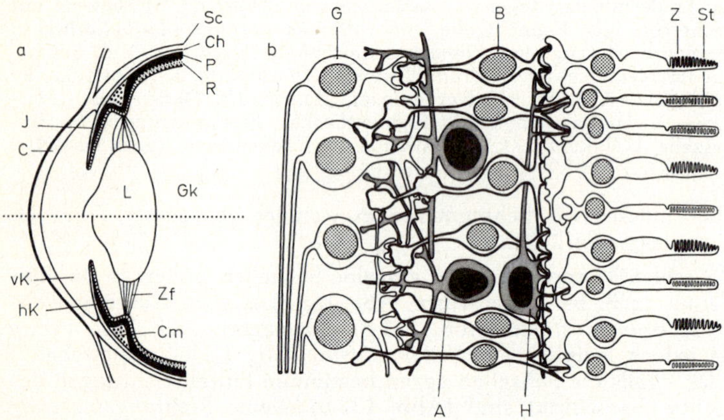

Abb. 136 Linsenauge eines Säugetieres. a) Längsschnitt durch den distalen Teil des Auges mit Akkommodationsapparat. Oben: Naheinstellung, unten: Ferneinstellung (nach GIERSBERG u. RIETSCHEL). b) Feinstruktur der Retina (nach elektronenmikroskopischen Aufnahmen von DOWLING und BOYCOTT). *A* Amakrine, *B* Bipolare, *C* Cornea, *Ch* Chorioidea (Aderhaut), *Cm* Ciliarmuskel (oben kontrahiert, unten dilatiert), *G* Ganglienzelle, *Gk* Glaskörper, *H* Horizontale, *I* Iris, *hK* hintere Augenkammer, *vK* vordere Augenkammer, *L* Linse, *P* Pigmentepithel, *R* Retina (Netzhaut), *Sc* Sclera (Bindegewebshülle), *St* Stäbchen, *Z* Zapfen, *Zf* Zonulafasern (oben entspannt, unten gespannt).

Strahlen, die von einem Objektpunkt ausgehen und dessen Bild auf der Retina entwerfen, wird jetzt das ganze, die Linsenoberfläche treffende Strahlenbündel zu einem Bildpunkt vereinigt und damit dessen Lichtstärke um ein Vielfaches erhöht. Nachteilig wirkt sich dieser Effekt jedoch auf die Bildschärfe aus, da es nur *eine* Entfernung gibt, aus der die Objekte scharf abgebildet werden können. Daher müssen zusätzlich *Akkommodationsmechanismen* entwickelt sein.

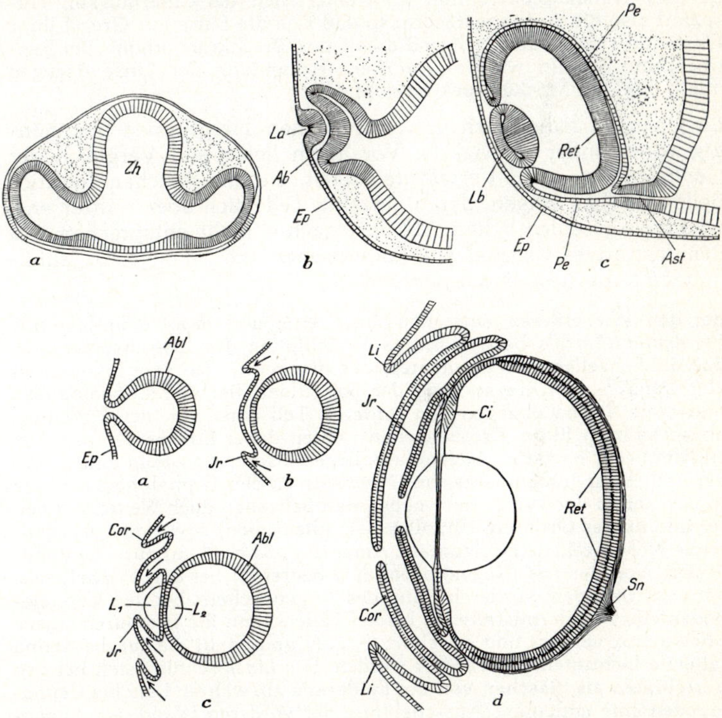

Abb. 137 Entwicklung des Linsenauges bei Vertebraten (oben): a) Ausstülpung der paarigen Augenblasen aus Zwischenhirn (*Zh*). b) Entstehung der Linsenanlage (*La*) in der Epidermis (*Ep*) über dem Augenbecher (*Ab*). c) Augenanlage mit Linsenbläschen (*Lb*), Retina (*Ret*), Pigmentepithel (*Pe*) und Augenstiel (*Ast*). Entwicklung des Auges bei Cephalopoden (unten): a) Einsenkung der Augenblase (*Abl*) aus der Epidermis (*Ep*). b) Auffaltung der Irisanlage (*Ir*). c) Ausscheidung der beiden Teile der Cuticularlinse (L_1, L_2), Auffaltung der Cornea (*Cor*). d) Fertiges Auge mit Lidern (*Li*), Ciliarmuskel (*Ci*), Retina (*Ret*) und Sehnerv (*Sn*).

Entweder wird die *Entfernung der Linse von der Retina* durch spezielle Muskeln variiert, wobei die Brennweite konstant bleibt (aktive Fernakkommodation bei Fischen, aktive Nahakkommodation bei Amphibien und Cephalopoden), oder es kommt bei den übrigen Vertebraten durch direkte oder indirekte Muskelwirkung zu einer *Veränderung der Linsengestalt* (Krümmungsradius) und damit zu einer Variation der Brennweite selbst. Bei Säugern ist die Linse in Ruhe durch den Zug sehniger Fasern, an denen sie im Inneren eines ringförmigen Ciliarmuskels aufgehängt ist, abgeplattet und damit auf Ferne eingestellt. Bei der Nahakkommodation kontrahiert sich der Ciliarmuskel, entspannt also die Aufhängefasern, so daß sich die Linse auf Grund ihrer Elastizität stärker abkugelt und damit ihre Brechkraft erhöht. Bei Reptilien und Vögeln wird die stärkere Krümmung der Linse dagegen durch direkten Muskeldruck erreicht.

Linsenaugen haben sich in verschiedenen Tiergruppen unabhängig voneinander entwickelt. Vor allem liefert ein Vergleich der *Cephalopoden- und Vertebratenaugen,* die den gleichen funktionellen Aufbau zeigen, deren einzelne Teile sich aber – ihrer entwicklungsgeschichtlichen Abkunft nach – nicht entsprechen, ein demonstratives Beispiel für konvergente und analoge Organbildungen (Abb. 137, S. 358).

Bei den Wirbeltieren entstehen die *Retina* und das sie umlagernde *Pigmentepithel* als becherförmige Vorstülpung des Zwischenhirns, so daß die Sehzellen dem Pigmentepithel zugekehrt, also vom Lichteinfall abgewandt sind *(inverse* Lage der Sehzellen). Bei den Cephalopoden bildet die Retina dagegen den hinteren Teil einer von der Epidermis abgeschnürten Blase. Die Sehzellen richten daher ihre perzeptorischen Außenglieder nach der Augenblase, liegen also *evers* wie in einem Sinnesepithel des Integuments. Im Gegensatz zu den Cephalopoden treten in der Retina der Wirbeltiere neben den Sehzellen auch Neurone zweiter und dritter Ordnung (Bipolare, Ganglienzellen) sowie querverschaltende Nervenzellen (Horizontale, Amakrine; Abb. 136 b) auf. Die Pupille wird von der *Iris* (Regenbogenhaut) begrenzt; bei den Wirbeltieren entspricht sie dem vorderen Rand des Augenbechers, bei den Cephalopoden einer Epidermisfalte. In beiden Fällen kann die Iris durch eigene Muskulatur verengt und erweitert (S. 261) und damit die auf die Retina fallende Lichtintensität variiert werden. Die *Linse* schnürt sich bei den Vertebraten als Bläschen von der Epidermis ab, während sie bei Cephalopoden eine cuticuläre Ausscheidung der vorderen Wand der Augenblase sowie der ursprünglichen Epidermis darstellt. Außen wird die Linse von der *Cornea* (Hornhaut) überlagert; sie ist bei Wirbeltieren eine transparente Stelle der Epidermis, bei den Cephalopoden eine durchsichtige Hautfalte, die sich über die Irisfalte legt.

Arthropoden haben mit ihren *Komplexaugen* einen ganz anderen Typ des Linsenauges entwickelt, in dem zahlreiche (bei *Drosophila* 700, bei *Apis* 6000–7000) Ommatidien mit je einer Retinula aus meistens 8 oder 9 Sehzellen und einem vorgeschalteten Linsensystem das zusammengesetzte Auge aufbauen und ihm mit

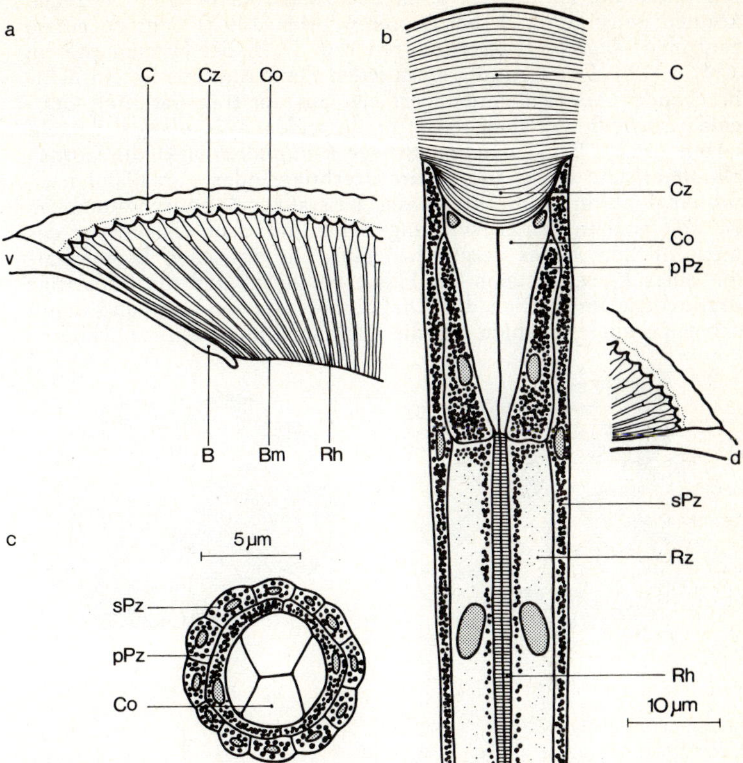

Abb. 138 Anatomie des Komplexauges (Beispiel: Ameise *Cataglyphis bicolor*). a) Schematischer Längsschnitt durch das Komplexauge. b) Längs-, c) Querschnitt durch ein einzelnes Ommatidium. *B* cuticulare Begrenzung des Auges, *Bm* Basalmembran, *C* Cornea mit nach innen vorspringendem Corneazapfen *(Cz)*, *Co* Kristallkegel (Conus), aus 4 Semper-Zellen gebildet, *d* dorsal, *pPz* primäre Pigmentzelle, *Rh* Rhabdom, *Rz* Retinulazelle (Sehzelle), *sPz* sekundäre Pigmentzelle, *v* ventral.

ihren Corneaoberflächen ein facettiertes Aussehen geben („Facettenaugen"). In jeder *Retinula* sind die Sehzellen zylinderförmig um die Ommatidienachse angeordnet (Abb. 138). An ihrer der Achse zugekehrten Seite enthalten sie einen Stäbchensaum, das *Rhabdomer*, in dessen Membranfalten (Mikrovilli) die Sehpigmentmoleküle eingelagert sind. Die Rhabdomere aller Sehzellen können getrennt (z. B. bei Dipteren, Abb. 139 a) oder zu einem zentralen *Rhabdom* verschmolzen sein (z. B. bei Hymenopteren, Abb. 139 b). Der Retinula eines jeden Ommatidiums ist ein lichtbrechender Apparat vorgelagert, der aus der transparenten Cuticula *(Cornea)* und dem darunter liegenden *Kristallkegel* besteht (Abb. 138 b). Bei der Schmeißfliege *Calliphora* wirkt die Cornea als sphärische Linse, indem der Brechungsindex von distal nach proximal abnimmt, während der Kristallkegel optisch homogen ist und sich in seiner Wirkung daher mit dem Glaskörper des menschlichen Auges vergleichen läßt. Die optischen Eigenschaften eines Linsensystems der Fliege bedingen, daß die bildseitige Brennebene im Bereich der Rhabdomerenspitzen liegt und damit achsenparallele Strahlen auf die auch strukturell ausgezeichneten

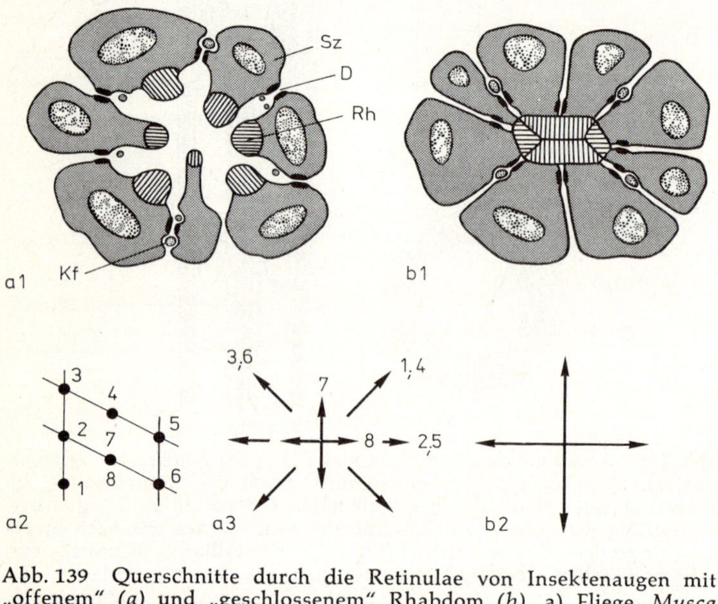

Abb. 139 Querschnitte durch die Retinulae von Insektenaugen mit „offenem" *(a)* und „geschlossenem" Rhabdom *(b)*. a) Fliege, *Musca domestica* (nach Boschek). b) Biene, *Apis mellifera* (nach Perrelet u. Baumann). *a1, b1)* Retinula-Querschnitte. *a2)* Anordnung der Rhabdomere. *a3, b2)* Richtungen der Mikrovilli in den Rhabdomeren, zugleich Schwingungsrichtungen des polarisierten Lichts, für die die betreffenden Sehzellen maximal empfindlich sind. Die Rhabdomere 7 und 8 liegen im Fliegenauge untereinander. *D* Desmosom, *Kf* Kristallkegel-Fortsatz, *Rh* Rhabdomer (im Bienenauge bilden alle Rhabdomere ein Rhabdom), *Sz* Sehzelle.

Rhabdomerenspitzen fokussiert werden. Auf diese Weise wird die bestmögliche Lichtausbeute erreicht.

Die einzelnen Ommatidien werden von *Pigmentzellen* umgeben und damit optisch gegeneinander isoliert. Bei den in den Pigmentzellen enthaltenen Schirmpigmenten (akzessorische Pigmente) handelt es sich um braune Ommochrome und rote Pteridine. In Augenfarbenmutanten können diese Schirmpigmente teilweise oder vollständig fehlen. Letzteres ist bei der *Drosophila*-Mutante *white* der Fall, die weiße Augen besitzt, während den Mutanten *vermilion* und *cinnabar* nur die Ommochrome fehlen.

Der Aufbau des Komplexauges aus zahlreichen Ommatidien stellt die Frage nach dem Zusammenwirken dieser Seheinheiten und damit nach dem **neuronalen Verschaltungsschema.**

Im *Appositionsauge* (Hymenopteren, Abb. 140 a), bei dem jede Retinula eines Ommatidiums Licht nur vom eigenen Linsenapparat empfängt und die Rhabdomere der einzelnen Sehzellen zu einem gemeinsamen Rhabdom verschmolzen sind, richten sich alle Sehzellen eines Ommatidiums auf denselben Raumpunkt. Auch elektrisch sind sie untereinander in gewissem Grade gekoppelt, so daß sich die Erregung einer Sehzelle teilweise auch auf die übrigen Sehzellen derselben Retinula übertragen kann. Gegen eine absolute funktionelle Einheit des Ommatidiums spricht jedoch, daß die einzelnen Sehzellen verschiedene spektrale Empfindlichkeit besitzen und auf jeweils verschiedene Schwingungsrichtungen polarisierten Lichts (S. 285) maximal ansprechen können. Im Ommatidium der Dipteren, die über getrennte Rhabdomere verfügen, divergieren sogar die optischen Achsen der einzelnen Sehzellen, so daß diese jeweils verschiedene Raumpunkte anpeilen. An abgekappten Augenkalotten können z. B. nicht alle Rhabdomere eines Ommatidiums von einer punktförmigen Lichtquelle gleichzeitig ausgeleuchtet werden. Die Achsen der Rhabdomere sind jedoch so orientiert, daß jeweils 7 Rhabdomere aus 7 unmittelbar benachbarten Ommatidien den gleichen Bildpunkt abtasten (Abb. 140 c_2). Die 6 peripheren Sehzellen dieser 7er-Gruppe, die also alle verschiedenen Ommatidien zugehören, konvergieren nun aber mit ihren Nervenfortsätzen (Axonen) auf ein gemeinsames Neuroommatidium im 1. optischen Ganglion (Lamina). Dort werden ihre Erregungen gesamthaft auf sekundäre Neurone übertragen. Nicht das Ommatidium, sondern das Neuroommatidium stellt also eine funktionelle Einheit dar. Wegen der Verstärkerwirkung des Systems der peripheren Sehzellen, das die gleichen Informationen in parallelen Kanälen überträgt und damit das Signal/Rauschen-Verhältnis verbessert, kann das Fliegenauge als *neuronales Superpositionsauge* aufgefaßt werden (Abb. 140 c). Die Axone der zentralen Sehzellen No. 7 und 8 verlaufen dagegen durch die Lamina hindurch und werden erst im 2. optischen Ganglion (Medulla) auf sekundäre Neurone geschaltet.

Im Gegensatz zu diesem neuronalen ist ein *optisches Superpositionsauge* dann verwirklicht, wenn die Sinneszellen ihr Licht nicht nur vom zugehörigen Kristallkegel, sondern auch von den Kristallkegeln be-

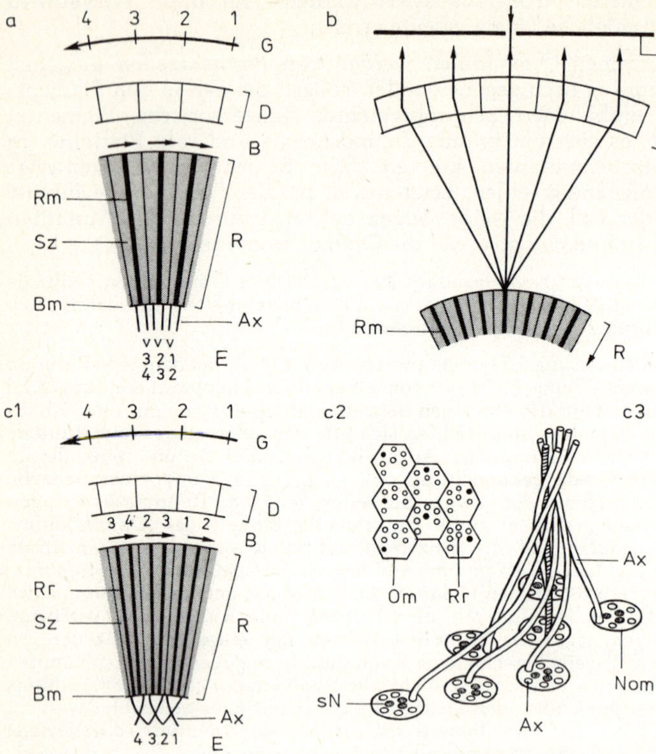

Abb. 140 Typen von Komplexaugen. a) Appositionsauge (z. B. *Apis*). b) Optisches Superpositionsauge (z. B. *Ephestia*), experimenteller Nachweis der Superposition durch Umkehr des normalen Strahlenganges: Die durch ein Linsensystem einfallenden Strahlen treten nach Reflexion parallel dazu aus mehreren Ommatidien wieder aus; folglich werden parallele, durch benachbarte Linsensysteme einfallende Strahlen auf die Spitze eines einzigen Rhabdoms fokussiert (nach KUNZE). c) Neurales Superpositionsauge (z. B. *Calliphora*): c1) Alle Linsensysteme liefern einzelne umgekehrte Bildabschnitte, die durch Umkehrung der Axone um 180 Grad unter der Basalmembran wieder lagegerecht zum Gesamtbild zusammengesetzt werden. c2) Gruppe von 7 Ommatidien („Pseudopupille"), in denen jeweils ein Rhabdomer (●) auf denselben Raumpunkt gerichtet ist; von diesen Sehzellen sind die 6 peripheren im 1. optischen Ganglion auf dasselbe Neuroommatidium geschaltet; c3) die Schaltung der Axone eines Ommatidiums auf verschiedene Neuroommatidien im 1. optischen Ganglion (Lamina); man beachte die Verdrehung der Axone um 180 Grad (vgl. c1) (nach BRAITENBERG; KIRSCHFELD). *Ax*

nachbarter Ommatidien erhalten (Abb. 140 b), die Verstärkerwirkung also nicht erst auf dem Niveau des ersten optischen Ganglions, sondern schon im Bereich der Sinneszellen erfolgt (höhere Krebse, Dämmerungsinsekten). Bei Komplexaugen dieses Typs beginnen die Rhabdomere nicht unmittelbar an den Kristallkegelspitzen, sondern erst weiter proximal, so daß im dunkeladaptierten Zustand Licht von benachbarten Kristallkegeln den zwischen den Retinulae liegenden Raum durchsetzt. Bei Helladaptation wird dieser Raum dagegen durch Pigmentscheiden in Ommatidieneinheiten gekammert und damit der Zustand des Appositionsauges erreicht.

In der Retina der Wirbeltiere konvergieren auf einzelne Ganglienzellen die Erregungen ganzer Populationen von Sehzellen, die das *rezeptorische Feld* der betreffenden Ganglienzelle bilden (Abb. 133). Über querverlaufende Neurone (Horizontale, Amakrine) können zudem *laterale Wechselwirkungen* (Inhibitionen und Exzitationen) stattfinden (S. 249, Abb. 122, 136).

Leistungen des optischen Systems. Das **räumliche Auflösungsvermögen** und damit die Feinkörnigkeit des wahrgenommenen Bildes hängt wesentlich von der Dichte der Rezeptoren in der Retina ab. Wie exakt eine räumliche Helligkeitsumwelt – z. B. ein Streifenmuster aus gleich breiten schwarzen und weißen Streifen (Abb. 141 b_1) – übertragen werden kann, wird von zwei Parametern bestimmt: der *Divergenzwinkel* $\triangle\varphi$, den die optischen Achsen benachbarter Rezeptoren einschließen (beim Menschen in der Fovea centralis 20″, bei *Drosophila* 4,6°), legt die Auflösungsgrenze fest, und der *Öffnungswinkel* $\triangle\varrho$ ist für die Güte der Kontrastübertragung zuständig. Im Gegensatz zu $\triangle\varphi$ läßt sich $\triangle\varrho$ nur physiologisch ermitteln, indem man den Anteil des Lichtes mißt, der von einer wandernden Lichtquelle aus verschiedenen Raumrichtungen in die Sehzelle einfällt: Definitionsgemäß wird $\triangle\varrho$ als Halbwertsbreite der so erhaltenen Richtungsempfindlichkeitskurve angegeben. Die Wahrnehmbarkeit eines bewegten Musters hängt darüber hinaus vom **zeitlichen Auflösungsvermögen** ab, d. h. von der Eigenschaft des optischen Systems, Einzelreize getrennt wahrzunehmen. Die *Verschmelzungsfrequenz* (Flickerfusionsfrequenz), von der ab diese Auflösung nicht mehr möglich ist, liegt beim Menschen bei 16–20 Reizen/sec, kann bei schnell fliegenden Insekten (z. B. Dipteren und Hymenopteren) jedoch bis auf 200–300/sec ansteigen (Abb. 142).

Axon einer Sehzelle, *B* von den Linsensystemen entworfene Bilder, *Bl* Blende, *Bm* Basalmembran, *D* dioptrischer Apparat: Cornea und Kristallkegel (Linsensystem), *E* Erregungsmuster im 1. optischen Ganglion, *G* Gegenstand, *Nom* Neuroomatidium (neuronale Grundeinheit des 1. optischen Ganglions), *sN* sekundäres Neuron im Neuroommatidium, *Om* Ommatidium, *R* Retina, *Rm* Rhabdom, *Rr* Rhabdomer, *Sz* Sehzelle.

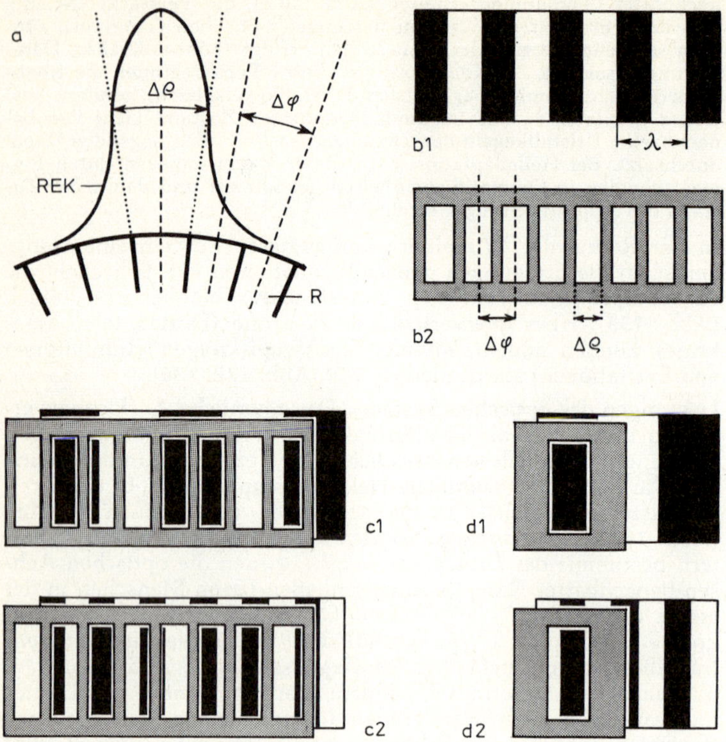

Abb. 141 Räumliches Auflösungsvermögen für optische Reize. a) Ausschnitt aus einer Schicht von Rezeptoren *(R)* mit ihren optischen Achsen (gestrichelt) und Öffnungswinkeln (punktiert). $\Delta\varphi$ Divergenzwinkel zwischen den optischen Achsen benachbarter Rezeptoren. $\Delta\varrho$ Öffnungswinkel eines Rezeptors (als Halbwertsbreite der Richtungsempfindlichkeitskurve *REK* definiert). b1) Vereinfachtes Schema einer Helligkeitsumwelt (Streifenmuster der Musterwellenlänge λ). b2) Schema des Rezeptorenrasters. c) Bewegung eines Streifenmusters oberhalb (c1) und unterhalb (c2) der Auflösungsgrenze hinter dem Rezeptorenraster. Bei c1 werden Periode λ und Bewegungsrichtung des Streifenmusters exakt übertragen; bei c2 resultiert eine längerwellige Helligkeitsverteilung, deren Bewegungsrichtung auch der des Musters entgegengesetzt sein kann (infolge geometrischer Interferenz). Die Auflösungsgrenze liegt bei $\lambda = 2\ \Delta\varphi$. d) Kontrastübertragung: Der gesehene Kontrast stimmt entweder mit dem äußeren überein (d1) oder ist geringer als dieser (d2), da jedes Sehfeld $\Delta\varrho$ nur einen mittleren Intensitätswert mißt (nach Götz).

Abb. 142 Zeitliches Auflösungsvermögen für optische Reize. Extrazelluläre Belichtungspotentiale (Elektroretinogramm, ERG) aus dem Komplexauge der Fliege *Calliphora erythrocephala*. a) Reizung mit konstantem Licht. b–d) Reizung mit Flimmerlicht verschiedener Frequenz. Die jeweils oberen Kurven geben die abgeleiteten Belichtungspotentiale, die unteren Kurven das Belichtungsprogramm an (Ausschlag nach oben Beginn, nach unten Ende der Belichtung) (nach AUTRUM).

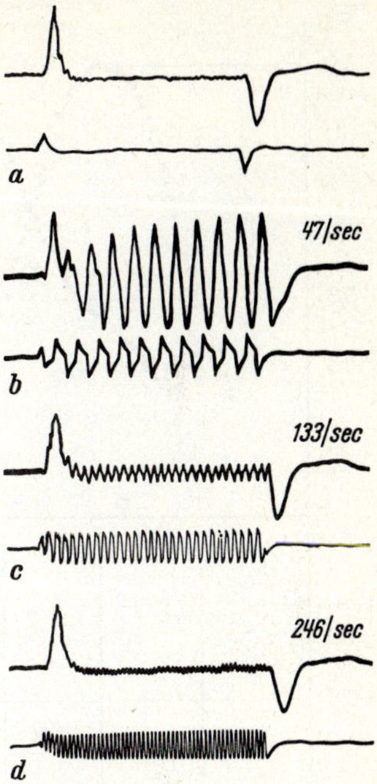

Ein **Farbensehen,** d. h. die Fähigkeit, verschiedene Wellenlängen des Lichts zu unterscheiden, ist für Insekten wie Wirbeltiere durch Dressurversuche nachgewiesen. Es beruht auf dem Auftreten *mehrerer Sehzelltypen,* die verschiedene Sehpigmente und damit unterschiedliche spektrale Empfindlichkeiten besitzen. Bei *Primaten* wie beim Menschen sind 3 Zapfentypen nachgewiesen worden, deren Empfindlichkeits-(Absorptions-)Maxima im Blau (440 nm)-, Grün (530 nm)- und Gelb (570 nm)-Bereich liegen (Abb. 143 a). Schon HELMHOLTZ hatte im vorigen Jahrhundert in seiner *Dreikomponententheorie* 3 Farbrezeptoren gefordert, HERING in seiner *Gegenfarbentheorie* dagegen 3 gegenläufige Prozesse für gelbes und blaues, grünes und rotes sowie helles und dunkles Licht vermutet. Der Nachweis von 3 Zapfentypen sollte zunächst die Helmholtzschen Vorstellungen bestätigen. Im zweiten Verarbeitungsschritt können jedoch Bipolare (Abb. 143 b) die Erregungen zweier Zapfentypen (z. B. von Grün- und Gelbrezeptoren) subtrahieren. Sie zeigen dann – wie es in der Retina von Fischen nachgewiesen werden konnte – auf grünes

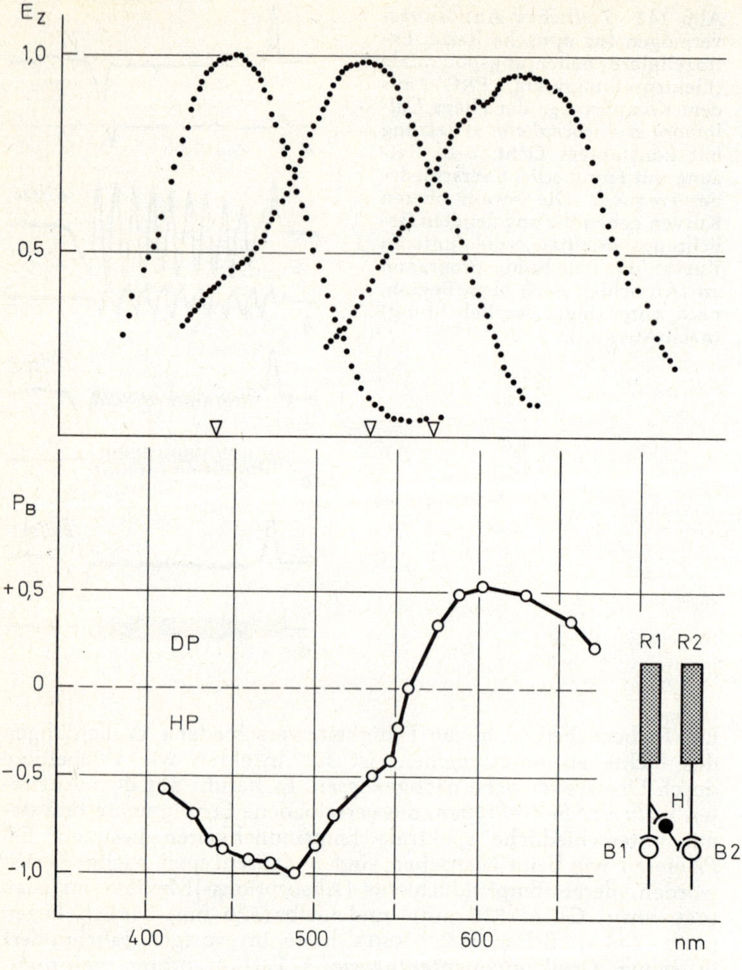

Abb. 143 Experimenteller Nachweis der Farbtheorien von HELMHOLTZ (oben) und HERING (unten). Erklärungen siehe Text (S. 281). Oben: Spektrale Empfindlichkeiten E_Z der 3 Zapfentypen des Goldfisches (nach Absorptionsmessungen von MARKS); ▽ Lage der Absorptionsmaxima der Zapfentypen des Menschen (nach WALD u. BROWN). Unten: Potentialänderungen P_B der Bipolaren in der Fischretina nach Bestrahlung mit Licht verschiedener Wellenlängen (nach MAC NICHOL u. SVAETICHIN): *DB* Depolarisation, *HP* Hyperpolarisation. Einschaltfigur: hypothetisches Verrechnungsschema in der Retina. Die Erregung vom

Licht negative und auf rotes Licht positive Potentialänderungen. Auf der Ebene der Bipolaren hat sich also die Heringsche Farbtheorie bestätigt.

Der Nachweis von 3 Farbrezeptoren mit 3 speziellen Sehfarbstoffen macht jedoch beim Menschen die subjektiven Farbempfindungen noch nicht verständlich; denn eine Theorie des Farbensehens muß ja erklären können, wie auf Grund der Erregungen dieser 3 Zapfentypen die Gesamtskala der Farbenempfindungen zustande kommt. Insbesondere muß sie den aus psychophysischen Messungen gewonnenen Befund verständlich machen, daß wir 4 qualitativ verschiedene, sog. reine Farben empfinden (blau, grün, gelb und rot), von denen zudem noch jeweils 2 (blau und gelb, grün und rot) als Gegenfarben auftreten, d. h. bei Mischung in bestimmten Intensitätsverhältnissen weiß ergeben. Es wurden Modellvorstellungen entwickelt, die diese Leistungen erklären.

Bei den *Arthropoden* ist der sichtbare Teil des Spektrums weit in den kurzwelligen Bereich hinein verschoben (Biene: 300 bis 650 nm). Auch hier sind Sehzellen mit unterschiedlichen spektralen Empfindlichkeiten nachgewiesen: 3 bei der Biene (ultraviolett 350 nm, blau 450 nm, gelb 530 nm) und 2 bei der Fliege *Calliphora*. Bei Fliegen lassen sich die Farbrezeptoren sogar lokalisieren: Bei den blauempfindlichen Zellen handelt es sich um die 2 zentralen, bei den grün- und zugleich UV-empfindlichen um die 6 peripheren Sehzellen (Abb. 139 a).

Mit spektrophotometrischen und elektrophysiologischen Methoden können die Spektralempfindlichkeiten der einzelnen Sehzellen bestimmt werden. Aber erst der direkte Nachweis einer Wellenlängenunterscheidung gibt über die tatsächlichen Leistungen des Farbensehens Auskunft. Bei Bienen und Ameisen ist dieser Nachweis deshalb besonders leicht möglich, weil man sie auf eine bestimmte Farbe dressieren und dann diese Dressurwellenlänge gegen verschiedene Weißlichtintensitäten oder Intensitäten anderer monochromatischer Lichter testen kann.

Im Linsen- wie im Komplexauge können für das Sehen bei niederen und hohen Lichtintensitäten (skotopisches und photopisches Sehen) jeweils verschiedene Gruppen von Rezeptoren verantwortlich sein **(Schwachlicht- und Starklichtsystem).** Bei den *Wirbeltieren* wird die erste Funktion von den Stäbchen, die zweite von den Zapfen erfüllt. Während nämlich die Stäbchen in hohem Maße adaptationsfähig sind und daher auch bei niederen Licht-

---

Rezeptor *R1* hemmt über die Horizontale *H* die Bipolare *B2*, der Erregungen vom Rezeptor *R2* zufließen. Folglich könnte sich die Erregung von *B2* als Differenz der Erregungen von *R2* und *R1* berechnen lassen. Die Differenz der Erregungen des Rot- und Grünrezeptors (rechte und mittlere Kurve oben) enstpricht jedenfalls der Erregungsverteilung einer Bipolaren (Kurve unten).

intensitäten arbeiten, stellen die Zapfen, die allein mit Typen verschiedener spektraler Empfindlichkeit vertreten sind, den Apparat für das farbentüchtige Tagessehen dar.

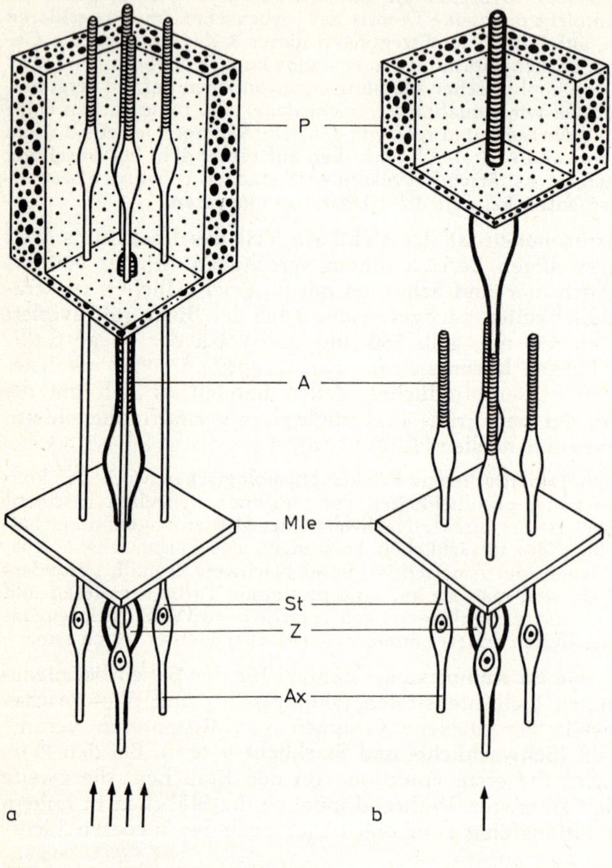

Abb. 144 Retinomotorik. Die Stellung der Sehzellen in der Retina eines Knochenfischs nach Hell- *(a)* und Dunkeladaptation *(b)*. Dargestellt sind 1 Zapfen *(Z)* und 4 ihn umgebende Stäbchen *(St)*. Vom Pigmentepithel ist nur der distale Teil gezeichnet, der sich zwischen die Sehzellen schiebt. Die Pfeile symbolisieren Stärke und Einfallsrichtung des Lichts. *A* perzeptorisches Außenglied der Sehzellen (rechts Stäbchen, links Zapfen), *Ax* Axon, *Mle* Membrana limitans externa, *P* Pigmentepithel, *St* Stäbchen (Kernregion), Z Zapfen (Kernregion).

Folglich haben Dämmerungstiere (Fledermäuse, Igel, Mäuse, Nachtvögel, Geckonen, Tiefseefische) nur oder ganz überwiegend Stäbchen, während ausgesprochene Tagtiere (Eidechsen, Schlangen) ausschließlich oder nahezu nur Zapfen besitzen.

Beim Übergang vom Tagessehen zum Dämmerungssehen setzt der Farbensinn aus. Der Wechsel zwischen der Tätigkeit der Zapfen und Stäbchen ist besonders augenfällig bei den Fischen, bei denen die Sehzellen durch Streckung und Kontraktion ihren Ort in der Netzhaut ändern *(Retinomotorik)*. Im hellen Tageslicht ist das Pigment in den Fortsätzen der Pigmentepithelzellen glaskörperwärts (zum Lichteinfall hin) vorgerückt; die Zapfen sind kontrahiert und damit in die Brennebene eingestellt (Abb. 144 a); die Stäbchen sind gestreckt und von Pigment umhüllt. Bei Dämmerung zieht sich hingegen das Pigment zurück; die Stäbchen kontrahieren sich und rücken damit in die Bildebene, während die Zapfen aus ihr heraustreten (Abb. 144 b). Der Wechsel von Farbentüchtigkeit und Farbenblindheit fällt mit dem Dämmerungsgrad zusammen, in dem Zapfen und Stäbchen ihren Platz in der Bildebene vertauschen. Auch bei Insekten sind solche retinomotorischen Vorgänge beobachtet worden.

Die Fähigkeit, die Schwingungsrichtung des polarisierten Lichts zu bestimmen **(Polarisationssehen)**, ist für Arthropoden und Cephalopoden nachgewiesen. Als Analysatoren kommen dabei die Rhabdomere der Sinneszellen in Betracht; denn bei den einzelnen Rhabdomeren eines Ommatidiums sind die Membransysteme mit den Sehpigmenten in verschiedene Richtungen orientiert (Abb. 139) und damit für verschiedene Schwingungsebenen des polarisierten Lichts maximal empfindlich. Da das Himmelslicht in Abhängigkeit vom Sonnenstand ein charakteristisches Polarisationsmuster zeigt, das auch unter der Wasseroberfläche wahrnehmbar ist, erfährt die Sonnenkompaßorientierung (S. 310) bei den zum Polarisationssehen befähigten Gruppen eine zusätzliche Sicherung.

Thermoperzeption

Abgesehen davon, daß alle Lebensprozesse und damit auch die Leistungen der Sinneszellen temperaturabhängig sind, haben sich bei Arthropoden und Vertebraten spezielle Thermorezeptoren herausgebildet. Freie Nervenendigungen in der Haut der Säuger (S. 266) beantworten jeweils bestimmte Außentemperaturen mit maximalen Impulsfrequenzen (Kalt-Warm-Rezeptoren).

Das empfindlichste Temperatursinnesorgan, das wir im Tierreich kennen, besitzen Klapperschlangen *(Crotalidae)*. Es besteht aus einer beiderseits zwischen Nasenöffnung und Auge liegenden Grube, die von einer nur 15 µm dicken Membran überspannt ist. Wärmestrahlen heizen diese hornige, reich innervierte Membran auf. Die Reaktionsschwelle des ableitenden Nerven wird schon bei der minimalen Temperaturerhöhung von 0,005 °C erreicht, was der Wärmestrahlung einer Maus in 15 cm Entfernung vom Kopf der Schlange entspricht.

Auch bei *Insekten* sind in den letzten Jahren temperaturempfindliche Sinneszellen gefunden und elektrophysiologisch untersucht worden: Thermorezeptoren auf den Antennen von Bienen, Schaben und bei den Larven einiger Schmetterlingsarten sowie infrarotempfindliche Organe im Mesothorax von Käfern *(Buprestidae)*.

Chemoperzeption

Chemische Reizbarkeit ist in allen Tierstämmen verbreitet. Schon Protozoen – wie auch Zellen in Gewebekultur oder Leukocyten – zeigen chemotaktische Einstellungen im chemischen Reizgradienten. So aggregieren Ciliaten in Zonen bestimmter Säurekonzentrationen oder lassen in Gegenwart monovalenter Kationen ihre Cilien in entgegengesetzter Richtung schlagen. Coelenteraten *(Hydra)* reagieren z. B. sehr empfindlich auf 10^{-6}molare Lösungen des Tripeptids Glutathion mit Freßreaktionen. Nähere Kenntnisse über die chemoperzeptorischen Organe besitzen wir jedoch hauptsächlich von Arthropoden und Vertebraten, bei denen man klassischerweise – im Anschluß an die Verhältnisse beim Menschen – zwischen *Geschmackssinn* und *Geruchssinn (olfaktorischer* Sinn) differenziert.

Ursprünglich bezog sich diese Unterscheidung auf die Art der Zuleitung von Duftmolekülen zu den Sinnesepithelien: in der Gasphase beim **Geruchssinn** oder in wässerigem Medium beim **Geschmackssinn.** Doch kann das nur für die Eingangsreize (S. 261) gelten, da die Primärreaktionen an den Sinneszellen in beiden Fällen an in wässeriger Phase gelöste Moleküle gebunden sind. Bei aquatisch lebenden Formen (Fischen) wird die Unterscheidung zudem dadurch erschwert, daß hier alle chemoperzeptorisch wirksamen Stoffe als wässerige Lösungen vorliegen. Trotzdem ist bei Wirbeltieren eine klare anatomische und funktionelle Trennung möglich: Als sekundäre Sinneszellen werden die Geschmacksrezeptoren vom N. facials (VII) und N. glossopharyngeus (IX) innerviert (S. 256); sie sind bei Reptilien, Vögeln und Säugern stets auf die Mundhöhle beschränkt, wo sie die aufgenommene Nahrung chemisch kontrollieren. Die Geruchsrezeptoren (primäre Sinneszellen, deren Axone den Tractus olfactorius [I] bilden) liegen in der Nasenregion und erfüllen viel weiterreichende Funktionen, indem sie über größere Distanzen der Nahrungssuche, dem Auffinden der Artgenossen oder anderen sozialen Funktionen dienen. Es erscheint daher sinnvoll, allgemein den *Geschmackssinn* als *Kontaktchemoperzeption* und den *Geruchssinn* als über weitere Entfernungen wirkende *Osmochemoperzeption* zu definieren. Auch bei aquatischen Formen, wie Fischen und Amphibien, besteht diese Zuordnung von anatomisch-topographischen und funktionellen Merkmalen: Bei höheren Vertebraten olfaktorisch wirksame Substanzen werden nämlich auch bei Fischen nur durch die Nase wahrgenommen, während die bei Landwirbeltieren über die Zunge perzipierten Stoffe auch bei Fischen nur auf die Geschmacksrezeptoren wirken, die hier allerdings auch außerhalb der Mundhöhle über die Körperoberfläche verstreut vorkommen können.

Bei **Wirbeltieren** sind die perzeptorischen Leistungen des *Geruchssinns* vor allem für *Fische* und *Säuger* näher untersucht. An Hand von Dressurversuchen ließ sich zeigen, daß *Aale (Anguilla anguilla)* β-Phenyläthyl-Alkohol (Rosenöl) noch in Konzentrationen von $2{,}9 \cdot 10^{-18}$ wahrnehmen, was einer Verdünnung von 1 ml des Duftstoffs in der 58fachen Wassermenge des Bodensees entspricht. Nach Berechnungen genügt 1 Molekül des Duftstoffs zur Erregung einer Riechzelle (dsgl. Hund; Seidenspinner, S. 264), während schon bei 2 Molekülen am gesamten Riechepithel die Schwellenempfindlichkeit erreicht ist. Diese hohen Riechleistungen ermöglichen es *Lachsen,* die spezifischen Duftkomponenten ihrer Heimatflüsse wahrzunehmen, die Information über dieses Duftinventar zentralnervös einzuspeichern und sich mit Hilfe dieser Information nach mehrjähriger mariner Lebensweise stromaufwärts bis zu ihren populationsspezifischen Laichgebieten zu orientieren. Auch die *Schreckstoffe,* die beim Verletzen der Haut mancher Fischgruppen (z. B. *Cyprinidae)* ins Wasser gelangen und Fluchtverhalten der Artgenossen auslösen, werden olfaktorisch wahrgenommen.

Beim *Hund* liegt die Schwellenkonzentration für Fettsäuren besonders niedrig und wird für n-Buttersäure bei $9 \cdot 10^3$ Molekülen/ml Luft erreicht (Mensch $7 \cdot 10^9$ Moleküle/ml Luft). Das hohe Unterscheidungsvermögen für Duftintensitäten erlaubt es Hunden, den Stoffgradienten entlang einer Wildspur festzustellen. Da Hunde auch in der Lage sind, sehr exakt Gemische aus homologen Fettsäuren zu unterscheiden, wird ihre Fähigkeit verständlich, Menschen individuell zu erkennen.

Die Ausbildung des Riechvermögens findet in der Oberflächengliederung der Nasenhöhle und damit der Ausbildung der Riechschleimhaut ihren Ausdruck: Bei den olfaktorisch hochentwickelten Säugern *(Makrosmaten,* z. B. Nagetiere, Huftiere, Raubtiere) springen zahlreiche gespaltene, an ihren Rändern aufgerollte Riechwülste (Nasenmuscheln oder Conchae) in die Nasenhöhle vor. Bei den *mikrosmatischen* Primaten sinkt die Anzahl dieser Muscheln auf zwei, die zudem noch klein und nur zum Teil mit Riechschleimhaut bedeckt sind. Der Mensch besitzt z. B. nur $5 \cdot 10^6$, ein Schäferhund dagegen $225 \cdot 10^6$ Riechzellen.

Geschmacksorgane sind bei den Wirbeltieren Sinnesknospen, deren sekundäre Sinneszellen papillenförmig in die Zungenoberfläche versenkt sind. Die Fähigkeit zur Unterscheidung der vier Geschmacksqualitäten süß, sauer, salzig, bitter, die nach Dressurversuchen schon bei Fischen und Amphibien ausgebildet ist, beruht auf der qualitativen Empfindlichkeit der Rezeptoren für verschiedene Reize. So sind diese – morphologisch allerdings nicht unterscheidbaren – Rezeptoren unterschiedlich über die Zungenoberfläche verteilt und lassen sich durch Pharmaka selektiv hemmen. Bei Einzelfaserableitungen von den die Zunge innervierenden sensorischen Nerven (N. facialis [VII]) der Katze lassen sich zudem Wasserfasern, Salzfasern, Chininfasern und Säurefasern unterscheiden. Doch ist das Ansprechen der Rezeptoren nicht absolut selektiv, sondern gibt nur besonders hohe Empfindlichkeiten für bestimmte Substanzgruppen an. Besonders niedrig liegen die Schwellenkonzentrationen für bitter schmeckende Stoffe. Bei Menschen existieren hier sogar erbliche Unterschiede der Geschmackswahrnehmung für Substanzen, die die Thiocarbamid-Gruppe enthalten: Während nur 60–70 % der Europäer Phenylthiocarbamid (PTC) als bitter empfinden, liegt bei Indianern der Anteil der PTC-Schmecker bei 97%.

Insekten stehen mit ihren olfaktorischen Leistungen gleichrangig neben den Fischen und Säugern (s. Seidenspinner, S. 264). Als *Geruchsorgane* dienen ihnen dünnwandige, die Cuticula überragende oder in Gruben versenkte Kegel (z. B. Sensilla basiconica, Abb. 145) und Porenplatten (Sensilla placodea), die alle stets auf den Antennen lokalisiert sind und den gleichen Grundbauplan wie die mechanorezeptorischen Cuticularsensillen (Abb. 146) zeigen. Sie werden von mehreren (bis zu 40) Sinneszellen innerviert, deren Dendriten an kleine Cuticularporen grenzen (Durchmesser 0,1–0,2 μm).

Nicht nur bei der Nahrungssuche oder der Wirtssuche für die Eiablage, sondern vor allem auch als Sexuallockstoffe, Alarm- und Spurstoffe spielen Geruchsreize für viele Insekten eine entscheidende Rolle. Solche vom Individuum selbst produzierten, nach außen abgegebenen und dort artspezifisch wirkenden Stoffe werden *Pheromone* genannt (S. 212). Häufig existieren spezielle Rezeptoren, deren Empfindlichkeit selektiv auf ein solches Pheromon (z. B. auf den von den Seidenspinnerweibchen produzierten Sexuallockstoff Bombykol [Hexadeka-dien(10 trans, 12 cis)-ol]) abgestimmt ist. Die große Bedeutung, die Duftreize im Leben der Insekten spielen, zeigt sich auch darin, daß Bienen einen Blütenduft schon nach einem einzigen Anflug lernen, für eine entsprechende Lernleistung bei Spektralfarben dagegen 3–4 und bei einfachen geometrischen Mustern sogar 30–40 Lernflüge benötigen.

Als *Kontaktchemorezeptoren* sind bei Insekten spezielle *Schmeckhaare* ausgebildet, die als lange, röhrenförmige Cuticu-

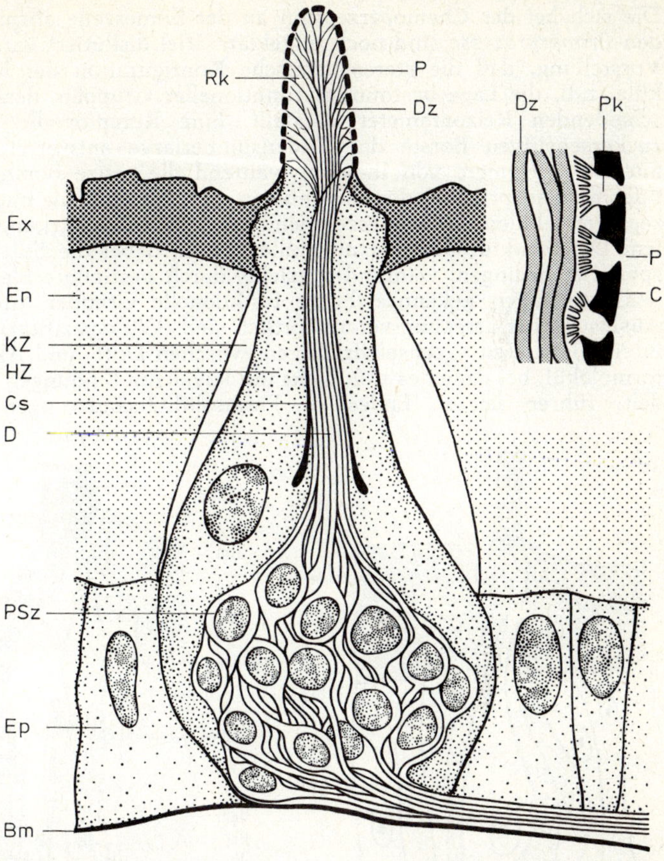

Abb. 145 Riechsensillum *(Sensillum basiconicum)* aus der Antenne einer Heuschrecke. Einschaltfigur: Detail aus der Wand des Riechkegels. *Bm* Basalmembran, *C* Cuticula, *Cs* Cuticularscheide, *D* Dendriten, *Dz* dendritische Verzweigungen, *En* Endocuticula, *Ep* Epidermis, *Ex* Exocuticula, *HZ* Hüll-(trichogene)Zelle, *KZ* Kappen-(tormogene)Zelle, *P* Pore, *Pk* Porenkammer, *PSz* Perikaryon der Sinneszelle, *Rk* Riechkegel (nach SLIFER; SCHNEIDER).

larborsten an den Tarsen der Beine oder am Labellum des Fliegenrüssels stehen. Sie enthalten 3–7 Sinneszellen, deren Dendriten bis zur offenen Borstenspitze ziehen. Diese Rezeptoren lassen sich bei Fliegen *(Phormia)* selektiv mit Saccharose, NaCl oder auch Wasser reizen.

Die sich bei der Chemoperzeption an der Sinneszelle abspielenden *Primärprozesse* sind noch ungeklärt. Viel diskutiert wird die Vorstellung, daß die stereochemische Konfiguration der Moleküle, z. B. die Lage bestimmter funktioneller Gruppen, den entscheidenden Reizparameter darstellt. Eine Rezeptorzelle einer zuckersensitiven Borste der Seidenspinnerlarve antwortet z. B. nur auf 2 Isomere von Inositol, während die ganze Borste auf 9 Isomere anspricht. Jedenfalls müssen die Duftmoleküle mit Akzeptormolekülen der Sinneszellmembran in Wechselwirkung treten. Die Struktur der Duftmoleküle könnte dabei die Substratspezifität bedingen, während spezielle, durch bestimmte Elektronenverteilungen gekennzeichnete funktionelle Gruppen für die Auslösung der Erregung verantwortlich sind (Wirkspezifität). Die intermolekularen Wechselwirkungen zwischen Duft- und Akzeptormolekül, bei denen es sich nicht um kovalente Bindungen handelt, führen letzten Endes zu Permeabilitätsänderungen der

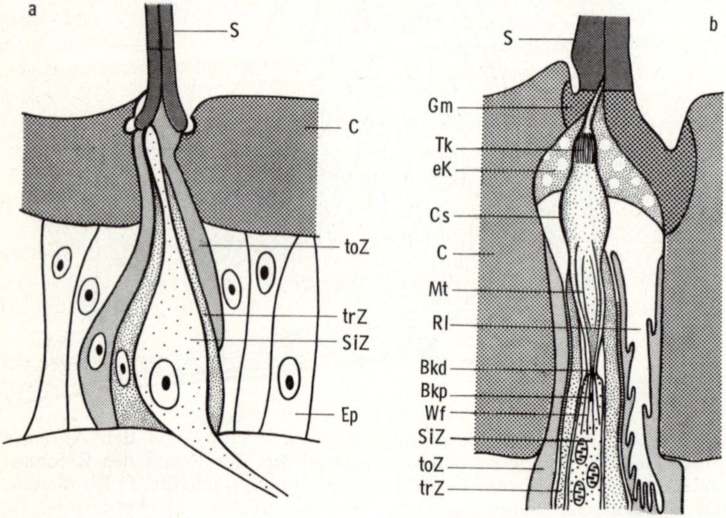

Abb. 146 Feinstruktur einer Sinnesborste *(Sensillum trichodeum)* aus dem Halsgelenk-Borstenfeld der Biene (s. Abb. 147). a) Lichtmikroskopische, b) elektronenmikroskopische Befunde. Der dendritische Fortsatz der Sinneszelle besitzt Cilienstruktur. *Bkd* distaler Basalkörper, *Bkp* proximaler Basalkörper, *C* Cuticula, *Cs* Cuticularscheide, *Ep* Epidermiszelle, *Gm* Gelenkmembran, *eK* elastische Kappe, *Mt* Mikrotubulus, *Rl* Rezeptorlymphraum (extrazellulär), *S* Seta (abbiegbare Borste), *SiZ* Sinneszelle, *Tk* Tubulärkörper, *toZ* tormogene Zelle, *trZ* trichogene Zelle, *Wf* Wurzelfasern (nach Weber; Thurm).

Riechzellmembran. Aus dem Befund, daß schon eine Leitfähigkeitszunahme um 10^{-10} Ohm^{-1} zur Impulsentstehung führt, läßt sich geradezu berechnen, daß das Auftreffen eines Moleküls auf einen Akzeptor einen Ionenkanal der Sinneszellmembran „öffnet".

Mechanoperzeption

Mechanische Einwirkungen können in Form von Druck-, Dehnungs-, Strömungs-, Vibrations- und Schallreizen auf dafür spezialisierte Sinnesorgane treffen und über die verschiedensten Hilfseinrichtungen den mechanorezeptorischen Sinneszellen zugeleitet werden. Unabhängig von der Art der genannten Eingangsreize sind die Vorgänge an den Mechanorezeptoren untereinander sehr ähnlich. Bei verschiedenen Tiergruppen und Mechanorezeptortypen besteht der adäquate *Nutzreiz* (S. 261) in der Abbiegung *(Scherung)* einer modifizierten Cilienstruktur parallel zur Oberfläche der Sinneszellen. Der *Basalkörper* der oft zurückgebildeten Cilie (z. B. im Cortischen Organ der Wirbeltiere, Abb. 154 c) oder ein strukturell ähnlicher *Tubulärkörper* weiter distal im Ciliensegment scheint dabei mechanisch verformt zu werden. Auch bewegliche Cilien (Kinocilien, wie die langen Cilien der Kiemen von Muscheln, Abb. 106) sind durch eine an den Basalkörper gebundene mechanische Reizbarkeit ausgezeichnet. Allerdings lassen eine Reihe von Mechanorezeptoren (Pacinische Körperchen, Abb. 150; Streckrezeptoren der Arthropoden, Abb. 130) keine solchen Tubulistrukturen erkennen.

Im Gegensatz zu den recht einheitlichen *primären Perzeptionsmechanismen* haben die *reizaufnehmenden Hilfsstrukturen* die mannigfaltigsten Ausbildungen erfahren und zu zahlreichen Typen mechanischer Sinnesorgane geführt. Je nach der Tiergruppe können dabei dieselben mechanischen Reize mit ganz verschiedenen Rezeptortypen wahrgenommen werden: *Schallreize* mit Cuticularsensillen (S. 292) oder Skolopidialorganen (S. 293) bei Arthropoden und mit Haarsensillenorganen bei Vertebraten (S. 298); *Schwerereize* mit Statocystenorganen bei den meisten Tierstämmen (S. 295), dagegen bei den Insekten mit Borstenfeldern an den verschiedenen Körpergelenken (S. 293); *Druckreize* mit freien Nervenendigungen oder Lamellenkörperchen (S. 297) bei Vertebraten und Cuticularsensillen bei Arthropoden (S. 292); *Dehnungsreize* mit Streckrezeptoren sowie Chordotonalorganen (S. 293) bei Arthropoden und bei Vertebraten mit Muskelspindeln (S. 247). Da andererseits dieselben mechanischen Sinnesorgane zur Orientierung nach verschiedenen Umweltreizen dienen können (z. B. die Skolopidialorgane der Insekten zur Schall- und

Vibrationswahrnehmung sowie zur Kontrolle der eigenen Körperstellung im Raum), scheint es sinnvoller, einen Überblick über die verschiedenen Typen von Mechanorezeptoren zu geben, anstatt nach der Art von Eingangsreizen zu klassifizieren.

Cuticularsensillen (Arthropoden)

Während bei zahlreichen Invertebraten (schon bei Coelenteraten) einzeln in der Epidermis stehende primäre Sinneszellen oder freie

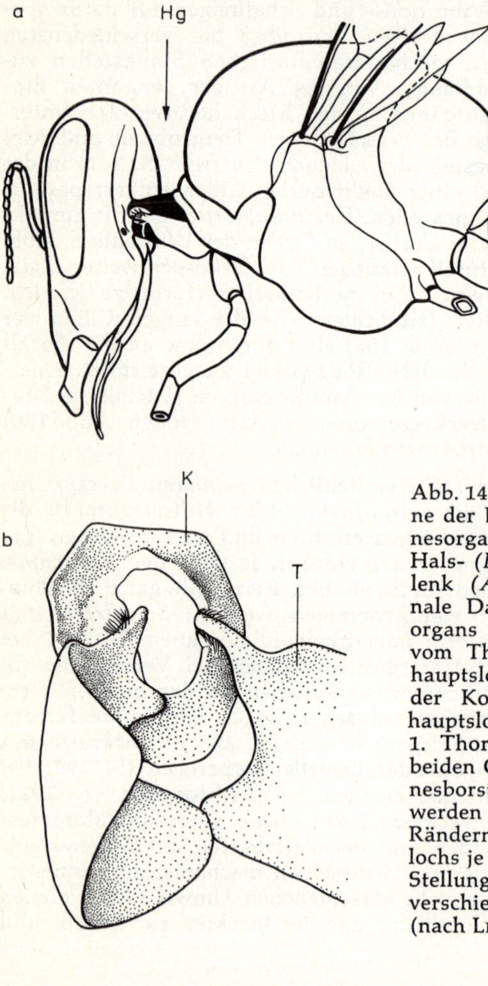

Abb. 147 Schweresinnesorgane der Biene. a) Lage der Sinnesorgane (Borstenfelder) am Hals- *(Hg)* und Abdominalgelenk *(Ag)*. b) Dreidimensionale Darstellung des Sinnesorgans am Halsgelenk. Blick vom Thorax auf das Hinterhauptsloch. *K* hinterer Teil der Kopfkapsel mit Hinterhauptsloch, *T* vorderer Teil des 1. Thoracalsegments mit den beiden Gelenkzapfen. Die Sinnesborsten der Gelenkzapfen werden von den aufgebogenen Rändern des Hinterhauptslochs je nach der gegenseitigen Stellung von Kopf und Thorax verschieden stark abgebogen (nach LINDAUER u. NEDEL).

Nervenendigungen auf mechanische Reize ansprechen, haben die Arthropoden auf der Körperoberfläche in Form der Cuticularsensillen einen speziellen Typ von Mechanorezeptoren entwickelt. Eine gelenkig in die Cuticula eingelassene Borste ist an ihrer Basis mit dem Dendriten einer Sinneszelle verbunden *(Sensillum trichodeum* bei Insekten, Abb. 146, *Trichobothrien* mit mehreren Sinneszellen bei Spinnen). Abbiegungen der Borste in verschiedene Richtungen führen zu unterschiedlich starker Erregung der Sinneszelle (Richtcharakteristik des Sensillums). An den Körpergelenken der Insekten können diese Cuticularsensillen zu *Borstenfeldern* zusammentreten (Abb. 147), die das Insekt über die gegenseitige Stellung der einzelnen Körperteile zueinander informieren und damit als *Propriorezeptoren* wirken, d. h. als Rezeptoren, die auf vom Tier selbst erzeugte Reize ansprechen. Gleichzeitig dienen sie der *Schwerewahrnehmung* (Statorezeptoren), da Kopf und Abdomen Pendellote darstellen, deren Verlagerung im Schwerefeld von diesen Sinnespolstern registriert wird. Besonders lange Cuticularborsten (Fadenhaare an den Analcerci [Abb. 227] der Schaben) können wie die Trichobothrien der Skorpione und Spinnen Luftströmungen wahrnehmen und damit auch als *Schallrezeptoren* dienen. Im Gegensatz zu den Gehörorganen der Wirbeltiere *(Druckempfänger)* messen sie jedoch nicht den Schalldruck (dyn/cm^2), sondern die Schallschnelle (cm/sec), werden also von der Bewegung der schwingenden Mediumteilchen angeregt *(Bewegungs- oder Schallschnelleempfänger)*.

Skolopidialorgane (Arthropoden)

In Form der Skolopidien verfügen Arthropoden noch über einen zweiten für sie charakteristischen Typ von Mechanorezeptoren. Skolopidien sind unter die Cuticula versenkt, bestehen aber ebenfalls aus einer oder aus zwei Sinneszellen und zwei Hüllzellen, die die rezeptorischen Dendriten umgeben (Abb. 132 a). Mehrere Skolopidien können zwischen zwei Cuticulabereichen ausgespannt sein *(Chordotonalorgane)* und deren gegenseitige Abbiegung messen. Auf diese Weise übernehmen sie die verschiedensten mechanoperzeptorischen Funktionen: So dienen die *Subgenualorgane* in den Beinen der Insekten als hochempfindliche Vibrationsempfänger (S. 264) und die *Johnstonschen Organe* in den Antennen als Windmesser, bei den Männchen der Stechmücken sogar zur Wahrnehmung des weiblichen Flugtones, der mit 300 Hz tiefer als der männliche (500 Hz) liegt und die Antennen der Männchen in Resonanzschwingung versetzt. Bei einigen Insekten (Lepidopteren, Orthopteren, Hemipteren) sind mehrere Skolopidien mit einem Trommelfell verbunden und als Gehörorgane entwickelt.

Diese *Tympanalorgane* liegen bei den Singzikaden *(Hemiptera)* und Feldheuschrecken *(Acrididae)* im 1. Abdominalsegment, bei den Laubheuschrecken *(Tettigoniidae)* und Grillen *(Gryllidae)* in den Tibien der Vorderbeine. Dem Trommelfell lagert sich dabei stets eine Tracheenblase an, die die Schwingungen des Tympanums übernimmt und damit die ihr aufsitzenden Skolopidien erregt. Bei den Laubheuschrecken sind zwei Trommelfelle ausgebildet und in Taschen der Tibia versenkt, die sich nur durch je einen schmalen Spalt nach außen öffnen (Abb. 148 a). Im Innern des Raumes, der von den Trommelfellen abgegrenzt wird, spannt sich zwischen zwei Tracheenästen eine Tracheenmembran, die die Differenz der an beiden Trommelfellen angreifenden Schalldrucke mißt *(Schallgradientempfänger)*. Dabei besitzen diese Gehörorgane eine ausgesprochene Richtcharakteristik, indem sie für Töne, die von außen in Richtung der Tympanaltaschen einfallen, am wenigsten empfindlich sind (Abb. 148 b).

Die *obere Hörgrenze* der Tympanalorgane liegt meistens im *Ultraschallbereich* bei 90 kHz für Laubheuschrecken und bei 170 kHz für bestimmte Nachtfalter *(Noctuidae, Geometridae)*, die als Hauptbeutetiere der Fledermäuse deren Ultraschallpeiltöne wahrnehmen (S. 304).

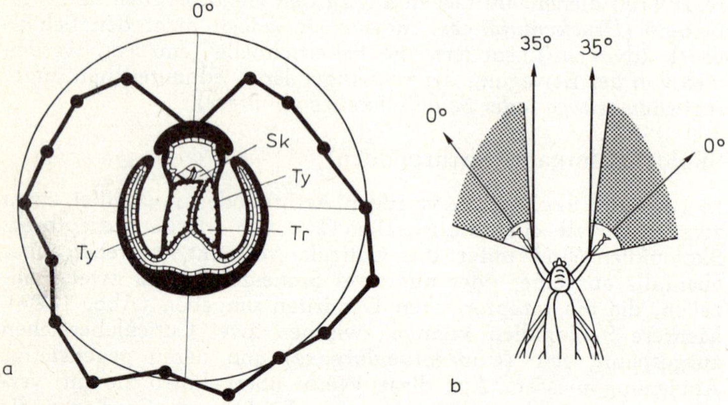

Abb. 148 a) Querschnitt durch das Tympanalorgan in der Tibia einer Laubheuschrecke *(Decticus verrucivorus)* mit Richtungsdiagramm. Der Abstand der dick ausgezogenen Kurve vom Mittelpunkt entspricht der Impulsfrequenz des Tympanalnerven für Schall konstanter Intensität und Frequenz (25 kHz) aus verschiedenen Raumrichtungen. *0°* Vorderseite der Tibia, *Sk* Lage der Skolopidien mit den Sinneszellen, *Tr* Tracheenblase, *Ty* Tympanum. b) Normalstellung der Vorderbeine einer Laubheuschrecke. Der aus dem gerasterten Sektor eintreffende Schall wird schwach gehört; kommt der Schall von vorn, steigt die wahrgenommene Schallstärke sprunghaft an (nach Autrum; Haskell).

Die beiden Tympanalorgane besitzen nur je zwei akustische Sinneszellen. Wenn sich Insekten bei der Lautauswertung auch in erster Linie der beiden Reizparameter Rhythmus und Anstiegsteilheit, weniger der Frequenzunterscheidung bedienen, sind zumindest Feldheuschrecken zur *Frequenzanalyse* befähigt. Das Trommelfell der Wanderheuschrecke *(Schistocerca gregaria)* besitzt z. B. 4 Stellen unterschiedlicher Resonanzfrequenz, an denen je eine Gruppe von Rezeptorzellen inseriert. Dabei stimmen die Frequenzen, für die die Sinneszellen nach elektrophysiologischen Ableitungen maximal empfindlich sind, mit den Resonanzfrequenzen der entsprechenden Trommelfellregion überein. Im Protocerebrum haben sich zudem neben überwiegenden „Breitbandneuronen" auch solche nachweisen lassen, die selektiv auf tiefe (<10 kHz) oder hohe Töne (>10 kHz) antworten, so daß zumindest geräuschartige Frequenzgemische unterschieden werden können.

Statocystenorgane

Mit Ausnahme der Landinsekten (S. 293) verwenden alle Tiergruppen als statische, der Schwerewahrnehmung dienende Organe Statocysten. Bei diesen Rezeptoren liegt einem Polster von Sinneszellen ein *Statolith* auf, der sich bei Schrägstellung des Körpers verlagert und damit einen einseitigen Reiz auf die Sinneshaare ausübt. Bei einigen Wasserwanzen kann sogar eine von Borsten der Körperunterseite gehaltene Luftblase als Statolith dienen, die bei Drehung des Körpers einen Auftrieb erfährt und dabei *Sinneshaare* ablenkt. Diese „Haare" sind bei den Statocysten der Krebse gekrümmte Hakenborsten (Cuticularsensillen), bei den Vertebraten dagegen cilientragende sekundäre Sinneszellen (S. 298). In beiden Fällen dient als adäquater Reiz jedoch nicht der Druck auf die Sinneszellen, sondern deren seitliche Abbiegung (Scherung), wie sie auch für andere Mechanorezeptoren zutrifft.

Die *Lage* der Statocysten *im Körper* ist stets den Symmetrieverhältnissen angepaßt: Selten wird – wie am oberen Pol der Ctenophoren – nur eine Statocyste ausgebildet (Abb. 149 a), oder es liegen zahlreiche statische Organe in bestimmten Radien eines radiärsymmetrischen Organismus (Medusen). Meist sind die Statocysten paarig. Bei manchen Krebsen liegen sie im Basalglied der ersten Antenne, bei anderen im Innenast der letzten Abdominalbeine, bei Mollusken im Fuß oder im Kopf (Cephalopoden) und bei Wirbeltieren im Labyrinth des Innenohres, wo im Sacculus und im Utriculus je ein Sinnespolster (Macula) mit einem Statolith auftritt (Abb. 153 a).

Von den paarigen Statorezeptoren des Labyrinths laufen ständig Spontanerregungen zum Cerebellum (S. 257) und lösen dort eine Drehtendenz zur betreffenden Körperseite aus (Abb. 149 b, analoge Verhältnisse gelten für Crustaceen). Während sich normalerweise die gegensinnigen Drehtendenzen beider Seiten kompensie-

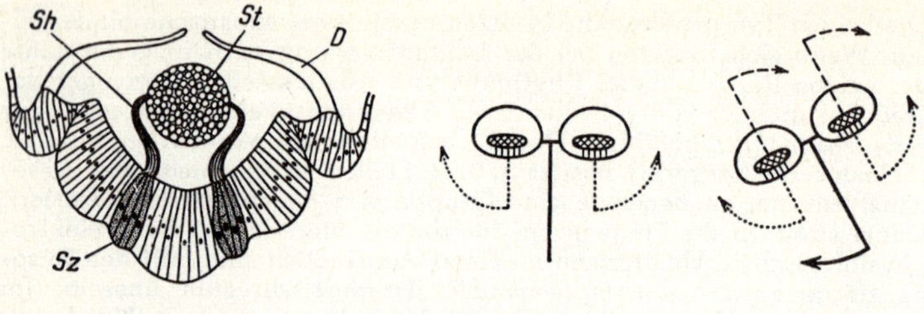

a b1 b2

Abb. 149 Statolithenorgane. a) Unpaare mediane Statocyste einer Rippenqualle *(Ctenophora)*. b) Wirkungsschema der paarigen Statolithenorgane im Ohrlabyrinth der Fische: b1) Normalstellung; von jedem Sinneshügel gehen Dauererregungen aus, die gegensinnige Drehtendenzen bewirken (punktierte Pfeile); b2) Schiefstellung des Körpers; infolge einseitiger Verlagerung der Statolithen tritt eine neue, gleichsinnige Drehtendenz auf (gestrichelte Pfeile), die die Ruhetendenz im tiefer liegenden Organ verstärkt, im höher liegenden abschwächt und dadurch eine Körperdrehung in die Normallage (ausgezogener Pfeil) bewirkt. *D* Außenverkleidung der Statocyste, *Sh* Stereocilien der Sinneszellen, *St* Statolith, *Sz* Sinneszellen (nach Hertwig; Dijkgraaf).

ren, wird bei Schieflage des Körpers die eine verstärkt und die andere abgeschwächt, was zu einer kompensatorischen Rückdrehung des Körpers in die Normallage führt. Da bei Ausschaltung einer Statocyste eine Drehung des Körpers aus der Normallage heraus zur nichtoperierten Seite erfolgt, lassen sich diese Drehtendenzen direkt nachweisen.

Liegen die Statorezeptoren in ihrerseits beweglichen Körperteilen (z. B. im Kopf der Wirbeltiere), muß das Zentralnervensystem zusätzlich über die Stellung des Rezeptorträgers zum übrigen Körper (z. B. durch Halsrezeptoren) informiert werden und kann erst aus beiden Auslenkungsbeträgen die Lage des Körpers im Raum bestimmen.

Streckrezeptoren

Die auf Dehnung ansprechenden Streckrezeptoren, die in der Muskulatur von Wirbellosen wie Wirbeltieren vorkommen, bestehen aus einer modifizierten Muskelfaser *(Rezeptormuskel)* und einem mit diesem verbundenen sensorischen Neuron. Dabei wird die Dehnung des Rezeptormuskels von dem Dendriten der Nervenzelle registriert. Als besonders genau untersuchte Sinnesorgane können die Streckrezeptoren des Flußkrebses gelten, die sich dorsal im Abdomen von einem Segment zum anderen spannen und den Krebs über die gegenseitige Stellung seiner Abdominalsegmente informieren (Abb. 130). Da die Dendriten des *multipolaren Rezeptorneurons,* die sich in dem zum Rezeptormuskel spezialisierten Muskelbündel aufzweigen, mit den Verästelungen einer *Hemmfaser* in synaptischem Kontakt stehen, kann die durch Dehnung ausgelöste Erregungsbildung im sensorischen Neuron zentral unterdrückt werden (Erregungskontrolle). Außerdem sind die stets in Zweizahl vorhandenen Rezeptormuskeln wie die Muskelspindeln der Wirbeltiere (Abb. 121; S. 247) motorisch innerviert.

Lamellenkörperchen (Vertebraten)

Die Druckrezeptoren in der Haut der Wirbeltiere sind stets Endigungen von axonartigen Ausläufern sensorischer Neurone, deren

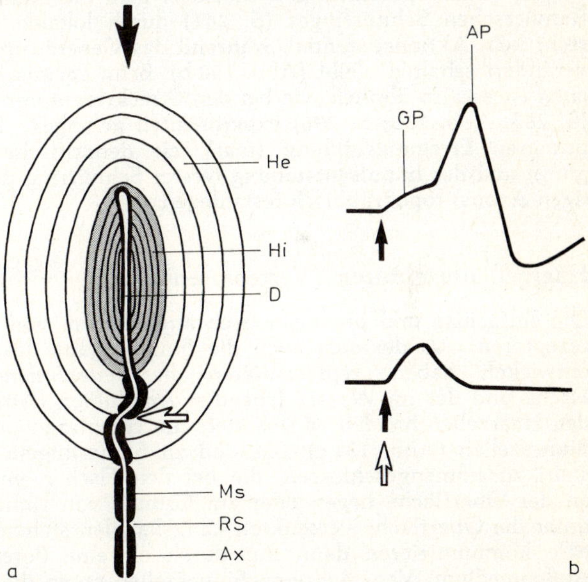

Abb. 150 Impulsentstehung an einem Lamellenkörperchen (Pacinisches Körperchen aus dem Mesenterium der Katze). a) Histologischer Bau des Lamellenkörperchens. b) Elektrische Antwort am Axon (oben nach einem Deformationsreiz auf das Lamellenkörperchen [schwarze Pfeile], unten nach zusätzlichem Druck auf den 1. Ranvierschen Schnürring [weiße Pfeile]; vgl. Abb. 130). *AP* Aktionspotential (Impuls), *Ax* Axon, *D* dendritisches, markloses Nervenende, *GP* Generatorpotential, *He* und *Hi* äußere und innere Lamellenhülle, *Ms* Myelinscheide, *RS* Ranvierscher Schnürring (nach DIAMOND, GRAY u. SATO).

Perikaryen in den Spinalganglien oder in einem Ganglion des V. Hirnnerven liegen. Soweit sie nicht freie, bis in die Epidermis vordringende Nervenendigungen darstellen, treten sie als Lamellen- oder Endkörperchen (*Pacinische Körperchen,* Abb. 150 a) in der Dermis sowie in tieferen Körperschichten auf. In ihnen werden die freien, von der Schwannschen Scheide (S. 241) entblößten Nervenendigungen von Cytoplasmalamellen mehrerer Hüllzellen umgeben und durch eine Bindegewebskapsel vom umliegenden Gewebe abgegrenzt. Diese Lamellenbündel leiten mechanische Verformungen derart empfindlich den sensorischen Endstrukturen zu, daß bei den Pacinischen Körperchen schon Eindellungen von 0,5 μm in 0,1 msec zur Erregungsbildung im dendritischen Ende des Axons führen. Dem dort gebildeten Generatorpotential setzt sich nach Überschreiten eines kritischen Wertes ein fortgeleitetes Aktionspotential auf. Blockiert man die Stelle des ersten Ranvierschen Schnürringes (S. 241) durch lokalen Druck, entsteht kein Aktionspotential, während das Generatorpotential unverändert erhalten bleibt (Abb. 150 b). Beim Pacinischen Körperchen ist es also ähnlich wie bei den Streckrezeptoren der Krebse (S. 265, Abb. 130; S. 296) experimentell gelungen, die Orte der primären Erregungsbildung (markfreie dendritische Axonendigung) und der Impulsentstehung (erster Schnürring des markhaltigen Axons) topographisch festzulegen.

Haarzellenrezeptoren (Vertebraten)

Die einfachste und phylogenetisch älteste Form von Haarzellenrezeptoren, aus der sich auch die Sinnesorgane des Labyrinths entwickelt haben, repräsentieren die *Seitenlinienorgane* der Fische und der im Wasser lebenden Amphibien (Abb. 151). Bei den Haarzellen handelt es sich stets um cilientragende sekundäre Sinneszellen (Abb. 131 c). Sie sind zu Sinneshügeln (*Neuromasten*) zusammengeschlossen, die bei den Fischen entweder frei an der Oberfläche liegen oder am Grunde von rinnenförmigen, unter die Oberfläche versenkten Längskanälen stehen. Diese Kanäle kommunizieren dann nur durch einzelne Poren mit dem Außenmedium. Von mehreren Sinneszellen ragen die haarförmigen Fortsätze („Stereocilien") in eine gemeinsame, leicht abbiegbare Gallertkappe (Cupula), die den Angriffspunkt für Strömungsreize bilden. Die Sinneszellen der Seitenlinienorgane enthalten stets noch eine echte unbewegliche Cilie (Kinocilie), die bei zwei benachbarten Sinneszellen jeweils entgegengesetzte Lage einnimmt, d. h. entweder kopfwärts oder schwanzwärts von der Stereociliengruppe liegt (Abb. 152 a). Mit dieser asymmetrischen Insertion der Kinocilien geht eine Richtungsempfindlichkeit der

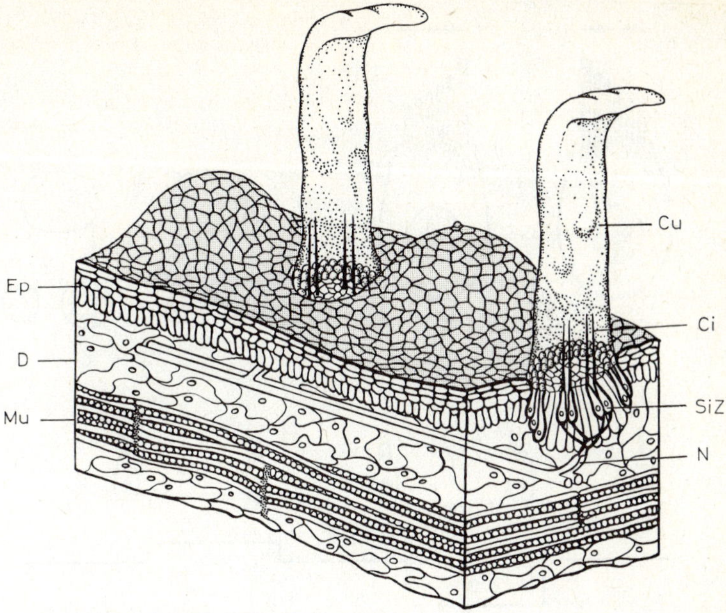

Abb. 151 Frei an der Körperoberfläche stehende Seitenlinienorgane des Krallenfrosches (*Xenopus laevis*). *Ci* Cilien der Sinneszellen, *Cu* Cupula, *D* Dermis, *Ep* Epidermis, *Mu* Muskulatur, *N* Nerv, *SiZ* Sinneszelle (nach GÖRNER).

Sinneszellen parallel, indem zwei benachbart liegende Sinneszellen jeweils für Anströmungen aus entgegengesetzten Richtungen maximal empfindlich sind (Abb. 152 b). Die Erregungen der beiden Sinneszelltypen werden von getrennten Fasern abgeleitet. Dieses Prinzip der gegensinnig arbeitenden Rezeptoren, das eine verschärfte Reizaufnahme ermöglicht, ist auch von anderen Sinnesorganen (Photo-, Thermo-, Chemorezeptoren) bekannt.

Nach dem gleichen Prinzip arbeitet der *Bogengangapparat* im Ohrlabyrinth, der sich phylogenetisch von versenkten Seitenlinienorganen des Kopfbereiches ableitet (Abb. 153 a). Er besteht aus beiderseits 3 Bogengängen, die in 3 zueinander senkrechten Ebenen so angeordnet sind, daß die horizontalen Bogengänge der rechten und linken Seite in derselben Ebene und jeweils der vordere vertikale der einen und der hintere vertikale der anderen Seite in parallelen Ebenen liegen (Abb. 153 b). Bei Drehung des Kopfes in einer bestimmten Ebene strömt die Endolymphe des

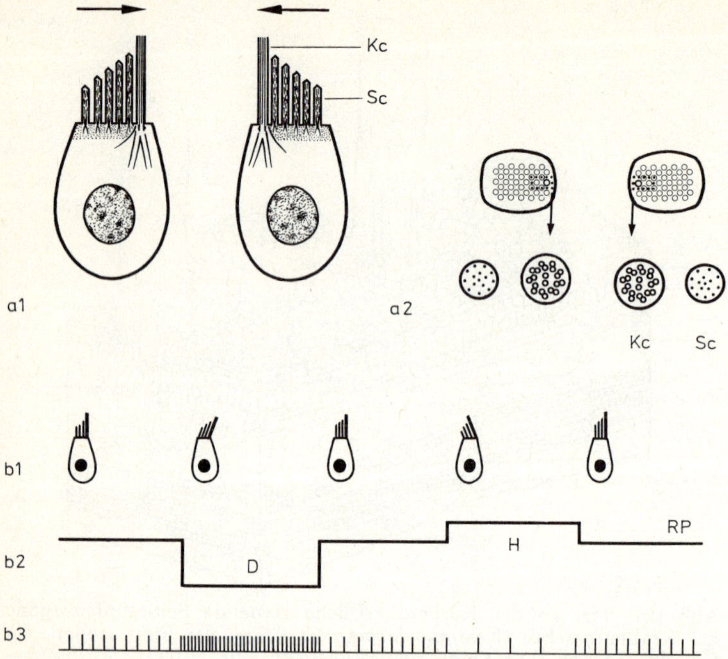

Abb. 152 Entgegengesetzt arbeitende Sinneszellen aus dem Seitenlinienorgan eines Knochenfisches *(Lota vulgaris)*. a) Schematischer Längs- (a1) und Querschnitt (a2) durch die Sinneszellen mit Kino- und Stereocilien. Pfeil: maximal beantwortete Abbiegungsrichtung. b) Richtungsempfindlichkeit einer Sinneszelle: b1) Abbiegungsrichtung; b2) in der Sinneszelle erzeugtes Rezeptorpotential; b3) Impulsfolgen an der ableitenden Nervenzelle. *D* Depolarisation, *H* Hyperpolarisation, *Kc* Kinocilie, *RP* Ruhepotential, *Sc* Stereocilie (nach FLOCK).

entsprechenden Bogengangs infolge Massenträgheit gegenüber der Bogengangwand in der Gegenrichtung und biegt daraufhin die Cupulae der Sinneshügel ab, die in der Ampulle an einem Ende des Bogengangs stehen. Jeder Kopfdrehung entspricht eine Flüssigkeitsverschiebung von bestimmter Richtung und Stärke in den verschiedenen Paaren von Bogengängen, die demnach als Drehsinnesorgane *(Rotationsrezeptoren)* wirken. Auf diese Weise können Kompensationsbewegungen ausgelöst werden, die bei passiver Drehung die Normallage wiederherstellen.

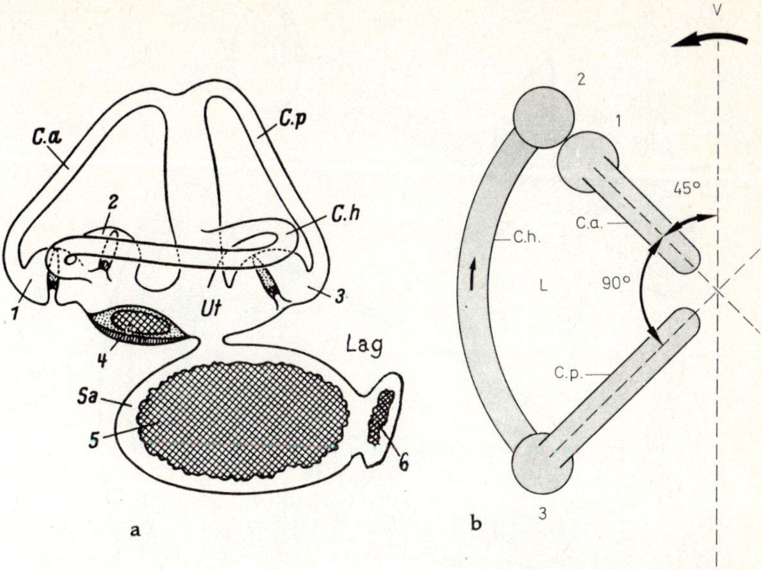

Abb. 153 a) Ohrlabyrinth eines Fisches. b) Anordnung der Bogengänge im Körper (Aufsicht von oben). Die Pfeile markieren eine Körperdrehung nach links und eine dadurch ausgelöste Gegenströmung der Endolymphe im horizontalen Bogengang nach rechts. *1* Ampulle des vorderen, *2* des horizontalen oder äußeren und *3* des hinteren Bogenganges, *4–6* Statolithen, *C.a* Canalis anterior (vorderer Bogengang), *C.h* Canalis horizontalis (horizontaler Bogengang), *C.p* Canalis posterior (hinterer Bogengang), *L* links, *Lag* Lagena, *Sa* Sacculus, *Ut* Utriculus, *V* vorn.

Auch die *Gehörorgane* der Wirbeltiere sind Haarzellenrezeptoren, die sich phylogenetisch von Statolithenorganen (S. 295) ableiten lassen.

Bei *Fischen*, bei denen Lautäußerungen weit verbreitet sind und u. a. über Kompression und Dilatation der Schwimmblase erzeugt werden, sind die Sinnespolster (Maculae) von Sacculus und Lagena zur Schallperzeption befähigt. Als reizleitender Apparat kann dabei (z. B. bei *Cypriniden*) ein System von gegeneinander beweglichen Knochenelementen wirken, die zwischen dem vorderen Teil der Schwimmblase, dem primären Schallrezeptor, und dem Innenohr vermitteln (Webersche Knöchelchen). Das Gehörorgan der *Reptilien, Vögel und Säuger* liegt dagegen nur in der Lagena, die zu einem schlauchförmigen Anhang des Sacculus ausgewachsen ist und sich bei Säugern zur Schnecke (Cochlea) aufwindet. Das Sinnesepithel, das aus 4 parallelen Reihen

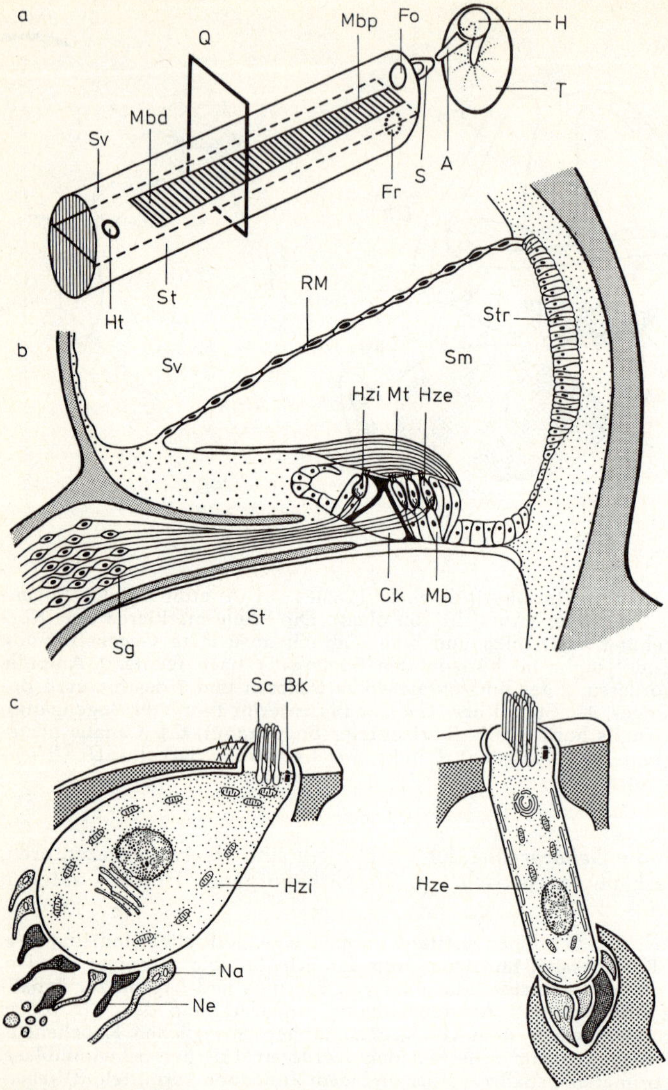

Abb. 154 a) Schema der Cochlea von Säugern; der schalleitende Apparat des Mittelohres und die Cochlea (Innenohr) sind in gestreckter Anordnung dargestellt. b) Querschnitt durch die Cochlea. c) Haarsinneszellen der Cochlea. *A* Ambos (Incus), *Bk* Basalkörper des reduzierten

von Haarzellen, dazwischen liegenden Stützzellen und einer überlagernden Deckmembran besteht (Cortisches Organ), liegt einer Basilarmembran auf, die die gesamte Cochlea horizontal bespannt (Abb. 154). Der von Basilarmembran und Reißnerscher Membran (Membrana vestibularis) abgegrenzte Ductus cochlearis, der das *Cortische Organ* enthält, wird wie die Bogengänge von Endolymphe erfüllt. Dagegen weist die Perilymphe der beiden äußeren Kanäle, der Scala vestibuli und Scala tympani, eine andere (der normalen Extrazellulärflüssigkeit entsprechende) Ionenzusammensetzung auf, indem sie mehr Na^+-Ionen und weit weniger K^+-Ionen als die Endolymphe enthält: ein Unterschied, der bei der Ausbildung der Rezeptorpotentiale an den Haarzellen (Mikrophonpotentiale) eine entscheidende Rolle spielt.

Die durch das äußere Ohr (Gehörgang) auf das Trommelfell eintreffenden Schallwellen werden über den reizleitenden Apparat des Mittelohrs (Columella bei Amphibien, Reptilien und Vögeln; Hammer, Amboß und Steigbügel bei Säugern, Abb. 154 a) unter ca. 20facher *Druckverstärkung* und gleichzeitiger *Amplitudenverminderung* dem ovalen Fenster zugeleitet, wo sie sich auf die Perilymphe übertragen. Die Gehörknöchelchen vermitteln dabei die richtige Anpassung von Luftschall (Trommelfell) und Flüssigkeitsschall (Innenohr), indem sie durch ihre Hebelwirkung und die Verkleinerung der bewegten Fläche (Trommelfell – ovales Fenster) den hohen Schallwiderstand an der Grenzschicht zwischen Luft und Flüssigkeit überwinden. Über die Scala vestibuli, das Helicotrema und die Scala tympani breiten sich die Schwingungen der Perilymphe bis zum runden Fenster aus, wobei sie sich dem Cortischen Organ mitteilen. Mikroskopische Beobachtungen unter stroboskopischer Beleuchtung lassen die sinusförmigen Schwingungen der Steigbügelfußplatte und die über die Basilarmembran verlaufenden Wanderwellen unmittelbar erkennen. Da sich die Elastizität der Basilarmembran von ihrer schmalen Basis am Steigbügel zu ihrem breiteren Ende am Helicotrema kontinuierlich vermindert, hat jede Wanderwelle ihr Amplitudenmaximum in Abhängigkeit von der Frequenz an einer ganz bestimmten Stelle der Membran, die für niedrige Frequenzen (tiefe Töne) am Helicotrema liegt. Auf diese Weise ist eine – wenn

---

Kinociliums, *Ck* Cortischer Kanal (Perilymphe), *Fo* ovales Fenster, *Fr* rundes Fenster, *H* Hammer (Malleus), *Ht* Helicotrema, *Hze,i* äußere und innere Haarsinneszellen, *Mb* Basilarmembran (Membrana basilaris), *Mbd,p* distaler (durch tiefe Töne erregter) und proximaler (durch hohe Töne erregter) Abschnitt der Basilarmembran, *Mt* Deckmembran (Membrana tectoria), *Na,e* afferente und efferente Nervenendigungen an den Sinneszellen, *Q* Querschnittsebene von *b*, *RM* Reißnersche Membran, *S* Steigbügel (Stapes), *Sc* Stereocilien, *Sg* Spiralganglion, *Sm* Scala media (Endolymphe), *St* Scala tympani (Perilymphe), *Str* Stria vascularis, *Sv* Scala vestibuli (Perilymphe), *T* Trommelfell (Tympanum) (nach Davis).

auch noch recht grobe – *periphere Frequenzanalyse* möglich. Die klassische Hörtheorie betrachtete die Basilarmembran dagegen als ein System quergespannter Saiten, deren Länge helicotremawärts zunimmt, so daß die Resonanzfrequenz für hohe Töne an der Membranbasis und für tiefe am Membranende erreicht wird; sie hat sich jedoch nicht bestätigen lassen. Weiter zentral wird die Frequenzanalyse durch den auch von anderen Sinnesorganen bekannten Effekt der nervösen lateralen Inhibition (S. 249) noch verschärft, so daß schon am primären Hörzentrum, dem Colliculus inferior (S. 257), eine viel exaktere Tonunterscheidung als im Cortischen Organ möglich ist.

Die *obere Hörgrenze* liegt beim Menschen bei 20 kHz, der empfindlichste Hörbereich dagegen bei 2000 Hz. An der Hörschwelle, die durch die kleinsten wahrnehmbaren Reizenergien definiert ist, betragen die Schwingungsamplituden des Trommelfells im empfindlichsten Frequenzbereich nur 10^{-9} cm und sind damit kleiner als der Durchmesser eines Wasserstoffatoms. Manche vor allem nächtlich lebende Säuger (Nagetiere, Fledermäuse) sind zur *Perzeption von Ultraschall* befähigt und erreichen dabei obere Hörgrenzen von über 100 kHz. Fledermäuse, die sich bei ihrer nächtlichen Orientierung eines Sonarsystems *(Echopeilung)* bedienen, senden dabei über das Maul *(Vespertilionidae,* Abendsegler) oder über die parabolspiegelartig gestaltete Nasenöffnung *(Rhinolophidae,* Hufeisennasen) Peillaute von außerordentlich hohen Intensität aus: In 5–10 cm Entfernung vom Kopf beträgt der Schalldruck bis zu 60 mbar und entspricht damit im für uns hörbaren Frequenzbereich dem Schalldruck eines Preßlufthammers. Ihre Echos vermögen Fledermäuse dagegen noch wahrzunehmen, wenn sie nur einen Schalldruck von $^1/_{1000}$ mbar besitzen, also 10 000mal schwächer als die ausgesandten Signale sind. Dabei können sie selbst dann noch Hindernisse vermeiden, wenn Störgeräusche von 20 mbar die Peillaute überlagern. Die Mechanismen dieser hohen Störunempfindlichkeit sind noch unbekannt.

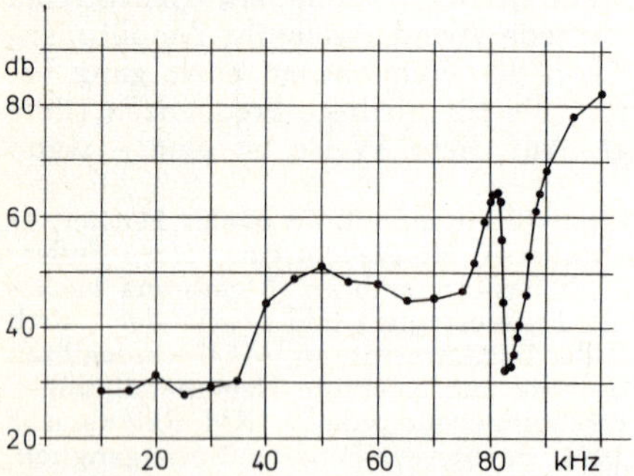

Abb. 155 Die Erregungsschwelle von *Rhinolophus ferrum-equinum* (Hufeisennasen-Fledermaus) für Ultraschallaute. Abszisse: Reizfrequenz in Kilohertz *kHz;* Ordinate: Erregungsschwelle (minimale Lautintensität in Dezibel *db,* die elektrische Antworten im akustischen Zentrum des Mittelhirns auslöst). Die maximale Empfindlichkeit (tiefster Schwellenwert) im Lautbereich der Fledermäuse wird bei einer Tonfrequenz von 83 kHz erreicht (nach Neuweiler).

Bei der Lokalisation von Gegenständen, z. B. Drähten, die einen Durchmesser von nur 0,05–0,08 mm haben und in einem Abstand von 20 cm (halbe Flügelspannweite) vertikal ausgespannt sind, spielt die Messung der *Zeit-* und auch der *Intensitätsdifferenz* zwischen ausgestrahltem Laut und wahrgenommenem Echo eine entscheidende Rolle. Die Hufeisennasen können die Richtung auch monaural bestimmen, was durch die großen, ständig Peilbewegungen ausführenden Ohrmuscheln wesentlich erleichtert wird. Selbst die Frequenzverschiebung zwischen Laut und Echo, die durch den *Dopplereffekt* zustande kommt, wird von den Hufeisennasen kompensiert. Nähern sie sich einem Gegenstand, empfangen sie nämlich ein Echo mit höherer Frequenz als der zuvor ausgesandte Laut. Indem sie nun je nach der Fluggeschwindigkeit ihre Peilfrequenz so weit herabsetzen, daß die Echofrequenz stets konstant im Bereich maximaler Empfindlichkeit ihres Hörzentrums liegt (Abb. 155), haben sie eine Möglichkeit zur Messung ihrer eigenen Fluggeschwindigkeit gewonnen. Nachtfalter aus der Familie der *Bärenspinner* haben mit Hilfe einer gerippten Cuticularplatte am Ansatz des dritten Beinpaares einen *Ultraschallstörsender* entwickelt, mit dem sie das Ortungssystem der Fledermäuse irritieren.

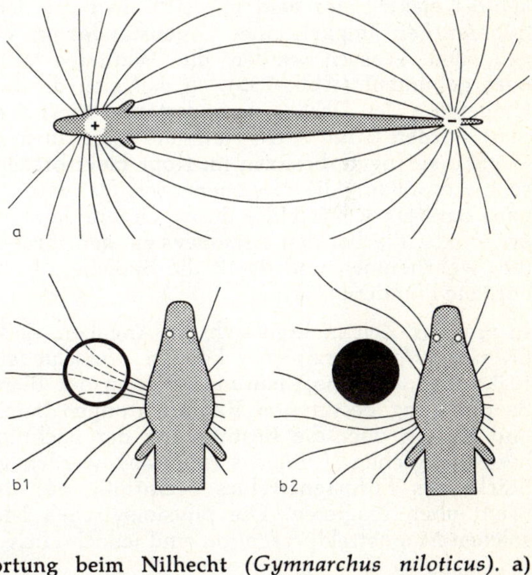

Abb. 156 Elektroortung beim Nilhecht *(Gymnarchus niloticus)*. a) Feldlinienverlauf in einem Medium gleicher Leitfähigkeit. Bei jeder Entladung wird der Schwanz gegenüber der Kopfregion negativ. b) Veränderung des Feldlinienverlaufs durch Objekte, die eine höhere (b1, Metallstab) oder geringere Leitfähigkeit (b2, Glasstab) als Süßwasser besitzen.

Sonar unter Wasser kommt bei Zahnwalen *(Delphinen)* vor. Peillaute werden auf dem Weg von dem stimmbandlosen Kehlkopf bis zur Nasenöffnung hervorgebracht und erlauben die Ortung und sogar Formunterscheidung von Gegenständen.

Elektro- und Magnetoperzeption

Neben den „Hochspannungsfischen", deren elektrische Organe (S. 236) Spannungen von bis zu 900 V erzeugen und damit Beutetiere betäuben, liefern die elektrischen Organe der Mormyriden und Gymnotiden (Nilhechte) Spannungen von 3–7 V und können daher kaum bei Beutefang und Verteidigung eingesetzt werden. Da diese „Niederspannungsfische" jedoch im Bereich der Seitenlinie über *Elektrorezeptoren* verfügen, die so empfindlich sind, daß sie noch auf eine Potentialdifferenz von 0,01 μV/cm ansprechen, können sie Störungen in dem durch die eigenen Entladungen erzeugten elektrischen Feld registrieren. Indem die Fische dabei mit starrem Körper schwimmen, führen sie ein konstantes elektrisches Feld mit sich. Je nach der geringeren oder höheren Leitfähigkeit eines Gegenstandes im Vergleich zum umgebenden Wasser werden die Feldlinien auseinandergedrängt oder gebündelt (Abb. 156), so daß sich die Stromdichte in der Umgebung des Fisches verändert und diese Veränderung perzipiert werden kann. Auch Haie, die selbst über keine elektrischen Organe verfügen, besitzen im Kopf Elektrorezeptoren (Lorenzinische Ampullen), die phylogenetisch Derivate des Seitenlinienorgans darstellen. Mit Hilfe dieser Organe können sie die Muskelpotentiale, die bei den Atembewegungen ihrer Beutetiere auftreten, wahrnehmen und damit die Beutetiere – z. B. im Sand verborgene Flundern – orten.

In jüngster Zeit mehren sich die Angaben, daß Organismen das *Erdmagnetfeld* perzipieren können. Verschiedene Orientierungsreaktionen, wie die Richtungsweisung der Bienen im Stock, die Bevorzugung bestimmter Raumrichtungen bei Termiten, Fliegen und Käfern oder die Bestimmung der nächtlichen Zugrichtung bei Rotkehlchen *(Erithacus rubecula)*, werden von Richtung und Stärke des Erdmagnetfeldes beeinflußt, auf das offenbar auch Brieftauben reagieren. Die physiologischen Mechanismen einer solchen Magnetfeldperzeption sind jedoch noch völlig unbekannt.

Verhalten

Das Zusammenspiel von Sinnesorganen, Nervensystem und Erfolgsorganen äußert sich in den Reaktionen und damit im Verhalten der Tiere. Durch definierte Reizgebung und Reaktionenmessung ist es zunächst möglich, quantitative Korrelationen zwischen Reizen und Reaktionen aufzudecken. Das ganze System aus Sinnesorganen, Nervenzellen und Erfolgsorganen wird dabei formal als „black box" betrachtet und nur die Eingangs-Ausgangs-Beziehung dieses Systems analysiert. Einerseits können dann Modellvorstellungen über die zugrunde liegenden zentralnervösen Verrechnungsmechanismen entwickelt werden *(Kybernetik)*; andererseits bieten die gemessenen Reaktionsverläufe aber auch Möglichkeiten für eine physiologische Analyse von Teilprozessen, die es in ihrer Gesamtheit gestatten, die entwickelten hypothetischen Modelle zu verifizieren oder zu widerlegen *(Neurophysiologie)*. Es gibt heute zahlreiche Ansätze, diese **Korrelation von Verhaltens- und neurophysiologischen Experimenten** zu erfassen.

Bei *Invertebraten* liefern die *optomotorischen Reaktionen* von Insekten ein besonders gut ausgearbeitetes Beispiel. Bewegt man die optische Umwelt einer Fliege – z. B. ein Streifenmuster auf der Innenseite eines rotierenden Zylinders –, versucht die Fliege wie viele andere Tierarten durch Drehung ihrer Körperlängsachse die Bildverschiebung in ihrem Sehfeld zu kompensieren (Abb. 157 a). Detektoren, die solche Umweltbewegungen registrieren, sind in den optischen Ganglien der Fliege gefunden worden: Spezielle Neurone dieser Ganglien zeigen nur dann eine Erhöhung ihrer Impulsfrequenz, wenn ein Streifenmuster in definierter Bewegungsrichtung über das Ommatidienraster wandert.

Auch bei *Vertebraten* sind solche Korrelationen zwischen verhaltens- und neurophysiologischen Befunden möglich (Abb. 157 b). Frösche *(Rana esculenta)* springen z. B. besonders intensiv bewegte schwarze Kreisscheiben an, die unter einem Sehwinkel von 8–10 Grad erscheinen. Bei kleineren Scheiben ist die Intensität des Beutefangverhaltens geringer; größere Scheiben lösen Fluchtreaktionen aus. Opticusfasern mit definierten Größen ihrer rezeptorischen Felder wirken als Eingangskanäle für Verarbeitungsprozesse im Tectum (S. 257), die dann zur „Beute"- oder „Feind"-Bestimmung führen.

Solche die Reizumwelt analysierenden *Detektoren* sind aber nur Teile eines neuronalen Schaltsystems und lösen keineswegs zwangsläufig bestimmte Reaktionen aus. Bei der **Orientierung im Raum** ist es für ein Tier z. B. entscheidend wichtig, Informationen darüber zu erhalten, ob eine bestimmte Reizänderung – etwa eine retinale Bildverschiebung – wirklich aus der Außenwelt stammt (Exafferenz) oder durch das Verhalten des Tieres – etwa durch Bewegung der Augen – selbst erzeugt worden ist (Reafferenz). Nur im ersten Fall wirkt die über die neurophysiologischen

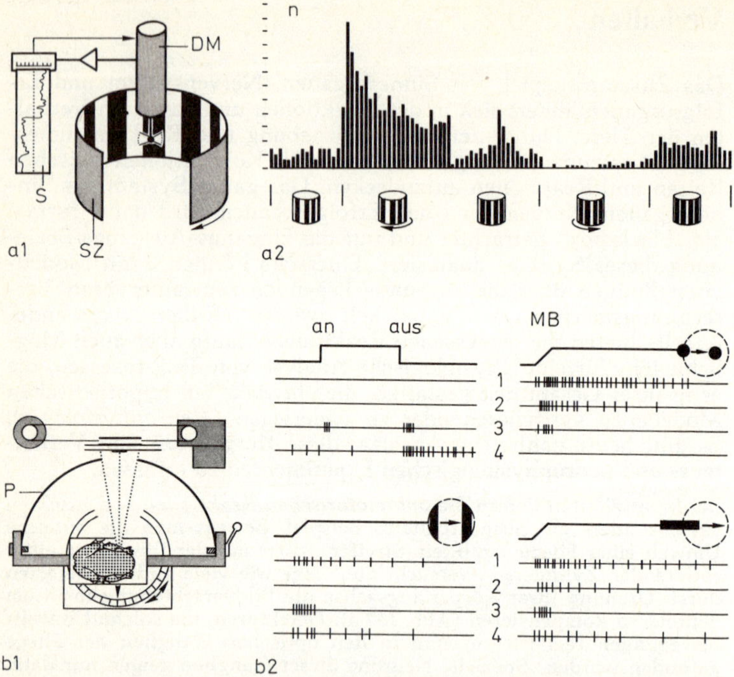

Abb. 157 Datenverarbeitung im optischen System der Arthropoden *(a)* und Vertebraten *(b)*. a) Verhaltensphysiologische *(a1)* und neurophysiologische *(a2)* Untersuchung der optomotorischen Reaktion von Fliegen *(Drosophila melanogaster, Musca domestica)*: a1) Bestimmung des Drehmomentes, das die Fliege bei Rotation des Streifenzylinders ausübt (nach GÖTZ); a2) elektrophysiologische Ableitung aus den optischen Ganglien der Fliege – das untersuchte Neuron antwortet auf eine bestimmte Drehrichtung des Streifenzylinders mit Erhöhung, auf Gegendrehung mit Erniedrigung seiner Impulsfrequenz (nach BISHOP u. KEEHN). b) Neurophysiologischer Nachweis der optimal wirksamen optischen Reizmuster beim Frosch *(Rana esculenta)*: b1) Reizapparatur – hinter dem Fenster der Perimeterapparatur können Muster verschiedener Größe und Geschwindigkeit bewegt werden; b2) elektrophysiologische Ableitungen von den 4 Ganglienzelltypen *(1–4)* in der Retina des Frosches – ein Vergleich der Impulsmuster auf 4 ausgewählte Reize ermöglicht eine eindeutige Klassifikation der Ganglienzelltypen (nach GRÜSSER). *an, aus* Beginn und Ende diffuser Beleuchtung, *DM* Drehmoment-Meßgerät, *MB* Zeitpunkt der Musterbewegung (Art des Musters siehe Einschaltfigur rechts oben: Im Sehfeld [gestrichelter Kreis] bewegen sich schwarze Scheiben und senkrechte bzw. waagerechte Streifen), *n* Anzahl der Impulse in der Zeiteinheit, *P* Perimeterapparatur, *S* Schreibgerät, *SZ* rotierender Streifenzylinder.

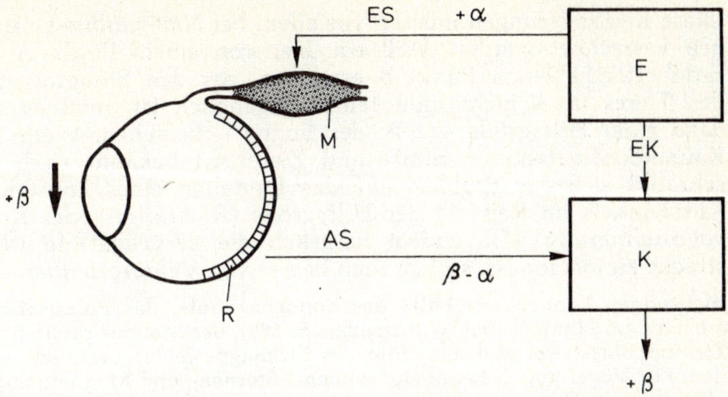

Abb. 158 Das Reafferenzprinzip, dargestellt an der Unterscheidung von äußerer (exafferenter [β]) und selbstinduzierter (reafferenter [α]) Bildbewegung. Erstere wird gesehen, letztere nicht. *AS* afferentes Signal, *E* effektorisches Zentrum, *EK* Efferenzkopie, *ES* efferentes Signal, *K* Komparator, *M* äußerer Augenmuskel, *R* Retina.

Detektoren vermittelte Information reaktionsauslösend. Dieses *Reafferenzprinzip* läßt sich am Beispiel der retinalen Bildverschiebung leicht erläutern, wenn wir von folgender Frage ausgehen (Abb. 158): Warum bleibt für uns die optische Umwelt stabil, wenn wir die Augen bewegen und sich dabei das Bild der Umwelt auf der Retina verschiebt? Gleichzeitig mit der efferenten Erregung, die die Augenbewegung steuert, läuft nämlich ein entsprechendes Signal (Efferenzkopie) zu einem zentralnervösen Komparator, der auch die afferente Information von der Retina über die dort erfolgende Bildverschiebung erhält. Sind Efferenzkopie und Reafferenz gleich groß – z. B. bei Augenbewegung nach rechts ($+\alpha$) und dadurch erzeugter retinaler Bildverschiebung nach links ($-\alpha$) – liefert der Komparator die Information, die optische Umwelt sei stationär. Treten dagegen zusätzlich Bewegungen der optischen Umwelt auf, annulieren sich Efferenzkopie und Afferenz nicht mehr vollständig; folglich werden Meldungen über die Umweltbewegung vom Komparator an höhere Zentren weitergeleitet.

Ein sich nach äußeren Reizmustern orientierendes Tier ist also stets über seine Eigenbewegung und damit über den Anteil an Reizänderungen informiert, der durch diese Eigenbewegung verursacht wird. Bei der Analyse von Reaktionen wollen wir daher nur die äußeren Reizänderungen betrachten, die relativ zu einem Bezugspunkt des Tieres – in den meisten Fällen zur Körperlängsachse – erfolgen.

Diese Reizänderungen müssen vor allem bei *Navigations*-Leistungen verrechnet werden. Will ein Tier von einem Punkt A der Erdoberfläche einen Punkt B erreichen, der den Sinnesorganen des Tieres in A nicht unmittelbar zugänglich ist, muß es sich dazu einer Hilfsgröße – z. B. der Sonne – bedienen. Wenn die Raumkoordinaten von Start- und Zielpunkt bekannt sind, beschränkt sich das Problem auf das Einhalten eines konstanten Kurswinkels im Reizfeld der Hilfsgröße *(Richtungs-* oder *Kompaßorientierung).* Da zudem natürlich die zurückgelegte Wegstrecke zu messen ist, spricht man besser von *Vektororientierung.*

Richtungen können mit Hilfe des Sonnenazimuts, des Polarisationsmusters am Himmel (bei Arthropoden, S. 285), des Mondes sowie heller Zirkumpolarsterne und mit Hilfe des Erdmagnetfeldes bestimmt werden. Für Vögel gelten heute ein Sonnen-, Sternen- und Magnetkompaß als erwiesen. Bewegt sich die zur Orientierung verwendete Reizquelle (z. B. die Sonne) ihrerseits, kann eine bestimmte Raumrichtung auch dann beibehalten werden, wenn die Bewegung der Reizquelle in einer gesetzmäßigen, dem Zentralnervensystem bekannten Weise erfolgt. Der Winkel zwischen dem Azimut der Reizquelle und der Fortbewegungsrichtung muß dann jedoch ständig korrigiert werden (Abb. 159 a).

Die Fähigkeit zu einer **zeitkompensierenden** Sonnenkompaß-Orientierung, die die Kenntnis der Sonnenbahn, d. h. einen endogenen Zeitsinn voraussetzt, wurde von v. Frisch erstmals bei Bienen und kurze Zeit später bei Vögeln entdeckt. Bienen können, wenn man ihnen zeitlebens nur nachmittags den Ausflug gestattet, eine andressierte Himmelsrichtung (Sollazimut) auch am Vormittag finden, sind also in der Lage, aus einer ihnen allein bekannten Hälfte der Sonnenbahn die andere zu rekonstruieren. Sie müssen also über Informationen darüber verfügen, in welcher Richtung und mit welcher Geschwindigkeit (ca. 15 Grad/h) die Sonne wandert. Diese Informationen sind nicht angeboren. Zieht man nämlich die Nachkommenschaft einer von der Nordhalbkugel stammenden Königin auf der Südhalbkugel auf, dann extrapolieren die Jungbienen die Sonnenbahn im Gegenuhrzeigersinn: So wie es für die südliche, aber nicht für die nördliche Erdhalbkugel – die Heimat ihrer Eltern – zutrifft.

Bienen können einen erlernten Kompaßwinkel nicht nur azimutgetreu während verschiedener Tageszeiten einhalten, sondern auch den übrigen Angehörigen ihres Stockes mitteilen. Zu diesem Zweck *transponieren* sie den optisch gesteuerten Kurswinkel in einen Winkel im Schwerefeld, den sie auf der senkrechten Wabe durch die Richtung eines charakteristischen Schwänzeltanzes anzeigen (Abb. 159 b, c). Der Richtung nach oben (Sollrichtung der negativen Geotaxis) entspricht dabei die Richtung zur Sonne (Sollrichtung der positiven Phototaxis). Auch viele andere Insekten können Orientierungswinkel aus einem optischen Reizfeld in das Schwerefeld transponieren.

Zum stabilen Einhalten einer vom Tier gewählten Sollrichtung müssen passive Auslenkungen (Störungen) kompensiert werden. Dieser Kompensations-(Regel-)Vorgang läßt sich über eine

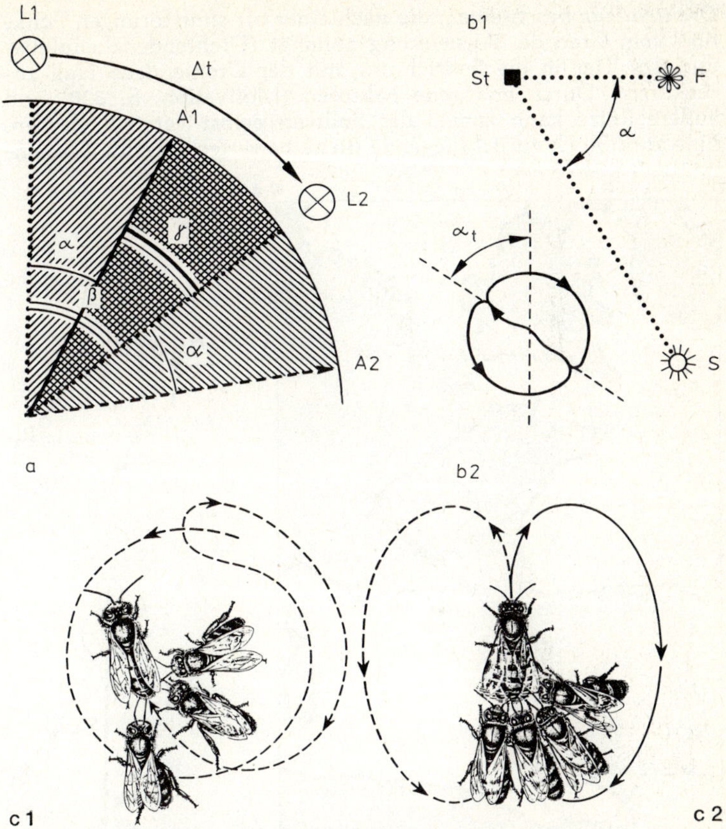

Abb. 159 Sonnenkompaß-Orientierung. a) Orientierungsrichtungen bei wechselndem Sonnenstand: *A1* azimutkonstante Orientierung; *A2* winkelkonstante Orientierung. α erlernter Winkel zwischen Sonnenazimut *(L1)* und Sollazimut *(A1)*, β Winkel, den die Sonne in der Zeit Δt von *L1* nach *L2* zurücklegt. Bei azimutkonstanter Orientierung wird zur Zeit des Sonnenazimuts *L2* der Winkel $\gamma = \alpha - \beta$, bei winkelkonstanter Orientierung der Winkel α gewählt. + Drehung im Zeigersinn, – Drehung im Gegenzeigersinn. b) Transponieren des Sonnenkompaß-Winkels α (b1) in den Schwerewinkel α_t (b2) im Schwänzeltanz der Biene auf der senkrechten Wabe. *F* Futterplatz, *S* Sonnenazimut, *St* Stock. c) Laufkurven der Bienen beim Rund- (c1) und Schwänzeltanz (c2). Bei geringen Entfernungen des Futterplatzes vom Stock wird an Stelle des Schwänzeltanzes der nur alarmierende Rundtanz ohne Richtungsangabe geboten (b und c nach VON FRISCH).

Drehtendenz beschreiben, die nach einer oft sinusförmigen Funktion vom Grad der Auslenkung abhängt (Drehtendenzkennlinie) und das Tier in die Sollrichtung mit der Drehtendenz Null zurückdreht. Durch endogene Faktoren (Motivation, S. 320) und äußere Reize kann zudem der Sollwert selbst verstellt werden. Eine zum Stock zurückfliegende Biene bewertet dasselbe Sonnen-

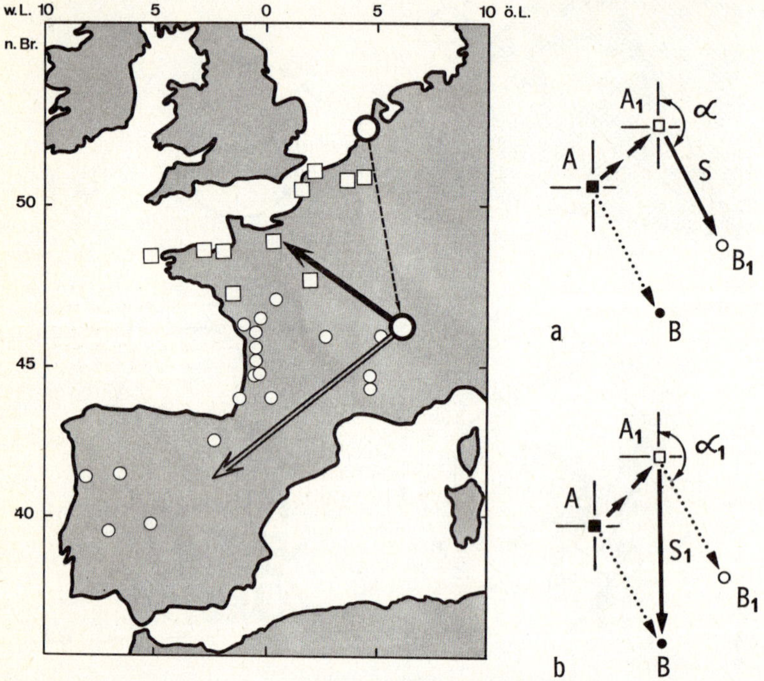

Abb. 160 *Links:* Heimorientierung von Staren *(Sturnus vulgaris)*, die von Holland nach der Schweiz verfrachtet (große Kreise) und dort aufgelassen wurden. Wiederfundplätze und mittlere Zugrichtungen von Jung- (○, weißer Pfeil) und Alttieren (□, schwarzer Pfeil). Während die Jungtiere die Versetzung nicht kompensieren und in der angeborenen Zugrichtung nach SW ziehen (Vektororientierung), finden die Alttiere auch vom Versetzungsort die artspezifischen Wintergebiete (Zielorientierung) (nach WALLRAFF; PERDECK). *Rechts:* Navigationstypen: a) Vektor-, b) Zielorientierung. Ein Tier, das normalerweise die Strecke *AB* mit Hilfe der Messung von Azimut α und Weglänge S zurücklegt, wird von A nach A_1 versetzt. Bei Vektororientierung (a) steuert es einen parallel-verschobenen Kurs; zur Zielorientierung (b) müssen α und S neu bestimmt werden.

azimut anders als beim Ausflug, indem sie einen um 180 Grad vom Ausflugsazimut abweichenden Sollwert einstellt.

Richtungsmessungen reichen nicht aus, will ein Tier von einem unbekannten Ort A_1 zum Zielpunkt B gelangen (*Zielorentierung;* z. B. Heimfindeleistungen von Brieftauben nach Versetzung in unbekanntes Gelände). Jetzt müssen zunächst die geographischen Koordinaten des Versetzungsortes A_1 ermittelt und mit denen des Zielorts verglichen werden (*Bikoordinatennavigation*, Abb. 160), ehe die Mechanismen der Vektororientierung ins Spiel kommen können. Wir wissen heute noch nicht, welcher geophysikalischen Reizfelder sich die Zielorientierung bedient.

Vektor- und Zielorientierung setzen eine **Orientierung in der Zeit** und damit eine „innere Uhr" voraus. Dem dazu erforderlichen Zeitsinn liegen rhythmische Vorgänge zugrunde, die mit einer Periode von ca. 24 Stunden ablaufen (*zirkadiane Rhythmik*).

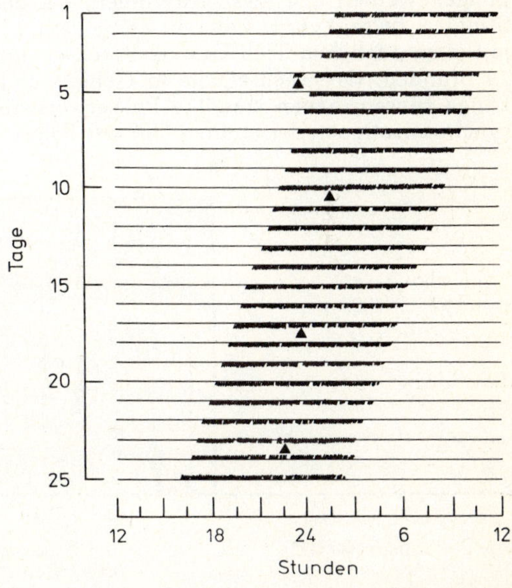

Abb. 161 Endogene Rhythmik der lokomotorischen Aktivität des Flughörnchens (*Glaucomys volans*). Die Dauer der Aktivitätsphase wurde in einem Aktograph unter Dauerdunkelbedingungen automatisch registriert. Die tägliche Vorverschiebung der Aktivitätsphase beweist eine Periode der freilaufenden Rhythmik von $\tau_e < 24$ h. ▲ Fütterungszeiten (nach DE COURSEY).

Tiere, deren lokomotorische Aktivität bei natürlichem Hell-Dunkel-Wechsel (LD) entweder auf die Tag- oder Nachtstunden beschränkt ist, behalten diese Aktivitätsrhythmik auch unter Dauerlichtbedingungen – Dauerhell (LL) oder Dauerdunkel (DD) – bei. Dabei kommt es jedoch stets zu einer Verlängerung oder Verkürzung der Periode τ, so daß Aktivitätsbeginn oder -maximum in aufeinanderfolgenden 24-Stunden-Perioden zunehmend später bzw. früher einsetzen (Abb. 161). Diese Phasenverschiebung unter konstanten Außenbedingungen erlaubt es, die Periodenlänge τ_e der endogenen Rhythmik zu bestimmen und gleichzeitig die endogene Natur der beobachteten Rhythmik zu beweisen; denn gerade die von 24 Stunden abweichende Periodenlänge der „freilaufenden" Rhythmik, die zudem noch mit der Stärke des Dauerlichts variieren kann, zeigt deutlich, daß bei der Auslösung dieser Rhythmik keine anderen geophysikalischen 24-Stunden-Zeitgeber, die im Experiment möglicherweise unberücksichtigt geblieben sind, wirksam sein können. Unter natürlichen Bedingungen werden alle diese Rhythmen, bei denen τ_e ungefähr 24 Stunden beträgt, mit äußeren Zeitgebern synchronisiert – z. B. mit dem täglichen Hell-Dunkel-Wechsel auf ein τ_s von genau 24 Stunden. Ortswechsel, die in Gebiete anderer geographischer Länge führen, haben ständige Phasenverschiebungen, d. h. Neusynchronisationen der inneren Uhr zur Folge.

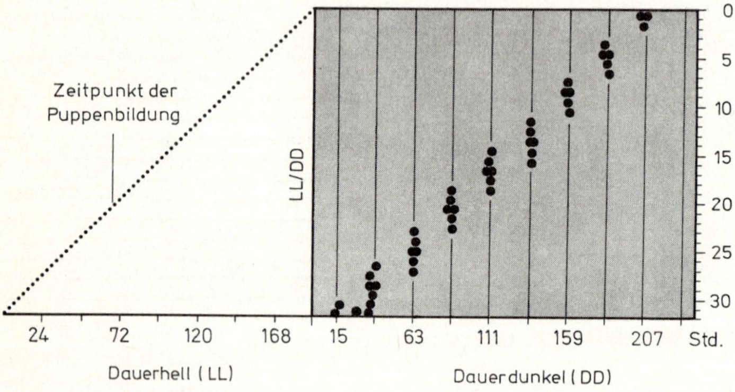

Abb. 162 Schlüpfperiodik der Fliege *Drosophila pseudoobscura*. Unabhängig von der empfangenen Lichtmenge schlüpfen die Fliegen nach unterschiedlicher Dauer der Puppenphase jeweils $15 + n\tau_e$ Stunden nach dem Licht-Dunkel-Wechsel (*LL/DD*). Die Periodenlänge der freilaufenden Rhythmik beträgt $\tau_e = 24{,}1$ h. ● Schlüpftermin einer Kultur (nach PITTENDRIGH).

Häufig treten biologische Effekte nicht in jedem 24-Stunden-Intervall, sondern nur nach ganzzahligen Vielfachen der Periodenlänge τ_e auf. Das ist z. B. bei den Schlüpfterminen von Taufliegen *(Drosophila)* der Fall, bei denen zur Synchronisation der Schlüpfzeiten aller Fliegen einer Population ein Lichtblitz von $^1/_{2000}$ Sek. genügt (in den Experimenten der Abb. 162 ein LL/DD-Wechsel). Neben diesen weitverbreiteten zirkadianen Rhythmen existieren auch solche mit längerer oder kürzerer Periode: *Tiderhythmen* (τ = 12,4 Stunden), die in ihrem Mechanismus der zirkadianen Rhythmik entsprechen können. *Semilunarrhythmen* (τ =14,7 Tage) bei Tieren, die in der Gezeitenzone leben und ihre Reproduktionsphasen an Spring- oder Nipptiden anpassen müssen. *Lunarrhythmen* (τ = 29,5 Tage) und *annuelle Rhythmen* (τ = 365 Tage). Bei der Mücke *Clunio marinus* werden Verpuppungs- und Schlüpfzeitpunkte lunarperiodisch kontrolliert. Da die Mücken (auch unter konstanten Laborbedingungen) nur zu den Springtide-Niedrigwasserzeiten schlüpfen, müssen hier zwei Zeitmeßsysteme – ein zirkadianes und ein semilunares – zusammenwirken. Die Metamorphose zum geschlechtsreifen Tier, die viele marine Polychaeten unter morphologischer Umbildung ihrer hinteren Körpersegmente durchlaufen, ist in zahlreichen Fällen an bestimmte Mondphasen gebunden (z. B. beim Palolo-Wurm der Südsee, *Eunice viridis*, an die Monate Oktober–November.

Viele Organfunktionen wie Herztätigkeit, Lauf-, Flug- und Atembewegungen unterliegen *kurzperiodischen Rhythmen*, die vielfach ohne periphere Kontrolle durch zentralnervöse Oszillatoren programmiert werden. In den Thoracalganglien von Grillen existieren zwei sich überlagernde neuronale Taktgeber, die mit Frequenzen von 3–4 Hz und 30 Hz schwingen und neben der Versfolge in den Gesängen den Rhythmus der lokomotorischen Aktivität bestimmen. Auch rhythmische Schwankungen im Elektroenzephalogramm (EEG) des Menschen zeigen Frequenzen von 4–10 Hz.

Die *physiologischen Mechanismen* endogener Rhythmen sind noch weitgehend unbekannt. Wohl zeigen neurosekretorische Zellen im Protocerebrum von Schaben zirkadiane, mit der lokomotorischen Aktivität gekoppelte Schwankungen ihrer Syntheserate; wohl unterliegen Enzymaktivitäten und Einbauraten von markierten Aminosäuren in Enzymproteine tagesperiodischen Schwankungen; doch haben Experimente mit Antibiotika, die hemmend auf die Vorgänge der Transskription oder Translation wirken (S. 81), bisher noch nicht zu klaren Vorstellungen über zirkadiane Regelungsprinzipien geführt.

Neuronale Oszillatoren liefern eines der eindrücklichsten Beispiele für autonome Leistungen des Zentralnervensystems, die von äußeren Reizen nur geringfügig modifiziert und phasengerecht eingesetzt werden. Doch laufen bei Tieren auch ganze komplexe Bewegungsfolgen in stereotyper, formkonstanter und artspezifischer Weise ab, wenn ein entsprechender innerer Erregungszustand und eine geeignete äußere Reizkonstellation vorliegen. Solche **angeborenen Reaktionen** sind genetisch fest programmierte – und daher als *Erbkoordinationen* bezeichnete – Bewegungsmuster, auf die der Begriff „Instinktbewegung" im engeren Sinn angewandt werden kann. Sie sind bevorzugtes Objekt der *Ethologie*, der vergleichenden Verhaltensforschung. Unabhängig davon, ob sie schon zum Zeitpunkt der Geburt voll funktionsfähig ausgebildet sind (z. B. Schwimmbewegungen bei Enten, Pickverhalten bei Hühnern) oder sich erst im Laufe der Ontogenese entwickeln (z. B. Flug- und zahlreiche Balzbewegungen bei Vögeln): in keinem Fall ist die Ausbildung des spezifischen Bewegungsmusters an Lernvorgänge gebunden. Auch isoliert aufgezogene Enten ♂♂ zeigen die vollständig ablaufenden artspezifischen Balzbewegungen.

Daß die Erbkoordinationen genetisch wirklich starr programmiert sind, läßt sich an zahlreichen *Fehlleistungen* demonstrieren, die z. B. nach plötzlichem Entzug der adäquaten auslösenden Reizsituation auftreten. Nimmt man einer *Graugans*, die zum Einrollen eines aus dem Nest gefallenen Eies angesetzt hat, das Ei weg, läuft die Einrollbewegung in formkonstanter Weise – jedoch gewissermaßen ins Leere – bis zum Ende weiter. Die Spinne *Cupiennius salei* errichtet beim Kokonbau zunächst eine Basalplatte, der sie dann ein Randgespinst aufsetzt. Zerstört man die Basalplatte während der Spinnbewegung, fährt *Cupiennius* beim Ersatzbau dort fort, wo sie beim Bau des ursprünglichen Kokons gestört worden ist, so daß schließlich ein für die Eiablage völlig ungeeignetes Gespinst ohne Basalplatte entsteht. Die Gesamtzahl der für einen Kokon normalerweise benötigten ca. 6400 Tupfbewegungen wird also in einem raum-zeitlich geordneten Reaktionsmuster unabhängig vom Erfolg dieses Bewegungsmusters eingehalten, auch wenn nach Eintrocknen des Spinnsekrets kein Faden mehr aus den Spinndrüsen quillt.

Wegen ihrer Formkonstanz können Erbkoordinationen wie morphologische Strukturen als artspezifische *taxonomische Merkmale* (S. 505) gelten. Als solche sind sie auch das Ergebnis einer *phylogenetischen Entwicklung*, die sich in vielen Fällen aufzeigen läßt. So besitzen die Männchen verschiedener Entenarten in ihrem Balzritual ähnliche, voneinander ableitbare, „homologe" Bewegungstypen. Im gleichen Funktionszusammenhang haben Winkerkrabben ♂♂ das normale Bewegungsmuster ihrer Scherenextremität im Laufe der Phylogenie zu artverschieden attraktiven Winkbewegungen modifiziert (Abb. 163). Viele phylogenetisch alte Bewegungsstereotypien treten auch dann noch auf, wenn ihnen bei den rezenten Arten ihre ursprüngliche Funktion nicht mehr zukommt (Abb. 164). So gleichen die Flügelputzbewegungen flügelloser *Drosophila*-Mutanten noch ganz denen des Wildtyps. Brutparasitierende Vogelarten, die selbst keine Nester mehr anlegen, können noch alle Teilbewegungen des Nestbauver-

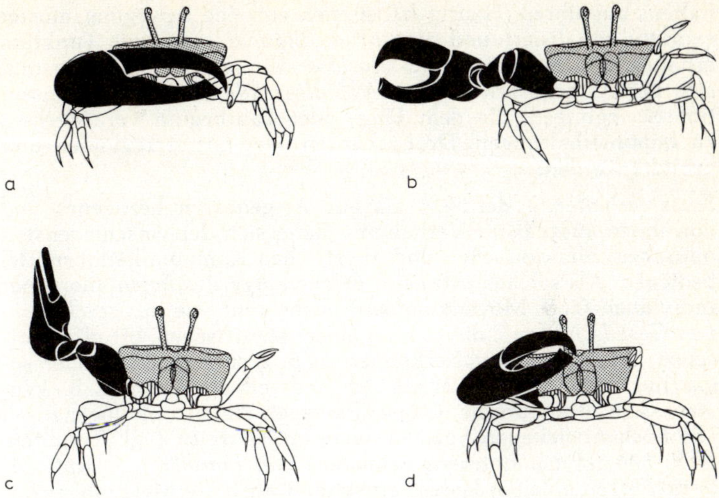

Abb. 163 a–d Ritualisierte Winkbewegung der Krabbe *Uca lactea*. Die Winkschere (rechts) ist schwarz hervorgehoben (nach CRANE).

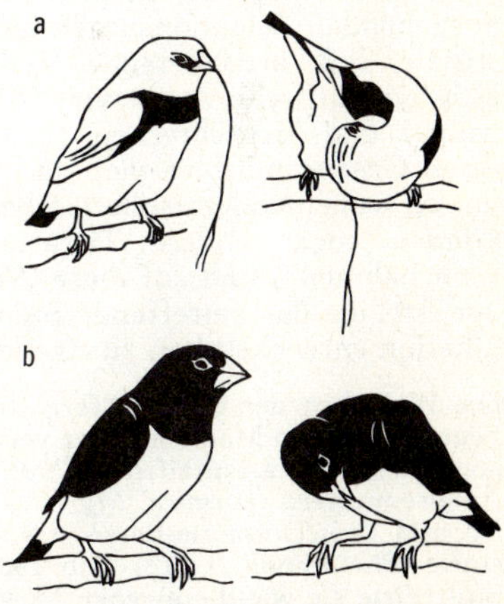

Abb. 164 Ritualisierte infantile Bettelbewegungen als Balzbewegungen adulter Prachtfinken ♂♂. a) Die ursprüngliche Bewegungsform bei *Staganopleura guttata:* Hochstoßen (links) und seitliches Herabbiegen (rechts) mit Halm im Schnabel (nach NICOLAI). b) Stark ritualisierte Form bei *Spermestes bicolor:* Hochstoßen (links) und Verbeugen (rechts) ohne Halm (nach GÜTTINGER).

haltens ausführen. Häufig haben sich einzelne Bewegungsmuster evolutiv ritualisiert und als *soziale Signale* eine neue Funktion erhalten, indem sie jetzt als *Auslöser* für andere Verhaltensmuster des Artgenossen dienen. Auf diese Weise sind viele Intentionsbewegungen, die dem Flug- oder Laufbeginn vorausgehen, zu Imponierhaltungen, Drohgebärden oder Grußzeremonien umgebildet worden.

Sozialverhalten – definiert als auf Artgenossen bezogenes und von ihnen ausgelöstes Verhalten – kann sich der verschiedensten optischen, olfaktorischen und akustischen Kommunikationsmittel bedienen. Als solches tritt es in *offenen Aggregationen* anonymer Individuen (z. B. Mövenkolonien) ebenso auf wie in *„geschlossenen Gesellschaften"*, die sich an einem spezifischen, oft olfaktorischen *Gruppenmerkmal* erkennen (z. B. Bienen, Mäuse) oder sogar nur *individuell* bekannte Artgenossen umfassen (z. B. Wüstenasseln, Buntbarsche, Gänse, Paviane). Da sich phylogenetisch alle hochentwickelten Sozialsysteme im Tierreich (vgl. Termiten, Abb. 236; Hymenopteren; Primaten) von *familiären Brutpflegebeziehungen* ableiten lassen, entstammt auch die Mehrzahl sozialer Verhaltensweisen diesem Funktionskreis.

Verhaltensweisen werden durch ihre Umfunktionierung im sozialen Kontext zugleich einem neuen, vom Empfänger des Signals ausgehenden Selektionsdruck ausgesetzt. Gleiches gilt für nichtsoziale, z. B. artisolierende Verhaltensweisen. So unterscheiden sich sympatrische Arten von Vögeln (z. B. der Gattung *Phylloscopus)* und Heuschrecken (z. B. der Gattung *Chorthippus)* in ihren Gesangsmustern viel stärker als allopatrische, d. h. geographisch voneinander isoliert lebende Arten (S. 348). Schließlich können sogar andere Tierarten solche Signale übernehmen („nachahmen") und auf diese Weise bestimmte Verhaltensmuster der Art, die das betreffende Signal für die innerartliche Kommunikation entwickelt hat, zu eigenem Nutzen auslösen *(Mimikry)*.

Die Weibchen der Leuchtkäfergattung *Photurus* locken die ihnen als Beute dienenden Männchen der verwandten Gattung *Photinus* dadurch an, daß sie das artspezifische *Photinus*-Blitzmuster verwenden. Die in Ameisennestern *(Formica, Myrmica)* lebenden Käfergattungen *Atemeles* und *Lomechusa* imitieren das Bettelverhalten und die Attraktivstoffe (Pheromone, S. 212; Abb. 180) der Ameisenlarven so exakt, daß ihre Wirte sie wie die eigenen Larven füttern. Demnach können nicht nur morphologische Merkmale, sondern auch Bewegungsmuster artfremden Vorbildern mimetisch angepaßt werden.

In wenigen Fällen konnte bisher sogar eine Genetik von Erbkoordinationen *(Verhaltensgenetik)* entwickelt werden. Bei dem Nematoden *Rhabditis inermis* existiert eine Subspecies A, die mit erhobenem Vorderkörper „winkt" und auf diese Weise mit Trägerinsekten leichter in

Kontakt kommt als die Subspecies B, die keine Winkbewegung zeigt. Nach Kreuzungsexperimenten zwischen Tieren beider Rassen liegt ein monofaktorieller Erbgang vor. Kreuzungen zwischen Feldgrillenarten beweisen dagegen die Beteiligung mehrerer Gene an der Codierung von Grillengesängen (S. 321). Eine elegante Methode, die genetischen Grundlagen von Verhaltensweisen zu untersuchen, bieten genetische Mosaike (S. 96). Auf diese Weise lassen sich Fliegen (Drosophila) erzeugen, deren eines Auge das Elektroretinogramm (Abb. 142) einer sehgestörten Mutante zeigt, dessen anderes Auge aber normal reagiert. Durch Erfassen der Frequenz, mit der sich Verhaltensgene in Mosaikindividuen zusammen mit Strukturmerkmalsgenen manifestieren, läßt sich die Stelle – der Focus – im Körper kartieren, von der eine Verhaltensweise ausgeht.

Erbkoordinationen werden nicht automatisch von auslösenden Reizen in Gang gesetzt, sondern bedürfen jeweils eines zentral-

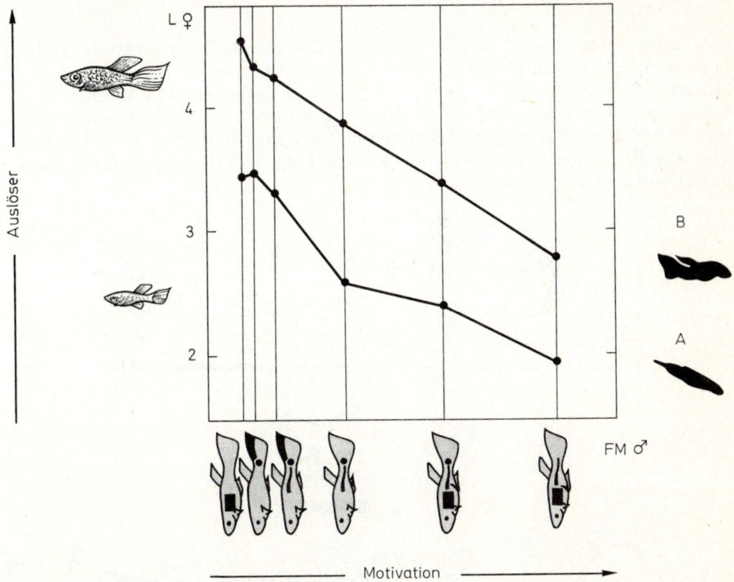

Abb. 165 Die Verhaltensschwellen zweier Balzbewegungen *(A, B)* des männlichen Zahnkärpflings *(Lebistes reticulatus)* in Abhängigkeit von Triebstärke (Motivation) und Reizstärke (Auslöser). Das Farbmuster *(FM ♂)* gilt als Gradmesser der sexuellen Motivation des Männchens, die Größe des Weibchens (Länge *L* in cm) bestimmt die Stärke des Außenreizes. *A* Nachschwimmen, *B* S-Biegung. Bei gleicher Weibchengröße benötigt *B* einen höheren inneren Erregungspegel als *A* (nach Baerends).

nervösen Erregungspegels (*Motivation*, Trieb), der in einem spezifischen Suchverhalten nach der auslösenden Reizsituation (*Appetenzverhalten*) zum Ausdruck kommt. Je stärker ein Tier für eine bestimmte Verhaltensweise motiviert ist, desto niedriger liegt die Reizschwelle für die auslösenden Reize (Abb. 165). Im Extremfall kann die Bewegung auch bei Fehlen jeglichen auslösenden Reizes als Leerlaufhandlung auftreten. Da einzelnen Erbkoordinationen spezifische Motivationszustände zugrunde liegen, lassen sich aus genau protokollierten Verhaltensfolgen (Ethogrammen) zugleich Aussagen über die zugehörigen Motivationen gewinnen (Motivationsanalyse). Werden zwei Motivationen annähernd gleich stark aktiviert, kann eine *Übersprungbewegung* auftreten, die keiner der beiden Motivationen zugeordnet ist. Möven zeigen z. B. Übersprungsschlafen oder -fressen, wenn sich bei ihnen an den Reviergrenzen die Motivationen für Aggression und Flucht ungefähr die Waage halten.

Das *anatomische und physiologische Korrelat* solcher motivierender Faktoren hat sich in einigen Fällen durch elektrische Reizung spezieller Hirnregionen nachweisen lassen (Abb. 166). Selbst in den kleinen Gehirnen von Insekten (Volumina 0,2 bis 0,6 mm^3) ließ sich mit der Methode der punktförmigen elektrischen Reizung beim frei beweglichen Tier die Bedeutung des Gehirnes für die Organisation komplexer Verhaltensweisen feststellen.

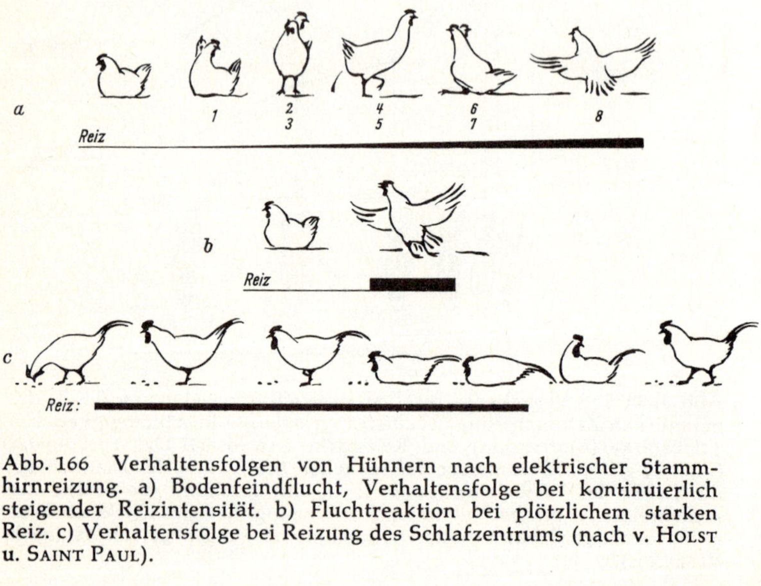

Abb. 166 Verhaltensfolgen von Hühnern nach elektrischer Stammhirnreizung. a) Bodenfeindflucht, Verhaltensfolge bei kontinuierlich steigender Reizintensität. b) Fluchtreaktion bei plötzlichem starken Reiz. c) Verhaltensfolge bei Reizung des Schlafzentrums (nach v. Holst u. Saint Paul).

Bei der Grille dient das Zirpen der Männchen dem Zusammenführen der Geschlechter (Lockgesang), der Einleitung der Paarung (Werbegesang) und der Revierverteidigung (Kampfgesang). Die einzelnen Gesänge werden mit den aufgestellten und rhythmisch bewegten Deckflügeln erzeugt und unterscheiden sich in der zeitlichen Folge der Laute. Die Befehle zur Lautproduktion gehen auf ein Netzwerk von Nervenzellen im Mesothoracalganglion zurück, das bei einem gewissen Erregungsgrad autonom die Lautfolgen programmiert. Der Erregungsgrad des thoracalen Systems untersteht jedoch der Kontrolle bestimmter Hirnfelder (Abb. 167), die aktivierend und dämpfend einwirken können. Diese Hirnfelder bestimmen zusammen mit Sinnesorganen (auf den Antennen, in den Vorderbeinen, im Bereich des Genitalapparates) den Typus des Gesanges und seine Dauer. Außerdem sind sie verantwortlich für die Übergänge von einer Gesangsform (z. B. Lockgesang) in eine andere (z. B. Werbegesang) und für die Koordination anderer Bewegungen, die simultan mit den Lauten gezeigt werden. Besonders wichtig sind dabei Gruppen von Nervenzellen im Gehirn, die als pilzhutförmige Körper *(Corpora pedunculata)* und als *Zentralkörper* im

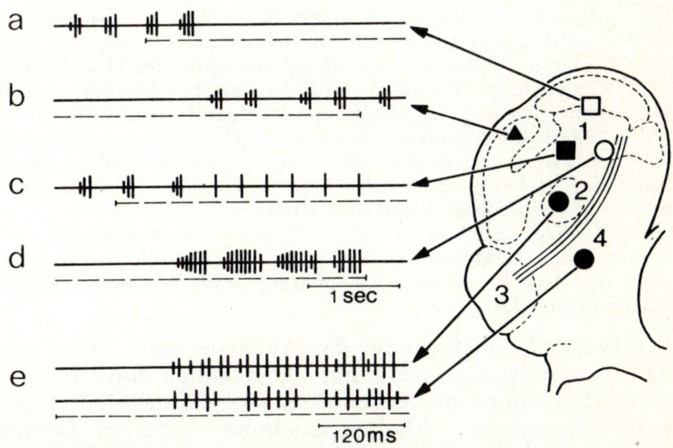

Abb. 167 Einige bei elektrischer Hirnreizung erzielte akustische Reaktionen der Feldgrille *(Gryllus campestris)*. Rechts: Sagittalschnitt durch das Gehirn mit dem punktiert umrandeten pilzhutförmigen Körper (1), dem Zentralkörper (2), dem Antennenlappen (3) und der durch Striche markierten Bahn (4) vom Antennenlappen zum pilzhutförmigen Körper. Links: Lautoszillogramme. Für a–d gilt die Zeitmarke 1 sec, für e die Zeitmarke 120 msec. Der Reiz ist durch die gestrichelt gezeichnete Linie unter den jeweiligen Lautfolgen angegeben. Reizpunkte: □ Hemmung des Lockgesangs (a), ▲ Auslösung des Lockgesangs (b), ■ Umwandlung des Lockgesangs in Werbegesang (c), ○ Auslösung des Kampfgesangs mit Kampfverhalten (d), ● Auslösung atypischer Lautfolgen (e) (nach HUBER).

ersten Hirnabschnitt (Protocerebrum, S, 409) liegen. Bei punktförmiger elektrischer Reizung in den pilzhutförmigen Körpern werden alle drei Lautäußerungen ausgelöst bzw. gehemmt. Bei Reizung des Zentralkörpers zeigt das Tier auch atypische Gesänge.

Das Auftreten einer bestimmten Erbkoordination ist jedoch nicht nur an eine spezifische innere *(motivierende)* Erregungssituation, sondern ebenso an eine spezifische äußere *(auslösende)* Reizsituation gebunden. Ein *angeborener Auslösemechanismus (AAM)* wirkt dabei als Reizfilter, der bei Vorliegen der adäquaten Schlüsselreize den zentralnervösen Erregungsspeicher „entlädt" und damit die Erbkoordination ablaufen läßt. Als Schlüsselreize dienen meistens einfache Reizkonstellationen, die sich durch Attrappenversuche mit unerfahrenen Tieren bestimmen lassen. Für die Pickreaktion der Silbermövenküken wirkt nur der rote Fleck am Unterschnabel des Altvogels als auslösender Reiz, während die übrige Zeichnung und Konfiguration des Mövenkopfes völlig irrelevant ist.

Die *neurophysiologische Analyse* des rein funktionell definierten AAMs steht erst in den Anfängen. Beim Frosch *(Rana esculenta)* kennt man bestimmte optische Reizmuster, die entweder Flucht- oder Beuteverhalten auslösen. Da gleichzeitig die Reizcharakteristiken zahlreicher Neuronentypen aus der Netzhaut und dem Tectum opticum vorliegen (Abb. 157 b), kann man der Frage nachgehen, welche neuronalen Operationen zwischen „Beute" oder „Feind" unterscheiden. Die Analyse zeigt, daß es keine speziellen Neurone gibt, die ein bestimmtes Reizmuster als Beute oder Feind klassifizieren. Die Invariante „Beute" oder „Feind" wird also erst in letzter Instanz aus dem gesamten Impulsmuster aller Neuronenklassen gebildet. Der AAM, ein „Detektor", stellt demnach hier keinen peripheren, sondern einen zentralen Filtermechanismus dar.

Die Wahrscheinlichkeit für das Auftreten eines bestimmten Verhaltens wird jedoch nicht nur als Reaktion eines festen genetischen Programms auf Außenreize, sondern auch individuell durch vorhergegangenes Verhalten bestimmt. Derartige **Lernvorgänge** bestehen in ihrer einfachsten Form darin, daß Gewöhnung an eine bestimmte Reizsituation eintritt: *Habituation.* Gewöhnungslernen läßt sich schon bei den phylogenetisch ältesten Metazoenstämmen nachweisen. Viele Polypen *(Hydrozoa)* und Seeanemonen *(Actinia)* zeigen auf mechanische Reize eine Krümmung ihrer Tentakeln zur Reizstelle. Wird der Reiz in konstanten Zeitabständen und mit konstanter Reizstärke wiederholt, klingen die ausgelösten Krümmungsreaktionen allmählich ab, können jedoch nach einer längeren Reizpause oder durch Verwendung stärkerer Reizintensitäten wieder voll ausgelöst werden. Zum experimentellen Nachweis eines solchen Gewöhnungslernens muß freilich sichergestellt sein, daß weder eine sensorische Adaptation der beteiligten Rezeptoren noch eine Ermüdung der motorischen Systeme eine zentralnervös bedingte Habituation vortäuschen.

Höhere Stufen des Lernens liegen dann vor, wenn Assoziationen zwischen bestimmten Reaktionen und solchen Reizen auftreten, die diese Reaktion nicht zwangsläufig (angeborenermaßen), sondern erst nach einer speziellen Lernphase auslösen. Wird z. B. nach den klassischen Versuchen PAWLOWS einem Hund gleichzeitig mit einer chemischen Reizung der Mundschleimhaut, die reflexartig Speichelsekretion auslöst (unbedingter Reiz, UBR), ein Tonsignal geboten (bedingter Reiz, BR), genügt nach mehrmaliger Wiederholung allein der zweite Reiz (BR) zur Speichelsekretion: *bedingter Reflex, classical conditioning.* Während der UBR und die Reaktion in allen Fällen streng gekoppelt auftreten, löst ein isoliert gebotener BR ohne eine vorhergegangene Koppelung mit dem UBR die betreffende Reaktion niemals aus. Im Gegensatz zu der beschränkten Zahl und der für jede Reaktion spezifischen Art des UBR können die verschiedenartigsten Reize und Reizkonstellationen als BR auftreten. Voraussetzung für ihre Wirksamkeit ist lediglich eine enge zeitliche Koppelung mit dem UBR. Als solche bedingten Reflexe haben sich neben der Speichelsekretion zahlreiche andere gastrointestinale Reaktionen, Pupilleneinstellungen, Änderungen der Puls- und Atmungsfrequenz, des Spannungszustandes der Blutgefäße oder des Hautwiderstandes usw. nachweisen lassen.

Die feste Koppelung eines UBR mit der von ihm ausgelösten Reaktion ist jedoch keineswegs in allen Fällen die Grundvoraussetzung für einen Lernvorgang. Vielmehr kann sich ein Tier auf Grund spontaner Aktivität einem reichhaltigen Reizmuster aussetzen, dem gegenüber sein Verhaltensrepertoir eine Vielzahl möglicher Reaktionen zuläßt. Da sich jeweils nur bestimmte, nach dem Prinzip von „Versuch und Irrtum" ausprobierte Verhaltensweisen als erfolgreich herausstellen, wird die damit verbundene Reizsituation rückwirkend eingespeichert; das Verhalten dient gewissermaßen als Instrument, durch das ein „erfolgreicher", biologisch günstiger Zustand erreicht wird: *instrumentelles Lernen, operant conditioning.* Reihen sich mehrere solcher instrumenteller Lernphasen aneinander, erhält der Organismus schließlich eine immer präzisere Kenntnis von der Wertigkeit einzelner Umweltelemente.

Die hier gegebene Unterscheidung verschiedener Typen von Lernvorgängen wurde rein beschreibend vorgenommen, hat jedoch den Vorteil, daß sie heute von Ethologen, Psychologen und Neurophysiologen einigermaßen einheitlich angewandt wird. Sie sagt jedoch noch nichts über die Lernmechanismen aus. Hinweise darauf kann zunächst ein genaues Studium der *Zeitverhältnisse* liefern, die den Lernvorgängen

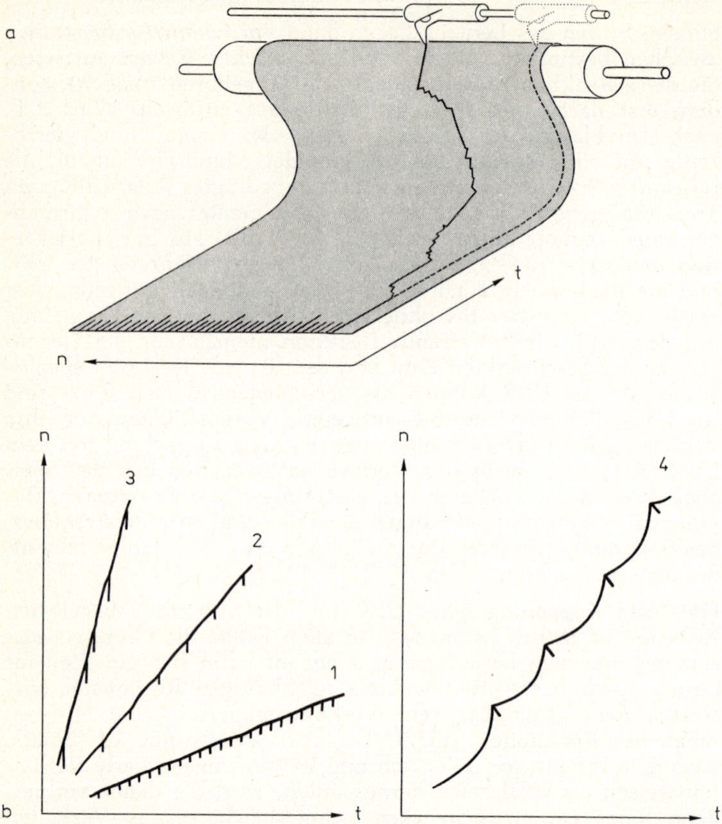

Abb. 168 Kumulativaufzeichnungen der Pickreaktionen von Tauben nach verschiedenen Belohnungsprogrammen. a) Schreibgerät zur kumulativen Aufzeichnung der Pickreaktionen auf eine leuchtende Mattscheibe. Nach jedem Picken wandert der Schreiber um einen Skalenteil nach links. b) Kumulativkurven nach verschiedenen Belohnungsplänen: Belohnung nach jeder Pickreaktion (1), nach einer stets konstanten Zahl (2) und einer jeweils variierenden Zahl von Pickreaktionen (3) sowie nach konstanten Zeitintervallen (4). Die Belohnungen sind durch nach unten gerichtete Striche angegeben. Die Anstiegssteilheit einer Kumulativkurve liefert ein Maß für die Reaktionshäufigkeit der Taube. *n* Anzahl der Pickreaktionen, *t* Zeitskala (nach Skinner; Blough).

zugrunde liegen. Zahlreiche Tierarten sind in Unterscheidungstests auf einen positiven Stimulus S1 gegen einen negativen S2 (z. B. auf eine Spektralfarbe gegen eine andere) dressiert worden. Mit zunehmender Zahl der Lernakte *(reinforcements)* steigt dabei die Wahlhäufigkeit für S1 nach einer e-Funktion an. Während sich in der Anstiegssteilheit einer solchen *Lernkurve* die Lerngeschwindigkeit ausdrückt, liefert die Plateauhöhe ein Maß für das erzielte Lernniveau. Werden die Tests anschließend ohne weitere Belohnung fortgeführt, klingt die Wahlhäufigkeit für S1 wieder exponentiell ab *(Vergessenskurve)*. Die Lernpsychologie liefert auch für den Menschen solche Kurvenverläufe. Die Anstiegssteilheit einer Lernkurve kann nicht nur durch die Wahl des positiven Stimulus S1, sondern bei gegebenem S1 auch durch unterschiedliche *Belohnungsprogramme* modifiziert werden: Tauben lassen sich an einem Automaten leicht darauf dressieren, bei Aufleuchten eines bestimmten Farblichts auf eine Scheibe zu picken, worauf aus einem Magazin automatisch einige Futterkörner entleert werden. Die Taube assoziiert also die Futtergabe mit dem Aufleuchten des Lichts und kann die Häufigkeit der Belohnungen durch die Zahl der Pickschläge auf die erleuchtete Scheibe selbst regulieren. Mit Hilfe eines Häufigkeitsschreibers (Abb. 168 a) läßt sich die Zahl der Pickreaktionen kumulativ aufzeichnen. Der Anstieg der so erhaltenen Kurven (Abb. 168 b) gibt dann die Frequenz der Schnabelhiebe an. Belohnt man die Taube nicht bei jeder Pickreaktion, sondern erst nach einer konstanten Zahl von Schnabelhieben, führt sie in der Zeiteinheit mehr Reaktionen aus, da sie jetzt ja mehrmals picken muß, um die gleiche Futtermenge wie vorher zu erhalten. Noch höhere Pickfrequenzen erreicht man, wenn das Verhältnis von belohnten zu unbelohnten Pickschlägen (z. B. 1:5) nicht konstant, sondern variabel gehalten wird (z. B. 1 : 3, 1 : 7, . . ., im Mittel ebenfalls 1 : 5); denn jetzt kann potentiell jede Pickreaktion zu einer Belohnung führen. Folgen die belohnten Pickreaktionen dagegen nach konstanten Zeitintervallen aufeinander, resultiert eine treppenförmige Kumulativkurve: Die Pickfrequenz steigt jetzt immer erst kurz vor dem neuen Belohnungszeitpunkt steil an. Durch unterschiedliche Belohnungsprogramme läßt sich also die Reaktionshäufigkeit eines Tieres variieren – ein Befund, der auch für die menschliche Arbeitsphysiologie erhebliche Bedeutung gewinnt.

Die Assoziation von Stimulus und Reinforcement erfolgt jedoch nicht während der gesamten Dauer der Belohnung, sondern ist auf deren *Beginn* beschränkt. Bienen lernen eine Spektralfarbe z. B. nur dann, wenn sie 2 Sek. vor bis 1 Sek. nach Beginn des Saugvorgangs geboten wird; welche Farbe während der übrigen meistens 2minütigen Saugzeit aufleuchtet, spielt für den Lernvorgang keine Rolle mehr.

Als *neurophysiologsiche Mechanismen* des Lernens werden heute im wesentlichen zwei Möglichkeiten diskutiert: einerseits ein ständiger Erregungsfluß in zirkulär verschalteten Neuronenpopulationen (nach Art eines *elektrischen Schwingkreises*) und andererseits eine dauerhafte *biochemische Einspeicherung* in Form einer spezifischen Veränderung im Inventar von Nucleinsäuren oder (und) Proteinen der Nervenzellen. Möglicherweise sind beide Mechanismen bei der Einspeicherung von Lerninhalten realisiert. Beim Menschen wie bei vielen Wirbeltieren (und Cephalopoden) kann man nämlich erlernte Informationen kurz – ca. 10–30 Min. – nach ihrer Einspeicherung durch Elektroschocks oder Unterkühlung wieder löschen *(retrograde Amnesie).* Solche Behandlungen, die die elektrischen Aktivitätsmuster des Gehirns vollständig zerstören, üben zu späteren Zeitpunkten auf den eingespeicherten Lerninhalt keinen Einfluß mehr aus. Folglich muß die erlernte Information aus einem *Kurzzeitspeicher,* in dem sie zunächst in Form elektrischer Potentialmuster niedergelegt ist – und den man bei Wirbeltieren in der Hippocampusregion (Archipallium, Abb. 127 e) lokalisiert –, anschließend in biochemischer Form auf einen *Langzeitspeicher* übertragen worden sein.

Erfolgversprechende Impulse hat die Lernphysiologie durch *neurophysiologische Untersuchungen an einzelnen Neuronen* erfahren. Bei der marinen Schnecke *Aplysia* kann man die elektrischen Antworten von einer einzelnen Nervenzelle ableiten und gleich-

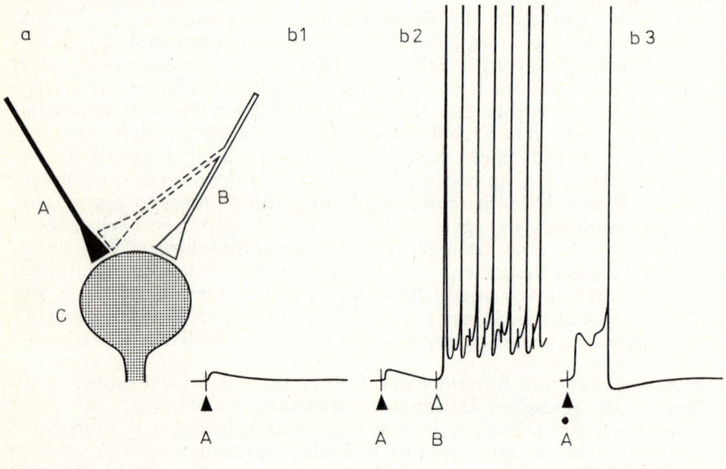

Abb. 169 Neuronenmodell eines bedingten Reflexes: heterosynaptische Facilitation im Abdominalganglion der marinen Schnecke *Aplysia californica.* a) Neuron *C,* von dem elektrische Potentiale (b) intrazellulär abgeleitet werden, mit 2 einzeln reizbaren präsynaptischen Fasern *(A,B).* Möglicherweise kommt die Facilitation dadurch zustande, daß *B* über eine kollaterale Faser (gestrichelt) präsynaptisch auf die Synapse AC einwirkt. b) Elektrische Antworten des Neurons *C* auf künstliche Reizung von *A* (▲) und B (△). Reizung bei *A* führt erst dann zu einem Aktionspotential (b3 im Vergleich zu b1), wenn einige Sekunden vorher auch *B* gereizt worden ist (b2) (nach Kandel).

zeitig die an diesem Neuron endigenden präsynaptischen Fasern lokalisieren (Abb. 169). Reizt man z. B. eine präsynaptische Faser (A), zeigt das Neuron (C) nur eine schwache lokale Antwort (PSP, S. 241). Reizung einer zweiten präsynaptischen Faser (B) führt dagegen bei C zu einer Salve von Aktionspotentialen. Im Verlauf der nächsten 10 sec hat nun auch die Reizung von A ein Aktionspotential bei C zur Folge, das ohne den „prägenden" Einfluß der vorhergehenden Entladung von B nicht zustande gekommen wäre. Dieses als *heterosynaptische Facilitation* bezeichnete Phänomen liefert uns das neuronale Modell eines bedingten Reflexes (S. 323), indem sich die Erregung von B mit dem unbedingten Reiz und die von A mit dem bedingten Reiz vergleichen läßt.

Damit eröffnet sich erstmals die Möglichkeit, Verhaltensmuster, die auch beim Menschen gesetzmäßig studiert werden können, mit Neuronenmodellen zu simulieren. Gleichzeitig bahnt sich für die Zukunft eine Entwicklung an, die Psychologie, Verhaltens- und Neurophysiologie zu gemeinsamer Fragestellung (Neurobiologie) zusammenführt.

Untersuchungen tierischen Verhaltens zielen daher heute im wesentlichen in zwei Richtungen: Zum einen dienen sie dem *Neurobiologen* zum Studium der Übertragungseigenschaften ganzer senso-neuro-motorischer Systeme und bilden daher die unabdingbare Ergänzung seiner sinnes- und neurophysiologischen Untersuchungen. Da es schon technisch unmöglich ist, während eines bestimmten Verhaltensablaufs gleichzeitig von allen beteiligten Neuronen elektrophysiologisch abzuleiten, ist die Neurophysiologie zur Interpretation ihrer Befunde auf die Modelle angewiesen, die ihr die Verhaltensphysiologie an die Hand gibt. So war erst über die Messung des Schwirrverhaltens von Seidenspinner ♂♂ nach Reizung mit ♀ Sexuallockstoff die Bestimmung der Riechschwelle möglich, und zwar mit Hilfe elektrophysiologischer Ableitungen von den Geruchsrezeptoren (Abb. 145) und durch Verwendung eines radioaktiv markierten Lockstoffs (S. 264).

Zum anderen ist der *Ökologe* und *Evolutionsbiologe* auf Verhaltensanalysen angewiesen. Denn meistens sind es Verhaltensweisen, die einer Tierart den Zugang zu einer neuen ökologischen Nische ermöglichen und sie damit einem neuen Selektionsdruck aussetzen. In diesem Zusammenhang verdienen daher weniger die starren, der Artisolierung und Partnererkennung dienenden Verhaltensmuster, sondern vor allem jene Nahrungs- und Biotoppräferenzen Beachtung, die innerhalb der Populationen variieren können und auch der individuellen Erfahrung zugänglich sind. Gerade Biotopansprüche dürfen genetisch nicht streng fixiert, sondern müssen anpassungsfähig sein, um einseitige Spezialisierungen zu verhindern. Wie Strukturmerkmale werden auch Verhaltensweisen nur dann evolutiv erworben, wenn sie adaptiven Wert besitzen. Eine Verhaltensweise biologisch verstehen, heißt daher ihren Anpassungswert erkennen. Es scheint heute sicher, daß viele hochrangige Einheiten (z. B. die Ordnungen der Säuger) letztlich auf Nahrungsspezialisierungen oder anderen Verhaltensumstellungen einzelner Populationen früherer Arten beruhen. Wohl erst sekundär haben sie zu morphologischen Umstrukturierungen geführt. Was früher so viele Biologen als den „Typus" erkannten, ist in Wirklichkeit die funktionsmorphologische Konsequenz der Besetzung einer ökologischen Planstelle (S. 346). Über die speziellen ökologischen Anpassungen hinaus muß die Evolutionsbiologie jedoch am gesamten Verhaltensinventar einer Art interessiert sein, da sich der Anpassungswert einer einzelnen Verhaltensweise immer über ihren Einfluß auf das Gesamtverhalten des Tieres äußert; denn die Selektion greift am Individuum an und nicht an einer isolierten Verhaltenskomponente (S. 521 f).

6. Ökologie

Jede Tierart ist an eine bestimmte Umwelt angepaßt, mit der sie in einem engen, ihre Individuenzahl bestimmenden, wechselseitigen Abhängigkeitsverhältnis steht. Das Studium solcher Wechselwirkungen bildet den Aufgabenbereich der Ökologie. Da aber alle an einem Ort zusammenlebenden Arten aneinander angepaßt sind und sich diese gegenseitige Anpassung bei variierenden Umweltbedingungen immer wieder neu einspielen muß, also einen fortlaufenden Prozeß darstellt, können Fragen der *Ökologie* nicht getrennt von solchen der Evolution betrachtet werden. In ständiger adaptiver Wechselwirkung haben z. B. seit Beginn des Tertiärs die Huftiere die Schmelzleisten ihrer Zähne verstärkt (Abb. 282) und die ihnen als Nahrung dienenden Gräser ihren Kieselsäuregehalt erhöht. Dieses „Räuber-Beute-Verhältnis" ist jedoch ambivalent: Einerseits haben die Gräser Abwehrmechanismen gegen die Beweidung durch Huftiere entwickelt, andererseits sind sie aber auf die Beweidung als Schutz gegen eine Verwaldung der Steppe geradezu angewiesen. Der Problemkreis weitet sich noch mehr, wenn man berücksichtigt, daß bei Tierarten der Selektionsdruck in einer bestimmten ökologischen Situation oft primär am Verhalten angreift, wie es sich z. B. in einer bestimmten *Nahrungs- und Habitatswahl* äußert (*Habitat:* Lebensraum einer Art; *Biotop:* Lebensraum einer Biozönose [„Lebensgemeinschaft"]). Erst als gewisse Süßwasserfische in den sauerstoffarmen tropischen Sümpfen des Devon die Fähigkeit erworben hatten, Sauerstoff aus der Luft aufzunehmen, entstand eine auf die Vergrößerung der Ösophaguswand gerichtete Selektionswirkung, die schließlich zur Entwicklung von Lungen führte. Besonders stark wird der Selektionsdruck die Biotoppräferenz dort beeinflussen, wo zwei Arten gleiche oder ähnliche Biotopansprüche stellen und damit in interspezifische (zwischenartliche) *Konkurrenz* treten. Gerade in den Randzonen eines Artverbreitungsgebietes, in denen sich die zwischenartliche Konkurrenz verschärft, werden adaptive Veränderungen oft genetisch erleichtert. So weisen bei nordamerikanischen *Drosophila*-Arten innerhalb des Verbreitungsgebietes der Art die Randpopulationen eine höhere genetische Rekombinationshäufigkeit auf als die im Zentrum lebenden Populationen (S. 524).

Da also Evolutionsprozesse immer auf bestmögliche *ökologische Anpassung* an die gerade bestehende Umweltsituation gerichtet sind und diese Anpassung oft mit adaptiven Verhaltensänderungen ihren Anfang nimmt, müssen Ökologie, Evolutions- und vergleichende Verhaltensforschung in ihren Fragestellungen naturgemäß aufeinander bezogen sein. Nur aus methodischen Gründen wird die Ökologie hier gesondert behandelt.

Ebenfalls methodische Gründe führen dazu, daß für ökologische Untersuchungen oft eine einzelne Art aus dem gesamten Artengefüge *(Biozönose)* eines bestimmten Biotops herausgegriffen und der Einfluß vor allem physikalischer und chemischer Umweltfaktoren auf diese Spezies isoliert betrachtet wird: *Autökologie.* Solchen Fragestellungen dienen physiologische Methoden (vgl. S. 172). So lassen sich für die einzelnen ökologisch wirksamen Faktoren wie Feuchtigkeit, Temperatur, Lichtintensität, Salinität usw. *stenöke* Arten, bei denen diese Faktoren nur in engen Grenzen schwanken dürfen, von *euryöken* Arten unterscheiden, die einen weiten Variationsbereich eines bestimmten Faktors ertragen (vgl. Abb. 84). Typisch ökologische Probleme ergeben sich dagegen erst beim Studium ganzer Ökosysteme, bei dem die gegenseitigen Wechselwirkungen der Arten als ganzes zur Diskussion stehen: *Synökologie.* In diesem Kapitel werden vor allem synökologische, in den folgenden beiden Beispielen dagegen auch einige autökologische Fragen behandelt.

Besonders eindrucksvoll läßt sich die Wirkung physikalischer und chemischer Umweltfaktoren auf die Ausbildung eines bestimmten Ökosystems demonstrieren, wenn man die *Vertikalzonierung von Süßwasserseen und Meeren* betrachtet (Abb. 170). Die oberflächlichen durchleuchteten (photischen) Schichten, das *Epilimnion* bei Süßwasserseen bzw. das *Epipelagial* in marinen Systemen, bilden die trophogenen Zonen, da hier autotrophe Phytoplanktonarten Assimilationsprodukte lie-

---

Abb. 170 Vertikalgliederung *(1)*; Ordinate: Wassertiefe, Abszisse: Entfernung vom Uferrand) und ökologisch wirksame Faktoren (2) eines limnischen *(a)* und eines marinen Ökosystems *(b)*. Für den eutrophen Binnensee *(a)* sind die Verhältnisse während der Sommerstagnation angegeben: absoluter Sauerstoffgehalt (*mg* O_2*/l*), Temperatur (° *C*) und relative H_2S-Verteilung sowie die Horizonte massenhaften Auftretens (*Ind/l*) von Blaualgen (*Pseudanabaena*; gerastert) und Purpurbakterien (*Chromatium*; schraffiert) (nach MENZEL). Die Skizze b2 zeigt das Temperaturgefälle (° C) und den relativen Sauerstoffgehalt (*%* O_2) nach Messungen der „Meteor" im Südatlantik sowie die relativen Lichtintensitäten (*% Int*) für rotes *(r)*, grünes *(g)* und blaues Licht *(b)* (b1 nach HEDGPETH, b2 nach DEFANT). *AB* Abyssal, *B* Bathyal, *BP* Bathypelagial, *EL* Epilimnion, *EP* Epipelagial, *HL* Hypolimnion, *LIT* Litoral, *mHT* mittlere Hochwasserlinie (-tide), *ML* Metalimnion (Zone der Sprungschicht), *mNT* mittlere Niedrigwasserlinie (-tide), *MP* Mesopelagial, *NER* neritische Region (Schelfmeer), *NN* mittlere Wasserstandslinie (Nullniveau), *OC* ozeanische Region, *SCH* Schelfregion (Kontinentalsockel), *SUBLIT* Sublitoral.

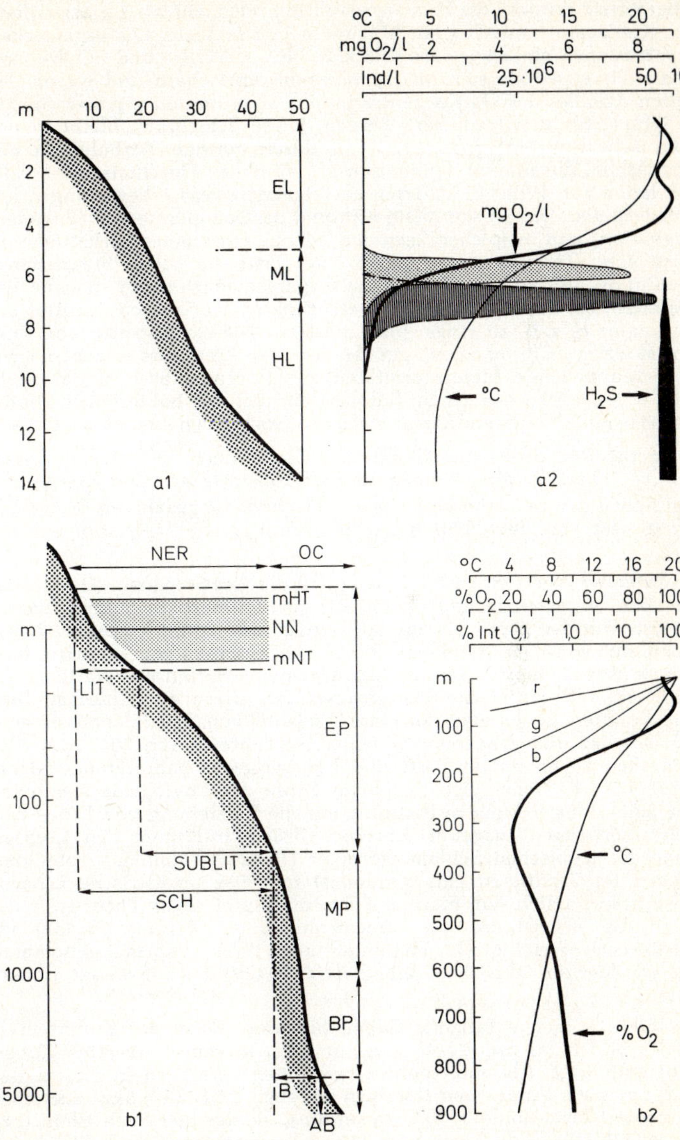
°C 5 10 15 20
mg O2/l 2 4 6 8
Ind/l 2,5·10^6 5,0 10^6
m 10 20 30 40 50
2
4
6
8
10
12
14
EL
ML
HL
a1
mg O2/l
°C
H2S
a2
NER
OC
mHT
NN
mNT
LIT
EP
m
100
SUBLIT
SCH
MP
1000
BP
5000
B
AB
b1
°C 4 8 12 16 20
% O2 20 40 60 80 100
% Int 0,1 1,0 10 100
m
r
100
g
b
200
300
400
500
600
700
800
900
°C
% O2
b2

fern. Bei dem in Abb. 170 a gewählten nährstoffreichen (eutrophen) **Süßgewässer** erreicht die Primärproduktion mit mehr als 1 g assimiliertem Kohlenstoff/m^3/Tag ein Maximum in 3 m Tiefe. Die organischen Verbindungen sinken ebenso wie z. B. NO_3^--, PO_4^{3-}- und SO_4^{2-}-Ionen in die Tiefe, wo sie sich im *Hypolimnion* anreichern und wegen des steilen Abfalles der O_2-Konzentration im *Metalimnion* (Sprungschicht) zu NH_4^+, S^{2-} usw. reduziert werden. Diese Schichtung bleibt immer dann sehr konstant erhalten, wenn durch geringe Turbulenzen der Oberfläche, die nur im Epilimnion zu ständiger Durchmischung führen, keine von Wind induzierten absteigenden Wasserbewegungen am Ufer erfolgen. Das ist vor allem während der Sommermonate *(Sommerstagnation)* und in solchen Seen der Fall, die ein kleines Verhältnis von Oberfläche : Tiefe besitzen (Abb. 170 a_1). Tritt eine solche Stagnationsschichtung auf, sind auch einzelne Organismenarten nur in ganz bestimmten, oft auf wenige Meter beschränkten Horizonten anzutreffen. So kommt es z. B. zu einem plateauartigen Massenauftreten von Purpurbakterien *(Chromatium)* gerade dort, wo einerseits – von oben – noch hinreichende Lichtintensitäten zur Photosynthese, andererseits aber – von unten – noch Sulfidionen, die bei der bakteriellen Photosynthese als Elektronendonatoren dienen, vorhanden sind (Abb. 170 a_2).

Da gerade in dieser metalimnischen Zone auch der starke Abfall des O_2-Gehalts erfolgt, können die Sulfidionen in geringer Konzentration neben den Sulfationen bestehen. Flachen, ausgedehnten Seen fehlt infolge der ständigen Durchmischung eine solche Stagnationsschichtung.

In **marinen Ökosystemen** bildet lediglich die Gezeitenzone, das *Litoral*, eine klar abgegrenzte und ökologisch gut definierbare Einheit. Indem sie sich von der Nipp- bis zur Springtidenlinie erstreckt (Abb. 170 b_1) und damit von dem ständigen Ebbe-Flut-Rhythmus geprägt wird, umfaßt sie eine Reihe so typischer Lebensgemeinschaften wie Wattenmeer, Felslitoral oder tropische Mangrovewälder. Diese amphibischen Biotope konnten daher auch zu einer Vielzahl von Spezialanpassungen, z. B. sessiler und grabender Lebensweise führen (Abb. 204, 207). Periodisches Leben an der Luft und herabgesetzte Salinität des Meerwassers im Küstenbereich haben im Laufe der Phylogenie zweifellos eine Selektionswirkung in Richtung auf die Entstehung von Land- und Süßwasserformen ausgeübt. Krabben *(Brachyura)* unter den Krebsen sowie die tropischen Schlammspringer *(Periophthalmidae)* unter den Fischen repräsentieren eine zumindest teilweise terrestrische Lebensweise ursprünglich rein mariner Formen. Es gibt sogar Theorien, nach denen die Wirbeltiere mit tunicatenähnlichen Formen (S. 452) im Brackwasserbereich großer Flußmündungen ihren Ursprung genommen und von hier aus über die *Cyclostomata* (S. 459) das Süßwasser erobert hätten.

Das niemals trockenfallende Gebiet bis zum Sockel des Kontinentalschelfs bildet das *Sublitoral*, das nur noch in seinen obersten Zonen Licht empfängt. Als autotrophe Organismen vermögen in diesem Bereich nur noch Braun- und Rotalgen zu leben. Mit Hilfe akzessorischer Pigmente (Carotinoide, z. B. Fucoxanthin), die das hier noch allein vorhandene kurzwellige Licht (Abb. 170 b_2) absorbieren und die absorbierte Strahlungsenergie auf Chlorophyll übertragen, sind sie ähnlich wie die Purpurbakterien im Süßwasser (Abb. 170 a_2) auch in diesen Tiefen noch zur Photosynthese befähigt. Im freien Meer *(ozeanische Region)* entspricht den Küstenbereichen des Litorals und Sublitorals das *Eupelagial.* Während für die Litoralzonen eine Vielzahl sessiler sowie laufender oder grabender Bodenformen charakteristisch ist *(Benthos)*, überwiegen im Eupelagial sowohl aktiv schwimmende Arten *(Nekton)* als auch frei schwebende und daher passiv verdriftete Formen *(Plankton)*. Mit den tagesperiodischen Schwankungen von Lichtintensität und pflanzlicher Primärproduktion führen viele planktontische Krebse und Krebslarven Vertikalbewegungen im Tag-Nacht-Rhythmus durch. Dabei steht das Zooplankton nachts oben und tagsüber unten (außerhalb der Phytoplanktonzone).

Jedes Biotop verteilt bestimmte *ökologische Lizenzen,* verfügt also über ein spezifisches Muster ökologischer Planstellen, die jedoch oft erst auf dem Umweg über andere Organismen frei werden. *Stockbildende Korallen* (S. 384) treten nur in lichtdurchfluteten tropischen Küstengewässern oberhalb der 18° C-Isotherme auf. Da sie meistens symbiontisch Zooxanthellen (geißellose Dinoflagellatenstadien; S. 361) enthalten, sind sie auf die photischen Wasserschichten angewiesen und daher auf Tiefen bis zu 50 m beschränkt. Der damit abgegrenzte marine Bereich schafft eine Fülle neuer Planstellen, die von anderen Organismen genutzt werden. So haben sich Korallenfische zu den verschiedenartigsten Ernährungstypen differenziert: Sie fressen Plankton, knacken Gehäuseschnecken, rupfen die Köpfe sessiler Polychaeten ab, die ihre Tentakelkronen im Korallenriff ausbreiten, leben als Nahrungsparasiten der Korallen, fressen sogar die Korallenpolypen selbst, indem sie deren Skelett mit einem Brechscherengebiß zerkleinern, putzen andere Fische oder reißen ihnen, als Putzerfische getarnt (Mimikry, S. 318), Stücke aus der Haut. Alle solche Organismen sind dann durch die von ihnen besetzten Planstellen in ihrer weiteren evolutiven Entwicklung an Zonen mit speziellen Begrenzungsfaktoren (Temperatur, Lichtintensität usw.) gebunden, die für sie ursprünglich nicht notwendig kritische Größen sein müssen. An den periodisch trockenfallenden marinen Küstenstreifen *(Litoral)* bilden die abiotischen Faktoren (Temperatur, Feuchtigkeit, Salinität, Brandungseinfluß) steile Gradienten aus, so daß die hier angebotenen ökologischen Nischen schon wegen der tageszeitlichen Periodik der Umweltfaktoren von den Organismen weite physiologische Toleranzgrenzen erfordern. Tiere der Strandzone sind daher meistens eurythermer, euryhaliner usw. als Bewohner anderer mariner Biotope. Im typischen Fall äußern sich daher zwischenartliche Konkurrenzen bei überlappenden Verbreitungsgebieten nur in der relativen Lage von oberer und unterer Toleranzgrenze (Abb. 171).

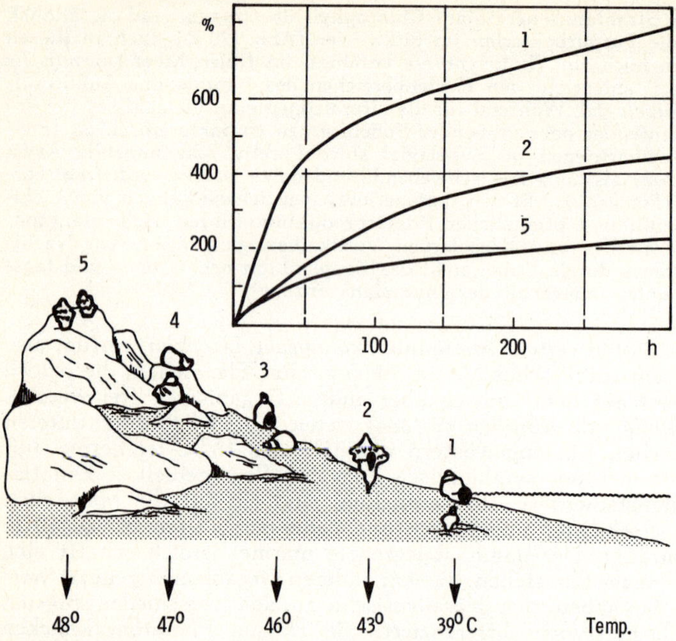

Abb. 171 Zonierung mariner Schnecken in der Litoralzone. 1 *Trochidae*, 2 *Thais*, 3 *Neritidae*, 4 *Peasiella*, 5 *Nodilittorina*. *Temp* Boden-Temperatur (nach FRAENKEL). Einschaltfigur: experimentelle Bestimmung des Wasserverlustes (Ordinate: in % des Trockengewichts) nach Trocknen über $CaCl_2$ bei 19°C. Abszisse: Zeit in Stunden (*h*). Die untersuchten Arten (1, 2, 5) entsprechen denen im Zonierungsbild (nach BROWN).

Neben der Bildung eines breiten Spektrums ökologischer Planstellen können die *Nutzungslizenzen* eines Biotops jedoch auch viel grundlegendere *evolutive Tendenzen* bedingen: Freilebende *pelagische Larven* finden fast nur im Meer, nicht dagegen im Süßwasser Existenzmöglichkeiten, da dort die planktontischen Formen von der Strömung verdriftet und damit aus ihrem ökologischen Optimum entfernt würden. Fast durchweg fehlen daher auch die Larvenstadien bei Süßwassertieren, die von marinen Formen mit indirekter – über ein Larvenstadium verlaufender – Entwicklung abstammen: die *Planula*- und *Actinula*-Larven mariner Coelenteraten (S. 382), die *Trochophora*-Larven mariner Anneliden und Mollusken (S. 405, Abb. 68) und die *Cyphonautes*-Larven mariner Bryozoen (S. 401) sind bei den entsprechenden Süßwasservertretern nicht ausgebildet. Lediglich Süßwasserkrebse entwickeln sich über freilebende Larven (*Nauplius*, S. 421, Abb. 219); doch handelt es sich bei solchen Arten stets um Kleinformen, die auch adult nur an strömungsfreien Stellen vorkommen. Zudem können sich die Naupliuslarven mit ihren 3 Extermitätenpaaren im Gegensatz zu den Wimperlarven der übrigen Invertebraten am Substrat festklammern. Ein an pelagischen Larven reiches Plankton hat im Meer wiederum die Ausbildung sessiler, mit Wimperschnüren und Tentakelkränzen ausgestatteter „Strudler“ (*Suspensionsfresser*) ermöglicht (Coelenteraten, Bryozoen, Polychaeten, Cirripedier, Crinoiden, Ascidien), die im Süßwasser fast durchwegs fehlen. Über die von solchen ökologischen Lizenzen ausgehenden Selektionswirkungen haben sich also unabhängig von der systematischen Stellung *Lebensformtypen* entwickelt, die den einzelnen Biotopen ihr charakteristisches biologisches Gepräge geben.

Struktur und Dynamik von Ökosystemen

Innerhalb der Biosphäre lassen sich einzelne funktionelle Einheiten (*Ökosysteme*) abgrenzen, in denen sich zwischen den einzelnen Organismenarten sowie zwischen Organismen und unbelebter Umwelt ein dynamisches Gleichgewicht eingestellt hat oder die zumindest auf die Ausbildung eines solchen Gleichgewichts hin tendieren. Grasfluren, Süßwasserseen oder Korallenriffe bilden Beispiele für terrestrische, limnische oder marine Ökosysteme. Alle in ihnen lebenden Tierarten sind als heterotrophe Organismen auf die Produktion organischen Materials durch die autotrophen Pflanzen angewiesen. Vom funktionellen Standpunkt aus lassen sich daher in einem Ökosystem 4 Hauptkomponenten unterscheiden: *abiotische Substanzen*, *Produzenten* (Autotrophe), *Konsumenten* (Heterotrophe) und *Destruenten* (Zersetzer: Detritusverwertende Organismen sowie Reduzenten [mineralisierende Bakterien und Pilze]). So verschieden das Artenspektrum und die Lebensformtypen in den einzelnen Ökosystemen auch sein mögen, prinzipiell stehen diese vier ökologischen Komponenten immer in dem gleichen Funktionszusammenhang: Energie fließt stets von einem höheren Nahrungs- oder trophischen Niveau (z. B. Autotrophe) zu einem niederen Niveau (z. B. Heterotrophe). Wird die gesamte *Biomasse* eines bestimmten Niveaus in $kcal/m^2$ gemessen, d. h. als die Wärmemenge, die bei Verbrennen der gesamten Organismenmasse frei wird, läßt sich der **Energiefluß** von einem Niveau zum anderen in $kcal/m^2$/Zeiteinheit angeben. Bestimmt man nun für einzelne Ökosysteme die Energieflüsse zwischen den einzelnen Niveaus, erhält man von einem Niveau zum anderen einen immer geringeren Energiebetrag (Abb. 172).

So werden von der in die Atmosphäre eintretenden Strahlungsenergie der Sonne allein 95–99 % direkt in Wärme umgewandelt. Nur die Hälfte der verbleibenden Strahlungsenergie liegt im Absorptionsbereich der Pflanzen und kann damit in chemische Energie transformiert werden. Aus dieser Primärproduktion der Autotrophen ergibt sich nach Abzug des Energiebetrages, den die Pflanzen selbst vor allem im Atmungsstoffwechsel verbrauchen, die *Nettoprimärproduktion*, die als

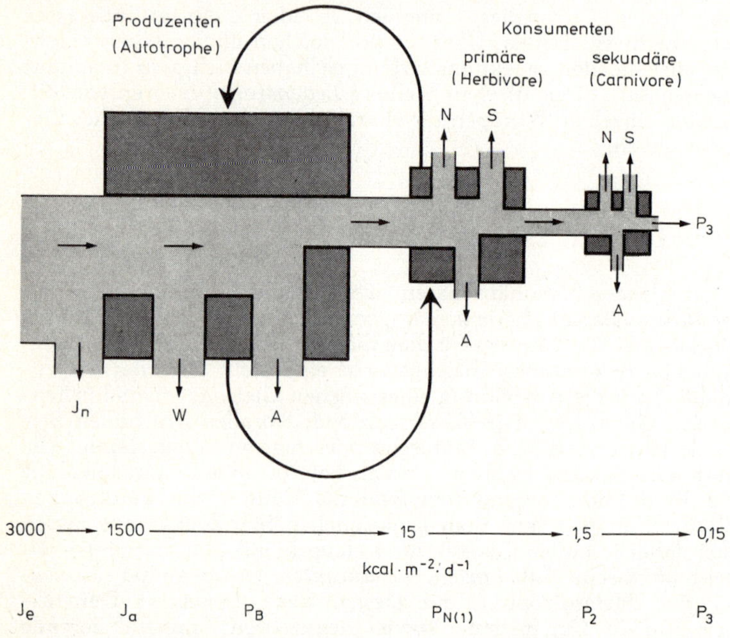

Abb. 172 Schema des Energieflusses in einem Ökosystem. Die Energieflußminderung beträgt ca. 2 Zehnerpotenzen auf der 1. trophischen Ebene und je 1 Zehnerpotenz auf den weiteren Ebenen. Zwischen Produzenten und Primärkonsumenten ist die Fließrichtung des Materialtransports angedeutet (biogeochemische Zyklen, vgl. Abb. 174). *A* Energieverlust durch Atmung, I_a absorbierte Lichtenergie, I_e eingestrahlte Lichtenergie, I_n nicht absorbierte Lichtenergie, *N* nicht verwertete Energie, P_B Bruttoproduktion, $P_{N(1)}$ Nettoprimärproduktion, $P_{2,\,3}$ Produktionsausgänge der Konsumentenstufen, *S* gespeicherte Energie, *W* Energieverlust durch Wärme (nach ODUM).

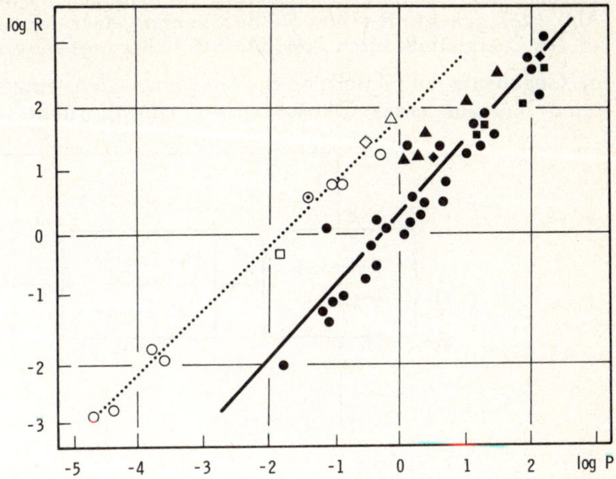

Abb. 173 Jährliche Nettoproduktion (*P*) und Respiration (*R*) mariner, limnischer und terrestrischer Tierpopulationen. Die P- und R-Werte wurden aus Messungen an einzelnen Individuen durch Multiplikation mit den geschätzten Werten der Populationsdichte (Biomasse) gewonnen [kcal · m^{-2} · a^{-1}]. Ausgezogene Regressionsgerade (volle Symbole) poikilotherme Arten: ◆ Anneliden, ■ Mollusken, ● Arthropoden, ▲ Fische; unterbrochene Regressionsgerade (offene Symbole) homoiotherme Arten: ⊙ Vögel; Säuger (○ Nagetiere, □ Raubtiere, △ Huftiere, ◇ Rüsseltiere) (nach Mc Neill u. Lawton).

gespeicherte organische Materie den heterotrophen Primärkonsumenten (Pflanzenfressern oder *Herbivoren*) potentiell zur Verfügung steht. Sie macht in günstigen Fällen 90% der Bruttoproduktion aus. In der weiteren Nahrungskette, die über die Primär- zu den Sekundärkonsumenten (Fleischfressern oder *Carnivoren*) und gegebenenfalls Tertiär-, Quartärkonsumenten usw. führt, erreicht das Verhältnis der abgegebenen zur aufgenommenen Energie nur ca. $^1/_{10}$. Der *ökologische Wirkungsgrad* liegt weit hinter dem der Muskelkontraktion oder technischer Systeme (S. 177). Er hat sich sowohl bei Berechnung der Produktivität in Freilandökosystemen als auch bei Modellversuchen im Labor ergeben; z. B. läßt sich mit Kulturen aus Algen (*Chlamydomonas:* Produzenten) und Kleinkrebsen (*Daphnia:* Primärkonsumenten) unter Mitwirkung des Experimentators, der als Sekundärkonsument stets eine gewisse Menge Daphnien pro Zeiteinheit entnimmt, ein einfaches Ökosystem simulieren und ein zugehöriges Energiefluß-Diagramm vom Typus der Abb. 172 aufstellen. Da sich zwischen Nettoproduktion und

Respiration bei poikilo- wie homoiothermen Arten ganz verschiedener systematischer Stellung gesetzmäßige Beziehungen nachweisen lassen (Abb. 173), genügt oft schon die Bestimmung einer der beiden Größen, um den Energiefluß durch Populationen näherungsweise zu berechnen.

Im Gegensatz zur Energie, die zwischen den einzelnen trophischen Niveaus eines Ökosystems einsinnig fließt, zirkuliert die

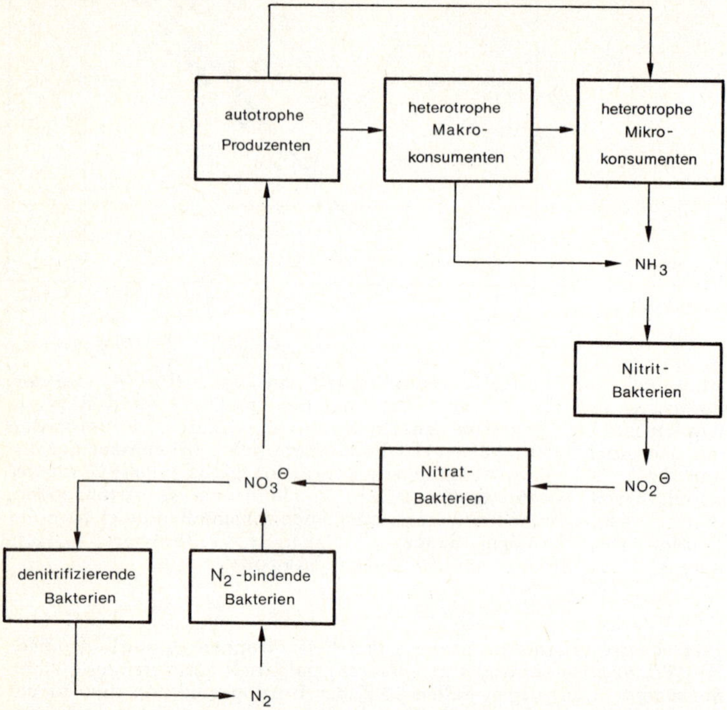

Abb. 174 Der N_2-Zyklus in Ökosystemen mit einer Makrokonsumenten- und einer Mikrokonsumenten-Nahrungskette (nach Boughey). Das in Produzenten wie Konsumenten bei der oxidativen Desaminierung von Aminosäuren gebildete NH_3 wird bei Pflanzen vor allem durch Bildung von Säureamiden (z. B. Asparagin), bei Tieren durch die Synthese spezieller Exkretprodukte (Harnstoff, Harnsäure; S. 207) entgiftet. Bei der bakteriellen Zersetzung (Mikrokonsumenten) entsteht dann erneut NH_3, das durch nitrifizierende Bakterien schließlich bis zur Nitratstufe oxidiert wird und in dieser Form von den Pflanzen aufgenommen werden kann. Der atmosphärische Stickstoff (N_2) stellt das ausgleichende Reservoir dar.

Materie in **biogeochemischen Zyklen** zwischen diesen Niveaus. Entweder stellen dabei die Sedimente (z. B. im Falle des Schwefels) oder die Luft (z. B. im Falle des Stickstoffs, Abb. 174) das große Reservoir dar, an das die in den Ökosystemen ablaufenden Zyklen angeschlossen sind. Diesen Zyklen können die einzelnen Organismen an jeweils verschiedenen Stellen die für ihren Stoffwechsel nötigen Quantitäten entnehmen. Die erforderlichen und begrenzenden Stoffmengen der einzelnen Elemente lassen sich physiologisch bestimmen. Doch dürfen diese im Labor ermittelten Werte nur bedingt auf die Verhältnisse im natürlichen Ökosystem übertragen werden; denn hier leben die Organismen in den meisten Fällen nicht unter den für einen bestimmten Faktor optimalen Bedingungen, da die übrigen Faktoren begrenzend einwirken.

In einer *Nahrungskette* nimmt die Biomasse fortschreitend ab. Daher müssen sich alle jene Stoffe, die weder durch Exkretion noch Respiration nach außen abgegeben werden, bei Primärkonsumenten, Sekundärkonsumenten usw. zunehmend anhäufen. Das ist z. B. bei den chlorierten Kohlenwasserstoffen (DDT u. a.) der Fall, die sich seit ihrer Einführung als Kontaktinsektizide in manchen Organen räuberisch lebender Vertebraten schon beträchtlich angereichert haben (Abb. 175 b). Die Gefahr einer Akkumulation pathogener Stoffe wird noch dadurch vergrößert, daß Organismen einzelne Elemente oder Verbindungen selektiv aufnehmen und speichern können. Manche einzelligen Radiolarien (*Acantharia;* S. 366) besitzen in ihrem Achsenskelett einen sehr viel höheren Strontiumgehalt, als es der Konzentration dieses Elementes im Meerwasser entspricht. Auch das radioaktive Kernspaltungsprodukt Strontium 90, das sich zunehmend in der Atmosphäre anreichert (Abb. 175 a) und als *fallout* auf die Erdoberfläche zurückkehrt, wird leicht von den Pflanzen über Blätter wie Wurzeln aufgenommen und am Ende der Nahrungskette – zusammen mit Calcium – in die Knochen der Wirbeltiere eingebaut. Wegen seiner Halbwertszeit von 28 Jahren bleibt es zudem lange in biochemischen Zyklen erhalten.

Einen wesentlichen Aspekt für die **funktionelle Typisierung** eines Ökosystems liefert das Verhältnis von Mikro- zu Makrokonsumenten: Diejenigen Organismen, die sich von lebenden Pflanzen ernähren, leiten die *Makrokonsumenten-Nahrungskette* ein, während der Rest der pflanzlichen Nettoproduktion als totes organisches Material in die *Destruenten-Nahrungskette* (S. 335) führt. Der Energiefluß über beide Wege kann in einzelnen Ökosystemen sehr unterschiedlich sein. Im Meer verbrauchen Fische und Tiere der Grundfauna als Makrokonsumenten ca. 70 % der Nettoproduktion, während in Wattgebieten oder auch in Waldökosyste-

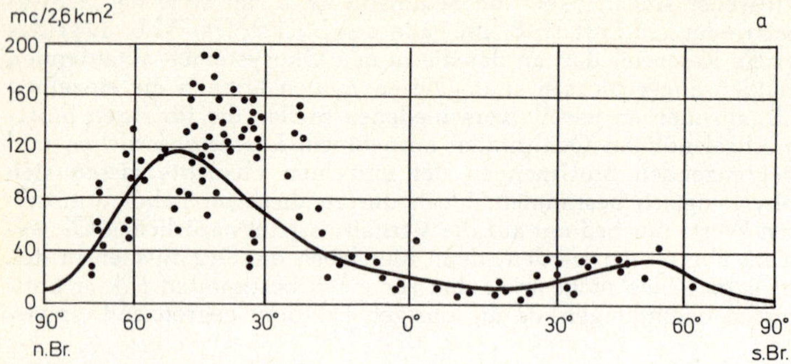

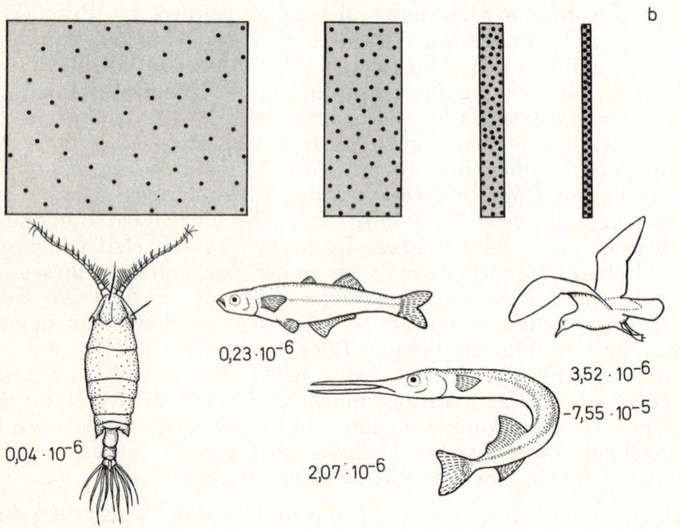

Abb. 175 a) Anreicherung von Strontium 90 im Fallout der nördlichen Westwinddrift-Zone. Abszisse: geographische Breite, Ordinate: Millicurie (mc) pro 2,6 km ^{2} (nach LIST). b) Zunehmende Anreicherung von DDT in 4 Gliedern einer Nahrungskette. Die relativen Größen der in die Nahrungskette eingehenden Biomassen sind durch die grauen Flächen, die DDT-Konzentrationen durch die Dichte der schwarzen Punkte angegeben. Die Konzentrationsangaben beziehen sich auf Lebendgewicht (nach WOODWELL).

men mehr als 90% der pflanzlichen Primärproduktion in die Destruenten-(Detritus-)Nahrungskette fließen. In stabilisierten Ökosystemen verhindern Regelmechanismen einerseits eine zu starke Nutzung der Primärproduktion durch Makrokonsumenten *(Überweidung)*, andererseits aber auch eine Akkumulation von Detritus, die das Freiwerden von Mineralstoffen in biochemischen Zyklen beeinträchtigen würde.

Unabhängig von dem jeweiligen Artenreichtum besitzen Ökosysteme in den meisten Fällen eine typische *Artstuktur*, indem wenige Arten eine relativ hohe Individuenzahl und damit ein große Biomasse erreichen *(ökologische Dominanten)*, während die Mehrheit der übrigen Arten oft nur wenige Prozente zur Gesamtmasse einer Biozönose beitragen. In Nadelspreuproben aus einem Kiefernwald gehörten z. B. unter mehr als 60 Milbenarten 41 % derselben Species an. Auch Grasfluren werden oft von nur wenigen dominierenden Arten beherrscht. Den übrigen Arten, die individuenmäßig kaum ins Gewicht fallen, kommt jedoch eine regulative Funktion zu, indem sie präadaptive Möglichkeiten für sich ändernde Umweltsituationen bieten. Daher ist ihr Anteil in stabilisierten („reifen") Ökosystemen auch stets höher ausgebildet als in jungen oder anthropogen stark beeinflußten Systemen. Im allgemeinen besteht zwischen der Artenzahl A eines Ökosystems und der Individuenzahl I eine logarithmische Beziehung. Die Steigung der Regressionsgeraden $A = \log I$ hängt dabei von den herrschenden Umweltbedingungen ab (z. B. Hypo- oder Hypersalinität in Küstengebieten; s. S. 172).

Ökosysteme sind keine statischen Gebilde. Da die Umweltbedingungen über größere Zeiträume nicht konstant sind und von der Biozönose selbst verändert werden, lösen sich verschiedene, physiognomisch oft ganz unterschiedliche Biozönosen in zeitlicher Folge als **Sukzessionen** gegenseitig ab: In vielen augenfälligen Beispielen – Verlandung von Süßwasserseen oder Meeresbuchten, Verwaldung gerodeter Gebiete – tendiert die Sukzessionsreihe auf einen Endzustand *(Klimax)*, der jedoch wegen langfristiger Klimaänderungen, vor allem aber wegen anthropogener Einflüsse auch nicht dauernd bestehen bleibt.

Die *Einsinnigkeit* einer Sukzessionsreihe zeigt sich besonders in den Produktions- und Nutzungsraten. Während die frühen Stadien meist ein noch enges Artenspektrum besitzen, wobei die Primärproduktion den Verbrauch weit übertrifft (Autotrophiephase), sind reife Ökosysteme wegen erhöhter Atmungsrate durch ein ausgeglichenes Verhältnis von Bruttoproduktion und Nutzung, also durch geringe Nettoproduktion gekennzeichnet. Gleichzeitig wächst die Artenmannigfaltigkeit; da dadurch wiederum die Regulationsmöglichkeiten innerhalb eines Ökosystems steigen, bilden späte Sukzessionsstadien bessere Puffer gegenüber der physikalischen Umwelt als frühe Stadien. In Laborkulturen, die mit vorwiegend autotrophen Phytoplanktonstadien beginnen und zu einer immer reicheren heterotrophen Zooplanktonfauna führen, lassen sich diese Beziehungen quantitativ verfolgen.

Da sich also die frühen Stadien einer Sukzessionsreihe (z. B. artenarme Ackerkulturen) durch starke Überproduktion organischen Materials, die späten (z. B. Waldsukzessionen) dagegen durch besser regulierte ökologische Gleichgewichte auszeichnen, liegen die stabilsten Umweltsituationen in Gebieten vor, in denen beide Sukzessionstypen mosaikartig kombiniert sind. Die Umweltgestaltung sollte diesem Gesichtspunkt Rechnung tragen.

In Gebieten hochentwickelter Industriegesellschaften wird es immer schwieriger, stabile, sich selbst regulierende Ökosysteme zu erhalten. Indem der Mensch aus diesen Ökosystemen seinen gesamten Energiebedarf entnimmt und die bei Energiegewinnung und -verbrauch anfallenden Abbauprodukte wieder in sie entläßt, werden die von Menschen geprägten Umwelten zunehmend belastet, und zwar u. U. so stark, daß sie die Gleichgewichte in Energiefluß und Stoffkreislauf nicht mehr aufrecht erhalten können und „umkippen“. Bestandsrückgang oder Aussterben von Tierarten sowie Verarmungen in der Mannigfaltigkeit der Biotope sind sichtbarer Ausdruck solcher ökologischen Belastungen. Dem **Umweltschutz** stellt sich daher die dringliche Aufgabe, diese durch den Menschen bedingte Gefährdung ganzer Ökosysteme in ihrem Ursachenkomplex zu erkennen, aufzuhalten und damit die Ökosysteme vor ihrem für die Gesellschaft katastrophalen – weil irreversiblen – Umkippen zu bewahren. Ökologie wird damit zur Grundlagenforschung einer „Wissenschaft vom Überleben“, die sich ganz neuen, erst durch den explosionsartigen Anstieg der Weltbevölkerung (S. 345) akuten Problemen ausgesetzt sieht. Die Lösung dieser Probleme wird freilich nicht allein biologische, sondern gleichermaßen technische, wirtschaftliche wie gesellschaftspolitische Erkenntnisse und Maßnahmen erfordern.

Wechselwirkungen zwischen Populationen

Welche Tierarten in welchen Individuenzahlen in einem bestimmten Biotop leben, hängt in erster Linie von den das gesamte Ökosystem bestimmenden Primärfaktoren ab, d. h. von Energie- und Materialfluß sowie von der jeweiligen Sukzessionsstufe, in der sich das Ökosystem gerade befindet. Entscheidender wird die

Individuenzahl einer Tierart jedoch oft von Wechselwirkungen bestimmt, die sich innerhalb eines Ökosystems zwischen den einzelnen Populationen ausbilden und feinere Regulationen ermöglichen. Unter *Populationen* versteht man dabei die Gesamtheit der Individuen einer Art in einem bestimmten Biotop. Die Gruppeneigenschaften solcher Populationen, d. h. die Gesetzmäßigkeiten, denen Populationswachstum und zwischenartliche Konkurrenz unterliegen, bestimmen nun im wesentlichen den Fortbestand und die evolutiven Möglichkeiten einer Art.

Der Individuenbestand einer Population wird durch deren **Wachstumsrate** festgelegt. Sie bildet das Nettoergebnis aus Geburten- und Sterberate *(Natalität* und *Mortalität)* sowie aus den Größenveränderungen einer Population, die sich aus Zu- und Abwanderung ergeben *(Immigration* und *Emigration).* Wirken – in einem

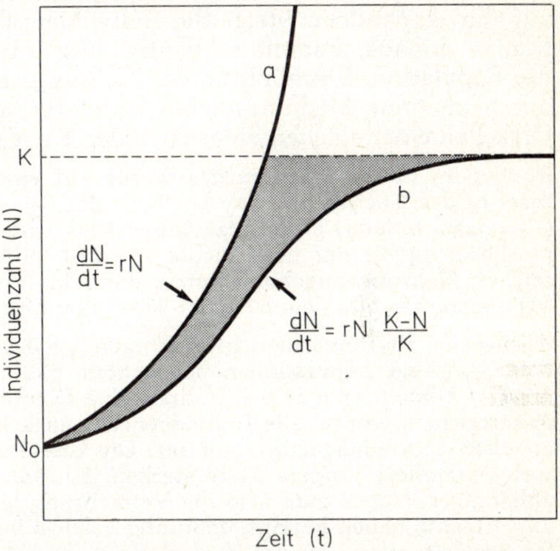

Abb. 176 Modell des Populationswachstums. a) Exponentielles Wachstum nach der Beziehung $N = N_0 e^{rt}$ bei Fehlen begrenzender Faktoren. b) logistische Kurve, die das Populationswachstum bei beschränkter Kapazität K für die betrachtete Population wiedergibt. Sie läßt sich durch die Funktion $N = K/(1 + \frac{K-N_0}{N_0} e^{-rt})$ beschreiben, wenn man von der Überlegung ausgeht, daß N sowohl der Wachstumsgeschwindigkeit dN/dt als auch der jeweiligen Kapazität des Ökosystems K–N proportional ist. Ihr historisch bedingter Name hat nichts mit „Logarithmus" oder „Logik" zu tun. N_0 Individuenzahl zur Zeit t=0; *r* Wachstumsrate der Population.

theoretischen Denkmodell – unter optimalen ökologischen Bedingungen keinerlei Begrenzungsfaktoren auf das Populationswachstum ein, nimmt die Individuenzahl *N* einer Population exponentiell mit der Zeit zu. Bei einer Bakterienart, deren Individuen sich alle 20 Min. teilen, würde nach 1½ Tagen aus einem einzigen Bakterium eine Population hervorgegangen sein, die die ganze Erde mit einer 30 cm dicken Schicht bedeckte. In Wirklichkeit reguliert jedoch ein ganzer Komplex von Begrenzungsfaktoren die Populationsgröße auf ein optimales Maß *K* ein, so daß das tatsächliche Populationswachstum nur anfänglich einer e-Funktion folgt und sich schließlich asymptotisch dem Grenzwert *K* – der Kapazität des Ökosystems für die betreffende Population – annähert. Die sigmoidale *logistische Kurve* beschreibt diesen Zusammenhang (Abb. 176). In den meisten Fällen wird die Individuenzahl einer Population jedoch nicht in asymptotischer Weise den optimalen Wert erreichen, sondern sich erst allmählich auf ihn einpendeln. Steigt die Individuenzahl zu rasch über das Maß *K* hinaus, kommt es häufig zum totalen Zusammenbruch der Population. Erschöpfung der Nahrungsreserven oder auch ein durch zu hohe Siedlungsdichte bedingter sozialer Streß können Ursachen einer solchen katastrophalen Krise sein.

Zu Beginn dieses Jahrhunderts wurde auf einer nur 0,6 km^2 großen Insel in der Chesapeake Bay ein Paar der ostasiatischen Sika-Hirsche *(Pseudaxis nippon)* ausgesetzt. Ihre Nachkommen vermehrten sich explosionsartig bis auf eine Dichte von 250 Individuen pro km^2. Trotz reichen Nahrungsangebotes setzte dann im Verlauf eines Jahres ein Massensterben ein, dem 60 % der Tiere zum Opfer fielen.

Ausgeprägt rhythmische Schwankungen der Bestandsdichte lassen sich bei Kleinsäugerpopulationen beobachten. Wühlmäuse (z. B. *Microtus arvalis)* können in manchen Jahren eine Dichte von 3 Individuen pro m^2 erreichen, worauf die Individuenzahl auch bei reichem Nahrungsangebot stets schlagartig abnimmt: Die Geburtenrate sinkt rapid, und viele, vor allem jüngere Tiere sterben. Ein von der Populationsdichte abhängiger Prozeß muß also die Vermehrung hemmen. Physiologische Experimente haben gezeigt, daß unter solchen Bedingungen einer sozialen Streßsituation von der Hypophyse vermehrt ACTH (S. 214) ausgeschüttet wird und die Tiere an hypoglykämischen Schocks zugrunde gehen. Bei „sozial gestreßten" Spitzhörnchen *(Tupaia*, S. 466) kommt es zu pathologischen Veränderungen im Feinbau der Niere, so daß der Blut-N-Gehalt auf Werte ansteigt, die auch bei nierengeschädigten Tieren auftreten und auf eine Niereninsuffizienz bei den sozial unterdrückten Tieren hindeuten. Soziale Streßfaktoren können damit die Populationswachstumsrate dichteabhängig auf einen mittleren Wert einregulieren.

Während *exponentielles Wachstum* durch eine konstante Wachstumsrate definiert ist, kann in der Generationenfolge die Wachstumsrate selbst zunehmen. Diese Art noch steileren Wachstums müßte man dann als *hyperexponentiell* bezeichnen. Ihr folgt die Zunahme der *Weltbevölkerung* (Abb. 177): Während in frühen historischen Zeiten die Wachstumsrate pro Generation (20 Jahre) bei 1,2 % lag, stieg sie im 17. Jahrhundert auf 7,2 % und erreichte nach 1930 sogar 36,0 %. Es gibt heute keinerlei Anzeichen dafür, daß sich die Wachstumskurve der Weltbevölkerung einer Kapazitätsgrenze näherte, also allmählich in logistisches Wachstum (Abb. 176) überginge. Da parallel mit der Zunahme der Weltbevölkerung auch die Industrieproduktion, der Nahrungsmittelverbrauch, die Ausnutzung der natürlichen Rohstoffquellen und die Umweltverschmutzung exponentiell oder hyperexponentiell anwachsen, also die Struktur eines positiv rückgekoppelten – und damit überschießenden – Regelkreises zeigen, sind dem Bevölkerungswachstum irdische Grenzen gesetzt. Alle Bestrebungen, mit dem Erreichen dieser Grenzen nicht den totalen Zusammenbruch menschlicher Gesellschaften herbeizuführen, müssen daher versuchen, die Wachstums- in eine Gleichgewichtsphase zu überführen. Mit der Möglichkeit, den positiven Regelkreis abzuschwächen, d. h. das Wachstum zu beschränken, bietet sich der Menschheit heute die einzige Chance zu überleben.

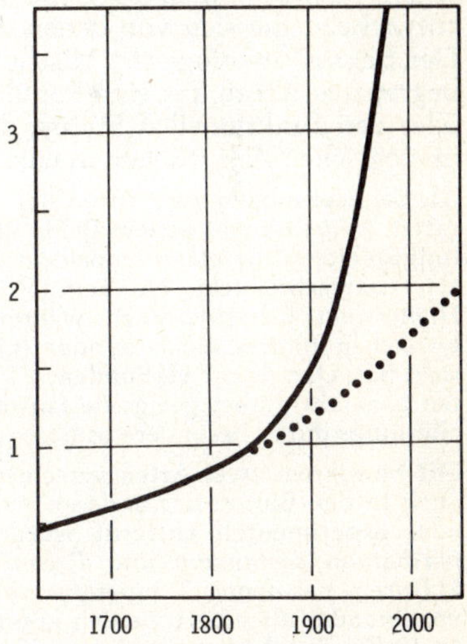

Abb. 177 Das überexponentielle Wachstum der Weltbevölkerung (ausgezogene Kurve), verglichen mit dem exponentiellen Wachstum auf Grund der Wachstumsraten zwischen 1650 und 1800 (punktierte Kurve). Abszisse: Zeit, Ordinate: Weltbevölkerung in Mrd. (nach BATSCHELET).

Die Entwicklung solcher Gleichgewichtsstrategien muß davon ausgehen, daß Bevölkerungszahl, Nahrungsmittelversorgung, Kapitalinvestitionen sowie die Mengen der Rohstoffe und Abfallprodukte in einem wechselseitigen Abhängigkeitsverhältnis stehen, und einen quantitativen Ansatz entwickeln, der die gegenseitigen Beeinflussungen der einzelnen Regelkreise abschätzen läßt. Bei welchem Verhältnis der genannten Größen sich schließlich ein Gleichgewichtszustand einspielen soll, wird wesentlich von den Wertmaßstäben einer Gesellschaft abhängen. Fest steht nur, daß Kontrollmaßnahmen gegen ein weiteres exponentielles Wachstum nicht länger hinausgeschoben werden können; denn wegen der Verzögerungszeiten in einem positiv rückgekoppelten Regelkreis zeitigen Stabilisierungsmaßnahmen ihre Wirkung nicht sofort: Selbst wenn die gesamte Weltbevölkerung bis zum Jahre 2000 eine Kinderzahl von 2 pro Familie erreicht hätte, würde sie von den dann auf der Erde lebenden 5,8 Milliarden Menschen immer noch auf 8,2 Milliarden anwachsen, bevor sich der Gleichgewichtszustand einstellt.

Zu den ökologischen Faktoren, die das exponentielle Wachstum einer Population von außen begrenzen, gehören vor allem Populationen konkurrierender Arten, die ähnliche Biotopansprüche stellen. Solche **zwischenartliche Konkurrenz** führt dazu, daß die Populationen der betroffenen Arten ganz bestimmte *ökologische Nischen* besetzen, d. h. spezielle Habitatsansprüche (vgl. S. 329) entwickeln, die sich von denen der anderen Arten unterscheiden. Der Begriff „ökologische Nische" bezeichnet damit nicht nur ein begrenztes Areal, das eine Population bewohnt, sondern die Rolle oder den funktionellen Status, den eine Art mit ihren speziellen ökologischen Ansprüchen in einem Ökosystem einnimmt.

Als Beispiel mögen zwei Arten der nordwestamerikanischen Känguruhratten *(Dipodomys)* gelten. Beide überschneiden sich in ihren Verbreitungsgebieten, besetzen jedoch durch verschiedene Nahrungspräferenzen unterschiedliche Nischen: Wie viele Arten der Gattung frißt *D. merriami* Getreidesamen, während sich *D. microps* auf die elektrolytreichen Blätter ausdauernder (mehrjähriger) Salzpflanzen spezialisiert hat. Den damit verbundenen Vorteil, gegenüber ihren Konkurrenten ganzjährig über geeignete Futterpflanzen zu verfügen, muß die Art allerdings durch besondere osmoregulatorische Fähigkeiten erkaufen.

Oft bewohnen zwei Arten verschiedene Vorzugsbiotope, dringen aber auch in den Biotop der anderen Art ein, falls diese dort zufällig fehlt oder experimentell entfernt wurde. Hält man zwei Mehlkäferarten *(Tribolium castaneum* und *T. confusum)* zusammen in Weizenkleiekulturen, bei denen Temperatur und relative Luftfeuchte unabhängig voneinander abgestuft werden können (in den Bereichen 24–34° C und 30–70 %), überlebt nach einiger Zeit in den feucht-warmen Versuchsansätzen nur *T. castaneum,* in den kühl-trockenen dagegen nur *T. confusum.* Kommen also beide Arten in einem bestimmten Areal vor, besetzt jede ihre ökologische Nische und dominiert dort vollständig über die konkurrierende Art. Bei intermediären Temperatur-Feuchtigkeits-Bedingungen, bei denen jede Art optimal existieren kann, überlebt jeweils – mit gleicher Wahrscheinlichkeit – nur einer der beiden Konkurrenten. Die Nischenbildung kann auch auf bestimmte Stadien im Entwicklungszyklus einer Population beschränkt sein: Bei den marinen Rankenfußkrebsen (*Cirripedia*, z. B. Seepocken) konkurrieren im Bereich der mittleren Hochwasserlinie nur die sessilen Adultstadien, während die planktontischen Larven unbehelligt nebeneinander vorkommen.

Letztlich beruht die Mannigfaltigkeit in den Leistungstypen der Organismen auf der Notwendigkeit zur *ökologischen Einnischung*, also zur unterschiedlichen Nutzung eines gegebenen Lebensraumes. Evolutiv werden nämlich nach dem *Konkurrenz-Ausschluß-Prinzip* alle Differenzierungen einer Art begünstigt, die die Konkurrenz mit anderen Arten vermindern. Folglich können *sympatrische*, d. h. im gleichen geographischen Gebiet lebende Arten nicht dieselbe ökologische Nische repräsentieren; bei geographisch getrennt lebenden *(allopatrischen)* Arten steht dagegen der Besetzung gleicher ökologischer Nischen nichts im Wege (z. B. wird die „Stelle" der südamerikanischen Kolibris in Afrika von den Nektarvögeln eingenommen: Stellenäquivalenz). Jedes Biotop verfügt über ein charakteristisches Spektrum von *Planstellen*, die über die Einnischung oft von verschiedenen Tiergruppen her zu konvergent entwickelten *Lebensformtypen* führen (z. B. planktontisch lebende oder sessile Tiere im Meer, S. 334; Sandlückenfauna des Litorals, Abb. 170).

Die Fauna *mariner Sandlückensysteme* (interstitielle Sandbiozönosen) kann als ein Musterbeispiel der Artdifferenzierung durch Konkurrenzausschluß gelten. Zahlreiche, nah verwandte Arten der Turbellarien, Nematoden, Gastrotrichen, Tardigraden, Polychaeten und Copepoden leben hier als Kleinformen in engster räumlicher Nachbarschaft nebeneinander. Da die Nischenbildung in diesem Biotop von geringfügigen Unterschieden der klimatischen und hydrographischen Faktoren ausgehen muß und sich kleinräumig in der vertikalen und horizontalen Verbreitung im Sandstrand sowie in der zeitlichen Staffelung der Fortpflanzungsperioden äußert, können schon relativ geringfügige Änderungen in den ökologischen Nutzungsmöglichkeiten zur Bildung neuer Arten führen. Die Lückensysteme mariner Sande bilden daher ein *Zentrum der Evolution*. Sogar ein eigener, offenbar weltweit verbreiteter Tierstamm *(Gnathostomulida)*, der zur Zeit 50 meistens $<$0,5 mm lange parenchymatische Würmer umfaßt, ist mit Sandlückenformen begründet worden.

Es scheint fraglich, ob ökologische Einnischung im gleichen geographischen Areal zur Rassen- und Artbildung führen kann. Definiert man eine Art (Species) als die Gesamtheit sich kreuzender, d. h. über einen gemeinsamen Genpool verfügender Individuen, die von Individuen anderer Arten reproduktiv isoliert sind (S. 505), könnte *sympatrische Artbildung* im Tierreich kaum vorkommen: Die Einnischung reicht zur Verhinderung des Genaustauschs nicht aus. In der Regel muß der Ausbildung eines Isolationsmechanismus, d. h. der Verhinderung des Genaustauschs, eine räumliche Trennung (Separation) der betreffenden Populationen vorausgehen (S. 524, *allopatrische Artbildung).* Einige sympatrisch lebende, äußerlich sehr ähnliche Vogelarten (Artenpaare; z. B. Sommer- und Wintergoldhähnchen) sind durch Separation in der Eiszeit entstanden und haben erst postglazial überlappende Verbreitungsgebiete gebildet, in denen sie jetzt unvermischt leben.

Arten können aus mehreren *geographisch getrennten Rassen* (Unterarten, Subspecies) bestehen, d. h. aus Populationen, die sich durch erbliche Unterschiede von anderen Populationen derselben Art abgrenzen lassen (S. 505). Rassen bastardieren in Überlappungszonen ihres Verbreitungsgebietes; folglich kann es im gleichen Gebiet keine „ökologischen Rassen" geben. Daß die Besetzung ökologischer Planstellen in einem Biotop zu einer Rassen- und Artbildung größeren Ausmaßes nicht ausreicht, sondern *geographische Isolation* wirksam sein muß, wird durch die Artenmannigfaltigkeit von Inselfaunen eindrücklich demonstriert (S. 526). Allein auf den Hawaii-Inseln lebt mit 500 Arten ein Viertel aller *Drosophiliden*-Arten der Erde. Demnach besetzen Angehörige derselben Art meistens dieselbe ökologische Nische. Die intraspezifische Konkurrenz kann sich also nur in der räumlichen Trennung der zur Fortpflanzung schreitenden Individuen äußern *(Revierbildung).* Bei der interspezifischen Konkurrenz, bei der die Gefahr des Genaustauschs nicht mehr besteht, kommen dagegen die Möglichkeiten der ökologischen Einnischung voll zum Zuge.

Arten können nicht nur in Konkurrenz um dieselben Biotopfaktoren leben, sondern sich gegenseitig als Beute dienen, in einem Wirt-Parasiten-Verhältnis stehen oder beiderseitig Vorteile aus dem Zusammenleben artverschiedener Individuen ziehen (Symbiose). Da sich der **Parasitismus** vielfach von einem Räuber-Beute-Verhältnis *(Episitie)* ableitet, läßt er sich in Grenzfällen nicht immer klar von einer solchen räuberischen Lebensweise trennen. Im allgemeinen bringt ein *Räuber* seine *Beute* um, während ein *Parasit* seinen *Wirt* nur zur Gewinnung von Nahrung nutzt und zu diesem Zweck vorübergehend oder dauernd an oder in dessen Körper lebt. Doch lassen sich zahlreiche Übergangsformen finden; so parasitieren die Larven der Raupenfliegen *(Tachinidae)* zunächst im Fettkörper von Schmetterlingslarven, was den Wirt verhältnismäßig wenig schädigt, dringen jedoch gegen Ende ihrer Larvenperiode auch in lebenswichtige Organe der Raupe ein, so daß der Wirt zugrunde geht. Sie verhalten sich also anfangs wie Parasiten, kurz vor ihrer Verpuppung jedoch wie Räuber und werden daher auch als *Parasitoide* bezeichnet.

Für einen gut eingespielten Parasitismus muß dagegen die Devise gelten: leben und leben lassen. Ihr folgen nahe Verwandte der Tachiniden, die Dasselfliegen *(Oestridae)*, die ihre Larvenentwicklung in der Haut von Säugern durchlaufen und ihren Wirt auf diese Weise nicht lebensgefährlich schädigen.

In ihrer ausgeprägten Form unterscheiden sich *Parasiten* von Räubern in einer Reihe wesentlicher *Populationsmerkmale*. Dem Parasit dient der Wirt nicht nur als Energiequelle, sondern auch als Biotop. Auf diese Weise bilden sich zwischen Parasit und Wirt viel engere funktionelle Beziehungen aus, als sie zwischen Räuber und Beute bestehen. Sie äußern sich bei Parasiten in einer oft grundlegenden *Umstrukturierung ihres Bauplanes*. So haben ganze taxonomische Einheiten, die zur parasitischen Lebensweise übergegangen sind – wie die Sporozoen unter den Protozoen (S. 368) oder die Trematoden und Cestoden unter den Plathelminthen (S. 387) –, gruppenspezifisch Abwandlungen des allgemeinen Bauplanes erfahren. Viele Parasiten sind in ihrem Bauplan sogar so stark spezialisiert, daß sie sich überhaupt nur noch an Hand früher Entwicklungsstadien taxonomisch einordnen lassen. Der Wurzelkrebs *Sacculina carcini* (S. 422), der endoparasitisch in Strandkrabben lebt, besteht nur noch aus einem verästelten Geflecht von Schläuchen, das alle inneren Organe des Wirtskrebses umspinnt (Abb. 178). Seine frei schwimmende Naupliuslarve zeigt dagegen alle Merkmale eines Kleinkrebses (S. 421). Parasiten sind von Räubern zudem durch *hohe Populationsdichte* unterschieden. Während die Zahl der Räuber hinter der ihrer Beutetiere weit zurückbleibt, übertreffen die Parasiten individuenmäßig ihre Wirte meistens erheblich.

Ein Spulwurm ♀ (*Ascaris lumbricoides*, S. 397) legt täglich bis zu $2 \cdot 10^5$ Eier, während ein Rinderbandwurm *(Taenia saginata*, S. 392) pro Tag in 12–15 reifen Gliedern insgesamt 10^6 Eier abgibt. Durch Einschalten von speziellen *Vermehrungs-(Propagations-)Phasen* in Zwischenwirten kann die Nachkommenzahl noch weiter erhöht werden. Bei den Malariaerregern der Gattung *Plasmodium* (S. 368) stellen sowohl die Schizogonie in den Leberzellen und im Blut des Menschen als auch die Sporogonie in der Mücke solche Vermehrungsphasen dar. Beim Leberegel *Fasciola hepatica* (Abb. 198) bilden die ebenfalls auf verschiedene Wirte verteilten Redien- und Cercarienstadien parthenogenetische Vermehrungsphasen, so daß aus einer Miracidiumlarve letzten Endes 40 000 Cercarien hervorgehen können. Beim Hundebandwurm *(Echinococcus granulosus)* dient die Finne als vegetatives Vermehrungsstadium, so daß hier ein den übrigen Bandwürmern fehlender Generationswechsel vorliegt (Abb. 200).

Auch die ausgesprochene *Wirtsspezifität*, d. h. das Besetzen extrem eng begrenzter ökologischer Nischen, grenzt die Parasiten von den Räubern ab. Ektoparasiten befallen in der Regel nur

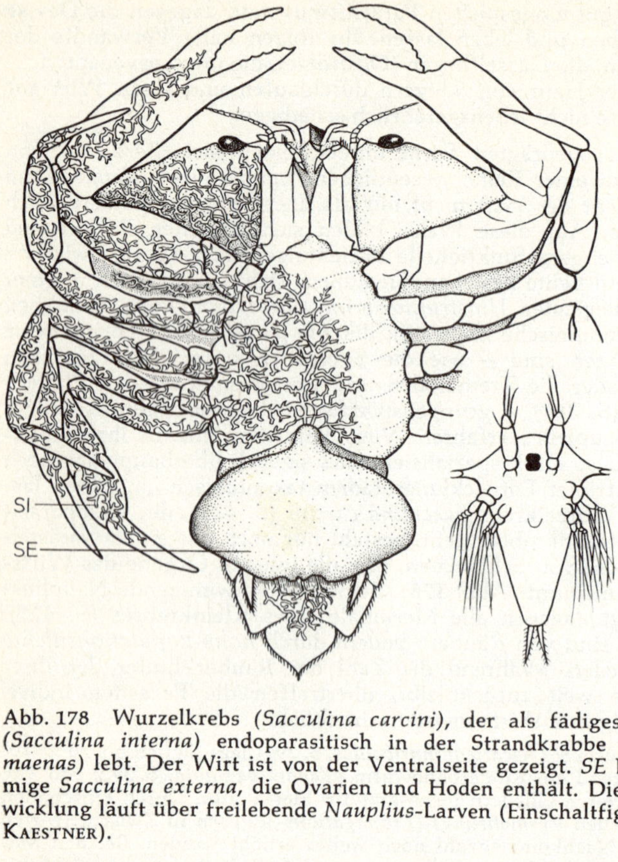

Abb. 178 Wurzelkrebs *(Sacculina carcini)*, der als fädiges Geflecht *(Sacculina interna)* endoparasitisch in der Strandkrabbe *(Carcinus maenas)* lebt. Der Wirt ist von der Ventralseite gezeigt. *SE* Blasenförmige *Sacculina externa*, die Ovarien und Hoden enthält. Die Frühentwicklung läuft über freilebende *Nauplius*-Larven (Einschaltfigur) (nach Kaestner).

ganz bestimmte Tierarten und können dabei sogar auf spezielle Körperregionen beschränkt bleiben. Beispiele liefern die Mallophagen im Federkleid der Vögel (Abb. 179), die Haarläuse des Menschen (Gattungen *Pediculus* und *Phthirius*, S. 436) oder die Larven von *Drosophila carcinophila*, die sich nur in Gruben des 3. Kieferfußes der Landkrabbe *Geocarcinus ruricolis* (einer auf bestimmte Inseln des Karibischen Meeres beschränkten Art) entwickeln. Auch Endoparasiten – leben sie nun intrazellulär (*Plasmodium*, S. 368; *Leishmania*, S. 362) oder extrazellulär im Darmlumen (Cestoden, S. 392; *Ascaris, Enterobius, Anclystoma*, S. 397), im Blutplasma (*Trypanosoma*, S. 362; *Schistosoma*, S. 387;

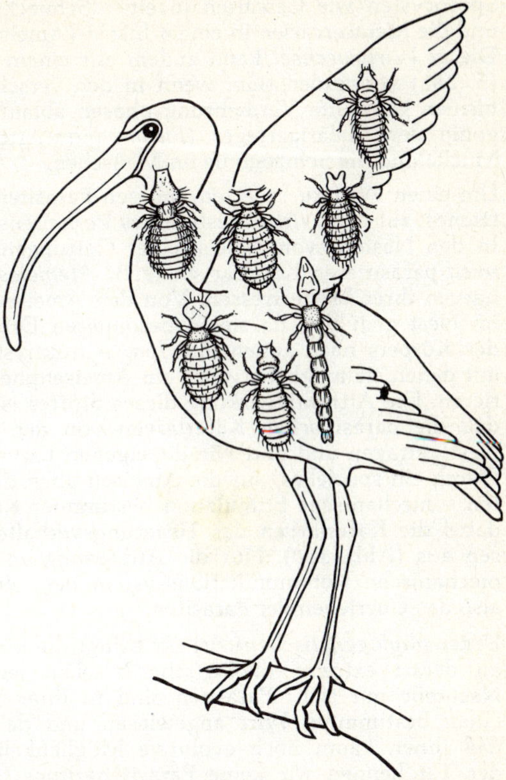

Abb. 179 Verschiedene Arten von Federlingen *(Mallophaga)*, die jeweils auf bestimmte Gefiederpartien ihres Wirtes (Ibis) spezialisiert sind (nach DUBININ).

Jugendstadien vieler Nematoden, S. 176) oder im interstitiellen Bindegewebe (Muskeltrichinen, S. 398; Finnen der Cestoden, S. 392) – sind jeweils auf ganz bestimmte Gewebe oder Organe ihrer Wirtsarten beschränkt. Der „Nischencharakter" der ökologischen Ansprüche von Parasiten wird noch dadurch verstärkt, daß die einzelnen Entwicklungsstadien einer parasitisch lebenden Art auf verschiedene, zu getrennten Tierstämmen gehörenden Wirte angewiesen sein können (Wirtswechsel): z. B. leben beim kleinen Leberegel *(Dicrocoelium dendriticum*, Abb. 197) die sich geschlechtlich reproduzierenden Formen in einem Säuger (Endwirt),

Sporocysten wie Cercarien in einer Schnecke (1. Zwischenwirt) und die Metacercarien in einem Insekt (Ameise; 2. Zwischenwirt). Dieser *Wirtswechsel* kann zudem mit einem *Generationswechsel* (S. 382) verbunden sein, wenn in den verschiedenen Wirtsorganismen getrennte Vermehrungsphasen ablaufen: z. B. die Sporogonie der Malariaerreger (*Plasmodium*-Arten, S. 368) in der Mücke und die Schizogonie im Menschen.

Um einen Wirt zu besetzen, müssen Parasiten oft über ein spezifisches, auf den Wirt abgestimmtes *Verhaltensrepertoire* verfügen. In den Nestern von Ameisen der Gattungen *Formica* und *Myrmica* parasitieren Käferlarven (z. B. *Atemeles pubicollis*), die die Larven ihrer Wirte fressen. Von den Ameisen werden sie jedoch im Nest geduldet, da sie in besonderen Drüsen, die beiderseits des Körpers nach außen münden, Attraktivstoffe synthetisieren, mit denen sie möglicherweise ein Ameisenpheromon (S. 212) imitieren. Die Attraktivwirkung dieses Stoffes ist jedenfalls so groß, daß die parasitischen Käferlarven von den Ameisen sogar ins Nest getragen und dort wie die eigenen Larven gefüttert werden. Durch ein spezielles, auf die Ameisen abgestimmtes Bettelverhalten – mechanische Stimulation bestimmter Kopfregionen – lösen dabei die Käferlarven das Fütterungsverhalten ihrer Wirtsameisen aus (Abb. 180). Nur die Anpassung an das chemische wie mechanische Kommunikationssystem der Wirte ermöglicht hier also das Überleben der Parasiten.

Unter *phylogenetischem Aspekt* bringt die Bindung der Parasiten an derart extreme ökologische Nischen jedoch folgenschwere Nachteile mit sich: Parasiten sind in ihrer Lebensweise so auf einen bestimmten Wirt angewiesen und daher so spezialisiert, daß ihnen kaum noch evolutive Möglichkeiten offenstehen. In der Tat kennen wir keine Parasitengruppe, aus der phylogenetisch wieder freilebende Arten hervorgegangen sind. Da sich das Wirtsmilieu für einen Parasit stammesgeschichtlich zudem weit langsamer ändert als die Umweltfaktoren, denen die Wirtstiere ausgesetzt sind, hinkt die Entwicklung der Parasiten stets hinter der ihrer Wirte nach. So haben sich viele heute auf Robben (*Pinnipedia*) lebende Läuse aus der Familie der *Echinophthiriidae* kaum verändert, als ihre Wirte, ursprünglich terrestrische Raubtiere, vom Land- zum Wasserleben übergegangen sind (S. 466). Die Wale, die im Gegensatz zu den Robben auch während ihrer Fortpflanzungszeit nicht mehr aufs Land zurückkehren und auch kein Haarkleid mehr besitzen, haben beim Übergang zum totalen Wasserleben alle Ektoparasiten ihrer terrestrischen Vorfahren verloren. Die dadurch freiwerdende ökologische Nische wurde dann von Kleinkrebsen aus der Gruppe der Amphipoden (*Cyamidae*) besetzt, die sich in ihrer funktionellen Anatomie wie in ihrem

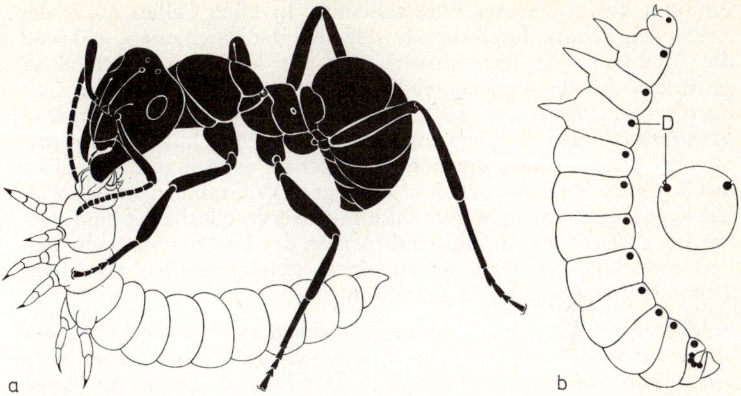

Abb. 180 a) Fütterungsszene zwischen einer *Formica*-Arbeiterin und einer parasitisch im Ameisennest lebenden Käferlarve (*Atemeles pubicollis*). b) *Atemeles*-Larve mit Anordnung der Hautdrüsen (*D*), in denen Attraktivstoffe für die Wirtsameisen synthetisiert werden (nach HÖLLDOBLER).

Entwicklungsgang – sie sind die einzigen parasitischen Krebse ohne freischwimmende Larvenstadien – ganz dem Lebensformtyp der Läuse angepaßt haben.

Da den Parasiten im Verlauf ihrer phylogenetischen Entwicklung selbst bei großen adaptiven Radiationen ihrer Wirte nur kleine Evolutionsschritte möglich sind, können sie als Indizien für eine Verwandtschaft ihrer Wirte gelten. Flamingos haben alle ihre Federlinge (*Mallophaga*) mit denen der Entenvögel gemein, während ihnen die Federlinge der Reiher, in deren Verwandtschaft sie die Systematiker vielfach eingereiht haben, vollständig fehlen. Selbst für Dromedar und Lama, die heute auf zwei verschiedenen Kontinenten vorkommen, weisen die Parasiten auf gemeinsame Ausgangsformen hin.

Phylogenetisch müssen Parasiten nicht unbedingt über ein Räuber-Beute-Verhältnis aus freilebenden Formen hervorgegangen sein. Vielfach treten *saprozoische Arten* – so z. B. bei Nematoden (vgl. S. 176) – als für den Parasitismus „präadaptierte" Formen auf; oder den Wirt nicht schädigende Kommensalen („Mitesser") entwickeln sich zu Parasiten. Ausgehend von *Kommensalismus*, können die beteiligten Arten jedoch auch in *positive Wechselwirkungen* treten und im Endeffekt ein so enges gegenseitiges Abhängigkeitsverhältnis entwickeln, daß eine **Symbiose** verwirklicht wird. Beim klassischen Beispiel, der Symbiose von Einsiedlerkrebsen mit Seeanemonen, lassen sich mehrere Stufen zunehmender

Bindung beider Partner unterscheiden. In allen Fällen nutzt der Krebs den Schutz durch die Nesselzellen der Anemonen, während die Anemone vom Beuteerwerb und der Mobilität des Krebses profitiert. An der englischen Küste erklettert die Anemone *Calliactis parasitica* ohne Hilfe des Einsiedlerkrebses *(Eupagurus bernhardus)* das Schneckengehäuse; im Mittelmeer kann die gleiche Anemonenart die Schneckenschale jedoch nur mit Hilfe des Krebses *(Pagurus arrosor)* ersteigen. Während in beiden Fällen Krebs und Anemone nur fakultativ vergesellschaftet sind, treten bei anderen Arten die Adultformen der Partner nie mehr isoliert auf: Die Symbiose ist zu einem obligatorischen zwischenartlichen Zusammenleben geworden.

Solche engen Wechselwirkungen zwischen zwei Arten gelten vor allem für jene Symbiosen, bei denen sich die Partner gegenseitig *essentielle Nahrungsstoffe* liefern. Das ist z. B. bei vielen Arten der Protozoen, Poriferen, Coelenteraten und Turbellarien der Fall, die von intrazellulär lebenden autotrophen Algen CO_2 und N-Produkte erhalten; ferner bei Symbiosen von Tieren mit Bakterien, die – wie bei holzfressenden Insekten – Cellulose spalten, während den Wirtszellen Cellulasen fehlen (S. 180, Abb. 85); überhaupt gilt eine obligate Symbiose für alle extremen Nahrungsspezialisten, zu denen vor allem Pflanzensaft und Blut saugende sowie Keratin fressende Insektenarten gehören. Hier synthetisieren die in besonderen Organen *(Mycetomen)* lebenden Bakterien und Pilze Vitamine, die den betreffenden Insekten auf andere Weise nicht zur Verfügung stehen. Symbiontenverlust durch sterile Aufzucht, Wärmewirkung, Applikation von Antibiotika oder Exstirpation der Mycetome kann nur durch Zufuhr von Vitaminen der B-Gruppe (Riboflavin, Thiamin, Panthotensäure, Folsäure, Nicotinsäure) kompensiert werden. Bei manchen Fischen und Cephalopoden dienen symbiontische Bakterien der Lichterzeugung, indem sie Stoffwechselenergie in Form von Photonen abstrahlen *(Biolumineszenz)*. Diese Symbionten sind in gesonderten Leuchtorganen angesiedelt, die spezielle reflektierende Epithelien und sogar vorgeschaltete Linsen besitzen können. Mit Hilfe einzelliger Algensymbionten deckt die mehrere Millimeter große Foraminifere *Heterostegina* (Nummulitidae, S. 366) sogar ihren gesamten Energiebedarf. Über die Symbionten ernährt sich dieser Einzeller daher autotroph wie eine Pflanze und erreicht – da er seinem Lebensraum, dem Benthos tropischer Flachmeere, keine organischen Stoffe entnimmt – auch viel höhere Siedlungsdichten als die übrigen Foraminiferen.

Vielfach werden Symbiosen – wie auch parasitische Vergesellschaftungen – erst durch die Ausbildung spezifischer *Verhaltensmuster* bei beiden Partnern ermöglicht. Die vor allem für zahlreiche Fischarten der Korallenriffe charakteristischen Putzsymbiosen sind z. B. an besondere Aufforderungsstellungen (Kopfabwärtskippen, Abspreizen der Kiemendeckel oder sogar Farbwechsel) gebunden. Auch hier sind es wiederum Verhaltenskomponenten, die eine Selektionswirkung in Richtung auf die Ausbildung zwischenartlicher Abhängigkeitsverhältnisse fördern und damit auch die Besetzung neuer ökologischer Nischen ermöglichen.

7. Baupläne und vergleichende Morphologie

Cuvier (1769–1832) hat als erster erkannt, daß sich die fast unüberschaubare Fülle an Arten einer relativ kleinen Zahl übereinstimmender Bauplantypen zuordnen läßt. Diese *Typenlehre*, der sich auch Goethe verpflichtet fühlte, betonte vor allem die Eigenständigkeit des Typus, der als **Bauplan** jedem Tierstamm zugrunde liegen sollte. Heute tritt die Frage nach der *phylogenetischen Beziehung* zwischen den einzelnen Tierstämmen in den Vordergrund. Gerade bei dieser Betrachtungsweise mag jedoch erstaunen, daß sich die heute lebenden Arten im Laufe der Evolution nicht gleichmäßig weit voneinander entfernt haben, sondern wenigen Großgruppen (Stämmen) angehören, die sich durch weitgehende Übereinstimmung ihrer Vertreter in Bau- und Funktionsstruktur auszeichnen (vgl. S. 508). Wohl lassen sich die verschiedenen Stämme auf Grund vergleichend-anatomischer und vergleichend-entwicklungsgeschichtlicher Befunde zu umfassenderen Gruppen vereinen (Tab. 5), doch sind diese hypothetischen Verwandtschaftsbeziehungen nicht durch Fossilfunde belegt (S. 527). Es gleibt daher den vergleichenden Betrachtungen morphologischer, entwicklungsgeschichtlicher, physiologischer und sogar molekularbiologischer Kriterien (Abb. 279, 280) bei rezenten Formen vorbehalten, die Grundverzweigungen des Stammbaumes der Tiere aufzuklären.

Wegweisend für diese vergleichenden Disziplinen ist der **Homologiebegriff.** Er stützt sich auf das Studium sowohl der Gesamtorganisation wie der Struktur und Entwicklung einzelner Organe. *Homologe Organe* sind Bildungen, die im Grundplan, in der Stellung innerhalb des Gesamtplanes und in ihrer *ontogenetischen Entstehung* übereinstimmen. Homologie beruht auf einem gemeinsamen Besitz gleichwirkender Erbfaktoren („homologe" Gene). Homologien sind daher auch Dokumente, die eine gemeinsame (monophyletische) Abstammung anzeigen (S. 508). Die sichersten Homologiekriterien ergeben sich aus dem *Studium der Ontogenese.* Häufig übernehmen homologe Organe völlig verschiedene Funktionen; z. B. Hypobranchialrinne von *Branchiostoma* (S. 456) und Schilddrüse der Wirbeltiere.

Verschiedene Kategorien von Homologien können unterschieden werden:

a) *Allgemeine Homologie:* über den ganzen Körper verteilte Strukturen; z. B. die Zellen aller Eukaryonten, Haare der Säugetiere, Schuppen am Fischkörper.

Tabelle 5 Übersicht über die Stämme des Tierreiches mit Angabe der Zahl bekannter rezenter Arten

			Artenreiche Stämme		
Protozoa			*Protozoa*	„Einzeller“	20 000
Metazoa	*Parazoa*		*Porifera*	Schwämme	5 000
	Radiata		*Coelenterata*	Hohltiere	9 000
	Bilateria	*Protostomia*	*Plathelminthes*	Plattwürmer	12 000
			Nemathelminthes	z. B. Rundwürmer	12 000
			Mollusca	Weichtiere	128 000
			Annelida	Ringelwürmer	9 000
			Arthropoda	Gliederfüßler	800 000
			Tentaculata	Kranzfühler	5 000
		Deuterostomia	*Echinodermata*	Stachelhäuter	6 000
			Chordata	Chordatiere	60 000

		Übrige Stämme			
Mesozoa	(parasitisch)	50			
Protostomia			Deuterostomia		
Kamptozoa	(meistens marin, sessil)	60			
Nemertini	Schnurwürmer	800	*Branchiotremata*	z. B. Eichelwürmer	80
Priapulida	(marine Würmer)	4	*Pogonophora*	Bartwürmer	50
Sipunculida	(marine Würmer)	250	*Chaetognatha*	Pfeilwürmer	50
Echiurida	Igelwürmer, z. B. *Bonellia*	150			
Onychophora	Stummelfüßler	70			
Tardigrada	Bärtierchen	180			
Pentastomida	Zungenwürmer	60			

b) *Seriale Homologie oder Homonomie:* Entsprechende Strukturen in verschiedenen Körperbereichen (Segmenten) bei gleichen oder verschiedenen Individuen; z. B. Hals- und Lendenwirbel, Spinalganglien, Extremitäten bei Arthropoden, Arm und Bein beim Primaten.
c) *Direkte Homologie* (Homologie im engeren Sinne): Organe an direkt entsprechenden Körperstellen bei verschiedenen Lebewesen; z. B. Brustflossen-Fisch und Flügel-Vogel, Urniere-Frosch und Nebenhoden-Säuger.
Neben Homologien in morphologischen Bildungen lassen sich vielfach auch Homologien für Strukturen des *Verhaltens* nachweisen.
Der Homologie wird die **Analogie** gegenübergestellt. Analoge Strukturen sind Bildungen mit entsprechender Funktion, aber unterschiedlichem Bauplan und verschiedener Ontogenese. Sie gehen jeweils auf verschiedene phylogenetische Wurzeln zurück *(polyphyletische* Entstehung); z. B. Vogelflügel und Schmetterlingsflügel, Grabbeine bei Maulwurf und Maulwurfsgrille, Säugerniere und Malpighische Gefäße der Insekten.
Die auf gleichwertige Funktion ausgerichtete Angleichung analoger Organe kann – wie z. B. bei den Augen der Wirbeltiere und der Tintenfische (Abb. 137) – zu weitgehenden Übereinstimmungen selbst in der Morphologie führen. Eine solche **Konvergenz** darf als Ergebnis einer Evolution aufgefaßt werden, die durch übereinstimmende Selektionsbedingungen konvergierend gerichtet wurde (S. 347). Andererseits können sich Form und Funktion homologer Organe unter verschiedenen Umweltbedingungen **divergent** entwickeln. Eine solche *adaptive Radiation* setzt vor allem nach der Besiedlung neuer Biotope ein, in denen unterschiedliche ökologische Nischen offen stehen (S. 346, 466; Beispiel: Darwin-Finken der Galapagos-Inseln).

Protozoa (Urtiere)

Die einzelligen Protozoen bilden die ursprünglichsten Eukaryonten und damit den „Ausgangspunkt" aller vielzelligen Tiere und Pflanzen. Mit ihrem echten Zellkern, der durch eine Kernhülle (S. 12) vom Cytoplasma abgegrenzt ist, und dem Besitz von Mitochondrien, Chloroplasten, Golgi-Apparaten (Dictyosomen), Basalkörpern und Cilien sind sie klar von den Prokaryontenzellen der Bakterien und Blaualgen *(Cyanophyceae)* unterschieden. Ihre Basisgruppe, die Flagellaten, enthält neben rein pflanzlichen (autotrophen) und rein tierischen (heterotrophen) Vertretern auch zahlreiche fakultativ autotroph oder heterotroph lebende Arten. Die Entwicklung des Tieres aus der einzelligen Pflanze beruht also allein auf einer *physiologischen Ernährungsumstellung.* Innerhalb der Protozoen hat sie sich mehrmals (polyphyletisch) abgespielt.

Obwohl die Protozoenzelle in ihrer Grundorganisation einer Metazoenzelle homolog ist, hat sie zusätzliche Funktionen zu erfüllen. Diese Besonderheiten äußern sich in einer Fülle spezieller Cytoplasmadifferenzierungen (Organellen), in Kerndimorphismus und Vielkernigkeit (polyenergide Zellen; eine *Energide* umfaßt einen Zellkern und den ihn umgebenden Cytoplasmaanteil). Sodann gibt es zahlreichen Ansätzen zu mehrzelligen Organisationsformen, bei denen eine Sonderung in generative und somatische Zellen eintritt: Kollektive Amöben (Acrasina, z. B. *Dictyostelium discoideum)* können zu einem Pseudoplasmodium verschmelzen, das zu einem „Sporenträger" auswächst. Bei vielen Flagellaten und Ciliaten bleiben die durch Teilung entstehenden Tochterzellen in einer Zellkolonie vereinigt. Die *Zoothamnium*-Kolonien (Ciliata) bilden sogar verschiedene Zelltypen aus (Mikro- und Makrozooide), von denen sich nur noch die Makrozooide loslösen und eine neue Kolonie begründen können. Häufig bleibt die Differenzierung jedoch auf die Zellkerne polyenergider Zellen beschränkt. Bei solchen *heterokaryotischen* Formen treten neben generativen Kernen *(Mikronuclei)* noch „somatische" Kerne *(Makronuclei)* auf, die bei Sexualvorgängen zugrunde gehen und aus Abkömmlingen generativer Kerne neu gebildet werden müssen.

Protozoen vermehren sich durch *Zweiteilung* und sind daher potentiell unsterblich (S. 106). Unabhängig davon, ob es sich bei ihren vegetativen Phasen um Haplonten (z. B. Phytoflagellaten, Sporozoen) oder wie bei den meisten Metazoen um Diplonten handelt (z. B. Heliozoen, Ciliaten), sind bisher bei allen Protozoengruppen *sexuelle Vorgänge* beobachtet worden. Dabei können sich die Gameten verschiedener Individuen *(Gametogamie)* oder – wie bei der *Konjugation* der Ciliaten (Abb. 57 a–h) – diese Individuen selbst vereinigen *(Gamontogamie). Autogamie,* d. h. die Verschmelzung der vom selben Individuum stammenden Gameten oder Gametenkerne, tritt bei einigen Heliozoen *(Actinosphaerium, Actinophrys)* und vereinzelt bei Ciliaten auf (S. 110, Abb. 57 i–o).

Flagellata

Protomonadina: *Trypanosoma* (Abb. 182 c); *Leishmania.* **Diplomonadina** mit zwei Kernen und doppelt angelegtem Geißelapparat: *Lamblia,* häufigster Darmflagellat des Menschen. **Polymastigina** mit mehreren Geißelapparaten und einem oder mehreren Kernen: *Trichomonas*

(Abb. 182 a); *Spirotrichonympha* (Abb. 182 b) symbiontisch in Termiten.

Als Geißeln (*Flagellen*, S. 221) können die Bewegungsorganellen der Flagellaten in Ein- oder Mehrzahl ausgebildet sein, am Vorder- oder Hinterende der Zelle inserieren (Zug- oder Schleppgeißel) oder wie bei den Polymastiginen große Teile der Zelloberfläche (Abb. 182 a, b) besetzen. Bei den autotrophen Dinofla-

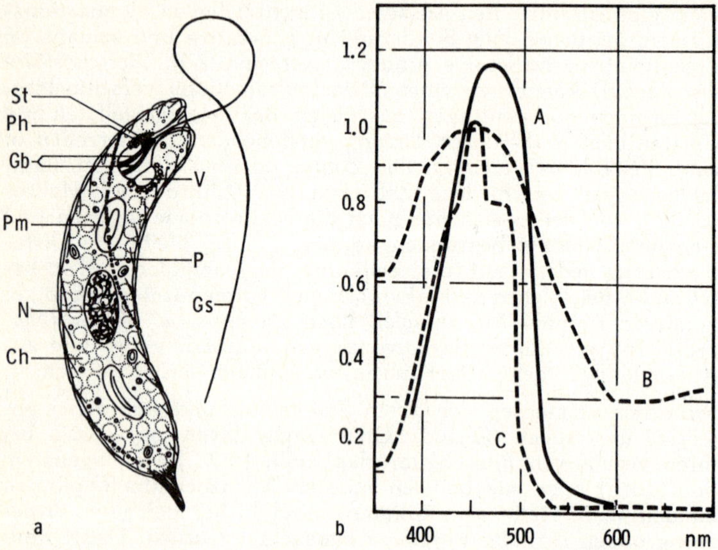

Abb. 181 a) *Euglena spirogyra*. *Ch* Chloroplast, *Gb* Basis der langen und kurzen Geißel im apikalen Geißelsäckchen, *Gs* Geißelschaft (der langen Geißel), *N* Nucleus, *P* Andeutung der spiraligen Pelliculastreifung, *Ph* Anschwellung an der Verschmelzungsstelle der kurzen mit der langen Geißel (wird als photorezeptorische Region diskutiert). *Pm* Paramylonkörper (stärkeähnliches Kohlenhydrat), *St* Stigma, *V* Vakuole (nach Leedale, Meeuse u. Pringsheim). b) Spektrale Empfindlichkeit des positiven phototaktischen Verhaltens (Aktionsspektrum) von *Euglena gracilis* (*A*, ausgezogene Kurve), Absorptionsspektren einer Suspension (*B*) und eines Cyclohexanextraktes (*C*) der Stigmagranulen (unterbrochene Kurven). Abszisse: Wellenlänge des Lichts, Ordinate: spektrale Empfindlichkeit in relativen Einheiten. Die gleiche Gipfellage der 3 Kurven läßt vermuten, daß die Form des Aktionsspektrums auf der Schirmpigmentwirkung des carotinoidhaltigen Stigmas beruht (nach Diehn u. Tollin).

gellaten führt eine Quergeißel schraubenförmige Bewegungen in einer quer verlaufenden Ringfurche aus, während eine Längsgeißel nach hinten schwingt. Die im Blutplasma der Wirbeltiere lebenden Trypanosomen besitzen eine am Hinterende inserierende Geißel, die nach vorn gerichtet und mit der Zelle über eine *undulierende Membran* verbunden ist. Sie kann sich mit ihrer Ansatzstelle zur Zellmitte (*Crithidia*-Form) oder bis zum Vorderende der Zelle (*Leptomonas*-Form) verlagern. Bei der intrazellulär parasitierenden *Leishmania*-Form ist sie völlig reduziert (Abb. 182 c). Hinter dem Basalkörper der Geißel liegt bei den meisten Trypanosomiden ein DNS-haltiger *Blepharoplast* (Kinetoplast), bei dem es sich um ein umgebildetes Mitochondrium vom Cristatyp (S. 8) handelt.

Bei dem im Süßwasser lebenden Phytoflagellat *Euglena* (Abb. 181 a) entspringen in einem vorderen Geißelsäckchen zwei Geißeln, wobei eine das Geißelsäckchen nicht überragt und an ihrer Spitze mit der Basis der langen Geißel verschmilzt. Die an dieser Stelle im Elektronenmikroskop sichtbare Anschwellung wird als

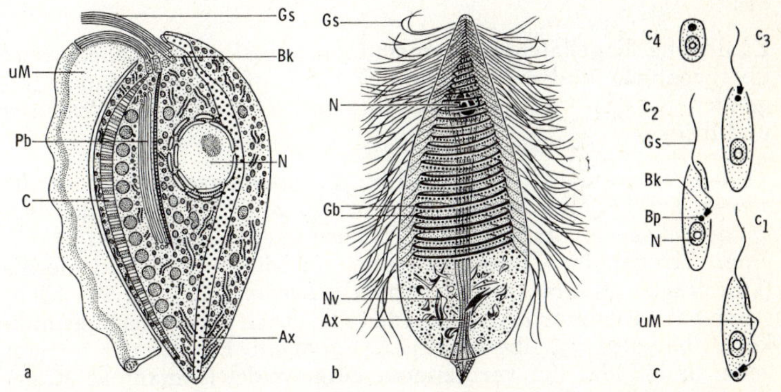

Abb. 182 Mehrgeißelige Flagellaten (a) *Trichomonas muris;* (b) *Spirotrichonympha bispira)* und Modifikationsformen eingeißeliger *Trypanosoma*- Flagellaten (c): *Trypanosoma*-Form (c_1), *Crithidia*-Form (c_2), *Leptomonas*-Form (c_3) und *Leishmania*-Form (c_4). *Ax* Axostyl (zentrales Stützelement aus reihenförmig und oft in mehreren Reihen angeordneten Mikrotubuli), *Bk* Basalkörper, *Bp* Blepharoplast, *C* Costa (Stützorganelle), *Gb* spiralig verlaufende Geißelbänder, *Gs* Geißelschaft, *uM* undulierende Membran, *N* Nucleus, *Nv* Nahrungsvakuole (bei der endosymbiontisch im Termitendarm lebenden *Spirotrichonympha* mit Zelluloseeinschlüssen), *Pb* Parabasalkörper (Golgi-Apparat-Komplex) (nach Anderson; Cleveland; Grell).

lichtempfindliche Region betrachtet, die durch das carotinoidhaltige *Stigma* am Rande des Geißelsäckchens einseitig abgeschirmt wird. Damit besitzt schon der Einzeller *Euglena* einen Photorezeptor mit Richtcharakteristik (zum phototaktischen Verhalten siehe Abb. 181 b).

Die grünen *Euglena*-Arten ernähren sich normalerweise *autotroph*. Bei der farblosen heterotrophen *Astasia* machen Vesikel, die als genetisch chlorophylldefekte Proplastiden gedeutet werden, eine phylogenetische Ableitung von grünen *Euglena*-Arten wahrscheinlich. *Euglena gracilis* verliert im Dunkeln oder nach UV-Bestrahlung sogar die Fähigkeit zur Chlorophyllsynthese und kann dann heterotroph weiter kultiviert werden. Ihre 10 Chloroplasten zerfallen dabei in ca. 30 Proplastiden, die weder Chlorophyll noch die sonst typischen Lamellenstrukturen enthalten. Die *heterotrophen Flagellaten* nehmen organische Stoffe gelöst oder in fester Form über *Pinocytose* oder *Phagocytose*-Mechanismen auf (S. 183 f), wobei Teile des Plasmalemms die extrazellulären Lösungen oder Partikel umschließen und mit diesem Inhalt nach innen abgeschnürt werden. Die *Choanoflagellaten* besitzen einen die Geißelbasis umgebenden Cytoplasmakragen, auf den die Nahrungspartikel durch Geißel und Cytoplasmabewegungen zur Kragenbasis herabbewegt und dort in den Zellkörper aufgenommen werden.

Zahlreiche Flagellatengruppen sind zur *parasitischen* Lebensweise übergegangen und entwickeln sich dabei oft – wie bei den folgenden Arten – über einen Wirtswechsel zwischen Wirbeltier und Insekt.

Trypanosoma, afrikanische Arten: *T. gambiense* und *T. rhodesiense,* Erreger der Schlafkrankheit: *T. brucei,* Erreger der Nagana-Viehseuche (Überträger: Tsetse-Fliege (Abb. 237 b), *T. cruzi,* Erreger der Chagas-Krankheit in Mittel- und Südamerika (Überträger: Raubwanze *Triatoma); Leishmania:* die im Menschen parasitierenden Arten werden alle durch Schmetterlingsmükken *(Phlebotomus)* übertragen: *L. donovani,* Erreger der in Südasien und Südafrika verbreiteten Eingeweideleishmaniose (Cala-Azar, schwarzes Fieber); *L. tropica,* Erreger der Hautleishmaniose (Orientbeule).

Rhizopoda

Amoebina, unbeschalte Amöben: *Amoeba proteus* (Abb. 104 a); *Entamoeba histolytica* parasitisch, Erreger der tropischen Amöbenruhr; die in der Darmwand phagocytierende Gewebsform ist von der nichtpathogenen Darmlumenform zu unterscheiden: Diese bildet Cysten, die mit dem Kot ins Freie gelangen. **Testacea,** beschalte Amöben: *Arcella; Difflugia.* **Foraminifera,** sehr formenreiche marine Gruppe mit von Poren durchbrochener Schale (Abb. 183 a): einkammerige *(Monothalamia)* und vielkammerige Formen *(Polythalamia)*. **Heliozoa**, meist pelagische, radiärsymmetrische Süßwasserformen mit strahlenförmigen Axopodien: *Actinophrys*, einkernig (Abb. 183 c), *Actinosphaerium* (vielkernig) *Acanthocystis*. **Radiolaria**, kugel- oder helmförmige pelagische Zellen mit einer von organischem Wandmaterial umgebenen Zentralkapsel und einer oder mehreren konzentrischen, meist kieselsäurehaltigen Gitterkugeln (Abb. 183 b), besonders häufig im Plankton warmer Meere bis zu 5000 m Tiefe vorkommend.

Die früher als ursprünglichste Protozoen angesehenen Rhizopoden (Wurzelfüßler) leiten sich in mehreren Linien von Flagellaten ab. Viele ihrer Vertreter entwickeln noch begeißelte Schwärmstadien, wie andererseits einige Flagellaten formveränderliche Cytoplasmafortsätze ausbilden können. Diese *Pseudopodien* (S. 219), die der Fortbewegung wie der Nahrungsaufnahme dienen, können gruppenspezifisch in verschiedenen Ausprägungen auftreten: Bei den lappenförmigen *Lobopodien* der Amöben umgrenzt wie im übrigen Cytoplasma ein gelartiges hyalines Ektoplasma das granuläre Endoplasma (Solzustand). Die strahlenförmigen *Axopodien* der Heliozoen (Abb. 183 c) und Radiolarien (Abb. 183 b), die den pelagischen Formen als Schwebeeinrichtungen dienen, enthalten einen zentralen Achsenstab (Axonem) aus längsgerichteten Mikrotubuli (Abb. 184), über den ein Cytoplasmafilm gleitet, der Nahrungspartikel wie auf einem Fließband zum Zellkörper führt. Dünne Plasmafäden *(Filipodien)*, die verzweigt und zu Netzen verbunden sein können *(Reticulopodien)*, treten bei den Foraminiferen aus den Kammerporen hervor. Die lichtmikroskopisch gerade noch sichtbaren Filipodien bestehen nicht aus einem einheitlichen Strang, sondern bilden ein Bündel nur elektronenoptisch auflösbarer Cytoplasmafäden, die alle von einem eigenen Plasmalemm umgeben sind.

Im granulären Endoplasma bilden die marinen Radiolarien (Abb. 183 b) um den Kern eine porendurchbrochene *Zentralkapsel*, die den im Erscheinungsbild ähnlichen (aber limnischen) Heliozoen (Abb. 183 c) fehlt. Inner- wie außerhalb dieser Zentralkapsel enthält das Cytoplasma Ölkugeln, Kristalle und Zooxanthellen (symbiontische Dinoflagellaten). Zudem wird die Radiolarienzelle durch konzentrische *Gitterkugeln* gestützt, die als „Kunstformen der Natur" E. Haeckel zu einem umfangreichen graphischen Werk (1899) inspiriert haben. Im Gegensatz zu diesen Kieselsäurekapseln – nur die Gruppe der *Acantharia* verwendet Strontiumsulfat – besitzen die Foraminiferen Kalkgehäuse. Die unterschiedliche Ausprägung und Anordnung der einzelnen *Kammern*, die beim Heranwachsen der Zelle nacheinander entstehen und die *polythalamen* Formen von den phylogenetisch älteren einkammerigen *(monothalamen)* Formen abgrenzen, führt zu einer unge-

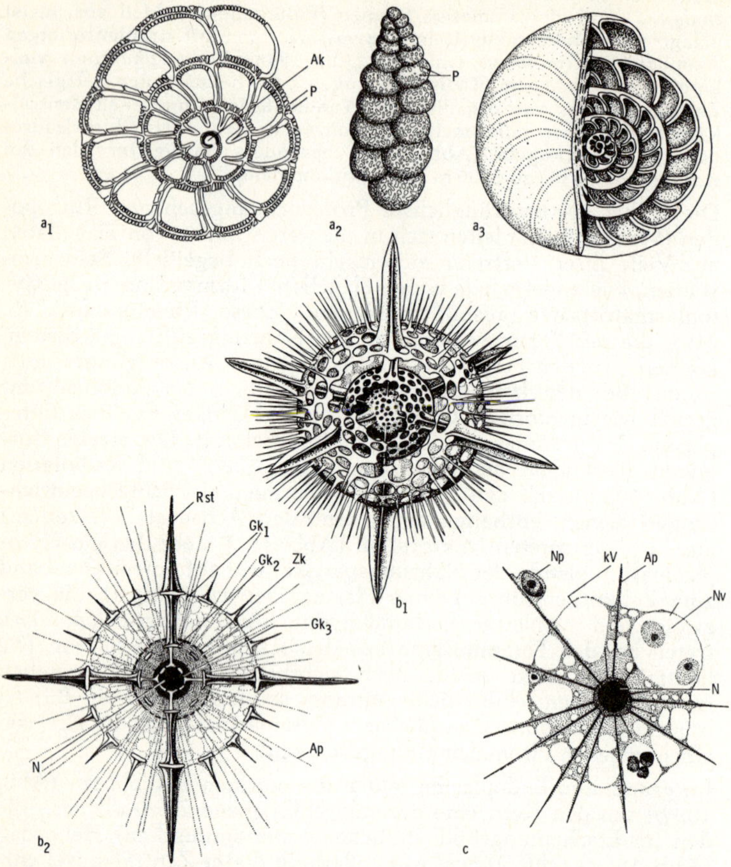

Abb. 183 Rhizopoda. a) Foraminifera: a_1 *Rotalia beccarii* im Längsschnitt; a_2 *Textularia agglutinans* in Aufsicht; a_3 *Nummulites cummingii*; die eine Hälfte der Schale längs durchschnitten. b) Radiolaria, *Hexacontium asteracanthion:* b_1 dreidimensionale Darstellung des Schalenskeletts (die beiden äußeren Schalen aufgebrochen). b_2 Längsschnitt. c) Heliozoa, *Actinophrys sol* im Längsschnitt. *Ak* Anfangskammer, *Ap* Axopodien, *Gk 1, 2, 3* Skelettgitterkugeln (1 äußerste, 3 innerste), *N* Nucleus, *Np* Nahrungspartikel (im Cytoplasmafilm von *Ap* gleitend), *Nv* Nahrungsvakuole, *P* Poren, *RSt* Radiärstacheln des Skeletts, *kV* kontraktile Vakuole, *Zk* Zentralkapsel (die 1. und 2. Gitterkugel einschließend) (nach KUHN; RHUMBLER; BRADY; HAECKEL).

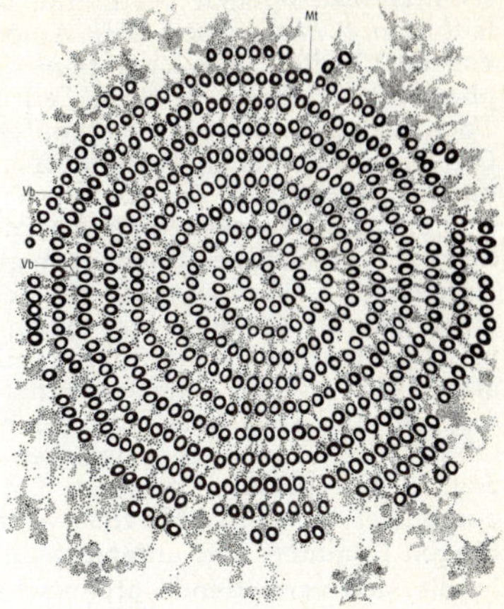

Abb. 184 Elektronenmikroskopischer Querschnitt durch das Axonem eines Heliozoen-Axopodiums *(Actinosphaerium nucleofilum)*. Zwischen den Mikrotubuli *(Mt)*, die in spiralig verlaufenden Reihen angeordnet sind, liegen vor allem in radialer Richtung Verbindungsstrukturen (Proteinbrücken; *Vb*) (nach ROTH, PIHLAJA u. SHIGENAKA).

heuren Formenfülle der Foraminiferen. Viele Vertreter zeigen – einzig unter den Protozoen – einen *heterophasischen Generationswechsel* (S. 38) zwischen einer diploiden ungeschlechtlichen Generation *(Agamont)* und einer haploiden, sich geschlechtlich reproduzierenden Generation *(Gamont)*. Beide Generationen können unterschiedliche Kammertypen entwickeln. Nach dem Größenunterschied der Anfangskammer (Abb. 183 a_1) läßt sich dann ein *makrosphärischer* Gamont von einem *mikrosphärischen* Agamont unterscheiden.

Die meisten Foraminiferen kriechen auf dem Meeresboden; nur wenige *(Globigerinidae)* schweben frei. Vor allem diese pelagischen Arten tragen und trugen jedoch wesentlich zur Sedimentbildung in den Ozeanen bei (Foraminiferenkalke). Etwa die Hälfte der bis heute beschriebenen über 40 000 Protozoenarten sind fossile Foraminiferen, die daher weltweit als geologische *Leitfossilien* dienen. In tertiären Ablagerungen Ägyptens hat man bis zu 11 cm große *Nummulites*-Arten (Abb. 183 a_3) gefunden. Andererseits sind die tertiären Mergel der Antillen-Insel Barbados für ihre Massenvorkommen fossiler Radiolarienskelette bekannt.

Während bei den Radiolarien die Bildung der komplizierten Schalenstruktur schwierig zu verstehen ist, lassen sich für die übrigen beschalten Rhizopoden bestimmte *physikalische Grundlagen der Schalenbildung* nachweisen. Bei Amoeben vom Typus *Difflugia* werden vor der Teilung zunächst feine Sandteilchen und Diatomeenschalen phagocytiert. Dann tritt ein Teil des Cytoplasmas, das den einen der Tochterkerne mitführt, in Tropfenform aus der alten Schale heraus. Die aufgenommenen Fremdkörper werden anschließend in das noch nackte Ektoplasma der Tochterhälfte exportiert. Kräfte der *Oberflächenenergie* bewirken eine Anordnung der Schalenteilchen zu einem lückenlosen Gefüge. Nach dem gleichen Prinzip werden bei anderen Amoeben (z. B. *Euglypha*) die Schalen aus hexagonalen Kieselplättchen gebaut, die hier ein Eigenprodukt des Cytoplasmas sind. Für mehrkammerige Foraminiferen gilt das Gesetz der *Randwinkelkonstanz.* Der aus der jüngsten Schalenkammer austretende Cytoplasmatropfen muß stets jene Form annehmen, die bestimmt wird durch die Oberflächenspannungen zwischen den sich berührenden Medien (alte Schale, Cytoplasma, Wasser). Ein homogenes Cytoplasma wird sich zur Kugel formen (Abb. 183 a_2). Inhomogenitäten im Cytoplasma bedingen Kammern mit unterschiedlichen Randwinkeln (Abb. 183 a_1, a_3). In die sich versteifende organische Grundsubstanz der Zelloberfläche wird $CaCO_3$ eingelagert.

Abb. 185 Entwicklungsgang des Malariaparasiten *Plasmodium.* Die durch den Stich der *Anopheles*-Mücke ins Blut gebrachten Sporozoiten dringen in Leber- oder Endothelzellen ein (1), wachsen heran (2) und führen eine multiple Teilung (Schizogonie: endohistocytäre Phase) durch (3). Die freiwerdenden Merozoiten *(Mer)* können entweder wie die Sporozoiten Endothelzellen infizieren oder in Erythrozyten eindringen (5), dort zu einer amöboiden Zelle heranwachsen (6–9) und dann durch erneute Vielteilung (10; Schizogonie, endoerythrocytäre Phase) je 10–20 Merozoiten bilden. In den zerfallenen Erythrocyten bleibt dabei ein aus Zersetzungsprodukten des Hämoglobins bestehender Restkörper zurück. Stammen alle Parasiten von einer einzigen Infektion, vollziehen sie ihre Schizogoniezyklen synchron. Die Überschwemmung des Blutes mit Stoffwechselprodukten des Wirts führt dann alle 3 *(Malaria tertiana)* oder 4 Tage *(M. quartana)* zu einem Fieberanfall. Während die meisten Merozoiten einen neuen Schizogoniezyklus einleiten (11), wachsen einige zu Geschlechtsformen heran *(Gametogonie)*, die weiblich (12; Makrogametocyt) oder männlich (13; Mikrogametocyt) differenziert sein können. Erst nach Übertragung in den Mitteldarm der Mücke entwickeln sie sich zu je einem Makrogameten (14; *Mag*) oder 8 Mikrogameten (15, 16; *Mig*). Die nach Befruchtung (18; *Befr.*) gebildete Zygote (19; *Zyg*) streckt sich in die Länge und wandert als „Ookinet“ durch das Darmepithel (20; *Dep*) in die den Darm umgebende Muskelschicht (*Mu*). Encystierung, Meiose und multiple Kernteilungen (21, 22) führen zu einer vielkernigen

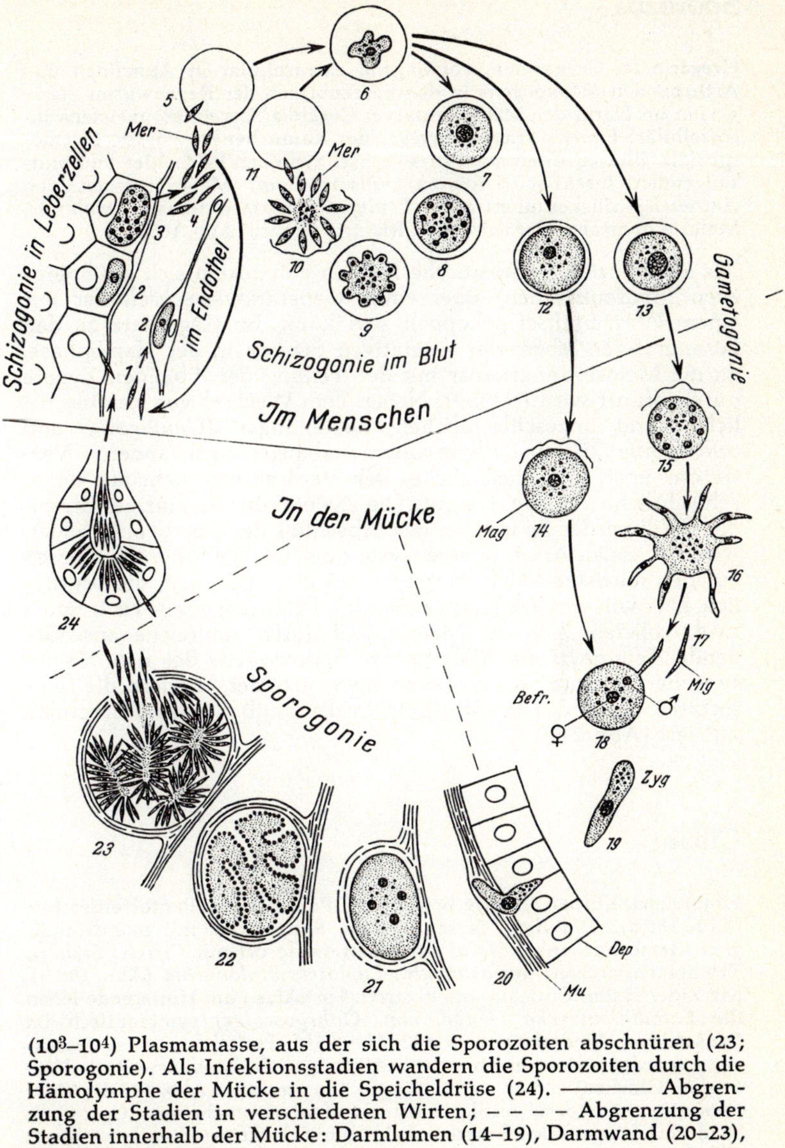

(10^3–10^4) Plasmamasse, aus der sich die Sporozoiten abschnüren (23; Sporogonie). Als Infektionsstadien wandern die Sporozoiten durch die Hämolymphe der Mücke in die Speicheldrüse (24). ——— Abgrenzung der Stadien in verschiedenen Wirten; – – – – Abgrenzung der Stadien innerhalb der Mücke: Darmlumen (14–19), Darmwand (20–23), Speicheldrüse (24).

Sporozoa

Gregarinida, Gregarinen, vorwiegend extrazellulär in Anneliden und Arthropoden: *Monocystis* in den Samenblasen des Regenwurms; *Gregarina* im Darm der Mehlkäferlarve. **Coccidia,** Coccidien, meistens intrazellulär: *Eimeria stiedae,* Erreger der Kaninchenkokzidiose. **Haemosporidia,** Blutparasiten mit Wirtswechsel zwischen Wirbeltier und blutsaugenden Insekten (Dipteren): *Plasmodium,* Malariaerreger, von *Anopheles*-Mücken übertragen (*P. vivax,* Malaria tertiana; *P. malariae,* Malaria quartana; *P. falciparum,* Malaria tropica, Abb. 185).

Als ausschließlich parasitische Formen entwickeln sich die Sporozoen (Sporentierchen) über einen *Generationswechsel,* der mit einem *Wirtswechsel* gekoppelt sein kann. Im Gegensatz zu den Foraminiferen leben alle vegetativen Stadien in der Haplophase, da die Meiose unmittelbar mit der Teilung der diploiden Zygote durchgeführt wird (S. 359). Neben dem Wechsel von geschlechtlichen und ungeschlechtlichen Vielteilungen *(Gamogonie* und *Sporogonie)* tritt bei *Plasmodium* und bei einigen anderen Vertretern noch eine zusätzliche, der Verbreitung dienende ungeschlechtliche *Schizogonie* auf. Die Zygote, die als einziges diploides Stadium der Sporozoen den Abschluß der Gamogonie bildet, wird bei vielen Arten in eine Cyste umgewandelt und als „Spore" auf den nächsten Wirt übertragen. In diesen Sporen, die begrifflich klar von den meistens haploiden Pflanzensporen zu trennen sind, vollzieht sich die Meiose und durch zahlreiche anschließende Teilungen die Bildung der Sporozoiten. Bei den Hämosporidiern werden keine Sporen mehr gebildet, sondern die Sporozoiten durch das Insekt direkt in die Blutbahn des Wirbeltiers injiziert (Abb. 185).

Ciliata

Holotricha, Körper allseitig bewimpert: *Paramecium,* Pantoffeltierchen (Abb. 186 a); *Didinium,* Nasentierchen. **Spirotricha,** mit mundständigem Membranellenband, auf der Ventralseite oft mit Cirren: *Stentor,* Trompetentierchen; *Spirostomum; Euplotes; Stylonychia* (Abb. 186 b). Mit einer festen Cuticula und bizarren Fortsätzen am Hinterende leben die *Entodiniomorpha (Entodinium, Ophryoscolex)* symbiontisch im Pansen von Wiederkäuern (S. 182, Abb. 85 b). **Peritricha,** meist festsitzend, Vorderende zu einem scheibenförmigen Peristom erweitert: *Vorticella,* Glockentierchen (Abb. 186 c); *Carchesium* (Abb. 186 d); *Zoothamnium.* **Suctoria,** sessil, Nahrungsaufnahme nicht mit Cytostom, sondern mit speziellen Saugtentakeln; nur Schwärmstadien bewimpert: *Ephelota.*

Die Ciliaten (Wimpertierchen) gelten als die höchstentwickelten und an cytoplasmatischen Differenzierungen reichsten Protozoen. Mit ihren beiden kennzeichnenden Merkmalen – Besitz von *Cilien* (S. 221) und *Kerndimorphismus* (S. 108, Abb. 56) – stehen sie jedoch nicht völlig isoliert innerhalb der übrigen Protozoen: Erstens leiten sich Cilien durch Reduktion ihrer Länge und Vereinfachung der Schlagweise von Flagellen ab. Die holotrich bewimperten, parasitischen *Opaliniden,* die man wegen des fehlenden Kerndimorphismus früher als ursprüngliche Protociliata betrachtete, reiht man heute z. B. bei den Flagellaten ein. Zweitens kommt Kernpolymorphismus auch bei den sogenannten ‚heterokaryotischen Foraminiferen vor. Vor allem die *Konjugation* (Abb. 57 a–h) kann daher als gruppenspezifisches Ciliatenmerkmal gelten. Die Ciliaten sind wegen des Kerndimorphismus nur bedingt den „Einzellern" zuzuordnen, da der hochploide Makronucleus als somatische Differenzierung aufzufassen ist (S. 359). Zudem gibt es Arten mit mehreren Mikronuclei (Abb. 57) und beim Trompetentierchen *(Stentor)* ist auch der Makronucleus vervielfacht, wobei die einzelnen Kerneinheiten allerdings rosenkranzartig verbunden bleiben. Bei Ciliaten wird der Phänotypus des Individuums durch die Gene des Makronucleus bestimmt. Darin zeigt sich eine Übereinstimmung zu den Metazoen, wo die Merkmalsbildung auch von somatischen Kerngenen ausgeht.

Der Nahrungsaufnahme dient bei Ciliaten ein *Cytostom,* eine spezielle Öffnung in der elastischen äußersten Ektoplasmaschicht *(Pellicula).* Die unverdaulichen Reste werden durch den Zellafter *(Cytopyge),* überschüssiges Wasser durch *kontraktile Vakuolen* ausgeschieden, die als osmoregulatorische Organe (S. 172) vor allem bei Süßwasserformen auftreten. Das endoplasmatische Reticulum in der Nähe der kontraktilen Vakuole ist zu einem spezialisierten Drainagesystem (Nephridialplasma) umgebildet, über das Zellflüssigkeit in die Radiärkanäle und von dort in die Vakuole fließt. Im rhythmischen Wechsel von Füllung und Entleerung der Vakuole werden in schneller Folge Membrankontakte zwischen diesem endoplasmatischen Reticulum und den Radiärkanälen gebildet und wieder gelöst. Dem Herbeistrudeln der Nahrung dienen Cilien oder spezialisierte *Membranellenbänder (Stylonychia,* Abb. 186 b). In jeder Membranelle sind 2–3 Cilienreihen sowohl über ihre Basalkörper wie über die Cilienschäfte miteinander verbunden. Die *Cirren* – ebenfalls Cilienkomplexe – arbeiten als Fortbewegungsorganellen und unterstützen damit die Cilientätigkeit (zur Koordination des Cilienschlages s. S. 224). Bei den Peritrichen sind kontraktile Fibrillenbündel *(Myoneme)* als „Stielmuskeln" ausgebildet (Abb. 186 c). Eine besondere Art der Nahrungsaufnahme haben die Suktorien in Form einer speziali-

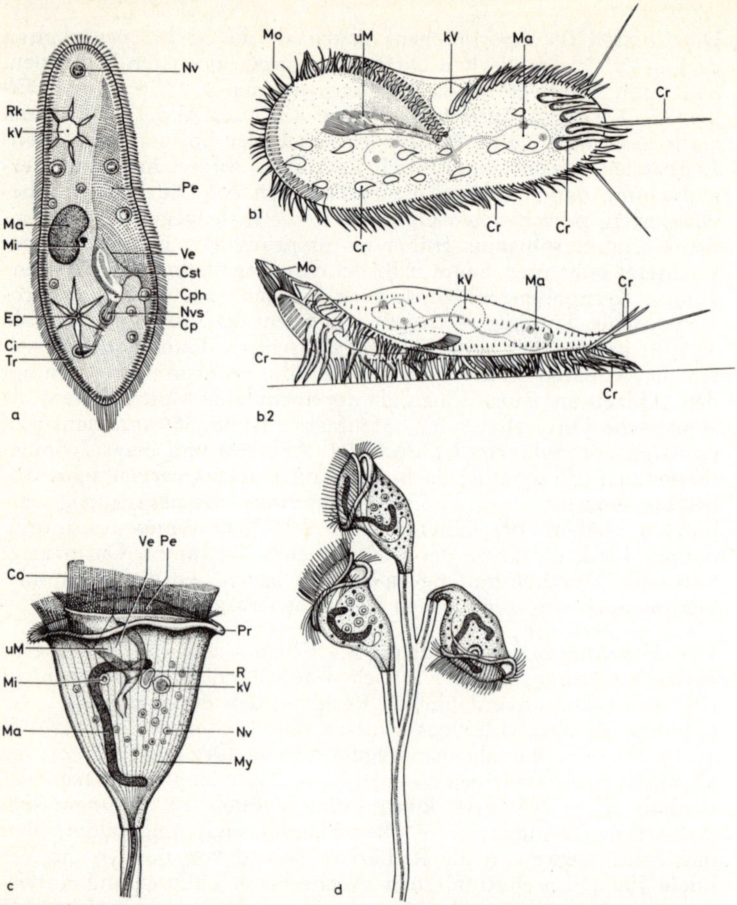

Abb. 186 Ciliata. a) *Paramecium caudatum.* b) *Stylonychia mytilus:* b_1 Ventral-, b_2 Lateralansicht. c) *Vorticella nebulifera.* d) *Carchesium polypinum. Ci* Cilien, *Co* adorale Cilienspirale, *Cp* Cytopyge (Zellafter), *Cph* Cytopharynx, *Cr* Cirren, *Cst* Cytostom (Zellmund), *Ep* Exkretionsporus von *kV*, *Ma* Makronucleus, *Mi* Mikronucleus, *Mo* adorales Membranellenband, *uM* undulierende Membran, *My* Myoneme, *Nv* Nahrungsvakuole, *Nvs* Nahrungsvakuole, die sich von der inneren Verengung des Cytopharynx abschnürt („Empfangsvakuole"), *Pe* Peristom (Mundfeld), *Pr* Peristomrand, *R* Ausführgang (Reservoir) der kontraktilen Vakuole zum Vestibulum, *Rk* Radiärkanäle (Sammelkanäle des endoplasmatischen Drainagesystems, die sich in die kontraktile Vakuole entleeren), *Tr* Trichocysten, *Ve* Vestibulum (Mundtrichter), *kV* kontraktile Vakuole (nach Renner; Machemer; Bütschli; Stein).

sierten Phagocytose entwickelt: Mit ihren *Saugtentakeln* haften sie sich an Beutetieren fest und saugen deren Cytoplasma über eine Röhre, die im Inneren des Tentakels von kranzförmig angeordneten Mikrotubuli gebildet wird, in den eigenen Zellkörper. Dabei wird die Membran des Tentakelkopfes über das Widerlager der Mikrotubuli mit in das Zellinnere gezogen. Als Anheftungs- und Schutzorganellen dienen bei vielen Ciliaten die stäbchenförmigen *Trichocysten* (Abb. 186 a), die direkt unter der Pellicula liegen und auf chemische oder mechanische Reize explodieren. Dabei wird der Trichocystenschlauch, dem eine stilettartige Spitze aufsitzt, zehnfach bis auf 20–30 μm verlängert. Die Neubildung ausgeschleuderter Trichocysten erfolgt in cyptoplasmatischen Vesikeln.

Einige Ciliaten (z. B. *Paramecium*- und *Stentor*-Arten) stehen mit Algen (Zoochlorellen) in *Symbiose.* Damit erhöht sich ihre oekologische Valenz, indem ihnen Assimilationsprodukte und Sauerstoff geliefert werden. Diese Arten verhalten sich – im Gegensatz zu „nicht-grünen" Species positiv phototaktisch.

In den Oekosystemen der Meere und Süßgewässer spielen die Ciliaten als Bakterien-Algen-Flagellaten- und Detritusfresser eine wichtige Rolle: durch den Abbau der organischen Verbindungen ihrer Nahrung fördern sie die *Mineralisation* des Wassers. Andererseits ist die Fischbrut vielfach auf einen reichen Ciliatenbestand angewiesen .

Metazoa

Die Entwicklung mehrzelliger Organismen aus einzelligen Formen läßt sich ebenso wenig wie die Aufspaltung in die einzelnen vielzelligen Tierstämme (Metazoa) durch Fossilfunde belegen (S. 514). Obwohl viele Ansätze zur Vielzelligkeit auch schon bei Protozoen vorkommen (S. 359), haben sie nie zu verschiedenen Typen somatischer Zellen geführt. Die Differenzierung zu unterschiedlichen *somatischen Zellen* – und damit die Bildung von Geweben *(Histogenese)* – kann daher als grundlegendes Kriterium der Metazoen gelten. Der Weg zum Vielzeller führt über die Furchung zur Gastrulation (S. 119) und zur Bildung von Keimblättern (S. 123). Wie unterschiedlich die einzelnen Gastrulationstypen und die dadurch entstehenden Gastrulaformen auch sein mögen, mit der Bildung eines zwei- oder dreischichtigen Keimes werden bei allen Metazoengruppen direkt vergleichbare Entwicklungstendenzen eingeleitet (Festlegung der Symmetrieverhältnisse und der prospektiven Bedeutung der Keimblätter).

Die *Architektur* eines Metazoenkörpers läßt sich am besten verstehen, wenn man die Beziehung der *Keimblätter* und ihrer Derivate zu den *Körperhöhlen* betrachtet (Abb. 187). Anschließend an die Furchungsteilungen (S. 114) entsteht bei zahlreichen Entwicklungstypen zunächst das *Blastocoel.* Nach Ausbildung des Gastralraums *(Archenteron)* kann es als *primäre Leibeshöhle* stark eingeengt werden und schließlich im Adulttier überhaupt nicht mehr nachzuweisen sein. Das ist z. B. bei ursprünglichen Metazoen der Fall (Coelenteraten, Plathelminthen; Abb. 187 a), bei denen mesenchymatisches Gewebe den Raum zwischen den

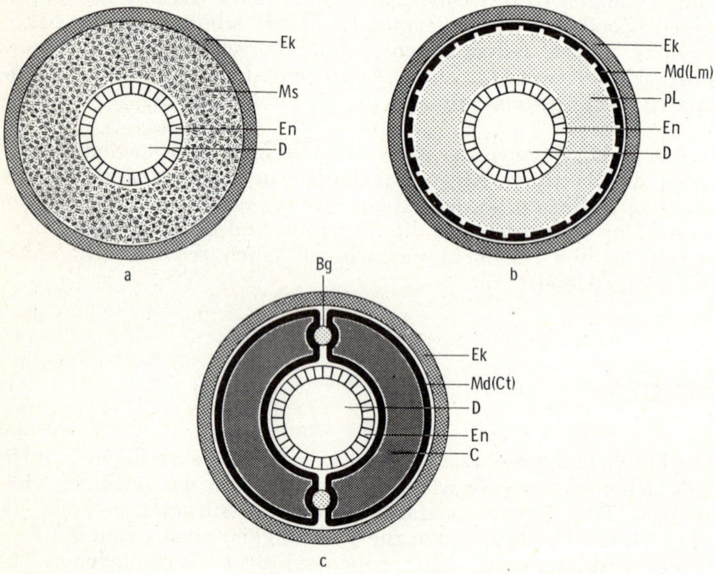

Abb. 187 Schematische Querschnitte durch einen Plathelminthen (a) Nemathelminthen (b) und Anneliden (c) zur Demonstration der grundlegenden architektonischen Beziehungen zwischen Körperhohlräumen und Keimblattderivaten. Homologe Strukturen sind mit übereinstimmenden Rastersignaturen gezeichnet. *Bg* Lumen der Blutgefäße (*pL* homolog), *C* Coelom (sekundäre Leibeshöhle), *D* Darmlumen (Derivat des Archenterons), *Ek* Ektoderm, *En* Entoderm, *pL* primäre Leibeshöhle, *Md* Mesoderm (*Ct* coelembegrenzendes Endothel [Coelothel], *Lm* Längsmuskulatur), *Ms* mesenchymatisches Füllgewebe („Parenchym“).

Derivaten von Ektoderm und Entoderm völlig ausfüllt. Diese Formen besitzen daher im Verdauungstrakt, der sich ontogenetisch vom Gastralraum ableitet, ihre einzige Körperhöhle, die auch mit nur einer Öffnung mit der Außenwelt in Verbindung steht. Bei den höheren Metazoen entwickelt sich die Öffnung dieses Gastralraumes, der Urmund *(Blastoporus)*, gruppenspezifisch zum definitiven Mund (Protostomier) oder After (Deuterostomier). Die zweite Öffnung zum durchgehenden Verdauungstrakt entsteht sekundär (S. 120, Abb. 63).

Nehmen die mesodermalen Zellverbände den Raum zwischen ektodermalen und entodermalen Bildungen nicht völlig ein, bleibt die primäre Leibeshöhle auch adult erhalten und kann sogar zum formbestimmenden Körperhohlraum werden (Nemathelminthen, Abb. 187 b). Bei allen höheren Metazoen wird die Primärhöhle durch die Entwicklung einer vom mesodermalen Epithel umkleideten sekundären Körperhöhle *(Coelom)* nahezu oder völlig verdrängt (Abb. 187 c). Unabhängig von seiner Bildungsweise (S. 129) wird das Coelom bei allen höheren Metazoen gleichermaßen zur funktionsmorphologisch bestimmenden Körperhöhle. Ohne das vom Coelom gebildete *Hydroskelett* (S. 235) ist jedenfalls die Entwicklung des gesamten Bewegungsapparates bei Protostomiern wie Deuterostomiern nicht zu verstehen.

Versucht man, die *Evolution* der einzelnen Metazoenstämme auf Grund von entwicklungsgeschichtlich-architektonischen Grundvorgängen zu rekonstruieren, ergeben sich jedoch beträchtliche Schwierigkeiten. Folgt man im strengen Sinne dem *biogenetischen Grundgesetz* (S. 509), wonach die Ontogenie eine Rekapitulation der Phylogenie sei, müßte man die Urform der Metazoen in einem gastrulaähnlichen Stadium suchen. HAECKEL (1834–1919) hat eine solche „Gastraea" seinen phylogenetischen Überlegungen zugrunde gelegt. Durch Festheftung dieser pelagischen Gastraea am animalen (aboralen) Pol sei dann der Typus der Coelenteraten entstanden, der auch von allen modernen Vertretern der *Gastraeatheorie* als das ursprüngliche Metazoenstadium angesehen wird. Wie bei vielen rezenten Typen (S. 128) soll das Coelom auch phylogenetisch aus seitlichen Ausstülpungen des Gastralraums der Coelenteraten hervorgegangen sein.

Die Schwierigkeiten, die sich dieser an sich bestechenden Vorstellung stellen, demonstrieren eindrücklich, in welchem Dilemma sich eine allein auf vergleichend-embryologische und anatomische Gesichtspunkte angewiesene Evolutionsforschung befindet. Denn weder zeigen die heutigen Coelenteraten eine Invaginationsgastrula, noch läßt sich das bei ihnen schon weit verbreitete Bindegewebe ontogenetisch vom Urdarmepithel ableiten. Es entstammt vielmehr dem embryonalen Ektoderm. Die Gastraeatheorie muß zudem postulieren, daß coelomlose Protostomier (Platt- und Rundwürmer) ihr Coelom sekundär wieder verloren haben.

Hier setzen andere, gerade in neuester Zeit sehr heftig vertretene Vorstellungen ein, welche die Entwicklungslinie der Metazoen von vielkernigen Ciliaten über die coelomlosen, „parenchymatischen" Strudelwürmer (Stamm Plathelminthes) legen. Die Coelenteraten seien abgeleitete, zur sessilen Lebensweise übergegangene Formen. Eine Modifikation dieser Theorie sieht in der zweischichtigen, bewimperten *Planula*-Larve der Coelenteraten die Urform der Metazoen, die den Ciliatentyp mit dem Plathelminthentyp verbinden müßte.

Prinzipiell bleibt bei solchen gedanklichen Konstruktionen zweierlei zu bedenken: *Erstens* können alle rezenten, wenn auch noch so ursprünglich anmutenden Formen nur als Modellfälle, nicht als wirkliche Repräsentanten phylogenetischer Zwischenstufen gelten, und *zweitens* sind auch ontogenetische Entwicklungsvorgänge dem Selektionsdruck ausgesetzt, entwickeln also adaptive Besonderheiten, die sich nicht als Rekapitulation der Phylogenese verstehen lassen (S. 509). Jenen Merkmalen wird man daher am meisten vertrauen müssen, die grundlegende architektonische Besonderheiten des Metazoenkörpers betreffen und wenige adaptive Abwandlungen erfahren haben. Hierzu zählen die *Achsen- und Symmetrieverhältnisse* sowie die Ausbildung des *Coeloms*. Da die Coelenteraten die ursprüngliche embryonale Achse vom vegetativen (Blastoporus- oder Mund-After-)Pol zum animalen Pol auch als Körperachse beibehalten, scheinen sie am ehesten die Basisgruppe der Metazoen zu verkörpern. Bei allen übrigen Metazoen (Bilateria) weicht die Körperachse (Vorn-Hinten-Achse) von der in der Eizelle festgelegten Animal-Vegetativ-Achse ab.

In der *systematischen Großgliederung* der Metazoen werden die *Mesozoa* (S. 357) meistens an erster Stelle genannt. Mit ihren zweischichtigen, bewimperten Formen – einer Planulalarve nicht unähnlich – ist die nur 50 Arten zählende, rein parasitische Gruppe jedoch eher als eine Verlegenheitslösung der Systematiker denn als eigener Tierstamm zu werten. Als *Parazoa* lassen sich die Schwämme (Porifera) insofern von den übrigen Metazoen (*Eumetazoa*) abgrenzen, als bei ihnen auf Grund ihrer Embryonalentwicklung weder die Keimblätter noch die beim Adulttier vorliegenden Körperhöhlen mit den Bildungen aller übrigen Metazoen homologisiert werden können (S. 377). Zudem fehlen wesentliche Organsysteme (z. B. Nervensystem) noch. Auf Grund der Symmetrieverhältnisse und des Auftretens eines echten Coeloms werden innerhalb der Eumetazoen die *Radiata (Coelenterata)* den *Bilateria* (Protostomier und Deuterostomier) gegenübergestellt. Da nach der heute vorherrschenden Meinung (S. 373) auch die coelomlosen Bilateriastämme ein Coelom besessen und dieses sekundär wieder zurückgebildet haben, werden die Begriffe *Bilateria* und *Coelomata* vielfach synonym gebraucht.

Porifera (Schwämme)

Calcispongia, Kalkschwämme: *Sycon.* **Silicospongia,** Kieselschwämme: *Euplectella,* Gießkannenschwamm; *Cliona,* Bohrschwamm. **Cornacuspongia,** Hornschwämme: *Euspongia,* Badeschwamm; *Hippospongia,* Pferdeschwamm; *Spongilla* und *Ephydatia,* Süßwasserschwämme.

Die in der Mehrzahl marinen Schwämme – wegen ihrer sessilen Lebensweise, ihres relativ ungegliederten Körpers und ihrer Bewegungslosigkeit erst 1825 als Tiere erkannt – unterscheiden sich durch das Fehlen von Nervensystem, Sinnesorganen und speziell differenzierten Muskelzellen klar von allen anderen Metazoen. Klumpen-, strauch- oder krustenförmig, bilden sie meistens koloniale Verbände, in denen sich Einzelindividuen anatomisch kaum abgrenzen lassen. Der ganze aus massigem Bindegewebe *(Mesenchym)* gebildete Körper wird nämlich von einem *Kanalsystem* durchzogen, das außen mit einer Vielzahl kleiner Poren beginnt, in größere Hohlräume oder spezielle Geißelkammern führt und schließlich durch eine Ausströmöffnung *(Osculum)* wieder nach außen mündet (Abb. 188). Nur an Hand der Oscula lassen sich in einer Schwammkolonie die Einzelindividuen abgrenzen.

In das mesenchymale Gewebe des Schwammkörpers sind zahlreiche Zelltypen eingelagert, die eine amöboide Beweglichkeit weitgehend behalten und sich auch im ausdifferenzierten Zustand noch in andere Zelltypen umwandeln können. Neben den *Archaeocyten,* aus denen alle anderen Zelltypen hervorgehen können, treten *Amoebocyten* auf, die phagocytotisch tätig sind, *Scleroblasten,* die Skelettnadeln sezernieren und mit den sternförmig verzweigten und möglicherweise kontraktilen *Collencyten* eine Art Mesenchymgerüst bilden, ferner plattenförmige *Pinacocyten,* die epithelartig die Kanalwände begrenzen, und *Geschlechtszellen,* die diffus im Mesenchym, also nicht in Gonaden liegen. Den spezialisiertesten Zelltyp stellen die *Choanocyten* (Kragengeißelzellen) dar, die wie die Choanoflagellaten unter den Protozoen (S. 362) zur Nahrungsaufnahme einen von Mikrotubuli gebildeten Cytoplasmakragen besitzen (vgl. Abb. $188a_1$).

Die einfachsten Schwämme (*Ascon*-Typ: *Leucosolenia;* Abb. 188 a) bestehen aus einem porendurchbrochenen Schlauch mit Osculum. Beim *Sycon*-Typ (Abb. 188 b) erfährt der zentrale Gastralraum radial gerichtete Ausbuchtungen, auf deren Wände jetzt die Geißelzellen beschränkt sind. Indem diese Geißelkammern bei den meisten Schwämmen *(Leucon*-Typ) nicht direkt, sondern über ein verzweigtes Kanalsystem in den Gastralraum münden, können sie sich in mehreren Schichten im Mesenchym anordnen und daher den Schwammkörper wesentlich vergrößern (Abb. 188 c).

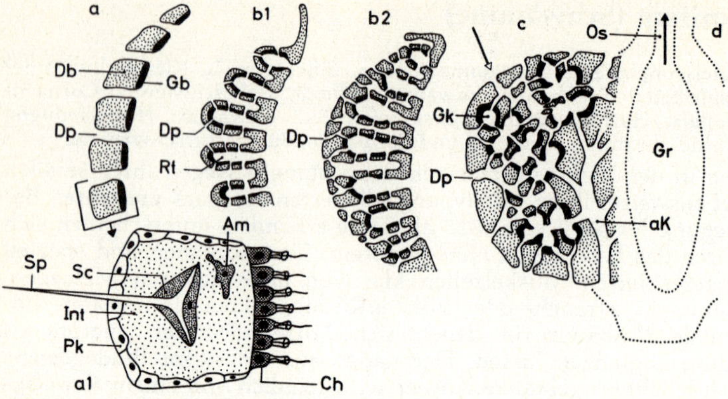

Abb. 188 Organisationsschema der Schwämme. Umriß eines einzelnen schlauchförmigen Individuums (d, punktiert) und schematisierte Ausschnitte aus der Schlauchwandung bei Schwämmen vom Ascon- (a), Sycon- (b) und Leucontyp (c). Schwarz: Gastralblatt *(Gb)* mit Choanocyten. ▽-Pfeil Einstrom-, ▲-Pfeil Ausstromöffnungen; *aK* abführender Kanal, *Am* Amöbocyt, *Ch* Choanocyt (Kragengeißelzelle), *Db* Dermalblatt, *Dp* Dermalporen, *Gb* Gastralblatt, Gk Geißelkammer (Leucontyp), *Gr* Gastralraum, *Int* Interzellularsubstanz, *Os* Osculum, *Pk* Pinacocyten, *Rt* Radialtubus (Sycontyp), *Sc* Scleroblast mit sezernierter Nadel (*Sp* Spicula) (nach HYMAN).

Die von den Choanocyten herbeigestrudelte Nahrung wird entweder von diesen selbst oder von Amoebocyten aufgenommen und von diesen auch im Körper verteilt. Die *Kalk-* oder *Kieselnadeln,* Sekretionsprodukte der Scleroblasten, von denen letztere bei den Hornschwämmen durch das Protein *Spongin* verkittet oder auch ganz reduziert sein können (z. B. *Euspongia),* verhindern das Kollabieren des Schwammkörpers und vergrößern damit seine porendurchsetzte resorbierende Oberfläche. Durch die gewaltigen Filtrierleistungen der Schwämme – ein Schwamm von 10 cm Länge und 4 cm Durchmesser kann in 24 Std. 80 l Wasser filtrieren – und ihr oft massenhaftes Auftreten am Meeresboden bilden sie wesentliche Bestandteile mariner Nahrungsketten.

Während der *Larvalentwicklung* kommt es zu einer eigenartigen, auch von der Flagellatenkolonie *Volvox* bekannter Umstülpung der Blastula, die es erschwert, *Gastral-* und *Dermalblatt* (Abb. 188 a) der adulten Schwämme mit Ektoderm und Entoderm der übrigen Metazoen zu homologisieren. Neben der geschlechtlichen Fortpflanzung treten auch noch ungeschlechtliche Verbreitungsstadien in Form der *Gemmulae* auf. Bei ihnen werden klumpenförmige Ansammlungen totipotenter Archaeocyten von komplizierten Nadelskeletten kugelförmig umschlossen. Wie auch bei anderen Tiergruppen finden sich solche Dauerstadien, die Kälte- und Austrocknungsperioden überbrücken, vorwiegend bei limnischen Formen (z. B. als Statoblasten bei Bryozoen, S. 401). Dagegen können im Meer pelagische Larvenstadien während des ganzen Jahres existieren (S. 334).

Coelenterata (Hohltiere)

1. **Cnidaria,** Nesseltiere. **Hydrozoa:** *Hydra,* Süßwasserpolyp (Abb. 189); die folgenden Formen alle marin: *Tubularia,* koloniebildend; *Millepora,* Feuerkoralle; *Physalia* und *Velella,* Staatsquallen (*Siphonophora,* Abb. 195). **Scyphozoa** (Abb. 190, 191 b_1): *Chrysaora,* Kompaßqualle; *Aurelia,* Ohrenqualle. **Anthozoa,** Korallen: *Actinia,* Seeanemonen (Abb. 191 a, b_2), solitär; *Corallium,* Edelkoralle, stockbildend.

2. **Ctenophora,** Rippenquallen (Abb. 194): *Pleurobrachia* und *Beroe,* auch in der Nordsee.

Viele Hohltiere treten in zwei Generationsformen auf (*Polyp* und *Meduse*), die beide einen zentralen, von Entoderm umkleideten Gastralraum besitzen. Vom vergleichend-anatomischen Standpunkt entspricht ein Polyp daher einem mit dem aboralen Pol festsitzenden Gastrulastadium (vgl. Gastraeatheorie, S. 373).

Die schlauchförmigen *Polypen* (Abb. 189) verankern sich mit einer Fußplatte. An ihrem apikalen Pol treten unter der Mundscheibe (*Peristom*) in den meisten Fällen *Tentakel* auf, die entweder hohl, d. h. von Fortsätzen des Gastralraums durchzogen, oder mit turgeszenten Entodermzellen ausgefüllt sein können. Der *Gastralraum* der Polypen bleibt entweder ungegliedert (*Hydrozoa*) oder wird durch vier (*Scyphozoa*), bei den Korallenpolypen (*Anthozoa*) durch 6, 8 oder bis zu 100 von der Körperwand radiär nach innen vorspringenden Septen (*Mesenterien*) unterteilt (Abb. 191 b). Der freie zentrale Rand dieser Septen ist bei den Anthozoen gefältelt und mit sezernierenden und resorbierenden Zellen besetzt (Mesenterialfilamente). Auf ihren radiären Flächen tragen die Mesenterien starke entodermale Muskelstränge, die den ganzen Polyp in seiner Längsrichtung kontrahieren können. Anstelle des einfachen Peristoms der Hydrozoen besitzen die Anthozoen ein ektodermales, mit den Mesenterien an deren oberem Rand verwachsenes *Schlundrohr* (Abb. 191 a). Die *Medusen* (Abb. 190)

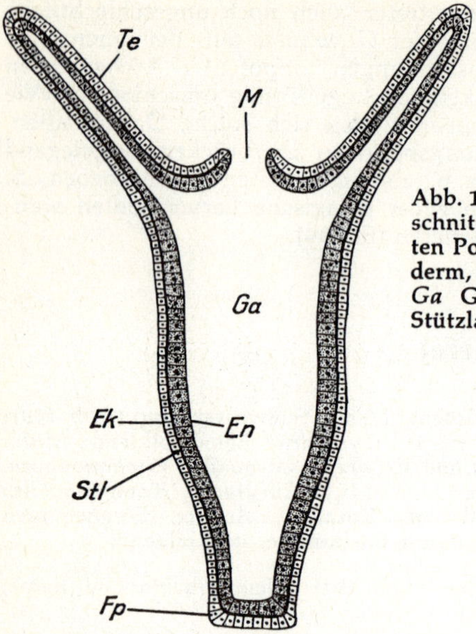

Abb. 189 Schematischer Längsschnitt durch einen ungekammerten Polypen (*Hydrozoa*). *Ek* Ektoderm, *En* Entoderm, *Fp* Fußplatte, *Ga* Gastralraum, *M* Mund, *Stl* Stützlamelle, *Te* Tentakel.

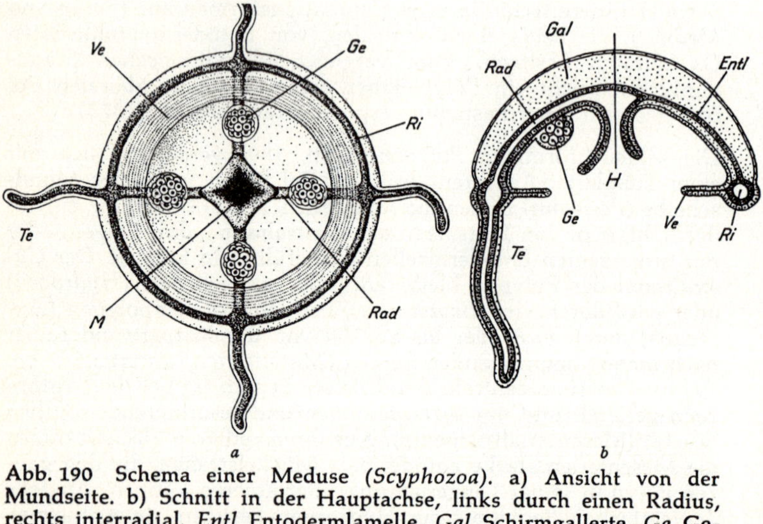

Abb. 190 Schema einer Meduse (*Scyphozoa*). a) Ansicht von der Mundseite. b) Schnitt in der Hauptachse, links durch einen Radius, rechts interradial. *Entl* Entodermlamelle, *Gal* Schirmgallerte, *Ge* Geschlechtszellen, *H* Hauptachse, *M* Mund, *Rad* Radiärkanal, *Ri* Ringkanal, *Te* Tentakel, *Ve* Velum.

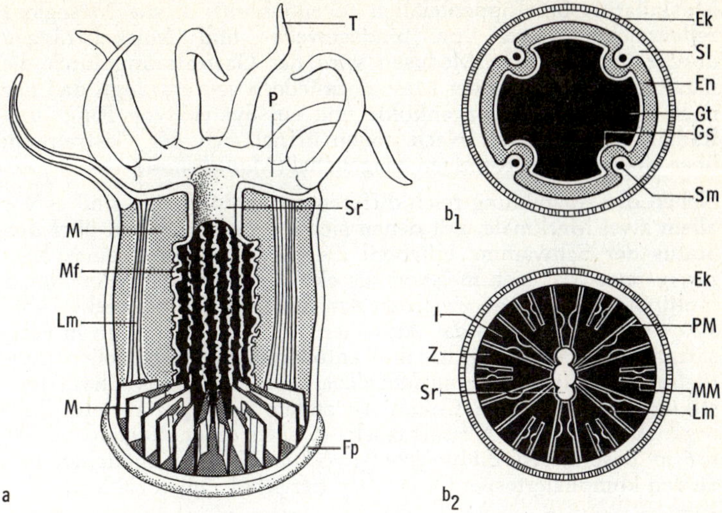

Abb. 191 a) Organisationsschema eines mehrkammerigen Polypen (Seeanemone; *Anthozoa*). b) Schematische Querschnitte durch Polypen mit gekammertem Gastralraum: b_1 Scyphozoa; b_2 Anthozoa, vgl. a. Schwarz: Gastralraum; *Ek* Ektoderm, *En* Entoderm, *Fp* Fußplatte, *Gs* Gastralseptum, *Gt* Gastraltasche, *I* Innenfach (von den mit Muskelfahnen besetzten Innenseiten der Mesenterien umschlossen), *Lm* Längsmuskeln („Muskelfahne"), *M* Mesenterium, *Mf* Mesenterialfilament, *MM* Metamesenterium (nicht mit dem Schlundrohr in Verbindung stehend), *P* Peristom (Mundscheibe), *PM* Protomesenterium (am Schlundrohr inserierend), *Sl* Stützlamelle, *Sm* Septalmuskel, *Sr* Schlundrohr, *T* Tentakel, *Z* Zwischenfach (von der Außenseite der Mesenterien begrenzt) (nach Kaestner; Hatschek).

lassen sich aus der Polypenform durch Abplattung in der animal-vegetativen Achse ableiten, wobei die Mundscheibe zur konkaven Schirmunterseite wird. Gegen diese Unterseite springt vom tentakelbesetzten Glockenrand eine kontraktile Ektodermfalte *(Velum)* irisartig vor. Medusen besitzen im Gegensatz zu den Polypen *quergestreifte Muskulatur.* Bei Polyp wie Meduse liegt zwischen den schon reich differenzierten Epithelblättern Ektoderm und Entoderm eine zellfreie *Stützlamelle* oder ein wenig differenziertes Mesenchym (Mesogloea). Im Gegensatz zum Mesoderm aller höheren Metazoen wird die Mesogloea nicht als gesondertes Keimblatt angelegt. Sie beteiligt sich auch nicht an der Bildung der

Muskulatur. Bei Rippenquallen *(Ctenophora)* ist die Mesogloea zellenreicher sowie von Bindegewebs- und Muskelsträngen durchzogen. Bei den Medusen wird der Gastralraum durch die massige Entwicklung der Mesogloea jedoch so verdrängt, daß nur noch eine zentrale Magenhöhle und ein System von Ring- und Radiärkanälen bleibt. Nach außen öffnet sich der Gastralraum über einen glockenförmigen Magenstiel *(Manubrium)*.

Neben der Ausbildung reich differenzierter Epithelien sind es vor allem zwei Merkmale, mit denen sich die Coelenteraten über den Status der Schwämme erheben: die Differenzierung eines *Nervensystems*, das sich meistens als ekto- und entodermaler Plexus multipolarer Neurone zwischen den Epithelzellen erstreckt (Abb. 120, 192, S. 246), und das Auftreten von Muskelfibrillen in Fortsätzen von ebenfalls ekto- und entodermalen Epithelzellen *(Epithelmuskelzellen, Nährmuskelzellen*; Abb. 192). Als Charakteristikum treten bei den Cnidariern zudem hochspezialisierte Zellorganellen auf, die Nesselkapseln *(Cniden* oder *Nematocysten)*, die in besonderen Bildungszellen *(Cnidoblasten)* entstehen und zu den kompliziertesten Organellen tierischer Zellen zählen.

Stilettkapseln (*Penetranten*, Abb. 193 a–d) sind mindestens teilweise unabhängige Effektoren. Ein Fortsatz der Nesselzelle, das *Cnidocil*, dient als Mechanorezeptor, der bei Berührung zur Entladung der Kapsel führt. Auch ein unabhängiger Effektor muß jedoch wirkungsvoll in das Gesamtverhalten des Organismus integriert werden. Eine solche Koordination geschieht bei den Kapseln über eine vom phy-

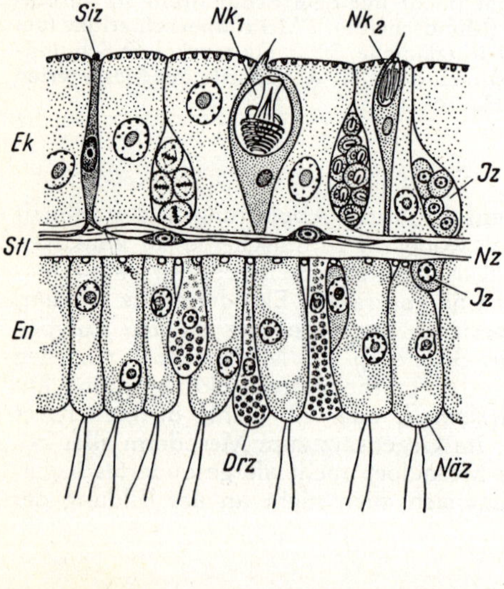

Abb. 192 Ausschnitt aus der Körperwand von *Hydra*. *Drz* Drüsenzelle, *Ek* Ektoderm, *En* Entoderm, *Iz* interstitielle Zellen, *Näz* Nährmuskelzelle, Nk_1, Nk_2, Nesselzellen mit verschiedenen Kapseltypen (vgl. Abb. 193), *Nz* Nervenzelle, *Siz* Sinneszelle, *Stl* Stützlamelle.

siologischen Zustand des Tieres abhängige Variabilität der *Entladungsschwelle;* durch Fleischextrakte oder Glutathion (S. 179) wird sie z. B. erniedrigt. Nach Reizung des Cnidocils öffnet sich die Kapsel an ihrem distalen Pol (Aufspringen eines vorgeformten Deckels), und ein ins Innere der Kapsel eingestülpter Faden *(Nesselschlauch)* entrollt sich nach außen. Bei diesem Entladungsvorgang, der nur 3–5 msec dauert, dringt der Nesselschlauch samt dem Stilett an seiner Basis in den Körper des Beutetieres ein, wobei der Cuticularpanzer kleiner Krebse *(Daphnia)* durchbrochen werden kann; gleichzeitig wird durch Poren in seiner Wandung ein lähmendes Giftsekret frei. Den *Kleb-* und *Wickelkapseln* (Abb. 193 e–h), die sich im ektodermalen Epithel oft gemeinsam mit Stilettkapseln zu Nesselbatterien gruppieren, fehlt eine solche Sekretbildung.

Im Gegensatz zu den Schwämmen (S. 375) ist bei den Coelenteraten eine eigentliche *Gewebedifferenzierung* durch engen Zusammenschluß von Epithelmuskel- und Drüsenzellen verwirklicht

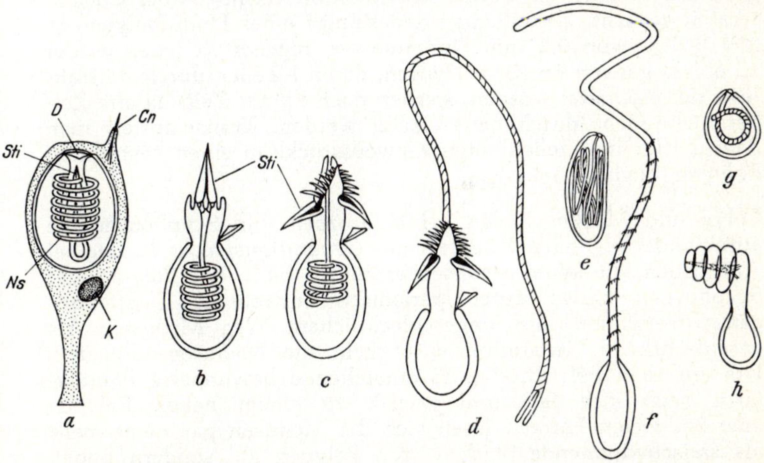

Abb. 193 Nesselzellen und Entladung der Nesselkapseln. a–d) Stilettkapsel (Penetrante): a) ruhende, abschußbereite Kapsel; *Cn* Cnidocil, *D* Deckel der Nesselkapsel; in dem erweiterten Halsstück des Nesselschlauches *(Ns)* sind starke Borsten zu ineinandergeschobenen Stiletten *(Sti)* zusammengeneigt, *K* Kern der Nesselzelle; b–d) aufeinanderfolgende Stadien der Kapselentladung; b) der Deckel ist abgeworfen, das Halsstück wird ausgestülpt und dadurch der Stilettapparat vorgeschnellt; c) die Stilette klappen auseinander und erweitern dadurch bei einem weichen Körper die Wunde; d) der Endteil des Nesselschlauches wird ausgestülpt; e, f) Klebekapsel (Glutinante); g, h) Wickelkapsel (Volvente).

(Abb. 192). Im Entoderm dienen Epithelmuskelzellen auch als sogenannte Nährmuskelzellen der Nahrungsaufnahme. Kleine *interstitielle Zellen (I-Zellen)*, die gehäuft an der Basis der Epithelmuskelzellen liegen, können jedoch alle anderen Zelltypen liefern, entsprechen in dieser Hinsicht also den Archaeocyten der Schwämme. Sie treten vor allem in der Wachstumszone im distalen Drittel der Polypen (unterhalb der Tentakelregion) auf, wo sie durch Teilung ständig nachgeliefert werden. Basal im übrigen Rumpf oder distal im Bereich der Tentakelkrone differenzieren sie sich dann zu den verschiedenen Zelltypen der beiden Epithelblätter.

Auf diese Weise werden bei *Hydra* in ca. 3 Wochen alle Zellen durch neue ersetzt. Da das Auftreten toti- oder multipotenter Zellen oft in Verbindung mit ausgeprägten *Regenerationsleistungen* des ganzen Tieres steht, hat man schon früh nach einer Beteiligung der I-Zellen am hohen Regenerationsvermögen der Coelenteraten gesucht. Zerteilt man den Rumpf eines Hydrapolypen in 200 Stücke von 0,2 mm Durchmesser, regeneriert jedes wieder zu einem ganzen Polypen. Hydren, deren I-Zellen durch Bestrahlung ausgeschaltet wurden, sterben nach kurzer Zeit, da alte Zellen nicht mehr durch neue ersetzt werden. Transplantiert man dagegen kleine I-zellenhaltige Gewebsstücke in einen bestrahlten Polypen, bleibt er am Leben.

Polyp und Meduse bilden bei Hydrozoen und Scyphozoen die aufeinanderfolgenden Glieder eines *Generationswechsels*, der bei Anthozoen, die keine Medusen erzeugen, fehlt. Die Polypen der Scyphozoen bilden durch periodisch auftretende Querteilungen *(Strobilation)* auf ungeschlechtlichem Weg Medusen. Als geschlechtliche Generation entwickeln die Medusen Gonaden. Die aus dem befruchteten Ei entstehende bewimperte *Planulalarve* setzt sich fest und wächst zu einem neuen Polypen aus. Bei vielen Formen lösen sich die Medusen gar nicht mehr als freischwimmende Stadien vom Polypen ab, sondern bilden sich zu sessilen *Gonophoren* um. Diese Geschlechtsknospenstadien stellen oft nur noch stark reduzierte Medusoide dar. Bei der Süßwasser-*Hydra* bestehen sie nur noch aus Gonaden. Ohne Kenntnis des bei anderen Formen stufenweise reduzierten Generationswechsels würde man in diesem Fall die Polypen als die Träger einer geschlechtlichen Fortpflanzung ansehen.

Aus phylogenetischer Sicht wird oft die Frage gestellt, ob der Polyp die ursprüngliche Form der Coelenteraten oder nur ein eingeschobenes Jugendstadium darstellt. Die Gastraeatheorie (S. 373) vertritt den erstgenannten Standpunkt und sieht in den Gastraltaschen, wie sie bei Polypen mit septiertem Gastralraum auftreten (Abb. 191 b), zugleich die Vorläufer von Coelomräumen (S. 373). Entgegen dieser Vorstellung wird bei der Frage um die Herkunft der bilateralen Coelomaten oft auf die zweite Hauptgruppe der Coelenteraten verwiesen: die **Ctenophoren** (Rippenquallen, Abb. 194), die kein Polypenstadium besitzen. Die Ausbildung von 2 Tentakeln, die aus tiefen Ektodermtaschen entspringen, wie die Anordnung der 8 längsverlaufenden Entodermkanäle verleihen ihrem birnenförmigen Körper eine bilaterale Symmetrie. Im Ektoderm sind jeweils über den Entodermkanälen 8 Meridionalstreifen differenziert, die Ruderplättchen (zu Membranen verschmolzene Cilien; vgl. S. 369) tragen. Am unteren Pol der Meduse liegt der Mund, am oberen ein Schweresinnesorgan (Statocyste; Abb. 149 a). Da einige

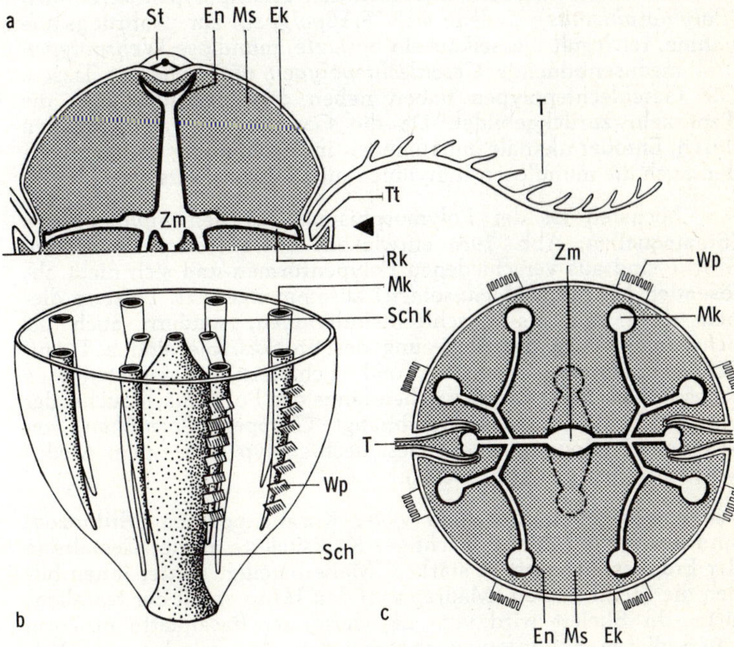

Abb. 194 Rippenquallen (Ctenophora). Längs- (a) und Querschnitt (c) sowie räumliche Darstellung des Kanalsystems (b). Der Längsschnitt ist in der Tentakelebene, der Querschnitt auf Höhe der Pfeilsignatur (◀) in a geführt. *Ek* Ektoderm, *En* Entoderm, *Mk* Meridionalkanal, *Ms* Mesogloea, *Rk* Radiärkanal, *Sch* Schlundrohr (in c Querschnitt gestrichelt angedeutet), *Schk* Schlundkanal, *St* Statocyste, *T* Tentakel, *Tt* Tentakeltasche, *Wp* Wimperplättchen (Membranellen), *Zm* Zentralmagen (nach HERTWIG; KÜKENTHAL-MATTHES).

Vertreter dieser artenarmen marinen Gruppe (z. B. *Coeloplana*) plattwurmähnlich mit bilateralem Körper am Boden kriechen, wurde der Ursprung der Bilateria auch schon in solchen sekundär bodenlebenden Rippenquallen gesucht. Nicht zuletzt wegen der völlig verschiedenen Embryonalentwicklung der Rippenquallen und Plattwürmer scheint diese Möglichkeit jedoch wenig wahrscheinlich.

Eine hervorstechende Eigentümlichkeit vieler Cnidarier ist die *Stockbildung*. Durch Knospung entstehen Polypen, die mit dem Mutterpolypen in Verbindung bleiben und auf diese Weise Polypenstöcke aus vielen Tausenden von Einzelpolypen bilden. Meistens ist diese Stockbildung mit einer morphologischen und funktionellen Differenzierung zwischen den Einzelpolypen verbunden *(Polymorphismus)*, indem sich *Freßpolypen* zur Nahrungsaufnahme, reich mit Nesselkapseln besetzte, mundlose *Wehrpolypen* und medusenbildende *Geschlechtspolypen* unterscheiden lassen. Die Geschlechtspolypen haben neben dem Peristom auch die Tentakeln zurückgebildet. Da die Gastralräume aller Polypen durch Entodermkanäle miteinander in Verbindung stehen, werden auch die mundlosen Individuen mit Nahrung versorgt.

Am höchsten ist der Polymorphismus bei den *Siphonophora* (Staatsquallen, Abb. 195) entwickelt. Diese freischwimmenden Stöcke sind aus verschiedenen Polypenformen und sich nicht ablösenden Medusen *(Medusoiden)* zusammengesetzt. Letztere dienen nicht nur als Geschlechtsindividuen, sondern auch als Schwimmglocken der Bewegung des Stockes. Sie sind z. T. mit Schwebeorganen (Gasdrüsen und -behältern) ausgerüstet. Aus Knospen der Polypenachse gehen längs des Polypenschlauchs, der von der Schwimmglocke herabhängt, Gruppen *(Cormidien)* von je einem Freßpolyp, einem Geschlechtspolyp und einem Medusenschirm hervor (Abb. 195 a_1).

Die gewaltigen Stockbauten vieler Korallenpolypen *(Anthozoa)* sind durch die Bildung mächtiger Kalkskelette an der Gestaltung der Erdoberfläche oft in starkem Maße beteiligt. Unter ihnen bilden die Steinkorallen (Madreporia) den Hauptanteil der Korallenriffe. Ihr Skelett wird vom Ektoderm der Basalplatte in Form von radiären *Sklerosepten* abgeschieden, die zwischen den Mesenterien *(Sarkosepten*, Abb. 191 a) in die Höhe wachsen und durch einen sich ebenfalls fortlaufend erhöhenden Ringwall ver-

---

Abb. 195 Staatsquallen (Siphonophora). a) *Muggiaea*. a_1 Einzelnes Cormidium. b) *Velella*, der herausgeschnittene 120-Grad-Sektor demonstriert die Innenarchitektur. *Bst* Blastostyl (mit Mundöffnung), an dem

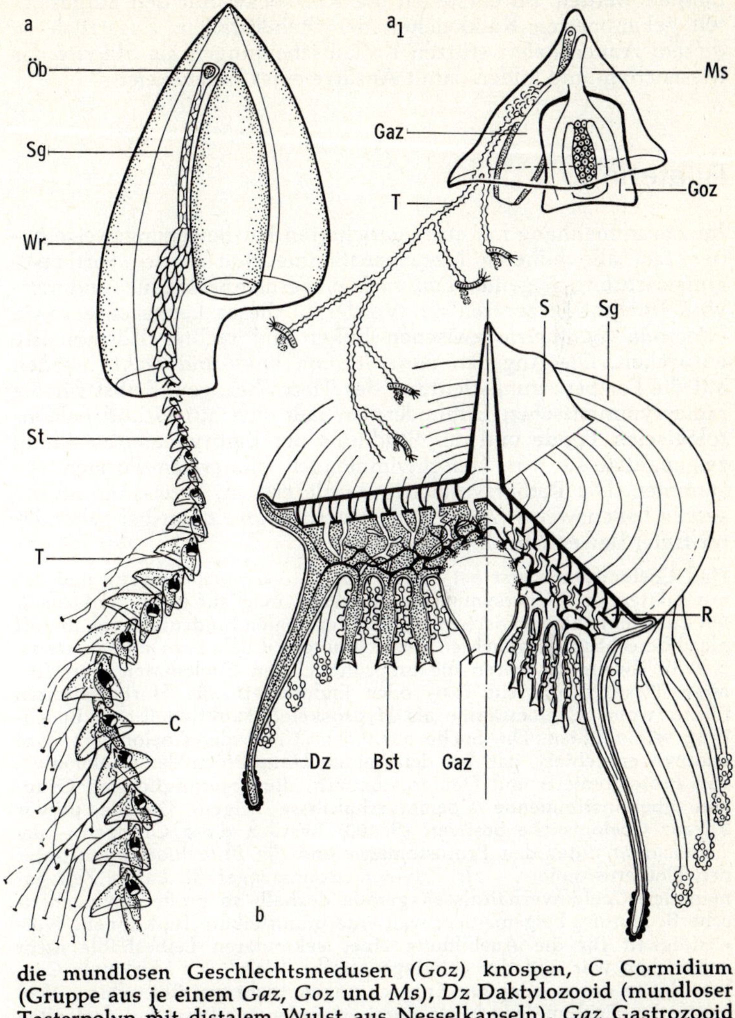

die mundlosen Geschlechtsmedusen *(Goz)* knospen, *C* Cormidium (Gruppe aus je einem *Gaz*, *Goz* und *Ms*), *Dz* Daktylozooid (mundloser Tasterpolyp mit distalem Wulst aus Nesselkapseln), *Gaz* Gastrozooid (Freßpolyp), *Goz* Gonozooid (Geschlechtsmeduse), *Ms* Medusenschirm (Deckblatt), *Öb* Ölblase, *R* zuletzt angelegter Luftring der Schwimmglocke, *S* Segel, *Sg* Schwimmglocke (mund- und tentakellose Meduse), *St* Stamm (dem Polypenkörper homolog), *T* Tentakel (Fangfaden des Gastrozooids), *Wr* Wachstumsregion des Polypenstammes (nach HYMAN; DELAGE u. HEROUARD).

bunden werden. So entstehen die Kalksockel mit den aufgesetzten gekammerten Kalkkelchen der Steinkorallen. Zusätzlich zu diesem Außenskelett stützen Kalkabscheidungen als *Sklerite* das Mesenchym und bilden damit Ansätze eines Innenskeletts.

Bilateria

Im Zusammenhang mit einer gerichteten Fortbewegungsweise haben fast alle höheren Metazoenstämme eine in der Fortbewegungsrichtung liegende *Längsachse*, Fernsinnesorgane und nervöse Integrationszentren am Vorderpol dieser Längsachse sowie *bilaterale Symmetrie* zwischen linker und rechter Körperhälfte entwickelt. Die Angaben *vorn, hinten, links* und *rechts* werden auf die Fortbewegungsrichtung des Tieres bezogen. Selbst für die radiärsymmetrischen Echinodermen läßt sich auf Grund paläontologischer Funde und des Studiums der Embryonalentwicklung zeigen, daß sie von freischwimmenden bilateralen Formen abstammen. Die Radiärsymmetrie wurde erst in Anpassung an die sessile Lebensweise (Abb. 245) erworben und dann bei sekundärer freier Beweglichkeit beibehalten.

Daß Coelomräume erst bei Tieren mit aktiver Fortbewegung und damit bilateraler Körpersymmetrie auftreten, mag auf einen funktionellen Zusammenhang zwischen beiden Merkmalen hindeuten (vgl. die oft gleichberechtigt gebrauchten Bezeichnungen *Coelomata* und *Bilateria*, S. 375). Zweifellos waren die ursprünglichsten Coelomaten wurmförmige Tiere, denen ein Exo- oder Endoskelett aus Hartsubstanzen fehlte, wobei Coelomräume als Hydroskelett funktionell von Bedeutung sein mußten. Die Suche nach dem Urtyp der Coelomaten wird dadurch erleichtert, daß bei den beiden Hauptlinien der Coelomaten, den Protostomiern und Deuterostomiern, die ursprünglichsten Gruppen übereinstimmende Coelomverhältnisse zeigen. Da sie primär 3 Paar Coelomsäcke besitzen (S. 400), werden diese Gruppen – die *Tentaculata* unter den Protostomiern und die *Branchiotremata* unter den Deuterostomiern – als *Trimera* zusammengefaßt. Lange Zeit hat man den Coelomverhältnissen gerade deshalb so große phylogenetische Bedeutung beigemessen, weil eine unmittelbare funktionelle Notwendigkeit für die Ausbildung einer sekundären Leibeshöhle nicht einzusehen war und der „phylogenetische Wert" des Merkmals Coelom daher durch adaptive Entwicklungen nicht getrübt schien. Daß heute das Coelom jedoch als durchgehendes Merkmal bei fast allen höheren Metazoenstämmen auftritt, läßt sich wohl nicht anders verstehen, als daß es zumindest bei den bilateralen Ursprungsformen eine wesentliche funktionelle Bedeutung (wahrscheinlich als Hydroskelett) besessen hat. Unter diesem Aspekt würde auch der bestimmende Einfluß des Coeloms auf die Gesamtorganisation des Metazoenkörpers verständlich. Neben embryologischen verdienen daher auch funktionsmorphologische Kriterien bei der Diskussion der Metazoenphylogenie vermehrt Beachtung.

Wie sich die Coelomaten aus den Coelenteraten entwickelt haben, ist durch Fossilfunde nicht belegt, da dieser Übergang schon vor dem Kambrium, also vor mehr als 500 Mill. Jahren stattgefunden hat. Falls die Coelomsäcke den Gastraltaschen mancher Polypen homolog sind (S. 373), müßte sich vergleichend anatomisch die Längsachse der Coelomaten quer zur Polypenachse erstrecken. Die beim Polyp radiär um die animal-vegetative Hauptachse gruppierten Gastralraumdivertikel (Abb. 191 b) würden in der neuen Längsachse hintereinander liegen – so wie es bei den Bilateria tatsächlich der Fall ist; daß das Coelom heute bei den meisten Protostomiern nicht aus Urdarmdivertikeln, sondern aus einer einzigen Urmesodermzelle entsteht (S. 129), muß dieser Theorie der Coelomentstehung nicht unbedingt widersprechen. Gegen sie könnte man jedoch einwenden, daß einige bisher als ursprünglich angesehene „wurmförmige" Tierstämme gar kein Coelom besitzen. Sie werden oft als *Scolecida* (niedere Würmer) zusammengefaßt: bei Nemathelminthen tritt zwischen Ekto- und Entoderm eine primäre Leibeshöhle auf (*Pseudocoelomata*, Abb. 187 b). Den Plathelminthen fehlt auch diese Leibeshöhle (*Acoelomata*, Abb. 187 a). Daß sie das Coelom sekundär zurückgebildet haben, läßt sich nicht mit Bestimmtheit sagen. Immerhin kommt in der Entwicklung einiger Plattwürmer eine typische Spiralfurchung vor, wie sie für die mit Coelom ausgestatteten Anneliden und Mollusken charakteristisch ist. Alle, auch die coelomlosen Bilateria besitzen jedoch ein gut ausgebildetes Mesoderm. Unabhängig davon, ob diese pseudo- oder acoelomaten Gruppen wirklich abgeleitet sind oder einen ursprünglichen Bilateriatypus verkörpern, wird doch bei ihnen auf primitive Weise die Körpergestalt durch Ausbildung mesenchymatischen Gewebes (Plattwürmer) oder einer flüssigkeitsgefüllten primären Leibeshöhle (Rundwürmer) zwischen Ekto- und Entoderm versteift und damit eine besser *koordinierte Fortbewegungsfähigkeit* ermöglicht. In größerem Ausmaß ist das jedoch erst den Tieren mit echtem, meistens segmentierten Coelom gelungen (Abb. 187 c). Im Sinne einer funktionellen Stufung wird im folgenden mit den acoelomaten Plathelminthen begonnen, auch wenn vom phylogenetischen Standpunkt aus die tricoelomaten Tentakulaten und Branchiotremen (S. 399) an den Anfang zu stellen wären.

Plathelminthes (Plattwürmer)

Turbellaria, Strudelwürmer: *Polycelis; Planaria.* **Trematodes**, Saugwürmer, parasitisch: *Fasciola hepatica*, großer Leberegel (Abb. 198); *Dicrocoelium dendriticum*, kleiner Leberegel oder Lanzettegel (Abb. 197); beide in den Gallengängen von Schafen, Rindern und Ziegen, selten auch beim Menschen; *Schistosoma haematobium*, Pärchenegel, Erreger der Bilharziose, in Pfortader, Darm- und Harnblasenvenen des Menschen (Afrika, Ostasien). **Cestodes**, Bandwürmer, parasitisch: *Diphyllobothrium latum*, Fischbandwurm, bis 15 m lang, Vorderende (Skolex)

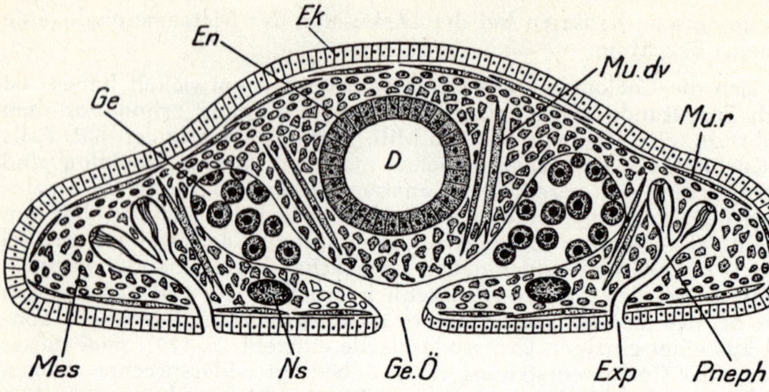

Abb. 196 Schematischer Querschnitt durch einen Plathelminthen. *D* Darmhöhle, *Ek* Ektoderm, *En* Entoderm, *Exp* Exkretionsporus, *Ge* Geschlechtszellen in den Gonaden, *Ge.Ö* Geschlechtsöffnung, *Mes* Mesenchym, *Mu. dv* Dorsoventralmuskeln, *Mu. r* Ringmuskeln, *Ns* Nervenstrang, *Pneph* Protonephridium. Vgl. auch Abb. 187 a.

mit 2 Saugrinnen; *Taenia saginata*, Rinderbandwurm, Skolex mit 4 Saugnäpfen; *Taenia solium*, Schweinebandwurm (Abb. 199), Skolex mit 4 Saugnäpfen und Hakenkranz; *Echinococcus granulosus*, Hundebandwurm (Abb. 200), nur 3–4 mm lang, Mensch als Zwischenwirt.

Den Raum zwischen Ektoderm und Entoderm erfüllt bei den dorsoventral abgeplatteten Plathelminthen ein massiges mesodermales Bindegewebe *(Mesenchym)*, in das alle inneren Organe eingebettet sind. Als weitere mesodermale Bildungen umgeben Ring-, Diagonal- und Längsmuskeln *(Hautmuskelschlauch)* den Mesenchymkörper; Dorsoventralmuskeln durchziehen ihn. Da primäre und sekundäre Leibeshöhle fehlen, bildet der afterlose *Darm* den einzigen Körperhohlraum (Abb. 196). Bei einigen Strudelwürmern (den marinen *Acoela*) und den Bandwürmern ist auch er zurückgebildet. Trotz des Auftretens eines zentralisierten *Nervensystems* aus längsverlaufenden Marksträngen (S. 247), die durch ringförmige Konnektive verbunden sind und am Vorderende ein Oberschlundganglion ausbilden, haben sich die Plathelminthen in ihrer Organisationshöhe nur wenig über die Coelenteraten erhoben. So fehlt auch den Plattwürmern trotz etwa zehnmal höherem Sauerstoffverbrauch (ml O_2/g/h) ein Blutgefäßsystem. Lediglich der blind endigende Darm, der als *Gastrovascularsystem* dient (Abb. 90 a, b), zeigt bei zunehmender Körpergröße (bis zu 60 cm bei Landplanarien) immer stärkere Verzweigungen. Der Gasaustausch erfolgt zum größten Teil über die *Körperoberfläche*, die bei den Strudelwürmern Cilien trägt, bei den parasitischen Saug- und Bandwürmern jedoch als aufnahmeaktive Epidermis

(Tegument) ausgebildet ist und wie das Darmepithel höherer Metazoen mit Mikrovilli besetzt und pinocytotisch tätig sein kann. Als Exkretionssystem dienen Kanäle, die mit einer Wimperflamme blind im Mesenchym beginnen (*Protonephridien*, Abb. 100 a, S. 207). Daß sich Reduktionen von Coelom, Blutgefäßsystem, Enddarm und After sowie von echten Nephridien (S. 209) auch bei höher entwickelten Gruppen beobachten lassen und daß mehr als zwei Drittel aller Plattwürmer parasitsich leben, erschwert die Einschätzung des phylogenetischen Wertes ihrer Merkmale.

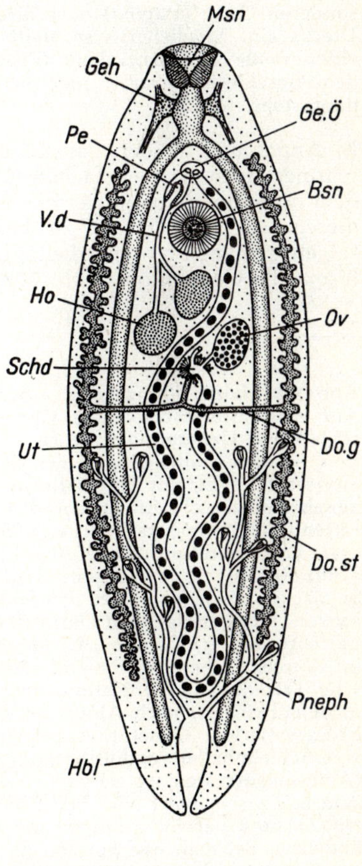

Abb. 197 Schema der Organisation des kleinen Leberegels (*Dicrocoelium dendriticum*). *Bsn* Bauchsaugnapf, *Do.g* Dottergang, *Do.st* Dotterstock, *Geh* Gehirn, *Ge.Ö* Geschlechtsöffnungen, *Hbl* Harnblase, Erweiterung des Ausführungsgangs des Protonephridialsystems, *Ho* Hoden, *Msn* Mundsaugnapf, *Ov* Ovarium, *Pe* Penis, *Pneph* Protonephridium, *Schd* Schalendrüse, *Ut* Uterus, *V.d* Vas deferens.

Im Gegensatz zu dieser einfachen Bauplankonstruktion gehören die *Fortpflanzungsorgane* der meist zwittrigen Plattwürmer, die stets eine innere Befruchtung und damit Kopulationsorgane besitzen, zu den kompliziertesten des ganzen Tierreichs (Abb. 197). Im weiblichen Geschlecht gelangen die Eier aus dem Eierstock *(Ovar)* durch den Eileiter *(Ovidukt)* in die Schalendrüse *(Ootyp)*, in die zahlreiche einzellige Drüsen ihr Sekret entleeren. Aus *Dotterstöcken* erreichen Dotterzellen ebenfalls den Ootyp. Dort werden mehrere (z. B. Planarien) oder je eine Eizelle (z. B. Leberegel) mit vielen (bis zu 60) Dotterzellen in einem Kokon verpackt, so daß „zusammengesetzte Eier" entstehen. Diese gelangen durch den *Uterus* und den Genitalporus nach außen. Das männliche Begattungsorgan *(Penis)*, das ebenfalls durch den *Genitalporus* nach außen tritt, führt die Samenzellen durch einen besonderen Gang *(Vagina)* oder direkt durch den Genitalporus in den Uterus ein. Möglicherweise stellt der Endabschnitt des Uterus eine ektodermale Enddarmanlage (Proctodaeum) dar, die nur noch mit dem Geschlechtsapparat, aber nicht mehr mit dem Darm in Verbindung steht.

In Anpassung an den Parasitismus haben die Saug- und Bandwürmer einen oft mehrfachen *Wirtswechsel*, die Saugwürmer zudem noch einen komplizierten *Generationswechsel* entwickelt. Bei diesem als *Heterogonie* zu bezeichnenden Generationswechsel folgen sich mehrere parthenogenetische Generationen und eine bisexuelle Generation (Abb. 198). Findet bei einem Generations-

---

Abb. 198 Entwicklungsgang eines Trematoden *(Fasciola hepatica)*. Auf eine zweigeschlechtige Generation (g-h-a) folgen zwei eingeschlechtige Generationen (e, f). a) geschlechtsreifes Tier (1. Generation) in den Gallengängen der Säugetierleber (Endwirt). b) Zusammengesetztes Ei, mit der Galle in den Darm und mit dem Kot nach außen entleert. c) Miracidium, das als bewimperte Larve der 1. Generation in eine Wasserschnecke (1. Zwischenwirt) eindringt. d, e) Sporocyste (2. Generation) in der Atemhöhle der Schnecke (d mit Cercarien, e mit Redien). f) erwachsene Redie (3. Generation) in der Leber der Schnecke; im Gegensatz zu den Sporocysten enthalten die Redien einen kurzen, blind endigenden Darm (mit Pharynx), Nervensystem und Geburtsöffnung. g) Cercarie, Larve der 1. Generation mit Ruderschwanz im Wasser umherschwimmend; die Cercarien besitzen schon die typische Trematodenorganisation, doch sind die Geschlechtsorgane noch nicht entwickelt; nach Abwerfen des Schwanzes kapseln sie sich ein. h) Encystierte 1. Generation; bei *Dicrocoelium dendriticum* werden die von Schleimballen umhüllten Cercarien von einem 2. Zwischenwirt (Ameise) gefressen, wo sie sich zu Metacercarien umbilden (S. 351); mit dem 2. Zwischenwirt oder den Pflanzen, an denen sie im eingekapselten Zustand haften, gelangen die Cercarienstadien in den Darm des Endwirts. Bei manchen Formen (z. B. *Dicrocoelium*) fehlt die Rediengeneration, so daß die Sporocysten unmittelbar Cercarien erzeugen (d).

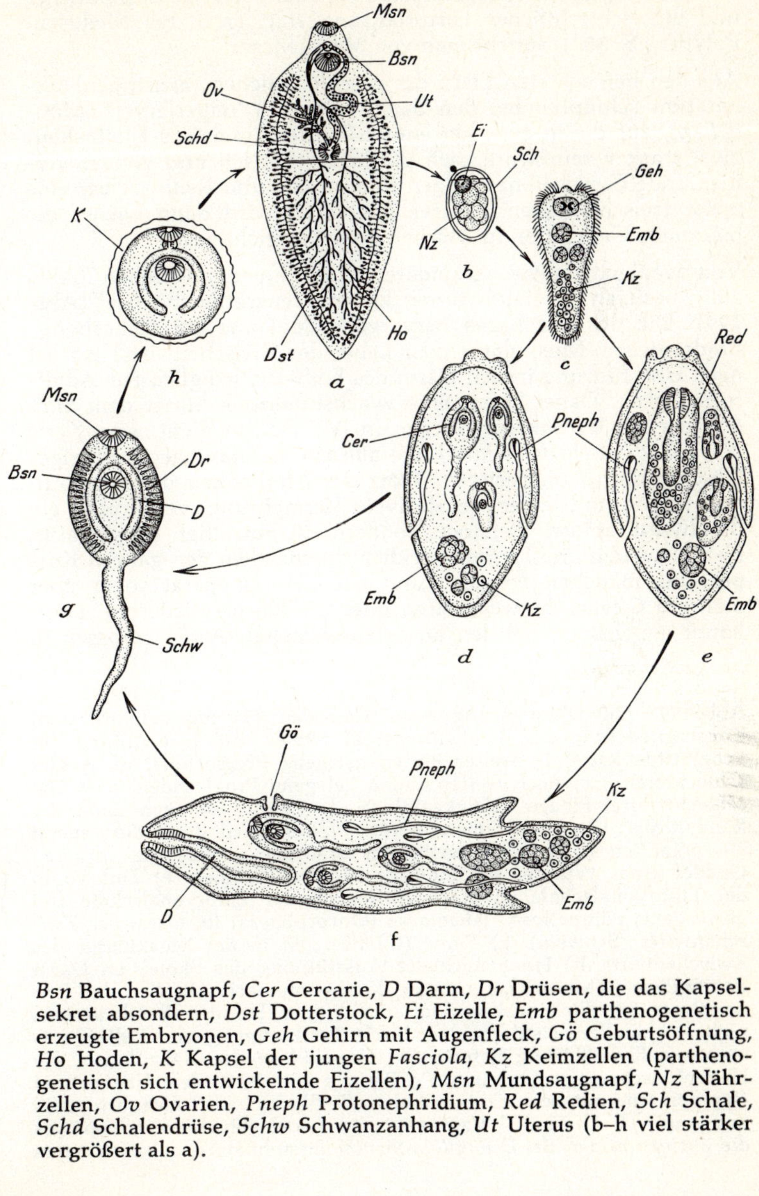

Bsn Bauchsaugnapf, *Cer* Cercarie, *D* Darm, *Dr* Drüsen, die das Kapselsekret absondern, *Dst* Dotterstock, *Ei* Eizelle, *Emb* parthenogenetisch erzeugte Embryonen, *Geh* Gehirn mit Augenfleck, *Gö* Geburtsöffnung, *Ho* Hoden, *K* Kapsel der jungen *Fasciola*, *Kz* Keimzellen (parthenogenetisch sich entwickelnde Eizellen), *Msn* Mundsaugnapf, *Nz* Nährzellen, *Ov* Ovarien, *Pneph* Protonephridium, *Red* Redien, *Sch* Schale, *Schd* Schalendrüse, *Schw* Schwanzanhang, *Ut* Uterus (b–h viel stärker vergrößert als a).

wechsel dagegen eine regelmäßige Ablösung von geschlechtlicher und ungeschlechtlicher Fortpflanzung statt (z. B. bei Medusen-Polypen; S. 382), spricht man von *Metagenese*.

Aus den befruchteten Eiern der geschlechtlichen (zwittrigen) Generation schlüpfen bei den Saugwürmern Wimperlarven *(Miracidien)*, auf die in zwei getrennten Wirten (meistens Mollusken) zwei stark vereinfachte, sich parthenogenetisch und vivipar vermehrende Generationen folgen *(Sporocyste* und *Redie)*. Über eine meist freischwimmende Larve *(Cercarie)* wird dann wieder die bisexuelle Generation im Wirbeltierwirt erreicht.

Von wenigen, gewiß sekundären Ausnahmen abgesehen (Abb. 200), besitzen die Bandwürmer keinen Generationswechsel (Abb. 199). Die aus der Larve hervorgehende *Finne* (in Leibeshöhle, Bindegewebe, Muskulatur oder Leber des Zwischenwirts) wächst nach Überführung in den Darm des Endwirts lediglich zur Adultform heran. Dabei liefert eine Wachstumszone hinter dem *Skolex*, der als Verankerungsorgan im Wirtsdarm dient, eine Kette von Gliedern *(Proglottiden)*, die alle ein vollständiges, zwittriges Geschlechtssystem besitzen. Trotz der Ähnlichkeit der Proglottidenbildung mit einer vegetativen Vermehrung verkörpert ein Bandwurm keinen Tierstock, sondern ein Einzeltier. Muskulatur, Nervensystem und Protonephridien durchziehen den ganzen Körper; bei manchen Formen kann ein Genitalapparat sogar über mehrere Glieder hinweggreifen oder die Körpergliederung überhaupt ausbleiben. Bei den höchstentwickelten Arten sprossen in

---

Abb. 199 Entwicklungsgang eines Cestoden *(Taenia solium)*. a–d) Körpergliederung des Bandwurmes: a) Skolex mit dem Anfang der Proglottidenkette; b) weiter hinten gelegene Proglottiden in ♂ Geschlechtsreife; c) noch weiter hinten gelegene Proglottiden in ♀ Geschlechtsreife, Hoden zurückgebildet; d) Proglottide vom Ende des Bandwurms, Uterus mit Eiern gefüllt. Jedes Glied durchläuft zuerst ein männliches, dann ein weibliches Stadium, so daß die vorderen Glieder eines Wurmes die hinteren begatten können. e) Embryo in der Embryonalschale. f) Nach Auflösung der Embryonalschale frei gewordene, wimperlose Hakenlarve (Oncosphaera) im Darm des Zwischenwirts (Schwein). g) Finne (Cysticercus) in der Muskulatur des Zwischenwirts. h) Finne nach der Ausstülpung des Skolex im Darm des Endwirts (Mensch). i) Junger Bandwurm nach Abfallen der Finnenblase. *Edr* Eiweißdrüse (Dotterstock, der bei den Bandwürmern nicht Nährzellen, sondern eine durch Verflüssigung von Zellen entstandene Eiweißlösung liefert), *Fbl* Finnenblase, *Ha* Hakenkranz, *Ho* Hodenbläschen, *Ov* Ovarium, *Pg* Porus genitalis, in dem Vagina und Vas deferens mit dem Penis münden, *Sc* Skolex, *Sd* Schalendrüse, *Sn* Saugnapf, *Ut* Uterus, *V* Vagina (e und f viel stärker vergrößert als die übrigen Bilder).Bei *Diphyllobothrium* entsteht aus dem befruchteten

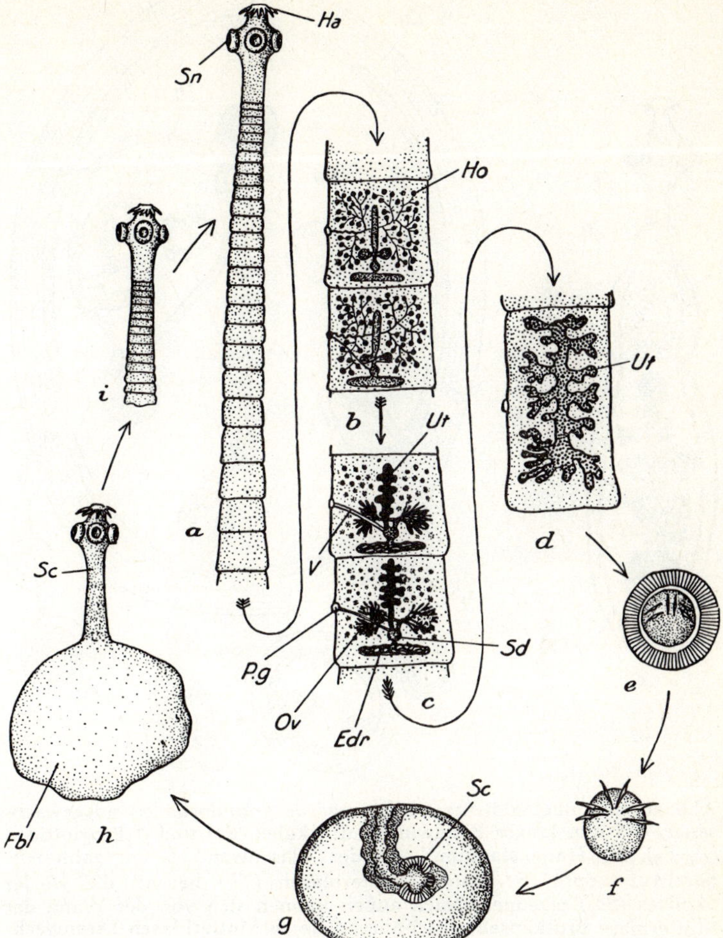

Ei zunächst eine lang bewimperte Larve (Coracidium), die von einem Kleinkrebs (1. Zwischenwirt) gefressen wird und sich in dessen Darm zur Hakenlarve entwickelt. In der Leibeshöhle des Krebses wächst die Hakenlarve zum Jugendstadium der Finne (Procercoid) heran, das mit dem 1. Wirt in den Darm eines Fisches (2. Zwischenwirt) gelangt und sich in dessen Geweben zur Finne umbildet. Mit ungenügend erhitztem Fischfleisch infiziert sich der Mensch.

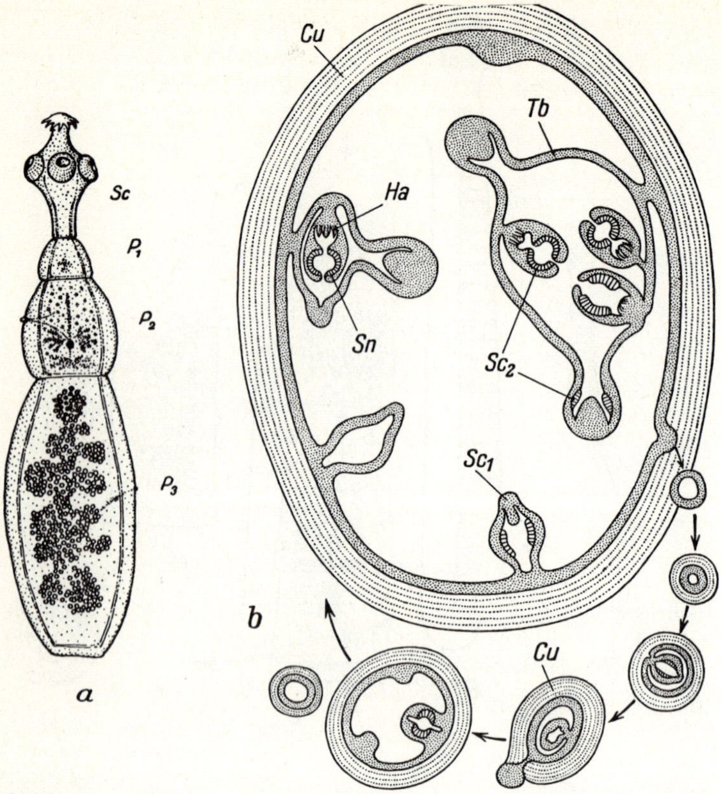

Abb. 200 Hundebandwurm, *Echinococcus granulosus.* a) ausgewachsener, 4–5 mm langer Bandwurm mit Skolex *(Sc)* und 3 Proglottiden $(P_I–P_3)$. b) Finnenstadium. Aus der Blasenwand gehen zahlreiche Bandwurmköpfe (Sc_1) und Tochterblasen *(Tb)* hervor, die wieder Skolices (Sc_2) erzeugen. Nach außen können sich von der Wand der Mutterblase Brutkapseln abschnüren, die zu Mutterblasen heranwachsen. *Cu* Cuticularhülle, *Ha* Hakenkranzanlage, *Sn* Saugnäpfe. In der Leber des Menschen können die faustgroßen Finnenblasen lebensbedrohende Schäden bewirken.

den Finnen mehrere Skolices, so daß eine ungeschlechtliche Vermehrung in den Entwicklungsgang eingeschaltet und damit ein Generationswechsel in Form einer Metagenese (S. 392) ausgebildet wird (z. B. *Echinococcus,* Abb. 200).

Nemathelminthes (Rundwürmer und Rädertiere)

1. Nematodes, Rund- oder Fadenwürmer: freilebend, zum Teil saprozoisch. *Rhabditis* (S. 176); *Anguillula.* Parasitisch im Menschen: *Enterobius, Ascaris* (Abb. 201), *Ancylostoma, Dracunculus, Wuchereria, Trichuris, Trichinella*; S. 397.

2. Rotatoria, Rädertiere (Abb. 203): *Brachionus, Keratella,* in der Uferzone von Süßgewässern.

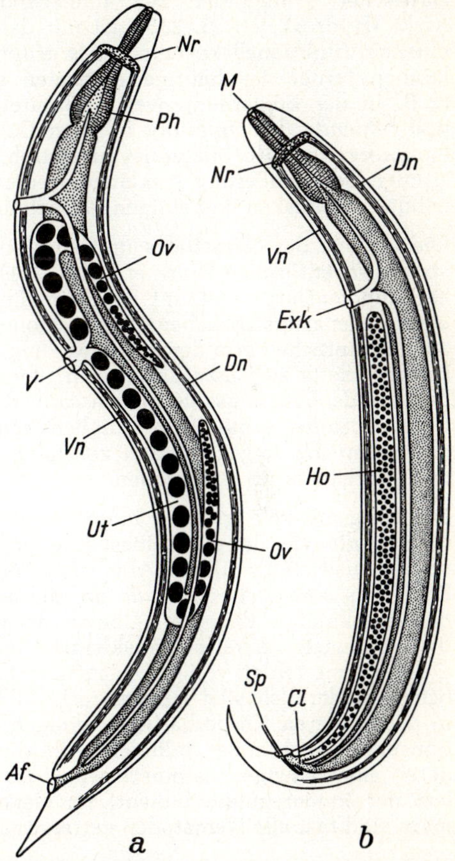

Abb. 201 Schema eines weiblichen (a) und eines männlichen (b) Nematoden. *Af* After, *Cl* Kloake, *Dn* Dorsalnerv, *Exk* Exkretionskanal, *Ho* Hoden, *M* Mund, *Nr* Nervenring, *Ov* Ovarium, *Ph* Pharynx, *Sp* Spicula, Chitinborsten, die bei der Begattung in die Vagina (*V*) des Weibchens eingeführt werden, *Ut* Uterus, *Vn* Ventralnerv.

Im Körper der Nemathelminthen tritt das Mesenchym im Gegensatz zu den Plathelminthen fast völlig zurück, so daß der Raum zwischen Darm und subepithelialer Längsmuskelschicht vollständig von der *primären Leibeshöhle* (Pseudocoelom) eingenommen wird (Abb. 187 b): ein Merkmal, das die Nemathelminthen scharf von allen anderen Metazoenstämmen abgrenzt. Die starke Turgeszenz dieser Körperhöhle, die zusammen mit der Cuticula als elastischer Antagonist zur umgebenden Längsmuskelschicht wirkt (Hydroskelett, S. 235), ist mit dem Fehlen jeglicher Ringmuskeln funktionell korreliert. Als gruppentypische Kennzeichen können ferner das häufige Auftreten *syncytialer* Zellverbände (z. B. in der Epidermis), weit verbreitete Zellkonstanz *(Eutelie)* und *fehlende Bewimperung* in allen Organsystemen gelten. Die *Furchung* verläuft bilateralsymmetrisch, zeigt aber durch ihre strenge Determinierung Anklänge an die Spiralfurchung von Anneliden, Mollusken und einigen Plathelminthen.

Die Gruppe der **Nematodes** umfaßt stets drehrunde, oft langgestreckt fadenförmige Würmer (Abb. 201). Das strenge Festhalten am *Rundwurmtyp* erstaunt um so mehr, als die Nematoden die verschiedenartigsten Lebensräume erfolgreich besiedeln, und mag auf die einfache Form der Fortbewegung mit Hilfe des erwähnten Hydroskeletts zurückzuführen sein; denn der aus Längsmuskeln bestehende Hautmuskelschlauch um die Flüssigkeitssäule des Pseudocoeloms ermöglicht lediglich schlängelnde Bewegungen, die wegen des ungegliederten zentralen Flüssigkeitsraumes stets den ganzen Körper einbeziehen.

Die Längsmuskeln grenzen innen an eine dünne syncytiale Epidermis, die vier in die Leibeshöhle vorspringende Längswülste *(Epidermisleisten)* bildet (Abb. 202). Nach außen scheidet die Epidermis eine derbe *Cuticula* ab, die auch die Mundhöhle und den muskulären Pharynx – beide dreikantig und mit Zähnen bzw. Spangen versteift – auskleidet. Respirations- und Zirkulationssysteme fehlen völlig. Dagegen verlaufen in den beiden seitlichen Epidermisleisten langgestreckte *Exkretionskanäle,* die sich in der vorderen Körperhälfte vereinigen und durch einen Exkretionsporus nach außen münden. Alle diese Kanäle liegen im Inneren einer einzigen, wimperlosen *H-förmigen Zelle,* die vor allem der Ionenregulation dient. Im Gegensatz zu den Plattwürmern sind fast alle Nematoden getrenntgeschlechtig.

Typisch für die Rundwürmer ist ein *niedriger Cephalisationsgrad:* Im Bereich des Vorderendes besteht das Nervensystem lediglich aus einem den Pharynx umfassenden Schlundring, über den die Nervenzellen meistens diffus verteilt sind. Nach hinten führen in der dorsalen und ventralen Epidermisleiste zwei Mark-

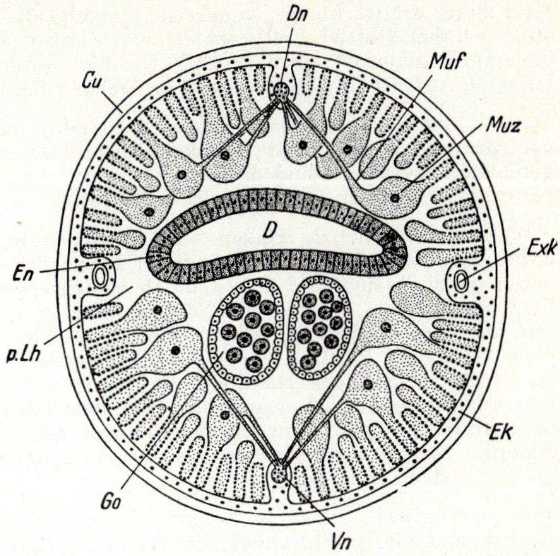

Abb. 202 Schematischer Querschnitt durch einen Nematoden (*Ascaris*). *Cu* Cuticula, *D* Darm, *Dn* Dorsalnerv, *Ek* Ektoderm, *En* Entoderm, *Exk* Exkretionskanäle, *Go* Gonaden, *Muz* Muskelzelle, *Muf* zu einem Längsnervenstamm ziehender Fortsatz einer Muskelzelle, *p. Lh* primäre Leibeshöhle, *Vn* Ventralnerv. Vgl. auch Abb. 187 b.

stränge. Einzigartig im Tierreich, entsenden die *Muskelzellen* Cytoplasmafortsätze zu den benachbarten Längsnervensträngen (Abb. 202).

Die *freilebenden Nematoden*, die überall in feuchter Erde (z. T. als Pflanzenschädlinge) und auch benthisch im Meer wie im Süßwasser vorkommen, umfassen meistens kleine Formen (bis 1 cm). Neben nichtspezialisierten, omnivoren Arten (Erdnematoden) gibt es ausgesprochene Nahrungsspezialisten; z. B. wird der Energiebedarf des Essigälchens *(Anguillula aceti)* durch Essigsäure gedeckt. Auch parasitische Arten können mikroskopisch klein sein (Trichinen); doch erreichen viele von ihnen ansehnliche Ausmaße (Pferdespulwurm, *Parascaris equorum*, bis 40 cm lang); bei *Placentonema gigantea*, die in der Placenta des Pottwals lebt, kann das Weibchen bei nur 8–9 mm Durchmesser über 8 m lang werden.

Beispiele parasitischer Nematoden des Menschen: *Ascaris lumbricoides* (Spulwurm, 20–40 cm, Abb. 201) im Dünndarm. Die in der Eischale mit verunreinigter Nahrung aufgenommenen Larven treten vom Darm ins Blut über, durchbohren dann die Lungenkapillaren und gelangen durch die Luftröhre in die Speiseröhre und wieder in den Darm. Während dieser dreiwöchigen „Rundreise" benötigt die Larve noch Sauerstoff (aerober Stoffwechsel); später kann *Ascaris* ohne Aufnahme von Sauerstoff (anaerob) leben (S. 176). Die Eier werden erst nach einem längeren Aufenthalt (Kälteperiode) im Freien infektionsfähig.

Oxyuris vermicularis (Madenwurm, 5–10 mm) im Enddarm. Die in der Aftergegend vom Weibchen deponierten Eier enthalten fertig ausgebildete Larven und sind direkt weiter entwicklungsfähig, sobald sie per os aufgenommen werden (Selbstinfektion).

Ancylostoma duodenale (Haken- oder Grubenwurm, 1–2 cm) im Dünndarm. Mit hakenförmigen cuticulären Mundzähnen reißt er Darmzotten ab und saugt Blut. Die dadurch bedingten starken Blutverluste können bei einem Besatz von 6000 Würmern im Darm zum Tod führen. Die Larven leben im Wasser oder in feuchter Erde bei Temperaturen von über 20° C (Tropen und Bergwerke) und dringen aktiv durch die menschliche Haut ein. Im Blutstrom gelangen sie in die Lungen; die weitere Passage führt sie über Luftröhre, Rachen und Speiseröhre in den Darm. In den Tropen gehört *Ancylostoma* (in Amerika *Mercator americanus*) zu den Parasiten des Menschen, die größte Schäden erzeugen.

Trichinella spiralis (Trichine, 2–4 mm). Sie entwickelt sich unter Wirtswechsel und wird geschlechtsreif im Darm von Ratte, Schwein, Mensch u. a. Das Weibchen gebärt bis zu 1500 lebende Junge, die in die Lymphgefäße eindringen und ins Blut gelangen, aus dem sie durch Kapillaren in Muskeln auswandern; dort wachsen sie bis zu einer Länge von 1 mm heran, spiralisieren sich und werden vom Wirtsgewebe abgekapselt. Im Magen eines neuen Wirtes wird die Kapsel gelöst und die junge „Muskeltrichine" zur geschlechtsreifen „Darmtrichine". Trichinen treten häufig bei Wildtieren (Ratten, Wildschweinen) auf, sind dagegen bei Haustieren dank der Fleischschau vielerorts sehr selten geworden.

Trichuris trichiura (Peitschenwurm, 3–5 cm). Relativ häufiger, aber harmloser Parasit, in Blind- und Dickdarm; mit dem fadenförmigen Vorderkörper in der Schleimhaut befestigt.

Filarien: *Wuchereria bancrofti* (Blutfadenwurm, 4–10 cm lang, Durchmesser 0,3 mm); in den Tropen häufig; mit Wirtswechsel. Er lebt geschlechtsreif in Lymphgefäßen und Drüsen des Menschen und erzeugt dort die „Elephantiasis" (geschwulstähnliche Vergrößerungen der befallenen Körperteile infolge Lymphstauung). Die Larven überschwemmen das Blut, werden durch Stechmücken angesaugt und wachsen in ihnen bis zu einer Länge von 1,5 mm heran; dann wandern sie in den Rüssel und gelangen bei einem Stich wieder ins Menschenblut.

Dracunculus medinensis (Medinawurm, ♀ bis über 1 m, ♂ 4 cm lang, Durchmesser 1 mm) erzeugt Hautgeschwüre. Larven in kleinen Krebsen, Infektion durch Trinkwasser.

Neben den Nematoden zählen zu den Nemathelminthen noch einige äußerlich recht verschiedene Tiergruppen: die darmparasi-

Abb. 203 Schema der Rotatorienorganisation. *Cl* Kloake, *Dr* Drüsen, *Ed* Enddarm, *F* Fuß, *Ggl* Ganglion, *Km* Kaumagen (Mastax), *M* Mund, *Md* Mitteldarm, *Ov* Ovarium, *Pneph* Protonephridium, *Si* Sinneshöcker.

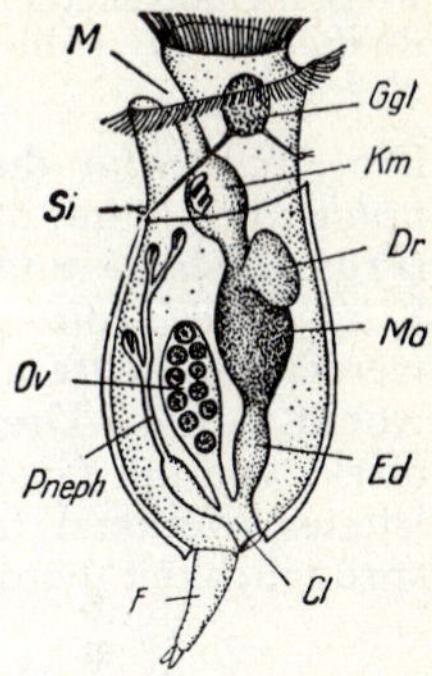

tischen **Acanthocephala** (Kratzer), die rein marinen, weniger als 1 mm langen **Kinorhyncha** wie die ebenso kleinen Sandlückenformen der **Gastrotricha** und schließlich die extrem fadenförmigen **Nematomorpha** (Saitenwürmer, bis 1 m lang, Durchmesser 1 bis 3 mm), die nur als Jugendstadien parasitisch, adult im Wasser leben. Weitaus am artenreichsten sind jedoch die **Rotatoria** (Rädertiere, Abb. 203), kleine freischwimmende Strudler, die mit ihren Wimperkränzen äußerlich Anklänge an die Trochophoralarve der Anneliden und Mollusken (Abb. 68) zeigen und daher für phylogenetische Konstruktionen vielfach herangezogen wurden. Als Stütze für eine Ableitung der pseudocoelomaten Nemathelminthen von den Coelomaten dürften jedoch – wenn überhaupt – nur die Anklänge an den Spiralfurchungstyp zu werten sein.

Die Rotatorien gehören zu den kleinsten Metazoen; sie zeigen bei streng deterministischer Entwicklung ausgeprägte *Zellkonstanz* bzw. – bei der vorherrschenden Syncytienbildung – *Kernkonstanz:* Von den 959 Zellkernen der 0,4 mm langen Art *Epiphanes senta* entfallen 183 auf das Gehirn, 91 auf den Kaumagen und 28 auf die Protonephridien. Fuß und Rumpf sind wie bei den Nematoden von einer Cuticula bedeckt, die von der syncytialen Epidermis abgeschieden wird. Sie ist im Rumpfbereich zu einem regelrechten Panzer verstärkt, in den der Kopfabschnitt zurückgezogen werden kann.

Tentaculata und Branchiotremata

1. **Tentaculata,** Kranzfühler: **Phoronidea;** marin, solitär, in Sekretröhre lebend: *Phoronis.* **Bryozoa,** Moostiere (Abb. 204 b); stockbildend: *Plumatella,* im Süßwasser; *Membranipora, Alcyonidium,* marin. **Brachiopoda,** Armfüßler (Abb. 204 c): *Lingula, Terebratula.*

2. **Branchiotremata** (Hemichordata). **Pterobranchia:** *Cephalodiscus, Rhabdopleura* (Abb. 204 a). **Enteropneusta,** Eichelwürmer: *Balanoglossus.*

Die *Architektur* dieser beiden Tierstämme wird durch *Coelomhöhlen* bestimmt, die längs der Körperachse in Dreizahl auftreten (*Proto-, Meso-* und *Metacoel*) und zu einer Dreigliederung des Körpers in *Proto-, Meso-* und *Metasoma* führen. Als *Trimera* werden sie heute an die Basis der Coelomaten gestellt (S. 386), womit man die Dreiteiligkeit des Coeloms als ursprüngliches und direkt von der Gastraltaschenanordnung der Coelenteraten abgeleitetes Merkmal taxiert (vgl. Echinodermen, S. 445). Ihre Ursprünglichkeit wird noch dadurch betont, daß die Tentaculaten

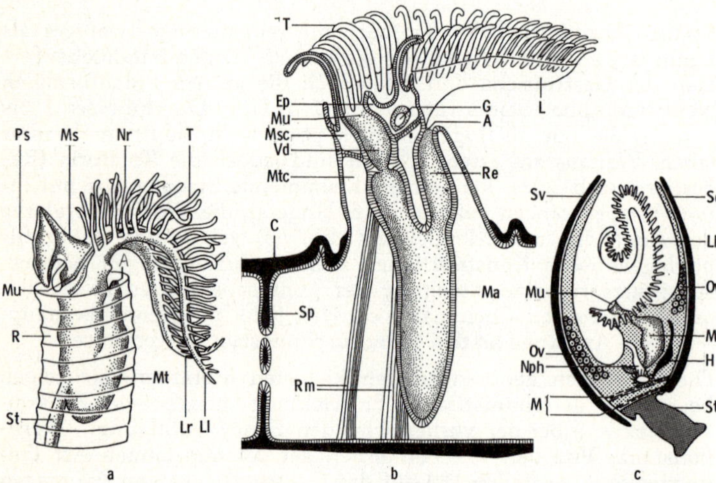

Abb. 204 Organisation trimerer Tiergruppen. a) Pterobranchia (*Rhabdopleura*). b) Bryozoa (*Plumatella*). c) Brachiopoda. *A* After, *C* Cuticula des Cystids, *Ep* Epistom (oberlippenartige Epidermisduplikatur des Mesosomas), *G* Ganglion im Mesosoma, *H* Herz, L Lophophor (Tentakelträger; *l* links, *r* rechts), *M* Schließ- und Öffnermuskulatur, *Ma* Magen (bei den meisten Brachiopoden blind endigend), *Ms* Mesosoma, *Msc* Mesocoel, *Mt* Metasoma, *Mtc* Metacoel, *Mu* Mundöffnung, *Nph* Metanephridium, *Nr* Nahrungsrinne auf der Innenseite des Lophophors, *Ov* Ovarien, *Ps* Ventralscheibe des Protosomas (Kriechorgan in der Röhre), *R* Röhre, *Re* Rectum (Enddarm), *Rm* Retraktormuskel, *Sd* dorsale Schalenklappe, *Sp* Septum, das benachbarte Cystide trennt, *St* Stiel, *Sv* ventrale Schalenklappe, *T* Tentakel, *Vd* Vorderdarm (nach Delage u. Herouard; Cori; Brien).

zu den Protostomiern, die Branchiotremen dagegen zu den Deuterostomiern zählen.

Diese Zuordnung demonstriert jedoch zugleich eine für den Systematiker grundlegende Problematik: *systematische Beziehungen zwischen höheren Taxa* (in diesem Fall Stämmen) nur auf ein Merkmal zu gründen. Allein die ontogenetische Entstehung des Mundes aus dem Blastoporus – freilich nur für die 18 Arten umfassenden Phoroniden sicher nachgewiesen – charakterisiert die Tentaculaten als Protostomier. Die Bildung des Mesoderms und die Gliederung des Coeloms stellen sie dagegen in nähere Verwandtschaft zu den Deuterostomiern als zu irgendeinem Stamm der Protostomier. Nirgends tritt embryonal eine Zelle auf, die der typischen 4 d-Blastomere entspricht, aus der das Mesoderm der Trochophoralarve (S. 129) hervorgeht. Anklänge an die Furchung der Deuterostomier lassen sich ebenso nachweisen wie Anzeichen einer regulativen Entwicklung. Insofern kann kein Protostomierstamm als Vorläufer der Tentakulaten gelten. Die genannte Merkmalskombination legt es vielmehr nahe, die Tentakulaten eng den Branchiotremen anzuschließen und in beiden trimeren Stämmen Modellformen ursprünglicher Coelomaten zu sehen. Daß bei den trochophoraähnlichen Tentakulatenlarven (Actinotrocha) ebenso wie bei einigen Chordaten (S. 457) Protonephridien auftreten, spricht für die (etwas gewagte) Hypothese, daß Protostomier und Deuterostomier zu einem Zeitpunkt divergierten, als sich Protonephridien bereits entwickelt hatten, der deterministische Spiralfurchungstyp der heutigen Protostomier aber noch nicht eingeführt war.

Innerhalb der Tentaculaten weisen die wurmförmigen **Phoronidea** die ursprünglichsten Merkmale auf. Sie sind festsitzende, von einer cuticularen Röhre umhüllte Strudler, bei denen der After dem Mund genähert ist und der übrige schlauchförmige, in der Röhre steckende Körper eine bruchsackartige Vorwölbung der Ventralseite darstellt (vgl. Eingeweidesack der Mollusken, der allerdings als Ausstülpung der Dorsalseite entsteht; S. 438). Bauplanmäßig entspricht daher die Längsachse des adulten Tieres der Dorsoventralachse. Wie bei den Phoroniden werden auch bei den **Bryozoa** die kreis- und hufeneisenförmig um die Mundöffnung angeordneten *Tentakel* (Abb. 204 b) von den Divertikeln des Mesocoels durchzogen. Im übrigen leiten sich die Bryozoen unter extremer Reduktion der Körpergröße und Koloniebildung von den solitären Phoroniden ab. Die Einzelindividuen eines Stockes messen maximal nur 4–5 mm. Sie bestehen aus einem weichhäutigen Vorderkörper *(Polypid)* mit der Tentakelkrone und einem von einer dicken chitinhaltigen Cuticula umgebenen Hinterkörper *(Cystid)*, in den der Vorderkörper durch einen langen, die Leibeshöhle durchziehenden Muskel (*Rm* in Abb. 204 b) zurückgezogen werden kann. Diese Zweiteilung des Körpers läuft jedoch der Coelomgliederung nicht parallel: die Polypid-Cystid-Grenze liegt im Metasoma.

Mit ihrer *Koloniebildung* und dem damit verbundenen *Polymorphismus* der Einzelindividuen ähneln die Bryozoen den Hydroidpolypen und Korallen (S. 384). Da sie seit dem Kambrium als rein stockbildende Formen auftreten, lassen sich bei ihnen die Konsequenzen der kolonialen Lebensweise in typischer Form demonstrieren: Kleinheit der einzelnen Individuen *(Zooide)*, Reduktion verschiedener Organsysteme, Spezialisierungen innerhalb der Zooide, ausgeprägte asexuelle Reproduktion (Knospung) und Regenerationsvermögen. Obwohl Blutgefäß- und Exkretionssysteme fehlen und die Darmhohlräume der Einzeltiere im Gegensatz zu den Coelenteratenkolonien nicht kommunizieren, ist ein Nahrungsaustausch – durch ekto- und mesodermales Gewebe – möglich. Neben normalen *Autozooiden* treten mehrere Typen spezialisierter Zooide auf, bei denen Tentakelkrone und meistens auch der Darm zurückgebildet sind: sie dienen als Stiel- oder Verankerungsorgane *(Kenozooide)* oder der Reinigung des Bryozoenstockes, die die vogelkopfartigen *Avicularien* mit beweglichen Cystid-Fortsätzen besorgen. In speziellen *Gonozooiden* entwickeln sich bei den meistens lebendgebärenden Bryozoen die befruchteten Eier.

Im Gegensatz zu den geschlossenen Cystidgehäusen der Bryozoen bilden die ebenfalls sessilen **Brachiopoda** (Armfüßler, Abb. 204 c) eine dorsale und eine ventrale *Schalenklappe* aus, die meistens über ein Schalenschloß am festgewachsenen Hinterende miteinander in Verbindung stehen. Die äußere Ähnlichkeit mit den Muscheln bezieht sich also nicht auf die Symmetrieverhältnisse, da die Muschelschalen die linke und rechte Körperseite bedecken und das Schalenschloß dorsal liegt. Die von Mesocoelkanälen durchzogenen *Tentakeln,* die mit ihren Wimpern als Strudel- und Filterapparat dienen, entspringen zwei großen, aufrollbaren Armen. Diese *Lophophoren* werden bei den höher entwickelten Formen von einem ektodermalen Armgerüst gestützt.

Noch ausgeprägter als bei den Bryozoen bilden die rezenten Brachiopoden nur Restbestände einer seit dem Kambrium einst formenreichen Gruppe. Die Gattung *Lingula* hat sich dabei seit dem Silur morphologisch kaum verändert, kann also als „lebendes Fossil" gelten. Gegenüber den höher entwickelten Formen fehlen den im Sand eingegraben lebenden Vertretern dieser Gattung Schalenschloß und Armgerüst.

Die mit Wimpern besetzten Arme der deuterostomalen **Pterobranchia** (Abb. 204 a) entsprechen bauplanmäßig den Lophophoren der Tentakulaten: Sie werden ebenfalls vom Mesosoma gebildet. Wie die Bryozoen leben die nur 20 Arten umfassenden sessilen Pterobranchier in Kolonien; jedes Einzeltier bleibt jedoch innerhalb seiner Röhre, in der es mit dem *schildförmigen Protosoma* auf und ab kriechen kann, noch frei beweglich. Äußerlich den übrigen tentakeltragenden Trimeren recht unähnlich, kriechen die wurmförmigen **Enteropneusta** (Eichelwürmer) im Sediment. Die drei scharf unterschiedenen Körperabschnitte –

Eichel, Kragen, Rumpf – entsprechen Proto-, Meso- und Metasoma und werden von den entsprechenden Coelomabschnitten erfüllt. In die als Schwellkörper entwickelte und beim Bohren beteiligte Eichel *(Proboscis)* ragt ein Vorderdarmdivertikel *(Stomochord)* hinein, das wie bei der Chorda dorsalis der Chordaten von vakuolenreichen, turgeszenten Zellen gebildet wird und als Stützorgan dient. Das dorsale Kragenepithel senkt sich zu einem Neuralrohr *(Kragenmark)* ein, das am Vorder- und Hinterrand des Mesosoma durch je einen Neuroporus nach außen mündet. Der metasomale Vorderdarm ist als *Kiemendarm* ausgebildet. Während Stomochord, Kragenmark und Kiemendarm eine enge Verwandtschaft mit den Chordaten anzeigen, gleicht die *Tornaria*-Larve der Enteropneusten den *Dipleurula*-Larven der Echinodermen fast vollständig. Unter allen rezenten Tierstämmen stehen daher die Branchiotremen den Ursprungsformen der Deuterostomier und im besonderen der Chordaten am nächsten (S. 452).

Annelida (Ringelwürmer)

Polychaeta, Vielborster; fast ausschließlich marin: a) **Errantia,** frei im Wasser lebend (Abb. 207 a, b): *Aphrodite,* Seemaus; *Nereis; Ophryotrocha; Eunice viridis,* Palolowurm. b) **Sedentaria,** meistens in Gängen oder Röhren lebend (Abb. 207 c, d): *Arenicola marina,* Sandwurm, im Wattenmeer; *Spirographis* mit Tentakelkranz. **Clitellata,** Gürtelwürmer: a) **Oligochaeta,** Wenigborster; im Süßwasser oder an Land lebend (Abb. 205, 206): *Lumbricus terrestris,* Regenwurm; *Tubifex.* b) **Hirudinea,** Egel: *Hirudo medicinalis,* Blutegel; *Haemopsis sanguisuga,* Pferdeegel, in Tümpeln und Teichen.

Schon äußerlich sind die Anneliden durch ihre Gliederung in eine Vielzahl von Segmenten *(Metamerie)* klar von den bisher behan-

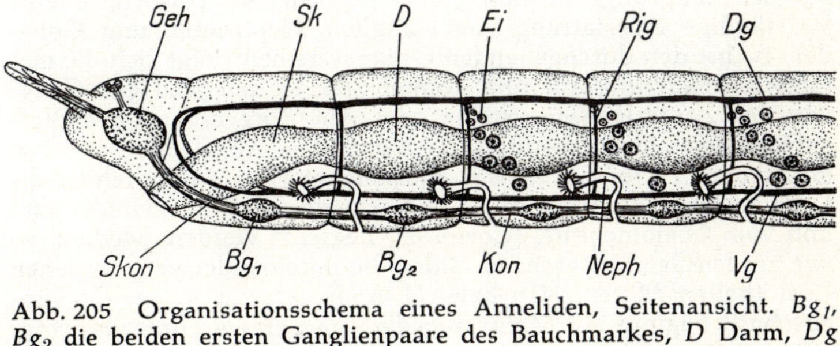

Abb. 205 Organisationsschema eines Anneliden, Seitenansicht. Bg_1, Bg_2 die beiden ersten Ganglienpaare des Bauchmarkes, *D* Darm, *Dg* Dorsalgefäß, *Ei* Eizellen, *Geh* Gehirn (Oberschlundganglion), *Kon* Konnektive, *Neph* Metanephridien, *Rig* Ringgefäß, *Sk* Schlundkopf, *Skon* Schlundkonnektiv, *Vg* Ventralgefäß.

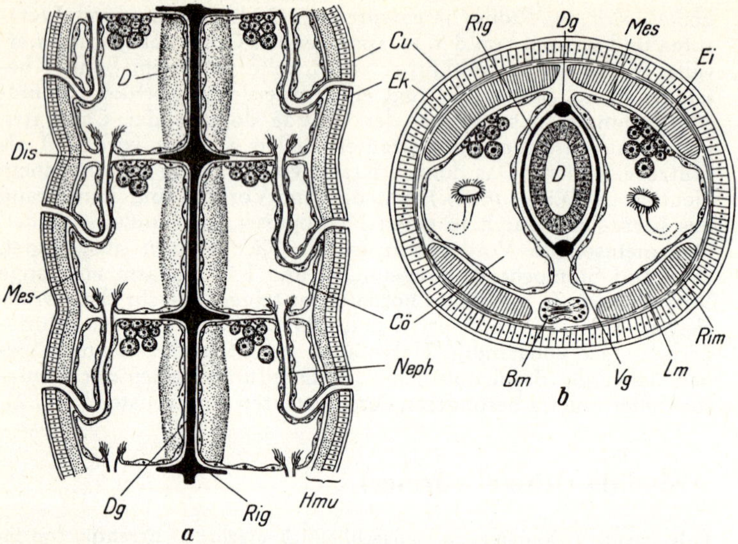

Abb. 206 Kombination von Dorsalansicht und Horizontalschnitt dreier Segmente (a) und schematischer Querschnitt (b) eines Anneliden. *Bm* Bauchmark, *Cö* Coelom, *Cu* Cuticula, *D* Darm, *Dg* Dorsalgefäße, *Dis* Dissepiment, *Ei* Eizellen, *Ek* Ektoderm, *Hmu* Hautmuskelschlauch, *Lm* Längsmuskulatur, *Mes* Mesoderm, *Neph* Metanephridien, *Rig* Ringgefäße, *Rim* Ringmuskulatur, *Vg* Ventralgefäß. Vgl. auch Abb. 187 c.

delten Metazoenstämmen unterschieden (Abb. 205). Jedes Segment wird von einem Coelomsack erfüllt und enthält mindestens bei den ursprünglich *(homonom)* gegliederten Formen je eine vollständige Ausstattung von Ganglien, Nephridien und Gonaden. Selbst den durchgehenden Organsystemen prägt sich die metamere Gliederung auf und kommt z. B. in den *paarigen Ganglien* des Zentralnervensystems oder den *Ringgefäßen* des Blutgefäßsystems zum Ausdruck. Lediglich dem Kopflappen *(Prostomium* oder *Akron)* und dem Endsegment *(Pygidium)* fehlen die Coelomräume, die sonst in jedem Segment paarig ausgebildet sind und vom Coelomepithel *(Coelothel)* begrenzt werden. Median sowie an den Segmentgrenzen bilden die miteinander verwachsenen Coelothelien *Mesenterien* bzw. *Dissepimente.* In jedem Coelomabschnitt beginnt ein *Metanephridium* mit einem Flimmertrichter *(Nephrostom),* durchstößt das hintere Dissepiment und mündet nach gewundenem Verlauf im nächstfolgenden Segment nach außen. Auch die Geschlechtsprodukte passieren Nephridialkanäle

(Urogenitalsystem). Bei den Blutegeln geht die Coelomgliederung und schließlich sogar das gesamte Coelom selbst im Laufe der Embryonalentwicklung verloren, so daß adult die inneren Organe (Darm, Nephridien, Gonaden, Blutgefäße) ähnlich wie bei den Plathelminthen in mesenchymatischem Bindegewebe liegen.

Homologiebeziehungen zwischen den *Coelomabschnitten* der trimeren Gruppen und denen der Anneliden lassen sich nur mühsam konstruieren. Auch die Ontogenie bietet kaum Anhaltspunkte. Während sich bei den marinen Anneliden die Scheitelplattenregion der Trochophoralarve (Abb. 68) zum coelomlosen Prostomium entwickelt, in dem ursprünglich das Gehirn liegt, teilt sich das larvale Coelom synchron in 3–6 Segmente, die die vorderen Rumpfmetameren des adulten Wurms bilden. Die übrigen Segmente entstehen sukzessiv aus einer vor dem Pygidium gelegenen Sprossungszone. Da bei den Anneliden wie bei allen höheren Bilateria die Coelomhöhlen nur den postoralen Körperabschnitt einnehmen, werden sie in ihrer Gesamtheit als dem Metacoel der Trimeren homolog betrachtet.

Völlige Gleichförmigkeit der Segmente *(Homonomie)* tritt nur bei ursprünglichen Formen auf. Meistens kommt es zu speziellen Differenzierungen einzelner Segmentgruppen *(Heteronomie)*, so daß sich funktionsmorphologisch verschiedene Regionen *(Tagmata)* des Wurmkörpers unterscheiden lassen. Bei den Oligochaeten bleiben z. B. die Gonaden auf wenige Segmente beschränkt; die Gameten werden dann durch spezialisierte Nephridien nach außen geleitet. Der für die Clitellaten kennzeichnende Drüsengürtel *(Clitellum)* stellt eine Differenzierung mehrerer Körpersegmente dar, in deren Epidermis einzellige schleimproduzierende Drüsen gehäuft auftreten. Die von Clitellum abgeschiedene Sekrethülle verbindet die zwittrigen Geschlechtspartner bei der Kopulation und liefert die Kokonschale für die befruchteten Eier. Eine schon äußerlich sehr auffällige Gliederung in Gruppen verschieden gestalteter Segmente haben die in Sedimentgängen oder Röhren lebenden marinen Polychaeten *(Sedentaria,* Abb. 207 c, d) erfahren. Indem das Prostomium mit den 2–3 folgenden Segmenten faden- und lappenförmige Anhänge oder sogar einen Kranz cilientragender Tentakeln entwickelt, kommt es zur Ausbildung einer regelrechten *Kopfregion* (Abb. 207 a). An den übrigen Segmenten können die zweilappigen, reich mit Chitinborsten besetzten Extremitäten *(Parapodien,* Abb. 207 b), die für alle Polychaeten charakteristisch sind und bei den freilebenden Arten als Schwimmorgane dienen, zu schleimproduzierenden Organen (Fangreusen, Abb. 207 d, *N*), Wimperfächern (Abb. 207 d, *Wf)*, Kiementrägern (Abb. 207 b, *K)* oder Verankerungsorganen umgebildet sein. Trotz solcher regionalen Differenzierungen des Wurmkörpers lassen alle Tagmata die Gliederung in Segmente noch deutlich erkennen.

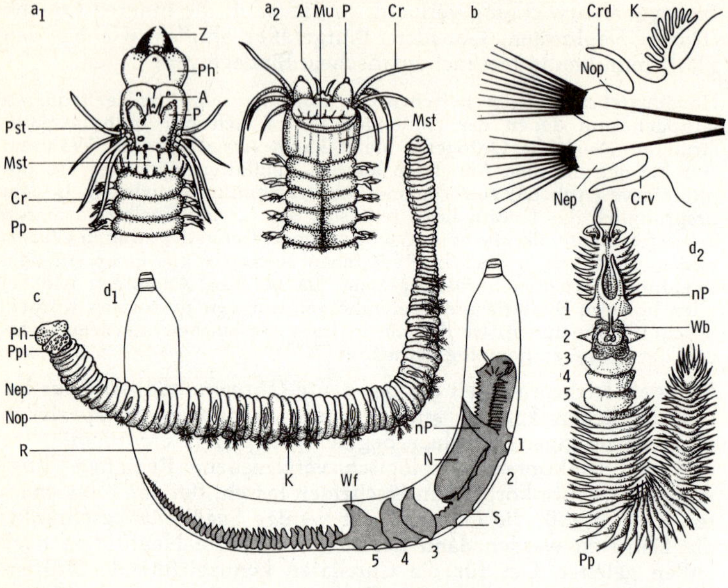

Abb. 207 Strukturmerkmale und Lebensformtypen bei Anneliden. $a_{1,2}$) Dorsal- und Ventralansicht von *Neanthes virens* (Errantia); Pharynx in a_1 teilweise ausgestülpt, in a_2 zurückgezogen. b) Schema eines *Nereis*-Parapodiums. c) *Arenicola marina* (Sedentaria) in typischer Lage (Ventralseite oben) im Sediment; Pharynx ausgestülpt. d) *Chaetopterus variopedatus* (Sedentaria) in Röhrenlage; von der Seite (Ventralseite unten) (d_1) und Dorsalansicht (d_2). *A* Antenne (tentakelförmiger Anhang des Prostomiums), *Cr* Cirren am Peristomium, *Crd,v* Dorsal- und Ventralcirrus am Parapodium, *K* Kieme, *Mst* Metastomium (Verschmelzungsprodukt des die Mundöffnung tragenden Segments mit den beiden folgenden), *Mu* Mundöffnung, *N* reusenförmiges Schleimnetz, *Nep* Neuropodium (Ventralast des Parapodiums), *Nop* Notopodium (Dorsalast des Parapodiums), *P* Palpus (Prostomialanhang), *Ph* Pharynx (Vorderdarm, ausstülpbar), *Pp* Parapodien, *Ppl* Papillen an der ausgestülpten Pharynxwand, *Pst* Prostomium (Akron, Kopflappen), *nP* netzbildender Parapodienast, *R* Röhre, *S* ventrale Saugnäpfe, *Wb* Wimperbecher aus verschmolzenen Notopodien des 2. Segments der Mittelregion, *Wf* Wimperfächer, verschmolzene Notopodien des 3.–5. Segments der Mittelregion, *1–5* spezialisierte Segmente der mittleren Körperregion, *Z* Zangen („Kiefer", sklerotisierte Teile der ausstülpbaren Pharynxwand) (nach MEGLITSCH; ASHWORTH; MAC GINITIE; QUATREFAGES).

Arthropoda (Gliederfüßler)

Als höchst entwickelter Stamm der Protostomier haben die Arthropoden mit den Anneliden die segmentale Gliederung des Körpers gemein – deshalb vereinigt sie CUVIER 1817 zur Gruppe der *Articulata*. Phylogenetisch leiten sie sich von ursprünglichen Anneliden ab, sind von ihnen jedoch durch eine charakteristische **Kombination von Merkmalen** unterschieden:

1. Die gleichförmige, homonome Gliederung des Körpers geht gänzlich verloren. Die Segmente sind gruppenweise zu funktionellen Einheiten *(Tagmata)* zusammengefaßt, die ihre metamere Gliederung oft nur noch an Hand der Körperanhänge erkennen lassen. Während innerhalb der Krebse die Segmentzahl noch schwanken kann und die Grenzen der Tagmata bei den einzelnen Gruppen vielfach noch nicht übereinstimmen (Tab. 6), besitzen die Insekten eine konstante Gesamtsegmentzahl (20) und eine konstante Gliederung in Kopf *(Caput)*, Bruststück *(Thorax)* und Hinterleib *(Abdomen)*, bei denen jeweils 6, 3 und 11 Segmente zu einer funktionellen Einheit verschmolzen sind.

2. Durch diese Ausbildung von Tagmata wird die ursprüngliche Segmentgliederung weitgehend verwischt und eine Konzentration der Organe auf bestimmte Körperabschnitte erreicht. Die embryo-

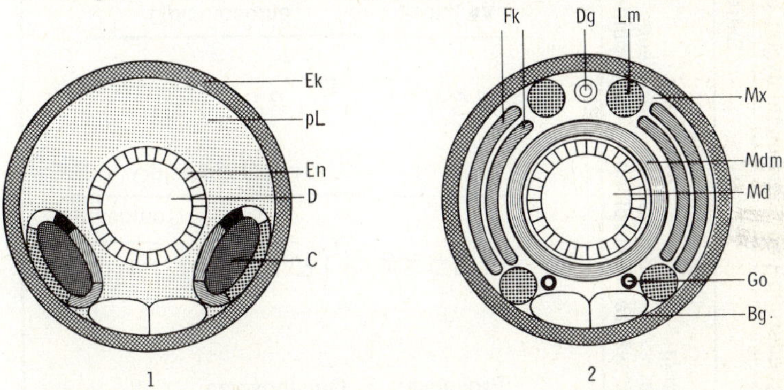

Abb. 208 Schematische Querschnitte durch zwei aufeinander folgende Entwicklungsstadien (1, 2) eines Insekts: Bildung des Schizocoels und der Mesodermderivate (vgl. Abb. 187). Die Ableitung der Organe in (2) aus den Coelomepithelien (1) ist durch gleiche Rastersignaturen gekennzeichnet. *Bg* Bauchganglien, *C* Coelem, *D* Darmlumen (dem Lumen des Archenteron homolog), *Dg* dorsales Blutgefäß, *Ek* Ektoderm, *En* Entoderm, *Fk* Fettkörper, *Go* Gonade, *Lm* Längsmuskulatur, *pL* primäre Leibeshöhle, *Md* Mitteldarm, *Mdm* Mitteldarmmuskulatur, *Mx* Mixocoel (nach SEIFERT).

Tabelle 6 Körpergliederung und Extremitätentypen bei Arthropoden

Segment	Extremitäten														Ganglion
	Chelicerata						*Branchiata*						*Tracheata*		
	Merostomata		*Arachnida*				*Crustacea*						*Insecta*		*Insecta*
	Xiphosura		*Scorpiones*			*Araneae*	*Amphipoda*			*Decapoda*					
	Schwertschwänze		Skorpione			Webspinnen	Krebse						Insekten		
Ac															Arch
1															Pros
2							An	Cephalothorax		An	Caput	Cephalothorax	An	Caput	Deut
3	Ch	Prosoma	Ch	Prosoma		Ch	An			An			–		Trit
4	Lb		Pe			Pe	Md			Md			Md		SÖG
5	Lb		Lb			Lb	Mx			Mx			Mx		
6	Lb		Lb			Lb	Mx			Mx			Li		
7	Lb		Lb			Lb	Mp			Mp	Thorax		Lb	Thorax	I
8	Lb		Lb			Lb	Pp/K	Peraeon		Mp/K			Lb		II
9	Cl	Opisthosoma	o	Opisthosoma		St	Pp/K			Mp/K			Lb		III
10	Op/G		–/G			–/G	Pp/K			LbC/K			–	Abdomen	1
11	Sb/K		Pt			–	Pp/K			Lb/K			–		2
12	Sb/K		–			Sp	Pp/K			Lb/K			–		3
13	Sb/K		–			Sp	Pp/K			Lb/K			–		4
14	Sb/K		–			–	Pp			Lb			–		5
15	Sb/K		–			–	Sb	Metasom	Pleon	Gp	Pleon		–		6
16	T		–			–	Sb			Gp			–		7
17			–		Metasoma	–	Sb			Sb			–		8
18			–			–	Sp	Urosom		Sb			–		
19			–			–	Sp			Sb			–		
20			–			–	Sp			Up			–		
21			–				T			T					
			T												

nal noch metamer angelegten Coelomsäcke lösen sich auf, indem ihre Wandungen – die dem Integument anliegende *Somatopleura,* die mediane, den Mesenterien (S. 404) entsprechendes *Splanchnopleura* und die *Dissepimente* – Muskulatur, Gonaden und Blutgefäße bilden (Abb. 208). Folglich vereinigt sich das Lumen des Coeloms mit der primären Leibeshöhle zu einem *Mixocoel.* Nur im Endbläschen (Sacculus) um die Nephridien und in den Gonaden bleiben Reste des Coeloms erhalten. Da der dorsale Herzschlauch als einziges echtes Blutgefäß durch sein offenes Vorderende und paarige seitliche Spalten (Ostien) mit dem Mixocoel in Verbindung steht (Abb. 94), besitzen die Arthropoden

---

Legende zu Tab. 6

Ac	Akron (Prostomium)
An	Antennen,
Arch	Archicerebrum (mit Sehkommissur),
Ch	Cheliceren,
Cl	Chilaria, stark reduziertes, eingliedriges Extremitätenpaar,
Deut	Deuterocerebrum (mit Antennenkommissur),
G	Geschlechtsöffnung,
Gp	Gonopoden,
K	Kiemen,
Lb	Laufbeine
LbC	zu Scheren (Chelae) umgebildete Laufbeine,
Li	Labium (verschmolzene 2. Maxillen),
Md	Mandibeln,
Mp	Maxillipedien,
Mx	Maxillen,
o	reduziertes Segment,
Op	Operculum, plattenförmiges Verschmelzungsprodukt eines Extremitätenpaares,
Pe	Pedipalpen,
Pp	Peraeopoden, nicht zu Maxillipedien umgebildete Thoracopoden der Krebse (auch die Laufbeine der dekapoden Krebse sind Peraeopoden, obwohl sie nicht an einem freien Peraeon, sondern am Cephalothorax inserieren),
Pros	Prosocerebrum, bildet mit *Arch* das Protocerebrum,
Pt	Pectines (kammförmige Sinnesorgane),
Sb	Schwimmbeine,
SÖG	Subösophageal-(Unterschlund-)Ganglion,
Sp	Spinnwarzen,
St	stielförmig verengtes 1. Hinterleibssegment,
T	Telson (kein echtes Segment, da ohne Coelomanlage),
Trit	Tritocerebrum (mit unterhalb des Darmes verlaufender Schlundkommissur)
Up	Uropoden (letztes Pleopodenpaar),
I–III	Thoracalganglien und
1–8	Abdominalganglien der Insekten,
(–)	extremitätenloses Segment.

im Gegensatz zu den Anneliden (Abb. 91) ein offenes Blutgefäßsystem. Das Mixocoel wird demnach von Blut- und Lymphflüssigkeit erfüllt *(Hämolymphe)*. Mit dem Verlust des Coeloms haben sich auch die metamer angelegten Nephridien der Anneliden zurückgebildet. Nur in den vorderen Körperabschnitten bleiben modifizierte Nephriden erhalten *(Antennen- und Maxillardrüse* bei Krebsen [Abb. 216, *N*], *Coxaldrüsen* bei Cheliceraten und *Labialdrüsen* bei Tracheaten); auch die Gonodukte werden als stark umgebildete Nephriden angesehen. Bei landlebenden Arthropoden dienen lange, schlauchförmige Divertikel des entodermalen Mitteldarmes (Spinnen) oder ektodermalen Enddarms (Insekten) als Exkretionsorgane *(Malpighische Gefäße*, S. 207, Abb. 100 c, 225).

3. Die metameren seitlichen Körperanhänge – bei den Anneliden ungegliederte Lappen *(Parapodien*, Abb. 207 b) – sind bei den Arthropoden zu *gegliederten Extremitäten (Arthropodien)* umgebildet, die aus mehreren gelenkig miteinander verbunden, röhrenförmigen Gliedern bestehen (Abb. 114, 217). Sie können auf mannigfache Weise zu Sinnesorganen (Antennen), Mundwerkzeugen (Mandibeln, Maxillen, Maxillipedien, Cheliceren, Pedipalpen), Lokomitionsorganen (Schwimm- und Laufbeine) oder Begattungsapparaten umgebildet sein. Die Homologisierung der Segmente bei den einzelnen Gruppen der Arthropoden (und damit deren systematische Gruppierung) bedient sich im wesentlichen der verschiedenen Extremitätentypen (vgl. Tab. 6).

4. Erst die Ausbildung eines *Cuticularskeletts*, eines Sekretionsprodukts der Epidermiszellen, ermöglichte den Arthropoden den Übergang zum Landleben. In dieser *Cuticula* (Abb. 209) sind lamellenförmig geschichtete Micelle des Polysaccharids *Chitin* (Monomeres Acetyl-Glucosamin) in einer Grundsubstanz eingebettet, die aus einem durch Chinongerbung gehärteten Protein *(Sklerotonin)* besteht. Zwischen den *Skleriten*, den gegerbten, „sklerotisierten" Teilen dieses Exoskeletts, sind flexible, nicht oder nur schwach sklerotisierte *Membranen* (Gelenkhäute) eingeschaltet, die die Beweglichkeit der Sklerite gegeneinander gewährleisten. Mit dem Auftreten des Exoskeletts und der gegliederten Extremitäten entwickelt sich ein kompliziertes System von innen an der Cuticula ansetzenden Muskeln (Abb. 114). Alle Bewegungen der Körperteile wie auch solche innerhalb der Organe werden von Muskeln ausgeführt, da Cilien – nicht zuletzt wegen der Cuticularbedeckung der Epidermis – völlig fehlen (vgl. Nemathelminthes, S. 396). Infolge des relativ hohen spezifischen Gewichtes des Cuticularskeletts können schnell bewegliche Arthropoden aus Gründen des Energiestoffwechsels eine gewisse Körpergröße nicht überschreiten. Die größten Vertreter bildeten die bis zu

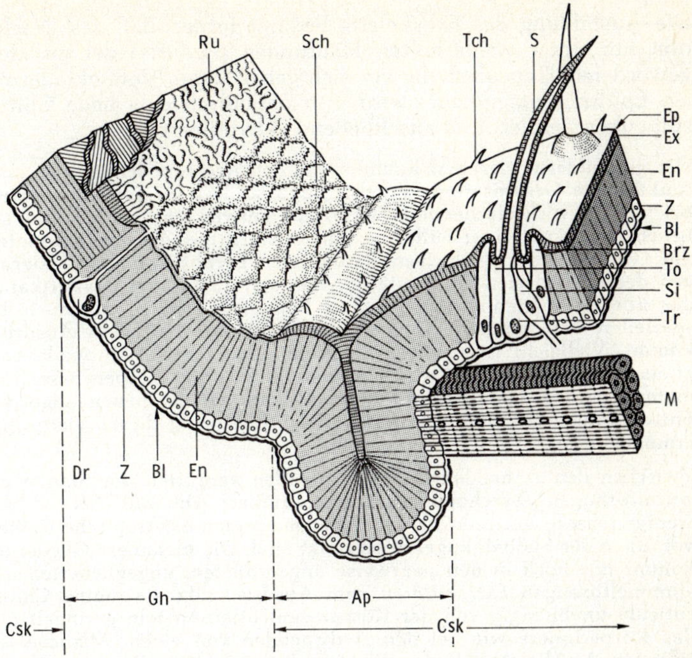

Abb. 209 Schema des Insektenintegumentes im Bereich eines Gelenks. *Ap* Apodem (cuticulare Einstülpung des Integuments; Muskelinsertionsstelle), *Bl* Basallamina („Basalmembran"), *Brz* Basalringzelle (Bildungszelle des sklerotisierten Ringwulstes [Basalringes] in der Haarbasis), *Csk* sklerotisierte Cuticula (links sind die aufeinanderliegenden Schichten mit wechselndem Texturverlauf angedeutet), *Dr* Drüsenzelle mit Drüsenausfuhrgang, *En* Endocuticula, *Ep* Epicuticula, *Ex* Exocuticula, *Gh* Gelenkhaut, *M* Muskelfaser (Zellkerne zentral), *Ru* Runzelstruktur der Cuticulaoberfläche, *S* Seta (echtes Haar), *Sch* Schuppenstruktur der Cuticulaoberfläche, *Si* Sinneszelle, *Tch* Trichom (unechtes Haar, Protuberanz der Exo- und Epicuticula), *To* tormogene Zelle, *Tr* trichogene Zelle, *Z* Epidermis-(„Hypodermis"-)Zelle (nach Weber; Seifert).

1,80 m großen Seeskorpione paläozoischer Meere (S. 414). Da die Insekten als die höchst entwickelten Arthropoden den Gasaustausch nicht über die Hämolymphe, sondern bis zu den Orten des Verbrauchs in der Gasphase über röhrenförmige Einstülpungen der Körperoberfläche (*Tracheen*) vollziehen (Abb. 226, 227), setzt die Diffusionsgeschwindigkeit des Sauerstoffes in diesem Röhrensystem der Körpergröße eine zusätzliche Grenze.

Die Ausbildung des Exoskeletts bedingt ferner, daß das Wachstum nur unter wiederholten Häutungen *(Ecdysis)* der zu klein gewordenen Culicularhülle vor sich gehen kann. Vom ektodermalen Epithel *(Integument)* wird also periodisch eine neue Chitinculticula sezerniert und anschließend sklerotisiert.

Der geschilderte Merkmalskomplex hat den Arthropoden eine so hohe funktionelle Organisation verliehen, daß sie sich zu der zahlenmäßig bei weitem vorherrschenden Tiergruppe entwickeln (Tab. 5) und alle Lebensräume mit einer Fülle spezialisierter Formen besiedeln konnten. Ein Großteil ihrer evolutiven Radiationen beruht auf Spezialisierungen der gegliederten Extremitäten, was sowohl bei der Klassifikation der übergeordneten systematischen Einheiten (Tab. 6) als auch bei speziellen ökologischen Anpassungen (Abb. 229–233) zum Ausdruck kommt. Vielleicht ist es diese Eigentümlichkeit des Arthropodenbauplans, schon bei relativ kleinen Abwandlungen von Körpergröße, Tagmatagliederung und Extremitätenmodifikationen zu neuen adaptiven Entwicklungen zu führen, die den Evolutionserfolg dieser Tiergruppe ermöglicht hat.

Zwischen den Anneliden und Arthropoden vermittelt der Stamm der wurmförmigen **Onychophora** (Stummelfüßler; Abb. 210, 221), dessen wenige rezente Vertreter als landlebende Formen auf tropische Gebiete vor allem der Südhalbkugel beschränkt sind. Die metamere Gliederung kommt nur noch in den paarweise angeordneten, ungegliederten und stummelförmigen *Extremitäten* zum Ausdruck, da die dünne Chitincuticula unabhängig von der Körpersegmentierung fein geringelt und das Körperinnere wie bei den Arthropoden von einem *Mixocoel* erfüllt ist. An die Anneliden erinnern die einfachen *Blasenaugen*, der durchgehende *Hautmuskelschlauch* und die segmentalen *Nephridien*, die im Gegensatz zu den Anneliden-Nephridien mit einem geschlossenen Endbläschen (Sacculus) beginnen und an der Basis der Gliedmaßen ausmünden. Neben dem Mixocoel entsprechen dagegen die büschelförmig angeordneten *Tracheen*, das von Ostien durchbrochene *Herz* und die Gliederung des *Gehirns* in Proto-, Deuto- und Tritocerebrum dem Typus der Arthropoden. Im einzelnen ist es schwierig zu entscheiden, ob die Onychophoren als Kollektivtypen (S. 463) gelten können, die von den Anneliden zu den Arthropoden überleiten würden (*„Peripatus-Theorie"*). Ebenso ist zu berücksichtigen, daß der Übergang zum Landleben zu den arthropodenähnlichen Strukturen hätte führen können. In diesem Falle läge dann keine unmittelbare phylogenetische Verwandtschaft, sondern lediglich eine Konvergenz zur Organisation der Arthropoden vor.

Die Aufklärung der *phylogenetischen Beziehungen* innerhalb der Arthropoden bedient sich hauptsächlich der Extremitäten und versucht vor allem die vorderen Segmente bei den einzelnen Arthropodengruppen mit Hilfe des zugehörigen Extremitätentyps zu homologisieren. Die Frage der *Cephalisation*, d. h. des Umfangs, in dem sich einzelne Segmente an der Kopfbildung beteiligen, steht dabei im Mittelpunkt. Wie Tab. 6 zeigt, liegt die Grenze

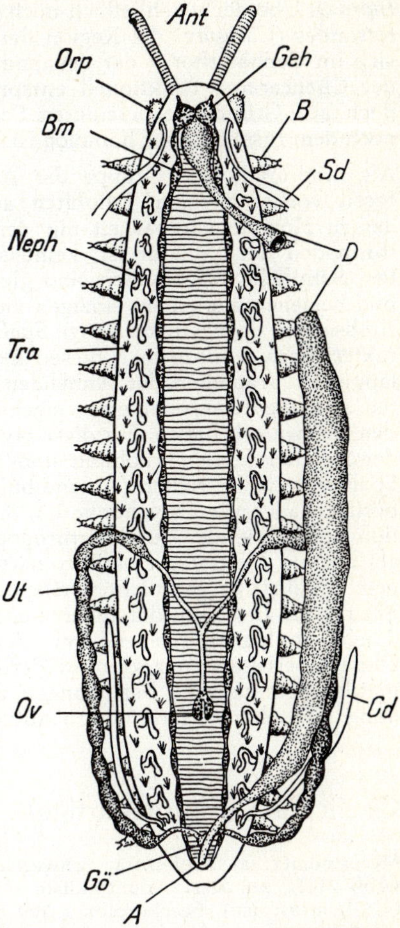

Abb. 210 Organisationsschema von *Peripatus*. *A* After, *Ant* Antennen, *B* Beine, *Bm* Bauchmark, *Cd* Coxaldrüsen (am letzten Beinpaar ausmündende Drüsenschläuche), *D* Darm, *Geh* Gehirn, *Gö* Geschlechtsöffnung, *Neph* Nephriden, *Orp* Oralpapillen, *Ov* Ovarium, *Sd* Schleimdrüsen, die auf den Oralpapillen ausmünden und deren Sekret dem Beutefang und der Abwehr dient; *Tra* Tracheen, *Ut* Uterus (nach Balfour u. Moseley).

zwischen dem „Kopf" (*Prosoma, Caput*) und den anschließenden Tagmata (*Opisthosoma, Thorax*) bei Cheliceraten und Mandibulaten an verschiedenen Stellen.

Bei den Insekten trägt der Kopf neben den Fernsinnesorganen – *Augen*, die einem (umstrittenen) präantennalen Segment zugewiesen werden, und *Antennen* – 3 Paar von *Mundgliedmaßen*. Bei den Krebsen kann dagegen noch eine wechselnde Zahl spezialisierter Thoraxextremitäten *(Thoracopoden)* als Kieferfüße *(Maxillipedien)* in den Kopfbereich einbezogen werden *(Cephalothorax)*. Überdeckt schließlich noch eine Duplikatur des Kopfhinterrandes *(Carapax)* die Region der thoracalen Laufbeine, bildet sich im Cephalothorax der dekapoden Krebse eine dem Prosoma der Cheliceraten funktionell entsprechende Einheit aus, die jedoch auf Grund der beteiligten Segmente weder dem Prosoma noch dem Insektenkopf homolog ist.

Als ursprünglichste Gruppe der Arthropoden besitzen die nur fossil vorkommenden **Trilobiten** außer einem Paar Antennen, dessen Homologisierbarkeit mit den Antennen der übrigen Arthropoden noch unklar ist, keine spezialisierten Kopfextremitäten. Sämtliche Gliedmaßen sind gleichartig (homonom) gestaltet und bestehen aus einem einzigen vielgliedrigen *Hauptast*. Für die Krebse sind dagegen *zweiästige Spaltbeine* (S. 420; Abb. 217) charakteristisch. Würde man diesen Extremitätentyp von den zweilappigen Parapodien der Anneliden (Abb. 207 b) ableiten, müßten sich die Krebse in einer eigenen Linie aus „Protoarthropoden" entwickelt haben. Für diese Hypothese könnte sprechen, daß der zweiten Linie (Trilobiten und Cheliceraten) Mandibeln wie Spaltbeine völlig fehlen (Amandibulata). Wie die Amandibulaten besitzen auch die Onychophoren, die auf Grund ihrer Kombination von Anneliden- und Arthropodenmerkmalen (S. 412) wohl als rezente Vertreter einer Protoarthropodengruppe gelten können, eingliedrige und nicht zweilappige Stummelfüße. Das gleiche gilt für die Insekten, die andererseits durch den Besitz von Mandibeln phylogenetisch eng mit den Krebsen verbunden sind. Diese Überlegungen zeigen wiederum (vgl. S. 401) die Problematik, systematische Beziehungen zwischen Taxa höherer Ordnung auf isolierte Merkmale zu stützen.

Chelicerata (Spinnenartige)

Merostomata: a) **Xiphosura,** Schwertschwänze: *Limulus polyphemus* (Abb. 211), an der Atlantikküste Nordamerikas. b) **Eurypterida** (= Gigantostraca), Seeskorpione: 200 fossile Arten des Paläzoikums, bis 1,80 m lang. **Arachnida,** Spinnentiere: a) **Scorpiones,** Skorpione (Abb. 212). b) **Pedipalpi,** Geißelspinnen. c) **Araneae,** Webspinnen (Abb. 213). d) **Pseudoscorpiones,** Afterskorpione. e) **Solifugae:** Walzenspinnen. f) **Opiliones,** Weberknechte. g) **Acari,** Milben und Zecken (Abb. 214 u. 215). **Pantopoda,** Asselspinnen: bizarre, fast nur aus Extremitäten bestehende Bewohner des Meeresbodens.

Den Cheliceraten fehlen Antennen wie Mandibeln. Ihr vorderstes Gliedmaßenpaar – bauplanmäßig am ersten postmandibulären

Segment – bildet eine scherentragende Extremität *(Chelicere).* Dagegen kann das folgende Gliedmaßenpaar als normale Laufbeine (Xiphosuren) oder als spezialisierte *Pedipalpen* ausgebildet sein, die entweder mächtige Scheren tragen (Skorpione, Pseudoskorpione) oder unter plattenförmiger Verbreiterung ihres basalen Gliedes den Mundvorraum nach hinten abschließen (Tab. 6).

Die reiche *Körpergliederung* der ursprünglichen, marinen Vertreter (z. B. Eurypteriden) geht innerhalb der Cheliceraten mehr und mehr verloren. Während das Prosoma, der aus 6 Extremitäten tragenden Segmenten verschmolzene *Vorderkörper,* niemals eine Unterscheidung in getrennte Abschnitte mit Mundwerkzeugen und Laufbeinen – analog der Kopf-Thorax-Gliederung der Insekten – erkennen läßt, zeigt das *Opisthosoma* mannigfache Differenzierungen in Segmentzahl und Segmentverschmelzung. Bei den Skorpionen (Abb. 212), die als erste Tiere im Silur zum Landleben übergingen, besteht es noch aus 13 Segmenten, von denen die letzten 5 wie bei den ausgestorbenen Seeskorpionen zu schmalen Ringen verengt sind *(Metasoma)* und das mit Giftblase und Endstachel versehene Telson tragen. Die Extremitäten treten am Opisthosoma nur noch bei *Limulus* (Abb. 211) in Form kiementragender, plattenförmiger Schwimmbeinen auf. Doch selbst bei den Webspinnen (Abb. 213), die mit 20 000 Arten die formenreichste Gruppe der Cheliceraten stellen, läßt das sackförmige Opisthosoma an Hand der Embryonalentwicklung und der Gliederung der dorsalen Längsmuskeln noch seine Herkunft aus 12 Segmenten erkennen. Die Hinterleibssegmente vor den Spinnwarzen, die umgebildete Extremitäten des 4. und 5. opisthosomalen Segments darstellen, sind stark verlängert, die dahinter gelegenen dagegen extrem reduziert. Damit kommen die Spinnwarzen an das Hinterende des Körpers zu liegen. Die freie Beweglichkeit des Hinterleibs wird durch stilförmige Verengung des vordersten opisthosomalen Segments besonders bei Webspinnen enorm gesteigert. Bei den *Zwergformen* unter den Arachniden, den meistens nur 1–2 mm langen *Milben* (Abb. 214, 215), sind Pro- und Opisthosoma dagegen zu einem ungegliederten Sack verschmolzen.

Der Konzentration der beiden Hauptabschnitte des Körpers läuft eine Zusammenlagerung der inneren Organe parallel. Die bei den Skorpionen noch typische Bauchganglienkette ist bei den Webspinnen zu einem einzigen sternförmigen *Bauchganglion* verschmolzen. Auch die übrigen ursprünglich segmental angelegten Organe werden in ihrer Anzahl reduziert. Die *Geschlechtsöffnung* bleibt bei allen Cheliceraten auf die Ventralseite des zweiten Hinterleibssegments beschränkt. Diese ungünstige Lage in der Mitte des Körpers kompliziert natürlich die bei einem Landtier obli-

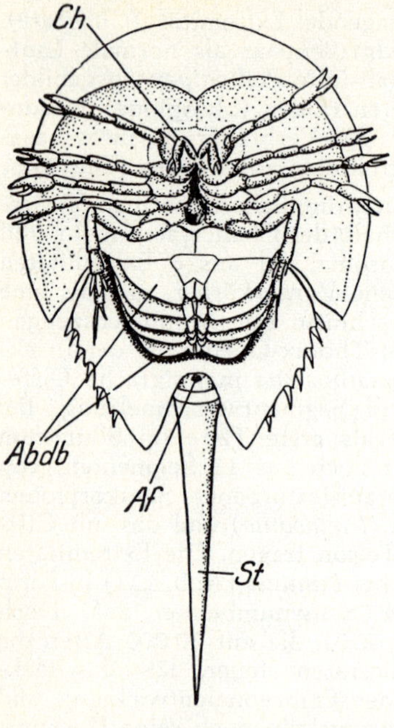

Abb. 211

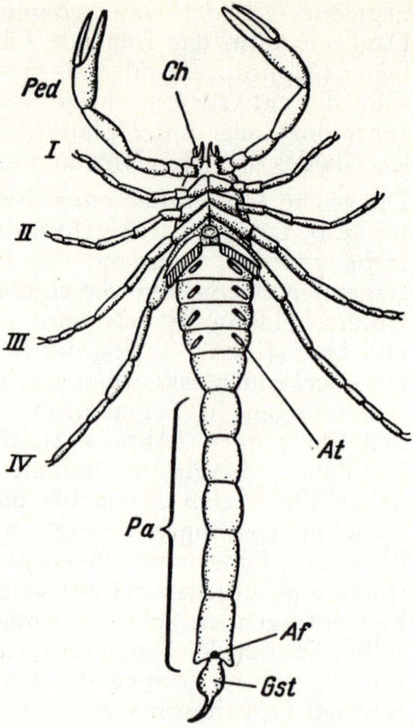

Abb. 212

Abb. 211 *Limulus polyphemus*, Pfeilschwanz„krebs", von der Bauchseite. *Abdb* Abdominalbeine (Schwimmbeine), *Af* After, *Ch* Chelicere, *St* Schwanzstachel (nach PACKARD).

Abb. 212 Skorpion. *Af* After, *At* Atemspalten, *Ch* Cheliceren, *Gst* Giftstachel, *Pa* Metasoma („Postabdomen"), *Ped* Pedipalpen, *I–IV* Laufbeinpaare, median zwischen dem vierten Beinpaar die Geschlechtsöffnung.

gatorische innere Befruchtung. Die Weberknechte haben daher einen langen Penis entwickelt; andere Arachniden setzen Spermatophoren ab oder übertragen das Sperma mit Hilfe der Pedipalpen. Die Exkretionsorgane *(Coxaldrüsen)* treten in höchstens zwei Segmenten im Prosoma auf. Zusätzlich dienen der Ausscheidung röhrenförmige Mitteldarmausstülpungen (Malpighische Gefäße, S. 207, 410). Auch die von ektodermalen Einstülpungen gebildeten Atmungsorgane der Arachniden *(Fächer-* oder *Röhrentracheen)* sind auf 1–4 Hinterleibssegmente beschränkt. Die phylogenetisch alten Fächertracheen entstehen dabei am Hinterrand

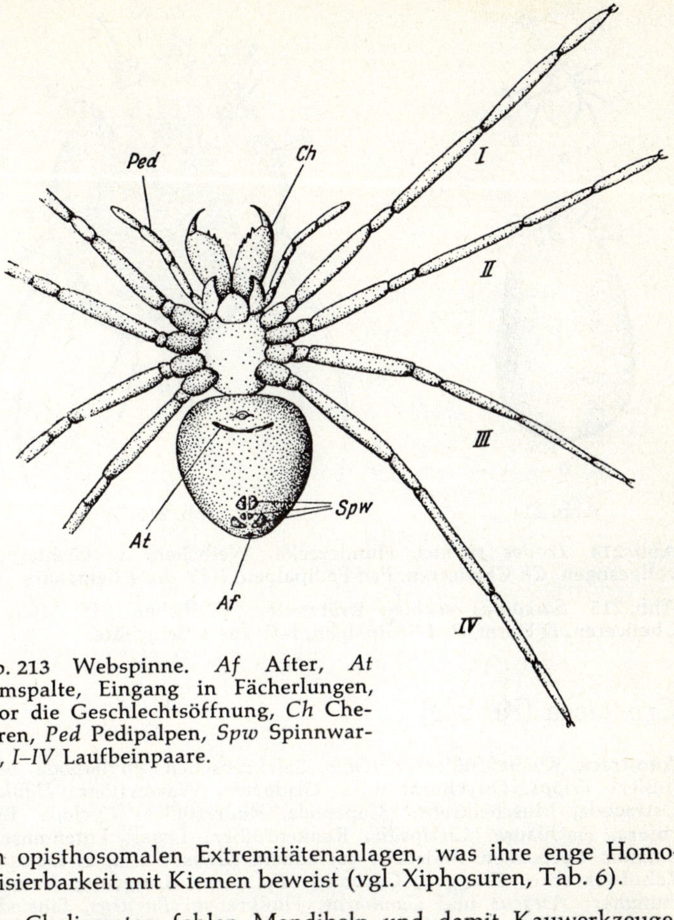

Abb. 213 Webspinne. *Af* After, *At* Atemspalte, Eingang in Fächerlungen, davor die Geschlechtsöffnung, *Ch* Cheliceren, *Ped* Pedipalpen, *Spw* Spinnwarzen, *I–IV* Laufbeinpaare.

von opisthosomalen Extremitätenanlagen, was ihre enge Homologisierbarkeit mit Kiemen beweist (vgl. Xiphosuren, Tab. 6).

Den Cheliceraten fehlen Mandibeln und damit Kauwerkzeuge; denn die Cheliceren dienen nur zum Ergreifen der Nahrung (Abb. 228 c). Da der Mund bei den Arachniden zudem außerordentlich eng ist, muß die Beute präoral chemisch zerkleinert und über einen Saugpumpenmechanismus des ektodermalen Vorderdarms aufgenommen werden (extraintestinale Verdauung, S. 182).

Während Skorpione und Spinnen mit wenigen Ausnahmen (Wasserspinne, *Argyroneta aquatica*) Landformen sind, besiedeln die Milben alle Lebensräume und nutzen freilebend oder als Tier- und Pflanzenparasiten alle Nahrungsangebote.

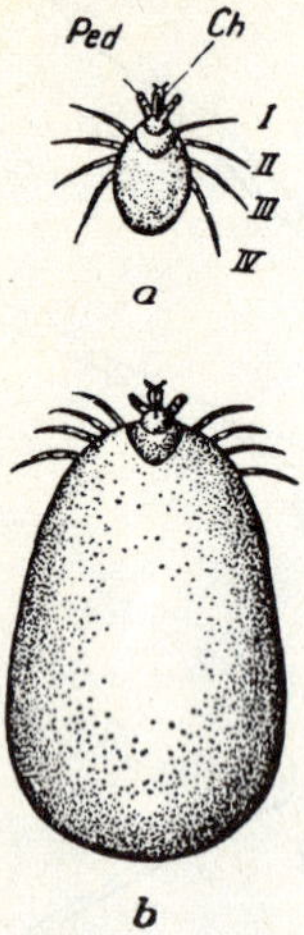

Abb. 214

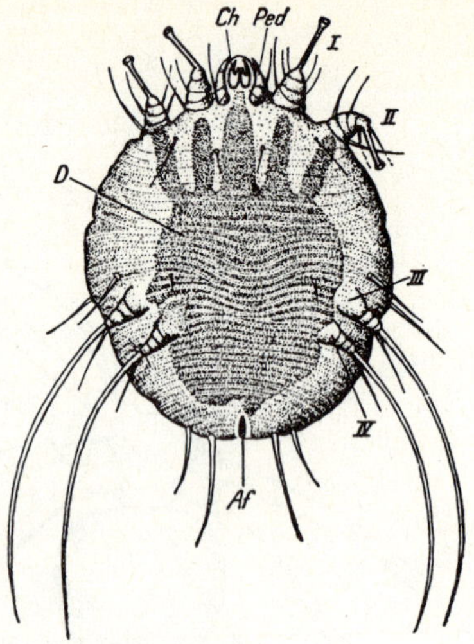

Abb. 215

Abb. 214 *Ixodes ricinus*, Hundezecke, Weibchen. a) nüchtern, b) vollgesogen. *Ch* Cheliceren, *Ped* Pedipalpen, *I–IV* die 4 Beinpaare.

Abb. 215 *Sarcoptes scabiei*, Krätzmilbe, Weibchen. *Af* After, *Ch* Cheliceren, *D* Darm, *Ped* Pedipalpen, *I–IV* die 4 Beinpaare.

Crustacea (Krebse)

Anostraca, Kiemenfüßler: *Artemia,* Salzkrebschen. **Phyllopoda,** Blattfüßler: *Triops.* **Onychura:** u. a. **Cladocera,** Wasserflöhe: *Daphnia.* **Ostracoda,** Muschelkrebse. **Copepoda,** Ruderfüßler: *Cyclops.* **Branchiura,** Fischläuse. **Cirripedia,** Rankenfüßler: *Lepas,* Entenmuschel; *Balanus,* Seepocken. **Malacostraca,** höhere Krebse: u. a. a) **Decapoda,** Zehnfußkrebse: *Crangon,* Garnelen; *Palinurus,* Languste; *Homarus,* Hummer; *Astacus* und *Cambarus,* Flußkrebse; *Pagurus,* Einsiedlerkrebse; *Carcinus,* Strandkrabben. b) **Isopoda,** Asseln. c) **Amphipoda,** Flohkrebse: *Gammarus.*

Bei allen Mandibulaten, die sich vor allem an Hand ihrer Kopfextremitäten von den Cheliceraten abgrenzen lassen, sind neben den *Mandibeln* (Abb. 228) noch die Extremitäten der beiden folgenden Segmente, die *Maxillen,* unter Verbreiterung der basalen und Verkleinerung oder Reduktion der distalen Glieder an der Nahrungsaufnahme beteiligt. Vor diesen „Mundwerkzeugen" liegen noch ein oder zwei Paar *Antennen,* die den Cheliceraten ebenfalls fehlen (Tab. 6). Die 5 Kopf-Extremitäten- (und 6 Ganglien-)Paare sind das einzige Indiz für die ursprüngliche Kopfmetamerie der Mandibulaten, da der Kopf *(Caput)* – im Gegensatz zu den übrigen Körperabschnitten *(Thorax, Pleon* oder *Abdomen)* – weder außen noch innen Segmentgrenzen zeigt. Während das Prosoma-Opisthosoma-Gelenk der Cheliceraten wie das Kopf-Thorax-Gelenk der Insekten immer mit denselben Segmentgrenzen zusammenfällt (Tab. 6), umfassen die analogen Tagmata der Krebse innerhalb der einzelnen Gruppen recht verschiedene Segmentkombinationen.

Meistens verschmilzt der Kopf mit einem oder mehreren Rumpfsegmenten *(Thoracomeren)* zu einem Cephalothorax, der häufig von einer ektodermalen Duplikatur des Kopfhinterrandes, dem *Carapax,* schildförmig überdeckt wird (Abb. 216). Die noch freien Thoracomeren bilden dann das *Peraeon.* Da vielfach die vordersten Extremitäten der mit dem Rumpf verschmolzenen Thoracomeren zu Kieferfüßen *(Maxillipedien)* umgebildet sind, greift bei den Krebsen die Kopfbildung auch funktionell auf die Rumpfsegmente über. In der Regel werden die auf die Maxillipedien folgenden thoracalen Schreitbeine, die *Peraeopoden,* nicht mit in den Cephalothorax einbezogen (Ausnahme: Malacostraca). In Form blattförmiger Schwimmbeine ist der weder dem Opisthosoma der Cheliceraten noch dem Abdomen der Insekten homologe Hinterleib *(Pleon)* nur bei den Malacostraken mit Extremitäten versehen. Das ist einer der Gründe, warum die Malacostraken, die als „höhere Krebse" die größten Vertreter stellen

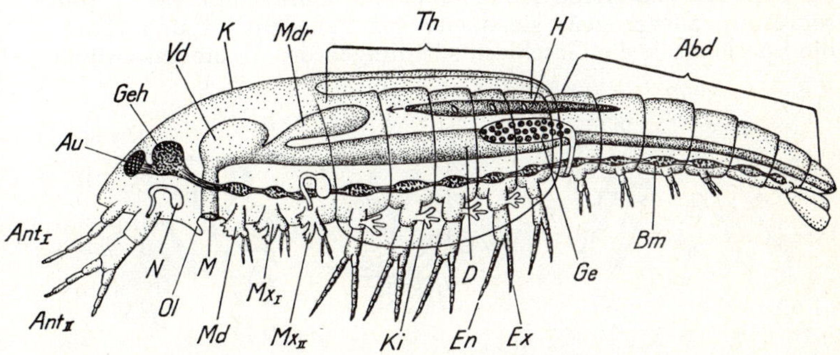

Abb. 216 Organisationsschema der Crustaceen. *Abd* Pleon, Ant_1, Ant_2 erste und zweite Antenne, *Au* paarige Komplexaugen, *Bm* Bauchmark, *D* Darm, *En* Endopodit, *Ex* Exopodit, *Ge* Geschlechtsorgan, *Geh* Gehirn, *H* Herz, *K* Kopf, *Ki* Kiemenanhang, *M* Mund, *Md* Mandibel, *Mdr* Mitteldarmdrüse (Leber), Mx_1, Mx_2 erste und zweite Maxille, *N* Exkretionsorgan (Antennen- und [*weiter hinten*] Maxillendrüse), *Ol* Oberlippe, *Th* Thorax, *Vd* Vorderdarm.

(Hummer, Languste), keinesfalls auch die phylogenetisch am weitesten spezialisierte Gruppe bilden.

Als typische Extremitäten der Krebse haben die *Spaltbeine* (Abb. 217) auf Grund ihrer formalen Ähnlichkeit mit den Parapodien der Anneliden zu weittragenden phylogenetischen Überlegungen Anlaß gegeben (Abb. 207 b; S. 414). Sie bestehen aus einem 3gliedrigen basalen *Protopodit,* der sich in einen medianen *Endopodit* (Laufbeinast) und einen lateralen *Exopodit* (Schwimmbeinast) gabelt. Da der Endopodit bei den Malacostraken in seiner Gliederung und stabförmigen Gestalt den Laufbeinen der Cheliceraten und Insekten ähnelt, werden diese Extremitäten oft von Spaltbeinen unter Reduktion des Exopoditen abgeleitet. Am unpaaren Protopodit können auf seitlichen Anhängen der Außenseite *(Epipoditen* oder *Exiten)* Kiemen sitzen; die Innenseiten *(Enditen)* sind bei mundnahen Extremitäten oft zu stark sklerotisierten Kauladen modifiziert (Entwicklung zu Mundwerkzeugen). Ausgehend von diesem Grundplan, hat die Crustaceenextremität eine Fülle adaptiver Veränderungen erfahren und sich zu Sinnesorganen, Greif- und Mundwerkzeugen, Schwimm- und Laufbeinen, Atmungs-, Kopulations- und Brutpflegeorganen entwickelt (Abb. 218): ein deutliches Beispiel dafür, daß die adaptiven Möglichkeiten des Arthropodenbauplanes in großem Maße in der Modifizierbarkeit seiner serial homologen (S. 358) Extremitäten bestehen und phylogenetisch auch genutzt worden sind. Im Extremitätenbau zeigen sich auch *geschlechtsdimorphe Unterschiede.* So sind die vordersten Abdominalbeine beim Flußkrebs-♂ röhrenförmig ausgezogen; sie dienen als Penisapparat und führen die Spermien in die Geschlechtsöffnungen des ♀, die am Grunde

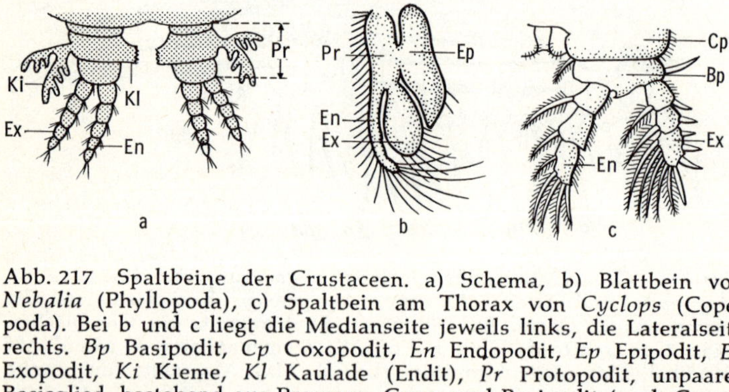

Abb. 217 Spaltbeine der Crustaceen. a) Schema, b) Blattbein von *Nebalia* (Phyllopoda), c) Spaltbein am Thorax von *Cyclops* (Copepoda). Bei b und c liegt die Medianseite jeweils links, die Lateralseite rechts. *Bp* Basipodit, *Cp* Coxopodit, *En* Endopodit, *Ep* Epipodit, *Ex* Exopodit, *Ki* Kieme, *Kl* Kaulade (Endit), *Pr* Protopodit, unpaares Basisglied, bestehend aus Praecoxa, Coxo- und Basipodit (nach Claus; Gurnay; Matthes).

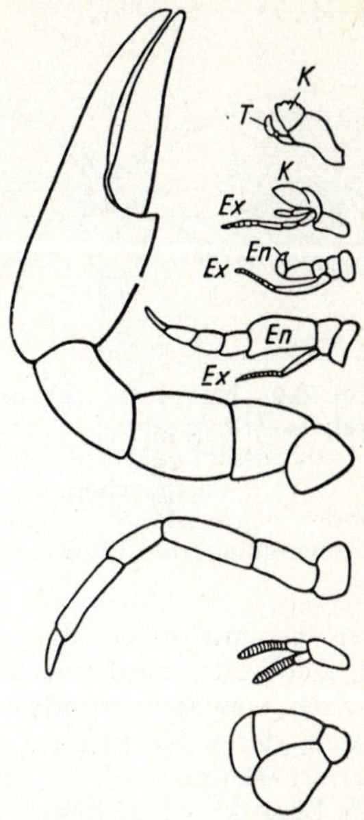

Abb. 218 Einige Extremitäten des Flußkrebses (*Astacus fluviatilis*) als Beispiel für die Abwandlung der Grundform des Spaltbeines in der Segmentfolge (seriale Homologie). a) Mandibel, b–d) 1.–3. Maxilliped (stufenweise Rückbildung der Kaulade und des Exopoditen, Vergrößerung des Endopoditen, e) 1. Schreitbein (zur Schere umgewandelt), f) 4. Schreitbein, g) 3. Pleopod, h) letzter Pleopod (Uropod) mit Telson. *En* Endopodit, *Ex* Exopodit, *K* Kaulade, *T* Taster (wahrscheinlich Exopodit).

des 3. Schreitbeinpaares liegen. Die Genitalporen des ♂ münden dagegen an der Basis der 5. Schreitbeine. Beim ♀ ist das vorderste Abdominalbeinpaar nur rudimentär ausgebildet. An den nachfolgenden Spaltbeinen (Abb. 218 g) werden die befruchteten Eier angeheftet. Hier läuft die Embryonalentwicklung bis zum schlüpfreifen Frühstadium ab.

Als Besonderheit der Krebs-*Ontogenese* schlüpfen die Larven nur mit einer geringen Anzahl von Segmenten und erreichen erst im Laufe der postembryonalen Entwicklung und der damit verbundenen Häutungen die jeweils gruppenspezifische Segmentzahl (*Anamerie*). Die für Krebse typische *Nauplius*-Larve besitzt nur 3 mit Schwimmbeinen ausgestattete Segmente (Abb. 178, 219). Diese Extremitäten bilden adult die 1. und 2. Antennen und die Mandibeln. Demgegenüber muß die Anlage aller Segmente im Ei (*Epimerie*, z. B. bei Dekapoden) als sekundärer Zustand gelten. Innerhalb der Arthropoden kommt Anamerie nur noch bei Tausendfüßlern und ganz wenigen Urinsekten vor.

Wie die Arachniden und Insekten an Land, bilden die Krebse im Meer und Süßwasser die dominierende Arthropodengruppe. Die Kleinkrebsformen – meistens nur 1–2 mm lang oder noch kleiner – stellen einen Großteil des marinen und limnischen Planktons (vor allem die carapaxlosen *Copepoden* und die *Was-*

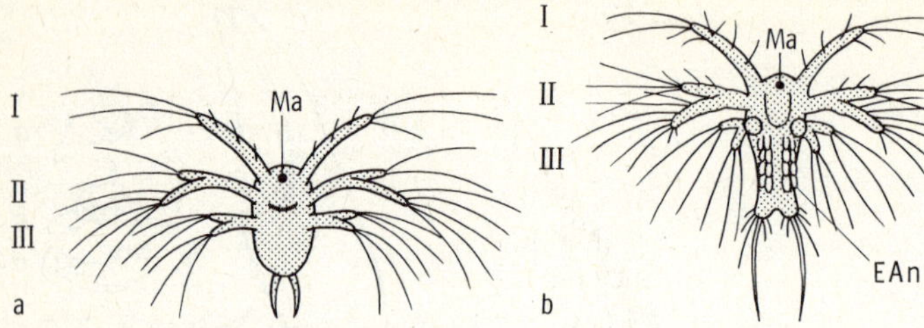

Abb. 219 Nauplius- (a) und Metanaupliuslarve (b) des dekapoden Krebses *Trachypenaeus constrictus* (Ventralansichten). *I–III* die ersten 3 Extremitätenpaare, denen adult die 1. und 2. Antennen sowie die Mandibeln entsprechen. *EAn* Extremitätenanlagen einiger auf *III* folgenden Segmente, *Ma* unpaares Medianauge (Naupliusauge) aus 3 zusammengelagerten Pigmentbecherocellen (nach KAESTNER).

serflöhe mit ihren den Rumpf einschließenden zweiklappigen Schalen) oder sind wie die *Ostracoden* (Muschelkrebse) Bewohner des Gewässergrundes. Von den mikroskopisch kleinen Ostracoden, deren Körper auf 5–7 extremitätentragende Segmente reduziert ist und seitlich vollständig von einem zweischaligen Carapax bedeckt wird, kennt man zahlreiche fossile Formen, die vor allem in der Erdölgeologie wie die Foraminifern (S. 366) zur Charakterisierung der angebohrten Schichten dienen. Die marinen *Cirripedier*, die z. B. als Seepocken ganze Felsküsten überziehen, setzen sich als Larve mit der Region der 1. Antenne fest (S. 347) und bilden ein mit Kalkplatten versteiftes Carapaxgehäuse, aus dem die 6 spaltbeinartigen Thoracalextremitäten (Rankenfüße) als Filtrierapparat herausgestreckt werden können. *Marine Parasiten,* deren Körper bis zur Krebsunkenntlichkeit umgestaltet ist, finden sich in mehreren Linien bei den Copepoden (Fischparasiten) und in besonders extremer Form bei den Cirripediern (Rhizocephala, Wurzelkrebse: *Sacculina* in Krabben, Abb. 178, S. 349). Die einzigen zum *Landleben* übergegangenen Krebse gehören zu den Großkrebsen, den Malacostraken (z. B. *Birgus latro,* Palmendieb). Semiterrestrisch am Strand leben die Krabben *(Brachyura,* Abb. 163, 178), deren stark reduziertes Pleon auf die Unterseite des Cephalothorax umgeklappt wird. Die erfolgreichsten Landkrebse stellen jedoch die *Isopoden* (Asseln), bei denen die Landasseln *(Oniscoidea,* z. B. *Porcellio)* die Exopoditen ihrer Pleopoden zu besonderen Luftatmungsorganen umgebildet haben.

Abb. 220–224 Typen von Anneliden und Arthropoden. Abb. 220 Polychaeter Annelid, *Nereis.* Abb. 221 Onychophor, *Peripatus.* Abb. 222

Abb. 221 Abb 222 Abb. 223

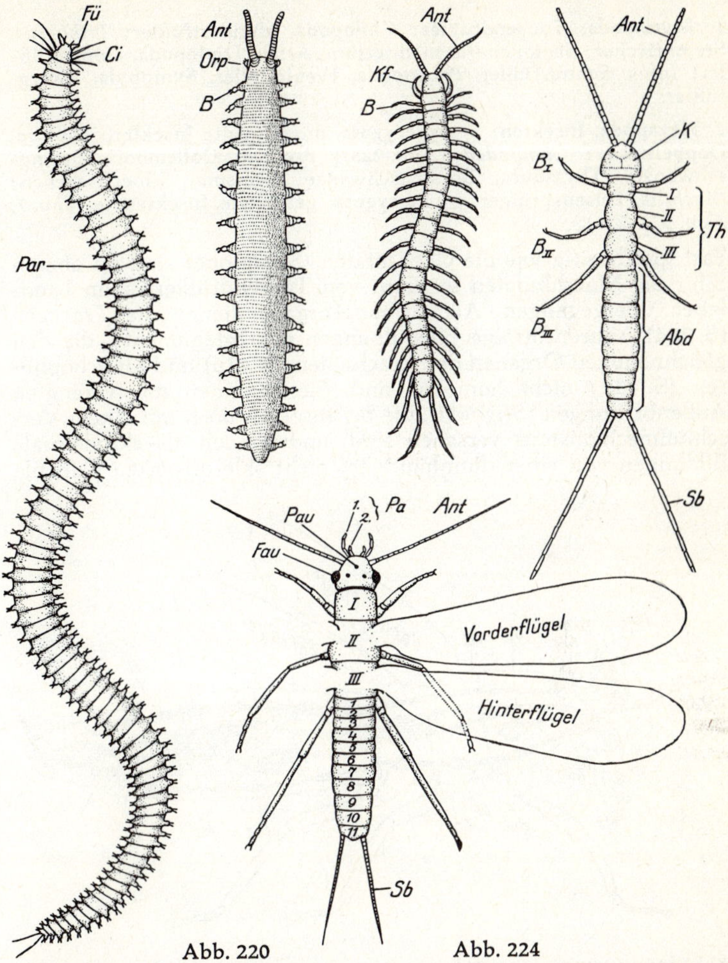

Abb. 220 Abb. 224

Myriapode, *Scolopendra.* Abb. 223 Apterygotes Insekt, *Campodea.* Abb. 224 Pterygotes Insekt. Schema. *Abd* Abdomen, *Ant* Antennen, *B* Beine, B_I, B_{II}, B_{III} die 3 Thoracalbeinpaare der Insekten, *Ci* Cirren, *Fau* Komplexauge (Facettenauge), *Fü* Fühler, *K* Kopf, *Kf* Kieferfüße, *Orp* Oralpapillen, *Pa* Palpen (Taster), *Par* Parapodien, *Pau* Ocellen (Punktaugen), *Sb* Schwanzborsten (Analcerci), *Th* Thorax, *I* Prothorax, *II* Mesothorax, *III* Metathorax, *1–11* Abdominalsegmente.

Tracheata (Tausendfüßler und Insekten)

1. **Myriapoda,** Tausendfüßler: **Chilopoda,** Hundertfüßler: *Lithobius,* Steinkriecher; *Scolopendra,* mediterrane Arten. **Diplopoda,** Doppelfüßler: *Julus,* Schnurfüßler. **Pauropoda,** Wenigfüßler. **Symphyla,** Zwergfüßler.

2. **Hexapoda,** Insekten: a) **Apterygota,** ungeflügelte Insekten: **Diplura,** Doppelfüßler: *Campodea* (Abb. 223); **Protura; Collembola,** Springschwänze; **Thysanura,** Borstenschwänze: *Lepisma,* Silberfischchen; *Machilis,* Felsenspringer. b) **Pterygota,** geflügelte Insekten (s. Tab. 7, Abb. 224, 225).

Fast gleichzeitig wie die Cheliceraten (Skorpione) sind im oberen Silur die Mandibulaten in Form von Tausendfüßlern zum Landleben übergegangen. Als Atmungsorgane dienen die *Tracheen* (S. 204), röhrenförmige Einstülpungen des Integuments, die den gleichnamigen Organen der Arachniden (S. 416) und Onychophoren (S. 412) nicht homolog sind. Sie beginnen mit verengten Außenöffnungen *(Stigmen),* die bei Insekten noch mit einem Verschlußmechanismus versehen sind, und werden als ektodermale Bildungen von einer dünnhäutigen, nicht sklerotisierten Cuticula

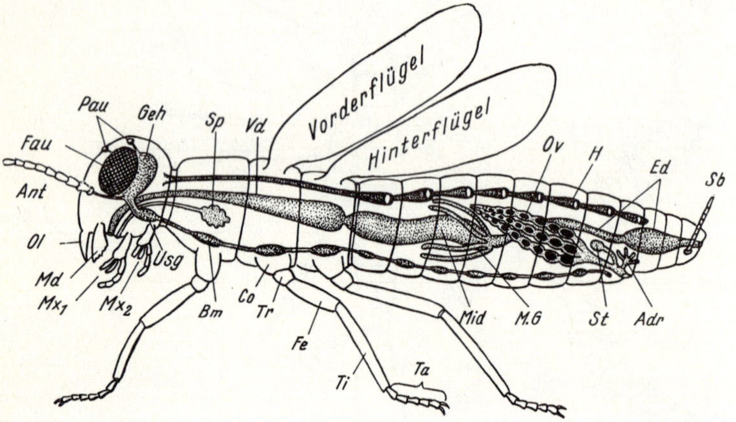

Abb. 225 Organisationsschema eines pterygoten Insekts (♀). *Adr* Anhangdrüsen am ♀ Geschlechtsausführgang, *Ant* Antenne, *Bm* Bauchmark, *Co* Coxa, *Ed* Enddarm, *Fau* Komplexauge, *Fe* Femur, *Geh* Gehirn, *H* Herz, *Md* Mandibel, *M.G* Malpighische Gefäße, *Mid* Mitteldarm, Mx_1, Mx_2 1. und 2. Maxille, *Ol* Oberlippe, *Ov* Ovarium, *Pau* Ocellus, *St* Samentasche, *Sb* Schwanzborste, *Sp* Speicheldrüse, *Ta* Tarsus, *Ti* Tibia, *Tr* Trochanter, *Usg* Unterschlundganglion, *Vd* Vorderdarm.

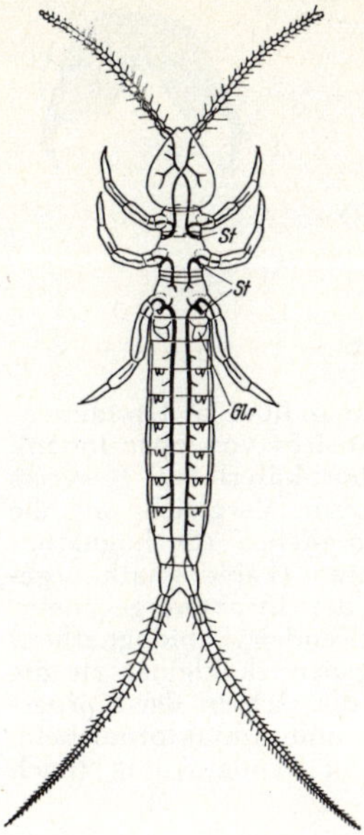

Abb. 226

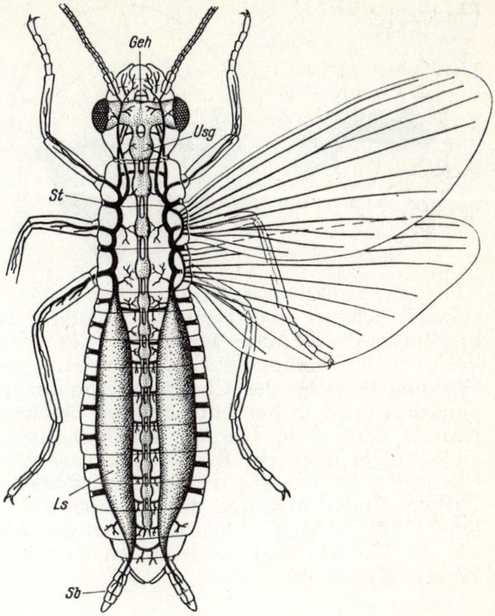

Abb. 227

Abb. 226 Schema eines apterygoten Insekts *(Campodea)*. Stark hervorgehoben ist das noch nicht einheitlich durchgehende Tracheensystem. *Glr* Gliedmaßenrudimente, *St* Stigmen (nach GRASSI u. MARTEN).

Abb. 227 Nerven- und Tracheensystem eines pterygoten Insekts. *Geh* Gehirn, *Ls* Luftsack, *Sb* Schwanzborsten (Analcerci), *St* Stigma, *Usg* Unterschlundganglion (nach WEBER).

(Intima) ausgekleidet. Diese Intima wird bei jeder Häutung erneuert. Die Stigmen liegen bei den Insekten an den beiden hinteren Thoracalsegmenten und in einer wechselnden Anzahl von Abdominalsegmenten. Sie führen über einen kurzen Kanal in zwei oder mehrere längsverlaufende Hauptstränge, die bei guten Fliegern zu mächtigen Luftsäcken ausgeweitert sein können (Abb. 226, 227).

Allen Tracheaten fehlt das 2. Antennenpaar der Krebse. Das entsprechende zwischen den Antennen und Mandibeln gelegene Segment bleibt jedoch als *Intercalarsegment* erhalten, dem der hinterste Hirnabschnitt *(Tritocerebrum*, Tab. 6) zugeordnet ist. Die

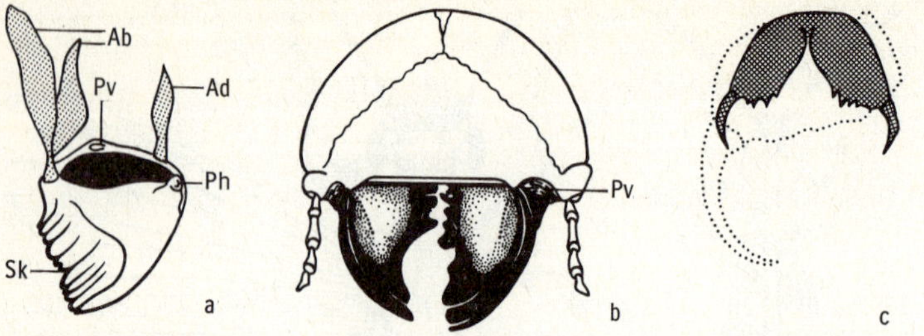

Abb. 228 Funktionsmorphologie der Insektenmandibel. a) Dreidimensionales Schema einer typischen Mandibel (Ansicht von oben-innen). b) Vorderansicht der Mandiblen der Nashornkäferlarve *(Oryctes nasicornis)*, Oberlippe (Labrum) entfernt. c) Zum Vergleich sind die Wirkungsbereiche der Cheliceren von ursprünglichen (Orthognatha; punktiert) und höher entwickelten Cheliceraten (Labidognatha; gerastert) dargestellt. Die wie die Mandibeln der Insekten gegeneinander, d. h. quer zur Körperlängsachse arbeitenden Labidognathen-Cheliceren können für den gleichen Wirkungsbereich kleiner als die Orthognathen-Cheliceren dimensioniert sein, die sich in der Körperlängsachse bewegen. *Ab, Ad* Sehnen der Ab- und Adduktormuskeln, *Ph, Pv* hinterer und vorderer Angelpunkt, *Sk* Schneidkante (nach Weber; Kaestner).

Ganglien der folgenden 3 Segmente (Mandibel- und 2 Maxillensegmente) verschmelzen zum Unterschlund- *(Suboesophageal-) Ganglion.* Während die *Mandibeln* keine Taster mehr besitzen (vgl. Krebse, Abb. 216, 218), also nur noch aus den zu mächtigen Kauladen umgebildeten Hüftgliedern der ursprünglichen Extremität bestehen (Abb. 228), sind die *1. Maxillen* noch mit beinartigen Tastern versehen. Die *2. Maxillen* vereinigen sich dagegen zu einer plattenförmigen Unterlippe *(Labium)*, die den Mundvorraum nach hinten abschließt. Während die Mundwerkzeuge ursprünglich – und noch bei den meisten Myriapoden – zangenartig gegeneinander arbeiten, werden sie bei den Insekten vielfältig zu stechenden, saugenden oder leckenden Organen umgebildet (Abb. 229–233). Antennen-, Intercalar-, Mandibel- und Maxillensegmente bilden bei den Tracheaten eine einheitliche Kopfkapsel (S. 412), in die im Gegensatz zu den übrigen Arthropoden nie Segmente mit Laufbeinen einbezogen werden.

Der Rumpf besteht bei den **Myriapoden** aus nahezu homonomen Segmenten mit gleichartigen Extremitätenpaaren (Abb. 222). Die räuberisch lebenden Chilopoden („Hundertfüßler" mit 15–170 laufbeintragenden Körperringen) gelten als die ursprünglichste, noch am ehesten an Annelidenvorfahren erinnernde Gruppe. Als Besonderheit hat das 1. Beinpaar mächtige Giftklauen entwickelt. Bei den pflanzenfressenden Diplopoden (Doppelfüßler) sind wohl in Anpassung an die Fortbewegungsweise im Erdreich je 2 Segmente zu einem Diplosegment verschmolzen, das folglich 2 Extremitätenpaare, 2 Paar Ganglien, 2 Paar Stigmen und 2 Paar Herzschlauchostien besitzt. Die nur wenige Millimeter messenden Symphyla (Zwergfüßler mit 12 beintragenden Segmenten) haben eine Reihe von Merkmalen mit den flügellosen Insekten gemein (z. B. die Coxalbläschen oder die an den Beinhüften sitzenden griffelförmigen Fortsätze [Styli]).

Bei den **Insekten** ist der Rumpf konstant in den aus 3 Segmenten verschmolzenen Bewegungsapparat *(Thorax)* und das *Abdomen* unterteilt. Jedes Thoracalsegment (Pro-, Meso- und Metathorax) trägt ein Laufbeinpaar (Name „Hexapoda"). Da jegliche Andeutungen von Spaltbeinanlagen fehlen, müssen die stets einästigen Laufbeine als ursprünglich gelten (S. 414). Stets lassen sie eine Gliederung in Hüftglied *(Coxa)*, Schenkelring *(Trochanter)*, Schenkel (Oberschenkel, *Femur)*, Schiene (Unterschenkel, *Tibia)* und Fuß *(Tarsus)* mit Endklauen erkennen. Bei den ebenfalls einästigen Laufbeinen der Arachniden schwankt dagegen die Zahl der Beinglieder gruppenspezifisch.

Damit sich die Beine wirkungsvoll bewegen können, müssen sie an die Muskulatur des Thorax angeschlossen und gegen ein starres Widerlager bewegt werden. Die starke *Sklerotisierung* (S. 410) der Thoracalsegmente – Muskelinsertionsstelle und Widerlager der Beinbewegung zugleich – erfüllt beide Bedingungen, erfolgt jedoch nicht gleichmäßig über die gesamte Segmentcuticula. Nach Auflösung des durchgehenden Hautmuskelschlauchs der Anneliden inserieren die mächtigen segmentalen Längsmuskeln nämlich direkt an den Intersegmentalfurchen, die jetzt stark sklerotisierte, nach innen vorspringende Zapfen *(Antecosten)* bilden (Abb. 234). Um trotzdem die Beweglichkeit des Rumpfes zu erhalten, werden vor oder hinter den Antecosten, d. h. im davor oder dahinter liegenden Segment, membranöse Gelenkhäute ausgebildet. Die äußerlich sichtbaren Segmentgrenzen eines Insekts entsprechen also einer *sekundären Segmentierung,* während die wahren Segmentgrenzen durch die Antecosten markiert werden. Die Segmentringe sind im dorsalen *(Tergum)* und ventralen Bereich *(Sternum)* stark sklerotisiert, also als Sklerite *(Tergit* und *Sternit)* ausgebildet, besitzen jedoch weichhäutige Seitenwände *(Pleuren)*. Nur an den Bein- und Flügelgelenken werden in den Pleuralmembranen zur Versteifung des Bewegungsapparates Sklerite *(Pleurite)* angelegt (Abb. 234 b, c). Die meisten Insekten (Pterygota) tragen an Meso- und Metathorax *Flügel,* die sich aus seitlichen Ausfaltungen *(Paranota)* der Rückenplatten entwickeln. Ohne Muskulatur und ohne Gliederung in gelenkig verbundene Segmente, lassen sich die Flügel nicht mit Extremitäten homologisieren. Zwischen den beiden Epidermislagen, die

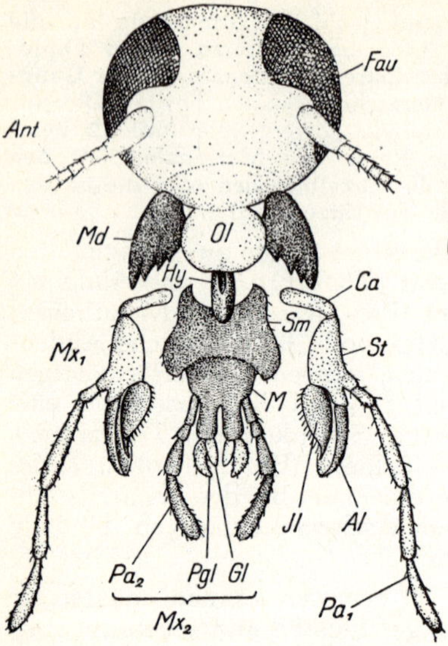

Abb. 229

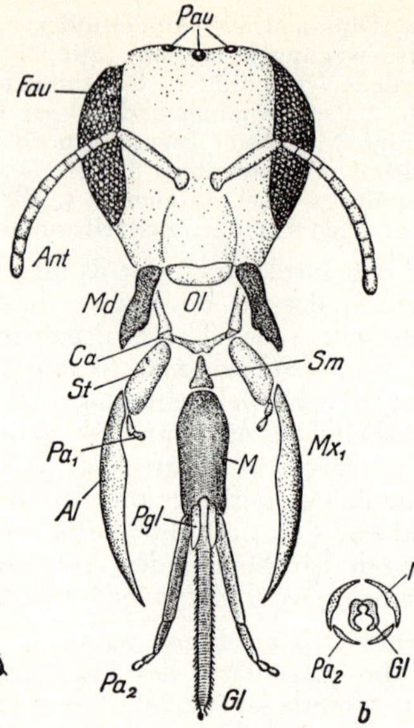

Abb. 230

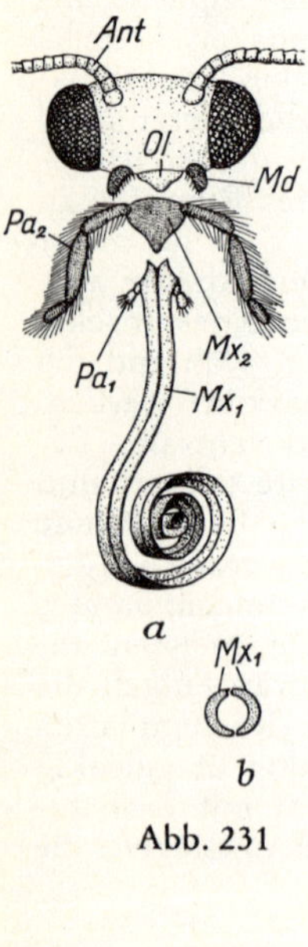

Abb. 231

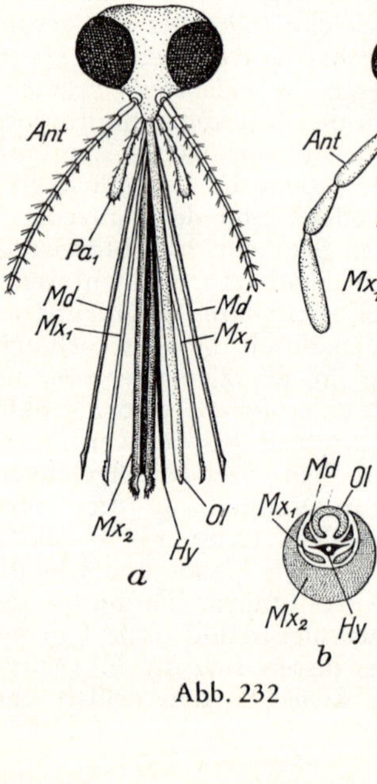

Abb. 232

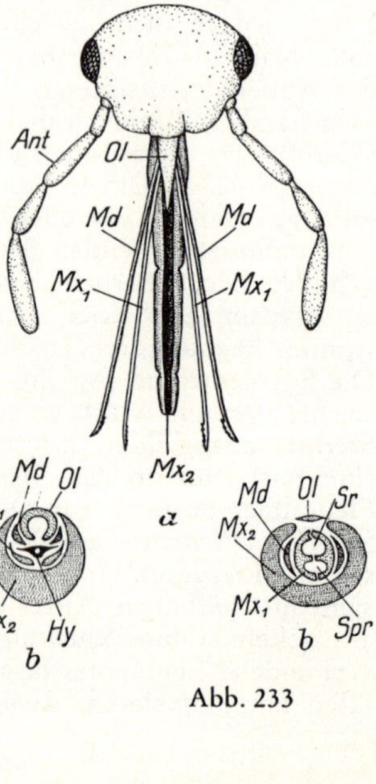

Abb. 233

in der Flügelspreite direkt aneinander stoßen, bleiben nur in den Flügeladern Mixocoelkanäle erhalten, die im Normalfall von je einer Trachee und einem Nerven durchzogen werden. Flügelartikulation und -bewegung (Abb. 113) bilden ein Musterbeispiel funktionsmorphologischer Präzisionskonstruktionen.

Die Flügellosigkeit der *Apterygoten* ist ein ursprüngliches Merkmal, obwohl auch innerhalb der Pterygoten sekundär flügellose Formen entstanden sind (Federlinge, Läuse, Wanzen, Flöhe, Ameisenarbeiterinnen). Die Übergangsstufe von den Myriapoden *(Symphyla)* zu den geflügelten Insekten repräsentieren die *Thysanuren*, die mit ihren an allen Segmenten vorhandenen Abdominalbeinen und den Coxalstyli der Thoracalbeine der theoretischen Urform der Insekten am nächsten kommen. Die 3 übrigen Apterygotengruppen müssen wegen ihrer in eine Tasche versenkten Mundgliedmaßen als abgeleitet gelten *(Entognatha)*. Mit 1500 Arten bilden die *Collembolen*, deren Abdominalextremitäten zu einem Sprungapparat umgebildet sind, die bei weitem

---

Abb. 229–233 Mundwerkzeugtypen von Insekten. Abb. 229 *Beißend-kauende* Mundwerkzeuge kommen bei vielen ursprünglichen Insekten vor (Schaben, Heuschrecken): die Oberlippe (Labrum, *Ol*) überdeckt als unpaare Hautfalte die Mandibel *(Md)*. Die noch stark gegliederten Maxillen *(Mx_1)* bestehen aus zwei Grundgliedern (Cardo, *Ca*; Stipes, *St*), einem Taster (Palpus maxilliaris, *Pa_1*) sowie einer Innen- und Außenlade. Die innere (Lacinia, *Il*) dient als Kaulade, die äußere (Galea, *Al*) ist mit Geschmackssinnesorganen besetzt. Die 2. Maxillen *(Mx_2)* sind mit ihren Grundgliedern (Submentum, *Sm*; Mentum, *M*) median zu einer einheitlichen Unterlippe (Labium) verwachsen, deren paarige Anlage noch durch die Taster (Palpi labiales, *Pa_2*) und die Innen- (Glossa, *Gl*) wie Außenlade (Paraglossa, *Pgl*) angedeutet wird. Vom Mundhöhlenboden erhebt sich ein unpaarer zungenförmiger Fortsatz (Hypopharynx, *Hy*). Abb. 230 Beim *leckend-saugenden* Typ (Biene) bilden die verschmolzenen Glossae eine lange, rinnenförmige Zunge. Die Labialtaster und die Außenlade der 1. Maxille umhüllen als flachgekrümmte Scheide die Zunge, so daß ein Saugrohr entsteht. Abb. 231 Beim *saugenden* Typ der Schmetterlinge sind die Mandibeln zurückgebildet; vom Labium bleiben nur die Taster erhalten. Die rinnenförmigen Außenladen der 1. Maxille (Galeae) legen sich dagegen zu einem einrollbaren Saugrohr zusammen. Abb. 232 u. 233 Beim *stechend-saugenden* Typ der Mücken (Abb. 232) und Wanzen (Hemipteren; Abb. 233) bildet das Labium eine vom Labrum bedeckte Rinne, in der die Stechborsten gleiten. Diese werden von den Mandibeln und den Kauladen der 1. Maxillen (Laciniae) gebildet. Als Saugrohr *(Sr)* dient bei Mücken eine tiefe, vom Hypopharynx abgeschlossene Rinne an der Unterseite des Labrums, bei Wanzen ein von den Stechborsten gebildeter Kanal. Durch einen zweiten, darunter liegenden Stechborsten-Kanal (Speichelrinne, *Spr*) fließt ein Speicheldrüsensekret, das die Blutgerinnung hemmt, in die angestochene Wunde. Bei den Mükken birgt der Hypopharynx den Speichelkanal. Fliegen, Flöhe und Läuse haben noch andere Konstruktionen von Stechapparaten entwickelt. *Ant* Antenne, *Fau* Komplexauge, *Pau* Ocellen.

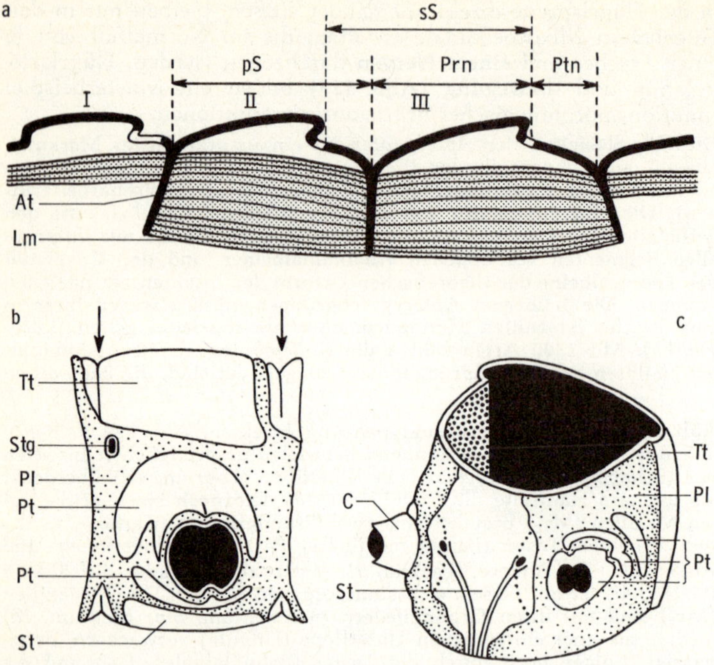

Abb. 234 Gliederung des Cuticularskeletts bei Insekten. a) Längsschnitt durch die dorsale Thoraxregion (Pro- [*I*], Meso- [*II*] und Metathorax [*III*]). Sklerotisierte Cuticularabschnitte schwarz, Gelenkhäute weiß dargestellt. b und c) Artikulation der Extremitäten an einem Thoraxsegment (b Seitenansicht, schematisch; c Prothorax einer Plecoptere). *At* Antecosta, C Coxa (1. Beinglied), *Lm* Längsmuskulatur, *Pl* Pleuralmembran, *Prn* Pränotum (Notum = Thoracaltergum), *pS* primäre Segmenteinteilung, *Pt* Pleurit (Sklerit des Pleurums), *Ptn* Postnotum, *sS* sekundäre Segmenteinteilung, *St* Sternit, *Stg* Stigma, *pS* primäre Segmenteinteilung, *Tt* Tergit. Die Pfeile in b markieren die primären Segmentgrenzen (*pS* in a) (nach Snodgrass; Fuller; Seifert).

größte Gruppe. Als Bodenbewohner der Laub- und Moosschicht sind sie ebenso wie die *Diplopoden* an der Zersetzung pflanzlichen Materials wesentlich beteiligt.

Die beiden *Flügelpaare*, die bei den Libellen sogar unabhängig voneinander schlagen können, werden bei höher entwickelten Fliegern in Richtung auf einheitlich schlagende Flächen umgestaltet: Entweder kommt es zur Koppelung der Flügel einer Körperseite durch Haftverbindungen (Hymenopteren, Lepidopteren), zur Umbildung des hinteren Flügelpaares zu Schwingkölbchen (Dipteren; Abb. 237 b), zum Verlust des vorderen Flügelpaares (Strepsipteren) oder – wie bei den Käfern – zur Umbildung der Vorderflügel zu Deckplatten.

Während der *postembryonalen Entwicklung* durchlaufen die pterygoten Insekten mehrere Larvenstadien, die jedoch im Gegensatz zur anameren Entwicklung vieler Krebse (S. 420) stets schon die endgültige Segmentzahl enthalten. Indem die Insektenlarven andere und nährstoffreichere Lebensräume als die Adulttiere besiedeln und auch eine viel längere Lebensdauer als diese besitzen können, bilden sie eigentliche Wachstums- und Ernährungsstadien, die sich auch morphologisch von den erwachsenen Formen oft stark unterscheiden. Die adulten, fortpflanzungsfähigen Tiere, die sich über eine Metamorphose aus den Larven entwickeln (S. 163), dienen dagegen der Vermehrung und Verbreitung; manchmal nehmen sie – wie einige Schmetterlinge und Fliegen – gar keine Nahrung mehr auf. Die Möglichkeit, daß sich Insekten als Larven und Imagines getrennt spezialisieren und damit ein größeres Umweltspektrum erschließen können, mag wesentlich dazu beigetragen haben, daß sie an Arten- und Individuenzahl alle anderen Tiergruppen übertreffen. Da die zunehmende Verselbständigung des Larvenlebens gegenüber der Imago bei Insekten einen durchgehenden evolutiven Trend bedeutet, läßt sich eine Großgruppierung der Pterygotenordnungen nach den Entwicklungstypen vornehmen (Tab. 7).

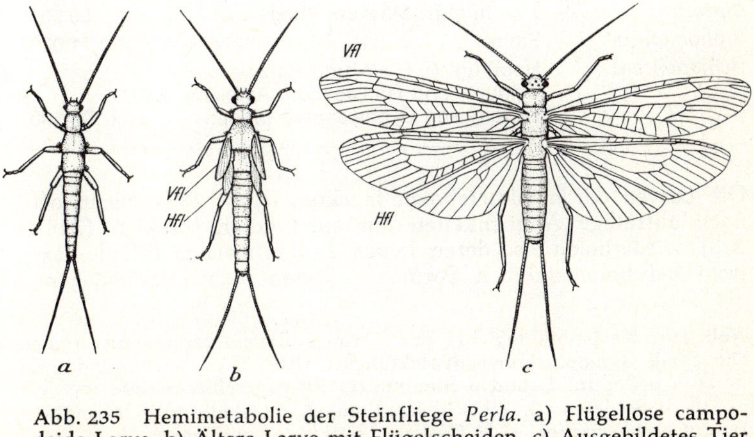

Abb. 235 Hemimetabolie der Steinfliege *Perla*. a) Flügellose campodeide Larve. b) Ältere Larve mit Flügelscheiden. c) Ausgebildetes Tier (Imago). *Hfl* Hinterflügel, *Vfl* Vorderflügel.

Tabelle 7 Die artenreichen Ordnungen (> 1000 Arten) der pterygoten Insekten

1. Hemimetabola		Artenzahl
a) mit wasserlebenden Larven:		
Ephemeroptera	Eintagsfliegen	1 400
Odonata	Libellen	4 700
Plecoptera	Steinfliegen	1 400
b) mit landlebenden Larven:		
Blattodea	Schaben	3 500
Orthoptera	Heuschrecken	9 000
Mantodea	Fangschrecken	1 500
Isoptera	Termiten	1 600
2. Holometabola		
Psocoptera	Flechtlinge, Rinden-, Staub- und Bücherläuse	1 000
Phthiraptera	Tierläuse: Haar- und Federlinge, Läuse	3 000
Hemiptera	Schnabelkerfe: Wasser- und Landwanzen; Zikaden, Blattläuse	52 000
Coleoptera	Käfer	264 000
Planipennia	Hafte: Florfliegen, Schmetterlingshafte, Ameisenlöwen	4 300
Trichoptera	Köcherfliegen	4 200
Lepidoptera	Schmetterlinge	110 000
Diptera	Zweiflügler: Mücken, Fliegen	80 000
Siphonaptera	Flöhe	1 000
Hymenoptera	Hautflügler: Blatt- und Holzwespen; Schlupf- und Gallwespen; Ameisen, Falten- und Grabwespen, Bienen	106 500

Die Larven der hemimetabolen Insekten (Abb. 235) zeigen oft noch auffällige Ähnlichkeiten mit apterygoten Insekten (Abb. 223), wiederholen also deren Typus. In den meisten Fällen – extrem bei holometabolen Formen – treten jedoch larveneigene

Abb. 236 Kastenbildung bei der Termite *Reticulotermes lucifugus*. Die Pfeile symbolisieren Entwicklungsschritte. a) 2. Larvenstadium, $b_{1,2}$) Arbeiter im 1. und 6. Stadium, c) Ersatzgeschlechtstiere (c_1 ♂, c_2 ♀), d) Soldaten (d_1 Zwischenstadium, d_2 Endstadium) e) Nymphe, f) ♂ Geschlechtstier, g) ♀ Geschlechtstiere (g_1 geflügeltes ♀, g_2 jüngeres ♀, g_3 älteres ♀) (nach LÜSCHER; BUCHLI).

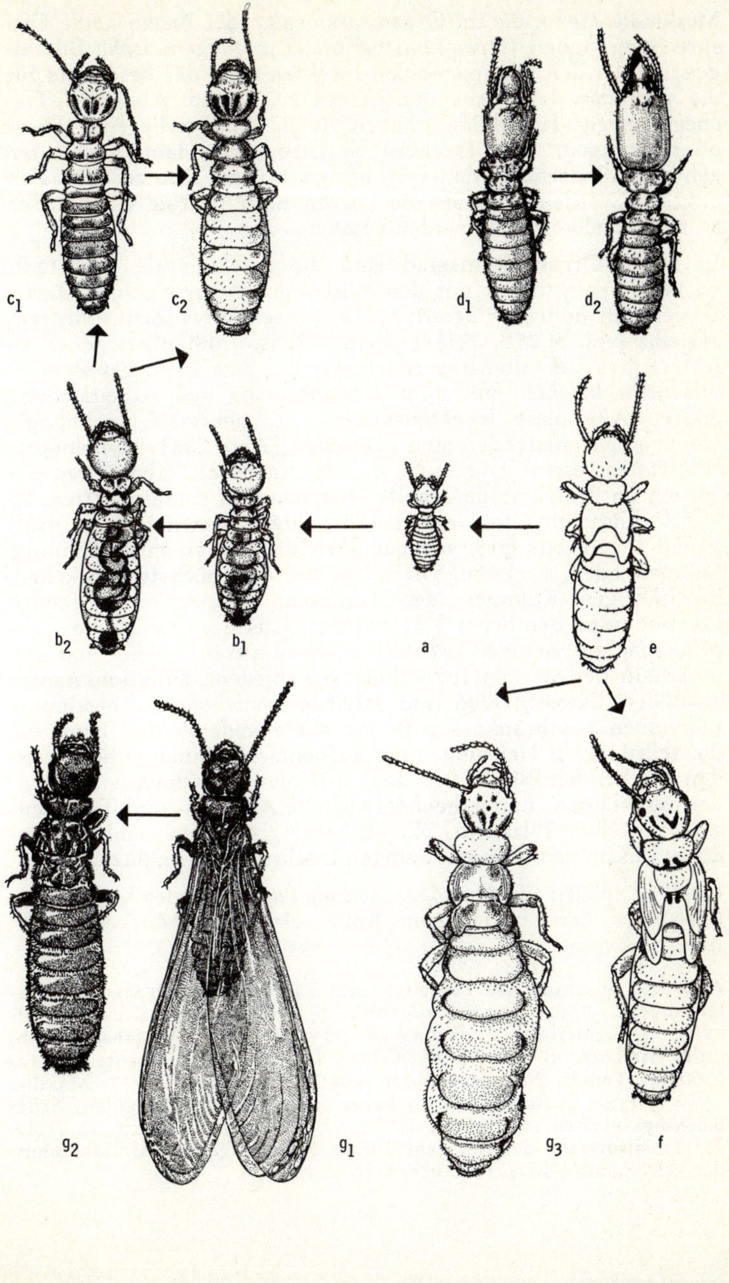
c1
c2
d1
d2
b2
b1
a
e
g2
g1
g3
f

Merkmale hinzu, die im Organisationsplan der Imago keine Entsprechung finden (*Deviationsmerkmale, caenogenetische* Bildungen): Unter den hemimetabolen Insekten trifft das besonders für die sekundär wasserlebenden Larven zu, die am Abdomen Tracheenkiemen ausgebildet haben (z. B. Eintagsfliegen). Diese dünnwandigen, von Tracheen durchzogenen Hautduplikaturen gehen aus Extremitätenanlagen hervor, müssen also zu einer Zeit angelegt worden sein, als die Larven noch paarige Gliedmaßen an allen Abdominalsegmenten besaßen.

In ihrem Organisationsgrad sind die Insekten als höchstentwickelte Protostomier nur den Wirbeltieren vergleichbar. Davon zeugen die *hohen integrativen Leistungen* ihres Zentralnervensystems (vgl. S. 310, 321) und ein reiches, größtenteils genetisch festgelegtes Verhaltensrepertoire, das sich vor allem bei *staatenbildenden Insekten* mit ihrer Kastenbildung und Arbeitsteilung äußert. Alle diese Insektenstaaten, die mehrmals unabhängig voneinander entstanden sind (Termiten [Abb. 236]; Hymenopteren: Faltenwespen, Hummeln, Bienen, Ameisen), haben ihren Ursprung im Brutfürsorgeverhalten ursprünglich solitärer Arten. So verproviantieren Grabwespen und solitäre Bienen ihre in Brutgänge abgelegten Eier, seltener auch die Larven mit gelähmten Spinnen oder Insekten. Vor allem bei den höchstentwickelten, mehrjährigen Kolonien der Termiten, Ameisen und Bienen kommt es zu deutlicher Kastendifferenzierung, indem die Fortpflanzung auf wenige Geschlechtstiere beschränkt bleibt und sich innerhalb der sterilen Individuen verschiedene Funktionsstadien ausbilden. Diese Stadien sind entweder zeitlebens auf bestimmte Individuen beschränkt – z. B. die Kiefersoldaten der Termiten, die selbst keine Nahrung mehr aufnehmen können – oder werden wie bei den Bienen von den einzelnen Individuen nacheinander durchlaufen. Einige hochentwickelte Ameisen- und Termitenstaaten treiben Pilzzucht, Sklavenhaltung oder ein symbioseähnliches Zusammenleben mit anderen Insektenarten (S. 352).

Insekten spielen für den Menschen als *Parasiten* oder *Krankheitsüberträger* eine bedeutsame Rolle. *Anopheles*-Mücken (Abb.

Abb. 237 Insekten als Parasiten und Krankheitsüberträger. a) Malariamücke, *Anopheles maculipennis.* b) Tsetse-Fliege, *Glossina palpalis.* c) Kleiderlaus, *Pediculus capitis vestimenti.* d) Menschenfloh, *Pulex irritans.* e) Bettwanze, *Cimex lectularius.* *Ant* Antenne, *Co* Coxa, *Fe* Femur, Mx_1 Stechborste aus der Innenlade der 1. Maxille, *Ol* Oberlippe (Labrum), $Pa_{1,2}$ Palpen der 1. und 2. Maxillen, *Schw* Schwingkölbchen (Halteren), *Ta* Tarsus aus zwei Gliedern, *Ti* Tibia, *Tif* Tibialfortsatz, der mit dem Tarsus eine Zange zum Umklammern der Wirtshaare bildet, *Tr* Trochanter.

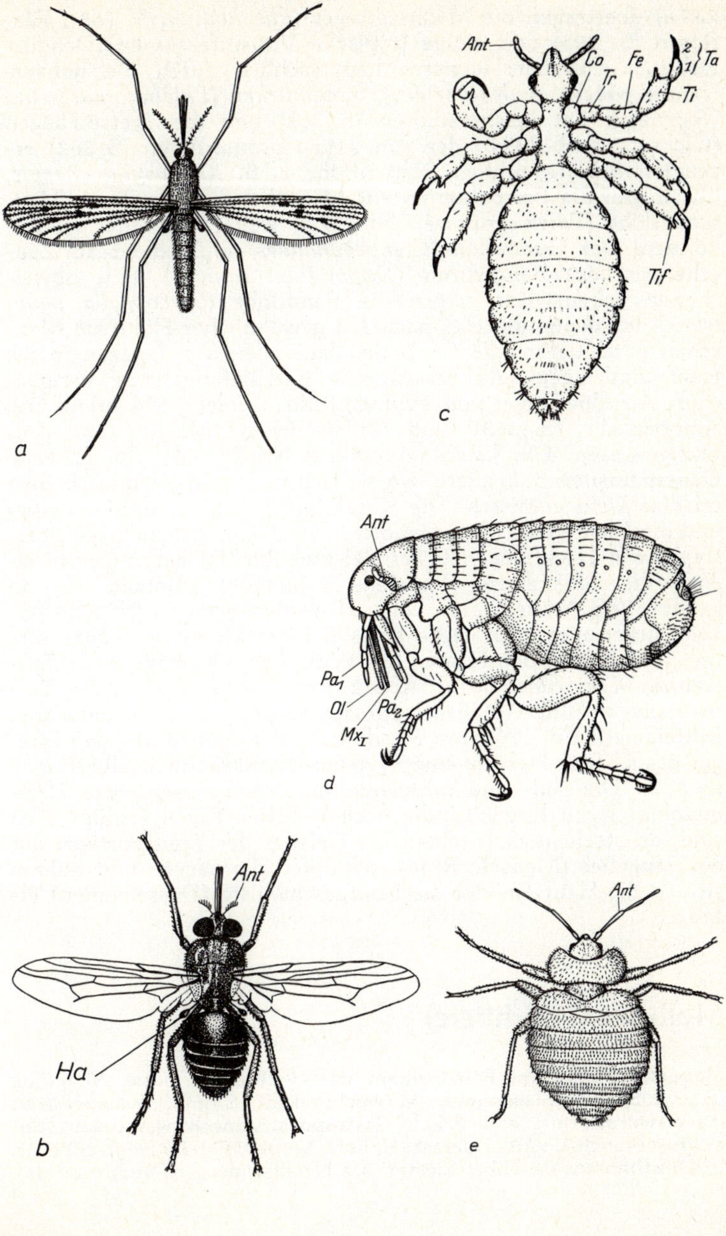
a
Ant
Co
Fe
2
1
Ta
Tr
Ti
Tif
c
Ant
Pa_1
Ol
Pa_2
Mx_I
d
Ant
Ha
b
Ant
e

237 a) übertragen die Malariaerreger *(Plasmodium* S. 368), Filariosen (S. 398) und einige tropische Virusinfektionen (Dengue-Fieber, Gelbfieber; letzteres hauptsächlich durch die nahverwandte Mücke *Aedes aegypti), Sandmücken (Phlebotomus)* sind Überträger der Leishmaniosen (S. 362) und die Tsetse-Fliegen *(Glossina,* Abb. 237 b) der von *Trypanosoma*-Arten (S. 362) erzeugten Schlafkrankheit. Rattenflöhe z. B. *Xenopsylla cheopis,* übertragen die Pestbakterien auf Menschen, wo sie durch Menschenflöhe *(Pulex irritans,* Abb. 237 d) weiter verbreitet werden können. Der Hundefloh *(Ctenocephalides canis)* dient als Zwischenwirt des Bandwurms *(Dypolidium canium).* Eine abweichende Lebensweise zeigen die Sandflöhe *(Sarcopsylla penetrans),* bei denen die ♂♂ nach Art gewöhnlicher Flöhe am Menschen parasitieren, die am Boden lauernden ♀♀ dagegen in die Haut eindringen und erbsengroße Entzündungsherde verursachen. Als Überträger von Typhus, Ruhr, Cholera, Milzbrand und Amöbenruhr (S. 363) sind Stubenfliegen *(Musca domestica)* nachgewiesen. Die Läuse *(Anoplura)* befallen als blutsaugende Dauerparasiten Säugetiere, wo sie sich mit ihren Klammerbeinen im Haarkleid einnisten. Die Kopflaus *(Pediculus capitis capitis)* und die Kleiderlaus *(P. c. vestimenti,* Abb. 237 c) dienen als Überträger von Fleckfieber *(Rickettsia)* und Rückfallfieber *(Spirochaeta);* die Schamläuse *(Phthirius inguinalis)* kommen nur an Scham- und Achselhaaren vor und werden beim Geschlechtsverkehr übertragen. Mit Hilfe eines Sekrets kitten die Läuse ihre Eier (Nissen) an den Haaren des Wirts fest. Die flügellosen Bettwanzen *(Cimex lectularius,* Abb. 237 e; *C. rotundatus* in den Tropen) saugen Blut. Gefährlich für den Menschen sind in Süd- und Mittelamerika die Wanzen *Rhodnius* und *Triatoma,* die den Erreger des Chagas-Fiebers, eine Trypanosomenkrankheit, übertragen (S. 362). Die süd- und mittelamerikanischen Asselfliegen *(Dermatobia)* legen ihre Eier, die nach wenigen Tagen schlüpfbereit sind, an stechenden Insekten ab. Gelangt der Transportwirt auf ein Säugetier (Mensch, Rind), schlüpfen die Larven und bohren sich in die Haut ein, wo sie Hautgeschwülste (Dasselbeulen) erzeugen.

Mollusca (Weichtiere)

Monoplacophora: im Paläozoikum weit verbreitet, rezent *Neopilina* (Abb. 238). **Polyplacophora,** Käferschnecken: *Chiton.* **Solenogastres:** marin, wurmförmig, ohne Schale. **Gastropoda,** Schnecken (Abb. 239, 240): a) **Prosobranchia,** Vorderkiemer: *Haliotis,* Seeohr; *Patella,* Napfschnecke. b) **Opisthobranchia,** Hinterkiemer: u. a. Nacktschnecken (Nudibranchia).

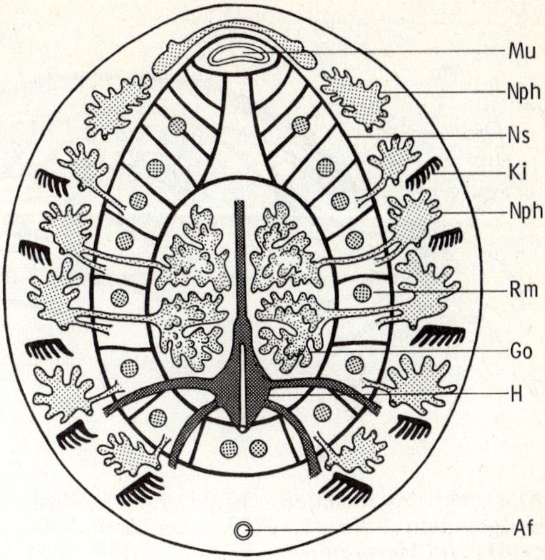

Abb. 238 Organisationsschema des monoplacophoren Mollusks *Neopilina* (Dorsalansicht). *Af* After, *Go* Gonaden, *H* Herz, *Ki* Kiemen, *Mu* Mundöffnung, *Nph* Nephridien, *Ns* Nervensystem, *Rm* Retraktormuskel des Fußes (nach LEMCHE u. WINGSTRAND).

c) **Pulmonata:** Lungenschnecken: *Helix pomatia,* Weinbergschnecke. **Scaphopoda,** Kahnfüßler; marin: *Dentalium.* **Lamellibranchiata** (= Bivalvia, Abb. 241, 242), Muscheln; marin: *Mytilus edulis,* Miesmuschel; *Ostrea edulis,* Auster; limnisch: *Unio,* Flußmuschel; *Anodonta,* Teichmuschel; *Dreissena,* Wandermuschel. **Cephalopoda,** Kopffüßler, Tintenschnecken („Tintenfische", Abb. 243): *Nautilus,* Schiffsboot und die fossilen *Ammoniten* sind *Tetrabranchiata* (4 Kiemen); *Dibranchiata* (2 Kiemen) entweder zehnarmig *(Decabrachia): Sepia; Loligo,* Kalmar; oder achtarmig *(Octobrachia): Octopus,* Krake; *Argonauta; Eledone.*

Die Mollusken – nach den Arthropoden der an Artenfülle erfolgreichste Tierstamm (Tab. 5) – sind in der großen Mehrzahl als Wassertiere vertreten; doch haben die Lungenschnecken auch das Land erobert. Durch Schleimproduktion und Schalenverschlüsse schützen sie sich vor Austrocknung. Bei allen Mollusken wird die Coelomsegmentierung und zum größten Teil auch das Coelom zurückgebildet. Während das erst 1952 in der Tiefsee entdeckte lebende Fossil *Neopilina* (Abb. 238) noch 6 Paar Nephridien, 5–6 Paar Kiemen und 8 Paar Dorsoventralmuskeln sowie ein großräumiges, nicht durch Septen gegliedertes Coelom besitzt, haben die übrigen Mollusken diese Reminiszenzen an den Typ segmen-

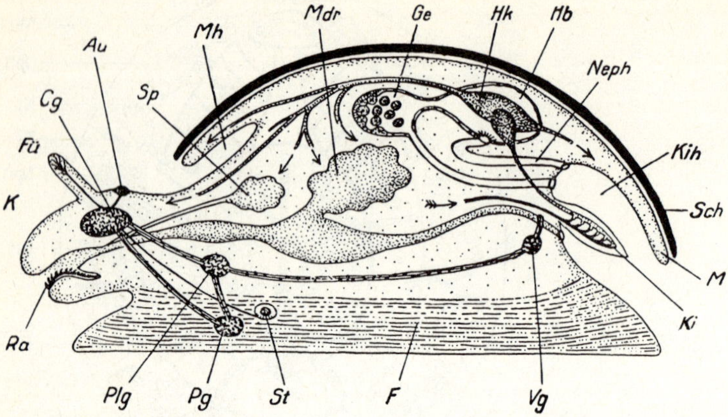

Abb. 239 Organisationsschema eines Mollusken. *Au* Auge, *Cg* Cerebralganglion, *F* Fuß, *Fü* Fühler, *Ge* Genitalhöhle, *Hb* Herzbeutel (Pericard), *Hk* Herzkammer, *K* Kopf, *Ki* Kiemen, *Kih* Kiemenhöhle, *M* Mantel, *Mdr* Mitteldarmdrüse (Leber), *Mh* Mantelhöhle, *Neph* Nephridium, *Pg* Pedalganglion, *Plg* Pleuralganglion, *Ra* Radula, *Sch* Schale, *Sp* Speicheldrüse, *St* Statocyste, *Vg* Visceralganglion.

tierter Coelomaten verloren. Die *Coelomhöhle* bleibt auf den hinteren Körperabschnitt beschränkt, wo sie das Herz umhüllt *(Pericard)* und sonst nur noch mit *Nephridien* und *Gonaden* in Beziehung steht. *Spiralfurchung* und eine als *Veliger* modifizierte Trochophoralarve sind weitere Beweise für die engen phylogenetischen Beziehungen zwischen Mollusken und Anneliden.

Mit dem Wegfall der Segmentierung und des als Hydroskelett wirkenden Coeloms haben die Mollusken eine neue Art der Fortbewegung und damit den *massigen Typ* ihrer *Körperarchitektur* entwickelt. Indem die ventrale Muskulatur des Hautmuskelschlauchs stark ausgebildet ist, folgt auf den *Kopf* ein zum Kriechen, Graben und Schwimmen dienender *Fuß* (Lokomotionsorgan), der sich bei den Cephalopoden in 8 oder 10 (bei *Nautilus* bis zu 90) Arme aufteilt. Schnecken, Scaphopoden und Cephalopoden bilden dorsal einen *Eingeweidesack* in Form einer bruchsackartigen Vorwölbung der Rückenfläche. Die Larvenentwicklung läßt klar erkennen, daß dieser Eingeweidesack, der adult die inneren Organe (Herz, Gonaden, Darm, Mitteldarmdrüse usw.) enthält, durch allometrisches Wachstum (S. 489) der Rükkenseite entsteht und dann von hinten her auf die Ventralseite des Tieres übergreifen kann. Wie bei röhrenbewohnenden Tieren

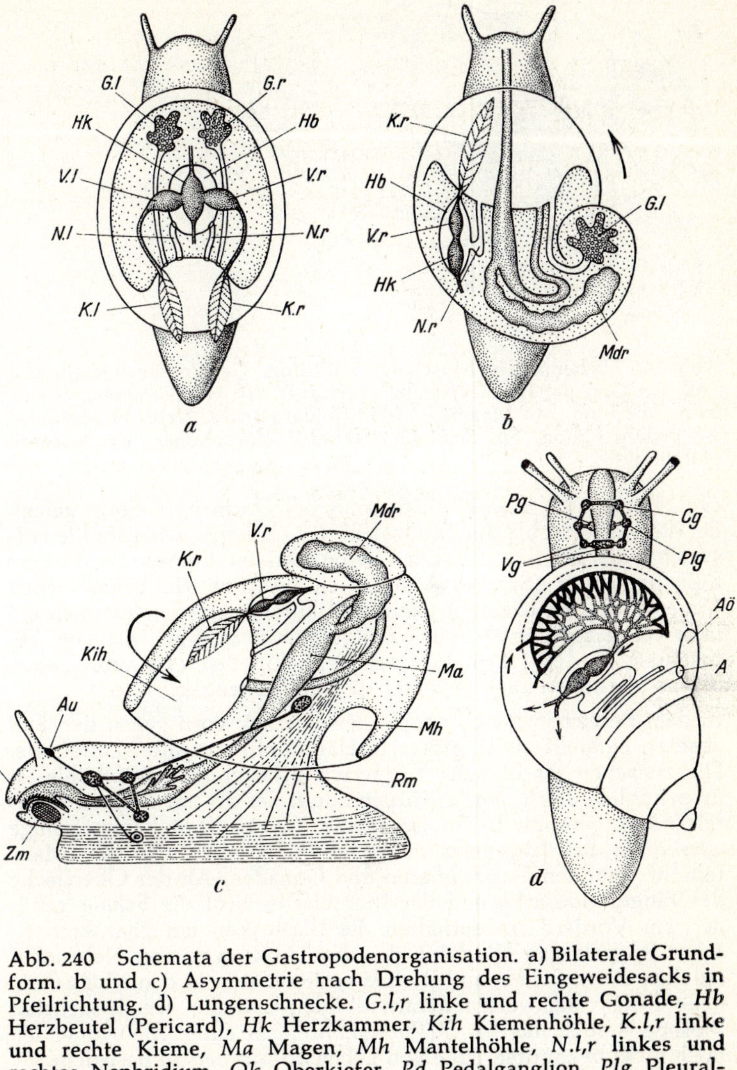

Abb. 240 Schemata der Gastropodenorganisation. a) Bilaterale Grundform. b und c) Asymmetrie nach Drehung des Eingeweidesacks in Pfeilrichtung. d) Lungenschnecke. *G.l,r* linke und rechte Gonade, *Hb* Herzbeutel (Pericard), *Hk* Herzkammer, *Kih* Kiemenhöhle, *K.l,r* linke und rechte Kieme, *Ma* Magen, *Mh* Mantelhöhle, *N.l,r* linkes und rechtes Nephridium, *Ok* Oberkiefer, *Pd* Pedalganglion, *Plg* Pleuralganglion, *Rm* Retraktormuskel, *Vg* Visceralganglion, *V.l,r* linke und rechte Vorkammer, *Zm* Zungenmuskel.

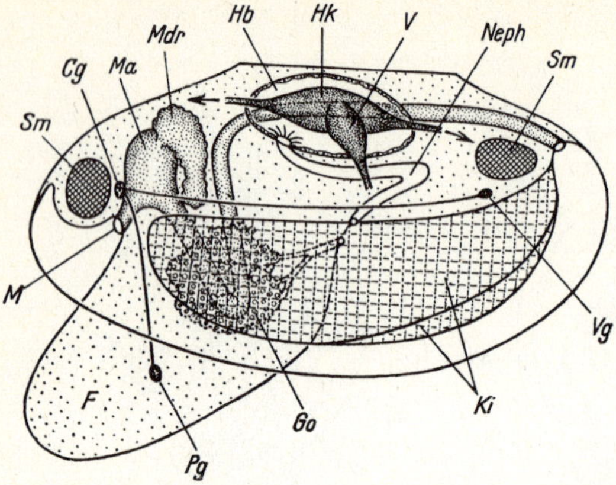

Abb. 241 Schema der Muschelorganisation. *Cg* Cerebralganglion, *F* Fuß, *Go* Gonade, *Hb* Herzbeutel (Pericard), *Hk* Herzkammer, *Ki* Kiemen, *M* Mund, *Ma* Magen, *Mdr* Mitteldarmdrüse, *Neph* Nephridium, *Pg* Pedalganglion, *Sm* Schließmuskeln, *V* Vorkammer, *Vg* Visceralganglion.

(vgl. Phoronida, S. 401) wird damit der Darm in V-Form gelegt. Da die Körperhöhle der Mollusken der *primären Leibeshöhle* entspricht, die bei den meisten Coelomaten im Lumen der Blutgefäße persistiert (S. 373, Abb. 187 c), besitzen Mollusken neben Venen (von den Kiemen), Herz und kurzen Arterienstämmen ein über weite Strecken offenes *Blutgefäßsystem* (vgl. Mixocoel bei Insekten, S. 409). Lediglich bei Cephalopoden existieren neben offenen Lakunen auch abgegrenzte Kapillarbezirke.

In dem Bereich, wo sich der Eingeweidesack vorn gegen den Fuß absetzt, entsteht als ringförmige Hautduplikatur die *Mantelfalte.* Die zwischen ihr und der Körperwand liegende Mantelhöhle ist ursprünglich am hinteren Körperende tiefer als am übrigen Mantelrand eingesenkt. In ihr liegen die *Kiemen* (1–4 kammförmige *Ctenidien,* bei Muscheln meistens *Blattkiemen*). In die Mantelhöhle münden Darm, Nieren und Gonaden. An der Oberfläche des Eingeweidesacks und der Mantelfalte wird die *Schale gebildet.* Im Vorderdarm enthalten die Mollusken ein charakteristisches Raspelorgan *(Radula),* das dem Abkratzen von Nahrungsstücken dient. Schale und Radula ermöglichten es den Mollusken, neue Ernährungsweisen herauszubilden und die verschiedensten Biotope – auch das Land *(Pulmonata)* – in einer von Anneliden noch nicht bekannten Fülle von Lebensformtypen zu besiedeln.

Mit Ausnahme der *Solenogastren,* einer kleinen Gruppe wurmförmiger Mollusken mit derber, von Kalknadeln durchsetzter Cuticula, besitzen

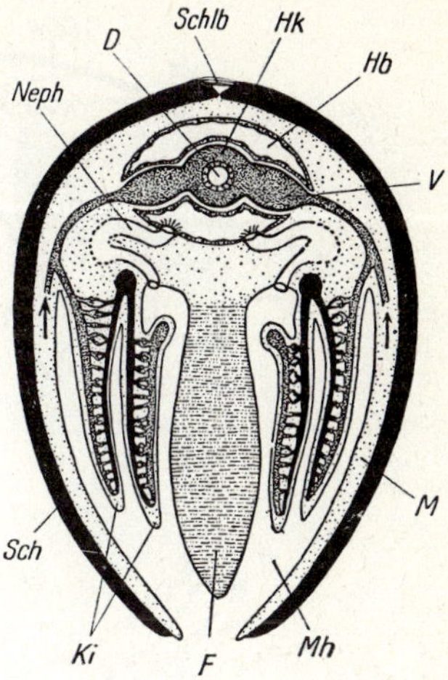

Abb. 242 Schematischer Querschnitt durch eine Muschel. *D* Darm, *M* Mantel, *Mh* Mantelhöhle, *Sch* Schale, *Schlb* Schloßband (die übrigen Bezeichnungen wie in Abb. 241).

alle Mollusken primär eine *Schale*. Sie wird von einer Rinne am Mantelrand abgeschieden und besteht aus 2 Kalklagen (der inneren *Perlmutterschicht* und der äußeren *Prismenschicht*), die außen von einer chinongegerbten Proteinschicht (*Periostracum*; vgl. Sklerotin, S. 410) gegen den Einfluß des Wassers geschützt werden. Die einheitliche Schale von *Neopilina* (Monoplacophora) muß gegenüber den 8 gegeneinander beweglichen Platten der *Käferschnecken* (Polyplacophora) als ursprünglich gelten. Bei *Muscheln* wird die Schale während der Larvenentwicklung median zu einer paarigen Klappe geknickt. Das Periostracum verbindet in Form von Ligamenten noch beide Schalenklappen. Bei den *Schnecken*, deren Schale ursprünglich ebenfalls bilateralsymmetrisch, napfförmig-konisch oder nur leicht in der Medianlinie eingerollt ist *(Haliotis)*, folgt die Asymmetrie der Schale erst auf die Vergrößerung und Einrollung des Eingeweidesacks. Sekundär kann die Schale jedoch in Anpassung an das Leben in der Brandungszone wieder flach-napfförmig (z. B. *Patella*) oder wie bei den z. T. schwimmenden, farbenprächtigen marinen Nacktschnecken ganz reduziert sein. Die *Scaphopoden* lassen die Bilateralsymmetrie der Schale auch noch adult erkennen, indem die Mantelfalte beiderseits auf die Ventralseite übergreift und dort mit beiden Rändern verschmilzt. Die den Mantel bedeckende Schale nimmt damit die Gestalt einer konischen Röhre an. Den Fuß sowie Fangfäden können die Scaphopoden, die als Kleintierfresser im marinen Bodensand leben, vorn aus der Röhre herausstrekken. Bei den fossilen *Cephalopoden* (Ammoniten, Belemniten), unter den heute lebenden nur noch bei *Nautilus* (Abb. 243 b), sind Mantel und Eingeweidesack noch vollständig von einer Schale bedeckt. Das gestreckte (Belemniten) oder aufgerollte Rohr (Ammoniten) wird von

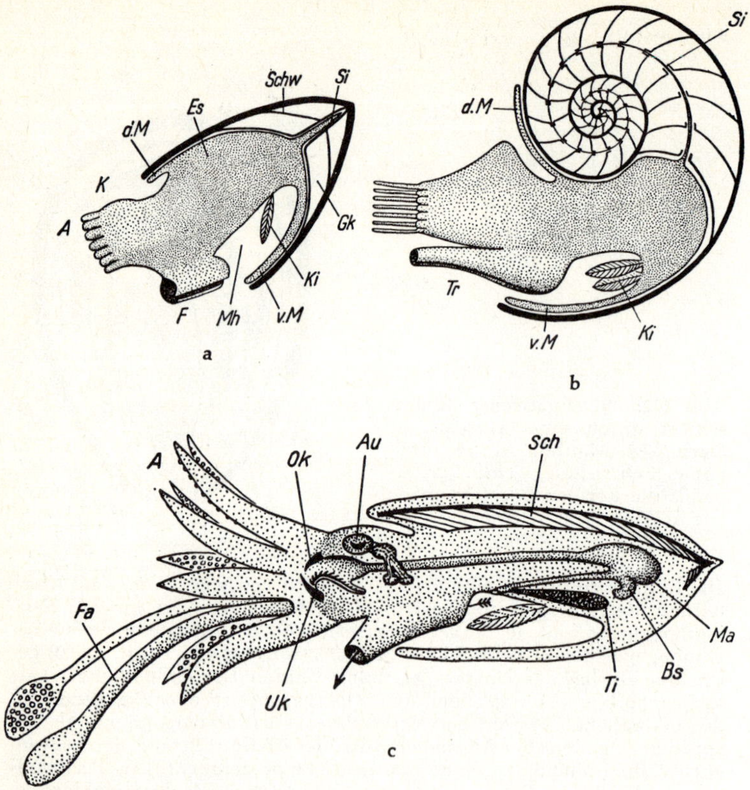

Abb. 243 Schemata der Cephalopodenorganisation. a) Grundplan der Körperteile und der Schale. b) *Nautilus*. c) Zehnarmiger Tintenfisch, *Sepia officinalis*; nur ein Teil der Organe ist eingezeichnet. *A* Arme, *Au* Auge, *Bs* Blindsack, *Es* Eingeweidesack, *F* Fuß, *Fa* Fangarmpaar, *Gk* Gaskammern, *K* Kopf, *Ki* Kiemen, *Ma* Magen, *Mh* Mantelhöhle, *v. M* ventraler, *d. M* dorsaler Teil der Mantelfalte, *Ok* Oberkiefer, *Sch* Schale, *Schw* Scheidewand, *Si* Sipho, *Ti* Tintenbeutel, *Tr* Trichter, *Uk* Unterkiefer.

Septen in Kammern unterteilt, wobei der Eingeweidesack nur die jeweils zuletzt angelegte Kammer einnimmt. Die übrigen werden lediglich von einem röhrenförmigen Fortsatz *(Sipho)* des Weichkörpers. durchzogen und sind gasgefüllt (Schwebeeinrichtung). Bei den allermeisten heute lebenden Formen ist die Schale jedoch bis auf einen von der Haut umwachsenen *Rückenschulp* zurückgebildet (*Sepia*, Abb. 243 c) oder fehlt ganz.

Der Verlust der Metamarie und die damit verbundene neue Lebens- und Lokomotionsweise haben bei Mollusken zu einer ausgeprägten *Konzentration der Ganglien* und vor allem bei Gastropoden und Cephalopoden zu einem *Cephalisationsgrad* geführt, wie er von Anneliden noch nicht erreicht ist. Lediglich bei den zu Suspensionsfressern (Mikrophagen) modifizierten, meist wenig mobilen Muscheln ist der Kopf zurückgebildet. Ursprünglich sind bei Mollusken 5 getrennte Ganglienpaare vorhanden: *Cerebralganglien,* die vor allem Afferenzen von den Sinnesorganen (Fühlern, Augen, Statocysten) erhalten; *Pedalganglien,* die die Fußmuskulatur motorisch versorgen; *Pleuralganglien,* die den Mantelrand innervieren, sowie *Parietal-* und *Visceralganglien* (Eingeweideganglien) am Körperende (vgl. S. 254).

Bei den Vorderkiemern überkreuzen sich die langen paarigen Konnektive zwischen Pleural- und Parietalganglien *(Streptoneurie),* was sich nur als Folge einer *Torsion des Eingeweidesacks* verstehen läßt. Diese 180-Grad-Drehung des gesamten Eingeweidesacks, die sich ontogenetisch bei der Veligerlarve abspielt und eine phylogenetische Entwicklung nachzeichnet, verlagert die ursprünglich hinten angelegte Mantelhöhle mit den Kiemen und den verschiedenen Exkretionspori nach vorn (Vorderkiemer, Abb. 240 b, c). Gleichzeitig wird bei den höher entwickelten Formen die Zahl der Kiemen, Exkretionsorgane und Herzvorhöfe von 2 auf 1 reduziert. Die *biologische Bedeutung* dieser Torsion besteht möglicherweise in der Verlagerung der Kiemenhöhlenöffnung an den Vorderpol des Tieres, wo aus strömungstechnischen Gründen bessere Ventilationsmöglichkeiten bestehen. Dafür spricht, daß bei den Opisthobranchiern eine zumindest teilweise Rückdrehung des Eingeweidesacks stattfindet, gleichzeitig aber die Schale, welche die Kiemenhöhle überdeckt, stark oder völlig reduziert wird und an der dadurch frei werdenden dorsalen Körperoberfläche sekundäre Respirationsorgane entstehen. Bei den Pulmonaten fehlt die Nervenüberkreuzung ebenfalls, weil alle Ganglien so weit nach vorn zusammengerückt sind, daß sie von der Torsion gar nicht mehr erfaßt werden können.

Den höchsten Grad der *Gehirnbildung* haben die *Cephalopoden* erreicht. Die sensorischen Zentren sind in den über dem Oesophagus gelegenen Hirnteil (Cerebralganglien) lokalisiert. Ihnen sind die motorischen Zentren als Unterschlundganglion, einem Verschmelzungsprodukt aller übrigen Ganglienpaare, angeschlossen. Innere Skelettstücke aus Knorpelgewebe umschließen als eine Art Schädelkapsel das Gehirn und die Schweresinnesorgane und stützen die Augenhöhlen. Der Feinbau einzelner Gehirnregionen und das Auftreten von Assoziationsfeldern mit hohen integrativen Leistungen (Lernvermögen) zeigen enge Analogien zum Cortex der Wirbeltiere (S. 257). Die zur kräftig entwickelten Mantelmuskulatur ziehenden Riesenneurone sind berühmte neurophysiologische Versuchsobjekte geworden (Abb. 118).

Dem an Wirbeltiere erinnernden Zentralisationsgrad des Nervensystems der Cephalopoden entspricht ein hoch entwickeltes *Verhalten.* Aus ursprünglich pelagischen, in der Vertikallage schwebenden Formen *(Orthocera)* entwickelten sich seit Ende des Paläozoikums aktive Schwimmer; dies unter Rückbildung der Gaskammern und schließlich der Schale. Gleichzeitig wurden die dem Angeln dienenden Arme in ihrer Zahl reduziert und zu Greifarmen umgebildet. Die neue Art der Fortbewegung erfolgt nach dem Rückstoßprinzip über die Kontraktion der Mantelmuskulatur und Ausstoßen des Wassers durch den Trichter, eine röhrenförmige Bildung des Fußes. Die Beweglichkeit des Trichters ermöglicht den fast ausschließlich räuberisch lebenden Cephalopoden blitzschnelle Wendemanöver, die vorwiegend mit Hilfe der hochentwickelten Augen (hohe Rezeptorendichte, Akkommodationsfähigkeit, bewegliche Pupillen, vgl. S. 137) gesteuert werden. Aus einer bei zahlreichen Formen vorhandenen Enddarmdrüse, dem Tintenbeutel, wird ein Sekret (Sepiafarbstoff) nach außen entleert, das vor Verfolgern das Wasser trübt. Zahlreiche Tintenfische sind mit Hilfe von Chromatophoren zum Farbwechsel befähigt. Tiefseeformen besitzen Leuchtorgane, die vielfach über Pigmentbecher, Reflektoren und Linsen eine prächtige Wirkung entfalten. Obwohl das Studium zentralnervöser Leistungen von *Octopus* oder *Sepia* erst in den Anfängen steht, können die Cephalopoden schon heute zusammen mit den Insekten und Wirbeltieren als die höchstentwickelten Vertreter des Tierreichs gelten.

Echinodermata (Stachelhäuter)

1. **Pelmatozoa**; gestielte, sessile Formen (Abb. 245): mehrere paläozoische Gruppen, rezent nur **Crinoidea**, Haarsterne: *Antedon.*

2. **Eleutherozoa**, frei beweglich: **Echinoidea**, Seeigel (Abb. 247, 248): *Echinus; Clypeaster*, Sanddollar; *Echinocardium*, Herzigel. **Asteroidea**, Seesterne (Abb. 246): *Asterias; Solaster*, Sonnenstern, mit 8–14 Armen. **Ophiuroidea**, Schlangensterne: *Ophiothrix; Ophiura; Gorgonocephalus*, Medusenhaupt. **Holothuroidea**, Seewalzen: *Cucumaria; Holothuria.*

Mit ihrer 5strahligen Radiärsymmetrie *(Pentamerie)* bilden die Echinodermen den wohl eigenartigsten und am strengsten umrissenen Stamm der Invertebraten; denn bei keiner anderen Tiergruppe verwandelt sich eine bilateralsymmetrische Larve in eine radiärsymmetrische Adultform. Zugleich beweisen diese Metamorphose während der Individualentwicklung und zahlreiche Fossilfunde die sekundäre Natur der Pentamerie, die beim Übergang zur sessilen Lebensweise erworben worden sein muß. Die ältesten, aus dem Kambrium bekannten Stachelhäuter besitzen nämlich alle einen *Stiel,* mit dem sie sich am Substrat festheften (Pelmatozoa). Ihre Oralseite hielten sie dem Wasser zugekehrt. Da ihr Rumpf *(Calyx)* nur winzige Öffnungen aufweist und Furchen in den Skelettplatten auf Wimperrinnen deuten, haben sich wohl alle diese fossilen Formen mikrophag von suspendiertem Material ernährt. Auch die rezenten Crinoiden (Abb. 245), bei denen zumindest die Jugendstadien noch festgewachsen sind, leben als Planktonfresser. Auf der Oralseite ihrer 5 verzweigten Arme ziehen Wimperfurchen *(Ambulacralfurchen)* entlang, die jederseits von einer *Tentakelreihe* gesäumt werden. Die Tentakel der Echinodermen haben sich also im Zusammenhang mit der mikrophagen Lebensweise entwickelt (vgl. Tentaculata und Pterobranchia, S. 401). Alle übrigen Stachelhäutergruppen (Eleutherozoa) sind frei beweglich, wobei sie ihre Oralseite dem Boden zukehren.

Die *Achsenverhältnisse* des Echinodermenkörpers erklären sich aus der postembryonalen Entwicklung, die in groben Zügen auch einige phylogenetische Tendenzen widerspiegelt: Die bilaterale *Dipleurula-Larve,* die noch eine trimäre Coelomorganisation besitzt (Proto-, Meso- und Metacoel, S. 403), heftet sich mit dem präoralen Kopflappen fest. Der Mund wird dabei aus dem Bereich der Anheftungsstelle (stets nach links) verschoben. Indem die linke Körperseite immer stärker auswächst, die rechte dagegen samt ihren Tentakeln reduziert wird, entspricht die *Oralebene* des Adulttiers schließlich der ursprünglich *linken Körperseite.* Der After verbleibt nur bei den Crinoiden auf der gleichen Körperseite wie der Mund, während er bei allen übrigen Gruppen auf die entgegengesetzte Seite wandert. Die damit definierten aboralen und oralen Körperebenen der adulten Stachelhäuter entsprechen also nicht den dorsalen und ventralen Polen des Coelomatenbauplans, wie es eine reine funktionsmorphologische Betrachtung nahelegen würde.

Die *primär sessile Lebensweise* der Echinodermen hat dazu geführt, daß das *Coelom* (Abb. 244) seine für die Fortbewegung wichtige Funktion als Hydroskelett verloren hat, ohne es bei den sekundär wieder frei beweglichen Formen in einer sonst von Coelomaten bekannten Art zurückzugewinnen. Vielmehr bildet das larvale (linke) Mesocoel im Adulttier ein flüssigkeitgefülltes *Ambulacralsystem (Hydrocoel),* das aus einem *Ringkanal* und gemäß dem pentameren Bauplan aus 5 *Radiärkanälen* besteht. Über einen zur aboralen Körperseite ziehenden *Steinkanal,* der in der *Madreporenplatte* mündet, steht es mit der Außenwelt in Verbindung. Von paarigen Seitenkanälen des Radiärkanals entspringen die Tentakel *(Ambulacralfüßchen),* die bei den Eleutherozoen mit Ausnahme der Schlangensterne (S. 448) der Fortbewegung dienen. Sie werden also von Mesocoelkanälchen erfüllt und lassen sich daher mit den Tentakeln der Branchiotrematen und Ten-

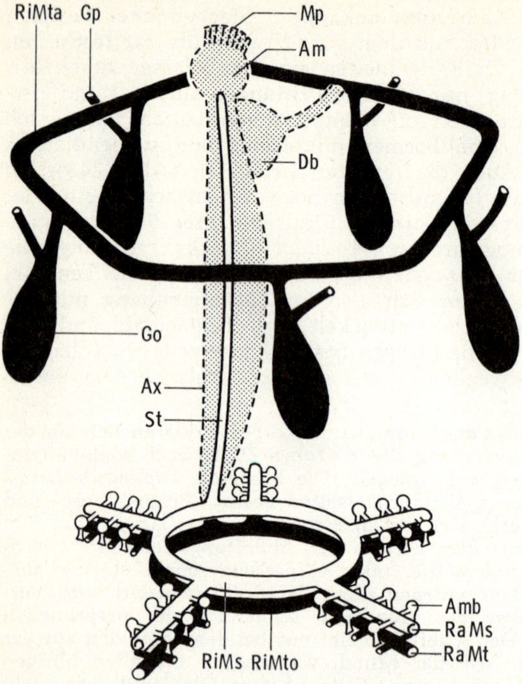

Abb. 244 Schema der Coelomräume der Echinodermen. *Gerastert* Proto-(Axo-)coel, *weiß* Meso-(Hydro-)coel, *schwarz* Meta-(Somato-)coel. *Am* Ampulle des linken Protocoels, *Amb* Ambulacralfüßchen mit -ampulle, *Ax* Axialcoelom (linker Protocoelschlauch), *Db* Dorsalblase (Rest des rechten Protocoels), *Go* Gonade, *Gp* Genitalporus, *Mp* Madreporenplatte, *RaMs, Mt* Radiärkanäle des Meso- und Metacoels, *RiMs, Mt* Ringkanäle des Meso- und Metacoels (*o* oral, *a* aboral), *Sk* Steinkanal (kombiniert nach KAESTNER).

taculaten (S. 401) homologisieren, denen sie bei den ursprünglichen sessilen Formen (Pelmatozoen) auch funktionell entsprechen. Während das Protocoel *(Axocoel)* eine den Steinkanal umgebende lakunenreiche *Axialdrüse* und die *Wimperkanäle der Madreporenplatte* bildet, also auf die oral-apicale Körperachse beschränkt bleibt, tritt das Metacoel *(Somatocoel)* in Form zweier Ringkanäle in Erscheinung: eines oralen, der mit 5 Radiärkanälen unter den entsprechenden Hydrocoelkanälen verläuft, und eines aboralen, der mit der Axialdrüse in Verbindung steht und in 5 Aussackungen die Gonaden enthält (Abb. 244). Die *Blutgefäße*, die u. a. den Darm begleiten, stehen offen mit Organlükken (Lakunen oder Sinus) in Verbindung. Ein Herz fehlt; die Blutflüssigkeit enthält Hämoglobin (S. 197). Neben den Tentakeln, die zweifellos auch dem Gasaustausch dienen, treten als *Atmungsorgane* innerhalb der einzelnen Gruppen ganz unterschiedliche Bildungen auf: z. B. ausstülpbare Anhänge der Mundseite, die mit dem oralen Metacoelkanal kommunizieren (bei Seeigeln), oder reich verzweigte, in der Kloake als Einstülpungen entspringende *Wasserlungen* (bei Seewalzen). Diese dem Gasaustausch dienenden Organe sind hoch differenziert; sie werden sogar von einem Kapillarnetz (Rete mirabile, S. 202) des Blutgefäßsystems umsponnen. Auf Reizung hin werden die Wasserlungen der Holothurien zusammen mit den übrigen Eingeweiden ausgestoßen. Eine rasche Regeneration ersetzt sie wieder. Echinodermen sind *getrenntgeschlechtig*. Eier und Spermien werden durch die Genitalporen (Abb. 244, 246) in großer Zahl ins Meerwasser abgegeben. Die Larven leben planktontisch (Abb. 80).

Spezielle *Exkretionssysteme* sind bei Echinodermen ebenso wenig wie bei den übrigen Trimeren (S. 400) ausgebildet. Gelöste Stoffe können über die Tentakeln oder über die Madreporenplatten ausgeschieden werden. Vielleicht ist es den gering entwickelten osmoregulatorischen Fähigkeiten zuzuschreiben, daß die Echinodermen trotz ihrer paläozoischen Formenfülle – 20 000 fossile Arten sind bekannt – weder das Süßwasser noch das Land besiedelt haben. Dagegen besetzen die Echinodermen alle marinen Lebensräume und kommen (z. B. Seesterne) noch in Meerestiefen von 10 000 m vor.

Das *Nervensystem* behält zeitlebens eine epitheliale Form und ist, den Meso- und Metacoelkanälen folgend, in 3 Schichten angeordnet (2 auf der Oral- und 1 auf der Apicalseite). Daß Cephalisation in jeglicher Art unterbleibt, hängt mit der über die sessile Lebensweise erworbenen Radiärsymmetrie und dem Fehlen eines lokomotorischen Vorderpols zusammen.

Der Verlauf der Coelomkanäle und damit der Ambulacralreihen sowie der epithelialen Nervenstränge erlaubt eine klare *architektonische Charakterisierung* der einzelnen Gruppen. Mit Ausnahme der Seewalzen bilden sich längs der Meso- und Metacoelkanäle *mesodermale Skelettplatten* aus, die der radiärsymmetrischen Anordnung dieser Kanäle folgen (Abb. 246, 248). Deskriptiv unterscheidet man dabei die von Radiärkanälen des Hydrocoels unterlagerten *Ambulacralplatten* (längs der Radien) von den in den Interradien liegenden *Interambulacralplatten*. Bei den sessilen *Crinoiden* (Abb. 245) wie bei den *Seesternen* (Abb. 246) und *Schlangensternen* wachsen die Radien zu langen *Armen* aus, die bei den beiden letztgenannten Gruppen ihre

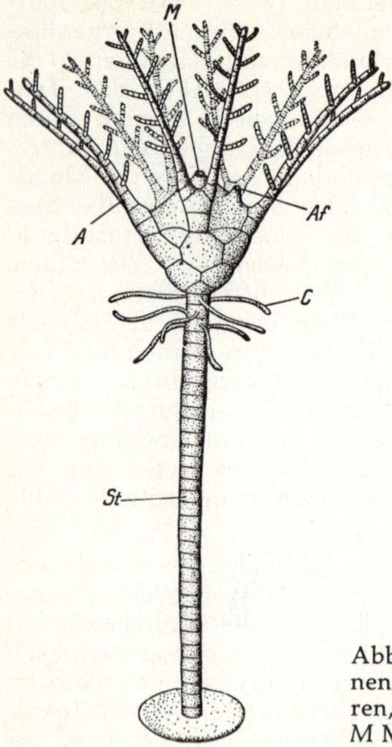

Abb. 245 Schema eines festgewachsenen Crinoiden. *A* Arme, *Af* After, *C* Cirren, rankenförmige Fortsätze des Stiels, *M* Mund, *St* Stiel.

mit Ambulacralfüßchen besetzte Seite (Oralseite) dem Boden zukehren. Im Gegensatz zu den Seesternen sind die Arme bei den Schlangensternen scharf vom Rumpf abgesetzt und die Ambulacralrinnen in einen Kanal versenkt. Die Tentakel der Ophiuroiden besitzen keine Saugscheiben und dienen nicht der Fortbewegung. Diese erfolgt vielmehr durch schlängelnde Bewegung der Arme, in die – wiederum im Gegensatz zu den Seesternen – keine Darmblindsäcke hineinreichen. Abweichend von den See- und Schlangensternen sitzen die *Seeigel* nur mit der *Mundfläche,* d. h. dem *zentralen Teil der Oralseite,* dem Substrat auf (Abb. 247, 248). Die übrige durch die Ambulacralfüßchen markierte Oralfläche wird mit den Mesocoelkanälen nach oben zusammengebogen, so daß ein kuppelförmiger Körper mit extrem reduzierter aboraler Außenfläche *(Afterfeld)* am oberen Pol entsteht. In diesem apicalen Afterfeld liegen neben dem After auch die 5 interradialen Geschlechtsöffnungen und die Madreporenplatte. Die langgestreckten *Seewalzen* liegen mit ihrer oral-aboralen Achse horizontal auf dem Untergrund, sind gegenüber den anderen Stachelhäutern in ihrer Körperlage also um 90 Grad gedreht. Wie bei den Seeigeln wird auch bei ihnen fast die gesamte Körperoberfläche von der Oralseite mit den Radiärkanälen gebildet, von denen 3 dem Boden aufliegen.

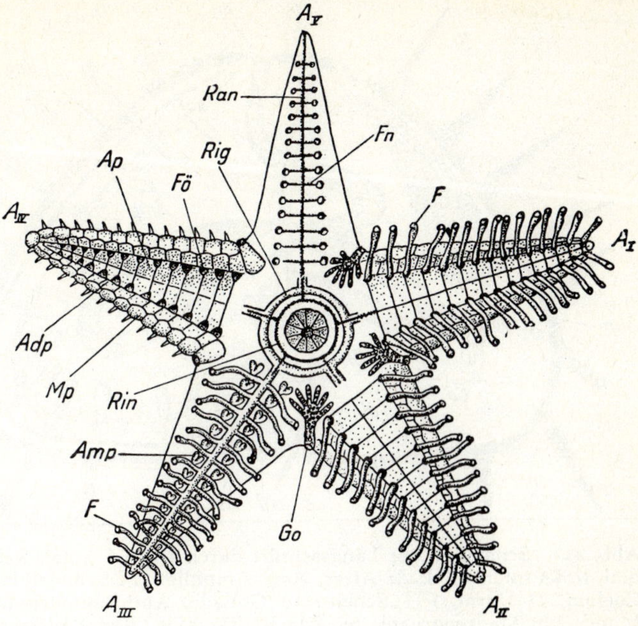

Abb. 246 Schema der Organisation eines Seesterns. A_I–A_V die 5 Arme, A_I und A_{II} in Oberflächenansicht mit Füßchen, A_{III} Ambulacralgefäßsystem in einem Arm, A_{IV} Anordnung der Skelettplatten eines Arms, A_V Hauptnervensystem eines Arms, *Adp* Adambulacralplatten, *Amp* Ampullen, *Ap* Ambulacralplatten, *F* Füßchen, *Fn* Füßchennerv, *Fö* Öffnungen, durch welche die Füßchenkanäle austreten, *Go* Gonade, *Mp* Marginalplatten, *Ran* Radiärnerv, *Rig* Ringgefäß, *Rin* Nervenring.

Das ursprünglich apicale Afterfeld ist auf das Hinterende des walzenförmigen Körpers beschränkt, der nicht von Skelettplatten bedeckt ist und daher wurmartige Bewegungen ausführen kann. Damit prägt sich der sekundären Pentamerie bei den Holothurien tertiär wieder eine bilaterale Symmetrie auf. Die gleiche Erscheinung beobachtet man – ebenfalls im Zusammenhang mit einer gerichteten Fortbewegung – bei den im Sand lebenden, sog. irregulären Seeigeln (z. B. *Echinocardium*).

Nicht nur die sessilen Cnidarier, sondern auch die Seewalzen und die meisten Schlangensterne *ernähren* sich mikrophag. Die Seeigel sind zum größten Teil Weidegänger, die mit einem komplizierten Zahn- und Kauapparat, der pyramidenförmigen „Laterne

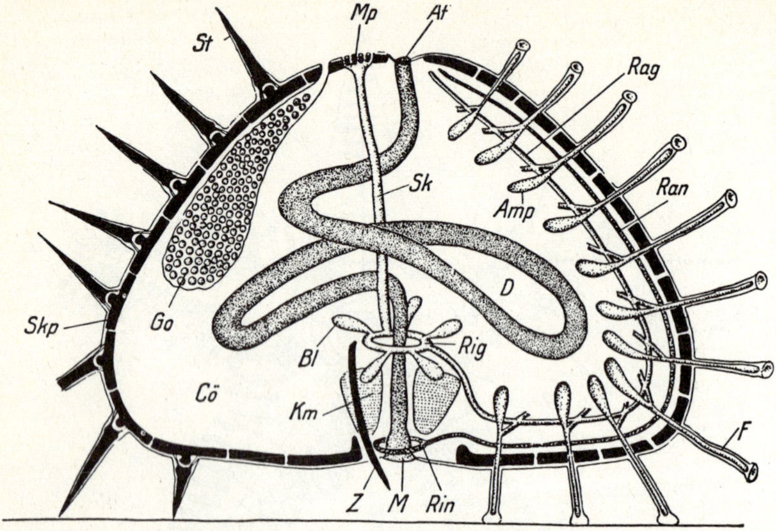

Abb. 247 Schematischer Längsschnitt durch einen Seeigel. Rechts radial, links interradial. *Af* After, *Amp* Ampullen, *Bl* Sammelblasen, *Cö* Coelom, *D* Darm, *F* Füßchen, *Go* Gonade, *Km* Kaumuskulatur, *M* Mund, *Mp* Madreporenplatte, *Rag* Radiärgefäß, *Ran* Radiärnerv, *Rig* Ringgefäß, *Rin* Nervenring, *Sk* Steinkanal, *Skp* Skelettplatte, *St* Stachel, Z Zahn des Kauapparats.

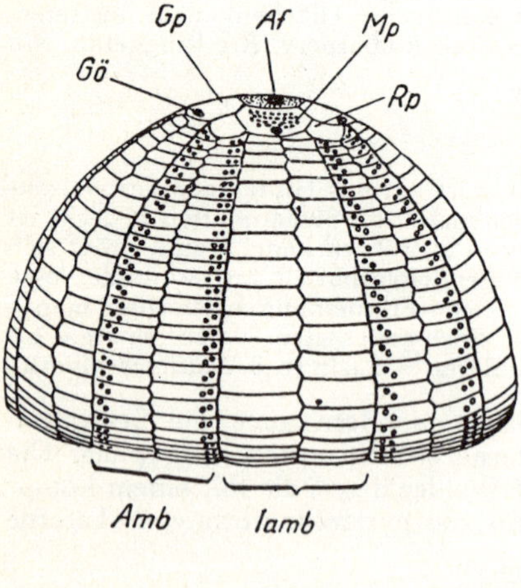

Abb. 248 Oberflächenansicht des Skeletts eines Seeigels. *Af* After, *Amb* Ambulacrum, *Gö* Genitalöffnung, *Gp* Genitalplatte, *Iamb* Interambulacrum, *Mp* Madreporenplatte, *Rp* Radialplatte.

des Aristoteles", an Felsküsten Algenbewuchs abnagen. Demgegenüber leben die Seesterne ausgesprochen räuberisch – *Asterias rubens* ernährt sich z. B. hauptsächlich von Miesmuscheln –, indem sie den faltenreichen oralen Magenabschnitt durch die relativ kleine Mundöffnung (Abstammung der Eleutherozoen von sessilen Mikrophagen!) nach außen stülpen und ihre Beutetiere extraoral vorverdauen.

Vor allem bei Seeigeln wird die Körperoberfläche von zahlreichen Typen beweglicher, mit kugelförmigen Gelenkköpfen auf den Skelettplatten inserierender *Stacheln* besetzt (Abb. 247). Sodann sind auch spezielle Greiforgane ausgebildet, die als zwei- (Seesterne) oder dreiklappige (Seeigel), bewegliche *Pedicellarien* den Skelettpanzer vor der Besiedlung durch sessile Tiere, sog. Epizoen, schützen (vgl. Avicularien bei Bryozoen, S. 402).

Trotz der zahlreichen paläozoischen Formen, deren Skelettplatten keineswegs in allen Gruppen streng pentamer angelegt waren, erlauben die Fossilfunde *keine Ableitung* der Echinodermen *von einem anderen Tierstamm.* Auf Grund des trimeren Coeloms, der von Mesocoel erfüllten Tentakeln und der bilateralen Dipleurulalarve, die der Tornarialarve der Enteropneusten stark ähnelt, haben die Vorfahren der Echinodermen jedoch zweifellos tentakeltragenden, bilateralen Branchiotrematen (Hemichordaten) nahegestanden. Es erstaunt daher nicht, daß sie als Deuterostomier auch einige Züge ihrer Organisation – die enterocoele Coelombildung oder das mesodermale Innenskelett – mit den Chordaten teilen.

Chordata (Chordatiere)

Typisch für den Bauplan der Chordaten sind a) eine *Chorda dorsalis* als dauernde oder embryonal-larvale Zentralstruktur des Achsenskeletts, b) ein dorsal über der Chorda verlaufendes Zentralnervensystem, das als *Neuralrohr* ausgebildet ist, und c) ein von Kiemenspalten *durchbrochener Vorderdarm* (bei Amnioten werden diese Spalten noch als Schlundtaschen embryonal angelegt; (Abb. 278), wobei die 1. Spalte zur Eustachschen Röhre (S. 483) wird. Weiter ist für Chordaten charakteristisch ein geschlossenes Blutgefäßsystem mit ventral eingebauten kontraktilen Abschnitten (Herzen), die das Blut nach vorne pumpen.

Die *phylogenetische Ableitung* der Chordaten bleibt hypothetisch, da Fossilfunde fehlen, die auf Vorfahren hinweisen, welche den Anschluß an andere und primitivere Tierstämme belegen könnten. Doch ergeben sich nach Bauplan und Entwicklungsart

(Deuterostomier) nähere Beziehungen zu den *Enteropneusten* (S. 403) und zu den *Echinodermen* (S. 451). Wie aber gemeinsame Stammformen organisiert waren, dürfte kaum je festzustellen sein.

Die Chordaten sind mit 3 Unterstämmen vertreten:
1. *Urochordata* oder *Tunicata* (Manteltiere),
2. *Cephalochordata* oder *Acrania* (Schädellose),
3. *Vertebrata* oder *Craniota* (Wirbeltiere).

Urochordata (Tunicata, Manteltiere)

1. **Ascidia:** *Seescheiden* (Abb. 249): Larven freischwimmend, Adultform festsitzend mit solitären oder koloniebildenden Arten; dazu gehören auch die freischwimmenden *Feuerwalzen.* 2. **Salpa:** *Salpen,* tönnchenförmig, freischwimmend mit Generationswechsel zwischen sexuell und vegetativ durch Sprossung sich vermehrenden Individuen. 3. **Appendicularia:** kleine freischwebende Strudler, geschlechtsreif als Larvenform (vgl. Neotenie, S. 165).

Die Tunicaten leben alle marin. Ihr Ektodermepithel scheidet einen *Cuticularmantel* aus, der Zellulose enthält und den ganzen Körper bedeckt. Außerordentlich stark ist der zum *Kiemenkorb* ausgebaute Vorderdarm entwickelt. Hier wird durch Cilien das Atemwasser via Mundöffnung (Abb. 249 a, b) herangestrudelt, wobei in den feinen Reusen des Kiemenkorbes die mittransportierten Nahrungsteilchen abfiltriert und dem Verdauungsteil des Darmes zugeführt werden. Am Grunde des Kiemendarms liegt die nach außen sezernierende *Hypobranchialrinne* (Abb. 249 c). Sie wird mit der Schilddrüse der Wirbeltiere homologisiert. Jedenfalls sind die Tunicaten bereits befähigt, das Jod des Meerwassers anzureichern und in Thyroxinmoleküle (S. 214) einzubauen. Wie bei *Branchiostoma* (S. 456) öffnen sich die Kiemenspalten in einen *Peribranchialraum,* der dorsal zu einem Kloakenraum ausgeweitet ist (Abb. 249 b, c) und in den auch Enddarm und Geschlechtswege (Gonodukte) münden. Die Typenverwandtschaft zu den übrigen Chordaten zeigt sich vor allem im Schwanz der Larven (Abb. 249 a), der von Neuralrohr und Chorda (daher *Urochordaten)* durchzogen ist. Andererseits fehlt ein Coelom; es fehlen auch Exkretionsorgane und eine Segmentierung der Muskulatur. Die am Vorderende des Neuralrohres lokalisierten Sinnesorgane können nicht direkt mit Augen oder Labyrinthorganen der Wirbeltiere homologisiert werden. Die Struktur der freischwimmenden Larve kann als evolutiv ursprünglich aufgefaßt werden. Bei der Metamorphose der Ascidien wird ähnlich wie bei Kaulquappen der Larvenschwanz resorbiert; es „überlebt“ nur der Vorderkörper (Abb. 249 b). Tunicaten sind Zwitter.

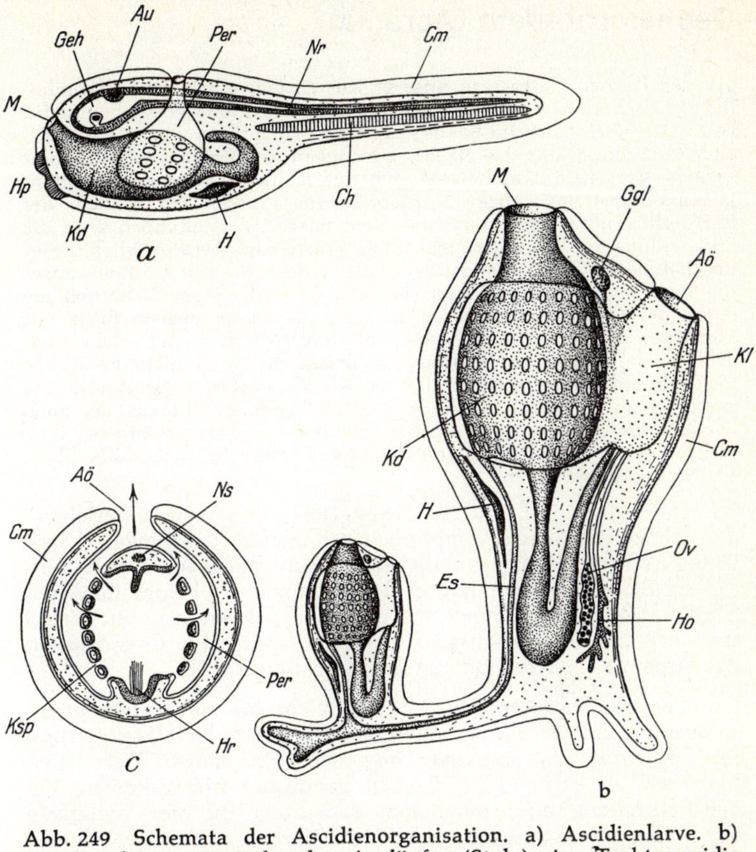

Abb. 249 Schemata der Ascidienorganisation. a) Ascidienlarve. b) Ascidie, die an einem basalen Ausläufer (Stolo) eine Tochterascidie durch Knospung erzeugt hat. c) Querschnitt durch eine Ascidie in der Höhe der Ausströmungsöffnung *(Aö)*. *Au* Auge, *Ch* Chorda, *Cm* Cuticularmantel, *Es* Entodermschlauch, der vom Kiemenkorb ausgeht, in den Stolo eintritt und das Entoderm der Knospen liefert, *Geh* Gehirn, an seinem Boden ein Schweresinnesorgan, *Ggl* Ganglion, das aus dem Gehirn der Larve hervorgeht, *H* Herz, *Ho* Hoden, *Hp* Haftpapillen, *Hr* Hypobranchialrinne, *Kd* Kiemendarm, *Kl* Kloakalraum, *Ksp* Kiemenspalten, *M* Mund, *Nr* Neuralrohr, *Ns* Nervenstrang, der als Rest des Neuralrohres erhalten bleibt, *Ov* Ovarium, *Per* Peribranchialraum.

Cephalochordata (Acrania)

„In den flachen Gewässern unserer Küsten lebt ein kleines, fischähnliches Geschöpf von wenigen Zentimetern Länge und weißlicher Farbe. Fast stets hält es sich im Sande vergraben, so daß nur das spitze Kopfende herausragt, nur des Nachts oder wenn es aufgejagt wird, kommt es zum Vorschein und bewegt sich mit lebhaften, eleganten Schlangenwindungen des ganzen Körpers durchs Wasser. Ein Schauer der Ehrfurcht müßte den Beobachter, dem unsere Vorstellungen über die Entwicklung der Tierreihe nicht bloße Worte sind, beim Anblick dieses unscheinbaren Tierchens erfüllen. Gilt es doch für den Urahnen unseres Stammes, das älteste Tier, von dem wir mit einiger Sicherheit die Reihe der Wirbeltiere ableiten können, als deren höchste Blüte wir Menschen uns zu betrachten gewohnt sind. Natürlich sind solche Ausdrücke mit der nötigen Vorsicht zu brauchen; es ist nicht gesagt, ja nicht einmal wahrscheinlich, daß der älteste Vorfahre der Wirbeltiere genau so ausgesehen hat wie der heute lebende Amphioxus, der auch wieder eine Anpassung an ganz bestimmte Lebensverhältnisse darstellt, aber in den Grundzügen der Organisation hat jedenfalls Übereinstimmung bestanden."

So schön stellt A. E. Brehm (1829–1884) in seinem „Tierleben" das Lanzettfischchen Amphioxus *(Branchiostoma)* vor. Diese Charakterisierung ist in mancher Hinsicht auch heute noch gültig, da Brehm erkannt hat, daß Amphioxus – obwohl in vielen Merkmalen typenverwandt mit den Wirbeltieren – als ihr direkter Vorfahre deshalb ausscheiden muß, weil seine Organisation das Ergebnis einer besonderen Spezialisation ist.

Die Cephalochordaten (die Chorda reicht bis zur Körperspitze) sind mit rund 20 Arten vertreten, darunter die Hauptgattung *Branchiostoma* (Amphioxus). Die gegen 10 cm langen Tiere leben halbsessil als Strudler im flachen Sande der Meeresküsten. Bei der Beurteilung ihrer möglichen Bedeutung für die Phylogenie der Wirbeltiere ist zu unterscheiden zwischen eindeutigen Homologien von Organen, die bei Amphioxus z. T. noch primitiv organisiert sind, und nicht vergleichbaren Organen. Die homonome Segmentierung der *Muskulatur* (Abb. 250 a) kann überleiten zur Muskulatur der Fische. Allerdings sind bei Amphioxus die Segmente der beiden Körperseiten gegeneinander um je eine halbe Segmentlänge versetzt. Diese Asymmetrie wird von den *Spinalnerven* wiederholt, indem sensorische und motorische Nerven völlig getrennt und in der Längsrichtung alternierend vom Rükkenmark abgehen (Abb. 251 a). Spinalganglien fehlen. Getrennte Spinalnerven finden sich auch bei den primitivsten Fischtypen, den Cyclostomen (S. 459). Die Ausweitung des Neuralrohres am Vorderende (Abb. 250 b) kann kaum mit einem Wirbeltiergehirn verglichen werden, und für die längs im Rückenmark verteilten

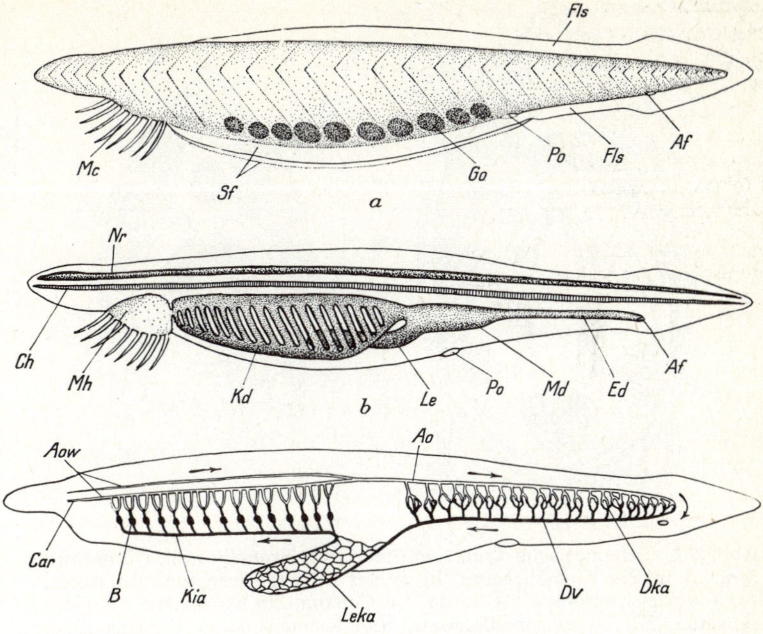

Abb. 250 *Branchiostoma lanceolatum.* Schemata der Organisation. a) Flossensäume, Segmentierung der Muskulatur und Lage der Geschlechtsorgane. b) Nervensystem, Chorda, Darmsystem. c) Blutgefäßsystem. *Af* After, *Ao* Aorta, *Aow* Aortenwurzel, *B* Bulbilli (Kiemenherzen), *Car* Carotis, *Ch* Chorda, *Dka* Darmkapillaren, *Dv* Darmvene, *Ed* Enddarm, *Fls* Flossensaum, *Go* Gonaden, *Kd* Kiemendarm, *Kia* Kiemenarterie (Ventralarterie), *Le* Leber, *Leka* Leberkapillaren, *Mc* Mundcirren, *Md* Mitteldarm, *Mh* Mundhöhle, *Nr* Neuralrohr, *Po* Branchialporus, *Sf* Seitenfalten.

zahlreichen *Pigmentbecherocellen* (Abb. 135 d) gibt es nichts Entsprechendes bei Vertebraten. Das Fehlen paariger Augen und von Schweresinnesorganen ist ein weiterer gewichtiger Unterschied zum Wirbeltier. Völlige Übereinstimmung zwischen Cephalochordaten und Vertebraten besteht dagegen in der topographischen Beziehung der Chorda zu Neuralrohr und Muskulatur, sowie im Grundplan (Abb. 250 c) des *Gefäßsystems* (dem allerdings ein zentrales Herz und Blutkörperchen fehlen). Wahrscheinlich ist auch der Leberblindsack, der von einem Pfortaderkapillarnetz

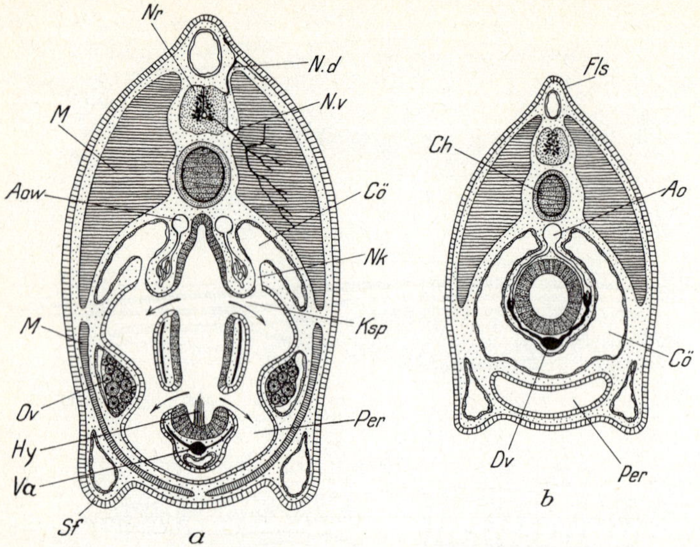

Abb. 251 Schematische Querschnitte durch *Branchiostoma lanceolatum.* a) In der Kiemenregion, b) in der Mitteldarmregion. *Ao* Aorta, *Aow* Aortenwurzeln, *Ch* Chorda, *Cö* Coelom, *Dv* Darmvene, *Fls* Flossensaum, *Hy* Hypobranchialrinne, *Ksp* Kiemenspalten (infolge ihres Schrägstehens, Abb. 250 b, müßte ein Querschnitt mehr als eine Spalte treffen). *M* Muskulatur, *N.d* dorsaler (sensorischer) Rückenmarksnerv, *N.v* ventraler (motorischer) Rückenmarksnerv (*N.d* und *N.v* treten in Wirklichkeit nicht auf demselben Querschnitt ins Rückenmark ein bzw. aus ihm aus, wie im Schema angenommen), *Nk* Nierenkanälchen, *Nr* Neuralrohr, *Ov* Ovarium, *Per* Peribranchialraum, *Sf* Seitenfalten, *Va* Ventralarterie.

durchzogen ist, homolog zur Leberanlage der Wirbeltiere. Zudem stimmen auch die *Coelomverhältnisse* in den beiden Unterstämmen überein (Abb. 251 b).

Als stammesgeschichtlich primitiv kann das Fehlen eines zentralen Herzens gelten, dessen Funktion durch kontraktile Bläschen (*Bulbilli,* Abb. 250 c) in den Kiemengefäßen übernommen wird. Ebenfalls primitiv erscheint die *Epidermis,* die wie bei Wirbellosen *einschichtig* ist.

Die mächtige Entwicklung des *Kiemendarmes* (Abb. 250 b) zum Filtrierapparat, der an den Kiemenkorb der Tunicaten (Abb. 249) erinnert, ist als adaptives Merkmal des Strudlers zu deuten. Bei Cephalochordaten ist wie bei Tunicaten eine *Hypobranchialrinne*

(Endostyl) für Schleimproduktion und Nahrungstransport tätig (Abb. 251 a). Daß dieses am Grunde des Kiemendarmes liegende Organ mit der *Schilddrüse* der Wirbeltiere homolog ist, beweisen direkt die Cyclostomen (S. 459): Bei der Neunaugenlarve, die noch als Strudler lebt, ist die Hypobranchialrinne wie bei Amphioxus offen, und sie sezerniert nach außen. Ihre Drüsenpakete rücken dann während der Metamorphose in die Tiefe und werden zur endokrinen Schilddrüse. Der *Peribranchialraum* (Abb. 251) kann funktionell der entsprechenden Bildung der Tunicaten gleichgesetzt werden. Dazu gibt es aber keine Homologie bei Wirbeltieren. Andererseits ist das Fehlen paariger Extremitäten auch für Cyclostomen typisch. Die beiden Metapleuralfalten (Seitenfalten, Abb. 250, 251) wurden gelegentlich (ohne überzeugende Argumente) als Vorläufer von paarigen Flossen interpretiert (S. 486).

Völlig anders organisiert als bei Wirbeltieren ist das *Exkretionssystem* von Amphioxus. Die branchiomer dorsal im Kiemendarmabschnitt angeordneten Nephridien (mit Wimperflammen, S. 207) finden ihre Entsprechung am ehesten im Exkretionsapparat der Plathelminthen (S. 389). Auch für die segmental verteilten *Gonaden* fehlt jegliche Vergleichsmöglichkeit mit Vertebraten. Eier und Spermien werden bei dem getrenntgeschlechtlichen Amphioxus in den Peribranchialraum abgegeben.

Die besondere Organisation von Amphioxus wird je nach Autor recht verschiedenartig beurteilt. So bleibt umstritten, ob das Tier wirklich ein „Acranier" sei, ob also ein Kopf fehle. Phylogenetisch ist Amphioxus auf einen blind endigenden Seitenzweig des Chordatenstammes zu verweisen. Wie die Tunicaten haben auch die Cephalochordaten als Strudler sowohl Organreduktionen erfahren als auch zusätzliche Spezialisationen entwickelt. Die Wirbeltiere müssen daher von weniger spezialisierten Urformen der Chordaten abgeleitet werden, die wir nicht kennen.

Vertebrata (Wirbeltiere)

Erster Teil: Baupläne, Klassen und Ordnungen

Die Tab. 8 gibt einen Überblick über die systematische Gliederung. Die Klassen 1–3 werden auch als Superklasse *Pisces (Fische)* zusammengefaßt.

Zusätzlich zum gemeinsamen Chordatenbauplan sind für die Wirbeltiere u. a. folgende **Organisationsmerkmale** charakteri-

Tabelle 8 Klassen und Obergruppen der Vertebraten

1. *Cyclostomata* (Rundmäuler)				*Agnatha*
2. *Chondrichthyes* (Knorpelfische)				
3. *Osteichthyes* (Knochenfische)			*Anamnia*	
4. *Amphibia* (Lurche)				*Gnathostomata*
5. *Reptilia* (Kriechtiere)	*Sauropsida*	*Tetrapoda*		
6. *Aves* (Vögel)			*Amniota*	
7. *Mammalia* (Säuger)				

stisch (Abb. 252): Gliederung des Körpers in Kopf, Rumpf (mit Leibeshöhle) und Schwanz. Chorda, embryonal stets angelegt, wird als Achsenskelett durch die *Wirbelsäule* mehr oder weniger verdrängt. Wirbel umfassen Rückenmark- und Hauptgefäße mit Neural- und Hämalbögen, hier Rippen ansetzend (Abb. 261). Vorderende des Achsenskelettes als *Schädel* ausgebildet; dieser umschließt als *Neurocranium* (Abb. 262) das fünfteilige *Gehirn* (Abb. 269) und stützt als *Visceralcranium* den Kopfdarm (Abb. 262). Vom Neurocranium werden die paarigen *Augen, Riech- und Labyrinthorgane* geschützt. Bei Anamniern 10, bei Amnioten 12 Gehirnnerven (Abb. 269). Segmentale *Spinalnerven* vom Rückenmark ausgehend mit Spinalganglien in sensorischer Wurzel (Abb. 128). Zwei *Extremitätenpaare* an Schulter- und Beckengürtel verankert. *Verdauungstrakt* gliedert sich in Kopfdarm (Mundhöhle und Schlund = Pharynx) und Rumpfdarm mit Vorderdarm (Ösophagus = Speiseröhre und Magen), Mitteldarm (Dünndarm) und Enddarm (Dickdarm). Leber (meist mit Gallenblase) und Pancreas (Bauchspeicheldrüse) sind Anhangsdrüsen des Mitteldarms. Geschlossenes *Blutgefäßsystem* mit ventralen,

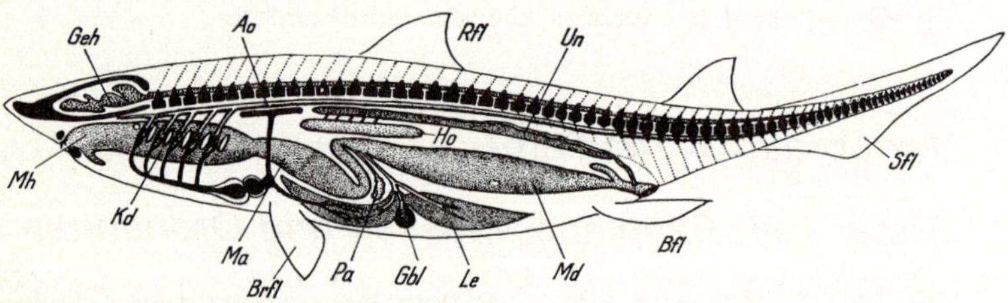

Abb. 252 Schema eines Selachiers, Knorpelfisches (Haifisch, Männchen). *Ao* Aorta, *Bfl* Bauchflosse, *Brfl* Brustflosse, *Gbl* Gallenblase, *Geh* Gehirn, *Ho* Hoden, *Kd* Kiemendarm, *Le* Leber, *Ma* Magen, *Md* Mitteldarm, *Mh* Mundhöhle, *Pa* Pancreas, *Rfl* Rückenflosse, *Sfl* Schwanzflosse, *Un* Urniere.

mehrkammerigen Herzen, 4–7 Arterienbogen (Abb. 270) und Pfortaderkreislauf (Abb. 92). Rote Blutkörperchen (Erythrocyten) mit Hämoglobin. *Milz* als blutbildendes und blutspeicherndes Organ. *Gonaden* dorsal in der Coelomwand (Abb. 272). Ableitung der Spermien durch Wolffschen Gang (Abb. 274), der als Harn- und Samenleiter zu einem *Urogenitalapparat* gehört. Müllerscher Gang als Eileiter. Ursprünglich Einmünden der Urogenitalkanäle und des Enddarmes in Kloake. *Integument* aus mehrschichtiger Epidermis mit Hautdrüsen und bindegewebiger Dermis (Abb. 257). Übereinstimmung in der Ausrüstung mit endokrinen Drüsen des *Hormonsystems* (S. 213).

Agnatha (Kieferlose)

a) **Cyclostomata,** Rundmäuler: *Myxine,* Schleimaale, marin, parasitisch auf Fischen; *Petromyzon,* Neunaugen, marin und Süßwasser. b) **Ostracodermi,** fossil, Silur-Devon, kleine mit Knochenplatten gepanzerte fischähnliche Formen.

Die Agnatha, die weder einen Kieferapparat noch paarige Flossen besitzen, sind primitive Vertebraten, von denen heute nur noch die *Cylostomata* vorkommen. Die Neunaugen entwickeln sich über das Stadium der *Ammocoetes*-Larve, deren Augen zurückgebildet sind und die wie Amphioxus (S. 454) als blinder Strudler im Sande lebt. Während der Metamorphose zur ektoparasitischen Adultform entwickeln sich aus den embryonalen Rudimenten typische Wirbeltieraugen. Sieben äußere Kiemenöffnungen, eines der Augen und die unpaare Nasengrube sind (in Seitenansicht) für den Vulgärnamen verantwortlich. Das knorpelige Skelett ist z. T. wohl sekundär reduziert worden. Als Mundbewaffnung sind nur epidermale Hornzähne ausgebildet (S. 474).

Chondrichthyes (Knorpelfische)

a) **Selachii,** Haie, fast alle Arten marin. b) **Rajiformes,** Rochen, marin, dorsoventral abgeplattet: *Torpedo,* Zitterrochen, mit elektrischem Organ (S. 236). c) **Holocephali,** Seekatzen, marin.

Von den Agnathen unterscheiden sich die Knorpelfische durch den Besitz von *Kiefern (Gnathostomata)* und von *paarigen Extremitäten* (Abb. 252). Diese Weiterentwicklung kann allerdings nicht als Ersterfindung der Knorpelfische gedeutet werden, da sie bei den ältesten und fossilen, knochenfischartigen *Placodermi* bereits im Devon auftritt. Auch das Fehlen von Knochen als Skelettsubstanz gilt nicht als primitives, sondern als sekundäres

Merkmal. Es ist anzunehmen, daß die Vorfahren der Chondrichthyes Knochen besessen haben.

Der Schlunddarm der Haie und Rochen ist von 5–7 Kiemenspalten durchbrochen (Abb. 252), wobei die 1. Spalte zum Spritzloch wird (S. 483). Der Mund ist unterständig. Eine Schwimmblase fehlt. Die Haut trägt Placoidschuppen (Hautzähne, Abb. 258). Haie legen entweder große, dotterreiche Eier, die in einer Hornschale abgelegt werden, oder sie sind vivipar (S. 141). In beiden Fällen bedingt dies eine innere Besamung, wozu ein Teil der Bauchflossen als Penis ausgebildet ist (S. 503). Bei Haien sind die Riechlappen des Vorderhirns maximal entwickelt (Makrosmaten, S. 287); der Orientierung dient zudem das hochdifferenzierte System der Seitenlinienorgane (S. 298).

Osteichthyes (Knochenfische)

Vereinfachte Übersicht: a) **Teleostei** (eigentliche Knochenfische, marin und Süßwasser); **Anguilliformes:** *Anguilla anguilla*, europäischer Aal; **Clupeiformes:** *Clupea harengus*, Hering; **Salmoniformes:** *Salmo fario*, Bachforelle; **Esociformes:** *Esox lucius*, Hecht; **Cypriniformes:** *Cyprinus carpio*, Karpfen; **Siluriformes:** *Silurus glanis*, Wels; **Gadiformes:** *Gadus callarias*, Kabeljau; **Perciformes:** *Perca fluviatilis*, Flußbarsch. b) **Chondrostei** (Störe). c) **Dipnoi** (Lungenfische). d) **Crossopterygii** (Quastenflosser): *Latimeria*.

Das Skelett der Knochenfische ist vorwiegend knöchern, und in der Haut sind dermale Knochenschuppen eingelagert. Der Mund ist endständig. Knochenfische haben nur vier Paar Kiemen, wobei die Kiemenspalten unter einem Kiemendeckel liegen. Die *Teleostier* dominieren seit dem Erdaltertum in allen Gewässern (heute ca. 15 000 Arten). Für die Ernährung der Menschheit sind sie dank ihrer hochwertigen Proteine von größter Bedeutung. Die *Chondrostei* oder *Ganoiden* überlebten als altertümliche Formen; ihre großen Schuppen bedeckt eine schmelzartige Schicht (Schmelzschuppen). Die Ovarien der vom Meer zum Laichen ins Süßwasser aufsteigenden Störe liefern den Kaviar. Die *Dipnoer* sind mit nur 3 Gattungen auf Flüsse Australiens *(Neoceratodus)*, Afrikas *(Protopterus)* und Südamerikas *(Lepidosiren)* beschränkt. Sie können Austrocknungsperioden überleben, weil bei ihnen neben den Kiemen eine einfache oder paarige Aussackung des Vorderdarmes als meist reichlich gekammerte Lunge dient. Die „Lunge" dieser Doppelatmer (Dipnoer) ist sowohl den Lungen der Tetrapoden wie den Schwimmblasen der übrigen Fische homolog. Wenn bei Teleostiern die Schwimmblase kein Atemorgan ist, sondern hauptsächlich als hydrostatischer Apparat verwendet wird (S. 202), so handelt es sich dabei um einen von lungenbe-

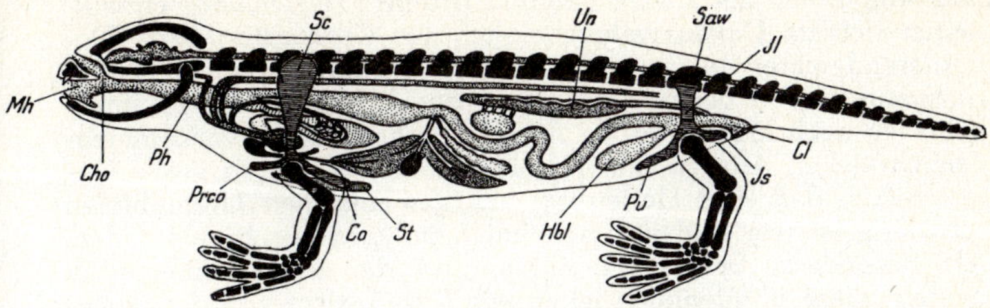

Abb. 253 Schema eines geschwänzten Amphibiums (Salamander, Männchen). *Cho* Choane, *Cl* Kloake, *Co* Coracoid, *Hbl* Harnblase, *Il* Ileum, *Is* Ischium, *Mh* Mundhöhle, *Ph* Pharynx, *Prco* Procoracoid, *Pu* Pubicum, *Saw* Sacralwirbel, *Sc* Scapula, *St* Sternum, *Un* Urniere.

sitzenden Vorfahren abgeleiteten Zustand. Eine Gangverbindung zum Vorderdarm *(Ductus pneumaticus,* S. 202) bleibt bei Lungenfischen und bei der Mehrzahl der Süßwasserteleostier (z. B. Karpfenartige) dauernd offen *(physostome* Fische). Vornehmlich bei marinen Teleostiern und einigen Süßwasserfischen (z. B. Barsch) verödet während der Jugendentwicklung dieser Gang *(Physoclisten).*

Zu einem Seitenzweig der *Crossopterygier* gehört die erst 1939 vor der Ostküste Südafrikas entdeckte *Latimeria chalumnae.* Sehr nahe Verwandte dieses „lebenden Fossils" sind bereits im Erdmittelalter ausgestorben. Crossopterygier stehen vor allem im Flossenbau den Tetrapoden näher als alle übrigen Fische. Das *Extremitätenskelett* leitet daher von der vielstrahligen Fischflosse zur fünfstrahligen Landtierextremität über (S. 486). Weitere Ansätze zum Landleben, das mit den Amphibien einsetzen konnte, sind sowohl bei Dipnoern wie bei einigen Crossoterygiern verwirklicht: Die Nasenhöhle endigt nicht blind wie bei den übrigen Fischen, sondern steht bei diesen *Choanichthyes* durch Choanen (Abb. 253, 264) mit der Rachenhöhle und so mit dem Luftweg zur Lunge in Verbindung.

Amphibia (Lurche)

a) **Labyrinthodontia,** fossil. b) **Urodela,** Schwanzlurche: *Triturus alpestris,* Alpenmolch; *Salamandra salamandra,* Feuersalamander; *Ambystoma mexicanum,* Axolotl. c) **Anura,** Froschlurche: *Rana esculenta,* Wasserfrosch; *Hyla arborea,* Laubfrosch; *Xenopus laevis,* Krallenfrosch; *Bufo bufo,* Erdkröte; *Bombina variegata,* Unke; *Alytes obstetricans,* Geburtshelferkröte. d) **Gymnophiona** *(Apoda,* Blindenwühlen).

Die Amphibien als älteste Landwirbeltiere *(Tetrapoden)* entwickelten sich im Devon wahrscheinlich aus *Crossopterygiern.* Dominierend waren bis zum Beginn des Erdmittelalters die *Labyrinthodonten,* so benannt aufgrund der Zahnstruktur; zu ihnen gehörten auch krokodilgroße Arten. Die heute noch vorkommenden Urodelen, Anuren und Gymnophionen zeigen so große Unterschiede, daß ihre Herleitung aus gemeinsamen Uramphibien schwierig ist; sie sind wahrscheinlich polyphyletisch entstanden. Als besonderer Spezialisationstyp sind die Gymnophionen zu deuten; diese Blindwühlen leben wie Regenwürmer in der feuchten Erde der Tropen. Die Extremitäten sind sekundär reduziert worden (Konvergenz [S. 358] zu Schlangen).

Allgemeine Organisationsmerkmale (Abb. 253) der Urodelen und Anuren sind: Larvenentwicklung mit Kiemenatmung im Süßwasser (Kaulquappen der Anuren), Metamorphose zur lungenatmenden Landform (S. 165), fünfstrahlige Extremität, Hinterhauptsgelenk (fehlt bei Fischen) zwischen Schädel und Atlas mit zwei Gelenkhöckern *(Condyli),* Haut (Abb. 257) feucht und drüsenreich (im Gegensatz zu Reptilien). Wechselwarm *(poikilotherm).* Feste Verbindung von Beckengürtel mit Sacralwirbeln der Wirbelsäule (im Gegensatz zu Fischen).

Reptilia (Kriechtiere)

Nur rezente Gruppen, vereinfacht: a) **Chelonia,** Schildkröten: *Testudo graeca,* Landschildkröte; *Emys orbicularis,* europ. Sumpfschildkröte; Meerschildkröten. b) **Rhynchocephalia,** Brückenechsen: *Sphenodon punctatus,* altertümliche Reliktform in Neuseeland. c) **Crocodilia:** Krokodile; Alligatoren; Kaimane; Gavial. d) **Sauria,** Echsen: Eidechsen, *Lacerta agilis,* Zauneidechse; Leguane; Warane; Chamaeleons; Geckos. e) **Ophidia,** Schlangen: Nattern *(Colubridae): Tropidonatus natrix,* Ringelnatter; Vipern *(Viperidae): Vipera berus,* Kreuzotter; Riesenschlangen *(Boidae):* Boa; Python.

Die Reptilien leiten sich von labyrinthodonten Amphibien ab. Sie sind seit dem Karbon nachgewiesen und erreichen im *Erdmittelalter* ihre Blütezeit mit zahlreichen heute ausgestorbenen Ordnungen, darunter die riesigen *Dinosaurier* (Kopf bis Schwanzende 20–30 m). Die Mehrzahl der im Mesozoikum von Reptilien genützten oekologischen Nischen sind heute von ihren direkten Nachkommen, den Säugetieren und Vögeln, besetzt. Doch haben die Reptilien mit der Ausbildung der Embryonalhüllen (Amnioten) bereits eine Eientwicklung am Land oder im Uterus ermöglicht und damit die für Amphibien noch bestehende Bindung ans Wasser überwunden. Die fossilen *Pterosaurier* („Drachen") eroberten auch den Luftraum. Andere Ordnungen, wie die fischähnlichen *Ichthyosaurier*, kehrten sekundär ins Wasser zurück, wo sie sich vivipar fortpflanzen mußten. Schildkröten und Krokodile, vor allem aber die Brückenechsen zeigen heute noch zahlreiche primitive Reptilmerkmale, während die viel artenreicheren Echsen und Schlangen mit hochspezialisierten Formen vertreten sind.

Allgemeine Reptilmerkmale: poikilotherme Amnioten; Haut drüsenarm mit verhornten epidermalen Schuppen und Schildern; nur 1 Condylus. Zähne vorwiegend gleichgeformt (homodont).

Aves (Vögel)

a) **Archaeornithes,** „Urvögel": *Archaeopteryx lithographica.* b) **Odontornithes,** „Zahnvögel". Nachfolgend einige Gruppen der heute lebenden modernen Vögel *(Neoornithes):* c) **Ratiten,** Flachbrustvögel: Strauße, Kiwi. d) **Carinaten,** Kielbrustvögel: *Falcones,* Tagraubvögel; *Striges,* Eulen; *Gallii,* Hühnervögel; *Anseres,* Gänsevögel; *Laro-Limicolae,* u. a. Schnepfen, Regenpfeifer, Möven; *Columbae,* Tauben; *Pici,* Spechte; *Psittaci,* Papageien; *Passeres,* Sperlingsvögel, dazu die Singvögel.

Die Vögel haben sich als jüngste Klasse der Wirbeltiere erst im Erdmittelalter aus Reptilien entwickelt. Für direkte Übergangsformen gibt es keine Fossilfunde. Ein um so wertvolleres Dokument stellt der aus der Juraepoche stammende **Archaeopteryx** dar. Dieser nur durch vier Exemplare belegte „Urvogel" vereinigt als „Kollektivtyp" (oder „Mosaiktyp") Merkmale beider Klassen. Reptilartig sind u. a.: lange Schwanzwirbelsäule (20–21 Wirbel); Kieferzähne; Bauchrippen; Mittelhandknochen nicht völlig verwachsen; Phalangen mit Krallen; kleines Kleinhirn. Vogelartig sind u. a.: Federn, Schlüsselbeine zum Gabelbein verwachsen; Zehe I nach hinten gestellt; Knochen teilweise pneumatisiert. *Archaeopteryx,* dem ein Brustbeinkamm fehlt, war ein Gleitflieger; das Federkleid zeigt die Entwicklung zur Homoiothermie der Vögel an.

Die **Zahnvögel** der Kreidezeit unterscheiden sich eigentlich nur noch in der Bezahnung von allen späteren Vögeln. Die Gruppe der flugunfähigen **Ratiten** (Laufvögel) stellt keine systematische Einheit dar. Sie ist vielmehr als polyphyletische Sammelkategorie aufzufassen, deren Arten teils unabhängig voneinander aus flugfähigen Vorfahren hervorgegangen sind. Außerordentlich formenreich und evolutiv erfolgreich entwickelten sich die mit einem dem Ansatz der Flugmuskulatur dienenden Brustbeinkamm (Carina) ausgerüsteten **Kielbrustvögel** (Abb. 254). Unter den zahlreichen Ordnungen sind die Sperlingsvögel am artenreichsten vertreten. Die Homoiothermie erlaubt den Vögeln die Besiede-

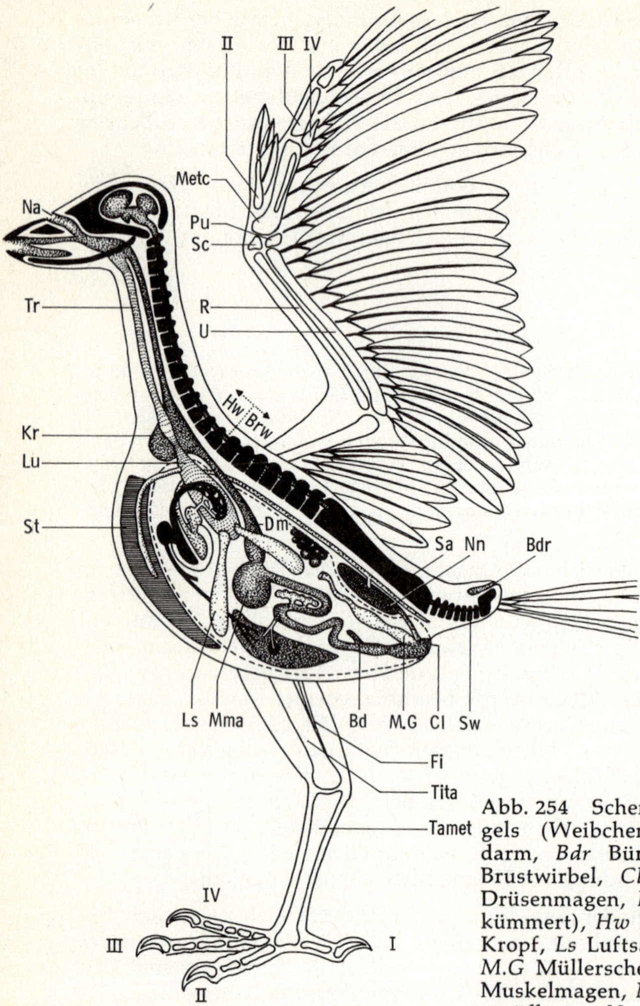

Abb. 254 Schema eines Vogels (Weibchen). *Bd* Blinddarm, *Bdr* Bürzeldrüse, *Brw* Brustwirbel, *Cl* Kloake, *Dm* Drüsenmagen, *Fi* Fibula (verkümmert), *Hw* Halswirbel, *Kr* Kropf, *Ls* Luftsack, *Lu* Lunge, *M.G* Müllerscher Gang, *Mma* Muskelmagen, *Na* äußere Nasenöffnung, *Nn* Nachniere, *Pu* Piso-Ulnare, *R* Radius, *Sa* Sacrum, *Sc* Scapho-Ulnare, *St* Sternum, *Sw* Schwanzwirbel, *Tamet* Tarsometatarsus (verschmolzen aus Metacarpalia 1, 2 und 3, vereinigt mit distalen Carpalia), *Tita* Tibiotarsus (verschmolzen aus Tibia und proximalen Fußwurzelknochen: Tibiale, Intermedium, Fibulare und Centrale), *Tr* Trachea, *U* Ulna, *I*, *II*, *III*, *IV* Phalangenreihen der Finger und Zehen.

lung von extremen Klimazonen, die den Reptilien versagt sind (Polargebiete, Hochgebirge). Im übrigen stehen sich Vögel und Reptilien (als *Sauropsiden* vereinigt) sehr nahe, so daß die Vögel auch als „befiederte, eigenwarme Reptilien" gelten könnten. *Einige allgemeine Organisationsmerkmale* der rezenten Vögel (Abb. 254, 268 a): homoiotherme befiederte Amnioten; Vorderextremität mit 3 Strahlen zum Flügel umkonstruiert; Intertarsalgelenk; Schwanzwirbelsäule reduziert; Knochen pneumatisiert; Kiefer zahnlos, von Hornschnabel überzogen; nur 1 Condylus; Haut nur mit Bürzeldrüse; große Eier mit Eiweißhüllen und Kalkschale; starke Entwicklung der Basalganglien im Vorderhirn (Abb. 126 e, 127 d). Beim Weibchen nur linke Gonade voll entwickelt (S. 502).

Mammalia (Säugetiere)

a) **Prototheria** oder **Monotremata,** Kloakentiere: heute nur drei Gattungen: *Tachyglossus* und *Zaglossus* (oder *Echidna),* Schnabeligel oder Ameisenigel; *Ornithorhynchus* oder *Platypus,* Schnabeltier. b) **Metatheria** oder **Marsupialia,** Beuteltiere. c) **Eutheria** oder **Placentalia,** „Placentatiere": **Insectivora,** Insektenfresser, z. B. Igel, Maulwurf, Spitzmäuse; **Chiroptera,** Fledermäuse, Flughunde; **Primates,** Herrentiere: *Prosimiae,* Halbaffen; *Platyrrhina,* Breitnasen- oder Neuweltaffen; *Catarrhina,* Schmalnasen- oder Altweltaffen: *Hylobatidae,* Gibbons; *Pongidae,* Menschenaffen (Orang, Schimpanse, Gorilla); *Hominidae,* Menschen, Vormenschen; **Edendata,** Zahnarme (Ameisenbären, Faultiere, Gürteltiere); **Pholidota,** Schuppentiere; **Lagomorpha,** Hasenartige; **Rodentia,** Nagetiere (Eichhörnchen, Biber, Mäuse, Ratten, Stachelschweine); **Cetacea,** Wale (Zahnwale, z. B. Delphine, und Bartenwale); **Carnivora,** Raubtiere (Hunde, Bären, Marder, Katzen, Hyänen); **Pinnipedia,** Robben; **Proboscidea,** Elefanten; **Sirenia,** Seekühe; **Perissodactyla,** Unpaarhufer (Pferde, Tapire, Nashörner); **Artiodactyla,** Paarhufer (z. B. Schweine, Flußpferde, Kamele, Hirsche, Giraffen, Antilopen, Rinder).

Die Säugetiere entwickelten sich (wohl polyphyletisch) im Übergang von Erdaltertum zum Mittelalter (Perm-Trias) aus säugerähnlichen Reptilien, die als *Therapsiden* schon früh eine Sonderlinie begründet hatten. Die Entfaltung der Säuger zu den heutigen Ordnungen erfolgte während der Tertiärzeit; dabei sind auch zahlreiche Zweige des Stammbusches ausgestorben.

Die **Monotremen** sind Reliktformen, die heute auf Australien und Neu-Guinea beschränkt sind. Als Kollektivtypen stehen sie den Reptilien nahe. Reptilartig sind u. a.: Ablage großer dotterreicher Eier; sie werden entweder in einem Beutel (Schnabeligel) oder in Körpernähe (Schnabeltier) bebrütet; vollständiger Schultergürtel mit Coracoid (S. 490); Kloake. Säugerartig sind: Haarkleid; Homoiothermie (noch unvollkommen); Milchdrüsen; männliche Heterogamie (S. 64).

Die **Marsupialier** gebären noch unvollkommen entwickelte Junge, die nach meist kurzer Tragzeit in einem Beutel oder zwischen bauchständigen Hautfalten gesäugt werden. Die Beuteltiere sind heute auf Australien und Südamerika beschränkt; einzig die wenig spezialisierte Beutelratte (*Didelphys*, Opossum) besiedelt auch Nordamerika. Marsupialier konnten sich mit zahlreichen Arten nur dort halten, wo eine geographische Isolation die Konkurrenz der Eutheria verhinderte. Zwischen den beiden Teilen Amerikas gab es in der kritischen Epoche keine Landbrücke, und Australien ist seit dem Erdmittelalter, d. h. bevor die modernen Eutheria einwandern konnten, von der übrigen Welt getrennt. In Australien entwickelten sich die Beutler sowohl als räuberische Fleischfresser (Beutelwolf, Beutelmarder), als Insektenfresser (Beutelmaulwurf, Beutelspitzmaus, Ameisenbeutler, Flugbeutler), als Frucht- und Blattfresser (Baumkänguruhs, Koala) als auch als große grasende Pflanzenfresser (Känguruhs). Diese *adaptive Radiation* (S. 358) zeigt eindrücklich, wie in Australien spezialisierte Beutler all jene ökologischen Nischen nutzen konnten, die jetzt in der übrigen Welt durch Eutheria besetzt sind.

Die **Eutheria** kann man nur bedingt als Placentalier bezeichnen, da auch bei einzelnen Marsupialiern die Embryonalhüllen mit der Uteruswand Verbindungen eingehen und Placenten auch bei Haien vorkommen (S. 141). Doch erreicht die Placenta der Eutheria besonders hohe Leistungen. Für Eutheria ist ein Gebiß mit 44 Zähnen ursprünglich. Wie später gezeigt wird (S. 476), hat in der Bezahnung der Grundplan ebenso wie bei der fünfstrahligen Extremität (S. 486) mannigfache Abwandlungen erfahren.

Relativ am wenigsten spezialisiert sind unter den Eutheria die *Insektivoren*; ihnen kommen u. a. folgende primitive Merkmale zu: vollständiges Gebiß, Geruch als Hauptsinn (Makrosmaten), Junge sind Nesthocker, Sohlengänger, fünfstrahlige Extremitäten. Die sekundär zum Wasserleben zurückgekehrten *Robben* leiten sich ebenso von raubtierartigen Vorfahren ab wie die viel stärker abgewandelten *Wale*.

Die auffallenden Übereinstimmungen zwischen *Seekühen* und Walen beruhen lediglich auf einer konvergenten Angleichung. Die beiden Ordnungen sind unabhängig voneinander (polyphyletisch) zum Wasserleben übergegangen, wobei die Vorfahren der Seekühe wahrscheinlich Beziehungen zum Elefantenstamme hatten. Die *Lagomorphen* unterscheiden sich von den *Rodentiern* vor allem im Gebiß, indem bei den Hasen hinter den oberen Nagezähnen noch ein kleiner zweiter Schneidezahn steht (*Duplicidentata*). Dieser Zahn fehlt den Nagern (*Simplicidentata*, Tab. 10).

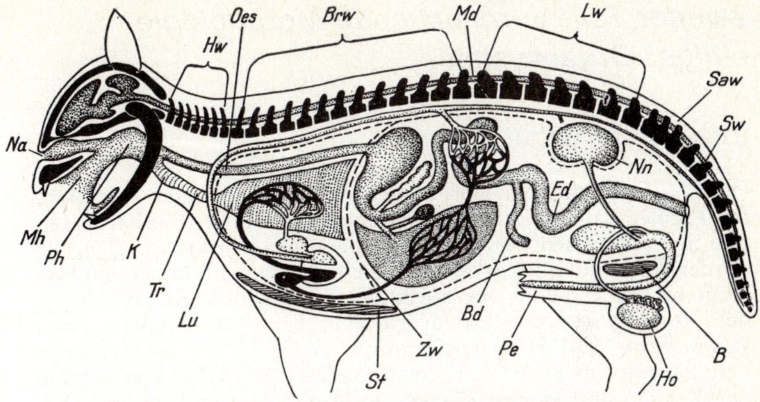

Abb. 255 Schema eines Säugetieres (Männchen). *B* Becken, *Bd* Blinddarm, *Brw* Brustwirbel, *Ed* Enddarm, *Ho* Hoden, *Hw* Halswirbelsäule, *K* Kehlkopf, *Lu* Lunge, *Lw* Lendenwirbel, *Md* Rückenmark, *Mh* Mundhöhle, *Na* äußere Nasenöffnung, *Nn* Nachniere, *Oes* Oesophagus, *Pe* Penis, *Ph* Pharynx, *Saw* Sacralwirbel, *St* Sternum, *Sw* Schwanzwirbel, *Tr* Trachea, *Zw* Zwerchfell.

Außerdem sind die Hasen Nestflüchter, die Nagetiere (Kaninchen, Mäuse etc.) Nesthocker. Vor allem im Bau der Zähne (Abb. 260) und in den Extremitätenskeletten (Abb. 267) äußert sich bei *Paar- und Unpaarzehern* (Huftiere, Ungulaten) ein hoher Spezialisationsgrad.

Abgesehen von den Umkonstruktionen zum Fliegen, gleichen die *Chiropteren* noch in vielen Merkmalen ihren Vorfahren, den *Insektivoren,* die an der Basis mehrerer Ordnungen, so vor allem auch als *Ahnen der Primaten* stehen. Dabei leiten die indomalaiischen Spitzhörnchen *(Tupaiiden)* zu den Halbaffen und von dort zu den Affen über. Die Evolutionslinie, die zu den Hominiden geführt hat, zweigt schon vor rund 20 Mill. Jahren von den Vorfahren der heutigen *Pongiden* ab. Die Gattung *Homo* existierte nach neuesten Fossilfunden bereits vor 2 Mill. Jahren. Der damalige *Homo erectus* lebte wohl gleichzeitig mit den *Australopithecinen,* die unseren Vorfahren sehr nahe stehen (S. 518).

Allgemeine Säugermerkmale (Abb. 255, teils exklusive Monotremen): homoiotherme Amnioten; Integument mit Haarkleid, Milch-, Schweiß- und Talgdrüsen; sekundäres Kiefergelenk (S. 486); 2 Condyli; meist 7 Halswirbel; heterodontes Gebiß mit meist 2 Zahngenerationen (Abb. 259); Zwerchfell trennt Bauch- von Brusthöhle. Starke Entwicklung des Palliums als Großhirnrinde (Abb. 126 f, 127 e).

Zweiter Teil: Vergleichende Morphologie einiger Organsysteme

Integument (Haut)

Die *Haut* schützt den Körper gegen Verletzung und Infektion. Ihr Pigment absorbiert zellzerstörende Strahlung. Blutkapillaren und Schweißdrüsen dienen der *Temperaturregulation* (S. 211). Sie werden dabei unterstützt durch Verschiebung und Bildung von Pigmenten. Die Haut ist vor allem bei Fischen und Amphibien an der *Atmung* und der *Osmoregulation* (S. 172) beteiligt. *Tast-Temperatur-* und *Schmerzrezeptoren* liegen in der Haut; Fische nehmen mit der Haut auch Geschmacksstoffe wahr. Hartgebilde wie Krallen und Hörner dienen als Werkzeuge und Waffen. Bei Amphibien produzieren Hautdrüsen starke Abwehrgifte (als Pfeilgifte verwendet). Die Haut ist Träger von besonderen Farbmustern und optisch auffallenden Strukturen (Hahnenkamm, Brunstschwielen bei Affen). Diese *Phaneren* sind als Schlüsselreize für das intra- wie das interspezifische und im besonderen für das sexualbiologische Verhalten bedeutsam (S. 322).

Grundplan

Eine stets mehrschichtige epitheliale *Epidermis* (Oberhaut) liegt über einer dickeren mesenchymalen-bindegewebigen *Dermis* (Lederhaut, Corium). An der Basis der Epidermis bleibt zeitlebens ein proliferierendes Blastem erhalten, das als *Stratum germinativum* die äußeren Zellen nachliefert, die abgenützt oder abgestoßen werden (Häutung, Mauser).

Differenzierungen des Stratum corneum

Bei allen Landformen wird in den äußeren (distalen) Zellen der Epidermis das Strukturprotein *Keratin* gebildet; es verdrängt Kern und Cytoplasma und bringt die Zelle zum Absterben. So entsteht ein *Stratum corneum*, das an variantenreichsten Differenzierungen beteiligt ist. Diese Hornschicht bleibt noch sehr dünn bei Amphibien; sie ist mächtig entwickelt bei Reptilien, wo sie Schuppen und Schilder bildet. Mit Stratum corneum werden Krallen, Fingernägel, Hautschwielen, Papillarmuster (Fingerabdrücke!), Schnäbel, Hufe und Hörner gebaut. Besondere morphogenetische Aufgaben übernimmt das Stratum corneum bei den Federn und Haaren der Homoiothermen.

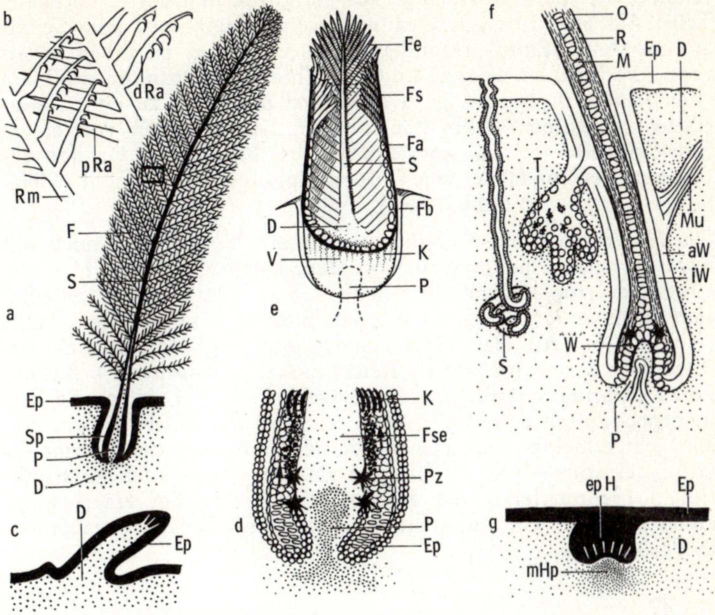

Abb. 256 Strukturen und Entwicklung von Feder (a–e) und Haar (f, g). a) Konturfeder; *D* Dermis, *Ep* Epidermis, *F* Fahne, *P* Pulpa, *S* Schaft, *Sp* Spule. b) Detail aus Fahne (Rechteck), *Ra* Radius (Strahl), *d* distal mit Häkchen, *p* proximal, *Rm* Ramus (Ast). c) Federanlage. d) Wachstumszone, *Fse* Federseele, *K* Keratinbildung, *Pz* Pigmentzellen (nach RAWLES). e) Bildungsstadium einer Konturfeder (nach PORTMANN); *D* dorsal, *Fa* Anlage eines Astes der Fahne mit Strahlen, *Fb* Federbalg, *Fe* Entfaltung der Fahne, *Fs* Federscheide, *K* Kragen, *V* ventral. f) Haar; *D* Dermis, *Ep* Epidermis, *M* Mark, *Mu* Haarbalgmuskel, *O* Oberhäutchen, *P* Pulpa mit Blutgefäß, *R* Rinde, *S* Schweißdrüse, *T* Talgdrüse, *W* Wachstumszone, *aW* äußere, *iW* innere Wurzelscheide. g) Haaranlage; *mHp* mesodermale Haarpapille, *epH* epidermale Haarknospe.

Die *Federn* der Vögel werden sehr ähnlich wie Reptilschuppen angelegt. Zunächst treibt eine starke Dermispapille die Epidermis nach außen (Abb. 256 c). Dann versenkt sich die Anlage als Federpapille in die Dermis, die weiterhin als Federseele (Pulpa) den epidermalen Federteil durchzieht (Abb. 256 d). In Abb. 256 a werden Struktur und Bildung einer Konturfeder (Deck- und Flugfeder) dargestellt. Höchst kompliziert verläuft unter einer Federscheide, die später aufspringt, die Aufgliederung des epidermalen Teils. Als Strukturen 1. Ordnung werden vom medianen Schaft aus die Äste *(Rami)* gesondert, in 2. Ordnung, an ihnen ansetzend, die Strahlen *(Radii)* und als Bildung 3. Ordnung die Häkchen *(Radioli)* abgezweigt, welche erst die Feder zu einer Tragfläche verfestigen (Abb. 256 a, b). Federn wachsen von einem Stratum germinativum aus, das wie bei Haaren am Grunde des Follikels liegt und dort von Chromatophoren mit Pigment (Melanin) versorgt wird (Abb. 256 d).

Die *Haare* der Säuger können weder mit Vogelfedern noch mit Reptilschuppen homologisiert werden. Die Anlage geht hier von einer Epidermisknospe aus (Abb. 256 g). Die Dermis beteiligt sich auch später lediglich an der Bildung einer kurzen Pulpa (Abb. 256 f). An der Haarscheide setzen glatte Muskeln an (Sträuben der Haare und als Relikt unsere „Gänsehaut"). Im lokkeren Haarmark wird Luft eingelagert. Falls (im Alter) die Pigmentproduktion eingestellt wird, erscheint das Haar infolge totaler Lichtreflexion weiß. Haare übernehmen außer der Wärmeisolation (Grannen- und Wollhaare) als *Sinushaare* auch Tastfunktionen (Schnurrhaare der Katze). Hier taucht der Haarbalg in einen Blutsinus ein und steht mit besonderen Mechanorezeptoren in Verbindung.

Hautdrüsen

Sie sind alle epidermaler Herkunft. Je nach Sekretionsmodus werden unterschieden: holokrine, apokrine und merokrine Drüsen (S. 186, Abb. 88). Bei Fischen und Amphibien liefert das Stratum germinativum (abgesehen von den Leuchtorganen der Tiefseefische) nur *einzellige Drüsen*, die als Leydigsche Zellen zwischen die übrigen Epidermiszellen eingelagert sind, wo sie zur Sekretabgabe nach außen rücken. Während der Metamorphose verschwinden sie und werden durch vielzellige holokrine *Giftdrüsen* und merokrine *Schleimdrüsen* ersetzt (Abb. 257). Bei Reptilien finden sich nur bei einigen Gruppen wenige Spezialdrüsen, die u. a. Duftstoffe abgeben. Drüsenarm ist auch die Vogelhaut; sie besitzt lediglich die paarige *Bürzeldrüse* (Abb. 254), deren öliges, wasserabstoßendes Sekret zum Einfetten des Gefieders dient. Als Neuerfindungen haben die Säuger gleich drei Drüsentypen entwickelt: holokrine *Talgdrüsen*, apo- und merokrine *Schweißdrüsen* (Abb. 256 f) und apokrine *Milchdrüsen*. Bei Monotremen münden die Milchgänge in ein flach-vertieftes Milchfeld, wo das Sekret vom „Säugling" aufgeleckt wird. Die übrigen Säuger besitzen Brustdrüsen mit Zitzen. Ihre unterschiedliche Zahl (die

Abb. 257 Haut eines Salamanders in der Metamorphose (halbschematisch). *Bl* Basallamina, *D* Dermis, *E* Ersatzzelle, *Ep* Epidermis, *Gd* Giftdrüse mit zerfallenden Zellen, *Lz* Leydigsche Zellen, *P* Pigmentzelle, *Sd* Schleimdrüse. Erst im Zeitpunkt des Verschwindens der Leydigschen Zellen sind die mehrzelligen Drüsen voll entwickelt.

mit der Nachkommenzahl korreliert ist) und die Lokalisation auf verschiedenen Körperregionen wird aus der Embryogenese verständlich. Zunächst wird eine über den ganzen Rumpf hinziehende paarige *Milchleiste* angelegt. Je nach Ordnung werden davon verschiedene Bereiche zu einem oder mehreren Brustdrüsenpaaren ausgebaut; diese liegen axial bei Elefanten, thoracal bei Primaten und Sirenen, abdominal bei Raubtieren und Schweinen, inguinal (leistenständig) bei Huftieren. Auch die gelegentlich beim Menschen (als Erbmerkmal) auftretenden zusätzlichen Brustdrüsen oder Brustwarzen erklären sich aus der Anlage.

Bildung und Sekretion der *Milch* steht unter Hormon-Kontrolle (S. 214). Als wichtigste Baustoffe werden vom Blutstrom freie Aminosäuren, Glucose und Essigsäure geliefert. In den Milchdrüsen erfolgt die Synthese, Bereitstellung und Ausscheidung der drei Milchnährstoffe Protein, Lactose und Fett. Ihr Anteil ist je nach Säugerart verschieden groß (Tab. 9). Dabei ist der unterschiedliche Proteinanteil direkt mit der Wachstumsgeschwindigkeit der Säuglinge korreliert.

Tabelle 9 Mittlere Zusammensetzung der Milch

	P %	L %	F %	t
Mensch	1,3	7,5	3,3	180
Pferd	2,8	5,8	1,2	60
Rind	3,4	4,7	3,7	47
Schaf	4,9	4,6	6,2	15
Kaninchen	10,5	2,0	16,5	6
Delphin	4,0	1,0	44,0!	?

In %: *P* Protein, *L* Lactose (Milchzucker), *F* Fette, sowie Entwicklungszeit in Tagen (*t*), die zur Verdoppelung des Geburtsgewichtes erforderlich ist.

Hautfarben

Zu unterscheiden ist zwischen *Blutfarben* (Hahnenkamm), physikalischen Farben und Pigmenten. Die *physikalischen Farben* werden durch die Struktur trüber Medien, dünner Plättchen und feiner Gitter bewirkt. So entstehen u. a. die blauen Schillerfarben der Vogelfedern. Grünes Pigment gibt es nicht bei Wirbeltieren; zum Grün von Papagei und Laubfrosch wirken Strukturblau und Pigmentgelb zusammen. Auch das Weiß in Federn und Haaren ist eine auf totaler Reflexion beruhende Strukturfarbe. Die Pigmente sind bei allen Wirbeltieren zunächst in *Chromatophoren* eingelagert. Diese Farbzellen entstammen der Neuralleiste (S. 134). Bei Fischen, Amphibien und Reptilien bleibt das Pigment in der Bildungszelle. Diese gibt es dagegen bei Vögeln und Säugern an Zellen der Epidermis, der Federn und Haare ab (Abb. 256 d). Als *Pigmente,* die in Körnchen eingelagert werden, treten auf: braunschwarze Melanine (in Melanoblasten), rotgelbe Carotinoide, rotgelbe Pteridine und gelbes Riboflavin. Durch Verschieben der Pigmentgranula innerhalb der sternförmig verzweigten Chromatophoren beherrschen Anamnier und Reptilien (Bodenfische, Laubfrosch, Chamaeleon) einen raschen *Farbwechsel,* der entweder direkt nervös oder durch antagonistische Farbwechselhormone der Hypophyse und Epiphyse gesteuert wird (S. 214). Vögel und Säugetiere können auf unterschiedlichen Lichteinfall nur langsamer mit Veränderung der Syntheserate in den melaninliefernden Pigmentzellen reagieren.

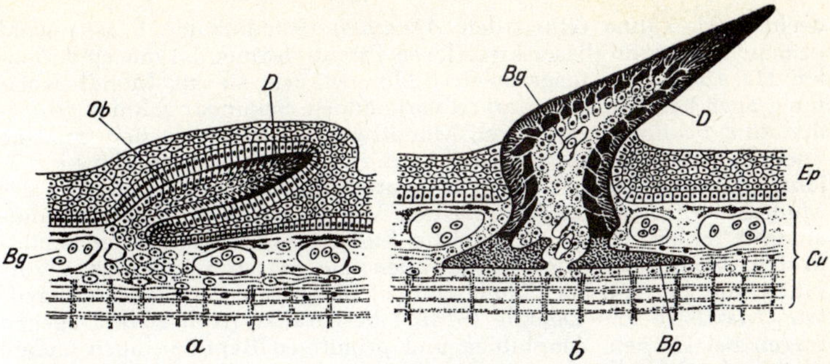

Abb. 258 Entwicklung der Placoidschuppe eines Selachiers, Längsschnitte. a) Frühes Stadium: Eine Dermispapille wächst gegen die Epidermis vor; die obersten Zellen der Papille ordnen sich epithelartig an und bilden als Odontoblasten *(Ob)* das Dentin *(D)*, das von Ausläufern der Odontoblasten in Dentinkanälchen durchzogen wird. b) Fertige Schuppe, im Innern des Zahnes die Pulpahöhle. *Bg* Blutgefäß, *Bp* Basalplatte der Schuppe, *Ep* Epidermis, *Cu* Cutis (Dermis), die sich als Pulpa ins Innere des Zahnes fortsetzt.

Verknöcherungen in der Dermis

Im Mesenchym der Dermis werden die *Fischschuppen* und die *Hautknochen* (S. 478) aller Wirbeltiere differenziert. Diese Hartgebilde waren einst bei altertümlichen Fischen und Amphibien als mächtiger Hautpanzer entwickelt. Noch heute unterlagern große Knochenplatten die epidermalen Hornschilder der Schildkröten. Die *Schuppen der Knochenfische* sind flache Knochenplatten; sie werden von der Epidermis bedeckt. Zu den rein epidermalen Schuppen der Reptilien besteht lediglich eine gewisse funktionelle Analogie. Bei den *Placoidschuppen der Haie* und Rochen sitzt auf einer Basalplatte ein zahnartiger Aufsatz, der die Epidermis durchbricht (Abb. 258). Nach Bildungsart und Bau stimmen diese Hautzähne weitgehend mit den Kieferzähnen aller Wirbeltiere überein (S. 474). So wäre die Mundbezahnung (als Rest) einer ursprünglichen allgemeinen Hautbezahnung homolog. Tatsächlich gehen bei Haien an den Kieferrändern die äußeren Placoidschuppen durch Zwischenstufen gleitend in Mundzähne über.

Zähne

Als Fang- und Kauwerkzeuge oder auch als Waffen besitzen die *Gnathostomen* (S. 459) Mundzähne, die ihre Festigkeit dem *knochenähnlichen Dentin* verdanken, das von einem noch härteren *Schmelz* bedeckt wird. Zähne fehlen den *Agnathen* (Rundmäuler, S. 459) wohl primär. Der Mund dieser kieferlosen Primitivformen ist mit epidermalen *Hornzähnchen* ausgerüstet, Bildungen, wie sie als Mundbewaffnung auch bei Amphibienlarven vorkommen. Sekundär zahnlos gewordens sind Schildkröten, Vögel, Monotremen, Bartenwale und einzelne Edentaten (S. 465), wie z. B. die Ameisenbären. Hier übernehmen z. T. Hornschnäbel oder mächtige Hornplatten (Barten) die Ausrüstung des Mundes. Während bei den rezenten Vögeln selbst embryonale Zahnanlagen fehlen, finden sich solche *Rudimente* im Kiefer von Schildkröten, Monotremen und Bartenwalen; sie weisen auf bezahnte Vorfahren hin (S. 510). Die Zähne sind bei Säugetieren auf das Intermaxillare, Maxillare und Dentale (S. 483) beschränkt (Abb. 264). Dagegen tragen bei Fischen, Amphibien und primitiven Reptilien auch andere Stellen der Mundhöhle, wie das Gaumendach und der Vomer (Abb. 263), Zähne.

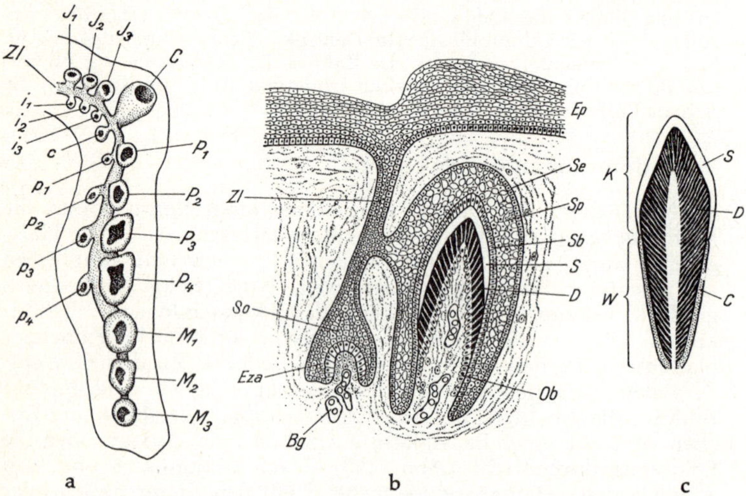

Abb. 259 Säugetierzähne. a) Zahnleiste der einen Unterkieferhälfte eines Säugerembryos (z. B. des Schweins) von unten gesehen, schematisch (nach FLEISCHMANN). Zahnanlagen J_1, J_2, J_3 Incisivi, *C* Caninus, P_1, P_2, P_3, P_4 Prämolaren des Milchgebisses, M_1, M_2, M_3, Molaren i_1–i_3, c,p_1–p_4 die entsprechenden Ersatzzähne. b) Querschnitt durch die Zahnleiste eines Embryos mit einer Milchzahn- und der entsprechenden Ersatzzahnanlage (z. B. in der Richtung von *C* nach *c*) c) Durchschnitt durch einen fertigen Schneidezahn. *Bg* Blutgefäß, *C* Zement, *D* Dentin, *Ep* Epithel, *Eza* Ersatzzahnanlage, *K* Krone, *Ob* Odontoblasten, S Schmelz, *Sb* Schmelzbildner, *Se* äußeres Epithel des Schmelzorgans, *So* Schmelzorgan, *Sp* Schmelzpulpa (innere aufgelockerte Zellenmasse des Schmelzorgans), *W* Wurzel, *Zl* Zahnleiste.

Bei der *Ausbildung der Zähne,* die hier für Säugetiere dargestellt wird (Abb. 259), arbeiten zwei Primordien zusammen. In einem von Neuralleistenzellen gelieferten Dentinkeim (S. 134) scheiden *Odontoblasten* um eine Pulpahöhle herum die Hauptmasse des „Zahnbeines" aus. Von der Epidermis wächst eine *Zahnleiste* in die Tiefe. Sie liefert eine Serie von Schmelzorganen, die wie Gußformen den Dentinkeim überdachen. Ein inneres Epithel von Schmelzbildnern *(Adamantoblasten)* scheidet nach innen über das vorwachsende Dentin den Schmelz aus.

Neben Dentin und Schmelz ist noch das Knochengewebe *Zement* am Säugerzahn beteiligt (Abb. 259 c). Als Belag umgibt Zement entweder nur die Zahnwurzel oder bedeckt die ganze Zahnanlage. Bei hochspezialisierten Kauzähnen (Nager, Huftiere) sind Taschen zwischen Schmelzfalten mit Zement gefüllt. Durch das Kauen entsteht auf der Zahnkrone ein ständig scharf bleibendes Erosionsprofil (Abb. 282). Am weitesten ragt der harte Schmelz vor; das weniger harte Dentin weicht leicht zurück, und der noch weichere Zement wird am stärksten zurückgeschliffen.

Als primitiv gilt der spitze, kegelförmige Fangzahn, der Zahntyp von Fischen, Amphibien und vielen Reptilien (Krokodile, Eidechsen). Solche Gebisse sind daher *homodont,* dies im Gegensatz zum *heterodonten* Säugergebiß, wo vier Zahnformen, von vorn nach hinten sich folgend, die Kiefer besetzen: *Incisivi* (I, Schneidezähne), *Canini* (C, Eckzähne), *Praemolares* (P, Vorbackenzähne) und *Molares* (M, Backenzähne) (Abb. 259, 260). Das ursprüngliche Säugergebiß besitzt 44 Zähne. Bei den meisten Säugetieren ist die Zahnzahl reduziert, indem die Zahnleiste nicht überall Schmelzorgane differenziert (Abb. 260 und Tab. 10).

Wie eine „Brechschere" wirken als *Reißzähne* der Raubtiere von oben P4 gegen M1 des Unterkiefers (Abb. 260 b). Die riesigen *Stoßzähne* der Elefanten sind modifizierte obere Schneidezähne (Dentin als Elfenbein). *Sekundär homodont* und in Konvergenz zum Fischtyp wurde das Gebiß der Zahnwale; bei Delphinen können bis zu 250 gleichgeformte Kegelzähne vorkommen.

Bei den meisten Säugetieren folgen in einem *Zahnwechsel* zwei Generationen (*diphyodontes* Gebiß) aufeinander. Ein Milchgebiß wird durch das Dauergebiß ersetzt; dabei wechseln die Molaren nicht (Abb. 259 a). Einzig manche Nagetiere und die Zahnwale verfügen über nur eine Zahngeneration (*monophyodontes* Gebiß). Bei Fischen, Amphibien und Reptilien werden verbrauchte Zähne laufend und vielmal ersetzt (*polyphyodontes* Gebiß).

Die Zähne sind Strukturen, die sich in einem ungewöhnlichen Ausmaß für verschiedene Funktionen des Beuteerwerbs, der Verteidigung und in Richtung unterschiedlicher Nahrungsverarbeitung adaptiv differenzieren konnten. Aus der Zahnstruktur lassen sich häufig weitreichende Schlüsse über die Organisation des ganzen Tieres ziehen. Diese Möglichkeit ist besonders wichtig für den Paläontologen, dem oft von einer Art nur Zahnfunde bekannt sind. Die evolutiven Abwandlungen im Gebiß sind stets korreliert mit Änderungen im Schädelbau, so besonders in der Gesichtsregion (Abb. 260, 282), aber auch in den Strukturen, die der Mechanik der Kieferbewegungen dienen. Gleichsinnig wirkende *Allometriebeziehungen* (S. 489) vermögen harmonisch passende Entwicklungstrends in verschiedenen Organsystemen zu sichern.

Tabelle 10 Zahnformeln von Säugetieren

$\frac{3143}{3143}$	= 44:	Maulwurf Schwein	$\frac{3133}{3133}$	= 40:	Pferd (Abb. 260 c)
$\frac{3142}{3143}$	= 42:	Hund	$\frac{0033}{3133}$	= 32:	Rind
$\frac{2123}{2123}$	= 32:	Mensch Pongiden (Abb. 260 e)	$\frac{1033}{0033}$	= 26:	Elefant
$\frac{3141}{3141}$	= 36:	Löwe (Abb. 260 b)	$\frac{1003}{1003}$	= 16:	Ratte Hausmaus

Nur eine Seite berücksichtigt; von der Mediane nach rechts (oben und unten) folgen aufeinander: J (1–3), C (1), P (1–4) und M (1–3). Die Zahlen geben die jeweils ausgebildete Anzahl der vier Zahntypen an.

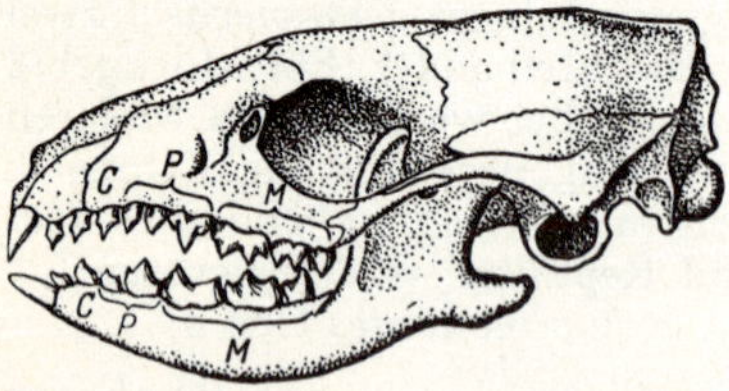

Abb. 260 a

Abb. 260 Säugerschädel. a) Igel, b) Löwe, c) Pferd, d) Lemur, e) Orang-Utan. *C* Caninus, *I* Incisivi, *M* Molaren, *P* Prämolaren, *R* Reißzahn (Abb. 260 b).

Abb. 260 b

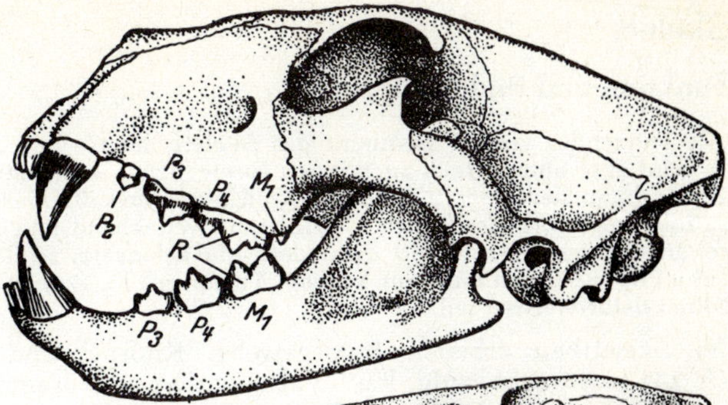

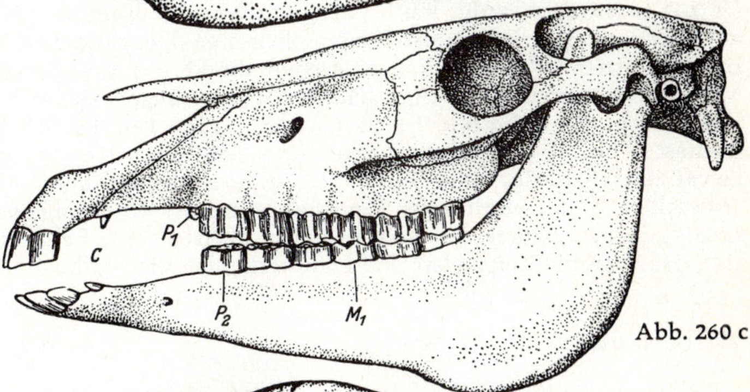

Abb. 260 c

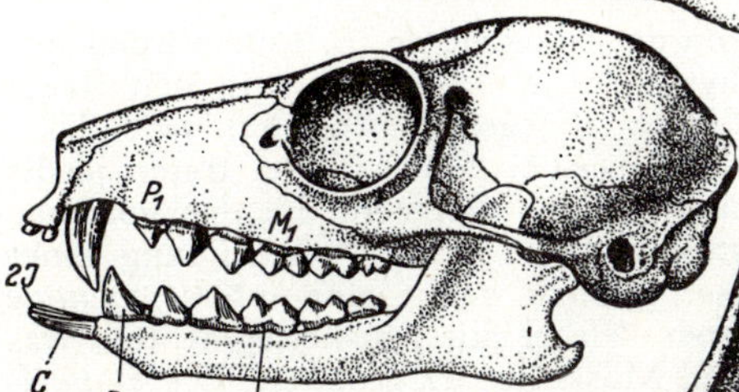

Abb. 260 d

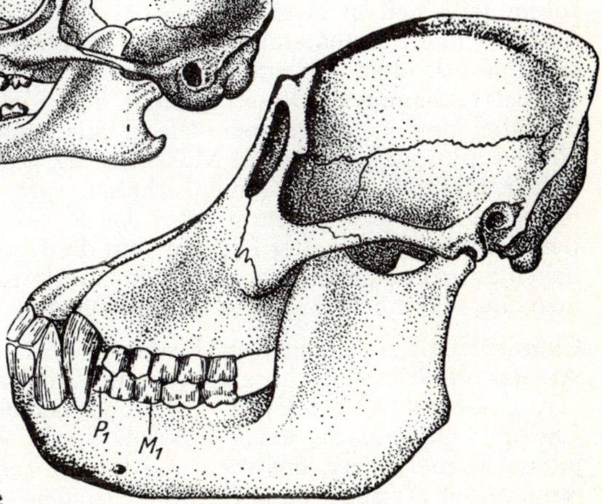

Abb. 260 e

Skelett

Funktion und Bildungstypen

Als stützendes Gerüst bestimmt das Skelett die Gestalt des Tieres; es wird aber andererseits auch durch formgebende Weichteile geprägt. Daher kann der Paläontologe aus Knochenfunden die Gesamtorganisation ausgestorbener Typen häufig recht weitgehend und zuverlässig rekonstruieren. Das Skelett dient dem Muskelansatz, schützt verletzliche Organe und nimmt mit hohem „Turnover" (S. 176) vor allem am Mineralstoffwechsel teil.

Im Skelettbau arbeiten Bindegewebe, Knorpel und Knochen (S. 14) teils unabhängig; häufig aber wirken sie zusammen. Nach der Bildungsart wird unterschieden zwischen Deckknochen und Ersatzknochen. *Deckknochen* entstehen direkt aus skeletogenem Mesenchym der Dermis. Als *„Hautknochen"* liegen sie, wie ein Exoskelett, außen. So bildet sich u. a. der größte Teil des Schädeldaches (Abb. 264 a). Für die *Ersatzknochen* werden embryonallarval zunächst knorpelige Platzhalter, z. B. als Primordialcranium entwickelt. Dann verdrängen Knochenzellen das Knorpelgewebe. Ersatzknochen bauen das Achsenskelett (Wirbelsäule-Schädelbasis), das Extremitätenskelett und Hauptteile der Visceralbögen.

Wirbelsäule

Von den medianen Flanken der Ursegmente (S. 130) werden Anhäufungen von Mesenchymzellen als *Sclerotome* in den Raum zwischen Myotom und Chorda abgegeben (Abb. 64). Jedes Sclerotom teilt sich in zwei Teile (Abb. 261 a). Dann treten je die hinteren Hälften aus einem vorderen Segment mit den vorderen Hälften aus dem nächstfolgenden Segment zur Bildung eines Wirbels zusammen. Dieser erreicht damit eine *intersegmentale Stellung,* und so alternieren Wirbel mit Muskelsegmenten, was einen funktionell optimalen Muskelansatz gestattet. Die *Doppelanlage* bleibt bei Cyclostomen erhalten; pro Segment umfassen je zwei gleich große Neuralbögen das Rückenmark. Bei Wirbeltieren höher entwickelter Klassen sind die Derivate der ursprünglichen Sclerotompartner vereinigt, doch unterbleibt bei vielen Formen eine eigentliche nahtlose Verschmelzung.

Charakteristisch für die verschiedenen Klassen ist Ausmaß und Art der Verdrängung der embryonalen Chorda durch *Wirbelkörper.* Diese fehlen bei Cylostomen und Ganoiden; so bleibt die Chorda zeitlebens als axiales Skelett intakt. Die übrigen Fische bilden Wirbelkörper, die vorn und hinten konkav begrenzt sind (*amphicoele* Wirbel, Sanduhrform). In dem nicht von Knorpel

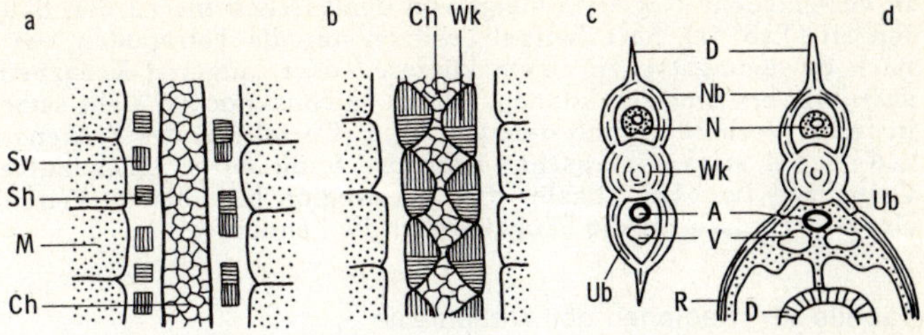

Abb. 261 Bildung und Struktur von Fischwirbeln. a) Frühe Doppelanlage von Sklerotomen (*Sv* vorn, *Sh* hinten) in jedem Segment, *Ch* Chorda intakt, *M* Myotom; links früheres, rechts späteres Stadium. b) Intersegmentale Entstehung von Wirbelkörpern *(Wk)*, durch Vereinigung von 2 Sklerotomen verschiedener Segmente. Verdrängen der Chorda bis auf Rest im nicht aufgefüllten Hohlraum zwischen den Sanduhrwirbeln. c) Wirbel aus Schwanzregion. d) Wirbel aus Rumpfregion. *A* Arterie, *D* Darm (unten), *D* Dornfortsatz (oben), *Nb* Neuralbögen, *R* Rippen, *Ub* untere Bögen, *V* Venen.

oder Knochen beanspruchten Raum bleibt das Chordagewebe erhalten (Abb. 261 b). Amphibien und Reptilien entwickeln Gelenkflächen zwischen den Wirbelkörpern. Diese können entweder *procoel* (vorn konkav, hinten konvex) oder *opisthocoel* (hinten konkav) sein. Chordareste finden sich in der Regel im Zentrum der Wirbelkörper. Komplizierte Gelenke mit *Sattelflächen* stehen bei Vögeln zwischen den Wirbelkörpern. Säugerwirbel sind „biplan" begrenzt. Zwischen diesen *acoelen* Wirbelkörpern sind die bindegewebigen Zwischenwirbel- oder *Bandscheiben* eingefügt. In ihrem Zentrum verbleibt ein Chordarest als *Nucleus pulposus*. Häufig bricht sein Gewebe nach außen durch und drückt auf die Wurzeln der Spinalnerven (Diskushernie). Die Bandscheiben sind lediglich elastisch biegsam. Ergänzend stehen bei Säugetieren besondere Gelenkfortsätze im Dienst von Beweglichkeit und Stabilität.

Konstante Elemente der Wirbel sind die *Neuralbögen*, die den Rückenmarkkanal umfassen (Abb. 261 c, d) und zwischen denen die Spinalnerven austreten. Ebenso regelmäßig bilden sich untere Fortsätze. Als *Hämalbögen* formen sie im Schwanzbereich der Fische einen Kanal für die großen Blutgefäße; im Rumpfgebiet bleiben sie ventral offen und bieten u. a. Ansatzstellen für die Rippen.

Wirbel sind serial homologe Gebilde (S. 358). Sie werden funktionell je nach Körperregion verschieden abgewandelt. Die Differenzierung in verschiedene *Regionen* steigt von den Fischen bis zu den Säugetieren an (Tab. 11). Sacralwirbel besitzen nur die Tetrapoden, wo sie je nach Bewegungstyp zu einem kürzeren oder längeren Kreuzbein (*Os sacrum*) verschmelzen können. Dieser Fusionsknochen steht seinerseits in fester Verbindung mit dem *Os ilium* (Darmbein) des Beckens (Abb. 268 b). Bei starker statischer Beanspruchung durch einen aufrechten Gang mag (wie bei Vögeln) die Sacralregion bis über 20 Wirbel vereinigen. Typisch für die Säugetiere ist die Lendenregion.

Tabelle 11 Regionen der Wirbelsäule

Teleostier:		R			S
Amphibien:	A;	B		K	S
Sauropsiden:	A, E + H	B		K	S
Säugetiere:	A, E + H	B	L	K	S
(Mensch)	(7)	(12)	(5)	(5)	(4)

B Brust, *H* Hals mit *A* (Atlas) und *E* (Epistropheus, Dreher), *K* Kreuz (Sacral), *L* Lenden, *R* Rumpf, *S* Schwanz.

Der Brustkorb mit *Rippen* und *Brustbein* (Abb. 268 a) gehört entwicklungsphysiologisch zum System des Achsenskelettes und nicht zum Schultergürtel. Diese Zuordnung ist auch genetisch belegt. Es gibt Mutationen, die organspezifisch zu Mißbildungen der Wirbelsäule führen; dabei wird auch der Brustkorb, nicht aber die Extremität und ihre Gürtel betroffen (Beispiel: Letalfaktor „Elchkalb" beim Rind). Wenn andere Gene mutieren, wird die Entwicklung der Extremitäten samt Gürtel blockiert. Daneben entwickeln sich Wirbelsäule und Brustkorb normal (Beispiel: „Stromlinienschwein").

Schädel (Cranium)

Das *Neurocranium* umschließt Gehirn, baut Schutzhöhlen für Sinnesorgane und steht in Verbindung mit der Wirbelsäule. Von vorn nach hinten folgen sich die Nasen-, Augen-, Ohr- und Hinterhauptsregion (Abb. 262). Das *Visceralcranium* umspannt mit seinen Skelettbogen die Mundhöhle und den Schlunddarm. Diese Bogenstruktur zeigt sich im Knorpelschädel der Haie besonders deutlich (Abb. 262).

Allerdings fehlt den Selachiern ein vorderster, noch vor dem Mandibularbogen stehender rostraler Bogen, von dem sich bei anderen Formen noch Spuren finden; die Lippenknorpel der Haie (Abb. 262) sind dagegen keine echten Bogen; sie stützen lediglich die oberen Mundrän-

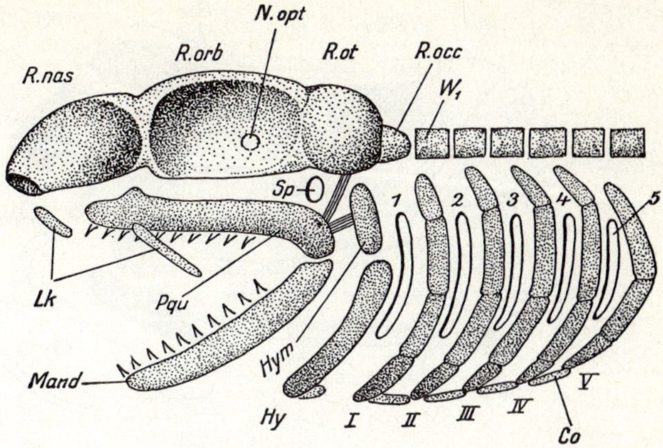

Abb. 262 Schema des Knorpelcraniums eines Selachiers (Haifisch). Regionen des Neurocraniums: Regio nasalis *(R. nas.)*, R. orbitalis *(R. orb)*, R. otica *(R. ot)*, R. occipitalis *(R. occ)*. *N. opt.* Sehnervenloch, das den Grund der Augenhöhle durchbricht, W_1 erster Wirbel. Visceralcranium: *Lk* Lippenknorpel; Mandibularbogen aus Palatoquadratum *(Pqu)* und Mandibulare *(Mand)*, zwischen beiden das primäre Kiefergelenk; Hyal- oder Zungenbeinbogen aus Hyomandibulare *(Hym)* und Hyale *(Hy)*; *I–IV* Kiemenbögen; *Co* Copula, *Sp* Spritzloch, *1–5* Kiemenspalten.

der. Da der Visceralschädel streng segmental angelegt ist, stellt sich die Frage, ob auch das Neurocranium auf segmentale Vorstufen zurückgehe. Nach einer erstmals von J. W. Goethe (1749–1832) und L. Oken (1779–1857) vertretenen *Wirbeltheorie* sollte der Hirnschädel als Fortsetzung der Wirbelsäule ähnlich wie diese segmental gegliedert sein. Mit einigem Recht kann diese Vorstellung höchstens für die Hinterhauptsregion gelten. Übrigens verdanken wir dem Dichter Goethe auch den Terminus *Morphologie*; er hat zudem den *Zwischenkiefer* (Prä- oder Intermaxillare) am Menschenschädel nachgewiesen; unabhängig stellte auch sein Zeitgenosse L. Oken diesen Skeletteil fest.

Aufbauend auf einen knorpeligen Embryonalschädel *(Primordialcranium)* wird bei Teleostiern und Tetrapoden mit Ersatz- und Deckknochen das *knöcherne Cranium* mosaikartig zusammengefügt. Die Bezeichnungen der einzelnen Elemente sind den Abb. 262–264 zu entnehmen. Im Bereich des Palatoquadratums werden als bezahnte Deckknochen Prämaxillare (Intermaxillare, Zwischenkiefer) und Maxillare gebildet. Der Gelenkkopf des Oberkiefers ist eine Differenzierung des Quadratums, eines Ersatzknochens. Im Mandibularbogen des embryonalen Unterkiefers wer-

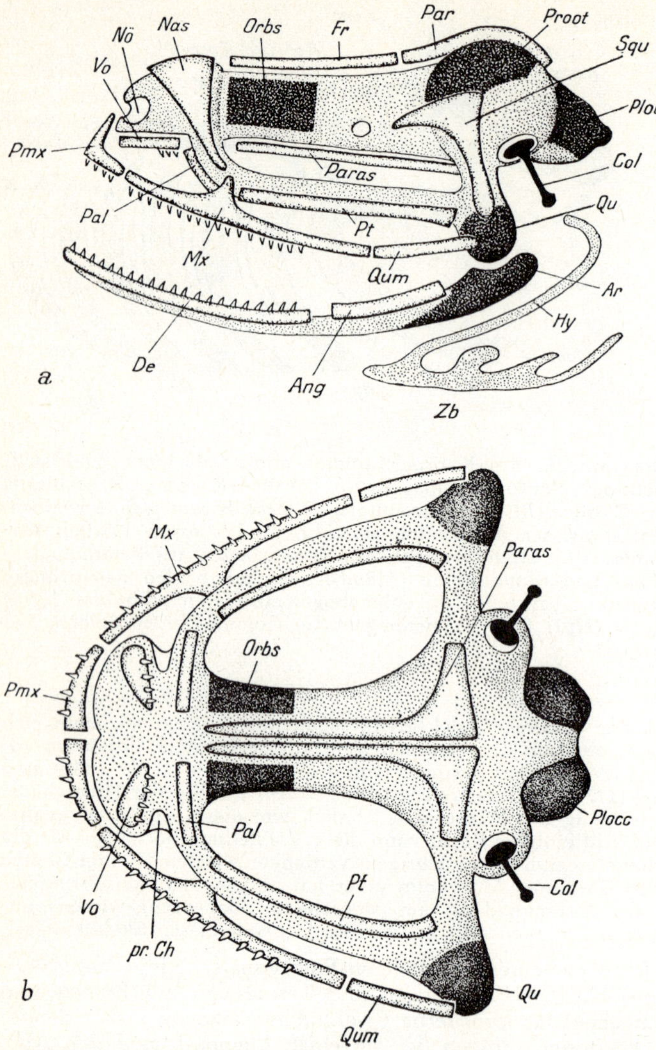

Abb. 263 Schemata des Amphibienschädels (Frosch). a) Seitenansicht, b) Schädelbasis; *pr. Ch* primäre Choane. Knorpeliges Primordialcranium gleichmäßig punktiert. Ersatzknochen dunkel. Deckknochen hell. Ersatzknochen am Neurocranium: Orbitosphenoid *(Orbs)*, Prooticum *(Proot)*, Pleurooccipitale *(Plocc)*. Deckknochen am Neurocranium:

den ebenfalls drei Knochen entwickelt, wovon das Articulare zusammen mit dem Quadratum das *primäre Kiefergelenk* bildet. Unabhängig von knorpeligen Vorstufen entstehen als Deckknochen die großen Knochen des Schädeldaches und die Elemente der *Gaumenreihe* (Vomer, Palatinum, Pterygoid, Abb. 264). Letztere werden zwischen Schädelbasis und Oberkiefer eingefügt.

Zwischen dem Kieferbogen und dem nachfolgenden Hyoid- oder Zungenbeinbogen liegt die erste Schlundspalte, die bei Haien und Rochen als *Spritzloch* offen bleibt (Abb. 262). Bei Knochenfischen verödet dieser Gang; dagegen wird er bei Tetrapoden zur *Eustachschen Röhre* und zum *Mittelohr* (Paukenhöhle). Ein Trommelfell schließt diese ursprüngliche Kiemenspalte nach außen ab (Abb. 265).

Die auf den Hyoidbogen folgenden *Schlund-* oder *Branchialbogen* tragen bei den Wasseratmern die *Kiemen*. Die Zahl dieser Bogen beträgt 5–7 bei Knorpelfischen (Abb. 252, 262), 4 bei modernen Knochenfischen und 3 bei Amphibienlarven. Zwischen den Bogen öffnen sich die Kiemenspalten. Ventral sind die Bogenpaare durch Copulae verbunden. Die Tetrapoden verwenden den Hyoidbogen sowie die nachfolgenden Schlundbogen als *Zungenbein* und *Kehlkopfapparat* (Abb. 264).

Erstaunliche Abwandlungen führten zu den schalleitenden *Gehörknöchelchen* im Mittelohr der Tetrapoden. Zunächst rückt das Hyomandibulare der Fische in die Paukenhöhle, wo es bei Amphibien und Sauropsiden zum (einzigen) Gehörknöchelchen, zur stabförmigen *Columella auris* wird (Abb. 263, 265). Bei Säugetieren nimmt das gleiche Element als Steigbügel *(Stapes)* eine besondere Form an (Abb. 264). Dazu werden bei Säugern auch die Anlagen von Quadratum und Articulare ins Mittelohr versetzt, wo sie den Ambos *(Incus)* und den Hammer *(Malleus)* bilden (Abb. 154 a). Wahrscheinlich ist das Paukenbein *(Tympanicum)*, welches das Trommelfell spannt, dem Angulare homolog. Das

---

Nasale *(Nas)*, Frontale *(Fr)*, Parietale *(Par)*, Vomer *(Vo)*, Parasphenoid *(Paras)*. Palatoquadratum mit der Nasal- und Ohrregion verwachsen; an ihm Ersatzknochen: Quadratum *(Qu)*, auf die Ohrkapsel sich erstreckend: Paraquadratum (Squamosum, *Squ*). Mandibulare mit dem Ersatzknochen Articulare *(Ar)* und den Deckknochen Dentale *(De)* und Angulare *(Ang)*. Deckknochen auf den Lippenknorpeln: Prämaxillare *(Pmx)* und Maxillare *(Mx)*, durch den Deckknochen Quadratomaxillare *(Qum)* mit dem Quadratum verbunden. Hyalbogen: Hyomandibulare = Columella *(Col)*, Hyale *(Hy)* = vorderes Horn des Zungenbeins *(Zb)*. Für deutsche Namen vgl. Abb. 264.

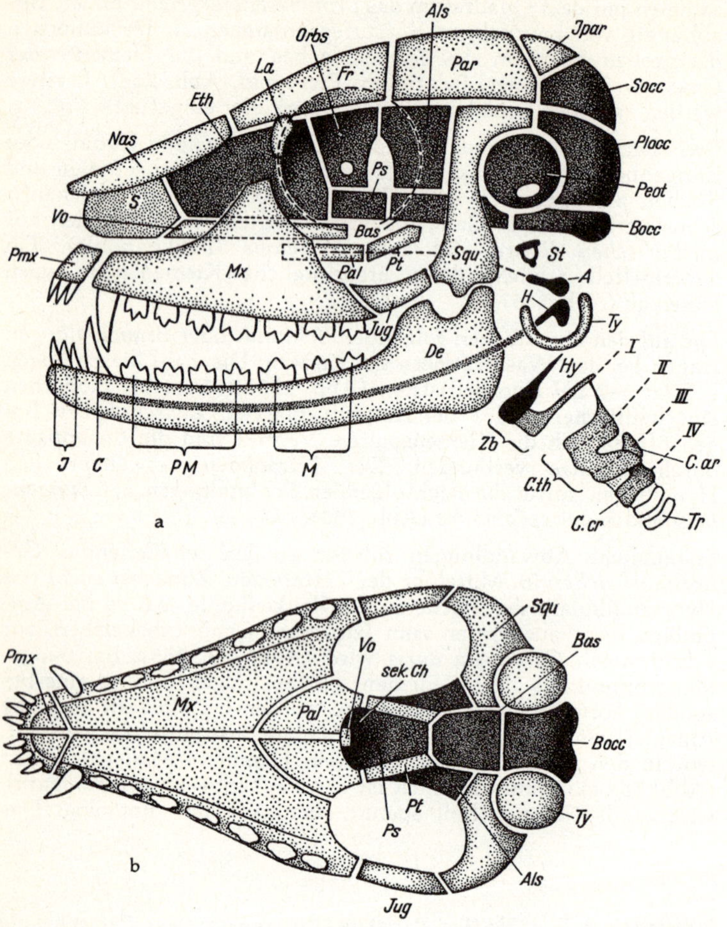

Abb. 264 Säugerschädel schematisiert. a) Seitenansicht, b) Schädelbasis. *sek. Ch* sekundäre Choane. Ersatzknochen und Reste des Primordialcraniums dunkel, Deckknochen hell. Ersatzknochen des Neurocraniums: Ethmoid *(Eth,* Siebbein); Orbito-, Ali-, Prä- und Basisphenoid *(Orbs, Als, Ps, Bas,* die Keilbeine); Perioticum *(Peot,* Felsenbein); Supra-, Pleuro- und Basisoccipitale *(Socc, Plocc, Bocc,* die Hinterhauptsbeine). Reste des Knorpelschädels: Nasenscheidewand *(S).* Deckknochen des Neurocraniums: Nasale *(Nas,* Nasenbein); La-

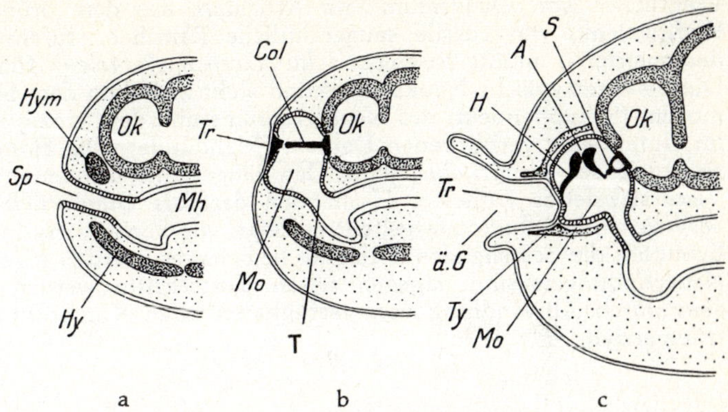

Abb. 265 Schemata der Ausbildung des Mittelohrs in der Wirbeltierreihe: a) Fisch (Hai), b) Amphibien und Sauropsiden, c) Säuger. *A* Ambos, *Col* Columella, *ä. G* äußerer Gehörgang, *H* Hammer, *Hy* Hyale, *Hym* Hyomandibulare, *Mh* Mundhöhle, *Mo* Mittelohr, *Ok* Ohrkapsel des Schädels, *S* Steigbügel, *Sp* Spritzloch, *T* Tuba pharyngotympanica (Eustachsche Röhre), *Tr* Trommelfell, *Ty* Tympanicum. Bei Knochenfischen verödet die als Spritzloch oder als Eustachschen Röhre ausgebildete Kiemenspalte, die zwischen dem Mandibular- und dem Hyoidbogen liegt (Abb. 262).

---

crimale (*La*, Tränenbein); Frontale (*Fr*, Stirnbein); Parietale (*Par*, Scheitelbein); Interparietale (*Ipar*); Squamosum (*Squ*, Schuppenbein); Vomer (*Vo*, Pflugscharbein). Visceralcranium: Das knorpelige Palatoquadratum ist völlig geschwunden, seinen ehemaligen Verlauf (gestrichelte Linie) kennzeichnen die Deckknochen Palatinum (*Pal*, Gaumenbein) und Pterygoid (*Pt*, Flügelbein); Quadratum = Ambos (*A*). Der Mandibularknorpel (Meckelscher Knorpel) wird embryonal zurückgebildet, Articulare = Hammer (*H*); Dentale (*De*) bildet mit Squamosum das sekundäre Kiefergelenk. Prämaxillare (*Pmx*, Zwischenkiefer) und Maxillare (*Mx*) bilden den Oberkiefer, der durch das Jugale (*Jug*, Jochbein) mit dem Squamosum verbunden ist. Vom Hyoidbogen stammen der Steigbügel (*St* = Columella = Hyomandibulare) und das vordere Zungenbeinhorn (*Hy*, Hyale). Branchialbogen I bildet die hinteren Zungenbeinhörner, die mit den vorderen zum Zungenbeinkörper (*Zb*) verwachsen. Branchialbogen II wird zum vorderen Teil des Schildknorpels (Cartilago thyreoidea, *C. th*) des Kehlkopfes. Branchialbogen III liefert den hinteren Teil des Schildknorpels und den Stellknorpel (Cart. arytaenoidea, *C. ar*); Branchialbogen IV wird zum Ringknorpel (Cart. cricoidea, *C. cr*); *Tr* Trachea (Knorpel der Luftröhre). Tympanicum (*Ty*, Paukenbein) stützt äußeren Gehörgang und bildet Rahmen für Trommelfell.

Wegrücken von Quadratum und Articulare aus dem primären Kiefergelenk, was fossile säugerähnliche Reptilien stufenweise demonstrieren, mußte zu einem *sekundären Kiefergelenk* führen. Diese säugertypische Neukonstruktion steht zwischen dem Squamosum (Schuppenbein) des Neurocraniums und dem einzig noch im Unterkiefer verbliebenen Dentale (Mandibula). Die Homologisierung der Gehörknöchelchen der Säuger mit Elementen des Visceralskelettes frühester Fischahnen darf als *Glanzstück der vergleichenden Anatomie* gelten; es zeigt, wie konservativ in der Evolution die bestehenden Elemente beibehalten werden (S. 509). Neuerfindungen sind dagegen selten. Fortschritte werden viel eher durch Abwandlung von verfügbaren alten Konstruktionsteilen erzielt.

Extremitäten und ihre Gürtel

Zur Fortbewegung dienen den primitivsten Wirbeltieren (*Agnatha*, S. 459) lediglich unpaare Flossensäume und Einzelflossen. Paarige Extremitäten (Brust und Bauchflossen, Abb. 252) sind Neubildungen der *gnathostomen* Fische (S. 459). Mit der Herkunft dieser Strukturen befassen sich verschiedene *„Gliedmaßentheorien"*, von denen keine genügend begründet ist. So sollten caudal verschobene Kiemenbogen die paarigen Flossen und ihre Gürtel geliefert haben. Gegen diese Theorie sprechen aber gewichtige ontogenetische Befunde. Nach einer Seitenfaltentheorie müßten die zwei paarigen Fischflossen lokalisierte Differenzierungen eines einst ventral über den ganzen Rumpf ausgedehnten paarigen Flossensaumes sein. Gestützt wird diese Deutung durch das Vorkommen paariger Flossengebilde, die bei einzelnen *Placodermi* (S. 459) zusätzlich zwischen Brust- und Bauchflossen stehen. Weniger schwierig läßt sich die *fünfstrahlige Tetrapodenextremität* von der vielstrahligen Fischextremität herleiten. Hier vermitteln die Crossopterygier (S. 461). Im folgenden befassen wir uns nur mit den Landtierextremitäten.

Der für alle Tetrapodenextremitäten geltende *Grundplan* ist in Abb. 266 dargestellt. In mannigfacher Weise wird diese *pentadaktyle* Anlage funktionell abgewandelt:

1. *Reduktion von Strahlen.* Bei Huftieren sind dabei zwei große Evolutionsreihen verwirklicht. Im Fuß der Unpaarzeher wurde der Mittelstrahl III zum dominierenden Träger des Körpers (Abb. 267 a–c), der bei den Pferden als einziger noch bodenberührender Strahl übrigbleibt. Die Stufen dieses Evolutionsvorganges sind durch zahlreiche Fossilien aus der Tertiärzeit belegt (Abb. 282). Bei den Paarzehern wurden die Strahlen III und IV bevorzugt (Abb. 267 d–f). Im Vogelflügel sind die Strahlen II–IV erhalten (Abb. 254).

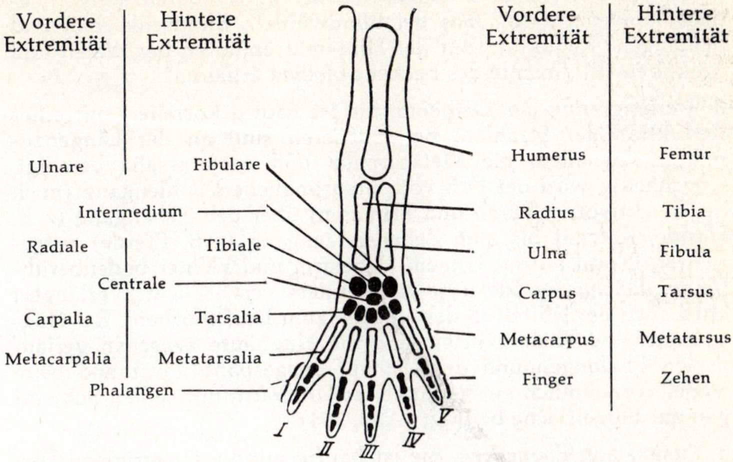

Abb. 266 *Grundplan* der pentadaktylen Extremität: Humerus = Oberarmknochen, Femur = Oberschenkelknochen, Radius = Speiche, Ulna = Elle, Tibia = Schienbein, Fibula = Wadenbein, Metacarpus = Mittelhand, Metatarsus = Mittelfuß. Hand- und Fußwurzelknochen (im Carpus und Tarsus) sowie Phalangenglieder sind schwarz gezeichnet.

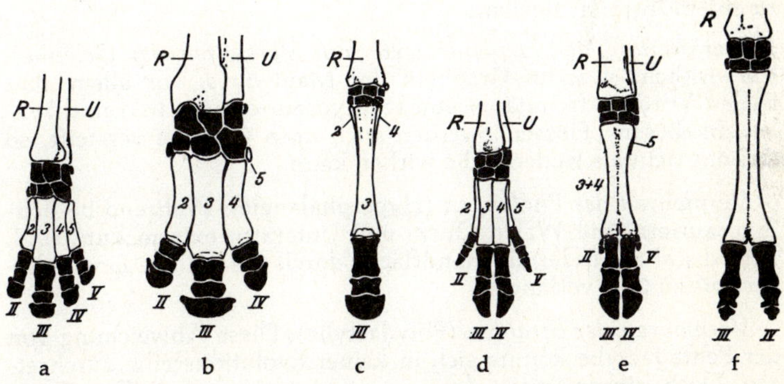

Abb. 267 Skelett der linken vorderen Extremität bei Huftieren. a–c) *Perissodactyla:* a) Tapir, b) Rhinoceros, c) Pferd. d–f) *Artiodactyla:* d) Schwein, e) Rind, f) Kamel. Unterarm weiß, Handwurzel schwarz, Mittelhand weiß, Finger schwarz. *R* Radius, *U* Ulna, *2–5* Metacarpalia, *II–V* Finger.

2. *Völlige oder teilweise Reduktion der Extremitäten.* Polyphyletisch konvergent (S. 358) bei Blindwühlen, Blindschleichen und Schlangen; Reduktion nur der Hinterextremitäten bei Walen und Seekühen (Rudimente des Beckens bleiben erhalten).

3. *Verlängerung der Elemente.* Sie ist häufig korreliert mit einer Reduktion der Strahlen. Bei Huftieren sind an der Längenzunahme vor allem die Metacarpalia und Metatarsalia beteiligt. Gleichzeitig wird der Fuß vom ursprünglichen Sohlengang (noch bei Insektivoren, Bären und Primaten) über den Zehengang (z. B. Hunde, Katzen) bis zum Zehenspitzengang (z. B. Pferde) aufgerichtet. Damit ist mit langem Hebelarm und kleiner bodenberührender Fläche der Idealtyp des Renners verwirklicht. Verlängert wird auch der Mittelfuß des Vogels (zum Laufknochen). Bei Flugsauriern und Fledermäusen sind die Flughäute zwischen verlängerten Phalangen und dem Rumpf ausgespannt, während beim Vogel vornehmlich ein verlängerter Unterarm mit seinen Schwingen zur Flügelfläche beiträgt (Abb. 254).

4. *Fusion von Elementen.* Sie ist häufig mit Verlängerungen korreliert: Die Metacarpalia III und IV verschmelzen bei Rind und Kamel zum Kanonenbein (Abb. 267 e, f). Im Laufknochen des Vogelbeines vereinigen sich während der Ontogenese die Metatarsalia I–III, an ihrem oberen Ende verschmelzen sie zudem mit den distalen Tarsalia; so entsteht der Tarsometatarsus (Abb. 254). Die proximalen Tarsalia vereinigen sich mit dem unteren (distalen) Tibiaende zum Tibiotarsus. Damit wird das „Fersengelenk" zu einem Intertarsalgelenk.

5. *Verkürzung der Elemente (teils mit Versteifen der Gelenke).* Verwirklicht u. a. im Grabbein des Maulwurfs, vor allem aber in den Vorderextremitäten von Ichthyosauriern (S. 463) und Walen. In diesen „Flossen" werden auch noch Gelenke versteift, so daß das Bein als Ruderfläche wirken kann.

6. *Vermehren der Phalangen* (Hyperphalangie). Während bei Ichthyosauriern und Walen Ober- und Unterarm extrem kurz sind, wird distal die rudernde Handfläche durch zusätzliche Fingerglieder (bis zu 20!) verlängert.

7. *Vermehren der Strahlen* (Polydactylie). Diese Abweichung von der Pentadactylie konnte sich in keiner Evolutionsreihe durchsetzen. Doch führen (meist dominante) Mutationen bei allen Tetrapoden zur Polydactylie. Häufig sind die Homozygoten schwer mißgebildet und daher letal.

Zu- und Abnahme in der Größe bestimmter Organe sind in der Regel in gesetzmäßiger Weise mit dem Körperwachstum korreliert. Diese Beziehung wird mit der Formel $y = b \cdot x^k$ erfaßt, wobei die Organgröße y zur Funktion der Körpergröße x wird. b ist die Konstante, welche die Größe y für x = 1 festlegt. Entscheidend für die Charakteristik der Funktion ist die Konstante k. Ist k = 1, so bedeutet dies *isometrisches* Wachstum: der Teil wächst linear proportional zum Ganzen. Wird $k>1$, so liegt positive **Allometrie**, bei $k<1$ negative Allometrie vor. Positiv allometrisch haben in der Evolution der Pferde die Längen der Extremitäten und des Gesichtsschädels zugenommen (Abb. 282). Die Frühformen waren kurzbeinig und nicht größer als ein Fuchs; unter einem weitgehend konstant bleibenden k von ca. 1,2 hat sich das heutige Großpferd entwickelt, dessen Beine nicht nur absolut, sondern auch relativ zum Ganzen viel länger wurden. Positiv allometrisch veränderte sich das Hirschgeweih, das beim Riesenhirsch der Eiszeit absolut und relativ am mächtigsten war. Eine Allometriebeziehung kann dann der Körpergröße eine obere Grenze setzen, wenn infolge eines konstant hohen „k" einzelne Gebilde „untragbar" groß würden. Negativ allometrisch wachsen in der Ontogenese Gehirn und Schädel des Menschen: Kleinkinder haben relativ größere Köpfe als Erwachsene.

Allometriefunktionen sind für viele *Evolutionsvorgänge richtungsbestimmend* (S. 476). Werden z. B. Gene für das allgemeine Merkmal „zunehmende Körpergröße" selektiv bevorzugt, so wird in allen allometrisch abhängigen Einzelorganen ein bereits eingestellter Entwicklungstrend „automatisch" fortgeführt. Das korrelierte Verändern zahlreicher Einzelsysteme erfordert somit keineswegs auch zahlreiche

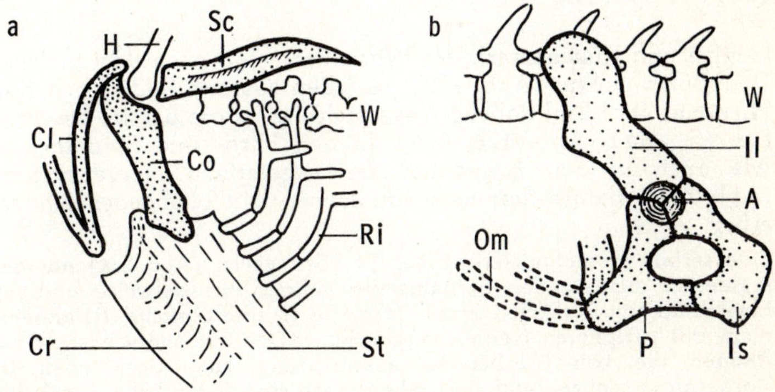

Abb. 268 a) Schultergürtel eines Vogels; *Cl* Clavicula (Schlüsselbeine zum Gabelbein verwachsen); *Co* Coracoid (Rabenbein); *Sc* Scapula (Schulterblatt); außerdem (schwach ausgezogen): *H* Humerus; *Ri* Rippen mit Hakenfortsatz (Processus uncinatus); *St* Sternum (Brustbein mit *Cr* Carina); *W* Wirbelsäule. b) Beckengürtel eines Säugetiers; *A* Acetabulum (Gelenkpfanne für Femur); *Il* Ilium (Darmbein); *Is* Ischium (Sitzbein); *Om* Os marsupiale (Beutelknochen); *P* Pubis (Schambein mit Symphyse); *W* Wirbelsäule.

gleichsinnig wirkende Mutationen. Im Prinzip braucht sich nur die eine Variable x zu ändern.

Vorder- und Hinterextremitäten sind an den serial homologen Schulter- und Beckengürteln verankert. Beide bestehen bei Tetrapoden aus drei Knochenpaaren. Einen vollständigen *Schultergürtel* (Abb. 268 a) besitzen Amphibien, Sauropsiden und Monotremen. Bei den übrigen Säugern wird zunächst das Coracoid zurückgebildet. Die Clavicula bleibt u. a. erhalten bei fliegenden (Fledermäuse), grabenden (Maulwurf) und greif-kletternden Formen (Primaten). Vollständig verschwindet die Clavicula dort, wo die Extremitäten nur pendelnde Bewegungen in der Körperlängsachse ausführen (Huftiere, Raubtiere); hier ist das Schultergelenk frei in der angrenzenden Muskulatur verschiebbar (keine feste Verbindung zu Brustkorb und Wirbelsäule). Die Scapula wird überall ausgebildet.

Recht gering sind die Abwandlungen im *Beckengürtel.* Die drei Grundelemente (Abb. 268 b) sind überall vertreten. Dazu können bei Marsupialiern und Monotremen noch Beutelknochen kommen (S. 465). Über die Verbindung des Beckens zur Sacralregion wurde bereits berichtet (S. 480).

Nervensystem

Gehirn und Rückenmark der Wirbeltiere sind nach dem gleichen Grundplan gebaut (Abb. 269): bei allen Klassen finden sich fünf Hirnteile. Ihre funktionelle Ausgestaltung wurde bereits beschrieben (S. 254 f, Abb. 126, 127). In den Hirn- und Spinalnerven wie auch in den Elementen des vegetativen Nervensystems (Abb. 128) manifestiert sich ein konservativ bleibendes Ahnenerbe.

Eine seriale Homologisierung der **12 Hirnnerven** (Abb. 269) mit den segmental austretenden Spinalnerven gelingt nur teilweise und mit Einschränkung. Zunächst sind *Olfactorius* (I) und *Opticus* (II) ohnehin nicht mit peripheren Nerven vergleichbar. Der Riechnerv besteht aus Axonen, die, vom Riechepithel auswachsend, zum Riechlappen des Vorderhirns ziehen, und der Sehnerv ist eine eigentliche Hirnbahn, die das Zwischenhirn mit ihrem nach außen ausgestülpten Retinateil (Abb. 137 a, b) verbindet. Auch der *Stato-acusticus* (VIII) nimmt als reiner Sinnesnerv eine Sonderstellung ein. Dagegen zeichnen sich für die Gruppe der sogenannten Branchialnerven Beziehungen zum segmentalen Visceralcranium ab. Der *Trigeminus* (V) versorgt den Kieferbogen, der *Facialis* (VII) den Hyoidbogen, der *Glossopharyngeus (IX)* den 1. Branchialbogen und der *Vagus* (X) die nachfolgenden Schlundbogen. Die drei motorischen Nerven *Oculomotorius* (III), *Throchlearis* (IV) und *Abducens* (VI), die die Augenmuskulatur innervieren, gehen

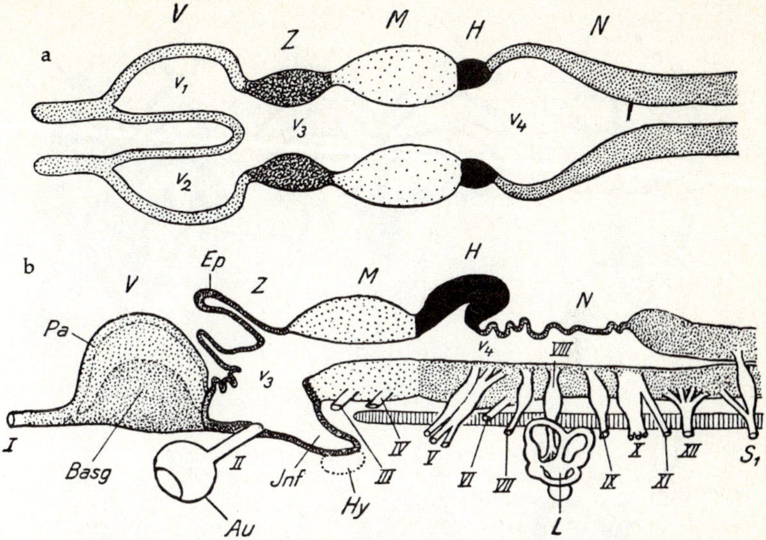

Abb. 269 Schemata des Wirbeltiergehirns. a) Frontalschnitt, b) Sagittalschnitt, auf den die Gehirnnerven aufgezeichnet sind. *V* Vorderhirn; der Längsschnitt geht zwischen den beiden paarigen Vorderhirnblasen, den Hemisphären, hindurch; die rechte ist in Aufsicht gezeichnet; die Blasenwand, das Pallium *(Pa)* und das Basalganglion *(Basg)* durchscheinend gedacht (vgl. den Querschnitt Abb. 127). *Z* Zwischenhirn mit der dorsalen Ausstülpung der Epiphyse *(Ep)*, der ventralen Ausstülpung, dem Infundibulum *(Inf)*, dem die Hypophyse *(Hy)* angelagert ist, und den seitlich anhängenden Augen *(Au)*; im Frontalschnitt im Zwischenhirn die seitlich gelegenen Sehhügel (S. 257). *M* Mittelhirn, *H* Hinterhirn, besonders dorsal vorgewölbt, *N* Nachhirn mit dem dünnen Dach, das die Rautengrube überdeckt. Das Gehirn ist von einem Hohlraumsystem durchzogen, das an bestimmten Stellen zu Ventrikeln erweitert ist: v_1, v_2 die Seitenventrikel in den Vorderhirnhemisphären, v_3 Zwischenhirnventrikel, v_4 Nachhirnventrikel, *I–XII* Gehirnnerven: *I* N. olfactorius, *II* N. opticus, *III* N. oculomotorius, *IV* N. trochlearis, *V* N. trigeminus, *VI* N. abducens, *VII* N. facialis, *VIII* N. statoacusticus, *IX* N. glossopharyngeus, *X* N. vagus, *XI* N. accessorius, *XII* N. hypoglossus; S_1 erster Spinalnerv, *L* Ohrlabyrinth (vgl. Abb. 126).

vielleicht auf selbständige motorische Nerven zurück, die bei (unbekannten) Ahnenformen eine ursprünglich segmentale Kopfmuskulatur versorgten. Der *Accessorius* (XI) wird erst bei Amnioten selbständig; bei Anamniern ist er noch ein Ast des Vagus, und der *Hypoglossus* (XII), der als Hirnnerv auch nur den Amnioten zukommt, ist als ein Komplex von ursprünglichen Spinalnerven aufzufassen, die sekundär in die Schädelkapsel aufgenommen wurden.

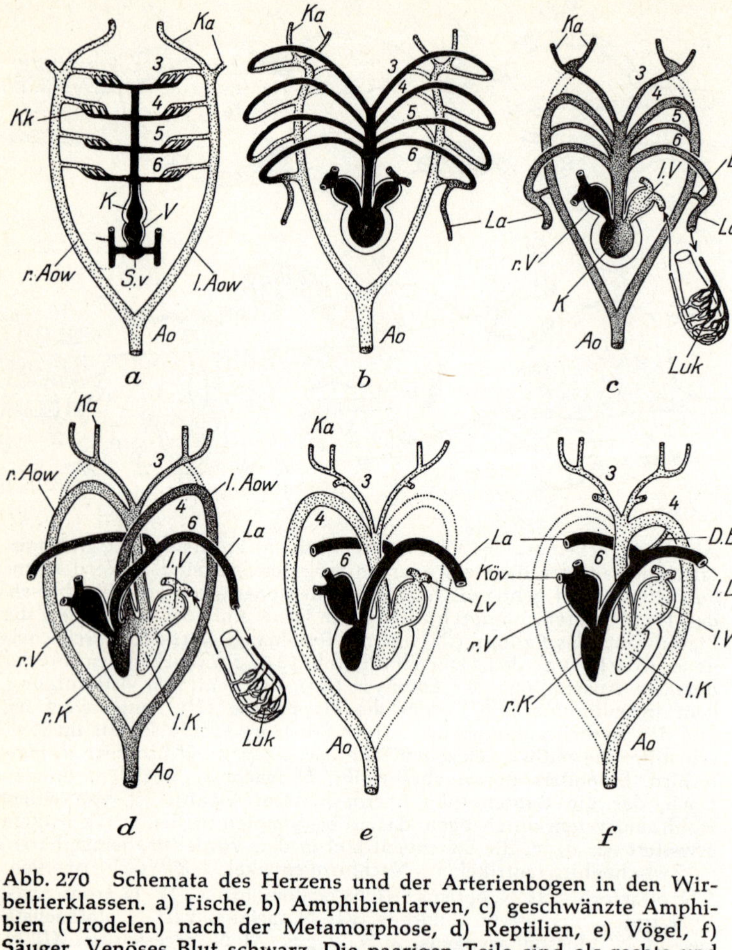

Abb. 270 Schemata des Herzens und der Arterienbogen in den Wirbeltierklassen. a) Fische, b) Amphibienlarven, c) geschwänzte Amphibien (Urodelen) nach der Metamorphose, d) Reptilien, e) Vögel, f) Säuger. Venöses Blut schwarz. Die paarigen Teile sind als rechts und links (vom Tier aus) mit *r.* und *l.* bezeichnet. *Ao* Aorta, *Aow* Aortenwurzel, *D. B* Ductus Botalli, *K* Herzkammer, *Ka* Kopfarterien (Carotiden), *Kk* Kiemenkapillaren, *Köv* Körpervene, *La* Lungenarterie, *Luk* Lungenkapillaren, *Lv* Lungenvene, *S. v* Sinus venosus, *V* Vorhof; *3, 4, 5, 6* Arterienbogen nach der stammesgeschichtlichen Zählung. Bei a sieht man die Ductus Cuvieri in den Sinus venosus einmünden, außerdem die Ansätze der Kardinalvenen (vgl. Abb. 278); bei c ist punktiert zwischen 3 und 4 der Ductus caroticus angegeben (rudimentierter Teil der Aortenwurzel).

Blutgefäßsystem

Abgesehen vom Fehlen eines zentralen Herzens ist der Vertebratengrundplan bereits bei Amphioxus ausgebildet (Abb. 250 c). In der Reihe der Wirbeltierklassen sind Abwandlungen des Grundplanes in der Herzkonstruktion, im Arterien- wie im Venensystem verwirklicht (Abb. 270).

Herz

Bei *Fischen* (Abb. 270 a) münden die Venen aus Körper und Leber in ein Herz, bei dem vier Teile aufeinander folgen: Das Blut fließt zuerst in einen *Sinus venosus*, von dort in das ebenfalls dünnwandige *Atrium* (Vorkammer, Vorhof), dann in den muskulösen *Ventrikel* (Herzkammer) und schließlich in einen auch pumpenden *Bulbus* (oder *Conus arteriosus*, in Abb. 270 a nicht eingezeichnet). Bei *Amphibien* (Abb. 270 b, c) finden sich 2 Atrien, wobei der linke Vorhof durch Lungenvenen, der rechte durch die Körpervenen gespeist wird. In der ungeteilt bleibenden Herzkammer werden arterielles Blut (aus der Lunge) und venöses Blut (aus dem Körper) teilweise durchmischt. Doch führt ein, noch nicht völlig geklärter Verteilungsmechanismus dazu, daß beim Auspumpen der Herzkammer der Kopf mit dem sauerstoffreichsten, der übrige Körper mit „gemischterem" und die Lunge mit dem sauerstoffärmsten Blut versorgt wird. Der embryonal noch angelegte Sinus venosus wird in die rechte Vorkammer aufgenommen. Bei *Reptilien* entwickelt sich eine Scheidewand im Ventrikel (Abb. 270 d), die jedoch nur bei Krokodiliern ganz durchgreift; bei den übrigen Ordnungen trennt dieses Septum den Kammerraum nicht vollständig, so daß es beim Ansatz der Arterien noch zu einer „Blutmischung" kommt. Bei *Vögeln* und *Säugetieren* ist eine vollständige Trennung in ein linkes (arterielles) und ein rechtes (venöses) Herz verwirklicht (Abb. 92, 270 e, f).

Arteriensysteme

Fische: Vom Bulbus arteriosus fließt das venöse Herzblut kopfwärts in eine unpaare *Ventralarterie*, von der die paarigen *Kiemengefäße* abgehen (Abb. 270 a). Zwei embryonal noch angelegte Arterienbogen (1, 2) rudimentieren; so verbleiben als funktionierende Gefäße 5–7 Kiemenbogen bei Selachiern (Abb. 252) und nur 4 bei Knochenfischen (Abb. 270 a, 3–6). In die Bogen ist das Kiemenkapillarnetz, das der Sauerstoffaufnahme dient, eingebaut. Die abführenden Kiemengefäße münden in gemeinsame *Aortenwurzeln.* Von diesen zweigen die äußeren und inneren Carotiden ab, die den Kopf versorgen *(Carotis externa et interna).* Hinten (caudal) vereinigen sich die beiden Aortenwurzeln zur *Aorta descendens,* die ihr Blut an Rumpf, Schwanz und auch an den Darm abgibt.

Amphibien: Bei der Larve sind nur in den Bogen 3–5 Kiemenkapillaren eingeschaltet (Abb. 270 b). Der Bogen 6 führt zu der noch nicht funktionierenden Lunge. In der Metamorphose (Abb. 270 c) werden die Kiemen zurückgebildet. Der Bogen 3 speist jetzt die Carotiden; Bogen 4 wird zu den paarigen Aorten; Bogen 5 rudimentiert bei Anuren, bleibt aber erhalten bei Urodelen. Die Bogen 6 funktionieren nun als Lungenarterien; diese stehen durch einen *Ductus Botalli* noch mit den ursprünglichen Aortenwurzeln in Verbindung. Die vier Bogen zweigen von einem gemeinsamen Arterienstamm *(Truncus)* ab, der z. T. zum Bulbus arteriosus und zur Ventralarterie der Fische homolog ist. Amphibien als partielle Hautatmer besitzen eine voluminöse Hautarterie *(A. cutanea),* die funktionell „richtig" nicht von Körperarterien, sondern von den Lungenarterien abzweigt, die das venöseste Blut führen. *Reptilien:* Der Truncus ist in die 3 Arterienstämme (3, 4, 6) aufgeteilt, wobei sich die Aorten überkreuzen (Abb. 270 d). Die Carotiden werden von der rechten Aorta versorgt, die über sauerstoffreicheres Blut als die linke Aorta verfügt. *Vögel:* Wie Reptilien, doch rudimentiert die linke Aorta während der Ontogenese (Abb. 270 e). *Säugetiere:* Erhalten bleibt die linke Aorta; ein Ductus Botalli führt bis zur Geburt noch Blut von der Lungenarterie zur Aorta (Abb. 270 f).

Die von den Fischen über Amphibien und Reptilien zu den Homoiothermen führende Evolution im Blutgefäßsystem wird in den Hauptzügen embryonal wiederholt (Abb. 278). Durch die phylogenetische Entwicklung wurde die *Kreislaufleistung* erhöht. Bei Fischen steht nur das Kiemenkapillarnetz unter dem direkten Pumpdruck des Herzens. Arterien und Kapillaren des Körpers werden nach der druckkonsumierenden Kiemenpassage unter erniedrigten Drucken durchströmt. Im doppelten Kreislauf der Vögel und Säuger (Abb. 92) wirkt sowohl in den Körper- wie in den Lungengefäßen der volle Druck der Herzkammern. Dieser Fortschritt wurde über die Zwischenstufen der Amphibien und Reptilien eingeleitet, bei denen mit einer partiellen Durchmischung von arteriellem und venösem Blut die optimale Lösung noch nicht erreicht ist.

Venensysteme

Im primordialen Grundplan, der überall embryonal wiederholt wird, laufen beidseitig auf Herzhöhe je vordere und hintere Kardinalvenen *(Vv. cardinales)* zusammen in kurze *Ductus Cuvieri,* die das Blut zum

Sinus venosus leiten (Abb. 270 a, 278). Dort mündet auch die Lebervene *(V. hepatica)* ein; sie wird vom Kapillarnetz gespeist, das als *Leber-Pfortader-System* zwischen die Pfortader *(V. portae)* und die Lebervene in den venösen Kreislauf eingeschaltet ist (Abb. 250 c). In der phylogenetischen wie der ontogenetischen Entwicklung werden zusätzlich zu den Kardinalvenen, die mehr oder weniger rudimentieren, für den Kopf- und Armbereich *Jugular-* und obere Hohlvenen *(Vv. cavae superiores)* ausgebildet. Im Rumpf und Hinterkörper übernimmt eine untere Hohlvene *(Vv. cava inferior)* die Hauptfunktion. Diesem großen Blutgefäß wird auch die Lebervene zugeleitet. Zum Leber-Pfortader-System tritt bei Anamniern (und z. T. auch bei Vögeln) ein *Nieren-Pfortader-System,* wobei das venöse Blut aus dem Hinterkörper zunächst durch die Nieren fließt, bevor es dem Herzen zugeführt wird. Bei Säugetieren fällt diese zusätzliche Passage aus. So fließt das Blut aus den Hinterextremitäten direkt in die untere Hohlvene.

Urogenitalsystem

Zwischen dem Exkretionssystem und dem Geschlechtsapparat besteht keine funktionell notwendige Beziehung. So werden denn auch diese Organsysteme bei Wirbellosen (mit Ausnahme der Anneliden, S. 404) meist völlig getrennt voneinander ausgebildet (Abb. 216, 225). Die für Wirbeltiere typische Verbindung zu einem Urogenitalsystem beruht darauf, daß eng benachbarte Primordien angelegt und daß teils gemeinsame Kanäle für Harn und Gameten benützt werden.

Nierensysteme

Bei den primitiven Wirbeltieren haben wohl alle Rumpfsegmentpaare je ein Nierenelement *(Nephron)* besessen, das am Ursegmentstiel differenziert wurde und sich mit einem Trichter *(Nephrostom)* ins Coelom öffnete (wie in Abb. 271 b, links). Ein solcher *Holonephros* ist annähernd noch bei den Larven der Schleimaale (S. 459) ausgebildet. In der Evolution wird der Holonephros zunächst gegliedert in einen Kopfteil, der als *Pronephros (Vorniere)* bezeichnet wird, und in einen hinteren Teil, den *Opisthonephros.* Etwas schematisierend kann dann in dieser „Rumpfniere" weiter unterschieden werden zwischen einem *Mesonephros (Urniere)* und dem *Metanephros (Nachniere;* Nephron s. Abb. 100 d). Dabei gibt es Übergänge (z. B. bei Knochenfischen).

Über Anlage, Bau, Verbreitung und Funktion der drei Nierensysteme geben Tab. 12 und Abb. 271, 274 Auskunft.

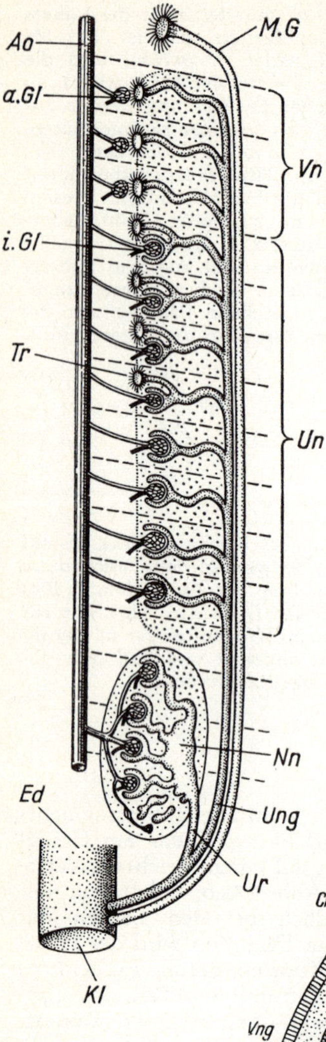

a

Abb. 271 Schema der Nierenorgane der Wirbeltiere. a) Die aufeinanderfolgenden Organabschnitte. b) Schematische Querschnitte durch einen Wirbeltierembryo (Selachier), links in der Vornieren-, rechts in der Urnierenregion. *Ao* Aorta, *Ch* Chorda, *Ed* Enddarm, *Gl* Glomerulum (*a. Gl* äußeres, *i. Gl* inneres Glomerulum), *Kl* Kloake, *M. G* Müllerscher Gang, *Ms* Muskelsegment, *Nn* Nachniere, *Rm* Rückenmark, *Tr* Trichter der Vornieren und Urnierenkanälchen, *Un* Urniere, *Ung* Urnierengang (Wolffscher Gang), *Ur* Ureter, *V* Vene, *Vn* Vorniere, *Vng* Vornierengang (Wolffscher Gang).

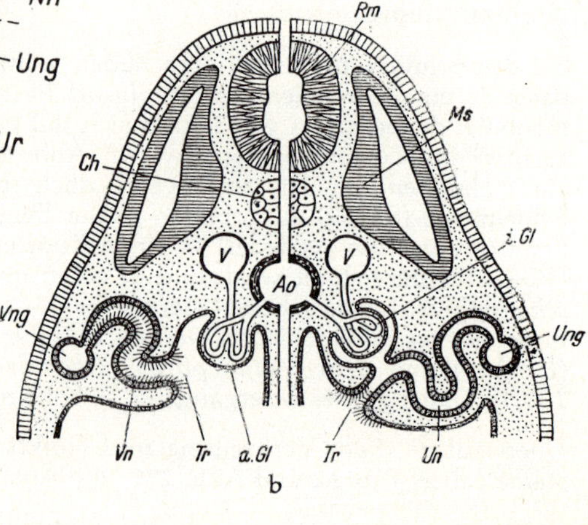

b

Tabelle 12 Nierensysteme der Wirbeltiere (Knochenfische nicht berücksichtigt)

	Anlage und Nephrone (Ne)	Beziehung zum		Ableitung	Vorkommen und Funktion (Funkt.)	
		Coelom	Gefäßsystem		Amphibien (Selachier)	Amnioten
Vorniere (Pronephros)	Ursegmentstiel 1 Ne/Segment	1 Trichter pro Segment	äußere Glomerula	Wolffscher Gang	Funkt. larval, 2–3 Nephrone b. Amph.	rudimentiert früh, ca. 7 Ne bei Mensch
Urniere (Mesonephros)	Ursegmentstiel, Ne sekundär vermehrt	nur noch teilweise m. Trichtern	innere Glomerula in Bowmanscher Kapsel	Wolffscher Gang	Funkt. nach Metamorph.	funkt. embryonal-fetal, adult: Nebenhoden
Nachniere (Metanephros)	Seitenplatten bis 10^6 Ne pro Niere (Mensch)	keine Trichter	wie Urniere	Ureter – Harnblase – Urethra – Sinus urogenitalis (Abb. 274 e, f)	fehlt	Adultniere

Der *Wolffsche Gang* sproßt als primärer Harnleiter, von der Vorniere ausgehend, nach caudal bis zur Kloake; er induziert die Ausbildung der Urniere, deren Ableitung er übernimmt. Vom primären Harnleiter sproßt als sekundärer Harnleiter der *Ureter* hinein in das unsegmentierte Seitenplattenmesoderm. Dort weitet sich der Ureter zum Nierenbecken aus und verzweigt sich anschließend in die zahlreichen Sammelröhren. Gleichzeitig induziert der Uretersproß die Bildung der Nachnierennephrone, die rückwirkend ihrerseits die Differenzierung von Nierenbecken und Sammelröhren fördern, mit denen zur Ableitung des Harns der Anschluß hergestellt wird (S. 157).

Geschlechtsapparat

Zu ihm gehören die Keimdrüsen *(Gonaden)*, die Ausführgänge *(Gonodukte)*, verschiedene *Anhangsdrüsen* (z. B. Samenblasen und Prostata bei Säugetieren) sowie *Kopulationsorgane*. Die Gonaden enthalten zwei Komponenten: die *Keimzellen* (Geschlechtszellen) und die somatischen Zellen. Das *Gonadensoma*

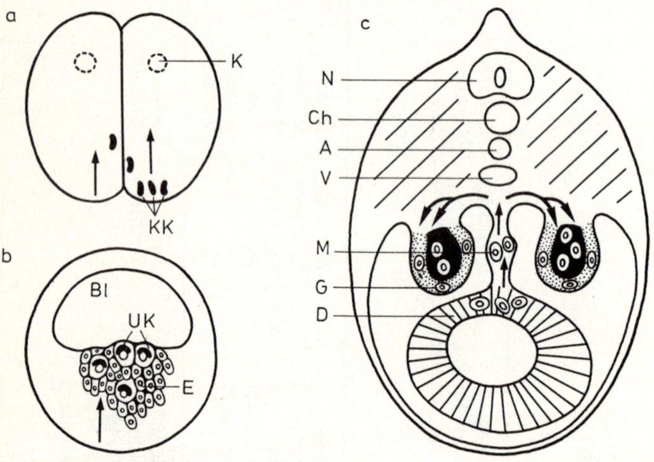

Abb. 272 Keimbahn beim Grasfrosch. a) Keimbahnkörper *(KK)* am vegetativen Pol des Zweizellenstadiums, *K* Zellkern. b) Urkeimzellen *(UK)* mit Keimbahnkörpern verschieben sich zwischen den Entodermzellen *(E)* gegen das Blastocoel *(Bl)*. c) Wanderung der Urkeimzellen (hell) von dorsaler Darmwand *(D)* durch das Mesenterium *(M)* ins Mark (schwarz) und in die Rinde (punktiert) der embryonalen Gonade *(G)*; *N* Neuralrohr, *Ch* Chorda, *A* Aorta, *V* Vene (nach Bounoure u. Hadorn).

liefert u. a. im weiblichen Geschlecht die Follikelzellen (Abb. 62), im männlichen die Samenkanälchen und die Zwischenzellen (Interstitium des Hodens). Das Gonadensoma produziert die *Sexualhormone* (S. 217).

Wohl bei allen Wirbeltieren und bei vielen Wirbellosen findet man die *Urkeimzellen* zunächst außerhalb des Gonadensomas (Abb. 272, 61, 67). Beim Frosch liegen sie zuerst im ventralen Entoderm; sie wandern dann in die dorsale Darmwand, von dort nach dorsal durch das Mesenterium und verteilen sich dann auf die Gonadenanlagen, die in der Coelomwand als Genitalleisten vortreten (Abb. 272 c). RNS-haltige Cytoplasmaeinschlüsse (Keimbahnkörper) bestimmen beim Frosch, wie bei Insekten (Abb. 61) die Sonderrolle der Keimzellen.

Bei Säugetieren sind Urkeimzellen zuerst im extraembryonalen Entoderm im Ansatzbereich von Allantois oder Dottersack nachzuweisen. Besondere Zellaffinitäten weisen den amöboid wandernden Urkeimzellen den Weg (S. 132). Bei Vögeln werden die Urkeimzellen vom Entoderm des Keimscheibenrandes (Abb. 67) zur Gonadenanlage durch den Dottersackkreislauf auch passiv transportiert. Im Bereich des Gonadensomas finden sie dann aktiv, durch die Gefäßendothelien dringend, ihren Bestimmungsort. Diese Besiedlung erfolgt auf Grund von Affinitäten, die nicht einmal klassenspezifisch sind: Von einer Hühnchengonade werden selbst Keimzellen aus einem Implantat der Maus „angezogen“.

Das *Gonadensoma* wird embryonal *bisexuell* angelegt (Abb. 273). Eine Rindenregion *(Cortex)*, die sich zum Ovar entwickeln kann, umschließt ein Mark *(Medulla)*, das für Hodenentwicklung bestimmt ist. Chromosomale Faktoren entscheiden darüber, ob sich Rinde oder Mark weiterentwickelt. Urkeimzellen, die in einer Rinde liegen, werden zu Oogonien und später zu Eizellen. Die in einem proliferierten Mark befindlichen Urkeimzellen entwikkeln sich zu Spermatogonien und Spermien. So entscheidet (bei Anuren nachgewiesen) das Geschlecht des Gonadensomas über das Geschlecht der Keimzellen. Bisexuell angelegt sind aber nicht nur die Gonaden, sondern auch die *Ausführgänge* (Gonodukte). Neben dem *Wolffschen Gang*, der auch als primärer Harnleiter dient, ist parallel dazu als weiterer Ausführgang der *Müllersche Gang* angelegt. Hormonartige Stoffe, die von Medulla oder Cortex der embryonalen Gonade ausgehen, entscheiden über das weitere Schicksal dieser Gänge (Abb. 273). Auf Grund der bisexuellen Anlage können intersexuelle Zwischenstufen dann entstehen, wenn die geschlechtsbestimmenden Gene oder die Sexualhormone keine klare Entscheidung bringen.

Normalerweise bleibt bei männlichen Kröten ein Cortexrest als *Biddersches Organ* erhalten. Wird der Hoden entfernt, so entwickelt sich

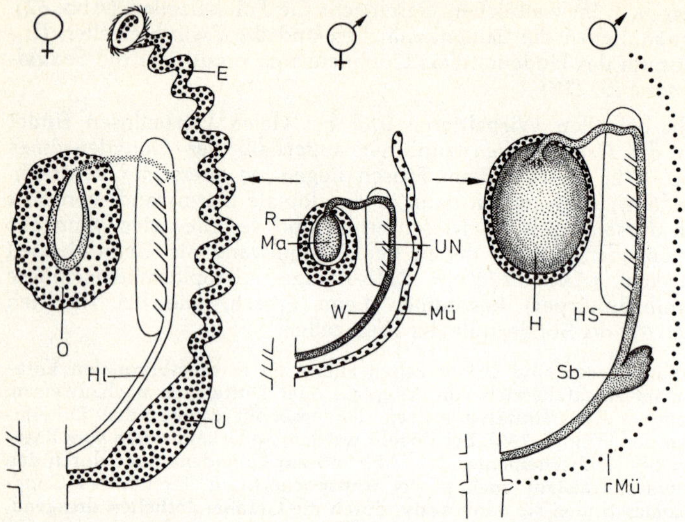

Abb. 273 Bisexuelle Embryonalanlage des Geschlechtsapparates von Amphibien (in der Mitte) mit *Ma* Mark, *R* Rinde, *W* Wolffscher Gang, *Mü* Müllerscher Gang, *UN* Urniere. Links Entwicklung zum Weibchen: *O* Ovar, *E* Eileiter, *U* Uterus, *Hl* Harnleiter. Rechts Entwicklung zum Männchen: *H* Hoden, *HS* Harnsamenleiter mit Samenblase *(Sb)*, *rMü* rudimentierter Müllerscher Gang. Weibliche Anlagen und Organe grob punktiert; männliche Anlagen und Organe fein punktiert; Urniere und Harnleiter hell (nach E. Hadorn: Verständliche Wissenschaft, Bd. 77. Springer, Berlin).

Abb. 274 Schemata der Urogenitalsysteme der Wirbeltiere. a und b) Selachier und Amphibien: a) Männchen, b) Weibchen. c und d) Sauropsiden: c) Männchen, d) Weibchen. e und f) Säugetiere: e) Männchen, f) Weibchen. *Af* After, *Ed* Enddarm, *Ei* Eizelle, *Emb* Embryo mit Embryonalhüllen im Uterus, *Ew* Eiweißhülle, die im Ovidukt von Drüsen der Wand ausgeschieden wird, *Hbl* Harnblase, *Ho* Hoden, *Kl* Kloake, *M. G* Müllerscher Gang, *r. M. G* rudimentärer M. G. im männlichen Geschlecht, *Nho* Nebenhoden (= umgewandelte Urniere), *Nn* Nachniere, *Ov* Ovarium, *Ovd* Ovidukt, *O. t* Ostium tubae (Trichter), *Pe* Penis, *Per* Perineum (Damm), *Pr* Prostata, *Sb* Samenblase, *S. ur* Sinus urogenitalis, *Un* Urniere, *r. Un* rudimentäre Urniere im weiblichen Geschlecht bei Amnioten, *Ung* Urnierengang, *Ur* Ureter, *Ut* Uterus, *Vag* Vagina, *V. d* Vas deferens, *V. e* Vasa efferentia, *Vn* Vorniere.

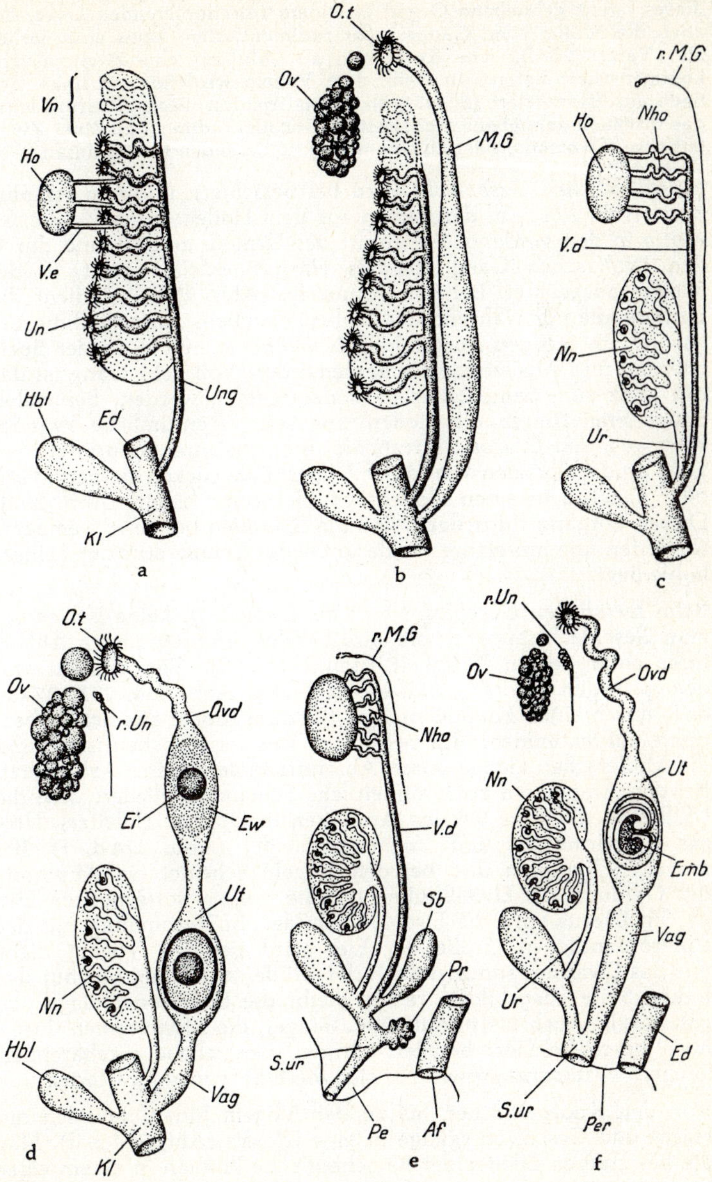
Vn
Ho
V.e
Un
Ung
Hbl
Ed
Kl
a
O.t
Ov
M.G
b
r.M.G
Ho
Nho
V.d
Nn
Ur
c
O.t
Ov
r.Un
Ovd
Ei
Ew
Ut
Nn
Hbl
Vag
Kl
d
r.M.G
Nho
V.d
Sb
Pr
S.ur
Pe
Af
e
r.Un
Ov
Ovd
Ut
Nn
Emb
Vag
Ur
Ed
S.ur
Per
f

dieses latent gebliebene Organ zu einem funktionierenden Ovar. Da auch die Müllerschen Gänge nicht rudimentierten, kann eine vorher als „Vater" erfolgreiche Kröte nun als „Mutter" eine zweite Nachkommenschaft liefern. In weiblichen Vögeln wird nur die linke Gonade ausdifferenziert (S. 465). Nach Exstirpation dieses Ovars wächst das bisexuell gebliebene rechtsseitige Gonadenrudiment zu einer Zwitterdrüse (Ovotestis) oder zu einem funktionierenden Hoden heran.

Im *männlichen Geschlecht* wird bei Selachiern und den Amphibien (Abb. 274 a, b) der Samen aus dem Hoden durch *Vasa efferentia* in den vorderen Abschnitt der Urniere geführt und durch den Wolffschen Gang, der als *Harnsamenleiter* dient, in die Kloake ausgeleitet. Bei den Amnioten (Abb. 274 c, e) dient die Urniere, die nur während des Embryonallebens Ausscheidungsorgan ist, im fertigen Zustand als *Nebenhoden* nur noch der Speicherung und Ausleitung des Samens; der Wolffsche Gang ist damit ganz zum Samenleiter (Vas deferens) geworden. Bei vielen Säugetieren führen die Hoden eine sehr eigentümliche Wanderung aus, den *Descensus testiculorum:* Aus ihrer ursprünglichen Lage an der dorsalen Wand der Leibeshöhle rücken sie periodisch oder dauernd in einen Hodensack (Scrotum) hinein (Abb. 255). Dieser Vorgang führt dazu, daß die Spermien bei einer Temperatur reifen, die um einige Grade unter der Temperatur der Leibeshöhle liegt.

Beim *weiblichen Geschlecht* tritt die Urniere in keine Beziehung zum Geschlechtsapparat; sie wird bei den Amnioten nach Ablauf ihrer embryonalen Tätigkeit rudimentär. Die Eier werden von dem paarigen *Eileiter (Müllerscher Gang,* Abb. 254, 271, 274 b, d, f) durch einen Flimmertrichter (Ostium tubae) aus der Leibeshöhle aufgenommen. Nur bei einem Teil der Knochenfische sind die Müllerschen Gänge durch Ausführkanäle anderer Art ersetzt. Bei den Amphibien noch einheitliche Schläuche, gliedern sich die Müllerschen Gänge bei den Amnioten in *Oviduct* (Eileiter), *Uterus* (Gebärmutter) und *Vagina* (Scheide) (Abb. 274 d, f). Bei manchen Reptilien und bei den Vögeln scheidet ein Abschnitt des Oviducts die Eiweißhüllen um die großen dotterreichen Eier ab; im Uterus wird die Eischale gebildet. In Verbindung mit der außerordentlichen Größe der Eier wird bei den Vögeln nicht nur das Ovarium sondern auch der Müllersche Gang nur auf der linken Seite ausgebildet; rechts bleibt die Embryonalanlage unentwickelt. Auch die primitivsten Säuger, die *Monotremen,* legen noch beschalte Eier; bei den übrigen, den lebendig gebärenden Säugern *(Vivipara)* entwickeln sich die Embryonen im Uterus.

Von den Knorpelfischen bis zu den Vögeln hinauf münden die Harn- und Geschlechtsgänge in eine *Kloake* (Abb. 274 a–d). Nur die besonderen Eileiter der Knochenfische können in einem eigenen *Porus genitalis* nach außen führen. An der Kloake sitzt als ventrale Ausstülpung die Harnblase. Bei vielen Sauropsiden, die einen sehr konzentrierten, breiigen Harn erzeugen, wird die Harnblase zurückgebildet. Bei den Säugern – mit Ausnahme der Monotremen – wird die embryonal angelegte Kloake durch den *Damm* in einen ventralen Teil, den Sinus urogenitalis, und den dorsalen Enddarm mit seiner Afteröffnung geteilt. In den *Sinus urogenitalis* mündet die Harnröhre *(Urethra)* aus der Harnblase und die Gonodukte (Abb. 274 e, f). Die Müllerschen Gänge bleiben unter den Säugetieren bei den Monotremen und Beuteltieren oder *Didelphia* (Zweischeidige) vollständig voneinander getrennt, so daß vom Sinus urogenitalis 2 Scheiden ausgehen (Abb. 275 a). Bei den übrigen, den *Eutheria* oder *Monodelphia* (Einscheidige), verschmelzen stets die unteren Abschnitte (Scheiden) zu einer einheitlichen Vagina. Die Uteri können dabei völlig getrennt bleiben *(Uterus duplex,* Abb. 275 b), oder die Verschmelzung greift auf den Uterus über; sie kann nur seinen unteren Abschnitt betreffen *(Uterus bicornis,* Abb. 275 c) oder zu einem völlig einheitlichen, unpaaren *Uterus simplex* (Abb. 275 d) führen.

Begattungsorgane: Bei Wasserformen kann der Samen direkt aus der Kloake entleert werden; falls äußere Besamung stattfindet, werden

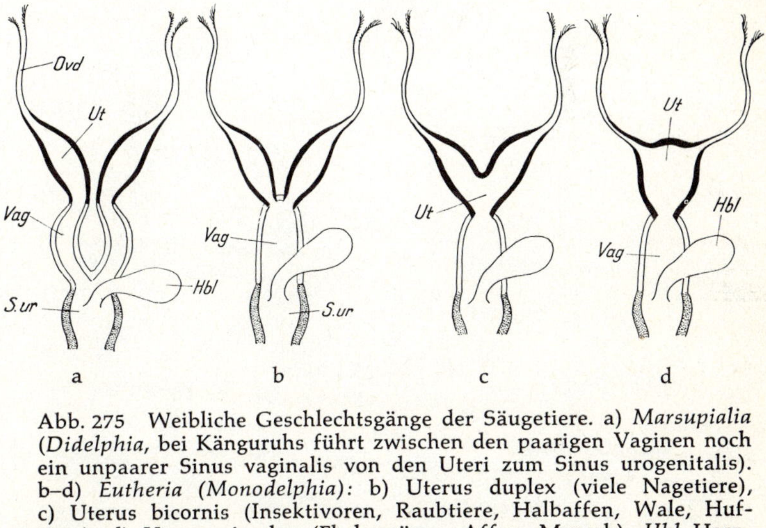

Abb. 275 Weibliche Geschlechtsgänge der Säugetiere. a) *Marsupialia* (*Didelphia*, bei Känguruhs führt zwischen den paarigen Vaginen noch ein unpaarer Sinus vaginalis von den Uteri zum Sinus urogenitalis). b–d) *Eutheria (Monodelphia):* b) Uterus duplex (viele Nagetiere), c) Uterus bicornis (Insektivoren, Raubtiere, Halbaffen, Wale, Huftiere), d) Uterus simplex (Fledermäuse, Affen, Mensch). *Hbl* Harnblase, *Ovd* Ovidukt, *S. ur* Sinus urogenitalis, *Ut* Uterus, *Vag* Vagina.

auch die Eier so abgegeben. Doch kann ein kompliziertes Paarungsverhalten auch ohne besondere Kopulationsorgane eine innere Besamung sichern. Bei Haien sind dagegen zwei Strahlen der Bauchflossen zu Begattungsorganen umgebildet. Eidechsen und Schlangen verfügen ebenfalls über paarige Begattungsorgane, während bei Krokodilen und Schildkröten ein unpaarer Penis vorkommt. Unter den Vögeln besitzen nur Strauße und Enten einen Penis. Der *Penis* der Säugetiere entwickelt sich unter dem Einfluß androgener Sexualhormone aus einem indifferenten Geschlechtshöcker, der im weiblichen Geschlecht zur *Clitoris* wird. Hormonbedingt ist auch die Ausbildung der Anhangsdrüsen wie Prostata und Samenblase, die fertilitätsnotwendige Zugaben zu den Spermien des Ejakulates liefern.

8. Evolution

Artbegriff und Taxonomie

Zu einer *Art* oder *Species* werden Populationen von Individuen zusammengefaßt, die in wesentlichen Merkmalen des Baues wie der Funktion übereinstimmen und zudem unter sich eine fertile Fortpflanzungsgemeinschaft bilden können, wobei die arttypischen Merkmale auch ihre Nachkommen charakterisieren. Die Übereinstimmungen beruhen auf dem gemeinsamen Besitz gleicher artbestimmender Erbfaktoren. Die Zuordnung zur gleichen Art von Individuen, die ja selbst in vielen Eigenschaften variieren, erfolgt wie bei jeder Begriffsbestimmung auf Grund eines Abstraktionsprozesses. Doch bleibt dabei die Art ein in der Natur konkret verwirklichtes Kollektiv, das als *biologisch-genetische Einheit* das Leben trägt und fortführt.

Die Abgrenzung von Arten wie auch von allen anderen systematischen Kategorien (Taxa) ist Aufgabe der *Taxonomie.* Dazu lassen sich die für unsere biologisch-genetische Artdefinition maßgebenden Fertilitätskriterien sowie Unterschiede im Gen- und Chromosomenbestand nur beschränkt verwenden. In der Praxis erfolgt die Klassifikation im wesentlichen nach dem Grad der Ähnlichkeit von meist morphologischen Merkmalen. Der taxonomische Wert eines Merkmals kann qualitativ eingeschätzt oder, wo dies nicht möglich ist, quantitativ bewertet werden.

Mit Hilfe der elektronischen Datenverarbeitung ist es heute einer *numerischen Taxonomie* möglich, gleichzeitig eine Fülle zahlenmäßig erfaßbarer Merkmale zu berücksichtigen. Dabei werden an den zu trennenden Arten mehrere Merkmale (Parameter) vermessen und die erhaltenen Werte in einen mehrdimensionalen Parameterraum eingetragen. Den einzelnen Arten entsprechen dann Punktwolken in diesem Parameterraum. Ihr Abstand liefert ein Maß für Ähnlichkeiten zwischen den Arten (Abb. 276). Je mehr Merkmale verwendet werden, desto genauer spiegelt die Ähnlichkeit auch die phylogenetische Verwandtschaft wider.

Innerhalb einer Art lassen sich Unterarten (*Subspecies*) abgrenzen, die meist als geographische Rassen getrennte Gebiete besiedeln. Obwohl sich die verschiedenen Subspecies einer *polytypischen Art* je in besonderen Genbeständen unterscheiden, können sie sich untereinander noch erfolgreich fortpflanzen, falls Gelegenheit zur Begegnung besteht. Diese Möglichkeit ist z. B. für alle heute lebenden Menschenrassen gegeben, die daher als Subspezies zu nur einer Art, zum *Homo sapiens* gehören. Die Paa-

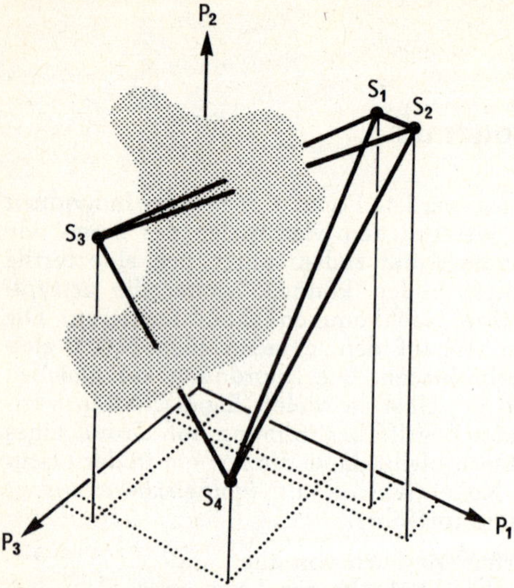

Abb. 276 Schema für numerische Klassifikation von 4 Arten (S_1–S_4), an denen 3 Merkmale (Parameter P_1–P_3) vermessen wurden. Die gerastert eingetragene Fläche symbolisiert ein Verfahren, die Art S_3 von den übrigen Arten abzugrenzen. Ihr entspricht eine Rechenvorschrift, nach der es möglich ist, beliebige, nach P_1–P_3 vermessene Individuen bei der Art S_3 oder den anderen Arten einzureihen. Den geringsten „Merkmalsabstand" besitzen die Arten S_1 und S_2.

rungen zwischen Unterarten führen zum Austausch von Genen (S. 524). Innerhalb einer Unterart besteht immer noch eine große Variabilität der Genbestände. Dieser genetische *Polymorphismus* mag auf Unterschieden in größeren Gengruppen oder auch nur auf Differenzen in Einzelallelen beruhen (z. B. Blutgruppen des Menschen).

Arten, die in vielen wesentlichen Merkmalen übereinstimmen aber doch reproduktiv isoliert sind, werden zu Gattungen (*Genus*) vereinigt. Nach einer stufenweisen Ausweitung der Ähnlichkeitskriterien faßt man formverwandte Gattungen zu Familien (*Familia*), Familien zu Ordnungen (*Ordo*), Ordnungen zu Klassen (*Classis*) und Klassen zu Tierstämmen (*Phylum*) zusammen. Dabei soll die hierarchische Gliederung dieser *Taxa* den historischen Verwandtschaftsgrad anzeigen. In einem solchen *natürlichen System* (S. 508) müßten immer Gruppen von Arten zu gleichwertigen Kategorien *(Taxa)* zusammengefaßt werden, die auf gemeinsame Ausgangsformen aus jeweils der gleichen erdgeschichtlichen Periode zurückgehen (Abb. 277). Je weiter die noch gemeinsamen Ahnenformen zeitlich zurückliegen, desto höher im Rang sind die entsprechenden systematischen Kategorien zu werten.

Arten werden mit Doppelnamen bezeichnet. Diese *binäre Nomenklatur* geht auf v. LINNÉ (1707–1778) zurück. LINNÉ hat 1739 in seiner *Systema naturae* die damals bekannten 4235 Tierarten benannt, beschrieben und nach ihm wichtig erscheinenden anatomischen Kriterien geordnet. Bis heute sind über 1,5 Mill. Tierarten beschrieben worden (vgl. Tab. 5). Der erste Terminus der binären Namen steht für die Gattung (*Genus*, z. B. *Homo*), der zweite bezeichnet eine Art *(Species)* innerhalb der Gattung (z. B. *sapiens*). Für Subspecies wird eine ternäre Nomenklatur verwendet (z. B. *Homo sapiens neandertalensis*). Den Doppel- oder Dreifachnamen wird noch, meist in Abkürzung, der erstbeschreibende Autor beigefügt, z. B. *Homo sapiens, L* (für LINNÉ). Für die Artbezeichnung gilt die *„Prioritätsregel"*. Dauernde Anerkennung sollte stets nur jener Name finden, der von Autoren gegeben wurde, welche eine Art zuerst hinreichend beschrieben und diese „Diagnose" auch publiziert haben.

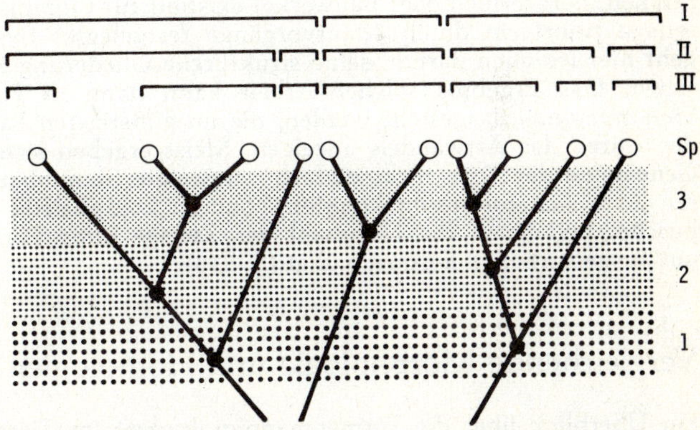

Abb. 277 Phylogenetische Ableitung und systematische Zuordnung von 10 Arten *(Sp)*. Als Rasterflächen sind 3 sich folgende Zeitepochen (1, 2, 3) in das Stammbaumschema eingetragen; die Klammern symbolisieren zunehmend höhere systematische Einheiten *(III, II, I)*. Zwei Arten sind verwandtschaftlich um so weiter getrennt und werden um so höheren systematischen Einheiten zugeordnet, je weiter ihre gemeinsamen Vorfahren (•) zeitlich zurückliegen.

Evolution als Tatsache; Belege und Indizien

Inhalt der *Evolutions- oder Deszendenzlehre* ist die Aussage, daß die in einem gegebenen Zeitquerschnitt lebenden Arten (Abb. 277, 281) von anderen Arten früherer Epochen abstammen und daß diese *Phylogenese* von einfachen Lebensformen zu höheren und spezialisierteren Organisationsstufen führen konnte. Evolution als ein historisches Geschehen, das sich über Jahrmillionen erstreckt hat, kann als Gesamtvorgang weder direkt verfolgt noch experimentell reproduziert werden. Daher muß die Forschung an Hand der verfügbaren Belege und auf Grund von Indizien die Evolution als Tatsache nachweisen und ihren Verlauf nach Möglichkeit rekonstruieren.

Das natürliche System

Daß überhaupt eine hierarchische Klassifikation (Taxonomie) der Organismen gemäß Ähnlichkeitsgraden möglich ist, wird nur verständlich, falls die Kategorien des Systems auch die engeren und weiteren phylogenetischen *„Blutsverwandtschaften"* anzeigen. Im Gegensatz zu anderen Klassifikationssystemen (z. B. für Briefmarken, Bergformen oder Bauwerke) existiert für Organismen bereits a priori ein durch Naturvorgänge festgelegtes System. Es geht hier lediglich darum, seine strukturelle Gliederung zu erforschen. Das Ergebnis solcher Arbeit kann dann in Form von *Stammbäumen* dargestellt werden, die im günstigsten Fall direkt die Stufen des Artwandels anzeigen. Meist ergeben sich für die Genealogie der Taxa nicht einfach verzweigte Stammbäume, deren Äste sich fortsetzen konnten, sondern komplizierte Stammbüsche, bei denen die Mehrzahl der Zweige ohne Fortsetzung mit ausgestorbenen Formen endigt (S. 518).

Vergleichende Morphologie und Homologien

Ein Überblick über die Formenmannigfaltigkeit im Tierreich ergibt, daß nur relativ *wenige Bauplantypen* existieren, die je verschiedenen Stämmen zuzuordnen sind (Tab. 5). Wie wir ausführlich und wiederholt bei der Darstellung über vergleichende Morphologie zeigten, werden innerhalb der Stämme und Klassen lediglich bestimmte Grundstrukturen abgewandelt. So läßt sich das Extremitätenskelett aller Tetrapoden auf das pentadaktyle Grundmuster (Abb. 266), die Gehirne der Wirbeltiere auf ein fünfteiliges Primordium (Abb. 126, 269) und die für verschiedenartigste Funktionen spezialisierten Mundteile der Insekten (Abb. 229–233) auf Umkonstruktionen von drei Kopfextremitätenpaaren zurückführen. Solche Beziehungen erlauben, auch recht verschieden gestaltete Strukturen als homologe Bildungen zu erkennen. Verallgemeinernd darf der *Nachweis von Homologien* (S. 356) als Beleg für gemeinsame phylogenetische Vorfahren gelten. Wenn z. B. gezeigt wird (S. 486), daß die drei Gehörknöchelchen der Säugetiere keine Neukonstruktionen sind, sondern Umkonstruktionen von Skelettelementen, die bereits im Visceralcranium der Fische vorkommen, so bleibt als sinnvolle Deutung nur die Annahme, daß die Säugetiere aus Fischahnen hervorgegangen sind. Weit verbreitet sind überdies „Zufallszahlen", für die es keine hinreichende funktionelle Begründung geben kann. Warum sollten 7 Wirbel den Hals der Giraffe wie denjenigen des Maulwurfs und der Wale konstruieren, warum ist der Körper der verschiedenartigsten Egel aus 32 Segmenten aufgebaut (S. 405) und warum wird für Cilien, Flagellen und Spermaschwänze in allen Tierstämmen und selbst bei beweglichen Pflanzenzellen die 9 + 2-Formel (Abb. 19, 106) eingehalten? Nur bei der Annahme, daß es sich hier um einmalig „erfundene", d. h. *monophyletische Strukturen* handelt, werden solche Homologien verständlich.

Im weitesten Rahmen zeugen schließlich auch folgende Strukturen und Mechanismen für die Abstammung mindestens aller Eukaryonten von gemeinsamen Urformen: die Strukturelemente, die für alle Zellen typisch sind (Abb. 1), die Universalität des Nucleinsäurecodes (S. 82), die Übereinstimmungen im Chromosomenbau wie in den Mitose- und Meiosezyklen (S. 34) sowie die überall zum Einsatz kommenden biochemischen Prozesse des Energiestoffwechsels (Krebszyklus, ATP usw., S. 176).

Ontogenetische Befunde

v. Baer (S. 122) hat als erster erkannt, daß im Verlauf der Embryonalentwicklung zuerst die allgemeinen Merkmale des Stammes dann suksessive anschließend diejenigen der Klasse, Ordnung und der Art erscheinen. Dies bedeutet, daß sich die Embryonen von Vertretern gleicher Baupläne viel ähnlicher sind als die ausdifferenzierten Tiere. Haeckel (1834–1919) stellte auf Grund solcher Tatsachen sein *„biogenetisches Grundgesetz"* auf, das aussagt, daß in der Ontogenese eine kurze Rekapitulation der Phylogenese durchlaufen wird (S. 374). Gegen dieses Theorem spricht aber, daß auch bei Frühstadien stets spezialisierte und adaptive Merkmale vorkommen (S. 434). Dadurch werden auch die Embryonen verschiedener Arten unterscheidbar, und kein Entwicklungsstadium, keine Gastrula, Trochophora (Abb. 68) oder Pluteuslarve (Abb. 80) kann in der heutigen Gestalt je als Endstadium einer Ahnenform existiert haben.

Trotz dieser Einschränkung manifestieren sich übereinstimmende Grundmerkmale bei Embryonen oder Larven stamm- oder klassengleicher Arten. So werden bei den Embryonen aller Wirbeltiere Kiemenspalten oder Schlundtaschen vom Fischtyp ausgebildet oder angelegt, und das embryonale Blutgefäßsystem wird selbst noch bei Säugetieren nach dem ursprünglichen Fischplan konstruiert (Abb. 278). Die embryonale Ausbildung von Strukturen, die erst auf Umwegen und nach einem oft komplizierten Umbauverfahren verwendbar werden, kann als Auswirkung eines *konservativ gebliebenen Erbgutes* gedeutet werden, das von Vorfahren übernommen wurde.

Viele hochspezialisierte Parasiten durchlaufen Larvenstadien, die denjenigen freilebender Verwandter oder möglicher Ahnenformen entsprechen. Ohne solche Abstammungszeugen wäre z. B. eine ausdifferenzierte *Sacculina* (Abb. 178) niemals als Wurzelkrebs zu erkennen.

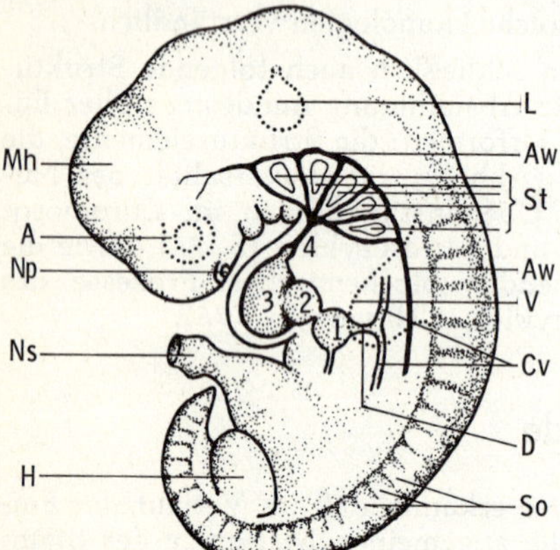

Abb. 278 Der Embryo des Menschen zeigt (halbschematisch) die von Fischahnen übernommenen 5 Schlundtaschen *(St)* und 6 Arterienbogen (schwarz). In Wirklichkeit erscheinen diese Strukturen nicht gleichzeitig, sondern nacheinander: Die vordersten Bogen und Taschen sind bereits rudimentiert, wenn die hinteren auftreten. *1* Sinus venosus, *2* Atrium, *3* Ventrikel, *4* Truncus arteriosus, *AW* Aortenwurzel, *D* Ductus Cuvieri, *A* Auge, *Mh* Mittelhirn, *Np* Nasenanlage (Plakode), *L* Labyrinthanlage, *V* Vorderextremität, *H* Hinterextremität, *So* Somiten, *NS* Nabelstrang.

Rudimentäre Organe

Häufig hat die Phylogenese zur völligen oder teilweisen Rückbildung von Organen geführt, die beim stammesgeschichtlichen Grundtyp ausgebildet sind. Als funktionslose Rudimente werden diese Strukturen embryonal noch angelegt; dann verschwinden sie entweder während der Ontogenese (Zähne bei Schildkröten, Bartenwalen und Monotremen), oder sie bleiben auch im Adultzustand noch erhalten (Reste des Beckengürtels bei Walen, Flügelrudimente beim Kiwi (S. 463), Beinstummel bei Riesenschlangen, Griffelbein als Metatarsalia 2 und 4 im Pferdefuß (Abb. 267 c). Alle diese Rudimente sind untrügliche Zeugen, die auf stammesgeschichtliche Ausgangsformen hinweisen.

„Stammbäume" molekularer Strukturen

Da jede Evolution auf Mutationen beruht (S. 520), wird heute versucht festzustellen, wie viele Genänderungen in bestimmten Makromolekülen sich bei der divergierenden Entwicklung verschiedener Taxa seit ihrer Trennung von gemeinsamen Vorfahren ereignet haben. Dazu eignen sich als primäre Genprodukte jene *Proteine,* die homologe Funktionen bei vielen oder allen Eukaryonten erfüllen. Untersuchungen der Aminosäuresequenzen wurden u. a. durchgeführt für das bei allen Tieren und Pflanzen als Elektronenüberträger im oxidativen Stoffwechsel wirkende *Cytochrom C* (mit etwas über 100 Aminosäuren, AS), für *Hämoglobin* (mit 141 oder 146 AS der Globinketten, Abb. 44) und das *Fibrinopeptid* (20 AS), das bei der Blutgerinnung vom Fibrinogen abgespalten wird. Steht bei der einen Art an einer bestimmten Stelle z. B. Threonin, bei einer anderen Art dagegen Isoleucin, so hat ein einziger Mutationsschritt zu dieser Substitution geführt (S. 84). Die Unterschiede in der Anzahl von AS, die bei zwei Arten verschieden sind, kann als Maß für die Verwandtschaftsnähe gelten. Abb. 279 zeigt einen vom Computer berechneten Stammbaum, der die Unterschiede im Cytochrom C darstellt. Wir sehen z. B., daß, von einem noch gemeinsamen Ahnenprotein ausgehend, 14 Mutationen zum Wirbeltierstamm und 8 zu den Insekten führten; dagegen unterscheiden sich Mensch und Rhesusaffe in nur einer Substitution. Falls es möglich wird, zahlreiche weitere Proteine mit dieser Technik zu untersuchen, wird man wohl zu Stammbäumen kommen, die den Grad der *genotypischen Verwandtschaft* direkter als alle übrigen Verfahren angeben. Jetzt schon steht fest, daß molekulare Mutationsstammbäume in erstaunlicher Weise Verwandtschaftsbeziehungen auf-

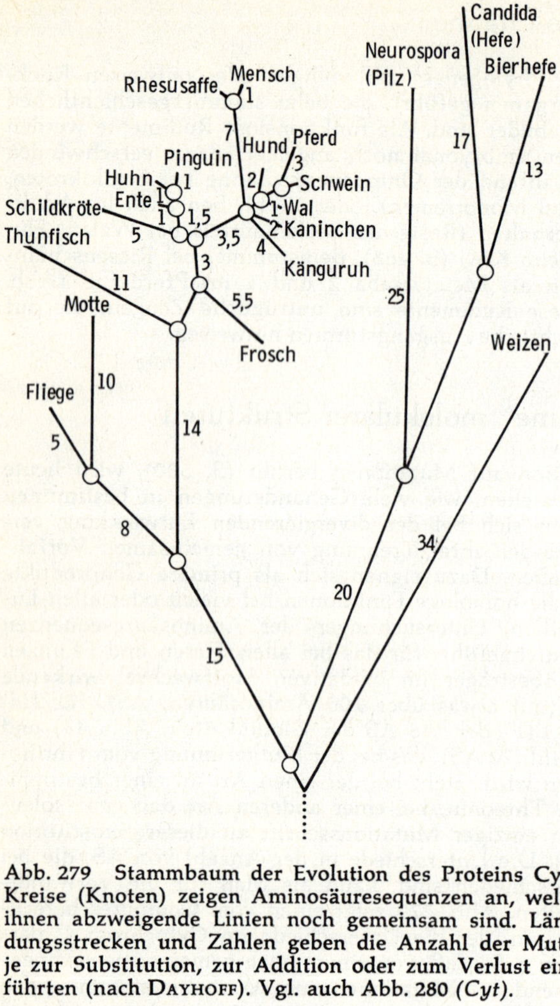

Abb. 279 Stammbaum der Evolution des Proteins Cytochrom C. Die Kreise (Knoten) zeigen Aminosäuresequenzen an, welche für die von ihnen abzweigende Linien noch gemeinsam sind. Länge der Verbindungsstrecken und Zahlen geben die Anzahl der Mutationen an, die je zur Substitution, zur Addition oder zum Verlust einer Aminosäure führten (nach Dayhoff). Vgl. auch Abb. 280 (*Cyt*).

decken, wie sie ähnlich auch mit den klassischen Methoden der vergleichenden Morphologie erkannt werden.

Die vergleichende Untersuchung der Aminosäuresequenzen gewährt aber auch bedeutungsvolle Einsichten in die *Geschwindigkeit der molekularen Evolution.* Sie ist, wie Abb. 280 zeigt, für die drei berück-

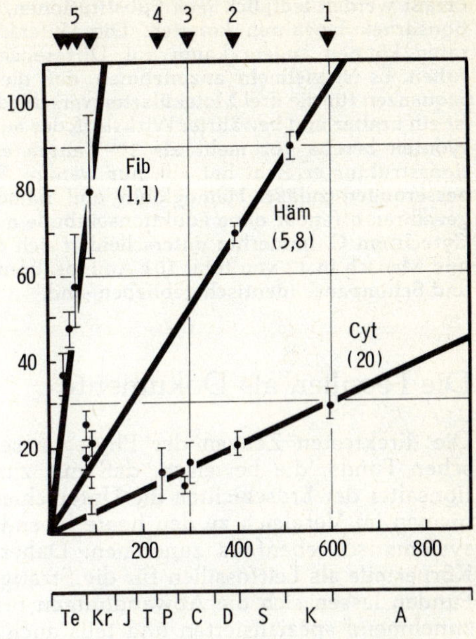

Abb. 280 Unterschiede in der Aminosäurezusammensetzung und der Evolutionsrate von Fibrinogen *(Fib)*, Hämoglobin *(Häm)* und Cytochrom C *(Cyt)*, darunter je die „Evolutionsperioden-Einheiten" in Mill. Jahren. Vergleich zwischen den verschiedenen Tiergruppen: Insekten – Wirbeltiere *(1)*, Fische – Reptilien *(2)*, Reptilien – Säuger *(3)*, Reptilien – Vögel *(4)* und zwischen verschiedenen Ordnungen der Säuger *(5)*. Ordinate: Prozentualer Anteil unterschiedlich besetzter Aminosäurestellen. Abszisse: Millionen Jahre seit der phylogenetischen Trennung der betreffenden Tiergruppen. Erdzeitalter: *A* Algonkium, *K* Kambrium, *S* Silur, *D* Devon, *C* Karbon, *P* Perm, *T* Trias, *J* Jura, *Kr* Kreide, *Te* Tertiär (nach DICKERSON).

sichtigten Proteine verschieden und erfolgt während Jahrmillionen mit konstanter Rate, was durch eine Gerade als Verbindungsstrecke der Sequenzdifferenzen belegt ist. Im Cytochrom C wurden in den $600 \cdot 10^6$ Jahren seit der Trennung von Insekten und Wirbeltieren nur 30 % der Aminosäuren ausgewechselt oder neu zugefügt. Dies bedeutet eine Änderung von 1 % pro $20 \cdot 10^6$ Jahren, was ungefähr eine Substitution in diesem Zeitraum bedeutet. Die entsprechende *„Entwicklungsperioden-Einheit"* beträgt für Hämoglobin $5{,}8 \cdot 10^6$ und für Fibrinopeptide $1{,}1 \cdot 10^6$ Jahre. Nun geben diese Werte nicht etwa die Anzahl der bestimmt um Größenordnungen häufigeren Mutationsereignisse wieder.

Erfaßt werden lediglich jene Substitutionen, die sich unter dem Selektionsdruck bewähren konnten. Die Unterschiede in den Evolutionsraten können zudem kaum auf Differenzen in Mutationsraten beruhen. Es ist vielmehr anzunehmen, daß die Möglichkeiten tolerierter Sequenzen für die drei Molekülarten verschieden sind. Das Cytochrom C ist ein uralter und bewährter Wirkstoff, der mit der Entstehung der Eukaryonten bereits vor mehr als 10^9 Jahren eine anspruchsvolle Funktionsstruktur erreicht hat, die nur wenige Änderungen oder gar Verbesserungen zuläßt. Hämoglobin und namentlich die Fibrinopeptide gewähren offenbar ohne Funktionseinbuße mehr Substitutionen als das Cytochrom C. Immerhin unterscheiden sich die Cytochrome von Pferd und Mensch in 12 von total 104 Aminosäuren, während sie bei Mensch und Schimpanse identisch geblieben sind.

Die Fossilien als Dokumente

Die direktesten Zeugen der Phylogenese sind die paläontologischen Funde, die beweisen, daß mit zunehmendem Sedimentationsalter der Erdschichten die Unterschiede der damaligen Organismen im Vergleich zu den heute lebenden Tieren und Pflanzen systematisch ebenfalls zunehmen. Daher dienen die erhaltenen Körperteile als Leitfossilien für die Stratigraphie (S. 366). An den Funden lassen sich die Abwandlungen primitiver Grundtypen zu zunehmend spezialisierten und teils auch höher organisierten Formen direkt feststellen. Zudem informieren die Fossilien über das *erste Auftreten* neuer Klassen. Dies ist in Abb. 281 für Wirbeltiere dargestellt. Aus der Gesamtheit der in einem Zeitquerschnitt nachzuweisenden Fossilien ergibt sich sodann, daß der Formenreichtum und oft auch die Körpergröße der Arten in einzelnen Klassen nach einer „Blütezeit" seit dem Paläozoikum (Cyclostomen, Knorpelfische) oder nach dem Mesozoikum (Reptilien) stark abgenommen hat, während gleichzeitig Knochenfische, Vögel und Eutheria zu den artenreichsten Klassen der Neuzeit wurden.

Als älteste Fossilien sind primitive Bakterien und Blaualgen (Prokaryonten) aus 3 Mrd. Jahre alten Gesteinen nachgewiesen. Eukaryonten sind mit reichhaltigen Funden aber erst seit dem Kambrium (Abb. 281) vertreten. Da in dieser Epoche bereits *alle großen Bauplantypen* ausgebildet waren, kann die Paläontologie keine Auskunft über phylogenetische Zusammenhänge und gemeinsame Ausgangsformen der Tierstämme geben. Auch für zahlreiche weitere stammesgeschichtliche Beziehungen bleiben die Fossilfunde lückenhaft. Immerhin dokumentieren einzelne Fossilgruppen als *Kollektiv-(Mosaik-)Typen* (S. 463) den Übergang zwischen verschiedenen Klassen: z. B. Crossopterygier (S.

Zeitalter	Formation	Beginn vor Millionen Jahren	Dauer in Million. Jahren
Quartär	Pleistozän	etwa 1	1
Tertiär	Pliozän	11	10
	Miozän	23	14
	Oligozän	40	15
	Eozän	60	20
	Paleozän	70 ± 2	10
Mesozoikum	Kreide	135 ± 5	65
	Jura	180 ± 5	45
	Trias	225 ± 5	45
Jung-Paläozoikum	Perm	270 ±15	45
	Karbon	350 ±10	80
	Devon	400 ±10	50
Alt-Paläozoikum	Gotlandium	440 ±10	40
	Ordovizium	500 ±15	60
	Kambrium	600 ±20	100

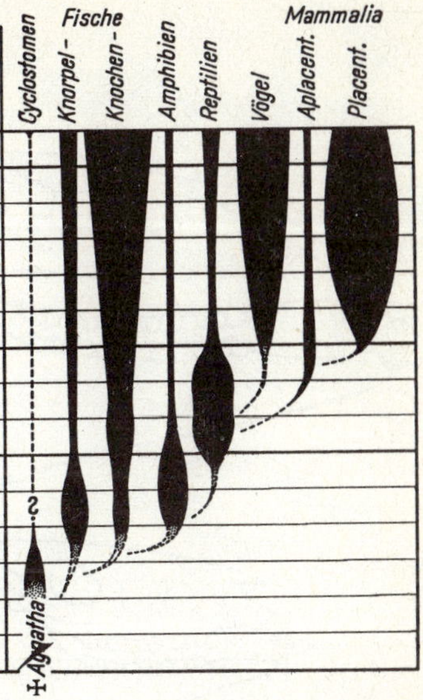

Abb. 281 Übersicht über die geologischen Formationen, das Auftreten, die Abstammungsbeziehungen, den Mannigfaltigkeitsgrad der Hauptgruppen der Wirbeltiere in der Erdgeschichte (nach ROMER, SIMPSON, SCHINDEWOLF). Als *Aplacentalia* sind Monotremen und *Marsupialia* zusammengefaßt; *Placent* = *Eutheria*. Die Zahlen geben nach Radioaktivitätsdaten (nach HOLMES 1960) das ungefähre Alter der Formationsgrenzen und die ungefähre Dauer in Mill. Jahren an.

461) zwischen Fischen und Amphibien, Labyrinthodonten zwischen Amphibien und Reptilien (S. 462), säugerähnliche Therapsiden (S. 465) zwischen Reptilien und Säugetieren und *Archaeopteryx* zwischen Reptilien und Vögeln (S. 463).

Für einzelne Gruppen lassen sich über große Zeiträume hin nahezu *vollständige Umbildungsfolgen* fossil belegen. Dies gilt u. a. für die Evolution der Ammoniten (S. 437) und unter den Säugetieren vor allem für die *pferdeartigen Unpaarzeher* (Abb. 282).

Während des Tertiärs treten in Nordamerika zahlreiche Gattungen und Arten auf, deren Körpergröße parallel mit der Zehenreduktion (Abb. 282) zunimmt. Als Auswirkung einer positiven Allometriebeziehung (S. 489) wird gleichzeitig der Fuß und der Gesichtsschädel gegenüber dem Hirnschädel „überproportioniert" verlängert. Die Großzahl der Pferdevorfahren besetzen blind en-

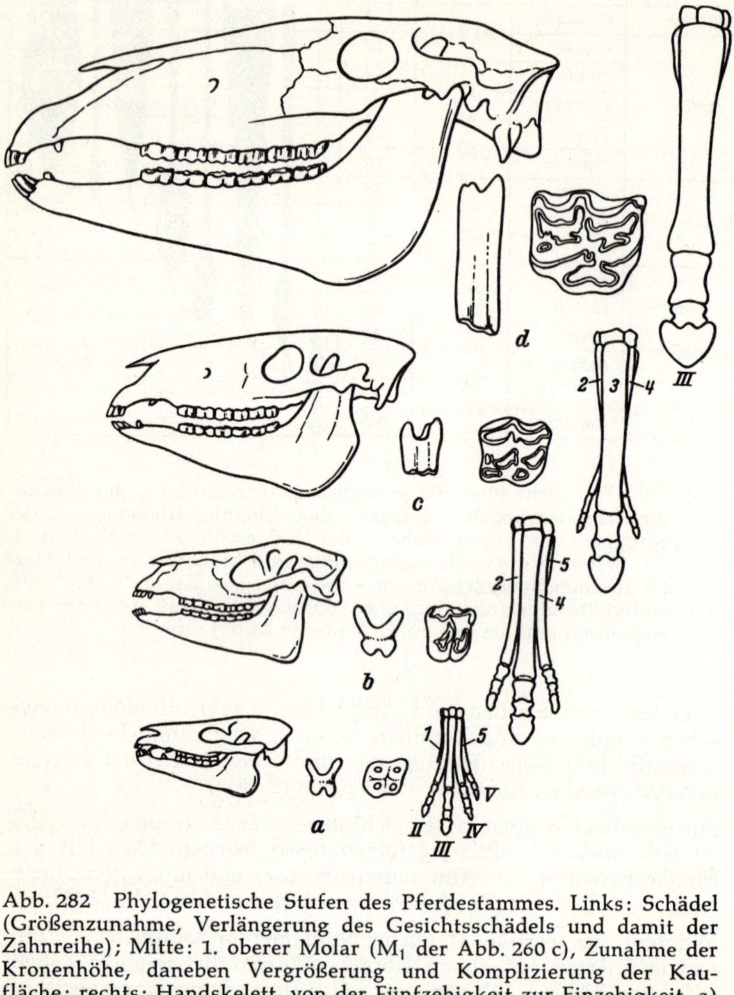

Abb. 282 Phylogenetische Stufen des Pferdestammes. Links: Schädel (Größenzunahme, Verlängerung des Gesichtsschädels und damit der Zahnreihe); Mitte: 1. oberer Molar (M_1 der Abb. 260 c), Zunahme der Kronenhöhe, daneben Vergrößerung und Komplizierung der Kaufläche; rechts: Handskelett, von der Fünfzehigkeit zur Einzehigkeit. a) *Eohippus* (*Hyracotherium*, Eozän), b) *Mesohippus* (Oligozän), c) *Merychippus* (Miozän), d) *Equus* (Pliozän bis Gegenwart) (nach Osborn, Matthew u. a.).

digende Zweige eines *Stammbusches* (S. 508). Einzig die zu den rezenten Pferden, Eseln und Zebras führende Linie war erfolgreich. Die unmittelbaren Vorfahren unserer heute lebenden Arten haben das amerikanische Stammland verlassen und Eurasien wie auch Afrika besiedelt.

Die während Jahrzehnten höchst mangelhaft belegte *Entstehungsgeschichte des Homo sapiens* wird gerade in neuester Zeit dank zahlreicher Skelett- und Werkzeugfunde ausgestorbener Vor- und Frühmenschen zunehmend sicherer und reichlicher dokumentiert. Wie wir bereits ausführten (S. 467), ist die Primatenordnung von wenig spezialisierten Insektivoren abzuleiten. Schon im mittleren Tertiär zweigten die *Hominiden* von der Linie ab, die zu den Menschenaffen (Pongiden) führte. Entscheidende Fortschritte in der Richtung zum Menschen sind bei den aufrechtgehenden *Australopithecinen* verwirklicht, deren Hirnvolumen aber kaum mehr als 800 ccm erreichte. Diese „Vormenschen" gehörten zur Fauna Ostafrikas. Da jetzt festzustehen scheint, daß vor 2,5 Mill. Jahren (S. 467) die Gattung *Homo* gleichzeitig und zusammen (sympatrisch) mit Arten der Gattung *Australopithecus* in

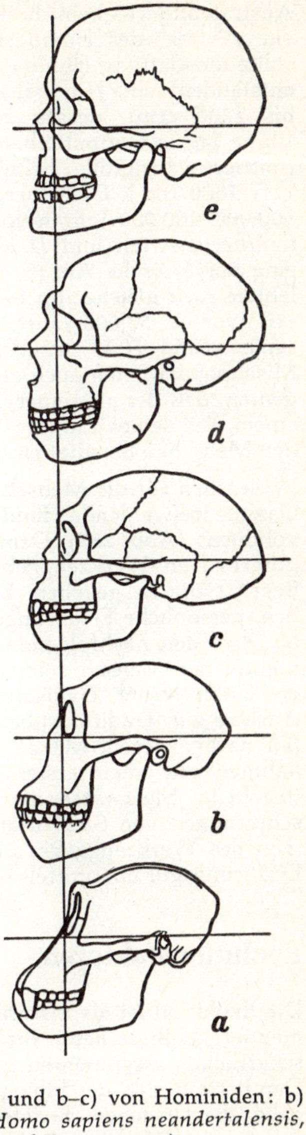

Abb. 283 a) Schädel vom Schimpansen und b–c) von Hominiden: b) *Australopithecus*, c) *Homo erectus*, d) *Homo sapiens neandertalensis*, e) *Homo sapiens sapiens* (nach COLBERT und DOBZHANSKY).

der Gegend des Rudolfsees lebte, könnte dies bedeuten, daß Australopithecus kein direkter Ahne, sondern möglicherweise nur ein „Vetter" des *Homo erectus* war. Nach anderen Deutungen sollte die Gattung *Homo* doch über eine *Australopithecus*-Spezies entstanden sein. Jedenfalls aber kann *Homo erectus* (Hirngröße bis 1200 ccm), dessen Hauptverbreitung in Südostasien und China lag, als unmittelbarer Vorfahre des *Homo sapiens* gelten (mittlere Hirngröße beim heutigen Europäer: ♀♀ 1350 ccm, ♂♂ 1500 ccm). Der Übergang zur „Sapiens-Stufe" hat sich vor 300 000–400 000 Jahren vollzogen. Wie seine Vorfahren (*Australopithecus*-Arten und *H. erectus)* war auch der *H. sapiens* stets eine polytypische Art (S. 505) mit reicher Rassengliederung. So lebten auch gleichzeitig in Eurasien bis zur Mitte der Würmeiszeit (vor ca. 50 000 Jahren) die beiden Subspecies (S. 507) *H. s. sapiens* und *H. s. neandertalensis.* Wahrscheinlich kam es in Mischpopulationen auch zu einem Genaustausch. Dies würde bedeuten, daß der als reiner Typ „ausgestorbene Neandertaler" mit einem Teil seines Erbgutes doch noch am Genotypus des modernen Menschen beteiligt ist.

Wesentlich für die Menschwerdung ist die infolge des aufrechten Ganges freiwerdende Hand und vor allem die Zunahme des Hirnvolumens (Abb. 283). Damit sind die Voraussetzungen für einen progressiven Werkzeuggebrauch und für die Entwicklung einer Begriffssprache gegeben. Erst dank der Sprache wurde es möglich, persönliche Erfahrungen (Traditionen) als ein *„Erbgut zweiter Art"* den nachfolgenden Generationen zu vermitteln. Nur so konnte der Mensch seine dominierende Stellung erreichen und die Güter seiner Zivilisation und Kultur erhalten und mehren. Ansätze zur Traditionsübermittlung sind allerdings auch für Affen nachgewiesen. Makaken einer japanischen Population übernahmen von einem ersten „Erfinder" die Sitte, schmutzige Kartoffeln im Meerwasser zu waschen oder Reiskörner durch Ausschwemmen von Sandzusätzen zu sondern. Ebenso dürften Formen des Werkzeuggebrauchs bei wildlebenden Schimpansen als Erfahrungsgut übermittelt werden.

Evolutionsfaktoren

Die Evolution ist als historisches Geschehen so zuverlässig dokumentiert, daß sie heute für jeden Zeitgenossen, der naturwissenschaftlichen Argumenten zugänglich ist, als Tatsache feststeht. Damit stellt sich der biologischen Wissenschaft als weitere Aufgabe, die Ursachen, Bedingungen und Mechanismen der phylogenetischen Wandlungen klarzulegen.

Historisches

LAMARCK (1744–1829) hat als Pionier in seiner *„Philosophie zoologique"* (1809) nicht nur das Prinzip der Deszendenz vertreten, sondern auch eine Erklärung für das Entstehen angepaßter Funktionstypen entwickelt. Er ging von der Feststellung aus, daß die Lebewesen als Individuen auf Umweltwirkungen und ihre Organe auf Gebrauch oder Nichtgebrauch mit leistungsverbessernden, d. h. *funktionellen Anpassungen* reagieren. Diese Anpassungen sollten direkt im Erbgut verankert werden. Beim Andauern gleicher Einwirkungen müßten sich zudem in einer Generationenfolge gerichtete Wandlungen ergeben (Orthogenese). Nun haben aber experimentelle Prüfungen bisher in keinem Falle einen Beweis für die vom Lamarckismus postulierte *„Vererbung erworbener Eigenschaften"* erbracht. Die individuellen Reaktionen der Organismen wirken als Modifikationen (S. 99) nicht direkt auf den Genotypus zurück.

Allerdings wurde in bestimmten Fällen (so vor allem bei Protozoen) beobachtet, daß einzelne durch Außenfaktoren bewirkte Modifikationen in nachfolgenden Generationen auch dann noch auftreten, wenn das modifizierende Agens (z. B. Arsenzusatz zum Zuchtwasser) nicht mehr vorhanden ist. Doch klingen solche *Dauermodifikationen* im Normalmedium allmählich völlig ab. Wahrscheinlich handelt es sich lediglich um instabile Reaktionssysteme des bei der Zellteilung übertragenen Cytoplasmas.

Für jeglichen Lamarckismus (auch für einen Psycholamarckismus) ergeben sich zudem heute auf Grund der molekulargenetischen Erkenntnisse größte Schwierigkeiten. Man müßte doch einen Mechanismus postulieren, der dazu führen würde, daß sich die DNS parallel gleichgerichtet zur somatischen Anpassung ändern könnte. Wie aber wären Modifikationen des Somas (z. B. Pigmentbildung, Muskeldimensionen) als Erfahrungsgut in die molekulare Erbsubstanz der Keimbahn einzuspeichern?

DARWIN (1809–1882) hat sein Hauptwerk 1859 veröffentlicht. Es trägt den vielsagenden Titel *„On the Origin of Species by Means of Natural Selection or the Preservation of Favoured Races in the Struggle for Life."* Die wesentlichen Erkenntnisse dieser vorbildlich dokumentierten und umfassenden Darstellung sind richtungweisend auch für jede moderne Evolutionslehre geblieben. DARWIN ging davon aus, daß die Individuen aller Arten erblich variieren und daß in der Regel eine Art mehr Nachkommen erzeugt als überleben und zur Fortpflanzung kommen können. Begünstigt werden durch eine natürliche Selektion in einem „Kampf ums Dasein" die Träger von Eigenschaften, die den Lebensbedingungen eines bestimmten Biotops am besten entsprechen. So entstehen die Anpassungen im Bau und Verhalten. Die „Zuchtwahl der Natur" führt besonders dann zu neuen Arten, wenn sich die Umweltbedingungen im Verlauf erdgeschichtlicher Epochen ändern. Durch intensive Forschung der letzten hundert Jahre und namentlich dank der Genetik wurden DARWINS Befunde und Theorien teils modifiziert, im wesentlichen aber fruchtbar weiterentwickelt. Heute sind als Evolutionsfaktoren Mutation, Rekombination, Selektion, Isolation und Gendrift allgemein anerkannt.

Mutation

Sie liefert zunächst nur ein ungerichtet anfallendes *Rohmaterial* (S. 66). Es sind Änderungen der Erbsubstanz, die scheinbar spontan auftreten oder durch Außenfaktoren ausgelöst werden. Eine direkte Beziehung zwischen dem Typus der Neumutationen und den auslösenden Faktoren oder den herrschenden Umweltbedingungen läßt sich nicht nachweisen. Auch für bestehende Bedürfnisse gibt es keine diesbezüglich gerichteten Mutationen.

Selbst wenn die Mutationen *richtungslos* erfolgen und in der Mehrzahl der Fälle dem Organismus Nachteile bringen müssen (S. 74), ist zu bedenken, daß ein Genotypus doch nicht jede beliebige Änderung zuläßt. Die Vorgeschichte der Erbsubstanz eines Lebewesens legt vielmehr für mutative Änderungen bestimmte mögliche Neuzustände fest. Außerdem ereignen sich die Mutationen in lebenden Systemen, die über mannigfache Regulationsmechanismen verfügen, welche das zufällig Neuartige unter Kontrolle nehmen und der vorher bestehenden Organisation einfügen. Vorgeschichte und Regulation mögen erklären, warum in Stammeslinien, etwa vom Typus der Pferdereihe (Abb. 282), der Mutationszufall nur im Rahmen bestimmter Entwicklungsrichtungen erfolgreich spielen kann. Eine solche vielfach zu verfolgende *„Orthogenese"* muß demnach als Phänomen aufgefaßt werden, das unter langfristig-gleichsinnigen Selektionsbedingungen zustande kommt. Es braucht daher nicht notwendig auf einem vitalistisch-teleologischen Lebensprinzip zu beruhen. Außerdem wird häufig durch Allometriebeziehungen (S. 489) ein Evolutionstrend eingehalten, der gleichzeitig selbst dann zahlreiche Strukturen korreliert gerichtet verändert, wenn die Mutation nur an einer Variablen (z. B. der Körpergröße) angreift.

Durch Mutationen können *alle Merkmale* der Form, Größe, Struktur und Färbung ebenso verändert werden wie Eigenschaften des Stoffwechsels, des Verhaltens und der psychischen Konstitution. Mutationen vermögen auffallende Neuerungen des Phänotypus zu bewirken; ebenso wichtig für die Evolution sind aber auch Kleinmutationen, die kaum erfaßbare Änderungen zur Folge haben.

Unter den Mutationen, die zur molekularen Evolution (S. 511) von generell verbreiteten Wirkstoffen oder Blutgruppenantigenen führen, gibt es auch Genänderungen, die für den Organismus belanglos sein können. Dadurch entsteht ein *Polymorphismus* (S. 76, 103), der als Mannigfaltigkeit toleriert wird, ohne daß den einzelnen Zuständen der Erbsubstanz unterschiedliche Funktionsbedeutung zukäme. Doch vermag für die Art eine solche Vielfalt die adaptive Plastizität zu erhöhen. Damit werden für Änderungen in den Lebensansprüchen oder beim Öffnen neuer ökologischer Nischen (S. 346) verschiedenartige Experimentiermöglichkeiten verfügbar (Möglichkeiten von Präadaptationen, S. 176).

Viele Mutationen sind reversibel (S. 75). Trotzdem bleiben die Evolutionsvorgänge sowohl für die Einzelart wie als Gesamtgeschehen *irreversibel (Dollosches Gesetz).* Eine Rückkehr vom Vogel zum Reptil oder vom Wal zum landlebenden Ahnentyp ist deshalb ausgeschlossen, weil die Wahrscheinlichkeit für das zufällige (und in umgekehrter Zeitfolge ablaufende) Auftreten aller notwendigen Rückmutationen gleich Null ist. Zudem besteht auch keine Möglichkeit für eine Reversion aller Selektionsbedingungen. So wird eine erneute progressive Entwicklung von stark oder völlig rückgebildeten Organen ebenso unmöglich wie eine Rückkehr etwa vom spezialisierten Parasitentum zum Freileben (S. 352). Das Pferd wird nie mehr zum Fünfzeher, und keine Evolution vermag einen Bandwurm in einen unabhängig lebenden Plathelminthen rückzuführen.

Die genetische Mannigfaltigkeit einer Population wird in vielen Fällen durch besondere Mechanismen geschützt. Dazu gehören der *balancierte Polymorphismus* (S. 78) und das Unterdrücken von intrachromosomalen Rekombinationen durch *Inversionen* (S. 68). So werden bestimmte, für besondere Ansprüche geeignete Gengruppen als integrierte Blöcke erhalten und vererbt.

Rekombination

In der Regel sind innerhalb einer Art zahlreiche verschiedene Allele und Allelgruppen vertreten. Viele dieser Gene werden als rezessive Faktoren in heterozygoten Individuen weitervererbt. Durch Paarung zwischen verschiedenen Mutationstypen wird der Genbestand einer Art dauernd vermischt und neu zusammengestellt. Mit solchen Rekombinationen erweitert sich das primär durch Mutation gelieferte „Versuchsmaterial". Damit erklärt sich auch die große biologische Bedeutung der *Sexualvorgänge.*

Natürliche Selektion

Sie entscheidet über das Überleben und die Verbreitung der Mutationen wie auch der unterschiedlichen Gen- und Chromosomenkombinationen. Wirksam sind neben allen Klimafaktoren auch intra- und interspezifische Konkurrenz um Nahrung und Wohnraum (S. 346); dabei sind vor allem die für Nahrungserwerb oder Feindvermeidung entwickelten Verhaltensweisen bedeutsam, ebenso die Erfolgschancen als Paarungspartner. Durch alle diese Einflüsse werden direkt Phänotypen und nur indirekt die entsprechenden Genotypen begünstigt oder benachteiligt. Aber nur wenn sich dies auf die *Zahl der Nachkommen* auswirkt, erlangt eine positive oder negative Selektion eine Bedeutung für Evolutionsvorgänge. Erst ein unterschiedlicher Fortpflanzungserfolg führt zu *Verschiebungen in den Genfrequenzen* innerhalb einer Population (S. 77).

Der *Selektionswert* eines Genotypus ist eine durchaus relative Größe, weil ein bestimmter Genotypus in Konkurrenz mit einem anderen in der einen Umwelt bevorzugt, in einer zweiten benachteiligt sein kann (S. 346) und in einer dritten Umwelt neutral ist, also keiner spezifischen Wirkung unterliegt. Doch erreicht damit die Mannigfaltigkeit im „Genpool" einer Art ihre Bedeutung als ein eventuell präadaptives und latent bereites Reaktionsinventar für die Chancenausnützung bei neu sich öffnenden ökologischen Nischen.

Auch geringe genotypisch bedingte Fortpflanzungsvorteile führen unter gleichgerichtet bleibenden Selektionsbedingungen zu einer systematischen Zunahme des vorteilhaften Allels auf Kosten eines weniger erfolgreichen, das dann allmählich aus der Population verdrängt wird (Abb. 284). *Die Populationsgenetik* (S. 76) hat für die Dynamik solcher Evolutionsprozesse allgemein gül-

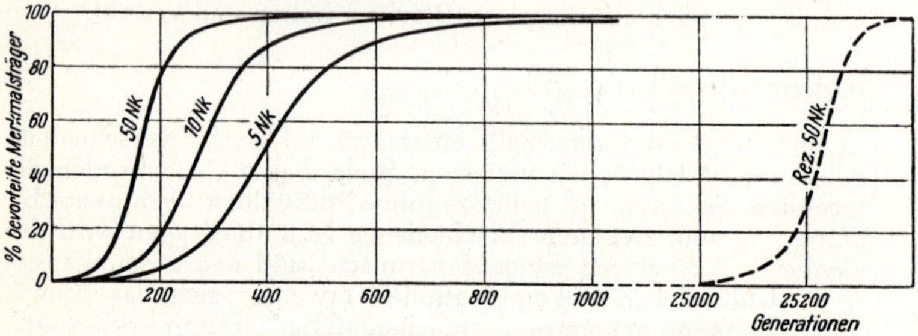

Abb. 284 Errechnete Beispiele für die Selektionswirkung in einer in der Gesamtanzahl gleichbleibenden Bevölkerung bei *dominanter* Ausprägung eines Mutationsmerkmals (–) und Nachkommenanzahlen (je Elter) von 50, 10 und 5, und bei *rezessiver* Ausprägung eines Mutationsmerkmals (– –) und einer Nachkommenanzahl von 50. In der Ausgangspopulation wird eine Genfrequenz von 1/1000 für die mutierten Allele eingesetzt. Der Selektionsvorteil beträgt 1/100, d. h. 1 % mehr Nachkommen für die mutierten Genotypen (nach MITTMANN).

tige mathematische Modelle entwickelt, die in der Natur auch entsprechend verwirklicht sind.

Falls einzelne Insekten in einer Population zufällig und präadaptiv genotypisch resistent gegen ein (nichtmutagenes) *Insektizid* wie DDT (Dichlordiphenyltrichloräthan) sind, ergibt sich nach „Behandlung" eines Biotops mit DDT ein äußerst stark und rasch wirksamer Selektionsvorteil für die resistenten Bewohner. Die nichtresistenten Insekten kommen kaum mehr zur Fortpflanzung. Mit dem Anteil der Resistenten nimmt aber auch der Grad der Giftfestigkeit unter einem anhaltenden Selektionsdruck zu. Dies spricht für ein gleichsinniges Zusammenwirken von mehreren Resistenzfaktoren, die zu einem polygenischen (S. 95) Team kombiniert werden. Tatsächlich konnte für Drosophila gezeigt werden, daß mehrere teils gekoppelte, teils in verschiedenen Chromosomen lokalisierte DDT-Resistenzgene einander verstärken. Werden hochresistente Stämme ohne Gifteinwirkung weitergezüchtet, kann die Resistenz der Population wieder absinken, weil jetzt den Resistenzgenen kein Selektionsvorteil mehr zukommt oder weil diese Genotypen unter Normalbedingung sogar nachteilig sind.

Ein Parallelfall zur Insektizid-Giftfestigkeit stellt die rasche Zunahme von *Bakterienstämmen* dar, die gegen Sulfonamide oder Antibiotika resistent sind. Hier ist direkt bewiesen, daß resistente Genotypen bereits vor dem selektionierenden Einsatz der Drogen bereitstehen.

Wie wirksam Umweltveränderungen durch neue Selektionsbedingungen die *Rassenbildung* fördern können, soll nachfolgendes Beispiel zeigen: Vor hundert Jahren kamen in nichtindustrialisierten Gegenden Englands fast nur hellgefärbte Birkenspanner *(Biston betularia)* vor. Heute sind Bäume und Mauern rauchgeschwärzt, und parallel dazu hat sich ein Allel für dunkle Flügelzeichnung auf Kosten des „Hellallels" so ausgebreitet, daß bis zu 90 % aller Schmetterlinge dunkle Färbung zeigen. Daß hier tatsächlich eine rasche Selektionswirkung zur Verschiebung in den Genfrequenzen führen mußte, wurde durch Freilassen und Wiedereinfangen von Vertretern beider Farbrassen bewiesen. Im Industriegebiet wurden vornehmlich die hellen, in einer noch sauberen Landschaft die dunklen Tiere durch Feindeinwirkung (Vögel) eliminiert.

In welch großem Ausmaße die Selektion die Organismen umgestalten kann, wird am eindrücklichsten durch die *Tier- und Pflanzenzüchtung* belegt. So große Unterschiede wie zwischen Zwerghund und Bernhardiner oder zwischen Ponys und Percheronpferden wurden in Zeiten erreicht, die im Vergleich zu den Jahrmillionen, über die die natürliche Phylogenie verfügt, äußerst kurz sind. Bei dieser *künstlichen Selektion* wählt der planende Mensch die dem Zuchtziel entsprechenden Paarungspartner aus, was zu raschen Erfolgen führen muß. Im Gegensatz dazu erfolgt in der natürlichen Selektion die Paarung meist nach einem nicht-auswählenden Panmixieverfahren (S. 77).

In einer unter Selektion stehenden Population können auch nichtvererbbare *Modifikationen* (S. 99) eine Rolle übernehmen. Im Rahmen der umweltbedingten Modifikabilität treten immer wieder Individuen auf, die im Grenzbereich der von einer Art noch ertragenen Lebensbedingungen zu existieren vermögen. Solche Extremvarianten stoßen daher auch in Biotope vor, deren Umweltfaktoren (z. B. Klima) für die Artgesamtheit keinesfalls optimal sind. Bei solchen *Pionierindividuen* ergeben sich für Neumutationen besondere Chancen zur Begründung einer neuen *„Klimarasse"*. So wirken die Pioniere als Platzhalter für besser angepaßte Genotypen.

Die natürliche Selektion erfüllt zwei Funktionen. Erstens wirkt sie *stabilisierend-konservativ,* indem sie das in der Evolution bewährte Erbgut vor der Ausbreitung ungünstiger Neumutationen schützt. Diese Sanierungsrolle der Selektion wird für den Menschen der modernen Zeit durch die Fortschritte der Medizin eingeschränkt. Dies ist so lange tragbar, als die ärztliche Hilfe den früher benachteiligten Genträgern ein normales Leben sichern kann.

Zweitens wirkt die Selektion *richtend-kreativ,* indem sie neue Genzustände und Genkombinationen begünstigt, die zu einer Leistungssteigerung und zu einer adaptiven Höherentwicklung führen. Durch die gezielte Auswahl aus dem Inventar der zufallsmäßig ungerichteten Mutationen und Rekombinationen verwirklicht die kreative Selektion ein gerichtetes Evolutionsprinzip, das sich in vielen gut dokumentierten Artbildungsreihen nachweisen läßt (Abb. 282, 283).

Isolation

Für das Entstehen neuer Arten genügen Mutation, Rekombination und Selektion noch nicht; als weiterer Evolutionsfaktor muß die Isolation mitwirken. Genetisch polytypische Arten sind geographisch meist über große Areale verteilt, oder sie besiedeln in einem kleinen Gebiet vielfältig unterschiedliche Biotope *(ökologische Nischen* S. 346). Falls eine Art über Kontinente oder gar weltweit verbreitet ist, wird sie in geographische Rassen, d. h. in Unterarten (Subspecies) aufgegliedert, die sich je in mannigfaltigen Erbeigenschaften unterscheiden können. Solche Rassenkreise bilden u. a. Vögel wie Rabenkrähe *(Corvus corone)*, Silbermöwe *(Larus argentatus)* und Kohlmeise *(Parus major)*. Ihre geographischen Unterarten unterscheiden sich in Färbung, Größe, Körperproportionen und im Fortpflanzungsverhalten. Dort wo sich die Unterarten begegnen, kommt es zu Bastardpaarungen. Innerhalb solcher Hybridzonen werden noch ständig Gene ausgetauscht, und die Bastarde sind auch fruchtbar. Werden dagegen im Experiment Individuen verschiedener Unterarten aus extrem entfernten Wohngebieten eines Rassenkreises zusammenge-

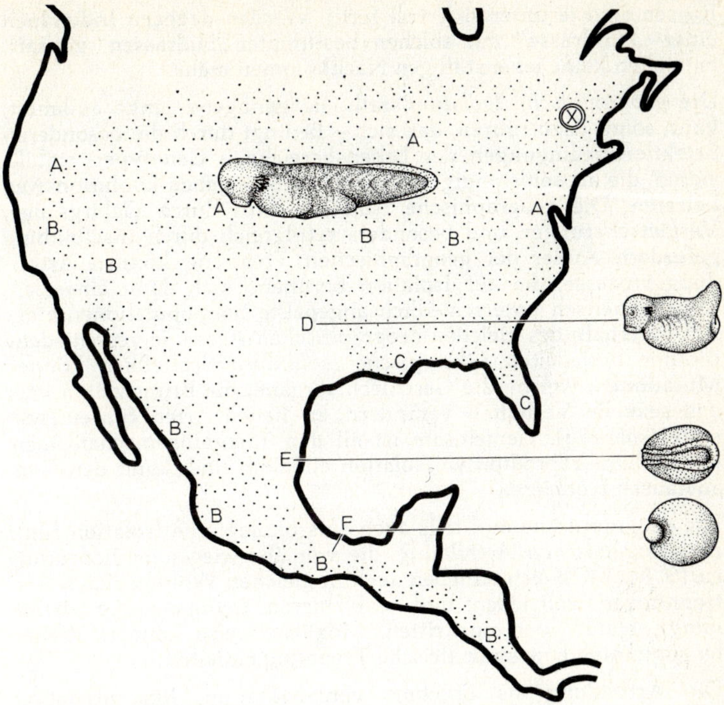

Abb. 285 Ergebnisse der Bastardierung geographischer Rassen von *Rana pipiens.* Eier aus Vermont *(x)* wurden besamt mit Spermien aus den Lokalitäten A–F. Punktiert: das Gebiet, das mehr oder weniger normale, lebensfähige Bastarde liefert; nicht punktiert: Regionen mit letalen Bastarden. A = normale Entwicklung; B = nur sehr leichte Abnormitäten; C = Entwicklungsverzögerung und einzelne Verformungen in Neuralplatte und Kopf; D = starke Verzögerung und Defekte im frühen Larvenstadium; E = Stillstand als abnorme Neurula; F = Stillstand als abnorme Gastrula (nach MOORE).

bracht, können sich Schwierigkeiten in der Fortpflanzung ergeben. Der Genaustausch ist mehr oder weniger blockiert; *aus Unterarten sind neue Arten im Entstehen begriffen.* Sobald dieser Zustand erreicht ist, vermögen unterschiedlich selektionierende Mutationen die angebahnten Differenzen weiter zu verstärken.

Ein schönes Modell für einen derartigen Evolutionsvorgang ist in Abb. 285 dargestellt. Der amerikanische Frosch *Rana pipiens* ist von Kanada bis zum Golf von Mexico verbreitet. Benachbarte

Rassen sind je unter sich voll fertil. Werden dagegen Individuen einer „Nordrasse" mit solchen bestimmter „Südrassen" gepaart, entstehen keine lebensfähigen Nachkommen mehr.

Die *geographische Isolation,* falls sie genügend lange andauert, kann somit dazu führen, daß sich – bedingt durch die besonderen Selektionsbedingungen der Lebensbereiche – Genotypen stabilisieren, die als selbständige Neuarten ihren eigenen Evolutionsweg betreten. Die geographische Isolation wird durch Gebirgszüge, Vergletscherungen und besonders erfolgreich durch Inselbildung gefördert. Außer der geographischen Trennung können Artbildungsprozesse, die auf Isolation beruhen, auch dann einsetzen, wenn genetisch unterschiedlich angepaßte Subpopulationen einer Art innerhalb des gleichen geographischen Areals je verschiedene Biotope besiedelten *(ökologische Isolation).* Schließlich können Mutationen, welche die Geschlechtsorgane, die Brunstzeiten oder das sexuelle Verhalten verändern, zu neuen Arten führen *(sexuelle Isolation).* Gemeinsam ist all den Trennungsmechanismen, daß sie eine reproduktive Isolation einleiten und damit den Genaustausch blockieren.

Die geographische und teils auch eine ökologische Isolation führt zur *allopatrischen Artbildung,* die von überwiegender Bedeutung ist (S. 347). Ob sich daneben auch in gleichen Wohngebieten Arttrennungen vollziehen und stabilisieren *(sympatrische Artbildung),* bleibt noch umstritten. Möglicherweise können Verhaltensmutanten eine sympatrische Trennung einleiten.

Die Artbildung als Ergebnis von Mutation, Rekombination, Selektion und Isolation mag große Zeiträume beanspruchen; sie kann aber besonders bei Populationen, die Inseln besiedeln, stark beschleunigt werden. DARWIN hat 1835 bei seinem Besuch auf den *Galapagos-Inseln* festgestellt, daß *Finken* eines Verwandtschaftskreises *(Geospizinae)* in mehrere Arten und Rassen gegliedert sind. Wahrscheinlich sind dies alles die Nachkommen nur einer vom südamerikanischen Kontinent zugewanderten Stammart, die zahlreiche freie ökologische Nischen vorfand, deren Selektionsbedingungen nun eine rasche Artbildung fördern mußten.

Gendrift

Bei der Besiedlung von Inseln werden in der Regel nur wenige Pioniere einwandern. Sie bringen eine zufallsmäßige Auswahl von Allelen aus dem Geninventar ihrer Stammform mit *(Gründerprinzip).* Solche Kleinpopulationen schaffen günstige Bedingungen für das Wirken eines weiteren Evolutionsfaktors, der als

Gendrift bezeichnet wird: Die eingeschränkten Paarungsmöglichkeiten können dazu führen, daß einzelne Allele zufällig und unabhängig von ihrem Selektionswert erhalten bleiben, andere verloren gehen. Damit wird eine nichtadaptive Evolutionsrichtung eingeschlagen, die sich von der Entwicklung einer individuenreichen und hochpolymorphen Population, wo die Selektion richtend wirkt, unterscheidet. Gendrift mag dafür verantwortlich sein, daß auf Inseln, in isolierten Alpentälern oder (allgemein) in jeder individuenarmen Fortpflanzungsgruppe sich die Frequenz der einzelnen Allele aus dem ABO-Blutgruppensystem (S. 75) des Menschen vom Mittelwert der über Großräume verteilten Bevölkerung unterscheidet. Gendrift hat wohl auch bei der *Rassenbildung* des *Homo sapiens* eine Rolle gespielt, der, von Zentren ausgehend, die Welt zunächst mit kleinen und isolierten Populationen erobert hat.

Problematisches

Die erläuterten, heute bekannten Evolutionsfaktoren sind alle am Evolutionsgeschehen beteiligt. Ihre Wirksamkeit und Bedeutung konnte auch vielfach experimentell überprüft werden. Für die Artbildung und die Entstehung wie auch für die Trennung der tieferen systematischen Kategorien (Gattungen, Familien) dürften die aufgezeigten *„neodarwinistischen Mechanismen"* ausreichen. Andererseits ergeben sich Schwierigkeiten, sobald *Makroevolution,* d. h. die Entstehung der großen *Bauplantypen* aus gemeinsamen Urformen zu deuten ist. Ob diese Phylogenese lediglich durch Summation von Mutationsschritten vom Typus, wie wir ihn bei heute lebenden Arten beobachten *(additive Typogenese),* zustande gekommen ist, bleibt für viele Beurteiler umstritten.

Unser jetziges Wissen soll nach Ansicht von Kritikern auch kaum genügen, um die Neubildung besonders *anspruchsvoller Strukturen* wie Nesselkapseln (Abb. 193), Linsenaugen (Abb. 137), Komplexaugen (Abb. 138) und Nervensysteme vom Typus des menschlichen Gehirnes (S. 255) zu verstehen. Sodann erfordert die Entwicklung *hochorganisierter Leistungstypen,* wie sie bei Vögeln oder sozialen Insekten (Bienen, Ameisen, Termiten) sowie in interspezifischen Beziehungen (Symbiose, Parasitismus) existieren, ein harmonisches Zusammenpassen *(Koadaptation)* sozusagen aller Körperstrukturen und Verhaltensweisen. Obwohl für solche Entwicklungen auch Vor- und Zwischenstufen bekannt sind, bleibt ihr Ausbau und ihre Integration zum Ganzen für den Theoretiker, der sich nur auf die bekannten Evolutionsfaktoren stützen kann (und will), vielfach Gegenstand von Spekulationen. Trotzdem darf hervorgehoben werden, daß die heutige

Forschung versucht, die naturwissenschaftlich bereits faßbaren Mechanismen auch zur Lösung der zahlreichen noch ungeklärten Probleme der „Makroevolution“ einzusetzen.

Auch über die **erste Entstehung des Lebens** auf der Erde (vor etwa 3–5 Mrd. Jahren) gibt es heute noch kein sicheres Wissen. Allgemeine logische Erwägungen führen zwar zur Annahme, daß Lebewesen aus unbelebter Materie entstanden sein müssen. Hypothesen über eine solche „*Urzeugung*“ stützen sich auf Versuche in Gasgemischen, von denen angenommen wird, daß sie etwa der „Uratmosphäre“ entsprechen. In einem solchen Medium, das Wasserstoff, Methan, Ammoniak, Schwefelwasserstoff und Wasserdampf enthält, entstehen unter dem Einfluß energiereicher elektrischer Entladungen („Urgewitter“) und Wärmewirkungen u. a. organische Säuren, vor allem *Aminosäuren,* die sich auch zu *Peptiden* zusammenschließen. Außerdem können auch Bauelemente von *Nucleinsäuren* gebildet werden. Derartige Elementarkomponenten lebender Wesen fügen sich auch zu einfachen geformten Körpern zusammen, die aber kaum als Komponenten zellulärer Systeme in Frage kommen. Da man auch in *Meteoriten* Aminosäuren und Formaldehyd findet, sind organische Verbindungen (zur Bildung von Proteinen, Kohlenhydraten usw.) offenbar nicht nur auf der Erde, sondern auch auf anderen Himmelskörpern (polyphyletisch) entstanden.

Ein entscheidender Schritt zum eigentlichen Lebewesen konnte erst dann vollzogen sein, nachdem es bestimmten Molekularverbänden gelungen war, sich unter Ausnutzung des verfügbaren Baumaterials *autoreproduktiv* zu vermehren. Für diese Evolutionsstufe werden jetzt Modellvorstellungen und Versuche entwickelt, welche mit *Selektionsmechanismen auf molekularem Niveau* rechnen, die nach einer lang andauernden „Experimentierphase“ schließlich mit den Nucleinsäuren die eine, einzig erfolgreiche Lösung bringen konnten. Aber selbst von dieser hypothetischen Stufe bleibt der Weg zur „einfachsten“ vermehrungsfähigen Zelle, wie wir sie heute kennen, noch weit und dunkel.

Hier helfen auch die „einfachsten“ *Viren,* die als Kristalle vorkommen können, nicht viel weiter. Viren sind zwar wie Lebewesen zur identischen Vermehrung fähig, und ihre Erbsubstanz, bestehend aus RNS oder DNS, mutiert und wirkt nach den gleichen Prinzipien wie in zellulären Organismen. Doch kommen die Viren als eigentliche Vorläufer des Lebens kaum in Frage, da sie sich nur in lebenden Zellen vermehren können, von deren Stoffwechsel und Funktionsstruktur sie abhängig sind.

Selbst wenn das Rätsel der Lebensentstehung heute noch ungelöst bleibt, sind künftig neue und weitere Erkenntnisse über mögliche Teilvorgänge dieser Urzeugung zu erwarten.

Literatur

Hand- und Lehrbücher, theoretische Biologie

v. Bertalanffy, L.: Theoretische Biologie, Bd. I, Berlin 1933; Bd. II, 2. Aufl. Francke, Bern 1951

Claus, C., K. Grobben, A. Kühn: Lehrbuch der Zoologie, 11. Aufl. Springer, Berlin 1932 (Nachdruck 1971)

Grassé, P.: Traité de zoologie. Masson, Paris 1948 ff

Grassé, P.: Allgemeine Biologie, 3 Bde. Fischer, Stuttgart 1971

Hartmann, M.: Einführung in die allgemeine Biologie, 2. Aufl. (Sammlung Göschen, Bd. 96) de Gruyter, Berlin 1965

Helmcke, J. G., H. v. Lengerken: Handbuch der Zoologie. gegr. v. W. Kükenthal. de Gruyter, Berlin 1955 ff

Hyman, L. H.: The Invertebrates, Bd. I–VI. McGraw-Hill, New York 1940–1967

Kaestner, A.: Lehrbuch der speziellen Zoologie, Wirbellose, 3 Teile, Fischer, Stuttgart 1956–1973

Kükenthal, W., E. Matthes, M. Renner: Leitfaden für das zoologische Praktikum, 16. Aufl. Fischer, Stuttgart 1971

Mayr, E.: Artbegriff und Evolution. Parey, Berlin 1967

Wurmbach, H.: Lehrbuch der Zoologie, 2. Aufl., 2 Bde. Fischer, Stuttgart 1968–1970

Bestimmungsbücher

Brauer, A., u. Mitarb.: Süßwasserfauna Deutschlands, 19 Hefte. Fischer, Jena 1909–1912

v. d. Brink, F. H.: Die Säugetiere Europas 2. Aufl. Parey, Hamburg, 1972

Brohmer, P.: Fauna von Deutschland, 11. Aufl. Quelle & Meyer, Heidelberg 1971

Luther, W., K. Fiedler: Die Unterwasserfauna der Mittelmeerküsten 2. Aufl. Parey, Hamburg 1967

Peterson, R., G. Mountfort, P. A. D. Hollom: Die Vögel Europas, 10. Aufl. Parey, Hamburg 1973

Riedl, R.: Fauna und Flora der Adria, 2. Aufl. Parey, Hamburg 1970

Stresemann, E.: Exkursionsfauna von Deutschland, 3 Bde. Volk und Wissen, Berlin 1955–1969

Arbeitsmethoden

Batschelet, E.: Introduction to Mathematics for Life Scientists, Bd. II. Springer, Berlin 1971

Burck, H. C.: Histologische Technik. Thieme, Stuttgart 1966

Fisher, R.: Design of Experiments, 8. Aufl. Oliver & Boyd, Edinburgh 1966

Krause, R.: Enzyklopädie der mikroskopischen Technik, 3. Aufl., 3 Bde. Urban & Schwarzenberg, Berlin 1927

Needham, J. G.: Culture Methods for Invertebrate Animals. Dover, New York 1959

Newman, D. W.: Instrumental Methods for Experimental Biology, 5. Print. Macmillan, New York and London 1969

Romeis, B.: Mikroskopische Technik, 16. Aufl. Oldenbourg, München 1968

Schulze, E., H. Graupner: Anleitung zum mikroskopisch-technischen Arbeiten in Biologie und Medizin, 2. Aufl. Akad. Verlagsges., Leipzig 1960

Steiner, G.: Das Zoologische Laboratorium. Schweizerbart, Stuttgart 1963

Wilt, F. H., N. K. Wessells: Methods in Developmental Biology. Crowell, New York 1967

Cytologie und Histologie

Bargmann, W.: Histologie und mikroskopische Anatomie des Menschen, 6. Aufl. Thieme, Stuttgart 1967

Bielka, H.: Molekulare Biologie der Zelle, 2. Aufl. Fischer, Jena 1973

Brachet, J., A. E. Mirsky: The Cell. Biochemistry, Physiology, Morphology, 6 Bde. Acad. Press, New York 1959–1964

Bucher, O.: Histologie und mikroskopische Anatomie des Menschen, 8. Aufl. Huber, Bern 1973

DuPraw, E. J.: DNA and Chromosomes. Holt, Rinehart & Winston, New York 1970

Fawcett, D. W.: The Cell. An Atlas of Fine Structure. Saunders, Philadelphia 1966

Frey-Wyssling, A.: Comparative Organellography of the Cytoplasm. Springer, Wien 1973

Frey-Wyssling, A., K. Mühlethaler: Ultrastructural Plant Cytology. Elsevier, Amsterdam 1965

Grundmann, E.: Allgemeine Cytologie. Thieme, Stuttgart 1964

Ham, A. W.: Histology, 6. Aufl. Pitman, London 1969

Harris, H.: Nucleus and Cytoplasm, 2. Aufl. Clarendon, Oxford 1970

Hirsch, C., H. Ruska, P. Sitte: Grundlagen der Cytologie. Fischer, Stuttgart 1973

Hollande, A.: Allgemeine Biologie, Bd. I.: Struktur und Funktion der Zelle. Fischer, Stuttgart 1971

Klima, J.: Cytologie. Fischer, Stuttgart 1967

Klima, J.: Einführung in die Cytologie. Fischer, Stuttgart 1970

Lima-De-Faria, A.: Handbook of Molecular Cytology. North-Holland Publ. Comp., Amsterdam 1969

Patt, D. I., G. R. Patt: Comparative Vertebrate Histology. Harper, New York 1969

Porter, K. R., M. A. Bonneville: Einführung in die Feinstruktur von Zellen und Geweben. Springer, Berlin 1965

Sandborn, E. B.: Cells and Tissues by Light and Electron Microscopy, 2 Bde. Academic Press, New York 1970

Genetik und Populationsgenetik

Bresch, C., R. Hausmann: Klassische und molekulare Genetik, 3. Aufl. Springer, Berlin 1972

Fuller, I. L., W. R. Thompson: Behavior Genetics. Wiley, New York 1960

Gardner, E. J.: Principles of Genetics, 4. Aufl. Wiley, New York 1972

Goldschmidt, R.: Theoretische Genetik. Akademie-Verlag, Berlin 1961

Hadorn, E.: Letalfaktoren in ihrer Bedeutung für Erbpathologie und Genphysiologie der Entwicklung. Thieme, Stuttgart 1955

Herskowitz, I. H.: Principles of Genetics. Collier-Macmillan, London 1973

Johannsen, W.: Elemente der exakten Erblichkeitslehre, 3. Aufl. Fischer, Jena 1926

Kaudewitz, Fr.: Molekular- und Mikroben-Genetik. Springer, Berlin 1973

Kühn, A.: Grundriß der Vererbungslehre, 5. Aufl. Quelle & Meyer, Heidelberg 1971

Lenz, W.: Medizinische Genetik, 2. Aufl. Thieme, Stuttgart 1972

Levine, L.: Biology of the Gene, 2. Aufl. Mosby, St. Louis 1973

McKusick, V. A.: Humangenetik. Fischer, Stuttgart 1968

Markert, C. L., H. Ursprung: Developmental Genetics. Prentice Hall, New Jersey 1971

Mendel, G.: Versuche über Pflanzenhybriden. Neudruck in Ostwalds Klassikern der exakten Wiss., Braunschweig 1969

Penrose, L. S.: Einführung in die Humangenetik, 2. Aufl. Berlin, Springer 1973

Sperlich, D.: Populationsgenetik. Fischer, Stuttgart 1973

Stern, C.: Principles of Human Genetics, 3. Aufl. Freeman, San Francisco 1973

Strickberger, M. W.: Genetics. Collier-Macmillan, London 1968

Vogel, F.: Lehrbuch der allgemeinen Humangenetik. Springer, Berlin 1961

Watson, J. D.: Molecular Biology of the Gene, 2. Aufl. Benjamin, New York 1970

Weidel, W.: Virus und Molekularbiologie, 2. Aufl. Springer, Berlin 1964

Wricke, G.: Populationsgenetik. (Sammlung Göschen, Bd. 5005.) De Gruyter, Berlin 1972

Entwicklungsgeschichte und Entwicklungsphysiologie

Anderson, D. T.: Embryology and Phylogeny in Annelids and Arthropods. Pergamon, Oxford, 1973 (International Series of Monographs in Pure and Applied Biology. Division: Zoology, Bd. 50)

Balinsky, B. I.: An Introduction to Embryology, 3. Aufl. Saunders, Philadelphia 1970

Bell, E.: Molecular and Cellular Aspects of Development. Harper & Row, New York 1965

Bellairs, R.: Developmental Process in Higher Vertebrates. Logos Press, London 1971

Chen, P. S.: Biochemical Aspects of Insect Development. Karger, Basel 1971

Davidson, E. H.: Gene Activity in Early Development. Acad. Press, New York 1968

De Haan, R. L., H. Ursprung: Organogenesis. Holt, Rinehart & Winston, New York 1965

Eakin, R. M.: Vertebrate Embryology. A Laboratory Manual. University of California Press, Berkeley 1971

Etkin, W., L. I. Gilbert: Metamorphosis. North-Holland Publ. Comp., Amsterdam 1968

Goss, R. J.: Regeneration. Stuttgart, Thieme, 1974

Hadorn, E.: Experimentelle Entwicklungsforschung, im besonderen an Amphibien. Verständl. Wissenschaft, Bd. 77. Springer, Berlin 1970

Hartmann, M.: Die Sexualität, 2. Aufl. Fischer, Stuttgart 1956

Hörstadius, S.: Experimental Embryology of Echinoderms. Clarendon Press, Oxford 1973

Kiortsis, V., H. A. L. Trampusch: Regeneration in Animals and Related Problems. North-Holland Publ. Comp., Amsterdam 1965

Korschelt, E., K. Heider: Vergleichende Entwicklungsgeschichte der Tiere, 2 Bde. Fischer, Jena 1936

Kühn, A.: Vorlesungen über Entwicklungsphysiologie, 2. Aufl. Springer, Berlin 1965

Lehmann, F. E.: Einführung in die physiologische Embryologie. Birkhäuser, Basel 1946

Mohr, H., P. Sitte: Molekulare Grundlagen der Entwicklung. BLV Verlagsgesellschaft, München 1971

Pflugfelder, O.: Entwicklungsphysiologie der Insekten, 2. Aufl. Akademische Verlagsgesellschaft, Leipzig 1958

Pflugfelder, O.: Lehrbuch der Entwicklungsgeschichte und Entwicklungsphysiologie der Tiere, 2. Aufl. Fischer, Stuttgart 1970

Polezhaev, L. V.: Organ Regeneration in Animals. Recovery of Organ Regeneration Ability in Animals. Thomas, Springfield/Ill. 1972

Reverberi, G.: Experimental Embryology of Marine and Fresh-Water Invertebrates. North-Holland, Amsterdam 1971

Schwartz, V.: Vergleichende Entwicklungsgeschichte der Tiere. Thieme, Stuttgart 1973

Seidel, F.: Entwicklungsphysiologie der Tiere (Sammlung Göschen, Bd. 7162 und Bd. 7163). de Gruyter, Berlin 1953

Siewing, R.: Lehrbuch der vergleichenden Entwicklungsgeschichte der Tiere. Parey, Hamburg 1969

Spemann, H.: Experimentelle Beiträge zu einer Theorie der Entwicklung. Springer, Berlin 1936, Nachdruck 1968

Spratt, N. T. jr.: Developmental Biology. Wadsworth, Belmont 1971

Starck, D.: Embryologie, 2. Aufl. Thieme, Stuttgart 1965

Trinkaus, J. P.: Cells into Organs. The Forces that Shape the Embryo. Prentice-Hall, New Jersey 1969

Waddington, C. H.: Principles of Embryology. Allen & Unwin, London 1956

Weiss, P.: Principles of Development. Holt, New York 1939

Wigglesworth, V. B.: The Physiology of Insect Metamorphosis. Cambridge University Press, London 1954

Willier, B. H., P. A. Weiss, V. Hamburger: Analysis of Development. Saunders, Philadelphia 1955

Witschi, E.: Development of Vertebrates. Saunders, Philadelphia 1965

Physiologie und Verhalten

Autrum, H. J. u. Mitarb.: Handbook of Sensory Physiology. Springer, Berlin 1971–73

v. Bekesy, G.: Physiologie der Sinneshemmung. Goldmann, München 1967

Brown, F. A., J. W. Hastings, J. D. Palmer: The Biological Clock. Two Views. Acad. Press, New York 1970

v. Buddenbrock, W.: Vergleichende Physiologie, 6 Bde. Birkhäuser, Basel 1952–1967

Bullock, T. H., G. A. Horridge: Structure and Function in the Nervous Systems of Invertebrates, 2 Bde. Freeman, San Francisco 1965

Burkhardt, D.: Wörterbuch der Neurophysiologie. Fischer, Jena 1969

Eibl-Eibesfeldt, I.: Grundriß der vergleichenden Verhaltensforschung, 3. Aufl. Piper, München 1972

Flechtner, H. J.: Grundbegriffe der Kybernetik. Wiss. Verlagsges., Stuttgart 1966

Florey, E.: Lehrbuch der Tierphysiologie. Thieme, Stuttgart 1970

v. Frisch, K.: Tanzsprache und Orientierung der Bienen. Springer, Berlin 1965

Gersch, M.: Vergleichende Endokrinologie der wirbellosen Tiere. Akad. Verlagsges., Leipzig 1964

Giese, A. C.: Cell Physiology, 4. Aufl. Saunders, Philadelphia 1973

Gray, J.: Animal Locomotion. Weidenfeld & Nicolson, London 1968

Hanke, W.: Vergleichende Wirkstoffphysiologie der Tiere. Fischer, Jena 1973

Hassenstein, B.: Biologische Kybernetik. Quelle & Meyer, Heidelberg 1965

Herter, K., K. Urich: Vergleichende Physiologie der Tiere. 4. Aufl. (Sammlung Göschen, Bd. 972 und 973). de Gruyter, Berlin 1966

Karlson, P.: Kurzes Lehrbuch der Biochemie, 8. Aufl. Thieme, Stuttgart 1972

Katz, B.: Nerv, Muskel und Synapse. Einführung in die Elektrophysiologie. Thieme, Stuttgart 1971

Keidel, W. D.: Kurzgefaßtes Lehrbuch der Physiologie. Thieme, Stuttgart 1967

Lindauer, M.: Orientierung der Tiere im Raum, Fortschr. d. Zool., Bd. 21–22. Fischer, Stuttgart 1973

Lullies, H. D. Trincker: Taschenbuch der Physiologie, 2 Bde. Fischer, Stuttgart 1968–1970

Marler, P., W. J. Hamilton: Mechanismus of Animal Behavior. Wiley, New York 1966

Nachtigall, W.: Zoophysiologischer Grundkurs. Verlag Chemie, Weinheim 1972

Penzlin, H.: Kurzes Lehrbuch der Tierphysiologie. Fischer, Jena 1970

Prosser, C. L., F. A. Brown: Comparative Animal Physiology, 3. Aufl. Saunders, Philadelphia 1973

Quarton, G. C., T. Melnechuk, F. O. Schmitt: The Neurosciences, 2 Bde. Rockefeller, New York 1969

Rein, H., M. Schneider: Einführung in die Physiologie des Menschen, 17. Aufl. Springer, Berlin 1970

Schlieper, C.: Praktikum der Zoophysiologie, 3. Aufl. Fischer, Stuttgart 1965

Schmidt, R. F.: Neurophysiologie. Springer, Berlin 1971

Steinbuch, K.: Automat und Mensch. Tatsachen und Hypothesen zu einer kybernetischen Anthropologie, 4. Aufl. (Heidelberger Taschenbücher Bd. 81). Springer, Berlin 1965

Süss, R., V. Kinzel, J. D. Scribner: Krebs. Experimente und Denkmodelle. Springer, Berlin 1970

Tembrock, G.: Grundriß der Verhaltenswissenschaften, 2. Aufl. Fischer, Jena 1973

Tinbergen, N.: Instinktlehre. Vergleichende Erforschungen angeborenen Verhaltens, 5. Aufl. Parey, Berlin 1972

Turner, C. D.: General Endocrinology, 4. Aufl. Saunders, Philadelphia 1966

Wigglesworth, V. B.: The Principles of Insect Physiology, 7. Aufl. Methuen, London 1965.

Ökologie

Andrewartha, H. G.: Introduction to the Study of Animal Populations. Methuen, London 1966

Boch, J., R. Supperer: Veterinärmedizinische Parasitologie. Parey, Berlin 1971.

Boughey, A. S.: Ecology of Populations. Macmillan, New York 1968

Buchner, P.: Endosymbiose der Tiere mit pflanzlichen Mikroorganismen. Birkhäuser, Basel 1953

Buchner, P.: Tiere als Mikrobenzüchter. Springer, Berlin 1960

Ellenberg, H.: Ökosystemforschung. Springer, Berlin 1973

Fiebiger, I.: Die tierischen Parasiten der Haus- und Nutztiere, 3. Aufl. Urban & Schwarzenberg, Berlin 1936

Geigy, R., A. Herbig: Erreger und Überträger tropischer Krankheiten. Verlag für Recht und Gesellschaft, Basel 1955

Klopfer, P. H.: Ökologie und Verhalten. Fischer, Stuttgart 1968

Krebs, C. J.: Ecology. Harper & Row, New York 1972

Kühnelt, W.: Grundriß der Ökologie, 2. Aufl. Fischer, Stuttgart 1970

Margaleff, R.: Perspectives in Ecological Theory. Univ. Press, Chicago 1968

Odum, E. P.: Fundamentals of Ecology, 3. Aufl. Saunders, Philadelphia 1971

Odum, E. P.: Ökologie, BLV, München 1967

Osche, G.: Die Welt der Parasiten. Springer, Berlin 1966

Pflugfelder, O.: Zooparasiten und die Reaktionen ihrer Wirtstiere. Fischer, Jena 1950

Piekarski, G.: Lehrbuch der Parasitologie unter besonderer Berücksichtigung der Parasiten des Menschen. Springer, Berlin 1954

Ruttner, F.: Grundriß der Limnologie, 3. Aufl. de Gruyter, Berlin 1962
Schwerdtfeger, F.: Ökologie der Tiere, 2 Bde. Parey, Berlin 1963–1968
Schwoerbel, J.: Einführung in die Limnologie. Fischer, Stuttgart 1971
Tait, R. V.: Meeresökologie. Thieme, Stuttgart 1971
Tischler, W.: Grundriß der Humanparasitologie. Fischer, Jena 1969
Wickler, W.: Mimikry. Nachahmung und Täuschung in der Natur. Kindler, München 1968
Wynne-Edwards, V. C.: Animal Dispersion in Relation to Social Behavior. Oliver & Boyd, Edinburgh 1962

Baupläne und vergleichende Anatomie

Barnes, R. D.: Invertebrate Zoology. Saunders, Philadelphia 1963
Beklemischew, W. N.: Grundlagen der vergleichenden Anatomie der Wirbeltiere, 2 Bde. Deutscher Verlag der Wissenschaften, Berlin 1958
Doflein, F., E. Reichenow: Lehrbuch der Protozoenkunde, 6. Aufl. Fischer, Stuttgart 1953
Eidmann, H., F. Kühlhorn: Lehrbuch der Entomologie, 2. Aufl. Parey, Berlin 1970
Ellenberger, W., H. Baum: Handbuch der vergleichenden Anatomie der Haustiere, 17. Aufl. Springer, Berlin 1932
Feneis, H.: Anatomische Bildnomenklatur. Thieme, Stuttgart 1967
Giersberg, H., P. Rietschel: Vergleichende Anatomie der Wirbeltiere, 3 Bde. Fischer, Jena 1967–1971
Grell, K. G.: Protozoology, 3. Aufl. Springer, Berlin 1973
Ihle, J. E. W., P. N. von Kampen, H. F. Nierstrasz, J. Versluys: Vergleichende Anatomie der Wirbeltiere. Springer, Berlin 1927 (Nachdruck 1971)
Kuhn-Schnyder, E.: Geschichte der Wirbeltiere. Schwab, Basel 1953
Meglitsch, P. A.: Invertebrate Zoology, 2. Aufl. University Press, Oxford 1972
Portmann, A.: Einführung in die vergleichende Morphologie der Wirbeltiere, 4. Aufl. Schwabe, Basel 1969
Romer, A. S.: Vergleichende Anatomie der Wirbeltiere, 3. Aufl. Parey, Berlin 1971
Seifert, G.: Entomologisches Praktikum. Thieme, Stuttgart 1970
Weber, H.: Grundriß der Insektenkunde, 5. Aufl. Fischer, Stuttgart 1974.

Evolution

Calvin, M.: Chemical Evolution. Clarendon, Oxford 1969
Darwin, C.: The Origin of Species by Means of Natural Selection. Murray, London 1876
De Lattin, G.: Grundriß der Zoogeographie. Fischer, Stuttgart 1967
Dobzhanzky, T., M. K. Hecht, W. C. Steere: Evolutionary Biology, 6 Bde. North-Holland Publ. Comp., Amsterdam 1967–1972
Hamilton, T. H.: Process and Pattern in Evolution. MacMillan, New York 1967
Heberer, G.: Die Evolution der Organismen. Ergebnisse und Probleme der Abstammungslehre, 3 Bde. Fischer, Stuttgart 1967–1974
Heberer, G.: Der Ursprung des Menschen, 2. Aufl. Fischer, Stuttgart 1969
Illies, J.: Einführung in die Tiergeographie. Fischer, Stuttgart 1971
Kaplan, R. W.: Der Ursprung des Lebens, Thieme, Stuttgart 1972
Königswald, G. H. R.: Die Geschichte des Menschen, 2. Aufl. Springer, Berlin 1968
Mayr, E.: Artbegriff und Evolution. Parey, Berlin 1967
Mayr, E.: Populations, Species and Evolution. Harvard University Press, Cambridge 1970
Rensch, B.: Neuere Probleme der Abstammungslehre, 3. Aufl. Enke, Stuttgart 1972
Simpson, G. G.: The Meaning of Evolution. Yale University Press, New Haven 1968
Thenius, E.: Phylogenie der Mammalia (einschl. der Hominiden, Handb. d. Zool. gegr. W. Kükenthal, Bd. 8, 2. Teil. de Gruyter, Berlin 1969
Thenius, E.: Grundzüge der Verbreitungsgeschichte der Säugetiere. Fischer, Jena 1972
White, M. J. D.: Animal Cytology and Evolution, 3. Aufl. University Press, Cambridge 1973

Sachverzeichnis

Zahlen in *kursiv* verweisen auf Seiten mit Abbildungen

H

I

V

W

X